Heribert Blum, Bernd Huppertz, Marcello Baldarelli
Verkehrsstrafrecht

Verkehrsstrafrecht

von

Heribert Blum

Oberamtsanwalt a.D. und ehemals Dozent an der Fachhochschule für
Rechtspflege des Landes NRW in Bad Münstereifel

Bernd Huppertz

Polizeihauptkommissar und Dozent an der FHöV NRW – Standort Köln

Marcello Baldarelli

Erster Polizeihauptkommissar und Dozent an der FHöV NRW – Standort
Köln

2015

C.H.BECK

Zitiervorschlag: *Blum/Huppertz/Baldarelli* VerkehrsstrafR Rn.

www.beck.de

ISBN 978 3 406 67847 9

© 2015 Verlag C.H. Beck
Wilhelmstraße 9, 80801 München
Druck: Druckhaus Nomos
In den Lissen 12, 76547 Sinzheim

Satz: Fotosatz Buck,
Zweikirchener Straße 7, 84036 Kumhausen

Umschlagkonzeption: Martina Busch Grafikdesgin, Homburg Kirrberg
© Elena Genova, iStockphoto

Gedruckt auf säurefreiem, alterungsbeständigem Papier
(hergestellt aus chlorfrei gebleichtem Zellstoff)

Vorwort

Die Verkehrsstraftaten haben sich inzwischen zu einem umfangreichen und eigenständigen Rechtsgebiet innerhalb des Verkehrsrechts entwickelt. Hohe Fallzahlen und die ständige Weiterentwicklung durch Rechtsprechung und Literatur kennzeichnen die besondere Bedeutung der Verkehrsstraftaten. Die Konzeption dieses Lehrbuchs berücksichtigt diese gesteigerten Anforderungen und wendet sich speziell an die Berufsgruppen, die mit der Fallbearbeitung und mit Rechtsfragen zu den Verkehrsstraftaten befasst sind. In didaktischer Hinsicht erfolgt zu jedem Kapitel eine einführende Erläuterung. Den Ausführungen zu den einzelnen Straftaten ist jeweils das Prüfungsschema vorangestellt. Umfangreiche Ausführungen ermöglichen tiefe Einblicke in die rechtlichen Problemstellungen. Zahlreiche Quellenangaben geben den aktuellen Rechtsstand wieder. Zu strittigen Rechtsfragen beziehen die Autoren Stellung und geben Lösungsvorschläge. Inhaltlich werden die wichtigsten Verkehrsstraftaten dargestellt. Zentrale Begriff, wie Fahrzeuge, Führen eines Kfz oder der öffentliche Verkehrsraum, werden im Kap. 1 umfänglich erläutert.

Berücksichtigung finden auch die polizeilichen Maßnahmen zur Feststellung von Verkehrsstraftaten und die Folgemaßnahmen. Thematisiert werden Fragen im Zusammenhang mit dem Alkohol- oder Drogenvortest, zur Blutprobenentnahme sowie zur Sicherstellung und Beschlagnahme des Führerscheins einschließlich der Durchsuchungsmaßnahmen bis hin zur Wohnungsdurchsuchung zur Auffindung des Führerscheins. Ein Prüfungs- und Handlungskonzept erlaubt ein systematisches Vorgehen und beschreibt die jeweiligen Problemstellungen und Lösungsansätze für die Polizeipraxis.

Das Lehrbuch richtet sich an alle, die sich mit strafrechtlichen Fragen des Straßenverkehrs befassen, an Studierende, insbesondere an angehende **Polizeibeamte** für die Einarbeitung und Prüfung, und auch an die **Sachbearbeiter** bei den Verkehrskommissariaten und Ermittlungsstellen der Polizeibehörden, die für die polizeilichen Maßnahmen vertiefende Kenntnisse benötigen. Um die Grenzen eines solchen Werkes nicht zu sprengen, werden strafrechtliche Grundkenntnisse vorausgesetzt. Probleme aus dem allgemeinen Strafrecht werden meistens allenfalls kurz erörtert.

Am Rande tauchen immer wieder Fragen aus dem Verwaltungsrecht auf, wenn etwa im Rahmen des Tatbestandes des § 21 StVG oder bei der Entziehung der Fahrerlaubnis sich Probleme aus dem Fahrerlaubnisrecht stellen. In diesem Zusammenhang spielen ferner das europäische Fahrerlaubnisrecht und damit europarechtliche Fragen eine Rolle. Diese Fragen kann man nicht ausklammern, wenn man Verkehrsstraftaten zu bearbeiten hat.

Auch wenn das vom Titel dieses Buches nicht ganz erfasst wird, werden nebenbei einige Ordnungswidrigkeittatbestände erörtert – beispielsweise § 24a

StVG. Diese Norm drängt sich – nicht nur zu Abgrenzungszwecken – geradezu auf, wenn man die Trunkenheit im Verkehr behandelt.

Dankbar sind wir für Verbesserungsvorschläge und Hinweise auf Fehler

Kerpen/Overath/Köln, im April 2015   Die Verfasser

Inhaltsverzeichnis

Abkürzungs- und Literaturverzeichnis

BRD .... Bundesrepublik Deutschland
bspw. .... beispielsweise
BtMG .... Gesetz über den Verkehr mit Betäubungsmitteln
Burmann, M./Heß, R./ ...... Straßenverkehrsrecht, 23. Aufl. 2014 (zit.: BHJJ/*Bearbeiter*)
Jahnke, J./Janker, H.
BVerfG .... Bundesverfassungsgericht
BVerfGE .... Entscheidungen des Bundesverfassungsgerichts
BVerwG .... Bundesverwaltungsgericht
bzw. .... beziehungsweise

DAR .... Deutsches Autorecht (Zeitschrift)
Dauer, P./Glowalla, P./ ...... Handbuch des Fahrerlaubnisrechts, 4. Aufl. 2014
Brauckmann, J.   (zit.: *Dauer/Glowalla/Brauckmann*)
dh. .... das heißt
Die Justiz .... Die Justiz, ABl. des JM in Baden-Württemberg (Zeitschrift)
E .... Entwurf
EichO. .... Eichordnung
EG .... Einführungsgesetz
Einl. .... Einleitung
Erl. .... Erlass/Erläuterung
Erg. .... Ergänzung
Feyock, H./Jacobsen, P./ ..... Kraftfahrtversicherung, 3. Aufl. 2009 (zit.: Feyock/
Lemor, U. D.   Jacobsen/Lemor/*Bearbeiter*)
FeV .... Fahrerlaubnisverordnung
Fischer, T. .... Strafgesetzbuch mit Nebengesetzen, Kommentar, 62. Aufl. 2015 (zit.: *Fischer* StGB)
FZV .... Verordnung über die Zulassung von Fahrzeugen zum Straßenverkehr (Fahrzeug-Zulassungsverordnung)
G .... Gesetz
GA .... Goltdammer's Archiv für Strafrecht (Zeitschrift)
GG .... Grundgesetz
ggf. .... gegebenenfalls
GVG .... Gerichtsverfassungsgesetz

Haus, K.L./Krumm, C./ ...... Gesamtes Verkehrsrecht, 2014 (zit. NK-GVR/*Bearbeiter*)
Quarch, M. (Hrsg.)
Heiler/Jagow .... Führerschein, 1992 (zit.: *Heiler/Jagow*)
Hentschel, P./König, P./ ..... Straßenverkehrsrecht, 43. Aufl. 2015 (zit.: Hentschel/
Dauer, P.   König/Dauer/*Bearbeiter*)
hM .... herrschende Meinung
HRRS. .... Onlinezeitschrift für Höchstrichterliche Rechtsprechung zum Strafrecht (zit.: nach Jahr Nr., Seite)
hrsg. .... herausgegeben

iSd .... in Sinne des/der
iSv .... im Sinne von
iVm .... in Verbindung mit

JA	Juristische Arbeitsblätter (Zeitschrift)
Janiszewski, H.	Verkehrsstrafrecht, 5. Aufl. 2004 (zit.: *Janiszewski* VerkehrsStrafR)
JMBl.	Justizministerialblatt
JuS	Juristische Schulung (Zeitschrift)
JZ	Juristenzeitung
Kap.	Kapitel
KBA	Kraftfahrt-Bundesamt
Kfz	Kraftfahrzeug
KfzPflVV	Verordnung über den Versicherungsschutz in der Kraftfahrzeug-Haftpflichtversicherung
KG	Kammergericht (Oberlandesgericht in Berlin)
Kindhäuser, U.	Strafgesetzbuch, 6. Aufl. 2015 (zit.: NK-StGB/*Bearbeiter*)
KK-StPO	Karlsruher Kommentar zur Strafprozessordnung, 7. Aufl. 2013 (zit.: KK-StPO/*Bearbeiter*)
KraftStG	Kraftfahrzeugsteuergesetz
LG	Landgericht
Lkw	Lastkraftwagen
Ls.	Leitsatz
MDR	Monatsschrift für deutsches Recht (Zeitschrift)
Meyer-Goßner, L./Schmitt, B.	Strafprozessordnung, 57. Aufl. 2014 (zit.: Meyer-Goßner/Schmitt/*Bearbeiter*)
mwN	mit weiteren Nachweisen
MobHV	Mobilitätshilfenverordnung
MüKoStGB	Münchener Kommentar zum Strafgesetzbuch, 2. Aufl. ab 2011 (zit.: MüKoStGB/*Bearbeiter*)
mzwN	mit zahlreichen weiteren Nachweisen
Nds.Rpfl	Niedersächsische Rechtspflege
NK	Nomos-Kommentar
Nr.	Nummer
NStE	Neue Entscheidungssammlung für Strafrecht
NStZ	Neue Zeitschrift für Strafrecht
NStZ-RR	Neue Zeitschrift für Strafrecht – Rechtsprechungsreport
NRW	Nordrhein-Westfalen
NZV	Neue Zeitschrift für Verkehrsrecht
OLG	Oberlandesgericht
OVG	Oberverwaltungsgericht
OWiG	Gesetz über Ordnungswidrigkeiten
PflVG	Pflichtversicherungsgesetz
RG	Reichsgericht
RGSt	Entscheidungen des Reichsgerichts in Strafsachen (zit.: nach Band und Seite)
RiStBV	Richtlinien für das Straf- und Bußgeldverfahren
RL	Richtlinie
Rn.	Randnummer

Rspr.	Rechtsprechung
S., s.	Seite, siehe
SJG	Saarländisches Jagdgesetz
Schönke, A./Schröder, H.	Strafgesetzbuch, 29. Aufl. 2014 (zit.: Schönke/ Schröder/*Bearbeiter*)
SK	Rudolphi/Horn/Samson, Systematischer Kommentar zum Strafgesetzbuch, Loseblattausgabe (zit.: SK-StPO/*Bearbeiter*)
sog.	sogenannt
StA	Staatsanwalt oder Staatsanwaltschaft
StGB	Strafgesetzbuch
StPO	Strafprozessordnung
StrEG	Strafentschädigungsgesetz
StV	Strafverteidiger (Zeitschrift)
StVE	Straßenverkehrsentscheidungen, Loseblattsammlung hrsg. von Cramer/Berz/Gontard (zit.: nach §, Gesetz und lfd. Nr.)
StVG	Straßenverkehrsgesetz
StVO	Straßenverkehrsordnung
StVollstrO	Strafvollstreckungsordnung
StVZO	Straßenverkehrs-Zulassungs-Ordnung
SVR	Straßenverkehrsrecht – Zeitschrift für die Praxis des Verkehrsjuristen
usw	und so weiter
VersR	Versicherungsrecht (Zeitschrift)
VG	Verwaltungsgericht
VGH	Verwaltungsgerichtshof
vgl.	vergleiche
VGT	Deutscher Verkehrsgerichtstag
VerkMitt.	Verkehrsrechtliche Mitteilungen (Zeitschrift)
VO	Verordnung
VRS	Verkehrsrechts-Sammlung (Zeitschrift)
VRR	VerkehrsRechtsReport (Zeitschrift)
VVG	Versicherungsvertragsgesetz
VwGO	Verwaltungsgerichtsordnung
VwVfG	Verwaltungsverfahrensgesetz
ZB	Zulassungsbescheinigung
zB	zum Beispiel
zfs	Zeitschrift für Schadensrecht
zGM	zulässige Gesamtmasse

1. Kapitel. Einleitung und wichtige Begriffe des Straßenverkehrsrechts

A. Abgrenzung der einzelnen Verkehrsarten

Zur Beförderung von Personen und Gütern werden verschiedene Verkehrs- **1** mittel eingesetzt wie zB Luftfahrzeuge, Schiffe, Schienenfahrzeuge oder Fahrzeuge unterschiedlicher Ausgestaltung im Straßenverkehr. Die nachfolgenden Ausführungen beschränken sich im Wesentlichen auf den Straßenverkehr. Zunächst soll ein schematischer Überblick über die unterschiedliche Anwendbarkeit einiger Vorschriften auf die einzelnen Verkehrsarten erfolgen:

Schematischer Überblick über die §§ 315–315d StGB   **2**

Gefährliche Eingriffe (von außen) in den ...	Bahn-, Schiffs- und Luftverkehr § 315 StGB	Straßenverkehr § 315b StGB
Gefährdung des ... (durch Trunkenheit pp.)	Bahn-, Schiffs- und Luftverkehr § 315a StGB	Straßenverkehr § 315c StGB
Trunkenheit im ...	Bahn-, Schiffs- und Luftverkehr § 316 StGB	Straßenverkehr § 316 StGB

Für die alle Verkehrsarten gibt es neben den vorgenannten Vorschriften ver- **3** schiedene besondere Straftatbestände in entsprechenden Nebengesetzen. Während die Abgrenzung zwischen dem Straßenverkehr auf der einen Seite und der Schifffahrt sowie dem Luftverkehr auf der anderen Seite nur geringe Probleme aufwirft, ist die Frage, ob beim Schienenverkehr die Sonderregeln für diese Verkehrsart Anwendung finden oder aber die Vorschriften für den Straßenverkehr, manchmal nicht ganz einfach. Deshalb soll diese Frage etwas ausführlicher behandelt werden. Soweit **Schienenbahnen am Straßenverkehr** teilnehmen, sind **nur** die Vorschriften zum Schutz des Straßenverkehrs (§§ 315b und 315c StGB) anzuwenden (vgl. § 315d StGB). Anderenfalls gelten die Sonderbestimmungen der §§ 315 und 315a StGB sowie eisenbahnrechtliche Sonderregelungen.

Ob ein Schienenfahrzeug dem Straßenverkehr zugehörig ist oder nicht, ist viel- **4** fach gerade bei Straßenbahnen schwierig zu entscheiden. Die gewerbliche Einstufung als Straßenbahn oder als Eisenbahn ist für die Entscheidung der Frage unbeachtlich. Eine Schienenbahn nimmt nicht am Straßenverkehr teil, wenn sie auf einem besonderen Bahnkörper verläuft oder wenn ihre Gleise innerhalb des Verkehrsraums einer öffentlichen Straße liegen, aber der Bahnkörper so beschaffen ist, dass der übrige Verkehr von dem der Schienenbahn vorbehaltenen Straßenteil ausgeschlossen ist.[1] Das wird regelmäßig der Fall sein, wenn die Straßenbahnschienen durch bauliche Maßnahmen derart verlegt sind, dass ein Befahren der Schienen mit normalen Pkw nicht möglich ist (bspw. Schotter und Schwellen). Ob lediglich eine durchgezogene weiße Linie zur Abtrennung ausreicht, erscheint zumindest zweifelhaft, dürfte aber zu verneinen sein. An **Übergängen und Kreuzungen von Schiene und Straße** nehmen Schienenbahnen dann nicht am allgemeinen Straßenverkehr teil und unterliegen damit zB auch nicht der Regelung der Straßenverkehrsordnung, wenn eine Sonderregelung nach § 19 StVO (Warnkreuz, Blinklicht usw) getroffen ist.[2] **Für andere Fahrzeuge** und Verkehrsteilnehmer, die den Bahnübergang kreuzen, gelten in diesem Bereich die Regeln des Straßenverkehrs, soweit das Verhalten nicht im Einzelfall einen gefährlichen Eingriff in den Schienenverkehr darstellt. Beim **gemischten Streckenverlauf** kommt es entscheidend darauf an, wo die Tat begangen worden ist. Beim Auseinanderfallen von Tat, Gefährdung und Schadenseintritt ist der Ort der Gefährdung maßgebend. Denkbar ist unter Umständen aber auch **Tateinheit zwischen den §§ 315 und 315b StGB**, wenn beispielsweise der Täter an einer Straßenbahn, die auf einer gemischten Strecke verkehrt, vor Fahrtbeginn im Bahndepot die Bremsen beschädigt.

5 § 316 StGB gilt **für sämtliche Verkehrsarten**, also auch für den Bahn, Luft- und Schiffsverkehr. Dies ergibt sich aus dem Wortlaut des Gesetzes. Denn in den §§ 315b und 315c StGB ist ausdrücklich vom **Straßenverkehr** die Rede, während es in § 316 StGB heißt: „Wer im **Verkehr** …". Außerdem zitiert der Gesetzgeber in § 316 StGB die §§ 315–315d StGB. Damit sind alle Verkehrsarten einbezogen.

B. Der Straßenverkehr

6 Regelungen zum Straßenverkehr enthalten unter anderem die §§ 44, 69 ff., 142, 315b, 315c, 316 StGB. Aber auch sonstige Normen des StGB finden im verkehrsrechtlichen Bereich häufig Anwendung, wie etwa die §§ 222 (fahrlässige Tötung), 229 (fahrlässige Körperverletzung), 240 (Nötigung) und 323a (Vollrausch) StGB. Daneben gibt es in diversen sog. Nebengesetzen (zB im Straßenverkehrsgesetz – StVG – sowie im Pflichtversicherungsgesetz – PflVG) viele strafrechtliche Vorschriften für den Straßenverkehrsbereich.

7 Umfangreiche Bestimmungen für diese Verkehrsart enthält das StVG, das durch zahlreiche **Rechtsverordnungen** ergänzt wird. § 6 StVG schafft die Grundlage für diese Rechtsverordnungen. § 24 StVG bildet als Blankettnorm die gesetzliche Grundlage für die jeweiligen Bußgeldtatbestände in den Rechtsverordnungen (vgl. § 1 OWiG, wonach eine Ordnungswidrigkeit eine rechtswidrige und vorwerfbare Handlung ist, die den Tatbestand eines **Gesetzes** verwirklicht). Deshalb ist § 24 StVG bei den meisten Verkehrs-Ordnungswidrigkeiten ebenfalls zu zitieren. Im Übrigen enthalten die jeweiligen Rechtsverordnungen eine

---

[1]   BGHSt 15, 9 = NJW 1960, 2009.
[2]   BGHSt 15, 9 = NJW 1960, 2009; OLG Stuttgart VRS 44, 33.

sogenannte Rückverweisungsklausel auf § 24 StVG (s. zB § 49 I–IV StVO, § 48 FZV, § 69a II–V StVZO, § 75 FeV).

Schematische Übersicht über die wichtigsten Verordnungen 8

| Die **Straßenverkehrs-ZulassungsO (StVZO)** regelt nur noch die sachlichen Voraussetzungen für die Teilnahme am Straßenverkehr (insbesondere die Beschaffenheit der Fahrzeuge) | Die **StraßenverkehrsO (StVO)** stellt die Regeln auf, wie man sich im Straßenverkehr zu verhalten hat. |

Ausgegliedert aus der StVZO wurden

im Jahre 1999 die **und im Jahre 2007 die**

| **FahrerlaubnisVO (FeV)** regelt die persönlichen Voraussetzungen, um (ggf. mit bestimmten Fahrzeugen) am Straßenverkehr teilnehmen zu dürfen. | **Fahrzeug-ZulassungsVO (FZV)** regelt im Wesentlichen das Zulassungsverfahren von Fahrzeugen zum Straßenverkehr. |

Gesetzliche Grundlage (Fundament) ist das Straßenverkehrsgesetz (StVG)

Gesetzliche Grundlage für alle vorgenannten Verordnungen bildet jeweils das 9 **StVG,** das teilweise auch allgemeine Regeln beinhaltet. Außerdem enthält das StVG verschiedene Straftatbestände, die einer **gesetzlichen** Regelung bedürfen. Die bekanntesten und wichtigsten **Rechtsverordnungen** sind die Straßenverkehrsordnung (StVO), die Fahrerlaubnis-Verordnung (FeV), die Fahrzeug-Zulassungsverordnung (FZV) und die Straßenverkehrs-Zulassungs-Ordnung (StVZO). Letztere beiden regeln die Zulassungsvoraussetzungen für Fahrzeuge, unter denen diese überhaupt am Straßenverkehr teilnehmen dürfen (zB Fragen zur Zulassung und nähere Ausführungen zur technischen Beschaffenheit von Fahrzeugen). In der FeV sind die persönlichen Voraussetzungen enthalten, die zur Teilnahme am Straßenverkehr berechtigen. Die StVO beinhaltet die Benutzungsregeln für den Verkehr auf den öffentlichen Verkehrsflächen.

C. Wichtige Begriffe des Straßenverkehrsrechts

Um eine ständige Wiederholung bei den einzelnen Tatbeständen zu vermeiden, 10 sollen zunächst einige wichtige Begriffe, die in verschiedenen Vorschriften als Tatbestandsmerkmale Bedeutung haben, näher erläutert werden.

I. Öffentlicher Straßenverkehr – öffentliche Verkehrsfläche

11 Da fast jeder Mensch täglich am Straßenverkehr teilnehmen muss (etwa eine Fahrt zur Arbeit, Wahrnehmung wichtiger geschäftlicher oder privater Angelegenheiten), hat der Gesetzgeber den Aufenthalt in diesem Bereich durch spezielle (Straf-)Vorschriften besonders geschützt. Der Begriff „Straßenverkehr" taucht wörtlich oder in Abwandlungen, die in der Regel dasselbe meinen (zB „auf öffentlichen Wegen"), in zahlreichen verkehrsrechtlichen Vorschriften auf. Die Normen finden nur Anwendung, wenn sich das in Rede stehende Ereignis im (öffentlichen) Straßenverkehr, auf öffentlichen Wegen oder Plätzen zugetragen hat. Anderenfalls scheiden diese Vorschriften aus.

> **Beispiele:**
> a) § 142 StGB　　　　(Unfall im **Straßenverkehr** …)
> b) § 315b StGB　　　(Wer die Sicherheit des **Straßenverkehrs** …)
> c) § 315c StGB　　　(Wer im **Straßenverkehr** …)
> d) § 6 PflVG　　　　(Wer ein Fahrzeug auf **öffentlichen Wegen oder Plätzen**
> 　　　　　　　　　…)
> e) §§ 1 und 2 StVG　(… auf **öffentlichen Straßen** …)
> f) § 21 StVG　　　　(Wer auf **öffentlichen Straßen** …) iVm § 2 StVG
> g) § 24a StVG　　　(… wer im **Straßenverkehr** …)
> h) § 1 StVO　　　　(Die Teilnahme am **Straßenverkehr** …)
> i) § 1 FeV　　　　　(Zum Verkehr auf **öffentlichen Straßen** …)

12 Auch die StVO (s. § 1 I StVO), die FeV, die FZV sowie die StVZO erfassen (weitgehend) nur Vorgänge, die sich im öffentlichen Verkehrsraum abspielen bzw. sich auf den öffentlichen Straßenverkehr beziehen. § 316 StGB erfasst zwar **alle** Verkehrsarten, also neben dem Straßenverkehr auch den Bahn, Luft- und Schiffsverkehr. Aber auch diese Norm findet nur Anwendung, wenn sich der Vorfall im jeweiligen Verkehrsraum (bspw. im öffentlichen Straßenverkehr) ereignet hat.

> **Definition:** Straßenverkehr ist der Verkehr von Fahrzeugen, Radfahrern und Fußgängern auf allen Wegen, Plätzen, Durchgängen und Brücken, die jedermann oder wenigstens allgemein bestimmten Gruppen von Benutzern (zB Autobahn, Radwege, Anliegern oder Fußgängern), wenn auch nur vorübergehend oder gegen Gebühr zur Verfügung stehen, wobei es nicht auf die Eignung für bestimmte Verkehrsarten oder auf die Eigentumsverhältnisse ankommt.[3] Unter öffentlichem Verkehrsraum werden alle Flächen verstanden, die ohne Rücksicht auf die Eigentumsverhältnisse entweder aufgrund wegerechtlicher Widmung oder aufgrund ausdrücklicher oder stillschweigender Duldung einem unbestimmten Personenkreis zu verkehrsüblicher Nutzung zur Verfügung stehen.[4]

---

[3]　BGH NStZ 2013, 530 = NZV 2013, 508.
[4]　BGHSt 49, 128 = NZV 2004, 479; NK-GVR/*Blum* StVG § 21 Rn. 7.

Aus dieser Definition ergibt sich, dass es für die Frage des öffentlichen Ver- **13** kehrsraumes nicht darauf ankommt, ob die **Fläche im öffentlichen Eigentum** steht oder einem **Privatmann** gehört. Wenn eine Behörde für ihre Bediensteten einen Parkplatz anlegt und Vorkehrungen trifft, dass dieser Platz Besuchern und dritten Personen nicht zugänglich ist, so ist der Benutzerkreis bestimmt. Folglich erfüllt dieser Behördenparkplatz nicht die Anforderungen an eine öffentliche Verkehrsfläche, obwohl er dem Staat gehört. Wenn umgekehrt ein privater Besitzer einen Platz auf seinem Grundstück jedermann zugänglich macht, findet ggf. auf dieser Fläche öffentlicher Straßenverkehr statt.

Ferner kommt es auf die **Eignung für bestimmte Verkehrsarten** nicht an. Wer **14** mit einem Pkw einen (öffentlichen) Radweg benutzt, nimmt am Straßenverkehr teil, auch wenn die Benutzung dieser Verkehrsfläche für Pkw verboten ist. Wer mit dem Motorrad durch einen öffentlichen Park fährt, nimmt öffentlichen Verkehrsraum in Anspruch, auch wenn durch ein entsprechendes Schild das Befahren der Parkwege durch Fahrzeuge aller Art untersagt ist.

Weiterhin können Flächen, die nur gegen eine entsprechende **Gebühr** zur **15** Verfügung gestellt werden (zB ein gebührenpflichtiger **Parkplatz** oder ein **Parkhaus)**, dem öffentlichen Verkehrsraum zuzurechnen sein, sofern die übrigen Voraussetzungen erfüllt sind. Eine Fläche kann auch lediglich **vorübergehend zum öffentlichen Verkehrsraum** umfunktioniert werden, etwa wenn ein Landwirt anlässlich des jährlichen Schützenfestes seine Weide, die dem Festplatz gegenüberliegt, an diesem Tag als Parkplatz für die Besucher öffnet. Parkplätze oder Parkhäuser sind unter Umständen außerhalb der normalen Betriebszeit nicht als öffentlicher Verkehrsraum anzusehen, wenn dies durch entsprechende Maßnahmen erkennbar ist (etwa eine Schranke oder ein Schild, das respektiert wird).

Eine Fläche wird nicht bereits dadurch zu einer öffentlichen dadurch, dass ihre **16** **Benutzung der Allgemeinheit scheinbar gestattet** wird, sondern erst dadurch, dass sie tatsächlich von der Allgemeinheit für einen gewissen Zeitraum benutzt wird.[5] Wird eine derartige Fläche **gegen den Willen des Berechtigten** von einzelnen Verkehrsteilnehmern genutzt (bspw. ein Platz auf seinem Grundstück), wird sie erst dann zum öffentlichen Verkehrsraum, wenn ein größerer unbestimmter Personenkreis dieses Grundstück in Gebrauch nimmt. Der Berechtigte muss seinen **Ausschließungswillen** deutlich zum Ausdruck bringen und ggf. gegen Missbrauch vorgehen. Grundsätzlich reicht zB ein entsprechendes Hinweisschild aus, sofern es respektiert wird. Wird ein solches Schild nicht beachtet, sind seitens des Eigentümers oder Berechtigten weitergehende Maßnahmen erforderlich, um den Ausschließungswillen durchzusetzen[6] (etwa Schranke oder Sperrpfosten).

Verkehrsflächen können auch **je nach Tageszeit der Öffentlichkeit** dienen. Dies **17** gilt häufig bspw. für den Parkplatz an einem Supermarkt, der während der Geschäftszeiten einem unbestimmten Personenkreis zur Verfügung steht. Grundsätzlich kommt jedermann als eventueller Kaufinteressent in Betracht. Da der

---

[5] OLG Schleswig NStE § 316 StGB Nr. 14.
[6] BGH NStZ 2013, 520.

Kreis der Berechtigten unbeschränkt und unbestimmt ist, liegt eine öffentliche Verkehrsfläche vor.[7] Ob ein Kundenparkplatz auch **außerhalb der Geschäftszeiten** öffentlicher Verkehrsraum bleibt, hängt davon ab, ob der Eigentümer oder Berechtigte die tatsächliche Benutzung der Grundstücksfläche durch einen unbestimmten Personenkreis duldet. Dabei kommt es auf den Grund dieser Duldung nicht an.[8] Wer auf seinem Grundstück einen öffentlichen Verkehr tatsächlich zulässt, kann ihn nicht mehr bloß stillschweigend beschränken.[9] Ein Kundenparkplatz ist außerhalb der Geschäftszeiten keine öffentliche Verkehrsfläche, wenn der Geschäftsinhaber deutlich zum Ausdruck bringt, dass er eine Benutzung nach Betriebsschluss nicht duldet (zB durch ein entsprechendes Schild oder durch andere Maßnahmen). Dies gilt selbst dann, wenn er etwa einem bestimmten Kreis von konkreten Nachbarn das Parken außerhalb der Geschäftszeiten gestattet.

18 Der **Parkplatz an einer Gaststätte** erfüllt die Voraussetzungen einer öffentlichen Verkehrsfläche, selbst wenn der Gastwirt an der Zufahrt ein Schild aufgestellt hat mit dem Hinweis: „Nur für Gäste". Der Gasthausbesitzer kennt diejenigen, die seine Gäste sein sollen und werden, nicht von vornherein. Er hofft vielmehr, dass im Rahmen seiner räumlichen Möglichkeiten ihn zahlreiche Gäste besuchen. Der Besucherkreis, der nach seinem Willen den zur Verfügung gestellten Parkplatz benutzen darf, ist unbestimmt und wechselnd. Daher handelt es sich um eine öffentliche Verkehrsfläche.[10] Anders ist es dagegen bei einem **Hotelparkplatz**, der **nur Hausgästen** zur Verfügung steht. Denn diese Personen treten durch den Abschluss des Beherbergungsvertrages zum Hotelier in eine enge persönliche Beziehung. Steht der Parkplatz aber – ohne Trennung – auch den Gästen eines mit dem Hotel verbundenen Restaurants und damit einem unbestimmten Personenkreis zur Verfügung, dürfte in aller Regel öffentlicher Straßenverkehr vorliegen.[11] Die Zufahrten zu einem **Tankstellengelände** sowie der Raum zwischen den Zapfsäulen sind öffentliche Verkehrsfläche.[12] Etwas anderes kann für die Zeiten der Betriebsruhe gelten. Voraussetzung ist jedoch, dass der Ausschließungswille des Tankstelleninhabers oder Pächters für jedermann ohne Weiteres erkennbar ist. Dies wird man bejahen können, wenn die Eigenbeleuchtung der Tankstelle nachts ausgeschaltet ist und sich aus einem von der Straße deutlich sichtbaren Schild die Geschäftszeiten ergeben.[13] Wird eine derartige Tankstelle, die zB an einer Kreuzung liegt, nachts als Abkürzung von zahlreichen Autofahrern benutzt, findet (öffentlicher) Straßenverkehr statt.

19 Zweifelsfälle treten immer wieder bei (privaten) **Grundstückszufahrten** auf. Die Zufahrt zu einem Einfamilienhaus dürfte in aller Regel nicht als öffentliche Verkehrsfläche anzusehen sein. Schwieriger wird die Abgrenzung aber bei Zufahrten zu Mehrfamilienhäusern oder bei einer gemeinsamen Zufahrt zu mehreren

---

[7]   OLG Saarbrücken NJW 1974, 1099.
[8]   BGHSt 17, 159 = NJW 1962, 1068; OLG Düsseldorf VRS 75, 61.
[9]   OLG Düsseldorf VRS 50, 427.
[10]   BGHSt 16, 7 = NJW 1961, 1124.
[11]   NK-GVR/*Blum* StVG § 21 Rn. 10.
[12]   OLG Düsseldorf VRS 59, 282; NZV 1988, 231.
[13]   Vgl. OLG Hamm NJW 1967, 119.

Einfamilienhäusern. Regelmäßig hängt es von den Umständen des Einzelfalles ab, ob eine Grundstückszufahrt als öffentlicher Verkehrsraum anzusehen ist.[14] Unter anderem wird man die Beantwortung dieser Frage davon abhängig machen müssen, wie die Anbindung der Zufahrt an den öffentlichen Verkehrsraum gestaltet ist, wie vielen Häusern mit jeweils wie vielen Bewohnern die Zufahrt dient, ob zufahrtsbeschränkende Einrichtungen oder Sperrzeichen vorhanden sind, von welchem Personenkreis die Zufahrt benutzt wird und wie sich das Gesamtbild der Bebauung darstellt. Außerdem muss man danach differenzieren, an welcher Stelle sich der fragliche Vorfall ereignet hat. Es können auch Teile einer Zufahrt öffentliche Verkehrsfläche sein, während andere Bereiche diese Voraussetzung nicht erfüllen. Das wird man etwa annehmen können, wenn Teile der Fläche einem unbestimmten Personenkreis zugänglich sind, während andere Bereiche nur bestimmten Personen (etwa Mietern) vorbehalten sind. Ein **Hofgrundstück**, das von der Straße nicht einsehbar und unbefestigt ist und nur durch eine schmale lang gezogene und tunnelartige Hausdurchfahrt erreichbar ist, stellt jedenfalls grundsätzlich keine öffentliche Verkehrsfläche dar.[15] Eine gemeinsame **Zufahrt zu fünf Reihenhäusern**, bei der zufahrtsbeschränkende Einrichtungen oder Sperrzeichen fehlen, ist öffentlicher Verkehrsgrund, wenn der Zufahrtsweg sowohl den Benutzern dieser Häuser als auch deren Besuchern, Lieferanten usw) offen steht, also einem nicht mehr durch nähere Beziehungen verbundenen, unbestimmten Personenkreis.[16] Auf einem **Firmenparkplatz**, der nur den Beschäftigten zur Verfügung steht, findet (regelmäßig) kein öffentlicher Straßenverkehr statt, weil der Benutzerkreis so eng und genau umschrieben ist, dass er deutlich aus einer Vielzahl möglicher Benutzer ausgesondert ist. Die Bediensteten sind dem Firmeninhaber aufgrund des mit jedem abgeschlossenen Anstellungsvertrages ihrer Persönlichkeit nach bekannt.[17] Dies gilt selbst für riesige Parkplätze großer Konzerne. Ist dagegen der Firmenparkplatz auch Besuchern, Lieferanten oder sonstigen dritten Personen zugänglich, so ist die Fläche öffentlicher Verkehrsraum, weil einem unbestimmten Personenkreis der Zutritt gestattet ist. Gleiches gilt für einen Behördenparkplatz.

Kein öffentlicher Verkehrsraum sind: **20**

- ein Zugang zu Büroräumen, der durch Stufen auch in der Höhe von einem allgemein zugänglichen Kundenparkplatz eines Gebäudes abgesetzt ist,[18]
- ein durch einen entfernbaren Zaun oder durch Verbotstafeln allgemein gesperrter Weg, auch wenn er für bestimmte Personen freigegeben ist,[19]
- ein Kasernengelände,[20] weil der Zugang grundsätzlich nur einem bestimmten Personenkreis gestattet ist (anders möglicherweise an einem Tag der offenen Tür),
- ein Privatparkplatz, der nur bestimmten Mietern vorbehalten ist.[21]

---

[14] BGH NJW 1975, 444; OLG Düsseldorf NJW 1988, 922 = NStE § 142 StGB Nr. 3.
[15] BGH NZV 1998, 418 = VRS 95, 218; OLG Hamm NZV 2008, 257.
[16] BayObLG VRS 64, 375.
[17] BGHSt 16, 7 ff. = NJW 1961, 1124.
[18] BGH HRRS 2012 Nr. 1, S. 9, 10.
[19] OLG Braunschweig NdsRpfl. 64, 208; VRS 27, 458.
[20] BGH VRS 26, 255, 334.
[21] OLG Braunschweig VRS 27, 458.

Beispiele für öffentlichen Verkehrsraum:
- Öffentliche Ladestelle einer Fabrik oder der Eisenbahn,[22]
- Hauptladestraße eines eingefriedeten großstädtischen Güterbahnhofs,[23]
- Ladestraße der Deutschen Bahn AG, und zwar auch dann, wenn an den Zufahrten ein Schild mit der Aufschrift angebracht ist: **„Unbefugten ist der Zutritt nicht gestattet".**[24]

Gemeinsam ist den vorgenannten Beispielen, dass das Merkmal der Öffentlichkeit nur dann entfällt, wenn entweder bereits durch die eindeutig ersichtliche Gestaltung der Anlage oder durch eine Einzelkontrolle jedem Nichtberechtigten der Zugang von vornherein unmöglich gemacht wird, oder wenn, falls solche Vorkehrungen nicht getroffen sind, nur solchen Benutzern der Zugang gewährt werden soll, die in einer näheren persönlichen Beziehung zu dem Verfügungsberechtigten stehen, und die von diesem aufgrund dieser Beziehung ihrer Persönlichkeit nach jederzeit ermittelt werden können.

II. Verkehrsteilnahme – Fahrzeug – Kraftfahrzeug[25]

21 Neben dem Begriff „Verkehrsteilnahme" werden in den straßenverkehrsrechtlichen Bestimmungen die Begriffe „Fahrzeug" und „Kraftfahrzeug" benutzt. Während zu den Verkehrsteilnehmern unter anderem auch die Fußgänger zählen, ist das Führen eines Fahrzeugs oder Kraftfahrzeugs die speziellere Form der Verkehrsteilnahme. Gegenüber dem „Kraftfahrzeug" ist das „Fahrzeug" der übergeordnete Begriff.

22 **Verkehrsteilnehmer** ist nicht schlechthin jeder in einem öffentlichen Verkehrsraum Anwesende ohne Rücksicht darauf, ob er selbst irgendwie das Verkehrsgeschehen beeinflusst, sondern nur derjenige, der sich verkehrserheblich verhält, dh körperlich unmittelbar auf den Ablauf eines Verkehrsvorganges einwirkt.[26] Das können neben den Führern von Fahrzeugen etwa auch Fußgänger sein. So enthält § 2 FeV iVm § 75 Nr. 1 FeV einen Bußgeldtatbestand für Verkehrsteilnehmer, die sich infolge körperlicher oder geistiger Mängel nicht sicher im Verkehr bewegen. Dazu gehören auch betrunkene Fußgänger. Dieser Bußgeldtatbestand gilt zwar grundsätzlich auch für die Führer von Fahrzeugen. In der Regel greifen für diese aber speziellere Tatbestände ein (zB die §§ 315c I Nr. 1 oder 316 StGB), die nach § 21 I OWiG die Ordnungswidrigkeit verdrängen. Den §§ 2, 75 Nr. 1 FeV geht auch § 24a StVG als lex specialis vor, wenn der Täter ein **Kfz** geführt hat.

23 **Fahrzeuge** im Sinne des Straßenverkehrsrechts sind Gegenstände, die zur Fortbewegung auf dem Boden bestimmt und geeignet sind. Dazu gehören nicht nur solche, die auf Rädern oder Raupen laufen, sondern beispielsweise auch Schlitten. Gleichgültig ist, ob sie sich mit eigener Kraft bewegen oder von einem anderen Fahrzeug oder von Menschen oder Tieren gezogen (etwa Anhänger)

---

[22] OLG Köln VRS 16, 55.
[23] OLG Schleswig VerkMitt. 1958, 15.
[24] OLG Braunschweig VRS 26, 220.
[25] *Blum* SVR 2013, 250 ff.
[26] BGHSt 14, 24 (27) = NJW 1960, 924; BGHSt 18, 6 (8) = NJW 1962, 2069.

oder geschoben werden. Auch fahrbare Arbeitsgeräte wie Schneepflüge, Bagger oder Baukräne auf Rädern oder Raupen sind Fahrzeuge iSd Verkehrsrechts.[27] Die straßenverkehrsrechtlichen Vorschriften selbst enthalten keine (positive) Definition des Fahrzeugs. Die §§ 24 I StVO und 16 II StVZO bestimmen lediglich, dass Schiebe- und Greifreifenrollstühle, Rodelschlitten, Kinderwagen, Roller, Kinderfahrräder und ähnliche Fortbewegungsmittel (hierunter fallen auch Rollschuhe und Skateboards) keine Fahrzeuge im Sinne der StVO bzw. der StVZO sind (negative Begriffsbestimmung). Die genannten besonderen Fortbewegungsmittel können jedoch unter Umständen zu Kfz werden, wenn sie mit einem Motorantrieb ausgerüstet werden (vgl. §§ 24 I StVO, 16 II StVZO), wobei § 16 II StVZO eine Einschränkung vornimmt für Fortbewegungsmittel die mit einem Hilfsmittel ausgerüstet sind, das eine bauartbedingte Höchstgeschwindigkeit von nicht mehr als 6 km/h zulässt. **Roller für Erwachsene** sind gem. § 24 StVO keine Fahrzeuge im Sinne der StVO.[28] Begründen lässt sich dies damit, dass der Verordnungsgeber im Gegensatz zu den Fahrrädern und Kinderfahrrädern bei den Rollern keine Differenzierung zwischen den Benutzern vornimmt. Unter den Begriff des Rollers fallen auch die **nicht motorisierten Kickboards und Skooter**. Sind sie motorisiert, sind sie den Kfz zuzuordnen,[29] weil der Verordnungsgeber in den §§ 24 I StVO, 16 II StVZO eine ausdrückliche Einschränkung der Spielgeräte dahingehend vorgenommen hat, dass die genannten Fortbewegungsmittel nicht motorbetrieben sein dürfen. Ein sogenanntes **„Pocketbike"** ist wegen seiner bauartbedingten Bestimmung zur Personenbeförderung ein Kfz. Es ist kein (motorbetriebenes) Spielzeug.[30] **Inlineskates** sind keine Fahrzeuge, sondern sie zählen zu den „ähnlichen Fortbewegungsmitteln" des § 24 StVO, weil sie ein geringes Eigengewicht haben und üblicherweise nicht mit Beleuchtungen oder mehrfachen Bremssystemen ausgestattet sind.[31]

Ein **Fahrrad** ist ein Fahrzeug im Sinne der StVO; es muss über bestimmte tech- **24** nische Einrichtungen verfügen (Rückstrahler, Beleuchtungseinrichtung, Glocke, Bremsen).[32] Fahrräder sind Fahrzeuge mit mindestens zwei Rädern (auch dreirädrige Fahrzeuge), bewegt ausschließlich durch Muskelkraft des oder der Fahrer, wobei eine bloße elektrische Tretunterstützung nichts an der Eigenschaft als Fahrrad ändert – sog. Pedelics (§ 1 III StVG). Etwas anderes gilt, wenn der (Elektro-)Motor das Fahrrad unabhängig von der Muskelkraft des Fahrers antreibt. In diesem Fall handelt es sich um ein Kfz. Ein durch einen auf den Rücken des Fahrers geschnallten **Gleitschirmpropellermotor fortbewegtes Herrenfahrrad** gilt als **Kfz**.[33] Entscheidend ist allein, dass das Fahrzeug mit Motorkraft bewegt wird. Unerheblich ist, ob der Motor fest mit dem Fahrzeug verbunden ist. Bloße Fahrräder sind auch solche mit Anhänger, Rennräder, Liegefahrräder sowie Klappräder für Erwachsene und Jugendliche. Fahrräder, die nach Größe und Höhe für Jugendliche und Erwachsene ungeeignet sind, gehören nur dann

---

[27] BHJJ/*Heß* StVO § 2 Rn. 3.
[28] OLG Oldenburg NZV 1996, 464 = DAR 1996, 470.
[29] Zu dieser Problematik wird hingewiesen auf *Grams* NZV 1994, 172 ff.
[30] OLG Dresden NJW 2014, 484 = NZV 2014, 235 (236).
[31] BGH NZV 2002, 225 (226).
[32] OLG Düsseldorf MDR 1975, 580.
[33] OLG Oldenburg NZV 1999, 390 = StVE § 21 StVG Nr. 39a.

in diese Kategorie, wenn es sich nicht um Kinderfahrräder iSd §§ 24 I StVO, 16 II StVZO handelt,[34] wobei § 16 II noch eine Einschränkung dahingehend enthält, dass die bauartbedingte Höchstgeschwindigkeit (offensichtl. bezieht sich das auf einen Hilfsantrieb) nicht mehr als 6 km/h betragen darf.

25 Was ein **Kfz** ist, definiert § 1 II StVG (ähnlich § 2 Nr. 1 FZV).

> **Definition:** Kraftfahrzeuge sind danach:
> a) Landfahrzeuge,
> b) die durch Maschinenkraft bewegt werden,
> c) ohne an Bahngleise gebunden zu sein.

26 **Bahngleise** sind Vorrichtungen, die ein Landfahrzeug mit mechanischen Mitteln so führen, dass es bei bestimmungsgemäßem Betrieb nicht von der vorgegebenen Führung abweichen kann, auch nicht durch Einwirkung des Fahrzeugführers. Schienengebundene Fahrzeuge, die mit Motorkraft angetrieben werden, fallen nicht unter den Begriff des Kfz iSd § 1 II StVG.[35]

27 **Mofas sind nach der Definition Kfz,**[36] denn es sind Landfahrzeuge, die durch Maschinenkraft bewegt werden und nicht an Bahngleise gebunden sind. Diese Voraussetzungen erfüllen unter anderem auch **Raupenfahrzeuge und Straßenwalzen.** Es ist ohne Bedeutung, für welchen Zweck das Fahrzeug eingesetzt wird (Beförderung von Personen oder Sachen oder zur Leistung von Arbeiten). Auch eine bauartbedingte geringe Geschwindigkeit nimmt einem Fortbewegungsmittel nicht die Eigenschaft eines Kfz im Sinne des StVG. Die Legaldefinition des § 1 II StVG enthält keine Einschränkung in Richtung auf eine zu erreichende Mindestgeschwindigkeit. Das StVG und die darauf beruhenden Rechtsverordnungen ziehen zwar in einigen Bestimmungen Folgerungen, die sich aus der von dem Fahrzeug zu erreichenden Höchstgeschwindigkeit ergeben. Damit ist aber nicht gesagt, dass Fahrzeuge, die diese Geschwindigkeit nicht erreichen, keine Kfz sind.[37]

28 Der **Segway Personal Transporter** (Selbstbalance-Roller) ist ein Kfz, das von der Zulassungspflicht ausgenommen ist. Welche Kfz in diese Kategorie fallen, ist in § 1 Verordnung über die Teilnahme elektronischer Mobilitätshilfen am Verkehr (Mobilitätshilfenverordnung – MobHV) geregelt. Diese Verordnung regelt auch die Anforderungen an das Inbetriebsetzen solcher Kfz sowie die Voraussetzungen an den Führer sowie an Brems-, Schall- und lichttechnische Einrichtungen. Außerdem darf man mit Segways nur bestimmte Verkehrsflächen benutzen (§ 7 MobHV). Verstöße gegen diese Bestimmungen sind (teilweise) bußgeldbewehrt (§ 8 MobHV). Nicht zu den Landfahrzeugen gehören Fahrzeuge, die sich auf oder im Wasser fortbewegen. **Amphibienfahrzeuge** sind für die Dauer, in der sie sich auf dem Lande befinden, Landfahrzeuge. Entsprechendes gilt für Luftkissenfahrzeuge. Dagegen sind **Luftfahrzeuge** auch dann keine Landfahrzeuge,

---

34 Hentschel/König/*König* StVO § 2 Rn. 66.
35 BayObLG NZV 1993, 239 = DAR 1993, 304; AG Leipzig NZV 2011, 412.
36 BGH NZV 1993, 443.
37 OLG Hamm StVE § 1 StVG Nr. 1.

wenn sie während des Startens oder Landens den Boden berühren. Nicht zu den Landfahrzeugen gehören ferner Fahrstühle (Aufzüge), Seil- oder Schwebebahnen und maschinell angetriebene Fahrzeuge in einem Autokarussell.

Die Unterscheidung zwischen Fahrzeug und Kraftfahrzeug ist wichtig, weil **29** in verschiedenen Bestimmungen zwischen den beiden Begriffen differenziert wird. Während zum Führen eines Kfz grundsätzlich eine Fahrerlaubnis erforderlich ist (§ 2 I StVG), benötigt der Führer eines Fahrzeugmangels einer entsprechenden Regelung eine solche Erlaubnis nicht. Bei der Straßenverkehrsgefährdung (§ 315c StGB) und bei der Trunkenheit im Verkehr (§ 316 StGB) reicht das Führen eines **Fahrzeugs** aus. Dagegen verlangt § 24a StVG (Ordnungswidrigkeiten wegen Genusses von Alkohol oder berauschenden Mitteln), dass der Täter ein **Kfz** geführt hat. Ein Fahrverbot (§ 44 StGB) oder eine Entziehung der Fahrerlaubnis (§ 69 StGB) kommen nur in Betracht, wenn der Beschuldigte die Tat beim oder im Zusammenhang mit dem Führen eines **Kfz** oder unter Verletzung der Pflichten eines **Kfz-Führers** begangen hat (ähnlich § 25 StVG). § 21 StVG (Fahren ohne Fahrerlaubnis) setzt das Führen eines **Kfz** voraus. Wer in **angetrunkenem Zustand ein Fahrrad** führt, kann zwar nach § 315c I Nr. 1a bzw. § 316 StGB belangt werden. Ein Fahrverbot nach § 44 StGB oder eine Entziehung der Fahr-erlaubnis nach § 69 StGB dürfen aber nicht ausgesprochen werden.[38] Eine Ahndung nach § 24a StVG kommt für den Fahrradfahrer ebenfalls nicht in Betracht, weil er lediglich ein Fahrzeug führt. Allerdings kann die Verwaltungsbehörde im Rahmen einer Prüfung nach den §§ 3 StVG, 46 FeV auch Trunkenheitsfahrten mit dem Fahrrad als Nachweis der Ungeeignetheit für eine Entziehung der Fahrerlaubnis heranziehen[39] und sogar das Führen eines Fahrrades untersagen.[40] Jedoch muss die Verwaltungsbehörde in diesen Fällen aus Gründen der Verhältnismäßigkeit prüfen, ob sich der Zweck der Maßnahme nicht durch ein milderes Mittel, etwa ein sachlich, zeitlich oder örtlich eingeschränktes Verbot, erreichen lässt.[41] In § 6 PflVG wird zwar der Gebrauch eines **Fahrzeugs** auf öffentlichen Wegen und Plätzen unter Strafe gestellt, aber nur dann, wenn der nach § 1 erforderliche Haftpflichtversicherungsvertrag nicht oder nicht mehr besteht. Nach § 1 PflVG ist nur der Halter eines **Kfz** oder Anhängers zum Abschluss einer Haftpflichtversicherung verpflichtet. Somit findet § 6 PflVG letztlich nur bei **Kfz** oder Anhängern Anwendung. Der Gesetzgeber musste jedoch in § 6 PflVG den Begriff „Fahrzeug" wählen, weil auch der **Gebrauch von Anhängern** ohne Bestehen eines Haftpflichtversicherungsvertrages grundsätzlich unter Strafe gestellt werden soll. Nach § 2 Nr. 1 FZV werden Anhänger als zum Anhängen an ein Kfz bestimmte und geeignete **Fahrzeuge** definiert. Da Anhänger aber nicht durch Motorkraft angetrieben werden, stellen sie keine **Kraft**fahrzeuge dar.

---

[38] OLG Brandenburg BA 2008, 314 (317).
[39] BVerwG BA 2008, 410; OVG Lüneburg NJW 2008, 2059; OVG Berlin-Brandenburg BA 2011, 184; VG Schleswig StVE § 3 StVZO Nr. 2; VG Münster NZV 2012, 56.
[40] OVG Koblenz NJW 2012, 3388.
[41] OVG Bremen StVE § 3 StVZO Nr. 1.

30 Ein **Kfz, das ohne Motorkraft über eine Gefällstrecke abgerollt** wird, verliert nicht seine Eigenschaft als Kfz. Hat der Führer nicht die erforderliche Fahrerlaubnis, macht er sich nach § 21 I Nr. 1 StVG strafbar.[42]

III. Zum Begriff des Halters

31 Bei verschiedenen Delikten ist für die Strafbarkeit von entscheidender Bedeutung, wer Halter eines Kfz ist (vgl. zB § 21 I Nr. 2, II Nr. 3, III Nr. 2 StVG). In der FZV, StVZO und in der FeV taucht der Begriff des **Halters** an zahlreichen Stellen auf. Bei § 142 StGB (unerlaubtes Entfernen vom Unfallort) treffen den **Halter** aus der engen Sachbeziehung zum Fahrzeug unter Umständen höhere Pflichten als dritte Personen, dh möglicherweise macht sich der **Halter** auch in Fällen nach § 142 StGB strafbar, in denen dritten Personen kein strafrechtlich relevanter Vorwurf gemacht werden kann oder in denen diese lediglich als Teilnehmer strafbar sind, während der **Halter** Täterqualifikation hat. Zu den Einzelheiten vgl. die entsprechenden Ausführungen im Kapitel über das unerlaubte Entfernen vom Unfallort.

32 **Halter und Eigentümer brauchen nicht identisch zu sein.** Es ist heute weit verbreitet, zur Finanzierung des Kaufpreises das Fahrzeug an eine Bank zur Sicherung zu übereignen. Die Bank ist damit rechtlich Eigentümerin des Wagens. Sie dürfte aber kaum die mit der Haltereigenschaft verbundenen Pflichten übernehmen wollen. Dass Halter und Eigentümer nicht identisch sein müssen, lässt sich auch aus einem Rückschluss aus § 1 PflVG herleiten, wonach der Halter eines Kfz **für sich, den Eigentümer** und den Fahrer eine Haftpflichtversicherung abschließen muss. **Halter ist auch nicht notwendigerweise derjenige, der im Kfz-Schein eingetragen ist.**[43] Aus „versicherungsrechtlichen Gründen" (Schadenfreiheitsrabatt) ist nicht selten eine dritte Person in den Kfz-Papieren eingetragen, die niemals das Fahrzeug führt und mitunter auch gar keinen Zugriff auf das Auto hat.[44] Etwas anderes mag bei der Kfz-Steuer gelten. Nach § 7 KraftStG ist nämlich derjenige Steuerschuldner, für den das Fahrzeug zum Verkehr zugelassen ist.

> **Definition:** Halter eines Kfz ist derjenige, der es für eigene Rechnung gebraucht und die tatsächliche Verfügungsgewalt darüber besitzt, die ein solcher Gebrauch voraussetzt. Die Haltereigenschaft ist vornehmlich nach den tatsächlichen und wirtschaftlichen Verhältnissen zu beurteilen.[45]
>
> Wesentlich für den Halterbegriff sind daher:
>
> a) die wirtschaftliche Seite und
> b) die Verfügungsgewalt über das Kfz.

---

[42] BGHSt 14, 185 ff. = NJW 1960, 1211.
[43] OLG Düsseldorf NJW 2006, 855.
[44] BayObLG VRS 58, 462.
[45] OLG Düsseldorf VRS 55, 383 (384); OLG Karlsruhe NZV 1997, 195; OLG Düsseldorf NJW 2006, 855; OLG Hamm NZV 2013, 301; OVG Lüneburg NJW 2014, 1690.

Für **eigene Rechnung** hat ein Fahrzeug in Gebrauch, wer die Nutzung aus 33
dessen Verwendung zieht und die Betriebskosten bestreitet. Die erforderliche
Verfügungsgewalt ist gegeben, wenn der Benutzer des Fahrzeugs Ziel und Zeit
seiner Fahrt selbst bestimmen kann. Unproblematisch ist dies, wenn ein und
dieselbe Person sowohl alleine die Betriebskosten bestreitet und die alleinige
Verfügungsgewalt hat. Aber bereits diese beiden Bereiche können auseinander
fallen. Im Zweifel ist die wirtschaftliche Seite ausschlaggebend. Schwieriger
wird die Frage nach dem Halter, wenn mehrere Personen jeweils einen Teil
der Betriebskosten tragen und sich auch die Verfügungsgewalt teilen. Für die
Feststellung der Haltereigenschaft kommt es letztlich auf die Umstände des
Einzelfalles an. Die Grundsätze, nach welchen sich der Halter bestimmt, gelten
auch bei fahrbereiten, nicht zugelassenen Kfz.

Wer sein Kfz einem anderen **zur ständigen Benutzung** überlässt, ist oft nicht 34
(mehr) Halter des Fahrzeugs.[46] Unter welchen Voraussetzungen der Benutzer
Halter wird, ist eine andere Frage. Jedenfalls begründet eine nur ganz vorübergehende Verfügung über ein Fahrzeug noch keine Haltereigenschaft.[47] Bei
Mietverträgen endet die Haltereigenschaft des Vermieters insbesondere dann
nicht, wenn er aus dem Mietvertrag wirtschaftliche Vorteile zieht oder beim
Überlassen für einen eng begrenzten Zeitraum.[48] Auch ein längeres Vermieten
oder Überlassen des Fahrzeugs an den Mieter beseitigt die Haltereigenschaft
des Vermieters grundsätzlich nicht.[49] Möglicherweise ist auch der Mieter oder
Entleiher neben dem Vermieter bzw. Verleiher Halter. Der Vermieter verliert unter Umständen seine Haltereigenschaft an den Mieter, wenn das Fahrzeug völlig
seinem Einflussbereich entzogen ist, bspw. bei längerer Mietdauer, während der
der Mieter alle anfallenden Kosten trägt oder wenn er sich mit dem Fahrzeug an
einem weit entfernten Ort befindet.[50] Nach ständiger Rspr. wird, wenn ein Kfz
durch einen **Leasingvertrag** einem anderen auf längere Zeit überlassen wird, der
Leasingnehmer in der Regel für die Leasingzeit dessen alleiniger Halter.[51] Es
kommt jedoch auch hier auf die Vertragsgestaltung an. Im Falle des **Fahrzeug-
diebstahls** führt der Gewahrsamsbruch allein nicht zum Erlöschen der Haltereigenschaft des Bestohlenen. Vielmehr setzt die Annahme eines Halterwechsels
voraus, dass der Dieb polizeilichen Nachforschungen nicht mehr unmittelbar
ausgesetzt ist und den Wagen nunmehr als eigenen benutzt.[52]

Es können **mehrere Personen gleichzeitig Halter** desselben Fahrzeugs sein,[53] 35
wobei bei mehreren Haltern die Halterpflichten jeden Halter in vollem Umfang
treffen.[54] Das dürfte etwa unter bestimmten Voraussetzungen **bei Eheleuten** der
Fall sein. So kann die Ehefrau eines von ihr angeschafften und auf ihren Na-

---

[46] OLG Zweibrücken VRS 45, 400; s. aber auch OLG Frankfurt a.M. VRS 52, 220.
[47] BGH NJW 1960, 1572.
[48] OLG Hamm DAR 1978, 111.
[49] OLG Hamm VRS 43, 100.
[50] OLG Zweibrücken VRS 57, 375.
[51] BGHZ 87, 133 (135 f.) = NJW 1983, 1492; BGH NJW 1986, 1044; OVG Münster NJW 2014,
      2811.
[52] KG NZV 1989, 273 (274).
[53] BGHZ 13, 351 = NJW 1954, 1198.
[54] OLG Frankfurt a.M. VRS 52, 220.

men zugelassenen Kfz (Mit-)Halterin bleiben, auch wenn sie den Wagen ihrem Ehemann, mit dem sie in ehelicher Gemeinschaft lebt, zur Benutzung überlässt und selbst nicht mehr fährt.[55]

36 Nach § 14 StGB (bzw. § 9 OWiG) kann der **Vertreter einer juristischen Person**, die Halterin eines Kfz ist, strafrechtlich (bzw. bußgeldrechtlich) für die Halterpflichten einstehen müssen. Ist etwa eine GmbH Halterin eines Kfz, das einer Person, die nicht Inhaberin einer Fahrerlaubnis ist, überlassen wird, so kann strafrechtlich aus § 21 I Nr. 2 (II Nr. 1) StVG gegen die Halterin (GmbH) nicht vorgegangen werden, weil nur natürliche Personen bestraft werden können. Über § 14 StGB kann aber der Geschäftsführer als der vom Gesetz (§ 35 GmbHG) vorgesehene Vertreter wegen des (möglicherweise fahrlässigen) Gestattens des Fahrens ohne Fahrerlaubnis strafrechtlich belangt werden. UU könnte etwa bei einer größeren GmbH über § 14 II StGB auch der **Leiter des Fuhrparks** aus § 21 I Nr. 2 (II Nr. 1) StVG bestraft werden. Bei Ordnungswidrigkeiten wäre in den vorgenannten Fällen eine Ahndung über § 9 OWiG möglich. Durch die Bestellung eines Beauftragten kann sich der Geschäftsführer nicht ohne Weiteres seiner Verantwortlichkeit entziehen; denn § 14 II StGB (bzw. § 9 II OWiG) dehnt zunächst die Verantwortlichkeit auf den Beauftragten aus (vgl. Gesetzeswortlaut „... *auch* auf den Beauftragten anzuwenden ..."). Im Einzelfall kann jedoch der vom Gesetz vorgesehene Vertreter seine Halterverantwortung einschränken oder auch ausschließen, wenn er die Halterpflichten einer zuverlässigen, erprobten und sachkundigen Person **ausdrücklich** und zur Erfüllung in **eigener** Verantwortung überträgt. Die Rspr.[56] stellt jedoch strenge Anforderungen an den Unternehmer hinsichtlich seiner Pflichten zur sorgfältigen **Auswahl des Beauftragten**. Unter anderem ist der vom Gesetz vorgesehene Vertreter zur stichprobenartigen Kontrolle des Beauftragten verpflichtet.

37 Aus der **Haltereigenschaft** kann und darf nicht ohne Weiteres auf die **Fahrereigenschaft** geschlossen werden,[57] weil Halter und Fahrer nicht identisch sein müssen.

IV. Führen eines (Kraft-)Fahrzeugs

1. Der Begriff des Führens

38 In verschiedenen straßenverkehrsrechtlichen Tatbeständen gehört zum gesetzlichen Tatbestand, dass der Täter ein (Kraft-)Fahrzeug **geführt** hat (zB §§ 315c, 316 StGB, §§ 21 und 24a StVG).[58]

> **Definition:** Führen ist die eigenverantwortliche Leitung eines Fahrzeugs unter Ausnutzung der Antriebskraft des Motors oder auch der auf das Fahrzeug einwirkenden Schwerkraft. Führer eines Fahrzeugs ist, wer sich aller oder wenigstens eines Teiles der wesentlichen technischen Einrichtungen des Fahrzeuges bedient, die für seine Fortbewegung bestimmt sind.[58]

---

[55] KG VRS 45, 220.
[56] S. zB OLG Hamm VRS 20, 465 (466); OLG Schleswig VRS 58, 384.
[57] OLG Köln NZV 1998, 37 = StVE § 142 StGB Nr. 118.
[58] BGHSt 35, 390 (393) = NZV 1989, 32 = NJW 1989, 723.

Es muss also jemand, um Führer eines Fahrzeugs sein zu können, dieses unter bestimmungsgemäßer Anwendung seiner Antriebskräfte unter eigener Allein- oder Mitverantwortung in Bewegung setzen oder das Fahrzeug unter Handhabung seiner technischen Vorrichtungen während der Fahrbewegung durch den öffentlichen Verkehrsraum ganz oder wenigstens zum Teil lenken.

Nach früherer Rspr. gehörten bereits **gewisse Vorbereitungshandlungen** zum **39** Führen. Diese alte Rspr. ist überholt durch eine Entscheidung des BGH,[59] wonach ein Führen **stets ein In-Bewegung-Setzen des Fahrzeugs** erfordert. Das Starten des Motors und das Einschalten des Fahrlichts reichen nicht aus. Nach Ansicht des BGH ist die klare Entscheidung des Gesetzgebers zu beachten. „Tatbestandsmäßig iSv § 316 StGB ist danach nicht bereits das Ansetzen zum Abfahren mit seinen vielfältigen Erscheinungsformen vom Einstecken des Zündschlüssels bis zum Gasgeben, sondern erst der Bewegungsvorgang des Abfahrens selbst, der durch das Anrollen der Räder nach außen in Erscheinung tritt". Mit dieser Rechtsauffassung ist eine **klare Abgrenzung zwischen Vollendung und Versuch**, der überwiegend straflos ist (etwa bei § 316 StGB), möglich. Es wird auf Bewegungsabläufe und damit auf objektive Gegebenheiten abgestellt, und es wird darauf verzichtet, die nur schwer nachweisbare innere Einstellung des Täters als maßgeblich heranzuziehen. In dem genannten Beschluss weist der BGH auch darauf hin, dass ältere Entscheidungen[60] mit der neuen Rspr. durchaus in Einklang stehen, wonach der Motorkraft als Ursache der Bewegung keine Bedeutung zukommt. So stellt es etwa ein Führen dar, wenn jemand ein Motorrad, ohne den Motor anzulassen, auf dem Sattel sitzend unter Ausnutzung des Gefälles der Fahrbahn fortbewegt[61] oder wenn jemand ein **Kraft**fahrzeug bei **abgeschaltetem Motor** während des Abrollens über eine Gefällstrecke lenkt.[62] Das gilt selbst dann, wenn das Fahrzeug vorher nicht mit motorischer Kraft bewegt worden ist und der Fahrer nicht die Absicht oder die Möglichkeit hat, den Motor anzulassen (Abrollenlassen nur zum Zwecke des Standortwechsels).

Vorgänge nach Beendigung der Fahrt (zB Abstellen des Motors und Verlassen **40** des Fahrzeugs) gehören nicht mehr zum Führen eines Fahrzeugs.[63] Da der BGH den Begriff des Führens neu definiert hat und entgegen seiner früheren Rspr. gewisse Vorbereitungshandlungen wie etwa das Einführen des Zündschlüssels nicht mehr darunter fasst, können auch Handlungen nach dem Stillstand des Fahrzeugs nicht mehr als ein Führen angesehen werden.

2. Schieben eines Fahrzeugs

Unterschiedlich wird dagegen beurteilt, ob das Schieben eines Kfz bereits als **41** Führen anzusehen ist, wenn das Fahrzeug aufgrund des Schwungs selbstständig ein Stück alleine rollt.

---

[59] BGHSt 35, 390 = NZV 1989, 32 = NJW 1989, 723 = StVE § 316 StGB Nr. 83.
[60] S. zB BGHSt 14, 185 = NJW 1960, 1211.
[61] BayObLG VRS 67, 373 = StVE § 21 StVG Nr. 21.
[62] BGHSt 14, 185 ff. = NJW 1960, 1211.
[63] OLG Karlsruhe NZV 2006, 441 = NStZ-RR 2006, 281.

42 Wird ein **Kfz** auf ebener Strecke durch Schieben des Fahrers oder dritter Personen fortbewegt, handelt es sich nach Ansicht des **OLG Celle**[64] nicht um ein Führen des **Kfz** im Straßenverkehr. Daran ändert sich auch dann nichts, wenn dem Fahrzeug durch das Schieben ein gewisser Schwung vermittelt wird, der es einige Meter selbstständig weiterrollen lässt. Denn in einem solchen Falle ist sicher vorauszusehen, dass der Antriebsschwung alsbald nachlassen wird und dass nicht, wie es beim Abrollen über eine Gefällstrecke der Fall ist, das Fahrzeug vermittels der Schwerkraft (zumindest vorübergehend) zunehmend beschleunigt wird. Auch das **OLG Koblenz**[65] sieht bei dem bloßen Schieben zunächst in demjenigen, der die Lenkung und die Bremse bedient, lediglich den Führer eines **Fahrzeugs**, nicht aber eines **Kfz**. Allerdings – so das OLG Koblenz – liege dann ein Führen eines **Kfz** vor, wenn der geschobene Pkw durch das Schieben einen solchen Schwung erhält, dass er selbstständig einige Meter weiterrollt, wobei er vom Täter gelenkt wird.

43 Wer den Motor eines **Kraftrades** anlässt und dieses anschließend, nachdem er auf dem Fahrersitz Platz genommen hat, auf ebener Fläche mit den Füßen bis zu einer Stelle vorwärts bewegt, von der ab ein anderer das Kraftrad mit Motorkraft weiterfahren soll, führt dieses jedenfalls dann nicht iSd § 21 I Nr. 1 StVG, wenn er dem Kraftrad nicht einen Schwung verleiht, aufgrund dessen es einige Meter selbsttätig weiterrollt.[66] Wer beim **Schieben eines nicht betriebsbereiten Kfz** nach den Anweisungen des verantwortlichen Fahrers nur **Hilfsdienste** leistet (hier: Einschlagen des Lenkrades), ist nicht Führer des Kfz.[67]

44 Man muss unterscheiden zwischen dem **Führen eines Kfz** und dem **Führen eines Fahrzeugs**, weil die Rechtsfolgen insoweit teilweise unterschiedlich sind. In manchen Tatbeständen stellt nämlich nur das Führen eines **Kraft**fahrzeugs ein strafbares oder ahndbares Verhalten dar (zB §§ 21, 24a StVG). Bei diesen Tatbeständen reicht das Führen eines **Fahrzeugs** nicht aus. Für die §§ 315c, 316 StGB dagegen genügt bereits das Führen eines Fahrzeugs, wobei allerdings der vom BGH[68] festgelegte Beweisgrenzwert von 1,1 ‰ wiederum nur für den Führer eines **Kraft**fahrzeugs gilt. Eine Ausnahme macht der BGH[69] wegen der besonderen Anforderungen für den Führer des gezogenen Fahrzeugs beim Abschleppen. Zwar führt der Lenker eines betriebsunfähigen, abgeschleppten Wagens nur ein Fahrzeug und kein Kfz. Da aber ein Abschleppvorgang auch von dem Führer des abgeschleppten Fahrzeugs eine hohe Aufmerksamkeit verlangt, gilt für diesen dieselbe Beweisgrenze der absoluten Fahrunsicherheit wie für einen Kfz-Führer.

---

[64]   VRS 53, 371.
[65]   VRS 49, 366.
[66]   BayObLG VRS 75, 127 = StVE § 21 StVG Nr. 27.
[67]   BGH VerkMitt. 1977, 74.
[68]   BGHSt 37, 89 = NZV 1990, 357 = NJW 1990, 2393.
[69]   BGHSt 36, 341 = NStZ 1990, 232 = NJW 1990, 1245.

3. Willentliches Verhalten beim Führen eines (Kraft-)Fahrzeugs

Nach der Rspr.[70] gehört zum Begriff des Führens ein willentliches Verhalten. 45
Wer ohne seinen Willen bewirkt, dass ein Fahrzeug in Bewegung gerät, etwa
durch Betätigung des Anlassers bei eingelegtem Gang, „führt" das Fahrzeug
nicht. Die sprachliche Auslegung des Begriffs „Führen eines Fahrzeugs" setzt
eine zielgerichtete Tätigkeit voraus. Es muss in jedem Falle eine vom Willen gesteuerte Handlung vorliegen. Der Täter hat zwar bewusst den Anlasser des Motors betätigt. Das Anlassen allein ist aber noch kein Führen. Der Umstand, dass
der erste Gang eingelegt war und deshalb das Fahrzeug durch das Betätigen des
Anlassers bereits fortbewegt wurde, ist hingegen von dem Willensentschluss
des Täters noch nicht umfasst. Nach § 315c II StGB ist zwar der **Versuch in den
Fällen des I Nr. 1** StGB (also nur bei der Vorsatz-Vorsatz-Kombination) strafbar.
Wenn aber – was in der Praxis regelmäßig der Fall sein wird – die konkrete
Gefährdung nur fahrlässig herbeigeführt wird, handelt es sich lediglich um
einen straflosen Versuch zu § 315c I Nr. 1a, III Nr. 1 oder Nr. 2 StGB.

4. Gemeinsames Führen

Es können auch **mehrere Personen gemeinsam** ein Fahrzeug führen, wenn sie 46
sich im gegenseitigen Einvernehmen die Bedienung der Verrichtungen teilen,
die die Fortbewegung des Fahrzeugs maßgeblich beeinflussen. Die teilweise
vertretene Auffassung, bei eigenhändigen Delikten, wozu unter anderem die
§§ 315c, 316 StGB und 21 StVG zählen, gäbe es keine Mittäterschaft, ist in dieser
absoluten Form unzutreffend.[71] Voraussetzung für eine Mittäterschaft bei den
§§ 315c I Nr. 1a, 316 StGB ist aber, dass der fragliche Mittäter auch alkoholisiert
ist. Sonst kommt allenfalls eine Teilnahme (Anstiftung oder Beihilfe) in Betracht. Denn die alkoholbedingte Fahrunsicherheit ist ein persönliches Merkmal, das bei jedem Mittäter vorliegen muss. Ein **arbeitsteiliges Führen eines Kfz
setzt ein Einverständnis der Beteiligten** voraus.[72] Wer daher gegen den Willen
des Fahrers ins Steuer greift, führt **kein** Fahrzeug iSv § 21 StVG, §§ 315c I Nr. 1a,
316 StGB. Allerdings kann in diesen Fällen (Greifen ins Steuer) Nötigung in
Betracht kommen.

5. Übungs- und Prüfungsfahrten

Bei Übungs- und Prüfungsfahrten werden wesentliche technische Funktionen, 47
die für die Fortbewegung des Fahrzeugs erforderlich sind, sowohl vom **Fahrschüler** als auch vom **Fahrlehrer** ausgeübt. Soweit also beide entsprechende
Handlungen vornehmen, wird das Fahrzeug von beiden gemeinsam geführt.[73]
Für das Straßenverkehrsgesetz nimmt § 2 XV StVG jedoch eine Einschränkung

---

[70] OLG Frankfurt a.M. NZV 1990, 277; OLG Düsseldorf NZV 1992, 197.
[71] BGHSt 13, 226 (227) = NJW 1959, 1883; BGHSt 36, 341 (344).
[72] OLG Hamm NJW 1969, 1975 (1976); OLG Köln NJW 1971, 670.
[73] OLG Bamberg NZV 2009, 517 für die Benutzung eines Handys durch einen Fahrlehrer
während der Fahrstunde; s. auch den Vorlagebeschluss des OLG Karlsruhe BeckRS
2014, 04655; AG Cottbus BA 2003, 161; *Blum/Weber* NZV 2007, 228; aA OLG Düsseldorf
NZV 2014, 328 mit einer krit. Anm. von *Ternig; Joerden* BA 2003, 104.

vor.[74] Danach **gilt** bei Übungs- und Prüfungsfahrten iSd StVG nur der Fahrlehrer als Führer des Kfz. Diese Einschränkung für das **StVG** ist unter anderem deshalb erforderlich, weil der Fahrschüler sonst bei allen Übungs- und Prüfungsfahrten etwa gegen § 21 I Nr. 1 StVG verstoßen würde. Der Fahrlehrer würde sich als Halter des Fahrzeugs nach § 21 I Nr. 2 StVG bzw. als Anstifter oder Gehilfe zum Fahren ohne Fahrerlaubnis strafbar machen. § 2 XV StVG ist eine Ausnahmeregelung zu § 2 I StVG. Die Norm enthält eine **Fiktion** („gilt"). Obwohl der Fahrschüler tatsächlich das Kfz führt, wird für den **Bereich des Straßenverkehrsgesetzes** so getan, als wenn lediglich der Fahrlehrer das Kfz führt. Nach einem Beschluss des OLG Dresden[75] führt ein **alkoholisierter Fahrlehrer**, der sich während einer Fahrschulfahrt auf die Bestimmung des Fahrtweges und eine mündliche Korrektur der Fahrweise beschränkt, das Fahrzeug nicht iSd § 316 I StGB. Zutreffend geht das OLG Dresden davon aus, dass sich die Fiktion des § 2 XV StVG nicht auf das StGB erstreckt. Jedoch erfüllt ein Fahrlehrer, der häufig in das Fahrverhalten des Fahrschülers eingreift, das Merkmal des Führens, weil er wesentliche Teile des Bewegungsvorgangs beeinflusst. Ob die Auffassung des OLG Dresden, der Fahrlehrer führe das Fahrzeug nicht, für den Fall zutreffend ist, dass sich die Einwirkung nur auf die Bestimmung des Fahrtweges und einer mündlichen Korrektur der Fahrweise beschränkt, ist umstritten. Selbst ein schon fortgeschrittener Fahrschüler muss bei seinen Fahrstunden zwingend von einem Fahrlehrer begleitet werden (§ 2 XV 1 StVG). Der Fahrlehrer trägt die entscheidende Verantwortung für die Fahrt und muss jederzeit bereit und in der Lage sein, ins Verkehrsgeschehen einzugreifen. Er bestimmt durch seine Anweisungen die Fahrtstrecke. Insoweit muss ihm der Fahrschüler bedingungslos folgen. Es ist kaum vertretbar, dass derjenige, der die eigentliche Verantwortung für das Führen des Fahrzeugs trägt und von dem erwartet wird, dass er jederzeit in den Fahrvorgang eingreifen kann und von dem deshalb eine erhöhte Aufmerksamkeit verlangt wird, nicht als Führer des Fahrzeugs angesehen wird. Beim **begleiteten Fahren ab 17 Jahren** hat der Verordnungsgeber ausdrücklich in § 48a VI FeV bestimmt, dass die begleitende Person nicht alkoholisiert sein darf. Steht die „Begleitperson" unter Alkoholeinfluss, fährt der junge Fahranfänger ohne die erforderliche Begleitperson. Im Falle des begleiteten Fahrens verfügt der eigentliche Fahrer immerhin über eine Fahrerlaubnis; Aufgabe der Begleitperson ist anders als beim Fahrlehrer lediglich eine beratende Funktion. Wenn der Gesetzgeber dieser Begleitperson schon so eine wichtige Aufgabe zubilligt, muss dies erst recht für den Fahrlehrer gelten. Der Fahrlehrer ist also entgegen der Ansicht des OLG Dresden neben dem Fahrschüler ebenfalls Führer des Fahrzeugs und verwirklicht den Tatbestand des § 316 StGB, wenn er alkoholbedingt fahrunsicher ist.[76] Nachdem verschiedene Oberlandesgerichte,[77] insbesondere im Zusammenhang mit der Handy-Benutzung während der Fahrt, die Frage, ob und inwieweit der Fahrlehrer während der Fahrstunden Führer des Fahrschulwagens ist, unterschiedlich

---

[74] NK-GVR/*Blum* § 21 Rn. 22.
[75] OLG Dresden NJW 2006, 1013 = BA 2006, 314 = NZV 2006, 440.
[76] Vgl. *Blum/Weber* NZV 2007, 228.
[77] OLG Bamberg NJW 2009, 2393; OLG Düsseldorf NZV 2014, 328.

beantwortet haben, hat inzwischen der BGH[78] auf einen Vorlageschluss des OLG Karlsruhe[79] die Frage gegen den Antrag des Generalbundesanwaltes dahingehend entschieden, dass ein Fahrlehrer, der als Beifahrer während einer Ausbildungsfahrt einen Fahrschüler begleitet, dessen fortgeschrittener Ausbildungsstand zu einem Eingreifen in der konkreten Situation keinen Anlass gibt, nicht Führer des Kraftfahrzeugs iSd § 23 Ia 1 StVO ist. In den Gründen führt der BGH aus, dass dies wohl auch für die Trunkenheitsdelikte der §§ 315c, 316 StGB gilt. Ternig[80] äußert sich kritisch zu dieser Entscheidung des BGH und verlangt eine Regelung durch den Gesetzgeber. Die Entscheidung wirft unter anderem auch Fragen für die Praxis auf. Insbesondere stellt sich die Frage, wann bei einem Fahrschüler ein fortgeschrittener Ausbildungsstand erreicht ist.

Die **Ausnahme des** § 2 XV StVG greift ausdrücklich nur für Ausbildungs- und **48** Prüfungsfahrten ein. Eine Probefahrt, die lediglich der Feststellung dient, welcher Ausbildungstyp für einen Fahrschulinteressenten geeignet ist und welche Kosten hierdurch auf ihn zukommen, bei völliger Ungewissheit, ob es jemals zu einer Ausbildung kommt, fällt nicht unter den Begriff der „Ausbildung" iSd § 2 XV StVG.[81] Indes wird man aufgrund einer teleologischen Reduktion dieser Norm derartige Fahrten von der Strafbarkeit ausnehmen müssen.

Für das **„Begleitete Fahren ab 17 Jahren"** hat der Gesetzgeber Regelungen in den **49** §§ 6e StVG und 48a FeV getroffen. In diesen Fällen ist der junge Fahranfänger Führer des Kfz (vgl. § 48a IV FeV). Jedoch fehlt es am erforderlichen Begleiter, wenn dieser 0,25 mg/l oder mehr Alkohol in der Atemluft oder 0,5 Promille oder mehr Alkohol im Blut oder eine Alkoholmenge im Körper hat, die zu einer solchen Atem- oder Blutalkoholkonzentration führt oder wenn er unter der Wirkung bestimmter berauschender Mittel steht (§ 48a VI FeV).

---

[78] BGH NZV 2015, 145 ff.
[79] OLG Karlsruhe BeckRS 2014, 04655.
[80] *Ternig* NZV 2015, 147 f.
[81] OLG Hamm NStZ-RR 2008, 321.

2. Kapitel. Trunkenheit im Verkehr

Prüfungsschema für § 316 StGB
1. Objektiver Tatbestand
   a) Fahrzeug (Kfz nicht erforderlich)
   b) Im öffentlichen Verkehr (öffentl. Verkehrsfläche)
   c) Tathandlung: Führen
   d) Beschuldigte(r) muss alkoholische Getränke oder andere berau-schende Mittel zu sich genommen haben.
   e) Haben diese zur Fahrunsicherheit geführt? (Kausalität)
2. Subjektiver Tatbestand (Vorsatz – §§ 316 I, 15 StGB – oder Fahrlässigkeit – § 316 II StGB)
3. Rechtswidrigkeit
4. Schuld
5. Ergebnis

Das Führen eines (Kraft-)Fahrzeugs unter **Alkoholeinfluss** ist in verschiedenen **51** Vorschriften unter Strafe gestellt bzw. mit Geldbuße bedroht, nämlich in:

- § 315c I Nr. 1a StGB (Straftat)
- § 316 StGB (Straftat)
- §§ 24a, 24c StVG (Ordnungswidrigkeiten)

Nachfolgend ein Überblick über die objektiven Tatbestandsmerkmale der:

§ 315c I Nr. 1a StGB	§ 316 StGB	§ 24a StVG
Straßenverkehr (= öffentl. Verkehrs-raum)	**Verkehr** (§ 316 erfasst alle Ver-kehrsarten, also auch den Bahn-, Schiffs- und Luftverkehr)	**Straßenverkehr** (= öffentl. Verkehrs-raum)
Fahrzeug (Negativdefinition in den §§ 16 II StVZO, 24 StVO)	**Fahrzeug** (wie bei § 315c StGB)	**Kraftfahrzeug** (Definition in § 1 II StVG – motorbetriebe-nes Landfahrzeug, das nicht an Bahngleise gebunden ist)
Führen (in Bewegung setzen)	**Führen (in Bewegung setzen)**	**Führen (in Bewegung setzen)**

§ 315c I Nr. 1a StGB	§ 316 StGB	§ 24a StVG
alkohol- oder rausch-mittelbedingte Fahrunsicherheit	(wie bei § 315c StGB)	Bei Alkohol: Mindest-grenze von 0,25 mg/l in der Atemluft oder 0,5‰ im Blut
konkrete Gefährdung anderer Menschen oder fremder Sachen von bedeutendem Wert	keine Gefährdung er-forderlich (abstraktes Gefährdungsdelikt)	keine Gefährdung erforderlich (abstrakte Gefährd. ausreichend)

Für **Fahranfänger** besteht gem. § 24c I StVG beim Führen eines Kfz ein generelles Alkoholverbot, das Bußgeld bewehrt ist.

52 Daneben kann das Fahren unter Alkoholeinfluss auch aus § 323a StGB (Vollrausch) geahndet werden. Dieser Tatbestand gehört jedoch nicht zu den eigentlichen Verkehrsdelikten. Die Rechtsfigur der actio libera in causa spielt dagegen nach der Entscheidung des BGH v. 22.8.1996[82] im Bereich der Verkehrsstraftaten kaum noch eine Rolle. Zunächst soll die Trunkenheit im Verkehr dargestellt werden.

A. Der Alkohol

I. Der Alkohol und seine Wirkungen auf den Menschen

53 Eine der häufigsten **Unfallursachen** im Straßenverkehr ist der Alkohol, insbesondere bei schweren Unfällen. Der Alkohol bewirkt mit steigender Konzentration beim Menschen keine gleichmäßige Abnahme der Leistungsfähigkeit, sondern die Beeinträchtigungen steigen rapide an. Bereits bei einer geringen Blutalkoholkonzentration (im Einzelfall schon unter 0,3 ‰) können deutliche Leistungseinbußen eintreten. Der exponentiale Anstieg und die wesentlich stärkere Zunahme der Verkehrsunfälle mit Verletzten und Toten sind dadurch zu erklären, dass unter Alkoholeinfluss schnell grobe Störungen der geistigen und körperlichen Leistungsfähigkeit auftreten. Hervorzuheben ist die **Einschränkung der Kritikfähigkeit**. Daher erkennt der Alkoholbeeinflusste seine **eingeschränkte Leistungsfähigkeit** häufig gar nicht. Vielmehr hat er oft das Gefühl einer ausgezeichneten Kondition. Die **Risikobereitschaft** steigt rapide an. Andererseits wird das **Reaktionsvermögen** deutlich herabgesetzt. **Abstände** können nicht mehr richtig eingeschätzt werden. Es stellt sich der sogenannte **Tunnelblick**[83] ein, dh das Gesichtsfeld wird eingeschränkt. Dadurch ist der alkoholisierte Autofahrer in vielen Fällen nicht mehr in der Lage, das Verkehrsgeschehen am Straßenrand (Verkehrsschilder, Lichtzeichenanlagen oder sonstige Verkehrsteilnehmer) ausreichend zu beachten. Die **Anpassungsfähigkeit der Pupillen** von hell nach dunkel und umgekehrt ist stark eingeschränkt. Bei

---

[82] BGHSt 42, 235 = NZV 1996, 500 = NStZ 1997, 228.
[83] S. zB *Berg/Glaser/Schubert* BA 2010, 10 ff.

Dunkelheit tritt eine verstärkte **Blendwirkung** ein. Das **Wahrnehmungsvermö-gen** für bewegte Lichtquellen verschlechtert sich. So kann der alkoholisierte Fahrer nachts die **Entfernung** entgegenkommender Fahrzeuge nicht mehr aus-reichend sicher abschätzen. Die Herabsetzung der Wahrnehmungsfähigkeit sowie die Verminderung der Fähigkeit zum räumlichen Sehen gehören zu den bekannten Folgeerscheinungen des Alkohols.[84] Ähnliche Wirkungen erzeugen auch andere berauschende Mittel. Für die Verkehrssicherheit ist jedoch eine hohe Leistungsfähigkeit des Fahrzeugführers von entscheidender Bedeutung. Wegen der erheblichen negativen Auswirkungen auf die Leistungsfähigkeit des Menschen hat der Gesetzgeber das Fahren unter Einfluss von Alkohol und anderen berauschenden Mitteln unter Strafe gestellt bzw. in § 24a StVG mit Bußgeld bedroht.

Im Regelfall wird Alkohol dem Körper in Form alkoholischer Getränke zuge- **54** führt. Das **Einatmen alkoholischer Dämpfe** (etwa im Weinkeller) als auch die **Aufnahme durch die Haut** (zB bei Alkoholumschlägen oder Verwendung zur Wundversorgung) führen nicht zu nennenswerten Blutalkoholkonzentratio-nen.[85] Auch der **Genuss von Pralinen (Weinbrandbohnen)** ist nur beim Verzehr größerer Mengen von Bedeutung. Ebenfalls beeinflussen **Medikamente** – sofern sie nicht selbst Alkohol enthalten (wie zB manche Hustensäfte oder Klosterfrau Melissengeist) – in der Regel nicht die Blutalkoholkonzentration (BAK).[86] Ggf. wird im Beipackzettel ausdrücklich auf den Alkoholgehalt hingewiesen. Da zB Hustensaft üblicherweise nur in geringen Mengen eingenommen wird, führt dies nicht zu einer nennenswerten Alkoholisierung. Eine **Gehirnerschütterung** hemmt den Abbau nicht. **Hoher Blutverlust** kann die BAK nur in besonders gelagerten Einzelfällen und dann auch nur minimal beeinflussen. Der genos-sene Alkohol wird über den Magen und den Darm an das Blut abgegeben, das ihn zu den einzelnen Organen, insbesondere auch zum Gehirn transportiert. Die Überflutung des Gehirns mit Alkohol bedingt den überwiegenden Teil der Ausfallerscheinungen. Die **Elimination (Abbau) des Alkohols** erfolgt im Körper durch Verbrennung und Ausscheidung. Die Hauptmenge wird in der Leber unter der Einwirkung des Ferments Alkoholdehydrogenase (ADH) verbrannt. Ein Teil wird über Atmung, Urin und Schweiß ausgeschieden. Da die Elimi-nation des Alkohols im Wesentlichen durch den Abbau in der Leber bestimmt wird, die für den Alkoholstoffwechsel zur Verfügung stehende Fermentmenge jedoch bereits nach geringer Alkoholaufnahme ausgelastet ist, resultiert in der Abbauphase ein **gradliniger Abfall der Alkoholkurve**. Weder bestimmte Medi-kamente noch Cola, Tee, Kaffee usw beschleunigen den Alkoholabbau – der nur durch die in ihren Funktionen nicht zu beeinflussende Leber möglich ist – noch beseitigen sie die Störungen der Leistungs- und Reaktionsfähigkeit.[87]

---

[84]   OLG Hamm NZV 2003, 522 (523) = NJW-RR 2003, 978 = BeckRS 2003, 03741.
[85]   OLG Hamm StVE § 316 StGB Nr. 27.
[86]   LG Flensburg StVE § 316 StGB Nr. 64.
[87]   Vgl. zB *Mußhoff* ua BA 2007, 78 ff.

55 Beispiel einer typischen Alkoholkurve:

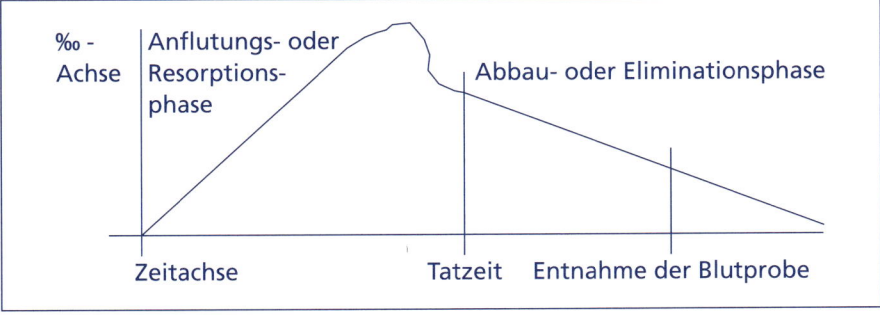

56 Die **gleiche Alkoholmenge kann bei derselben Person** je nach Art der alkoholischen Getränke, der Zeitspanne und dem Zeitpunkt der Alkoholaufnahme, durch zusätzliche Nahrungsaufnahme und andere Faktoren zu höchst unterschiedlichen Verläufen der Blutalkoholkurve führen. Dieses Phänomen ist auch Laien weitgehend bekannt. Die gleiche Menge Alkohol am späten Vormittag nach einem schon Stunden zurückliegenden bescheidenen Frühstück führt zu einem wesentlich anderen Befinden als am Abend nach einem reichhaltigen Essen. Schon mit dem Trinkbeginn fängt auch gleichzeitig der Abbau des Alkohols im Körper an.

II. Die wichtigsten Grenzwerte im Überblick

57 Zunächst soll an einer Grafik die Abgrenzung zwischen relativer und absoluter Fahrunsicherheit sowie gegenüber § 24a StVG dargestellt werden:

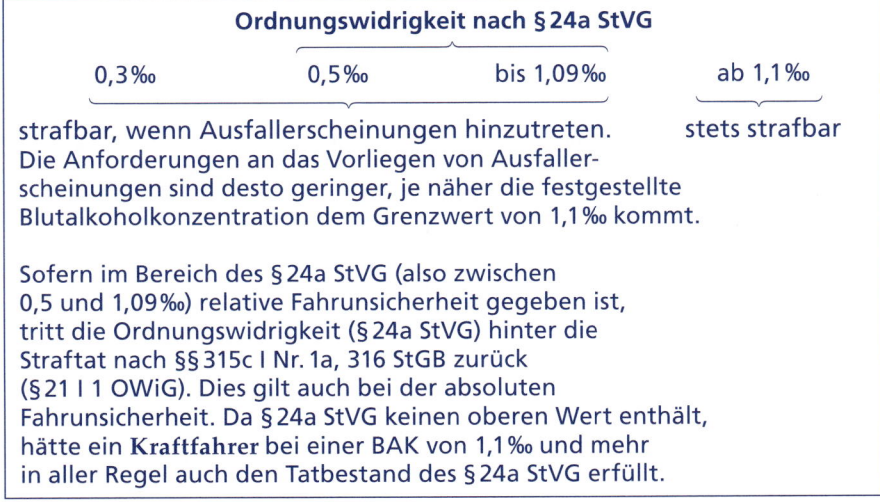

0,3‰	Schon ab einem Wert von 0,3‰ (in Ausnahmefällen sogar unter 0.3‰[88]) wird in der Rspr.[89] **relative Fahrunsicherheit** bejaht. Allerdings müssen extreme Ausfallerscheinungen hinzutreten.
0,5‰ bzw. 0,25 mg/l oder mehr in der Atemluft	Sog. **Gefahrengrenzwert** im Rahmen des § 24a StVG (Ordnungswidrigkeit). In diesem Wert ist bereits ein Sicherheitszuschlag für **Messungenauigkeiten** enthalten.[90] Der Wert gilt nur für die Führer von Kraftfahrzeugen.
1,1‰	Sog. **Beweisgrenzwert** für die Feststellung der „absoluten" Fahrunsicherheit im Rahmen der Tatbestände der §§ 315c I Nr. 1a, 316 StGB. Es handelt sich um einen reinen Beweisgrenzwert. Er gilt für **alle Führer von Kfz.** Ob diese Grenze auch für den **Schiffsverkehr** gilt, ist umstritten. Beim Führen von Schiffen geht die Rechtsprechung spätestens ab Werten von 2,0‰ von absoluter Fahrunsicherheit aus.[91]
1,6‰	Ab einem Blutalkoholwert von 1,6‰ verlangt die **Verwaltungsbehörde** bei sog. Ersttätern für die **Wiedererteilung der Fahrerlaubnis** in der Regel die Beibringung eines medizinisch-psychologischen Gutachtens über die Fahreignung; denn nach wissenschaftlichen Erkenntnissen besteht bei Kraftfahrern, die mit 1,6‰ oder mehr noch in der Lage sind, ein Fahrzeug zu führen, der nicht ganz unbegründete Verdacht, dass sie alkoholgewohnt sind und deshalb eine hohe Rückfallwahrscheinlichkeit besteht. Beweisgrenzwert für **absolute Fahrunsicherheit von Radfahrern.** Selbstverständlich können Radfahrer auch bei geringeren Werten (relativ) fahrunsicher sein. Für die Feststellung der relativen Fahrunsicherheit gelten dieselben Regeln wie bei Kfz-Führern.[92]

---

[88] BayObLG StVE § 316 StGB Nr. 94; OLG Saarbrücken BA 2000,115 = StVE § 316 StGB Nr. 130; OLG Hamm BA 2004, 357.
[89] OLG Köln NZV 1989, 357 mwN.
[90] Vgl. OLG Köln VRS 48, 46; OLG Hamm VRS 52, 55.
[91] Statt vieler: OLG Schleswig BeckRS 2013, 16592 = NStZ 2014, 55.
[92] Derzeit wird in Fachkreisen die Frage diskutiert, die Grenze von 1,6 ‰ auf 1,1 ‰ zu reduzieren. Vgl. dazu die Empfehlung des 53. Verkehrsgerichtstages im Januar 2015, Arbeitskreis III mit Hinweisen auf die neuesten rechtsmedizinischen Untersuchungen, die bei Radfahrern im Bereich von 0,8 bis 1,1 ‰ eine signifikante Zunahme von Fahrfehlern aufweisen. Empfohlen wird die Einführung eines Bußgeldtatbestandes ab einem Grenzwert von 1,1 ‰. Vgl. Koehl SVR 2015, 11; *Kettler* SVR 2015, 7; *Müller/ Rebler* SVR 2015, 4; *Wandtner/Ewes/Albrecht* NZV 2015, 20; *Maatz/Daldrup/Ritz-Timme* DAR 2015, 3.

Ab 2‰	wird zumindest teilweise in der Rspr. von einer absoluten Verkehrsuntüchtigkeit bei Fußgängern ausgegangen.[93] Ab einem Wert von etwa 2‰ und mehr – im Einzelfall auch darunter – ist auf jeden Fall die **Anwendung des § 21 StGB (verminderte Schuldfähigkeit)** in Betracht zu ziehen[94].
Spätestens ab 3,0‰	Ab diesem Wert ist eine Schuldunfähigkeit immer in Erwägung zu ziehen[95].

B. Der gesetzliche Tatbestand der Trunkenheit im Verkehr

58 Zum Tatbestand des § 316 StGB gehört das Führen eines Fahrzeugs im öffentlichen (Straßen-)Verkehr. Zu diesen Merkmalen s. das 1. Kapitel. Ferner verlangt § 316 StGB, dass der Täter infolge des Genusses alkoholischer Getränke oder anderer berauschender Mittel nicht in der Lage ist, das Fahrzeug sicher zu führen. Es ist erforderlich, dass der **Täter alkohol- oder rauschbedingt fahrunsicher** ist. Teilweise werden an Stelle des Wortes Fahrunsicherheit die Begriffe Fahruntauglichkeit und Fahruntüchtigkeit verwandt. Diese Begriffe sollten wegen ihrer Ungenauigkeit[96] nicht gebraucht werden. Sie könnten dahin missverstanden werden, es sei eine völlige Unfähigkeit zum Führen eines Fahrzeugs erforderlich. Häufig ist jedoch der Fahrer noch in der Lage, gewisse Strecken problemlos zurückzulegen. Gemeint ist mit dem Tatbestandsmerkmal der Fahrunsicherheit, dass der Täter nicht mehr in der Lage ist, das Fahrzeug jederzeit – insbesondere in kritischen Verkehrssituationen – sicher zu führen.[97] Die entscheidende Frage ist, ab welchem Grad der Alkoholisierung ein Fahrzeugführer fahrunsicher ist. Im Gesetz ist lediglich in § 24a StVG eine Promillegrenze festgesetzt. Nach dieser Vorschrift handelt ordnungswidrig, wer im Straßenverkehr ein **Kfz** führt, obwohl er 0,25 mg/l oder mehr Alkohol in der Atemluft oder 0,5 ‰ oder mehr Alkohol im Blut oder eine Alkoholmenge im Körper hat, die zu einer solchen Atem- oder Blutalkoholkonzentration führt. In § 316 StGB fehlt dagegen ein konkreter Grenzwert. Da Gericht und Staatsanwaltschaft grundsätzlich dem Täter die Erfüllung aller Tatbestandsmerkmale nachweisen müssen, bedeutet dies für den § 316 StGB, dass die Fahrunsicherheit des Beschuldigten positiv festgestellt werden muss. Dies kann durch den Nachweis von Alkoholgenuss und Ausfallerscheinungen (zB Fahrfehler) geschehen.

---

[93] OLG Köln NZV 2013, 601 = BeckRS 2013, 02334.
[94] BGH NStZ-RR 2012, 137; BGH bei Himmelreich/Halm in NStZ 2012, 486; OLG Köln BA 2002, 50; OLG Hamm BA 2007, 38; 2007, 40 = NStZ-RR 2007, 194; OLG Hamm BA 2007, 381 = SVR 2007, 467; OLG Hamm BA 2008, 262; OLG München NZV 2008, 529 = NStZ-RR 2008, 355; OLG Brandenburg BA 2008, 314 (315).
[95] BGH bei Himmelreich/Halm NStZ 2012, 486; BGHSt 57, 247 ff. = NJW 2012, 2672.
[96] BGH NZV 2008, 528 = BA 2008, 309.
[97] *König* NZV 2008, 492 ff.

I. Absolute und relative Fahrunsicherheit – fehlende Blutprobe

1. Die absolute Fahrunsicherheit

Der Nachweis der **Fahrunsicherheit** durch sog. Ausfallerscheinungen ist in **59** der Praxis teilweise mit erheblichem Aufwand, aber auch mit Unwägbarkeiten verbunden. Die höchstrichterliche Rspr.[98] hatte aufgrund gesicherter wissenschaftlicher Erkenntnisse schon Anfang der 1950er Jahre für Kfz-Führer eine Promillegrenze, die zunächst bei 1,5 ‰ lag, festgesetzt. Wissenschaftliche Großversuche hatten gezeigt, dass ab einer bestimmten Promillezahl kein Kraftfahrer mehr in der Lage war, ein Fahrzeug sicher zu führen. Später hatte der BGH[99] aufgrund neuerer wissenschaftlicher Erkenntnisse entschieden, dass ab einer BAK von 1,3 ‰ jeder Kraftfahrer unbedingt fahrunsicher ist. Diese Zahl setzte sich zusammen aus einem **Grundwert** von 1,1 ‰ sowie einem **Sicherheitszuschlag** von 0,2 ‰. Der Sicherheitszuschlag dient allein dem Ausgleich der technisch und naturwissenschaftlich nicht ausschließbaren Messungenauigkeiten bei der Blutalkoholanalyse.

Durch Beschluss v. 28.6.1990[100] hat der BGH in Anpassung an Fortschritte in der **60** Wissenschaft den **Grenzwert auf 1,1 ‰ herabgesetzt.** Bei dieser Entscheidung hat der BGH berücksichtigt, dass nach der neueren Forschung auf dem Gebiet des Alkohols im Straßenverkehr von den Fachleuten teilweise schon bei 0,7–0,8 ‰ eine deutliche Fahrunsicherheit bejaht wird. Jedenfalls geht heute kein Rechtsmediziner mehr von einem Wert über 1,0 ‰ aus. Außerdem haben sich die Verkehrsverhältnisse seit 1966 so stark verändert, dass die Leistungsanforderungen an den einzelnen Kraftfahrer wesentlich gestiegen sind. Der BGH hat deshalb den **Grund**wert auf 1,0 ‰ festgesetzt und außerdem klargestellt, dass es auf die **konkret** von dem alkoholisierten Kraftfahrer zu bewältigende Verkehrssituation dabei nicht ankomme. Damit ist auch ein Vorbringen der Verteidigung, der Angeklagte sei auf einer wenig befahrenen Nebenstrecke unterwegs gewesen, unbeachtlich. Auch die Berechtigung des bisherigen **Sicherheitszuschlags** von 0,2 ‰ wurde in der Wissenschaft schon seit geraumer Zeit angezweifelt. Ein vom Bundesgesundheitsamt ausgewerteter Ringversuch der Deutschen Gesellschaft für klinische Chemie e.V. hatte ergeben, dass die Aufrechterhaltung eines derart hohen Sicherheitszuschlags nicht mehr gerechtfertigt war. Die maximalen Abweichungen lagen bei unter 0,05 ‰. Um aber allen Unsicherheiten noch Rechnung zu tragen, hat der BGH den Wert der Wissenschaftler verdoppelt und den **Sicherheitszuschlag jetzt auf 0,1 ‰** festgesetzt.

Daraus ergibt sich ein neuer **Grenzwert** von 1,1 ‰ (Grundwert von 1,0 ‰ plus **61** Sicherheitszuschlag von 0,1 ‰). Dieser Wert gilt für **alle Führer von Kfz**, also auch für Mofafahrer und für die Führer von motorisierten Krankenfahrstühlen.[101] Für die Führer anderer **Fahrzeuge** gelten teilweise andere Grenzwerte. Für Fahrradfahrer liegt der von der obergerichtlichen Rspr. festgelegte Grenzwert

---

[98] BGHSt 5, 168 = NJW 1954, 159; BGHSt 10, 265 = NJW 1957, 1038.
[99] BGHSt 21, 157 = NJW 1967, 116.
[100] BGHSt 37, 89 = StVE § 316 StGB Nr. 90 = NZV 1990, 357 = NJW 1990, 2393.
[101] OLG Nürnberg NStZ-RR 2011, 153 = BA 2011, 183; NK-GVR/*Quarch* § 316 Rn. 5.

derzeit bei 1,6 ‰ (Grundwert von 1,5 ‰ plus Sicherheitszuschlag von 0,1 ‰).[102] Für einen Pferdekutscher ist der Grenzwert strittig; er war nach bisheriger Auffassung bei einem Wert von 1,6 ‰ anzusetzen gewesen.[103] Unter Einbeziehung der höheren Anforderungen, insbesondere hinsichtlich der Aufmerksamkeit und der Einwirkungsfähigkeiten, und unter Berücksichtigung der besonderen Fahrzeugtypik und des durch sie bedingten Potential zur Gefährdung anderer Verkehrsteilnehmer ist beim Gespannfahrer ein Vergleich mit dem Gefahrenpotential eines Pkw.-Fahrers gegeben und damit ein Grenzwert von 1,1 ‰ für eine Strafbarkeit nach § 316 StGB ausreichend.[104] Angesichts des ausgeprägten Fluchtinstinktes bei Pferden sind schnelle Einsatzreaktionen von dem Gespannführer zu erwarten, die im alkoholisierten Zustand nicht mehr oder nur eingeschränkt gewährleistet sind. Zweifelhaft ist, wie sogenannte **Leichtmofas** einzustufen sind. Da sie unter die Definition des Kfz fallen, wird teilweise[105] der Beweisgrenzwert von 1,1 ‰ angenommen, jedenfalls solange sie mit Motorkraft bewegt werden.[106] Problematisch ist insoweit, dass nach der Rspr.[107] auch derjenige ein **Kfz** führt, der ein Mofa mit abgeschaltetem Motor auf einer Gefällstrecke lenkt. Eine Gegenmeinung[108] will auf den Führer eines Leichtmofas den Grenzwert für Radfahrer (1,6 ‰) anwenden, weil das Leichtmofa sich wesentlich von einem Mofa unterscheide (etwa durch sein geringeres Gewicht). Auch diese Meinung sieht im Übrigen ein Leichtmofa als ein Kfz an, auf das die sonstigen Regeln – wie zB § 24a StVG sowie die §§ 44, 69, 69a StGB – Anwendung finden. Bei **motorisierten Krankenfahrstühlen** handelt es sich grundsätzlich um Kfz. Daher beläuft sich der Grenzwert auf 1,1 ‰.[109]

62 Jedenfalls ist für die Führer von Kfz ab einer BAK von 1,1 ‰ ein weiterer Nachweis der Fahrunsicherheit nicht erforderlich, weil gesicherte wissenschaftliche Erkenntnisse vorliegen, wonach **jeder** Kfz-Führer ab diesem Wert nicht mehr in der Lage ist, ein Fahrzeug sicher zu führen und damit den Tatbestand des § 316 StGB erfüllt. Die Rspr. des BGH zur absoluten Fahrunsicherheit erleichtert der Praxis die Arbeit. Dem Täter braucht über die festgestellte BAK hinaus eine Fahrunsicherheit nicht (zusätzlich) nachgewiesen zu werden. Der Nachweis ist durch die festgestellte BAK von 1,1 ‰ (oder mehr) erbracht. Ein **„Gegenbeweis"**

---

[102] Ursprüngl. 1,7 ‰: BGHSt 34, 133 = NJW 1986, 2650; später wurde in Anlehnung an die Herabsetzung des Sicherheitszuschlags für Kfz-Führer dieser Wert herabgesetzt auf 1,6 ‰: OLG Hamm NZV 1992, 198; OLG Zweibrücken NZV 1992, 372; OLG Celle NJW 1992, 2169; OLG Karlsruhe NZV 1997, 486. Inzwischen wird in Fachkreisen zumindest über die Einführung einer geringeren Grenze für Radfahrer – etwa über die Einführung eines dem § 24a StVG vergleichbaren Bußgeldtatbestandes – diskutiert.

[103] AG Köln NJW 1989, 921 = StVE § 316 StGB Nr. 82a.

[104] OLG Oldenburg NJW 2014, 2211 = DAR 2014, 397 = JuS 2014, 756. Unter Berücksichtigung der Rspr. des BGH (BGHSt 34, 133 ff. = NJW 1986, 2650) setzt das OLG die Grenze zur absoluten Fahrunsicherheit eines Kutschers bei 1,1 ‰ fest.

[105] Hentschel/König/*König* StGB § 316 Rn. 17.

[106] *Jaeger* zfs 2011, 663 mit Hinweis auf BGH NJW 1982, 588.

[107] OLG Düsseldorf StVE § 316 StGB Nr. 55.

[108] LG Oldenburg StVE § 316 StGB Nr. 88; *Grohmann* DAR 1987, 365.

[109] OLG Nürnberg NStZ-RR 2011, 153 = NZV 2011, 358; krit. dazu: *Wegerich/Scheibenpflug* NZV 2012, 414 ff.; aA AG Löbau NJW 2008, 530 = BA 2008, 79 = NZV 2008, 370, das den Grenzwert auf 1,6 ‰ festgesetzt hat.

wäre nicht zulässig, weil er allgemeinen wissenschaftlichen Erkenntnissen widerspräche. Zur Feststellung der **absoluten** Fahrunsicherheit genügt das **Ergebnis eines Alkoholtests** ebenso wenig wie allein das Eingeständnis des Fahrers, alkoholbedingt fahruntüchtig zu sein.[110] Durch **Messung der Atemalkoholkonzentration** lässt sich die BAK nicht bestimmen. Selbst die Werte, die mit den inzwischen für den Bereich des §24a StVG zugelassenen stationären Atemalkoholmessgeräten der Polizei ermittelt werden, reichen nach allgemeiner Ansicht in der Rspr. für den Nachweis der Fahrunsicherheit im Rahmen des §316 StGB nicht aus. Zwar kann mit einem Vortestgerät der unmittelbare Nachweis einer (Mindest-)BAK für eine absolute Fahrunsicherheit nicht geführt werden, aber der Messbefund kann eine Indizwirkung bei der Prüfung der relativen Fahrunsicherheit entfalten, wenn erhebliche Ausfallerscheinungen festgestellt werden.[111]

2. Die relative Fahrunsicherheit

Unterhalb dieser Grenzwerte von 1,1 ‰ für Kfz-Führer bzw. von derzeit 1,6 ‰ **63** für Radfahrer sind weitere Nachweise erforderlich. Es gibt aber **keinen graduellen oder qualitativen Unterschied** zwischen der „absoluten" und der „relativen" Fahrunsicherheit. Der Unterschied besteht lediglich in der Beweislage. Deshalb bezeichnet man diese Werte als **Beweisgrenzwerte**. Der Führer eines Kfz verstößt gegen den Tatbestand des §316 StGB, wenn er infolge des Genusses alkoholischer Getränke fahrunsicher ist. Das kann im Einzelfall bspw. schon bei einem BAK-Wert von 0,3 ‰ der Fall sein. Lediglich der Nachweis des strafbaren Verhaltens erfordert einen höheren Aufwand. Bei Werten unterhalb der Beweisgrenzwerte verlangt die Rspr. neben dem Nachweis der Alkoholisierung das Vorliegen von sog. alkoholbedingten Ausfallerscheinungen. Entscheidend ist, ob das als **zusätzliches Beweisanzeichen** infrage kommende Verhalten des Beschuldigten alkoholbedingt war. Man spricht dann von relativer Fahrunsicherheit, weil das Ergebnis der Blutprobe bzw. die auf anderem Wege festgestellte BAK als alleiniges (absolutes) Beweismittel nicht ausreicht. Ihr kommt lediglich ein relativer Charakter zu. Ihr Gewicht als Beweismittel hängt von der festgestellten Höhe ab. Je höher die ermittelte BAK ist, je näher sie den Beweisgrenzwerten von 1,1 ‰ bzw. von 1,6 ‰ kommt, desto eher liegt eine Fahrunsicherheit vor und desto geringer sind die Anforderungen an die weiteren Beweismittel (Ausfallerscheinungen). Ist dagegen der Blutalkoholwert sehr gering oder konnte eine BAK nicht festgestellt werden, weil etwa eine Blutprobe nicht entnommen werden konnte (fehlende Blutprobe), kann der Nachweis der Fahrunsicherheit nur mit deutlichen Ausfallerscheinungen nachgewiesen werden.[112] An die zusätzlichen Beweisanzeichen für die Fahrunsicherheit dürfen dann keine zu hohen Anforderungen gestellt werden, wenn der für die Tatzeit festgestellte Blutalkoholgehalt sich dem Grenzwert der absoluten Fahrunsicherheit nähert.

---

[110] OLG Zweibrücken NZV 1990, 78 = NStE §315c StGB Nr.10; beachte aber auch OLG Zweibrücken DAR 1999, 278 = StVE §315c StGB Nr.50.
[111] OLG Stuttgart BA 2005, 491.
[112] Vgl. zB OLG Düsseldorf VRS 93, 167 (168); OLG Köln BA 2002, 480.

64 Dies soll durch die folgende Skizze verdeutlicht werden:

Nachweis durch einen festgestellten BAK-Wert (zB Ergebnis der Blutprobe) **plus weiterer** Nachweis durch Ausfallerscheinungen	**alleiniger** Nachweis durch einen festgestellten BAK-Wert (zB Blutprobe) als (absolutes) Beweismittel
0,3 ‰	1,1 ‰

65 Die **Hauptgruppe der Ausfallerscheinungen** bilden die **Fahrfehler** des Täters. Zwar kommt der Fahrweise eine wesentliche Bedeutung zu, doch kann die Fahrunsicherheit auch aus dem sonstigen Verhalten des Fahrers (**andere Ausfallerscheinungen**) erkennbar geworden sein.[113] Wenn ein Fahrer nach Anhalten durch die Polizei lallend aus seinem Fahrzeug fällt und nicht mehr auf den Beinen stehen kann, reicht dieses Verhalten regelmäßig auch bei einem Wert unter 1,1 ‰ als Nachweis der (relativen) Fahrunsicherheit aus.[114] Als Ausfallerscheinungen kommen insbesondere eine auffällige, sei es regelwidrige, sei es besonders sorglose und leichtsinnige Fahrweise, ein unbesonnenes Benehmen bei Polizeikontrollen, aber auch ein sonstiges Verhalten, das alkoholbedingte Enthemmung und Kritiklosigkeit erkennen lässt, ferner zB ein Stolpern und Schwanken beim Gehen in Betracht.[115] Es ist nicht erforderlich, dass diese Beweisanzeichen Umstände sind, die im Zusammenhang mit dem Führen eines Kfz festgestellt werden.[116] Es können vielmehr auch **solche Umstände** herangezogen werden, die **für die Zeit vor oder nach der Trunkenheitsfahrt** vorliegen. Ferner können **Verhaltensauffälligkeiten bei der ärztlichen Untersuchung** alkoholbedingte, sich auf die Fahrfähigkeit auswirkende Ausfallerscheinungen belegen.[117]

66 In der Rspr. werden ein **unvernünftiges und kritikloses Verhalten gegenüber der Polizei**,[118] ein auf völlig unvernünftigen Erwägungen beruhender Entschluss, nach erheblichem Alkoholgenuss einen unbekannten Fahrzeugtyp zu führen[119] oder „die Unfähigkeit, die Gedanken zusammenzuhalten",[120] als Ausfallerscheinungen anerkannt. Auch eine **bewusst verkehrswidrige Fahrweise kann** als Beweisanzeichen für alkoholbedingte Fahrunsicherheit gewertet werden.[121] So kann eine (relative) Fahrunsicherheit bei einem Kraftfahrer gegeben sein, der mit einem Blutalkoholgehalt von 1,0 ‰ **bewusst in Schlangenlinien** fährt, um verfolgende Polizeibeamte am Überholen zu hindern.[122] Dieses Verhalten kann

---

[113] BGH NJW 1955, 1329.
[114] OLG Hamm VRS 37, 48.
[115] BGHSt 31, 42 (45) = VRS 63, 121 = NJW 1982, 296.
[116] OLG Köln VRS 67, 246 (248); OLG Zweibrücken BA 2000, 191.
[117] OLG Düsseldorf NZV 1994, 326 = NJW 1994, 2428.
[118] OLG Hamm VRS 37, 48.
[119] OLG Köln VRS 37, 35.
[120] OLG Celle VRS 50, 286.
[121] OLG Düsseldorf VRS 49, 39 = StVE § 316 StGB Nr. 2; ebenso: OLG Düsseldorf VRS 93, 167 für eine Polizeiflucht; s. aber BGH NZV 2014, 185 für einen Suizidversuch.
[122] OLG Hamm VRS 35, 360; OLG Düsseldorf NZV 1997, 184 = BA 1997, 316.

auf eine **erhebliche alkoholbedingte Enthemmung** zurückzuführen sein, die in Verbindung mit dem Alkoholgehalt die Schlussfolgerung zulässt, der Fahrer sei fahrunsicher. Jedoch darf man dies nicht in jedem Einzelfall bedenkenlos bejahen.[123] Anhaltspunkte für die Annahme einer alkoholbedingten Fahrunsicherheit – auch bei äußerlich sicherer Fahrweise – können **in vernunftwidrigen Entschlüssen**, in überhöhten Geschwindigkeiten und in der Missachtung von Geschwindigkeitsbegrenzungen, die durch amtliche Verkehrsschilder angeordnet sind, gesehen werden.[124] So deutet das **Ausweichen auf einen unbekannten Grünstreifen** bei einer Geschwindigkeit von ca. 75 km/h bei einer BAK von 0,55 ‰ auf relative Fahrunsicherheit hin.[125] Ein Fahrfehler, der in einer unzureichenden Beleuchtung liegt **(Fahren mit Standlicht auf einer gut beleuchteten Straße)** vermag die Annahme alkoholbedingter Fahrunsicherheit nicht zu rechtfertigen, weil dieser Fahrfehler auch nüchternen Autofahrern bei guter Straßenbeleuchtung immer wieder unterläuft.[126] Das **fehlerhafte Abbiegen nach links** ohne genügende Berücksichtigung des nachfolgenden Verkehrs bei einer BAK von zB 0,76 ‰ stellt keine typische alkoholbedingte Ausfallerscheinung dar, weil derartige Fahrfehler beim Linksabbiegen und Überhol-Unfällen zu den häufigsten Unfallursachen überhaupt gehören, diese oftmals auch nüchternen Fahrern unterlaufen und damit nicht typisch alkoholbedingt sind.[127] Auch das Nichtbetätigen des Fahrtrichtungsanzeigers ist eine im Straßenverkehr immer wieder zu beobachtende Nachlässigkeit und daher für sich gesehen kein ausreichendes Beweisanzeichen für eine alkoholbedingte Fahrunsicherheit.[128] Das Nichtbeachten des Stoppschildes stellt ebenfalls einen typischen Fahrfehler dar, der allein noch nicht die Annahme einer relativen Fahrunsicherheit rechtfertigt.[129] Verschiedene Fahrfehler auf einer Strecke von ca. 10 km stellen bei einem Wert von 0,64 ‰ noch keine Ausfallerscheinungen dar.[130] Der Wert von 0,65 ‰ alleine erlaubt trotz eines Verkehrsunfalls (Abkommen von der Straße bei Schnee) noch keinen Rückschluss auf relative Fahrunsicherheit, wenn weder der die Blutprobe entnehmende Arzt noch die am Unfallort anwesenden Polizeibeamten den Fahrer als merklich alkoholisiert beschreiben.[131] Kollidiert ein Kfz-Führer mit einem Wert von 0,6 ‰ nach Überfahren einer roten Ampel als Linksabbieger mit einem entgegenkommenden Fahrzeug, so lässt dieses Unfallgeschehen als solches noch keinen Rückschluss auf eine alkoholbedingte, relative Fahrunsicherheit zu, wenn der Beschuldigte als Unfallursache die Ablenkung durch den Beifahrer angibt und keine nennenswerten Anzeichen für einen erhöhten Alkoholkonsum vorliegen und die ärztliche Untersuchung

---

[123] BGH NZV 1995, 80 = StVE § 316 StGB Nr. 105.
[124] OLG Hamburg NJW 1954, 1171.
[125] OLG Hamm BA 2004, 356.
[126] LG Potsdam NZV 2005, 597.
[127] LG Osnabrück DAR 1995, 79.
[128] LG Hamburg BA 2009, 285.
[129] LG Berlin BeckRS 2009, 16604.
[130] LG Hamburg BA 2009, 285.
[131] OLG Schleswig-Holstein BA 2014, 180.

keine Auffälligkeiten aufweist.[132] Die Rspr. verwendet für diese Fahrfehler den Begriff „Jedermannsfehler".[133]

67 Wird ein **schuldhaft verursachter Unfall als Ausfallerscheinung** zur Begründung der (relativen) Fahrunsicherheit herangezogen, so ist damit auch in der Regel die Fahrunsicherheit für die weitere Fahrt nach Verlassen der Unfallstelle (bspw. unerlaubtes Entfernen vom Unfallort in Tateinheit mit Trunkenheit im Verkehr) nachgewiesen. Bei einem eng zusammenhängenden Lebenssachverhalt ist es kaum denkbar, dass der Täter teilweise fahrsicher und teilweise fahrunsicher war. Soweit Fahrfehler als Ausfallerscheinungen zum Nachweis der Fahrunsicherheit herangezogen werden, muss das Gericht zu der Überzeugung gelangen, der Fahrfehler wäre *diesem* **Angeklagten ohne die alkoholische Beeinträchtigung** nicht unterlaufen. Insoweit kommt es auf die richterliche Überzeugungsbildung an.[134] Dabei ist – unter Ausschöpfung der zur Verfügung stehenden Erkenntnisquellen – eine Gesamtwürdigung des Falles vorzunehmen. Verunglückt der angetrunkene Fahrer zB auf einer Strecke, die er häufig befährt, und liegen zur Tatzeit keine außergewöhnlichen Straßenverhältnisse vor (etwa Eis und Schnee), dann spricht dies für alkoholbedingte Fahrunsicherheit. Denn bisher hat der Autofahrer in nüchternem Zustand die Fahrstrecke immer problemlos bewältigt. Das **Verhalten eines durchschnittlichen nüchternen Kraftfahrers** ist insoweit von Bedeutung, je seltener ein bestimmter Fahrfehler bei nüchternen Fahrzeugführern vorkommt und je häufiger er erfahrungsgemäß von alkoholisierten Fahrern begangen wird. Unterlaufen bestimmte Fahrfehler nüchternen Fahrern sehr selten, alkoholisierten Fahrern dagegen sehr häufig, dann ist der Schluss gerechtfertigt, der Fahrfehler wäre **diesem Angeklagten** im nüchternen Zustand nicht unterlaufen.[135] Es darf jedoch nicht verkannt werden, dass auch **Fahrfehler, die häufig nüchternen Fahrzeugführern unterlaufen,** bei der Frage der relativen Fahrunsicherheit nicht völlig belanglos sind. Sie haben aber ein wesentlich geringeres Gewicht als alkoholtypische Fahrfehler. Ein alkoholisierter Fahrer fährt oft unkonzentrierter als ein nüchterner Autofahrer, sodass der Alkohol unter Umständen doch eine (Mit-)Ursächlichkeit hat.

68 Schon ab einem Wert von 0,3 ‰ wird in der Rspr.[136] **relative Fahrunsicherheit** bejaht. Allerdings müssen bei derart niedrigen Werten extreme Ausfallerscheinungen hinzutreten. Im Einzelfall kann aber auch bei einer **BAK unter 0,3 ‰** eine alkoholbedingte Fahrunsicherheit angenommen werden, jedoch nur, wenn sich diese aufgrund einer Gesamtwürdigung aller sonstigen objektiven und subjektiven Umstände, die sich auf das Erscheinungsbild und das Verhalten des Täters vor, während und nach der Tat beziehen, ergibt. Hierbei sind an die einzelnen Beweisanzeichen für die alkoholbedingte Fahrunsicherheit und an die

---

[132] LG Bonn BA 2013, 139.
[133] LG Kiel StV 2014, 627; LG Hamburg BA 2009, 285; LG Freiburg NZV 2009, 614.
[134] BayObLG NJW 1973, 566; OLG Köln BA 2002, 480.
[135] BayObLG NZV 1988, 110 (111); OLG Köln NZV 1995, 454 = StVE § 316 StGB Nr. 108; OLG Köln BA 2002, 480; KG BA 2008, 74.
[136] ZB OLG Köln NZV 1989, 357 = NStE § 315c StGB Nr. 8 mwN.

Gesamtwürdigung strengste Anforderungen zu stellen.[137] Da aber bei derartig geringen BAK-Werten in aller Regel keine gravierenden Ausfallerscheinungen zu erwarten sind, werden diese Fälle in der Praxis kaum eine Rolle spielen.

3. Die fehlende Blutprobe

Hin und wieder kommt es vor, dass einem angetrunkenen Fahrer keine Blutpro- **69** be entnommen werden kann, sei es, weil ihm die Flucht vor der Polizei gelungen ist oder weil zunächst die Polizei nicht eingeschaltet worden ist. Im Einzelfall kann auch eine entnommene Blutprobe unverwertbar sein.[138] Bei diesen und ähnlichen Fallkonstellationen taucht die Frage auf, ob eine Verurteilung wegen einer Trunkenheitsfahrt möglich ist, obwohl zB keine Blutprobe entnommen worden ist und somit aus diesen oder anderen Gründen eine bestimmte BAK für die Tatzeit nicht festgestellt werden kann. Das Fehlen einer beweiskräftigen Blutprobe steht der Annahme einer relativen Fahruntauglichkeit jedoch nicht zwangsläufig entgegen. Von einer relativen Fahruntauglichkeit ist auch dann auszugehen, wenn sich diese aufgrund einer Gesamtwürdigung aller sonstigen objektiven und subjektiven Umstände ergibt. Dabei sind an die einzelnen Beweiszeichen und die Gesamtwürdigung strenge Anforderungen zu stellen. Dies bedeutet, den zugrunde liegenden Indizien und ihrer Gesamtwürdigung muss eine außergewöhnliche, überdurchschnittliche Überzeugungskraft zukommen.[139] Kann in Einzelfällen etwa der Gastwirt, bei dem der Täter eingekehrt war, oder ein sonstiger Zeuge ermittelt werden und kann dieser sogar genaue und zuverlässige Angaben zur Trinkmenge machen, kann möglicherweise durch Hinzuziehung eines Sachverständigen eine Mindestalkoholmenge, die der Täter zur Tatzeit im Körper hatte, errechnet werden. Dies wird aber der Ausnahmefall sein. Für den Tatbestand des § 316 StGB ist lediglich der Nachweis erforderlich, dass der Fahrzeugführer infolge des genossenen Alkohols nicht in der Lage war, das Fahrzeug sicher zu führen. Voraussetzung ist also zum einen, dass **Alkoholgenuss** festgestellt werden kann (zB Zeugen haben starken Alkoholgeruch wahrgenommen oder sie haben den Alkoholgenuss des Täters beobachtet oder es wurde lediglich eine Messung mit einem Vortestgerät durchgeführt).[140] Voraussetzung für die erste Alternative des Tatbestandes ist nämlich Alkoholgenuss. Zum anderen muss die darauf beruhende **Fahrunsicherheit** nachgewiesen werden[141] – nämlich durch Ausfallerscheinungen.

---

[137] BayObLG StVE § 316 StGB Nr. 94; OLG Saarbrücken BA 2000, 115 = StVE § 316 StGB Nr. 130; OLG Hamm BA 2004, 357; *Janker* NZV 2001, 197 ff.

[138] LG Berlin BA 2014, 230 mAnm *Morosk* BA 2014, 232. Es war nicht auszuschließen, dass die im Krankenhaus entnommene Blutprobe mit Spuren eines alkoholhaltigen Desinfektionsmittels verunreinigt war. LG Frankfurt a.M. BA 2011, 113 bei einem Beweisverwertungsverbot wegen eines Verstoßes gegen den Richtervorbehalt.

[139] LG Berlin BA 2014, 230. Aufgrund der Aussagen der Polizeibeamten, der Auswertung der Atemtestergebnisse und der Unfallspuren erfolgte eine Verurteilung. Vgl. auch OLG Düsseldorf NZV 1992, 81.

[140] Vgl. insoweit OLG Stuttgart BA 2005, 491; OLG Celle NJW 2009, 3524 (3526); NK-GVR/ *Quarch* § 316 Rn. 11.

[141] OLG Hamm BA 2006, 230.

70 Da das Ergebnis der festgestellten BAK (idR durch Blutuntersuchung ermittelt) je nach Höhe einen unterschiedlichen Beweiswert hat, kommt den **Ausfaller-scheinungen beim Fehlen einer Blutprobe** eine besonders große Bedeutung als Nachweis der Fahrunsicherheit zu. Denn mangels genauer Kenntnisse der BAK muss dieser Beweis allein über Ausfallerscheinungen geführt werden. Da das Blutprobenergebnis als absolutes Beweismittel fehlt, handelt es sich in diesen Fällen immer um relative Fahrunsicherheit – unabhängig vom tatsächlichen BAK-Wert, der möglicherweise deutlich über 1,1 ‰ gelegen haben mag. Die Rspr. lässt grundsätzlich eine Verurteilung wegen einer Trunkenheitsfahrt zu, wenn eine BAK nicht festgestellt werden konnte.[142] Jedoch werden **in derartigen Ausnahmefällen strengste Anforderungen** an die einzelnen Beweiszeichen für die Fahrunsicherheit und an die erforderliche Gesamtwürdigung gestellt. Voraussetzung ist, dass den festgestellten Beweisanzeichen eine außergewöhnliche, überdurchschnittliche Überzeugungskraft zukommt.[143]

> **Definition:** Zusammenfassend bleibt festzustellen, dass trotz fehlender Feststellung der Blutalkoholkonzentration (fehlende Blutprobe) eine Verurteilung möglich ist, wenn die beiden folgenden Voraussetzungen erfüllt sind:
> a) Feststellung, dass alkoholische Getränke genossen wurden **und**
> b) Feststellung ganz erheblicher Ausfallerscheinungen.

II. Die Feststellung der Blutalkoholkonzentration

1. Das Atemalkoholanalysegerät zur Alkoholfeststellung

71 Zur exakten Feststellung der BAK ist die Entnahme einer Blutprobe erforderlich. Die **mobilen Messgeräte der Polizei**, mit denen der Alkoholgehalt in der Atemluft ermittelt werden kann, bieten nicht die gewünschte Messgenauigkeit. Zuverlässige Schlüsse auf eine bestimmte BAK sind nach dem gegenwärtigen Stand der Wissenschaft nicht möglich. Die mit diesen Geräten ermittelten Werte weichen bisweilen erheblich von den Ergebnissen der Blutuntersuchungen ab, wegen der unterschiedliche menschliche Faktoren (zB Körpertemperaturen, Prozesse der Resorptionsphase). Die Testgeräte sind nur als **Vortestgeräte** konzipiert und sollen lediglich der Polizei die Entscheidung ermöglichen oder erleichtern, ob ein die Anordnung einer Blutprobe rechtfertigender Verdacht gegeben ist. Die Ergebnisse dieser Geräte werden deshalb von den Gerichten für eine Verurteilung nach § 316 StGB alleine nicht anerkannt.[144] Etwas anderes

---

[142] OLG Koblenz StVE § 316 StGB Nr. 9; OLG Koblenz VRS 67, 256 = BA 1984, 450; OLG Hamm VRS 59, 40; OLG Düsseldorf StVE § 316 StGB Nr. 43a; StVE § 316 StGB Nr. 35; OLG Zweibrücken NZV 1990, 78; OLG Düsseldorf NZV 1990, 198; 1992, 81 = NStE § 316 StGB Nr. 23; OLG Köln NZV 1989, 357 (358); VRS 61, 365; OLG Zweibrücken BA 2000, 506.

[143] OLG Köln NStE § 315c StGB Nr. 8; OLG Hamburg MDR 1974, 772 (773); OLG Koblenz VRS 50, 288 = StVE § 316 StGB Nr. 9; OLG Düsseldorf StVE § 316 StGB Nr. 35; OLG Düsseldorf StVE § 316 StGB Nr. 43a; OLG Düsseldorf NZV 1990, 198.

[144] BGH StVE § 316 StGB Nr. 107a; BayObLG NZV 1988, 150; VRS 75, 211; OLG Düsseldorf VerkMitt. 1990, 14; OLG Hamm NZV 1994, 237.

gilt im Rahmen des § 24a StVG für die stationären Atemalkoholtestgeräte. Ob diese Geräte, die infolge der durch den Gesetzgeber seit dem 1.5.1998 **in § 24a StVG** anerkannten Atemalkoholwerte eingesetzt werden, im Bereich des § 316 StGB zu einer Änderung der Rspr. führen werden, bleibt abzuwarten.[145] Derzeit zeichnet sich jedenfalls noch keine Tendenz dahingehend ab. Ob sich die **stationären Atemalkoholtestgeräte**, deren Anwendungsbereich auf § 24a StVG beschränkt ist, ansonsten bewähren werden, muss sich zeigen.[146] Jedenfalls sind die Atemalkoholwerte und die Blutalkoholwerte nicht identisch.[147] Eine Atemalkoholkonzentration (AAK) von 0,94 mg/l, gemessen mit dem Gerät Alcotest 7110 Evidential der Herstellerfirma Draeger, entspricht nur mit einer Wahrscheinlichkeit von 99,63 % einer BAK von 1,1 ‰.[148] Das reicht jedoch allein nicht aus, um den Betroffenen eines **Vergehens gem. § 316 StGB** zu überführen. Die geringfügigen Abweichungen zwischen Atem- und Blutalkoholwert spielen dagegen im Rahmen des § 24a StVG keine Rolle, weil der Gesetzgeber in dieser Vorschrift beide Werte unabhängig voneinander festgesetzt hat. Ist **einer** der beiden Mindestwerte erreicht, ist der Tatbestand des § 24a StVG erfüllt. Die Verwendung der stationären Atemalkoholtestgeräten ist durch die Rspr. für das Ordnungswidrigkeitenverfahren anerkannt; Sicherheitsabschläge sind nicht notwendig, wenn das Testgerät unter Einhaltung der Eichfrist geeicht ist und die Bedingungen für ein gültiges Messverfahren gewahrt sind.[149] Gemäß § 3 I Nr. 3 EichO müssen die Atemtestgeräte von der Physikalisch-Technischen Bundesanstalt zugelassen und regelmäßig geeicht werden. Im Hinblick auf die mögliche Verurteilung nach § 24a StVG auf der Grundlage des Messergebnisses müssen an die Messgenauigkeit hohe Forderungen gestellt werden.[150]

Die Einhaltung der Verfahrensbestimmungen sowie die ordnungsgemäße **72** Handhabung des Testgerätes unterliegen als Teil der Beweisführung der richterlichen Kontrolle.[151] Dementsprechend werden Verfahrensfragen häufiger angegriffen mit dem Ziel der Feststellung einer fehlerhaften Beweiserhebung, die letztlich zu einem Beweisverwertungsverbot und damit zur Einstellung des Verfahrens oder zum Freispruch führen kann. Die Eingaben der personenbezogenen Daten des Betroffenen mit Geburtsdatum und Geschlecht in das Alcotestgerät 7110 Evidential müssen vollständig und richtig sein. Diese Daten werden dann auf dem Messprotokoll ausgedruckt. Die geräteinterne Kontrolle kann verschiedene Fehlerquellen nicht darstellen, zB Zahlendreher bei der Altersangabe oder wenn vergessen wurde, die Daten des vorherigen Probanden zu löschen.[152] Die Einhaltung einer Mindestwartezeit von 20 Minuten zwischen Trinkende und Feststellungszeit ist notwendig. Die Dokumentation der War-

---

145 Vgl. zum aktuellen Stand *Laschewski* NZV 2009, 1 ff. Derzeit zeichnet sich nicht ab, die Atemalkoholanalyse im strafrechtlichen Bereich als gerichtsverwertbares Beweismittel zu etablieren.
146 BayObLG NZV 2000, 295.
147 Vgl. *Haffner/Graw* NZV 2009, 209 zur AAK-Messung aus naturwissenschaftlicher Sicht.
148 OLG Naumburg BA 2001, 190.
149 BGH NJW 2001, 1952 = NZV 2001, 267.
150 BGH NZV 2001, 267. Vgl. auch *Laschewski* NZV 2009, 1.
151 OLG Bremen BeckRS 2012, 24832; AG Königs Wusterhausen BeckRS 2012, 24703.
152 *Haffner/Graw* NZV 2009, 209 (211).

tezeit im Vorgang erleichtert die Beweisführung.[153] Die zweite Atemprobe, die zu Kontrollzwecken durchgeführt wird, sollte zeitnah spätestens innerhalb der nächsten fünf Minuten erfolgen. Wird die Zeitspanne überschritten, schaltet das Gerät sich ab und erstellt eine Fehlermeldung.[154] Die Ermittlung des Messergebnisses mit zwei Dezimalstellen im Mittelwert ist ausreichend, aber auch erforderlich.[155] Die Einhaltung der Eichfristen bei den Testgeräten richtet sich nach Anlage 18 EichO und ist ebenfalls relevant für das Verfahren.[156] Die Eichgültigkeitsdauer beträgt ein halbes Jahr. Damit soll ein möglichst hoher Sicherheitsstandard gewährleistet werden.[157] Kontrovers diskutiert wird die Pflicht zur Belehrung über die Freiwilligkeit der Teilnahme an der Atemalkoholmessung.[158] Verschiedene Gerichte hatten Beweisverwertungsverbote angenommen, weil die Betroffenen vorher nicht über die Freiwilligkeit der Mitwirkung belehrt worden waren.[159] *Cierniak/Herb*[160] untersuchten, ob sich eine Belehrungspflicht aus dem Grundsatz der Selbstbelastungsfreiheit (**nemo-tenetur-Grundsatz**) oder aus einer analogen Anwendung anderer Belehrungsvorschriften (unter anderem §§ 136, 163a StPO) ableiten lässt und lehnen eine mögliche aus Verfassungs- und Strafprozessrecht resultierende Belehrungspflicht unter anderem auch ab, weil keine entsprechende gesetzliche Regelung bestehe. Der Auffassung von Cierniak/Herb ist Geppert[161] mit überzeugenden Argumenten entgegengetreten und kommt letztlich zu dem Ergebnis, dass ein **Beweisverwertungsverbot** angenommen werden kann, wenn die erforderliche Belehrung unterbleibt. Bei der Bewertung der Rechtslage findet der dienstrechtliche Pflichtenkreis der Beamten zu geringe Berücksichtigung. Danach ist eine Belehrung ausdrücklich durch ministerielle Richtlinien[162] vorgesehen. Deshalb

---

[153] OLG Saarbrücken BA 2013, 295. OLG Bamberg BA 2008, 117, hielt eine Mindestwartezeit von zehn Minuten für ausreichend. Die Nichteinhaltung führe zu einem Beweisverwertungsverbot.

[154] *Haffner/Graw* NZV 2009, 209 (211).

[155] OLG Bamberg NJOZ 2013, 1622 = BeckRS 2013, 10520.

[156] Vgl. OLG Dresden VRR 2008, 188; NK-GVR/*Krumm* Rn. 37 (Eichordnung/Eichgesetz) mwN.

[157] *Haffner/Graw* NZV 2009, 209 (212).

[158] Vgl. zum aktuellen Sachstand *Cierniak/Herb* NZV 2012, 409.

[159] LG Freiburg NZV 2009, 614; AG Frankfurt a.M. NZV 2010, 266; AG Freiburg BeckRS 2009, 86594. Kein Beweisverwertungsverbot hat das AG Mittelstadt angenommen, NZV 2012, 97. Das OLG Brandenburg NStZ 2014, 524; NZV 2015, 254, hat ebenfalls kein Beweisverwertungsverbot angenommen und sich dabei auf die fehlende gesetzliche Belehrungspflicht in diesen Fällen berufen. S. auch KG NZV 2015, 204 und *Jäger* JA 2015, 314 ff.

[160] NZV 2012, 409.

[161] NStZ 2014, 481; vgl. auch *Mosbacher* JuS 2015, 129 (131).

[162] Zit. nach *Cierniak/Herb* NZV 2012, 409 Fn. 29. Die Richtlinien zur Feststellung von Alkohol-, Medikamenten-, und Drogeneinfluss bei Straftaten und Ordnungswidrigkeiten; Sicherstellung und Beschlagnahme von Führerscheinen gelten in der gesamten Bundesrepublik; wN bei *Laschewski* NZV 2009, 1 Fn. 10. Für Nordrhein-Westfalen gilt der gemeinsame Runderlass v. 27.4.2015 (MBl. NRW 2015 Nr. 13 S. 299 ff.), der unter Ziff. 2.5.1 eine ausdrückliche Belehrung vorsieht, dass die Messung nur mit dem Einverständnis durchgeführt wird. Unter ZIff. 33 ist eine Belehrungspflicht für Drogenvortests vorgesehen. Vgl. auch *Vahle* DVP 2014, 127.

sind die Polizeibeamten über die Dienstpflicht der Weisungsgebundenheit gem. § 35 S. 2 BeamtStG ausdrücklich zur Belehrung über die Freiwilligkeit verpflichtet. Mit der **Erlass-Regelung** wird ein strittiger Fall dahingehend klargestellt, dass eine Selbstbelastung gegeben oder nicht auszuschließen ist mit der Konsequenz der angeordneten Belehrungspflicht. Ein einmal vorliegendes Atemtestergebnis kann in das Verfahren eingebracht werden und damit den Betroffenen belasten. Das Stadium bloßer Vermutungen einer Trunkenheitsfahrt kann sich in den Anfangsverdacht einer Straftat gem. § 152 II StPO verändern, also verdachtserhärtende Wirkung entfalten. Umgekehrt darf die Verweigerung eines Alkoholtests nicht zur Annahme eines solchen Verdachts führen.[163] Als faktische Mitwirkungshandlung könnte der Alkoholtest die mit dem **nemo-tenetur** Grundsatz verbundenen Rechte des Betroffenen verletzen.[164] Es stellt sich für die weitere rechtliche Bewertung die Frage, ob es im Einzelfall einen sachlichen Grund gibt, von der durch Erlass vorgeschriebenen Belehrungspflicht abzuweichen. Liegt ein solcher Grund nicht vor, stellt sich die weitere Frage, ob hier Unkenntnis über die Erlass-Weisung Ursache für die Nichtbelehrung ist oder ob möglicherweise eine bewusste Missachtung dieser Vorgabe gegeben ist. Eine vorsätzliche Missachtung kann sich als willkürliches Handeln darstellen und dadurch ein Beweisverwertungsverbot bewirken.[165] Die zitierten Gerichte haben den dienstrechtlichen Bezug nicht geprüft. Bewusste Verstöße gegen dienstliche Weisungen stellen sich im Regelfall als schwerwiegendes Dienstvergehen dar, das disziplinarrechtliche Konsequenzen nach sich zieht. Auch wenn seitens des Strafprozessrechtes eine ausdrückliche Belehrungspflicht nicht besteht, kann der jeweilige Dienstherr die ihm nachgeordneten Bediensteten gerade in strittigen Rechtsfragen durch interne Anweisungen im Sinne eines rechtsstaatlichen Verfahrens binden. Anschaulich ist der Fall, der dem LG Freiburg[166] zur Entscheidung zugrunde lag. Da bei der Beschuldigten aus medizinischen Gründen eine Blutentnahme nicht möglich war, wurde die Durchführung einer Atemalkoholanalyse angeordnet. Über die Freiwilligkeit war die Beschuldigte jedoch nicht belehrt worden. Eine solche Belehrung sei nach Auffassung des Gerichts aber zwingend gewesen. Die Teilnahme an dem Test kann nicht erzwungen werden, da dies eine aktive Betätigung der Beschuldigten erfordert und sie nicht verpflichtet werden kann, aktiv an der eigenen Überführung mitzuwirken.[167]

Abzugrenzen ist diese Belehrungspflicht bei der Durchführung von Atemtests **73** ausdrücklich von dem sogenannten Tatvorhalt gem. § 163b I iVm § 163a I 1 StPO und der Belehrung gem. § 163a IV StPO bei der ersten Vernehmung des Beschuldigten. In diesen Fällen besteht schon der Anfangsverdacht einer Straftat. Für das Ordnungswidrigkeitenverfahren gelten diese Regelungen entsprechend der Transmissionsklausel des § 46 I OWiG.

---

[163] *Geppert* NStZ 2014, 481.

[164] *Geppert* NStZ 2014, 481 (483) m. Hinw. auf die Rspr. des BGHSt 34, 39 ff. zur heimlich erlangten Stimmprobe.

[165] IErg auch *Cierniak/Herb* NZV 2012, 409 (413) mwN unter Fn. 64.

[166] LG Freiburg NZV 2009, 614.

[167] LG Freiburg NZV 2009, 614. IErg auch Meyer-Goßner/Schmitt/*Schmitt* StPO § 81a Rn. 4.

Eine weitere Frage des Einsatzes des Atemtestgerätes beinhaltet die alleinige Verwertbarkeit der Ergebnisse für eine strafrechtliche Verurteilung bei Fällen, bei denen aus bestimmten Gründen keine Blutprobe entnommen werden konnte (zB gesundheitliche Gründe, Flucht des Beschuldigten). Für eine Verurteilung nach den Kriterien der absoluten Fahrunsicherheit reichen Atemtestergebnisse nicht aus, auch wenn diese deutlich über dem Grenzwert der absoluten Fahrunsicherheit liegen. Allerdings können die Ergebnisse Eingang im Rahmen der relativen Fahrunsicherheit finden. Erforderlich sind aber weitere alkoholbedingte Ausfallerscheinungen.[168]

2. Weitere Feststellungsverfahren

74 Für die Durchführung von Drogenvortests gilt die Rechtslage entsprechend. Der zitierte Runderlass sieht unter Ziff. 3.3 ebenfalls eine Belehrungspflicht vor. Es gilt auch hier der **Grundsatz der Selbstbelastungsfreiheit.** Soweit bei dem **Vortest die Abgabe von Urin vorgesehen** ist, müssen die Gesamtumstände und insbesondere die Örtlichkeit so gestaltet sein, dass die Verletzung der Menschenwürde (Art. 1 I GG) oder des Schamgefühls einer Person (§ 81d StPO) ausgeschlossen sind.

75 Eine dem Alkohol- und Drogenvortests vergleichbare Maßnahme könnte die Kontrolle des Pupillenverhaltens eines Fahrzeug-Führers sein. Dabei wird mit einer Lampe die Pupillenreaktion des Betroffenen getestet. Gerade bei Drogenkonsum können langsame bzw. lichtträge Pupillenreaktionen einen Anhaltspunkt für den Anfangsverdacht einer Straftat geben. Der **Test der Pupillenreaktion**, der zur Standarddiagnostik bei medizinischen Notfallmaßnahmen gehört, fand schon früh Eingang in die Polizeiarbeit[169] und wird bei **Verkehrskontrollen** häufig praktiziert. Zu beachten ist, dass ein solcher Pupillenreaktionstest ebenfalls als eine mit dem Alkoholvortest vergleichbare Maßnahme der Belehrungspflicht unterliegt; seine Durchführung bedarf der Zustimmung des Betroffenen. Fraglich ist die rechtliche Einordnung dieses Tests, wenn dieser ohne Zustimmung oder für den Betroffenen unerwartet erfolgt. Hinsichtlich möglicher **Blendwirkungen,** die beim Betroffenen verursacht werden, könnte wegen der geringen Rechtsfolge ein grundrechtsrelevanter Eingriff verneint werden. Diese Auffassung greift jedoch zu kurz. Der Pupillenreaktionstest ist nicht mit der Blendung durch eine andere Lichtquelle vergleichbar. Vielmehr ist diese Maßnahme darauf gerichtet, eine Körperreaktion zu provozieren bzw. zu verursachen und dient der Gewinnung von Erkenntnissen, die den Anfangsverdacht einer Straftat gem. § 152 II StPO begründen können. Damit stellt sich

---

[168] OLG Düsseldorf NZV 1990, 198 bei einem Wert von 1,4 ‰. Instruktiv auch LG Freiburg NZV 2009, 614. Die Beschuldigte war mindestens viermal über die Mittellinie gefahren; in einem Fall mit einer starken Korrekturbewegung nach rechts und hatte einmal vergessen, den Fahrtrichtungsanzeiger zu betätigen. Da diese Fahrauffälligkeit auf einen vorangegangenen Streit möglicherweise zurückzuführen war, sah das Gericht hierin noch keinen Beleg für eine relative Fahrunsicherheit.

[169] Vgl. *Harbot* NZV 1996, 219 (224) zum Pupillenreaktionstest mittels Pupillographen. Ein solches Gerät hat sich jedoch wegen des Aufwandes und der Kosten in der Polizeipraxis nicht durchgesetzt.

die Frage nach der Rechtsgrundlage für eine solche Maßnahme. § 36 V StVO erfasst auch die Prüfung der Fahrtsicherheit des Verkehrsteilnehmers. Jedoch lässt diese Norm nur Weisungen zu, die zum Anhalten erforderlich sowie weitere Maßnahmen, die unmittelbar mit der Durchführung der Verkehrskontrolle verbunden sind.[170] Darüber hinausgehende Einzelmaßnahmen sind nicht mehr von der Rechtsfolgenregelung erfasst.[171] § 36 V StVO umfasst unter anderem die **einfache Inaugenscheinnahme des Betroffenen** und die Wahrnehmung von den Begleitumständen. Die kontrollierenden Beamten können demnach, zB Alkoholgeruch, Unsicherheiten im persönlichen Verhalten und ähnlichen Situationen oder Auffälligkeiten wahrnehmen. Ein Pupillenreaktionstest durch den aktiven Einsatz einer Lichtquelle verursacht, geht über die bloße Wahrnehmung hinaus und ist damit nicht Bestandteil der Rechtsfolgenregelung des § 36 V StVO. Vom Sinn und Zweck her ist ein solcher **Pupillentest**, der ohne Einverständnis des Betroffenen erfolgt, auf Erforschung der körperlichen Beschaffenheit ausgerichtet und damit als Rechtsfolge dem § 81a I StPO zuzuordnen. Es handelt sich dabei um eine sachkundige Maßnahme zur Tatsachenfeststellung, die über die bloße Augenscheinnahme hinausgeht[172] und damit um eine einfache körperliche Untersuchung beim Beschuldigten,[173] die auch einem Polizeibeamten erlaubt ist. Vorausgesetzt sind jedoch der Tatverdacht sowie die Beschuldigteneigenschaft des Betroffenen. Es müssen konkreten Tatsachen vorliegen, die einen solchen Tatverdacht (zB §§ 315c, 316 StGB) rechtfertigen. In einer solchen Situation darf auch ohne Zustimmung des Beschuldigten ein Pupillenreaktionstest durchgeführt werden, soweit die gewonnenen Erkenntnisse Bedeutung für die Beweislage erbringen. Damit hätte der **Pupillenreaktionstest** jedoch nicht mehr den Charakter eines Vortestes und käme nur bei konkreten Verdachtsfällen in Betracht. Im Ergebnis bedeutet dies, dass ein Test ohne Zustimmung oder ein für den Betroffenen unerwartetes Beleuchten seiner Pupillen nicht oder nur unter den Voraussetzungen des § 81a I StPO erlaubt ist.

Ein negativer **klinischer Befund** (etwa wenn im Arztbericht steht: „leicht unter **76** Alkoholeinfluss") ist noch kein Argument für das Fehlen alkoholischer Beeinflussung. Insbesondere kann daraus nicht geschlossen werden, eine alkoholbedingte Fahrunsicherheit habe nicht vorgelegen. Zum einen kann eine **situationsbedingte (scheinbare) Ernüchterung** durch die Festnahme und Verbringung zur Polizeiwache mitgewirkt haben, zum anderen hängt die Qualität des klinischen Befundes weitgehend von der praktischen Erfahrung und Übung des untersuchenden Arztes ab. Sogar erhebliche Unterschiede zwischen dem klinischen Befund und dem Ergebnis der Blutprobenuntersuchung sprechen nicht unbedingt gegen die Richtigkeit der festgestellten BAK. Ggf. könnte das Gericht ein **Identitätsgutachten** einholen. Dem Beschuldigten würde in diesen Fällen erneut Blut entnommen und mit dem der nach der Trunkenheitsfahrt entnommenen

---

[170] Hentschel/König/*König* StVO § 36 Rn. 25.

[171] Strittig ist schon die Frage, ob der Betroffene verpflichtet ist auszusteigen. Bejahend OLG Düsseldorf NZV 1996, 458, m. krit. Anm. *Seier/Rohlfs* unter Hinweis auf den nemo-tenetur-Grundsatz.

[172] Vgl. SK-StPO/*Rogall* § 81a Rn. 23, 24 mit der systematischen Abgrenzung von einfacher Inaugenscheinnahme, Durchsuchung und körperlicher Untersuchung.

[173] Meyer-Goßner/Schmitt/*Schmitt* StPO § 81a Rn. 9.

Blutprobe verglichen. Stellt der Sachverständige eine Identität des Blutes der beiden Proben fest, ist der Nachweis geführt, dass eine Verwechslung bei der ersten Probe ausgeschlossen ist.

3. Gesetzliche Grundlagen für die Entnahme einer Blutprobe

77 Während ein Atemalkoholtest lediglich auf freiwilliger Basis erfolgen kann und nicht erzwungen werden darf, bildet die Rechtsgrundlage für eine Blutprobenentnahme im Strafverfahren §81a I 2 StPO. Voraussetzung ist, dass ein **Tatverdacht gem. §152 II StPO** hinsichtlich einer Verkehrsstraftat besteht. Es müssen zureichende tatsächliche Anhaltspunkte vorliegen. Der Tatverdacht muss auf Tatsachen basieren. Solche Tatsachen können sich aus dem Atemtestergebnis, aus Wahrnehmungen der Polizeibeamten zum Verhalten des Kfz-Führers, aber auch aus Zeugenaussagen zum Alkoholkonsum ergeben. Die Maßnahme darf gem. §81a StPO nur gegen einen Beschuldigten angeordnet werden. **Beschuldigter** ist die Person gegen die sich das Strafverfahren richtet. Die Beschuldigteneigenschaft wird dann begründet, wenn die Strafverfolgungsorgane Ermittlungsmaßnahmen gegen die Person ergreifen (Inkulpationsakt)[174] oder diese als Beschuldigte belehren. Die Anordnung einer Blutprobenentnahme stellt einen solchen staatlichen Willensakt dar. Ein dringender Tatverdacht ist für die Begründung der Beschuldigteneigenschaft nicht erforderlich. Es reicht ein sogenannter zureichender Tatverdacht im Sinne eines Anfangsverdachts. Die tatsächlichen Anhaltspunkte müssen die Bewertung ermöglichen, dass die Person für die Verkehrsstraftat als Täter in Betracht kommt. Ausreichend ist das Stadium eines einfachen Tatverdachts. Auch mehrere Personen können Beschuldigte einer Straftat gem. §316 StGB sein, wenn diese unter Alkoholeinfluss stehen, aber der Fahrer noch nicht eindeutig feststeht. Gem. §81a I StPO darf nur ein **Arzt den körperlichen Eingriff (Blutentnahme)** vornehmen. Med. techn. Assistenten, Sanitäter und Krankenschwestern sind nach §81a StPO nicht befugt, eine Blutprobe zu entnehmen. Der Eingriff darf ohne Einwilligung und sogar gegen den Willen des Beschuldigten erfolgen. Soweit ein Arzt die Blutprobe entnimmt, stellt **§81a StPO einen Rechtfertigungsgrund** dar für die mit der Entnahme verbundene Körperverletzung. Entnimmt ein Nicht-Arzt die Blutprobe, so begeht dieser möglicherweise eine nicht gerechtfertigte Körperverletzung. Der Rechtfertigungsgrund des §81a StPO stände ihm nicht zur Seite. Ist der Beschuldigte mit einer Entnahme durch einen Nicht-Arzt (zB durch eine med.-techn. Assistentin) einverstanden, kann dies in der Regel als eine rechtfertigende Einwilligung angesehen werden. Wird entgegen §81a StPO die **Blutentnahme nicht durch einen Arzt** durchgeführt, wird durch diesen **Verstoß gegen §81a StPO regelmäßig** kein Beweisverwertungsverbot begründet.[175] Ein Verstoß gegen §136a StPO scheidet aus, weil diese Vorschrift die Freiheit der Willensentschließung und der Willensbestätigung schützt. Die Blutprobe wird aber allein durch passive Duldung erlangt. Außerdem ist der

---

[174] *Kramer*, Grundbegriffe des Strafverfahrensrechts, 8. Aufl. 2014, Rn. 19; NK-GVR/*Blum* §81a Rn. 2; Meyer-Goßner/Schmitt/*Schmitt* StPO §81a Rn. 2 und Einl. Rn. 76.

[175] BGHSt 24, 125 = NJW 1971, 1097; BayObLG NJW 1965, 1088; OLG Hamm NJW 1970, 528.

Eingriff im Verhältnis zum durch § 316 StGB geschützten Rechtsgut – nämlich der Sicherheit des Straßenverkehrs – nur geringfügig. Eine weitere wesentliche Voraussetzung für die Entnahme einer Blutprobe ist der **Ausschluss gesundheitlicher Nachteile** für den Beschuldigten. Diese Diagnose obliegt im Regelfall dem Arzt. Aber auch der Beschuldigte kann entsprechende Hinweise geben. Medizinische Erfahrungssätze können mögliche Behauptungen widerlegen, da die Blutentnahme als geringer Eingriff ungefährlich ist.[176] Sind gesundheitliche Nachteile wahrscheinlich, ist auf die Entnahme der Blutprobe zu verzichten.[177] Die Entscheidung obliegt der Polizei, die in diesem Stadium das Verfahren leitet. Soweit eine richterliche oder staatsanwaltschaftliche Anordnung erfolgte, ist eine erneute Rücksprache auch hinsichtlich möglicher Alternativen erforderlich.

Nach hM[178] bildet § 81a StPO – sofern die Voraussetzungen des § 81a II StPO **78** vorliegen[179] – zugleich auch die Rechtsgrundlage für die **zur Durchführung der Blutentnahme erforderliche Freiheitsbeschränkung** gegenüber dem Beschuldigten. Eine Festnahme des Beschuldigten zum Zwecke der Vollziehung einer Maßnahme nach § 81a StPO ist daher auch ohne Vorliegen der Voraussetzungen des § 127 StPO zulässig. Ansonsten wäre die in § 81a I StPO enthaltene Ermächtigung zur Blutprobenentnahme ohne Einwilligung des Beschuldigten weitestgehend sinnlos. Die mit der Entnahme der Blutprobe verbundene Freiheitsbeschränkung setzt keine richterliche Entscheidung nach Art. 104 II GG voraus, weil sie keine auf Fortdauer gerichtete Freiheitsentziehung ist.[180] Das **Betreten und Durchsuchen der Wohnung** des Beschuldigten oder eines Dritten zum Zwecke der Ergreifung ist allerdings nur unter den Voraussetzungen der §§ 102, 103, 105 StPO zulässig.

Sofern nicht durch die Verzögerung, die durch eine Einschaltung des zustän- **79** digen Richters unter Umständen entsteht, der Untersuchungserfolg gefährdet wird (Gefahr im Verzug), steht die Entnahme einer Blutprobe gem. § 81a II StPO unter einem **Richtervorbehalt**.[181] Anerkannte Verzögerungsgründe sind Fluchtversuche, unklare Ermittlungsbilder bei komplexen Sachverhalten mit der Notwendigkeit der genauen Bestimmung des BAK-Wertes,[182] Verdunklungshandlung bei Nachtrunkverdacht, längere Wartezeiten bei Grenzwerten, das Fehlen eines richterlichen Bereitschaftsdienstes oder die richterliche Weigerung, eine Entscheidung ohne Aktenvorlage zu treffen und vergleichbare Sachverhalte. Nach Ansicht des BVerfG zielt der Richtervorbehalt auf eine vorbeugende Kontrolle der Blutentnahme in ihren konkreten gegenwärtigen Voraussetzungen durch eine unabhängige und neutrale Instanz. Die Strafverfolgungsbehörden müssen deshalb grundsätzlich versuchen, eine Anordnung des zuständigen Richters zu erlangen. Bis zum Eingang der richterlichen Entscheidung darf

---

[176] SK-StPO/*Rogall* § 81a Rn. 57.
[177] Anschaulich ist der Fall des LG Freiburg NZV 2009, 614, der die Frage des Einsatzes des Alkoholtestgerätes als Alternative zur Blutprobe behandelt.
[178] BayObLG NJW 1957, 272; KK-StPO/*Senge* § 81a Rn. 13 mzwN.
[179] OLG Bamberg NStZ-RR 2011, 378 = BA 2011, 173 = NZV 2012, 97.
[180] AM *Franz* NJW 1966, 1850, der sich krit. mit der hM auseinandersetzt.
[181] BVerfG NJW 2007, 1345 = NZV 2007, 581 = BA 2008, 71; OLG Stuttgart BA 2008, 76; OLG Köln BA 2009, 44 = NStZ 2009, 406; LG Berlin BA 2008, 266.
[182] OLG Bamberg BA 2013, 297.

der Beschuldigte durch die Ermittlungsbeamten festgehalten und zum Ort, an dem die Blutprobe entnommen werden soll, verbracht werden.[183] Erst wenn die Erlangung einer zeitnahen richterlichen Entscheidung nicht möglich ist, besteht eine **Anordnungskompetenz der Strafverfolgungsbehörden**, wobei das BVerfG[184] auch insoweit eine Abstufung vornimmt, als es die Befugnis der Polizei gegenüber der Staatsanwaltschaft als „nachrangig" betrachtet. Wenn schon kein Richter zu erreichen ist, muss die Polizei zunächst versuchen, eine Anordnung der Staatsanwaltschaft zu erlangen. Eine Verletzung dieser Regel stellt aber keinen Verstoß gegen §81a II StPO dar.[185] Wenn die Staatsanwaltschaft oder nachrangig die Polizei eine Gefährdung des Untersuchungserfolges bei vorheriger Einholung einer richterlichen Anordnung bejahen, muss dies mit Tatsachen begründet werden, die auf den Einzelfall bezogen und in den Ermittlungsakten zu dokumentieren sind, sofern die Dringlichkeit nicht evident ist. Diese Dokumentation ist insbesondere deshalb von Bedeutung, weil die von der Polizei oder durch die Staatsanwaltschaft[186] getroffenen Feststellungen und Wertungen der anschließenden gerichtlichen Überprüfung unterliegen. Sind die Umstände nicht in den Akten festgehalten oder wird lediglich eine generalisierende Begründung in den Akten vermerkt, ist eine entsprechende nachträgliche gerichtliche Kontrolle nicht oder nur unzureichend möglich. Da aber nach Art. 19 IV GG jedermann bei einer Verletzung seiner Rechte durch die öffentliche Gewalt der Rechtsweg offen stehen muss, eine gerichtliche Überprüfung in diesen Fällen mangels einer entsprechenden Dokumentation aber schwierig und teilweise kaum machbar ist, liegt eine Verletzung dieses Grundrechts aus Art. 19 IV GG vor.[187]

80 Nach Trunkenheitsfahrten kommt es häufig auf eine möglichst umgehende Blutprobenentnahme an, die in einem engen Zeitraum zur Fahrt stehen sollte, weil nur so realistische Werte zu ermitteln sind. Denn je länger der Zeitraum zwischen Tat und Blutentnahme ist, desto ungenauer kann der Tatzeitwert ermittelt werden, weil zu Gunsten des Beschuldigten mit einem stündlichen Abbauwert von 0,1 ‰ (bei der Frage der Schuldfähigkeit mit 0,2 ‰) zurückgerechnet wird, während der tatsächliche Abbauwert bei etwa 0,15 ‰ liegt. In diesen Fällen kann die Einholung einer richterlichen Genehmigung zu einer Verzögerung führen und damit das Ermittlungsergebnis im Einzelfall beeinträchtigen,[188] insbesondere wenn die BAK knapp oberhalb eines Grenz-

---

[183] OLG Karlsruhe BA 2009, 422 (424); s. aber auch OLG Bamberg NStZ-RR 2011, 378 = NZV 2012, 97. Vgl. BVerfG NJW 2015, 1005 = NZV 2015, 307 mit Kritik an verwaltungsgerichtlichen Rspr., die rechtswidrig erlangte Blutprobenergebnisse wegen fehlender richterlicher Anordnung für die Entziehung der Fahrerlaubnis zulässt und damit den Richtervorbehalt flächendeckend entwertet.

[184] ZB BVerfG NJW 2010, 2864 (2865).

[185] OLG Celle NZV 2010, 362 und NZV 2011, 46 (47); krit.: *Peglau* NJW 2010, 2850 (2851). Befürwortend *Metz* NStZ-RR 2014, 329.

[186] BVerfGE 103, 142 (156).

[187] BVerfG NJW 2010, 2864 (2865) = NZV 2010, 628.

[188] OLG Hamburg NJW 2008, 2597 = NZV 2008, 362 = BA 2008, 187 (189); OLG Hamm NJW 2009, 242 = BA 2008, 388 (390) = NZV 2009, 90; OLG Frankfurt a.M. NStZ-RR

wertes liegt.[189] Eine Gefährdung des Untersuchungserfolges kann sich zB auch aus dem Verhalten des Beschuldigten ergeben, wenn etwa ein Nachtrunk im Raum steht.[190] Bei Drogen ist je nach dem in Betracht kommenden Betäubungsmittel die Gefahr eines Beweisverlustes noch viel größer, weil manche dieser Substanzen einen hohen Halbzeitwert haben und der Abbau relativ schnell erfolgt, andererseits es aber - anders als beim Alkohol – keinen verlässlichen Rückrechnungswert gibt. Hinzu kommt, dass man derzeit auch (noch) nicht über geeignete Vortestgeräte verfügt, die einen konkreten Wert anzeigen. Jedoch bleibt stets zu prüfen, ob nicht binnen kürzester Zeit eine richterliche Anordnung eingeholt werden kann, zumal heute regelmäßig ein richterlicher Eildienst eingerichtet worden ist. Unter Umständen ist die Justizverwaltung sogar zur Einrichtung eines nächtlichen richterlichen Eildienstes verpflichtet.[191] Häufig muss der Beschuldigte ohnehin zunächst zu einer Polizeibehörde verbracht und dort auf das Eintreffen des Blutentnahmearztes gewartet werden. In dieser Wartezeit kann durchaus in vielen Fällen auch mit dem Richter telefonisch Kontakt aufgenommen werden.[192] Bei dieser Möglichkeit kommt es zu keiner Verzögerung bei der Blutentnahme, sodass kaum eine Gefährdung des Untersuchungserfolgs bejaht werden kann, denn der Richter kann die Anordnung ebenfalls telefonisch erteilen.[193] Lehnt der telefonisch mit der Sache befasste Richter eine Entscheidung ohne Vorlage der Akten, die in diesen Fällen häufig noch gar nicht angelegt worden sind, ab, lebt ggf. die Eilkompetenz der Ermittlungsbehörden wegen des drohenden Beweismittelverlusts wieder auf.[194] Es kann nämlich keinen Unterschied machen, ob der Richter nicht erreichbar ist oder ob er eine Befassung mit der Sache verweigert. Das KG[195] hat Gefahr im Verzug angenommen, wenn innerhalb von 1½ Stunden nach Gestellung eines des Führens eines Kfz unter der Wirkung von Cannabis Verdächtigen (§ 24a II StVG) der für die Anordnung einer Blutprobe nach § 81a II StPO zuständige Bereitschaftsrichter nicht erreicht werden kann Hat der Ermittlungsbeamte einmal zu Recht Gefahr in Verzug angenommen, ist er nicht verpflichtet, die seiner Entscheidung zugrunde liegende Einschätzung der Gefahrenlage einer fortwährenden Prüfung zu unterziehen. Er muss sich bei einer unvorhergesehenen Verzögerung der von ihm angeordneten Untersuchung nicht erneut um eine richterliche Entscheidung bemühen.[196]

2011, 46; LG Hamburg NZV 2008, 213 = BA 2008, 77; LG Itzehoe NStZ-RR 2008, 249; *Laschewski* NZV 2007, 582 und BA 2008, 232; *Rochholz/Kaatsch* BA 2011, 129 ff.

[189] OLG Koblenz NStZ-RR 2011, 148.
[190] OLG Bamberg NJW 2009, 2146; OLG Bamberg NStZ-RR 2011, 378 = BA 2011, 173.
[191] OLG Hamm NJW 2009, 3109 = NStZ 2010, 165 mit einer Anm. von *Rabe*; OLG Hamm NStZ-RR 2010, 148; aA OLG Hamm StraFo 2009, 509; OLG Bamberg BA 2010, 136 = SVR 2010, 228; OLG Celle NZV 2011, 46 (48 mwN).
[192] OLG Stuttgart BA 2008, 76; OLG Hamm NJW 2011, 469; *Blum* SVR 2008, 441 ff. und SVR 2009, 172 ff.
[193] BVerfG NJW 2010, 2864 (2865); für die telefonische Anordnung von Durchsuchungen s. BGHSt 51, 285 (295) = NJW 2007, 2269 – s. aber auch LG Limburg NStZ-RR 2009, 384.
[194] BGH NStZ 2006, 114; OLG Schleswig NStZ 2014, 55 = NZV 2014, 281; aA LG Berlin NStZ 2010, 415 mit einer krit. Anm. von *Hofmann*.
[195] KG NStZ-RR 2009, 243 = BA 2009, 278; s. auch OLG Hamm BA 2009, 282.
[196] KG NStZ 2010, 468 = NZV 2010, 480.

81 Liegen die formellen Voraussetzungen für die Anordnung der Blutentnahme durch die Polizei (bzw. Staatsanwaltschaft) nicht vor, besteht insoweit ein **Beweiserhebungsverbot**. Aber nicht jedes trotz eines Beweiserhebungsverbots erhobene Beweismittel unterliegt auch einem **Beweisverwertungsverbot**,[197] vielmehr ist diese Frage jeweils nach den Umständen des Einzelfalls, nach der Art des Verbots und dem Gewicht des Verstoßes und unter Berücksichtigung der widerstreitenden Interessen zu entscheiden. Im Strafprozessrecht geht es nicht um die Wahrheitserforschung „um jeden Preis". Ein Verwertungsverbot schränkt aber ein wesentliches Prinzip des Strafverfahrens ein, nämlich den Grundsatz der Wahrheitsfindung. Dazu muss die Beweisaufnahme von Amts wegen grundsätzlich auf alle Tatsachen und vorhandenen Beweismittel erstreckt werden. Deshalb stellt ein Beweisverwertungsverbot immer eine Ausnahme dar, die lediglich entweder bei einer ausdrücklichen gesetzlichen Vorschrift (zB §§ 81c III 5, 136a III 2 StPO, Art. 13 V GG) oder aus übergeordneten wichtigen Gründen eingreifen kann. Diese liegen dann vor, wenn einzelne Rechtsgüter durch Eingriffe ohne jede Rechtsgrundlage so massiv beeinträchtigt werden, dass dadurch das Strafverfahren kaum noch als ein nach rechtsstaatlichen Grundsätzen durchgeführtes Verfahren angesehen werden kann. Solche schwerwiegenden Verstöße hat die Rspr. bspw. angenommen bei der Einbeziehung eines in ihrem Einfamilienhaus geführten (Raum-)Gesprächs zwischen Eheleuten in die Telefonüberwachung,[198] bei Abhörmaßnahmen in Diensträumen unter Verletzung völkerrechtlicher Grundsätze der Immunität von Konsularbeamten,[199] bei der Aufzeichnung eines Selbstgesprächs eines Beschuldigten in einem Krankenzimmer mittels akustischer Wohnraumüberwachung.[200] Das OLG Hamm[201] hat auch dann ein Beweisverwertungsverbot angenommen, wenn die Justizverwaltung trotz eines entsprechenden Bedarfs keinen nächtlichen richterlichen Eildienst eingerichtet hat. Ein Beweisverwertungsverbot wird auch nicht dadurch ausgeschlossen, dass Polizeibeamten durch den zuständigen Amtsgerichtspräsidenten die generelle Befugnis erteilt wird, bei der Entnahme von Blutproben auf die Einschaltung eines Richters zu verzichten.[202] Ähnliches gilt für andere innerdienstliche Weisungen.[203] Ist die polizeiliche Eilanordnung berechtigt – also ohne Verstoß gegen § 81a II StPO – in

---

[197] BVerfG NJW 2008, 3053 = NZV 2008, 636; BVerfG NJW 2010, 2864 (2866) = NZV 2010, 628 (631); BVerfG BA 2011, 170; OLG Hamburg NZV 2008, 362; OLG Stuttgart BA 2008, 76; OLG Köln NStZ 2009, 406; OLG Hamm NStZ-RR 2009, 185; OLG Jena BA 2009, 214; OLG Hamm NStZ-RR 2009, 386; KG NJW 2009, 3527 = NZV 2009, 571 = BA 2009, 341; OLG Celle NZV 2010, 417; OLG Düsseldorf NZV 2010, 306; OLG Bamberg NZV 2010, 583 (584); OLG Köln NStZ-RR 2011, 186 = NZV 2011, 513; OLG Düsseldorf NZV 2011, 456 ff.; LG Itzehoe NStZ-RR 2008, 249 (250); LG Heidelberg NZV 2008, 638.

[198] BGHSt 31, 296 = NStZ 1983, 517.

[199] BGHSt 36, 396.

[200] BGHSt 50, 206 = NStZ 2005, 700.

[201] OLG Hamm NJW 2009, 3109 sowie NZV 2010, 308; ähnlich: OLG Frankfurt a.M. BA 2010, 30; aA BVerfG BA 2011, 170; OLG Bamberg NZV 2010, 310; OLG Köln BeckRS 2010, 03706 = NStZ-RR 2010, 281; BeckRS 2010, 13574 = NStZ-RR 2010, 281; VerfGH Saarland NJW 2010, 2037.

[202] OLG Oldenburg NJW 2009, 3591 = NZV 2010, 101.

[203] OLG Oldenburg NStZ 2010, 470.

Anspruch genommen worden, kann auch aus der Tatsache, dass kein Versuch zur Erlangung einer Entnahme-Anordnung durch einen Richter unternommen wurde, kein Beweisverwertungsverbot hergeleitet werden.[204]

Da die Anordnung der Blutprobenentnahme in §81a StPO **durch die Staatsan- 82 waltschaft oder die Polizei** nicht grundsätzlich verboten ist, liegt in aller Regel bei einer Verletzung des Richtervorbehalts nicht ein derartig schwerer Verstoß gegen die rechtsstaatlichen Grundsätze vor, dass eine fehlerhafte Annahme der Gefährdung des Untersuchungserfolges zu einem Beweisverwertungsverbot führen würde. Im Übrigen handelt es sich im Gegensatz etwa zur Wohnungs-durchsuchung, bei der die Anordnungsbefugnis des Richters ausdrücklich verfassungsrechtlich in Art.13 II GG normiert ist, bei der Regelung in §81a StPO um einen einfachgesetzlichen Richtervorbehalt. Der Eingriff in das Grundrecht der körperlichen Unversehrtheit (Art.2 II GG) ist bei einer Blutentnahme nur von geringer Intensität, zumal insoweit eine Abwägung vorzunehmen ist ge-genüber dem hochrangigen Interesse an der Sicherheit des Straßenverkehrs.[205] Leben und Gesundheit anderer Verkehrsteilnehmer sollen letztlich durch diese Tatbestände geschützt werden. Außerdem wäre in den Fällen der Trunkenheit im Verkehr regelmäßig eine entsprechende richterliche Anordnung zu erlangen. Das darf jedoch nicht dazu führen, dass man den Richtervorbehalt unbeachtet lässt, weil eine Missachtung ohne Konsequenzen bliebe. Wird nämlich die-ser Vorbehalt bewusst und willkürlich umgangen, kann dies durchaus unter Umständen zu einem Beweisverwertungsverbot führen.[206] Es kann also nur davor gewarnt werden, systematisch den Richtervorbehalt in §81a II StPO zu missachten.[207]

Auf die Einholung einer richterlichen Anordnung kann grundsätzlich in den 83 Fällen verzichtet werden, in denen der Beschuldigte in die **Blutentnahme ein-gewilligt** hat.[208] Unter diesen Umständen braucht für die mit der Blutentnahme verbundene Körperverletzung nicht auf den §81a StPO als Rechtfertigungs-grund zurückgegriffen werden, weil die Körperverletzung insoweit bereits durch das Rechtsinstitut der Einwilligung gerechtfertigt ist. In der bloßen Hinnahme der Maßnahme liegt aber noch keine wirksame Einwilligung.[209] Außerdem ist auf den Alkoholisierungsgrad des Beschuldigten zu achten.

---

[204] OLG Bamberg NStZ-RR 2011, 378 = NZV 2012, 97.

[205] OLG Stuttgart BA 2008, 76.

[206] BGHSt 41, 30 (34) = NStZ 1995, 510; BGHSt 51, 285 (295) = NJW 2007, 2269; KG NJW 2009, 3527 = NZV 2009, 771 (772) = BA 2009, 341; BGH NStZ-RR 2007, 242; OLG Bamberg NJW 2009, 2146 = NStZ 2009, 408 = BA 2009, 217; OLG Dresden NJW 2009, 2149 = NZV 2009, 464; OLG Hamm NStZ-RR 2009, 243; OLG Celle NZV 2009, 463 = BA 2009, 342; OLG Celle NJW 2009, 3524 = NZV 2009, 611 = BA 2009, 416; OLG Celle NZV 2011, 48 (49); OLG Schleswig BA 2010, 137; LG Berlin BA 2008, 266; OLG Düsseldorf NStZ-RR 2011, 186.

[207] Zum Richtervorbehalt bei der Entnahme einer Blutprobe s. auch *Blum* SVR 2008, 441; 2009, 172 ff.

[208] OLG Hamburg NZV 2008, 362 (364) = BA 2008, 187; KG NZV 2015, 97 = NStZ-RR 2015, 97; OLG Bamberg NJW 2009, 2146; OLG Hamm BA 2011, 40; OLG Thüringen BA 2012, 44; LG Saarbrücken NStZ-RR 2009, 55 = BA 2009, 50; SK-StPO/*Rogall* §81a Rn.14; KK-StPO/*Senge* §81a Rn.3.

[209] OLG Bamberg BA 2011, 173; OLG Köln StV 2012, 455.

Allein die Tatsache, dass der Einwilligende alkoholisiert ist, schließt noch nicht die Einwilligungsfähigkeit aus,[210] selbst bei Werten über 2 ‰,[211] denn der Beschuldigte muss bei der Einwilligung weder geschäftsfähig sein noch die strafrechtlichen Folgen einer Blutalkoholmessung überblicken, sondern er muss lediglich den mit der Blutentnahme verbundenen Eingriff und dessen Risiken erkennen. Wenn der Beschuldigte aber infolge seiner Alkoholisierung die Bedeutung der von ihm abgegebenen Erklärung nicht mehr erkennt, wird man kaum von einer wirksamen Einwilligung ausgehen können. Bei bestehenden Zweifeln sollte davon Abstand genommen werden, weil der Beschuldigte die Tragweite nicht erkennt und die Einwilligung unwirksam wäre. Umstritten ist allerdings die Frage, ob der Beschuldigte vor der (freiwilligen) Entnahme der Blutprobe belehrt werden muss. Da der Gesetzgeber die Belehrungspflicht des § 136 I 2 StPO auf die Freiheit der Aussage beschränkt hat, hält eine Meinung eine entsprechende Belehrung bei der Entnahme einer Blutprobe nicht für erforderlich.[212] Dies ergibt nicht zuletzt auch ein Rückschluss aus § 81 h IV StPO. Eine vergleichbare Regelung fehlt in § 81a StPO. Die hM und die Polizeipraxis sehen jedoch die Notwendigkeit der Belehrung über die Freiwilligkeit und haben auch vor dem Hintergrund der Rspr.[213] Formblätter bzw. Einwilligungsformulare oder Belehrungstexte[214] eingeführt. Darin enthalten sind Hinweise zur Rechtslage, zur Freiwilligkeit der Einwilligung und zum Weigerungsrecht. Der Beschuldigte wird darüber entweder mündlich belehrt oder erhält Gelegenheit, den Text selbst zu lesen. Mit seiner Unterschrift wird die Einwilligung dokumentiert. Damit wird dem Umstand Rechnung getragen, dass nachträglich gegenteilige Behauptungen erhoben werden, eine Einwilligung sei nicht wirksam erteilt worden. Ein solches Verfahren berücksichtigt auch den Umstand der Freiwilligkeit sowie Eindeutig- und Ausdrücklichkeit der Einwilligung. Damit ist durch Dokumentation wichtiger Verfahrensschritte nicht nur ein notwendiger Nachweis für eine gerichtliche Kontrolle erbracht, sondern es besteht auch inhaltliche Klarheit hinsichtlich der Richtigkeit der Belehrung.[215]

---

[210] KG NStZ-RR 2015, 25; OLG Hamm BA 2008, 388 (389) und NStZ-RR 2011, 186 = NZV 2012, 308 = BA 2011, 178; OLG Schleswig BeckRS 2013, 16592.

[211] AM OLG Hamm BA 2011, 40, das ab 2 ‰ eine deutliche Beeinträchtigung der Einsichts- und Steuerungsfähigkeit sieht.

[212] LG Saarbrücken NStZ-RR 2009, 55; *Cierniak/Herb* NZV 2012, 409 ff.; KG NStZ-RR 2015, 25.

[213] OLG Köln StV 2012, 455 (456); OLG Hamm VRR 2009, 273; OLG Celle StV 2009; OLG Thüringen BA 2012, 44; OLG Koblenz BA 2011, 111 mit dem Hinweis auf eine unzureichende Rechtsbelehrung im Zusammenhang mit der Einwilligung. Anhaltspunkte für ein Verwertungsverbot ergeben sich dann, wenn der Beamte die Wirksamkeitsvoraussetzungen einer Einwilligung grob verkannt hat. Vgl. auch OVG Sachsen, Beschl. v. 3.6.2014 – 3 B 67/14. Das Gericht verwendet den Begriff „Belehrungspflicht". Das KG (NStZ-RR 2015, 26) lehnt die Schriftform ab, weil weder § 81a StPO noch andere Grundsätze des Strafprozessrechts eine Dokumentation vorsehen. Ob eine Belehrung erfolgte, unterliege der richterlichen Beweiswürdigung gem. § 261 StPO.

[214] LG Saarbrücken (NStZ-RR 2009, 55) lehnt unter Hinweis auf eine gesetzliche Regelung in § 81a StPO eine förmliche Belehrung über das bestehende Weigerungsrecht aus.

[215] KG (NStZ-RR 2015, 25) mit dem Hinweis, dass eine schriftliche Belehrung gesetzlich nicht vorgesehen ist. Vgl. dazu auch SK-StPO/*Rogall* § 81a Rn. 14 mit der Unterschei-

Die genannten Grundsätze gelten auch für das Ordnungswidrigkeiten-Verfah- 84
ren gem. § 24a OWiG. Obwohl die Polizeibehörden in diesen Verfahren zunächst
als Verwaltungsbehörde iSv §§ 35, 36 OWiG zuständig sind und damit ähnliche
Befugnisse wie die Staatsanwaltschaft haben, ist gem. § 46 I OWiG eine richterliche Anordnung erforderlich.[216]

Gemäß § 81a III StPO dürfen dem Beschuldigten entnommene Blutproben für 85
Zwecke des der Entnahme zugrundeliegenden oder eines anderen anhängigen
Strafverfahrens verwendet werden. Sie müssen unverzüglich vernichtet werden, wenn sie hierfür nicht mehr erforderlich sind. Diese Norm begegnet keinen
verfassungsrechtlichen Bedenken.[217]

4. Die Berechnung der Blutalkoholkonzentration (BAK)

Zur Untersuchung von Blutproben gibt es in der Praxis im Wesentlichen drei 86
Verfahren:

a) das Verfahren nach Widmark
b) das ADH-Verfahren und
c) die gaschromatographische Methode

Die Rspr.[218] verlangt für die gerichtliche Verwertbarkeit der ermittelten BAK 87
grundsätzlich **mehrere Analysen nach zwei verschiedenen Verfahren.** Es sind
mindestens fünf Analysen (mehr als fünf sind unschädlich) erforderlich (zB
drei Analysen nach Widmark und zwei Analysen nach dem ADH-Verfahren).
Lediglich bei Anwendung der viel genaueren gaschromatographischen Methode mit automatischer Probeneingabe genügen vier Einzelanalysen, nämlich
zwei nach dem gaschromatographischen Verfahren und zwei nach einer anderen Methode.[219] Nach hM ist zur Frage der BAK aus den einzelnen Analysen-
werten das **arithmetische Mittel** zu errechnen. Es ist nicht etwa der niedrigste
Wert maßgebend. Dies verstößt nicht gegen den Grundsatz „in dubio pro reo",
weil nämlich der Wert, der dem tatsächlichen Wert am nächsten kommt, nach
mathematisch-logischen Grundsätzen der **Analysenmittelwert** ist.[220] Eine Auf-
rundung ist allerdings nicht zulässig.[221] Der **Analysenmittelwert** darf nur dann
zur Feststellung einer konkreten BAK verwandt werden, wenn eine bestimmte
Variationsbreite zwischen dem höchsten und dem niedrigsten Analysenein-
zelwert nicht überschritten wird. Die Differenz darf bei Mittelwerten unter

---

dung zwischen strafprozessualen und verfassungsrechtlich gebotenen Belehrungs-
pflichten in Bezug auf den Richtervorbehalt.
[216] Ausdrücklich OLG Bamberg BA 2013, 297.
[217] BVerfG NJW 2010, 2864 = NZV 2010, 628 (631).
[218] BGH NJW 1967, 116.
[219] OLG Hamburg StVE § 316 StGB Nr. 13; BayObLG StVE § 316 StGB Nr. 16; OLG Köln
StVE § 316 StGB Nr. 18; OLG Düsseldorf VRS 93, 455; OLG Hamm NZV 2000, 340.
[220] OLG Koblenz NJW 1974, 1433; BayObLG NJW 1976, 1802; OLG Düsseldorf NZV 1997,
445; StVE § 316 StGB Nr. 123.
[221] BGH StVE § 24a StVG Nr. 4; OLG Hamm StVE § 316 StGB Nr. 28; NZV 2000, 340 = BA
2000, 251.

1,0 ‰ nicht mehr als 0,1 ‰ und bei höheren Mittelwerten nicht mehr als 10 % des Probenmittelwertes betragen.[222]

88 Die bei der Bestimmung des Blutalkoholgehalts im **ADH-Verfahren** und im **gaschromatographischen Verfahren** verwendeten Messgeräte unterliegen nach dem Eichgesetz **nicht der Eichpflicht.**[223] Die fehlende Eichung dieser Geräte steht der Verwertbarkeit der mit ihnen gewonnenen Ergebnisse im gerichtlichen Verfahren nicht entgegen. Dagegen müssen **Atemalkoholgeräte** für die amtliche Überwachung des Straßenverkehrs geeicht sein,[224] die Gültigkeitsdauer der Eichung dieser Geräte beträgt ein halbes Jahr.

5. Die Widmark-Formel

89 Lediglich nach einem Verfahren – nämlich nach der **Widmark**-Methode[225] – ist eine annähernde rechnerische Ermittlung des Blutalkoholwertes möglich. Die anderen Berechnungsmethoden setzen diagnostische Apparaturen voraus. Jedoch kann der Laie mithilfe der Widmark-Formel die BAK für einen bestimmten Tatzeitpunkt **überschlägig** berechnen. Die genaue Berechnung muss grundsätzlich dem Sachverständigen überlassen werden, der allein in der Lage ist, die Besonderheiten des Einzelfalles zu berücksichtigen.

6. Die Rückrechnung

a) Grundlagen

90 Das Ergebnis der Blutprobe gibt den BAK-Wert zur Entnahmezeit wieder. Da sich die BAK zwischen Tatzeit und Entnahmezeit durch Faktoren verändert (etwa durch Alkoholabbau oder Nachtrunk), ist eine Rückrechnung **vom Zeitpunkt der Blutentnahme auf die Tatzeit** notwendig, weil für die Strafbarkeit in aller Regel der **Tatzeitwert** entscheidend ist.[226] Zwischen dem Trinkende und dem Übergang des Alkohols ins Blut liegt bisweilen ein gewisser Zeitraum, in dem die Alkoholkurve noch ansteigen kann (Anflutungs- oder Resorptionsphase). Der getrunkene Alkohol wird vom Magen-Darmkanal resorbiert. Im Gegensatz zu Wasser passiert Alkohol auch die Magenwand. Die Resorption des Alkohols ist ein reiner Diffusionsvorgang. Sie beginnt sofort nach Trinkbeginn. Geschwindigkeit und Ausmaß hängen vor allem von Menge und Konzentration des aufgenommenen Getränks und vom Gehalt des Magens an Nüchternsekret bzw. Nahrungsmitteln ab. Wenn sich die Alkoholaufnahme – wie dies bei üblichem Trinkverhalten der Fall ist – über längere Zeitspannen erstreckt, ist die **Resorption bei Trinkende meistens abgeschlossen.** Lediglich wenn innerhalb kurzer Zeit relativ große Alkoholmengen konsumiert werden (zB bei Trinkversuchen), **kann** es in Extremfällen noch zu einer Resorptionsphase (Anstieg der

---

[222] BGHSt 45, 140 = NZV 1999, 386 = BA 1999, 384; OLG Hamm StVE § 316 StGB Nr. 69; OLG Bremen StVE § 316 StGB Nr. 4; OLG Düsseldorf BA 1997, 383 (384); 1998, 76 = StVE § 316 StGB Nr. 123.

[223] OLG Düsseldorf NZV 1995, 365 = StVE § 316 StGB Nr. 110.

[224] KG NZV 2002, 471.

[225] Ausführl. zur Widmark-Formel s. *Blum* VerkehrsstrafR 2. Kap. Rn. 50 f.

[226] OLG Jena DAR 1997, 324.

Kurve) von bis zu 90 Minuten nach Trinkende kommen. Um jegliche Benachteiligung des Beschuldigten auszuschließen, lässt die Rspr.[227] daher nur unter engen Voraussetzungen eine Rückrechnung **innerhalb von zwei Stunden nach Trinkende** zu, sofern zugunsten des Angeklagten ein möglichst niedriger Wert erreicht werden soll. Liegen also zwischen Trinkende und Tatzeit mindestens zwei Stunden, so ist eine Rückrechnung bis zur Tatzeit ohne Einschränkungen möglich. Ansonsten darf bei Hinzuziehung eines Sachverständigen, wenn dieser den Resorptionsabschluss festgestellt hat (insbesondere anhand des Trinkverlaufes), auch innerhalb der letzten zwei Stunden nach Trinkende zurückgerechnet werden. Es gibt also **kein generelles Rückrechnungsverbot für die ersten zwei Stunden.**

Zur Verdeutlichung folgende Blutalkoholkurve: 91

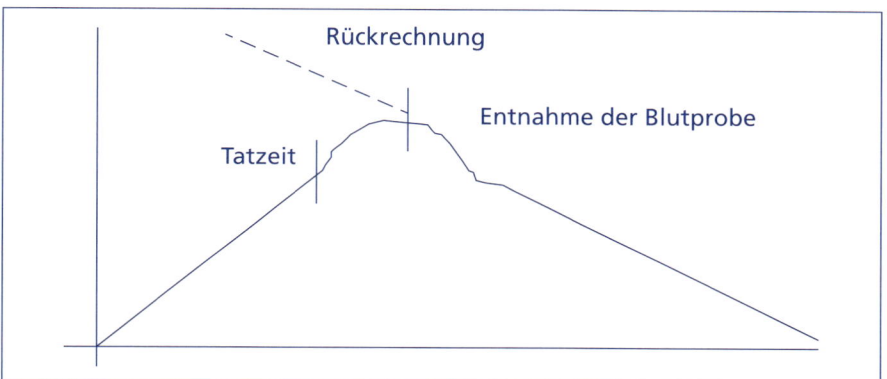

Entnähme man die Blutprobe genau im **Scheitelpunkt der gedachten Kurve,** 92 gelangte man möglicherweise im Wege der Rückrechnung zu einem derart hohen Wert, den der Beschuldigte nie erreicht hätte. Im Übrigen läge auch – wie die Skizze verdeutlicht – der Tatzeitwert noch deutlich unter dem Ergebnis des Blutprobenwertes. Jedoch hätte der Täter in diesen Fällen eine Alkoholkonzentration im Körper, die zu dem bei der Entnahme festgestellten Wert führen würde (vgl. Wortlaut des §24a StVG). Wie noch ausgeführt wird, ist nach der Rspr. des BGH zum sogenannten „Sturztrunk" für den objektiven Tatbestand des §316 StGB in Anlehnung an den Wortlaut des §24a StVG ebenfalls allein die Alkoholmenge maßgebend, die sich zur Tatzeit im Körper befindet. Auf den Wert im Blut kommt es insoweit nicht an.

Zurückzurechnen ist immer **mit dem für den Beschuldigten günstigsten stünd-** 93 **lichen Abbauwert.** Dies ist bei Ermittlung der BAK, wenn es um die Frage der Fahrunsicherheit geht, der niedrigstmögliche Wert. Nach der Rspr. ist das in derartigen Fällen ein gleichbleibender stündlicher Abbauwert von 0,1 ‰. Von diesem Wert darf das Gericht ohne Hinzuziehung eines Sachverständigen nicht abweichen. Wie bereits zuvor ausgeführt worden ist, dürfen unter Umständen

---

[227] BGHSt 25, 246 = NJW 1974, 246; BGH NStZ-RR 2007, 174 = BA 2007, 243; OLG Düsseldorf VRS 73, 470; OLG Hamm DAR 1989, 429 = StVE §24a StVG Nr. 7; BayObLG BA 2002, 220; OLG München BA 2008, 403.

auch die beiden ersten Stunden nach Trinkende nicht mitgerechnet werden. Eine Rückrechnung **nach dieser Methode** ist grundsätzlich nur erforderlich, wenn der Entnahmewert **unter** dem Beweisgrenzwert von derzeit 1,1 ‰ liegt. Aber auch im Bereich der relativen Fahrunsicherheit kann der Tatzeitwert für die Frage, welche weiteren Beweisanzeichen notwendig sind, von Bedeutung sein. Bei Entnahmewerten über 1,1 ‰ ist der Tatbestand des § 316 StGB immer erfüllt. Eine Rückrechnung mit dem möglichst niedrigen Wert erübrigt sich daher in der Regel in diesen Fällen.

94 Hat das Gericht die Frage der **Schuldfähigkeit (§§ 20, 21 StGB)** zu prüfen, so ist **zu Gunsten des Angeklagten mit einem möglichst hohen stündlichen Abbauwert** zurückzurechnen. Das „Rückrechnungsverbot" für die ersten zwei Stunden ab Trinkende gilt dann natürlich nicht, weil sich dies nicht zugunsten des Beschuldigten auswirken würde, denn selbst bei extremen Trinkversuchen **muss** es nicht zwangsläufig zu einer erheblichen Verzögerung der Resorption kommen. Der BGH[228] hat sich der von Zink und Reinhardt entwickelten Berechnungsformel angeschlossen. Die Formel lautet:

> **Hinweis:** max. Tatzeit-BAK = BAK bei der Blutentnahme + 0,2 ‰ × Zeit (Stunden) + einmalig 0,2 ‰ (Sicherheitszuschlag).

Das bedeutet: Zu dem Entnahmewert wird ein stündlicher Abbauwert von 0,2 ‰ addiert zuzüglich eines **einmaligen** Sicherheitszuschlages von 0,2 ‰. Mit dem Sicherheitszuschlag soll eine Benachteiligung des Angeklagten für den Fall ausgeschlossen werden, dass wirklich einmal kurzfristig ein höherer Abbauwert erreicht wurde.

b) Nachtrunkbehauptungen

95 Nachtrunkbehauptungen (Behauptung von Alkoholkonsum zwischen Tat- oder Fahrtende und der Entnahme der Blutprobe) lassen sich mittlerweile oft mit Hilfe von medizinischen Sachverständigen auf ihren Wahrheitsgehalt überprüfen. Bei erheblichem Nachtrunk innerhalb einer kurzen Zeitspanne kommt es wegen der plötzlichen starken Überflutung des Gehirns mit Alkohol regelmäßig zu **erheblichen Ausfallerscheinungen.** Mögliche Zeugen, insbesondere Polizeibeamte, die den Beschuldigten kurz nach dem angeblichen Nachtrunk angetroffen haben, sollten deshalb danach befragt werden, ob sie bei dem Beschuldigten erhebliche Ausfallerscheinungen festgestellt haben bzw. ob sich der Zustand des Beschuldigten gravierend verändert hat. Inzwischen können aber auch in der Rechtsmedizin durch Untersuchung der Blutprobe auf Begleitalkohole (zB Methanol, n-Propanol, Isobutanol, 2-Butanol) Nachtrunkbehauptungen widerlegt oder bewiesen werden. Ein hoher Methanolspiegel spricht beispielsweise für einen über Tage andauernden Alkoholkonsum, wie er für Alkoholiker typisch ist.[229] Durch eine **Begleitstoffanalyse** bei Blutproben, die bei den gerichtsmedi-

---

[228] BGH VRS 75, 451; BGHSt 37, 231 (237) = NStZ 1991, 481; BGH NZV 1991, 117 = VerkMitt. 1991 Nr. 66; ebenso: OLG Köln VerkMitt. 1987, 40; OLG Jena DAR 1997, 324 (325); OLG Hamm BA 2009, 95 (99); OLG Oldenburg BA 2010, 28.

[229] OLG Celle StVE § 316 StGB Nr. 54a.

zinischen Instituten über längere Zeit (beachte aber § 81a III StPO) aufbewahrt werden, kann etwa festgestellt werden, ob der Beschuldigte das als Nachtrunk behauptete Getränk überhaupt zu sich genommen hat.

Inwieweit **zwei Blutproben** bei Nachtrunkbehauptungen hilfreich sein können, **96** ist zweifelhaft, denn die Differenz zwischen den bei zwei nacheinander durchgeführten Blutentnahmen ermittelten Blutalkoholwerten muss nicht gleich der zwischenzeitlichen Veränderung des Blutalkoholspiegels sein.[230] Zwei Blutproben rechtfertigen nicht, der Berechnung der BAK „individuelle" Abbauwerte zugrunde zu legen.[231] Bei sehr großen Zeitdifferenzen zwischen den beiden Blutproben mögen Rückschlüsse eher möglich sein. Zu berücksichtigen ist dabei, dass der BGH in seiner neueren Rspr. von geringeren Messungenauigkeiten ausgeht. Zwischen der Entnahme der ersten und der zweiten Blutprobe sollten mindestens 30 Minuten liegen.[232]

c) Der „Sturztrunk"

Manchmal – insbesondere von Rechtsanwälten – hört man folgende Einlassung: **97** Der Mandant habe unmittelbar vor Fahrtantritt eine größere Menge an alkoholischen Getränken zu sich genommen. Der Alkoholgehalt sei zum Zeitpunkt der Fahrt noch gar nicht ins Blut übergegangen. Erst bei der Abnahme der Blutprobe – die häufig erst längere Zeit nach der Fahrt erfolgt – sei der Alkoholgehalt im Blut festgestellt worden. Diese Einlassung ist unbeachtlich, weil es allein auf die Alkoholmenge ankommt, die der Beschuldigte im **Körper** hat, wenn sie zu einer BAK von 1,1 ‰ oder mehr führt.[233] Dies ergibt sich einmal aus dem **Wortlaut des § 24a StVG**. In dieser Vorschrift hat der Gesetzgeber nämlich bestimmt, dass auch eine Alkoholmenge im Körper ausreicht, „die zu einer solchen Blutalkoholkonzentration führt". Der Gesetzgeber hat bei dieser Formulierung die Erkenntnis berücksichtigt, dass der sog. Schluss-Sturztrunk, dh die hastige Einnahme erheblicher Mengen von Alkohol kurze Zeit vor Antritt der Fahrt, wegen der plötzlichen Alkoholüberflutung des Gehirns geeignet sein kann, die Fahrunsicherheit eines Kraftfahrers herbeizuführen, auch wenn dessen BAK den Grenzwert der absoluten Fahrunsicherheit zur Zeit der Fahrt noch nicht erreicht hat. Es ist heute wissenschaftlich erwiesen, dass die sog. Anflutungswirkung nach Trinkende den Konzentrationsfehlbetrag bis zum Grenzwert zumindest ausgleicht. Gerade in der **Anflutungsphase** ist die Wirkung des Alkohols besonders gefährlich. Die Ausfallerscheinungen bei demselben Promillegehalt sind allgemein im aufsteigenden Ast der Blutalkoholkurve stärker

---

[230] OLG Karlsruhe NZV 1997, 128 = VRS 92, 346 = StVE § 316 StGB Nr. 117.

[231] BGH BA 2003, 312.

[232] Krit. zur Doppelblutentnahme: *Iffland* NZV 1996, 129 ff.; *Iffland* BA 1999, 99 ff. *Iffland* hält eine Harnprobe für wesentlich aufschlussreicher für die Frage des Nachtrunks als eine zweite Blutprobe. Allerdings muss die letzte Miktion vor dem Beginn des tatsächlichen oder des behaupteten Nachkonsums gelegen haben; ferner: *Iffland* BA 2003, 403 ff. sowie *Sachau* ua BA 2003, 411 ff.; s. auch den Erlass der Länder zur Feststellung von Alkohol, Medikamenten- und Drogeneinfluss bei Straftaten und Ordnungswidrigkeiten.

[233] BGHSt 24, 200 = NJW 1971, 1997; BGHSt 25, 246 = NJW 1974, 246; LG Hamburg BA 2010, 306.

als im abfallenden Ast. Im Übrigen kann man es schon als gravierende Ausfallerscheinung infolge des zuvor genossenen Alkohols ansehen, wenn jemand unmittelbar vor Fahrtantritt noch eine größere Menge eines alkoholischen Getränkes zu sich nimmt. Dies spricht für eine alkoholbedingte Enthemmung.

III. Der Genuss anderer berauschender Mittel

98 Neben der alkoholbedingten Beeinträchtigung enthält § 316 StGB als weitere Alternative die auf dem Genuss anderer berauschender Mittel beruhende Fahrunsicherheit.[234] **Genuss** bedeutet lediglich die körperliche Aufnahme der genannten Mittel. Es wird nicht vorausgesetzt, dass die Mittel „zum Genuss", also in der Absicht eingenommen werden, einen Rausch oder eine andere lustbetonte Empfindung hervorzurufen.[235] **Berauschende Mittel** sind solche, die in ihren Auswirkungen denen des Alkohols vergleichbar sind und zu einer Beeinträchtigung des Hemmungsvermögens sowie der intellektuellen und motorischen Fähigkeiten führen.[236]

1. Die Betäubungsmittel

99 Zu diesen berauschenden Mitteln gehören die Betäubungsmittel iSd Betäubungsmittelgesetzes.[237] In der Praxis können bei dieser Tatbestandsalternative erhebliche Schwierigkeiten auftreten.[238] Die Frage, ob es sich um ein dem Alkohol vergleichbares berauschendes Mittel handelt, wird regelmäßig nur durch die **Hinzuziehung eines Sachverständigen** möglich sein. Bisher gibt es weder bei den Betäubungsmitteln noch bei den Medikamenten fundierte wissenschaftliche Untersuchungen mit dem Ergebnis eines ähnlichen Beweisgrenzwertes wie beim Alkohol. Das hängt unter anderem damit zusammen, dass jedes Betäubungsmittel andere Wirkungen entfaltet und jede Person anders auf die Substanzen reagiert. Außerdem verbieten sich entsprechende Großversuche wie beim Alkohol bei illegalen Drogen. Deshalb muss jeweils im Einzelfall – in aller Regel aufgrund festgestellter Ausfallerscheinungen – der Nachweis der (relativen) Fahrunsicherheit geführt werden. Schließlich muss die Kausalität des Rauschmittels für die Fahrunsicherheit nachgewiesen werden.[239]

100 Der **Nachweis von Drogenwirkstoffen im Blut** eines Fahrzeugführers rechtfertigt für sich allein noch nicht die Annahme der Fahrunsicherheit,[240] auch

---

[234] S. auch *Blum* AmtsAnwBl. 2007 – Nr. 4, S. 26 ff.
[235] BayObLG NZV 1990, 317 mwN.
[236] BGH VRS 53, 356 = StVE § 316 StGB Nr. 19.
[237] BGH VRS 53, 356 = StVE § 316 StGB Nr. 19.
[238] OLG Köln NZV 1991, 158 = StVE § 316 StGB Nr. 93.
[239] OLG Zweibrücken BA 2003, 321.
[240] BGHSt 44, 219 = NJW 1999, 226 = NZV 1999, 48 = StV 1999, 19; BGH NStZ 2012, 324; BGH NZV 2000, 419 = BA 2000, 502; NStZ 2012, 324 = HRRS 2012, Nr. 2, S. 54; OLG Düsseldorf NZV 1993, 276 = NStE § 316 StGB Nr. 29 = VRS 85, 201 = VerkMitt. 1993, 43; NZV 1994, 326 = StVE § 316 StGB Nr. 107; OLG Köln StVE § 316 StGB Nr. 91 = NStE § 316 StGB Nr. 17; OLG Düsseldorf NZV 1999, 174 = DAR 1999, 81 = StV 1999, 22 = StVE § 316 StGB Nr. 126; BayObLG BA 2002, 392; OLG Frankfurt a.M. BA 2002, 388; OLG Jena BA 2008, 75; OLG Saarbrücken BA 2011, 41.

nicht im Zusammenwirken mit Alkohol.[241] Es bedarf daher neben dem positiven Blutwirkstoffbefund noch weiterer aussagekräftiger Beweisanzeichen (Ausfallerscheinungen), die im konkreten Einzelfall belegen, dass die Gesamtleistungsfähigkeit des betreffenden Fahrzeugführers soweit herabgesetzt war, dass er nicht mehr fähig gewesen ist, sein Fahrzeug im Straßenverkehr eine längere Strecke, auch bei Eintritt schwieriger Verkehrslagen, sicher zu steuern. Das ohne eine phänomengebundene Schilderung mitgeteilte Erscheinungsbild des Beschuldigten („leicht beeinflusst") reicht dazu nicht aus.[242] Der Nachweis der rauschmittelbedingten Fahrunsicherheit eines heroinabhängigen Fahrzeugführers, der unter dem Einfluss von Entzugserscheinungen infolge seiner extrem waghalsigen Fahrweise einen Verkehrsunfall verursacht und einen Fußgänger verletzt hat, setzt voraus, dass neben den festgestellten körperlichen Entzugserscheinungen weitere aussagekräftige Beweisanzeichen, insbesondere der unfallursächliche Fahrfehler, den sicheren Nachweis der entzugsbedingten Fahrunsicherheit begründen können. Hierbei ist unter Hinzuziehung eines Sachverständigen zu prüfen, ob unter Berücksichtigung einer langjährigen Heroinabhängigkeit des Fahrzeugführers die festgestellten und/oder weitere typische Entzugserscheinungen Auswirkungen auf die Wahrnehmungs- und/oder Reaktionsfähigkeit haben konnten oder etwa zu einer erhöhten Risikobereitschaft oder Selbstüberschätzung geführt haben.[243] Die Beeinträchtigung der Sehfähigkeit aufgrund einer drogenbedingten Pupillenstarre genügt hierfür nicht ohne Weiteres. Es muss mit sachverständiger Hilfe das Ausmaß und die Auswirkung der Sehbehinderung durch die Pupillenstarre im konkreten Fall festgestellt werden.[244]

Allgemeine Merkmale eines Drogenkonsums wie gerötete Augen, erweiterte **101** Pupillen, verwaschene Aussprache oder eine verlangsamte Motorik reichen für die Annahme von Auffälligkeiten, die sich unmittelbar auf eine Beeinträchtigung der Fahrtüchtigkeit beziehen, hingegen in der Regel nicht aus. Auffälligkeiten in diesem Sinne sind etwa schwerwiegende Einschränkungen der Wahrnehmungs- und Reaktionsfähigkeit, mangelnde Ansprechbarkeit, die Unfähigkeit zu koordinierter Bewegung oder eine extrem verlangsamte Reaktion[245]. Die Anforderungen an Art und Ausmaß drogenbedingter Ausfallerscheinungen sind umso geringer, je höher die im Blut festgestellte Wirkstoffkonzentration ist. Unter Umständen – insbesondere bei einem hohen Wirkstoffwert – kann ein einzelnes weiteres Beweisanzeichen zur Feststellung der relativen Fahrunsicherheit ausreichen. Es sind in jedem Fall hohe Anforderungen an die Zuverlässigkeit der festgestellten Ausfallerscheinung zu stellen. Auch muss die Ausfallerscheinung so gravierend sein, dass ein sicheres Fahren ohne Wei-

---

[241] LG Gießen SVR 2014, 29 = NStZ-RR 2014, 26; aA AG Tiergarten SVR 2010, 227 bei einem Wert von 352 mg/ml Benzoylecgonin (Abbauprodukt von Kokain) wurde absolute Fahruntüchtigkeit anerkannt; AG Tiergarten NZV 2012, 398 zur Anerkennung der absoluten Fahruntüchtigkeit bei einem Wert von 20 ng/ml THC.

[242] BGH NStZ 2012, 324.

[243] BGH NZV 2008, 528.

[244] BayObLG NZV 1994, 236; BayObLG StVE § 316 StGB Nr. 119; OLG München NZV 2006, 275; OLG Frankfurt a.M. NZV 1995, 116.

[245] LG Waldshut-Tiengen BA 2012, 222.

teres ausgeschlossen werden kann.[246] Der Nachweis der durch Konsum von Betäubungsmitteln bedingten Fahrunsicherheit setzt nicht notwendig die Feststellung eines Fahrfehlers voraus; es genügt, dass eine während der Fahrt vorhandene erhebliche Beeinträchtigung des Reaktions- oder Wahrnehmungsvermögens auf andere Weise zuverlässig festgestellt wird, so zB durch den Zustand und das Verhalten des Beschuldigten bei einer Polizeikontrolle unmittelbar im Anschluss an die Fahrt.[247] Unkonzentriertheit und Gleichgewichtsstörungen bei einem Autofahrer sind jedoch alleine nicht genügend aussagekräftige Beweisanzeichen, um die Annahme einer drogenbedingten Fahrunsicherheit zu rechtfertigen.[248] Zu den Ausfallerscheinungen gehört auch das Verhalten des Täters nach der Fahrt, etwa nach einem Unfall an der Unfallstelle. Nicht jeder Fahrfehler lässt ohne Weiteres die Annahme einer rauschmittelbedingten Fahrunsicherheit zu. Dies gilt vor allem dann, wenn es sich um Regelverstöße handelt, die auch bei unbeeinflussten Fahrzeugführern häufig anzutreffen sind.[249] Unangepasste Geschwindigkeit auf der Flucht vor der Polizei ist nicht unbedingt ein Beweisanzeichen der Betäubungsmittelintoxikation, wenn die unangemessene Fahrweise möglicherweise fluchtbedingt ist.[250] Der Feststellung möglicher Ausfallerscheinung kommt hier eine besondere Bedeutung zu. Die Problematik ähnelt dem Nachweis von Ausfallerscheinungen bei der alkoholbedingten relativen Fahrunsicherheit.

102 Hilfsweise erfüllt das Führen eines Kfz unter Einfluss von berauschenden Mitteln ggf. den Tatbestand einer Ordnungswidrigkeit nach §24a II StVG.

2. Die Medikamente

103 Neben den Betäubungsmitteln erfüllen auch eine Reihe von Medikamenten die Voraussetzungen der anderen berauschenden Mittel. Bei einer Fahrt unter Medikamenteneinfluss muss die (relative) Fahrunsicherheit stets durch den Nachweis von Ausfallerscheinungen nachgewiesen werden. In der forensischen Praxis sind die Fälle der Fahrunsicherheit infolge von Medikamenteneinnahme jedoch selten, obwohl nach Schätzungen von Fachleuten täglich ein Heer von Autofahrern unterwegs ist, das unter dem Einfluss von Arzneimitteln steht. Neuere Schätzungen gehen von ca. 1,5 Mio. Medikamentenabhängigen aus. Bei vielen Verkehrsunfällen mag auch eine Fahrunsicherheit infolge von Medikamenteneinnahme eine Rolle spielen. Jedoch ist für den Polizeibeamten vor Ort die Feststellung von Fahrunsicherheit durch Medikamentenwirkung ungleich schwerer möglich als die durch alkoholbedingte Fahrunsicherheit. Allenfalls bei groben Ausfallerscheinungen kommt ein entsprechender Verdacht auf. Es gibt bislang keine standardisierten Testverfahren, die eine routinemäßige Überprüfung der die Fahrsicherheit beeinträchtigenden Wirkung eines bestimmten Arzneimittels erlauben würden. Es fehlen praktische, vor Ort einsetzbare

---

[246] OLG Zweibrücken NZV 2005, 164 = BA 2005, 257.
[247] BayObLG StVE §316 StGB Nr. 118 = NStZ 1997, 240 = NZV 1997, 127.
[248] OLG Koblenz BA 2006, 231; beachte aber LG Mühlhausen NZV 2014, 97.
[249] LG Kiel StV 2014, 627.
[250] BGH BA 2014, 176. LG Mühlhausen NZV 2014, 97; vgl. dazu auch KG BA 2012, 46 sowie zur Frage des Zusammenwirkens von Alkohol und Drogen.

Nachweisgeräte. Daher gibt es im Bereich der unter Medikamenteneinfluss stehenden Verkehrsteilnehmer ein hohes Dunkelfeld.

Es gibt aber auch **Medikamente, die bei bestimmten Patienten die Fahrsicherheit 104 erhöhen können** oder sie erst herbeiführen. Ein solcher Patient fährt möglicherweise mit einem Mangel, wenn er ohne die Einnahme des entsprechenden Medikamentes am Verkehr teilnimmt (§ 315c I Nr. 1b StGB).

Welche **Medikamente einen rauschähnlichen Zustand** herbeiführen können, 105 soll und kann hier nicht abschließend ausgeführt werden[251]. Sicherlich gehören die Gruppe der Psychopharmaka, der Schmerz- und Schlafmittel sowie der Beruhigungsmittel dazu. Als Beispiele aus der Rspr. seien genannt: **Dolviran**[252], **Valium**[253] und **Lexotanil**[254]. Es hängt aber immer von der Konzentration des Medikaments und seiner Einnahmemenge (Dosierung) sowie vom Einnahmezeitpunkt ab, ob das Arzneimittel Einfluss auf die Fahrsicherheit hat. Manche Medikamente entfalten eine lange Depotwirkung im Körper und wirken sich entsprechend lange auf die Fahrtauglichkeit aus. Es dürfte stets die Hinzuziehung eines Sachverständigen erforderlich sein.

Ein Autofahrer muss sich bei der Einnahme von jeglichen Medikamenten vor 106 Antritt einer Fahrt durch Lesen des der Packung beiliegenden Hinweiszettels über die evtl. Wirkung auf die Fahrsicherheit informieren.[255] Wer etwa unter Missachtung der im **Beipackzettel** enthaltenen Warnhinweise hochdosiert ein Medikament zur Gewichtsabnahme (sog. Appetitzügler) einnimmt und zeitgleich große Mengen koffeinhaltiger Getränke wie Kaffee und/oder Cola konsumiert, macht sich gem. § 316 StGB strafbar, wenn er trotz Beeinträchtigung seiner Fahrtüchtigkeit durch das Eintreten der im Beipackzettel beschriebenen Nebenwirkungen wie Konzentrationsstörungen und Veränderung des Reaktionsvermögens als Führer eines Kfz am öffentlichen Straßenverkehr teilnimmt.[256] Ggf. trifft auch den **Arzt** eine ausdrückliche **Aufklärungspflicht**. Die Verletzung dieser Pflicht kann unter Umständen für den Arzt strafrechtliche Folgen haben (zB §§ 222, 229, 13 StGB).

IV. Kausalitätsfragen bei § 316 StGB

§ 316 StGB verlangt, dass der Fahrer **infolge** des Genusses alkoholischer Geträn- 107 ke oder anderer berauschender Mittel fahrunsicher war. Der Alkohol bzw. die anderen berauschenden Mittel müssen also die Ursache der Fahrunsicherheit gewesen sein. Ab dem **Beweisgrenzwert von 1,1‰** an aufwärts ist beim Alkohol dieser Nachweis durch die dieser Grenze zugrunde liegenden wissenschaftlichen Erkenntnisse unwiderlegbar erbracht. Ein Gegenbeweis ist nach der Rechtsprechung nicht mehr möglich und nicht zulässig.

---

[251] Vertiefend *Krumm* SVR 2014, 376 und NZV 2014, 441.
[252] OLG Koblenz StVE § 316 StGB Nr. 38.
[253] OLG Hamm StVE § 316 StGB Nr. 56.
[254] OLG Celle NJW 1986, 2385.
[255] LG Köln StVE § 316 StGB Nr. 70.
[256] LG Freiburg NZV 2007, 378 (ohne Gründe) = BA 2007, 183 (mit Gründe).

108 Anders ist es bei Werten **unterhalb des Beweisgrenzwertes.** Da es bei den anderen berauschenden Mitteln keinen Beweisgrenzwert gibt, liegt stets ein Fall einer relativen Fahrunsicherheit vor. In diesen Fällen muss festgestellt werden, ob der genossene Alkohol bzw. die anderen berauschenden Mittel **kausal für die Ausfallerscheinungen** waren. Es stellt sich die Frage, ob dieser Fehler dem Beschuldigten auch unterlaufen wäre, wenn er nüchtern gewesen wäre. Auf die zu dieser Frage bereits gemachten Ausführungen bei der Abhandlung über die relative Fahrunsicherheit wird zur Vermeidung von Wiederholungen Bezug genommen. Ergänzend sei aber darauf hingewiesen, dass an die Beantwortung der Frage, ob dieser Fehler dem Beschuldigten auch in nüchternem Zustand unterlaufen wäre, keine übersteigerten Anforderungen gestellt werden dürfen, zumal wenn es sich um schweres und alkoholtypisches Versagen handelt. Selbst wenn einem Kraftfahrer ein noch so großes Fahrversagen auch dann unterlaufen wäre, wenn er keinen oder nur unerhebliche Mengen Alkohol genossen hätte, können aber theoretische Zweifel an der Schuld allein nicht berücksichtigt werden.[257]

C. Der subjektive Tatbestand (Vorsatz und Fahrlässigkeit)

109 Bei der Trunkenheit im Verkehr sind beide Schuldformen (Vorsatz und Fahrlässigkeit) möglich (§§ 316 I und II, 15 StGB). Den Straftatbestand der **vorsätzlichen** Trunkenheit im Verkehr (§ 316 I StGB) verwirklicht auch derjenige, der zunächst fahrlässig gegen diese Norm verstößt, sich **im weiteren Verlauf der Fahrt** aber der Möglichkeit seiner alkoholbedingten Fahrunsicherheit bewusst wird und dennoch die Fahrt fortsetzt.

110 Die **Abgrenzung zwischen den beiden Schuldformen** ist teilweise schwierig. Da der bedingte Vorsatz (dolus eventualis) ausreicht, dürfte de facto bei den meisten Trunkenheitsfahrern dieser zumindest vorliegen. In den Medien (Fernsehen, Radio, Autozeitschriften pp.) wird häufig und umfangreich über die Fragen des Alkohols im Straßenverkehr informiert, auch über Restalkohol am folgenden Tag.[258] Die meisten Autofahrer sind sich nach einem gewissen Alkoholgenuss durchaus bewusst, dass sie möglicherweise fahrunsicher sind oder nehmen dies zumindest billigend in Kauf. Die Rspr. der Oberlandesgerichte tut sich dennoch schwer mit klaren Abgrenzungskriterien und stellt an die Bejahung des Vorsatzes teilweise hohe Anforderungen. Anerkannt ist, dass Werte, die deutlich über dem sog. Beweisgrenzwert von derzeit 1,1 ‰ liegen, ein **Indiz** für Vorsatz sein können.[259] Allerdings klingt in der Rspr. immer wieder an, dass allein aus der Menge des genossenen Alkohols und der Höhe der BAK nicht ohne Weiteres auf eine vorsätzliche Tatbestandsverwirklichung geschlossen werden kann.[260]

---

[257] BGH StVE § 315c StGB Nr. 2; OLG Karlsruhe StVE § 315c StGB Nr. 8.

[258] Instruktiv OLG Koblenz NZV 2008, 308 zur Berücksichtigung des Gefühls der Erholung fünf Stunden nach Trinkende und einer Schlafperiode bei einem BAK-Wert von 1,2 ‰.

[259] BGHSt 22, 192 (200) = NJW 1968, 1787; OLG Celle VRS 61, 35; BayObLG StVE § 316 StGB Nr. 39; OLG Jena NZV 1997, 487; OLG Koblenz NZV 2008, 304 (306).

[260] OLG Karlsruhe NZV 1991, 239; OLG Zweibrücken NZV 1993, 240; OLG Karlsruhe DAR

Es sind vielmehr die **Umstände des Einzelfalles** zu untersuchen und zu erörtern. Der Hinweis auf eine allgemeine sowie eine spezielle Lebenserfahrung ist beim Vorliegen massiver Ausfallerscheinungen nicht geeignet, die vorgenommene Beurteilung der Schuldfrage zu begründen, insbesondere nicht ohne Hinzuziehung eines Sachverständigen. Es gibt keinen Erfahrungssatz, wonach jedem Autofahrer ab einer bestimmten BAK seine Fahrunsicherheit bewusst ist.[261] Die Frage, ob ein Beschuldigter mit einer erheblich über dem Grenzwert liegenden BAK seine Fahrunsicherheit erkennt, lässt sich nur aufgrund der jeweiligen Gesamtumstände beurteilen (Trinkverhalten, einschlägige Vortaten, Trinken in Fahrbereitschaft, Ausfallerscheinungen, die dem Täter bewusst geworden sind, Art und Zeitraum der Alkoholaufnahme, Intelligenz des Täters, verbleibende Selbstkritik).[262] **Bei sehr hohen Blutalkoholkonzentrationen** ist die Rspr. mit der Bejahung des Vorsatzes sehr zurückhaltend mit der Begründung, das Hemmungsvermögen und die Selbstkritik des Täters seien möglicherweise durch den Alkoholgenuss deutlich eingeschränkt.[263] Die Rspr. der Oberlandesgerichte zur Frage des Vorsatzes beim Tatbestand der Trunkenheit im Verkehr ist teilweise kaum nachvollziehbar. Nach der allgemeinen Lebenserfahrung weiß jeder Autofahrer, dass Alkoholgenuss die Fahrtauglichkeit beeinträchtigt kann. Wer sich nach dem Genuss von größeren Mengen alkoholischer Getränke an das Steuer eines Fahrzeugs setzt, nimmt zumindest billigend in Kauf, fahrunsicher zu sein. Bei einem Berufskraftfahrer unterstellt die Rspr. dass er um die Gefahren einer Alkoholaufnahme vor Fahrtantritt weiß und deshalb idR die Fahrunsicherheit in Kauf nehme, wenn er trotz Alkoholkonsums seine Fahrt antritt.[264]

Zusammenfassend können nach der Rspr. der Oberlandesgerichte außer einem **111** Geständnis **folgende Indizien für Vorsatz** sprechen:

- ein BAK-Wert, der deutlich über dem Beweisgrenzwert liegt, wobei ein solcher Wert allein zum Nachweis des Vorsatzes nicht ausreichend ist. Außerdem bestehen bei sehr hohen Werten Zweifel, ob die Kritik- und Einsichts-

---

1997, 326; OLG Köln BA 2000, 371; OLG Naumburg BA 2000, 376; OLG Hamm NZV 2005, 161 = BA 2005, 390 und BA 2005, 384 sowie BA 2008, 262; OLG Brandenburg BA 2010, 33 = VRS 117, 195; OLG Stuttgart NStZ-RR 2011, 187 = NZV 2011, 412 (413); OLG Hamm BA 2012, 164; NK-GVR/*Quarch* § 316 Rn. 14; bei einem Radfahrer mit einem Wert von 1,82 ‰ verneint LG Dessau-Roßlar BA 2011, 364.

[261] OLG Hamm NStE § 316 StGB Nr. 11; StVE § 316 StGB Nr. 124 = NZV 1998, 291; BA 1998, 462 = NZV 1998, 471; NZV 1999, 92 = StVE § 316 StGB Nr. 127; OLG Düsseldorf NZV 1994, 324 = StVE § 316 StGB Nr. 103; OLG Jena DAR 1997, 324; OLG Köln DAR 1999, 88; OLG Hamm BA 2000, 116; OLG Zweibrücken BA 2000, 191; OLG Naumburg BA 2001, 457; OLG Saarbrücken BA 2001, 458; OLG Hamm NZV 2003, 47; OLG Brandenburg BA 2010, 426; OLG Düsseldorf BA 2010, 428; OLG Hamm BA 2012, 164; aA OLG Celle NZV 2014, 283 für Berufskraftfahrer.

[262] OLG Köln StVE § 316 StGB Nr. 122.

[263] BGH NZV 1991, 117 = VerkMitt. 1991, Nr. 66 = NStE § 315c StGB Nr. 14; OLG Köln VRS 67, 226; OLG Koblenz NZV 1993, 444; OLG Stuttgart BA 2010, 139; OLG Brandenburg BA 2013, 138.

[264] OLG Celle NZV 2014, 283 bei einem Taxifahrer mit 2,14 ‰.

fähigkeit nicht stark reduziert ist, was unter Umständen gerade wieder zum Ausschluss des Vorsatzes führen kann.

- frühere Auffälligkeiten durch Trunkenheitsdelikte, wobei nach der Rechtsprechung[265] der Sachverhalt in einem Mindestmaß mit dem aktuell zu beurteilenden vergleichbar sein muss.
- ein geplanter Alkoholkonsum im Rahmen einer Zechtour.
- Ausfallerscheinungen, sofern sie der Täter wahrgenommen hat. Bei hohen Alkoholkonzentrationen lässt sich nicht ausschließen, dass der Täter diese Ausfallerscheinungen aufgrund der herabgesetzten Wahrnehmungsfähigkeit nicht bemerkt hat.
- ein Unfall, der dem Täter seine Fahrunsicherheit vor Augen führt,
- das Trinkverhalten. Wer in einer Gaststätte alleine trinkt, sieht anhand des Deckels und der Rechnung die Trinkmenge. Das mag gerade anders sein beim Alkoholgenuss etwa auf einer Familienfeier.
- Intelligenz und Selbstkritik des Täters,
- ungewöhnliche Fahrstrecke für die Heimfahrt (Täter wählt zB Feldwege für den Heimweg). Diese Einlassung wird in der Praxis bisweilen abgegeben, um darzulegen, dass durch die Fahrt kein anderer Verkehrsteilnehmer gefährdet worden sei. Dies ist jedoch für den Tatbestand des § 316 StGB völlig unerheblich,
- die Einlassung des Täters, er habe wegen seines Alkoholkonsums sein Fahrrad ein Stück geschoben[266] oder vergleichbare Äußerungen.

D. Konkurrenzfragen

112 Bei § 316 StGB handelt es sich um ein Dauerdelikt, das grundsätzlich die gesamte Fahrt von ihrem Beginn bis zu deren Ende umfasst. Fährt der Täter nach einer kurzen **Fahrtunterbrechung** (zB nach einem Tankhalt oder nach einem Einkauf) weiter, wird man – insbesondere in den Fällen, in denen der Täter bereits vor Antritt des ersten Fahrtabschnitts die Fahrt bis zum Ende geplant hatte – nicht von einer neuen Handlung ausgehen können. In diesen Fällen dürfte eine natürliche Handlungseinheit vorliegen.[267] Kehrt allerdings der Beschuldigte nach einer Alkoholkontrolle zu seinem Pkw zurück und begibt sich anschließend damit auf die Heimfahrt, liegt in der Alkoholkontrolle eine Zäsur, die die Dauerstraftat „Trunkenheitsfahrt" beendet. Der Weiterfahrt liegt ein neuer Tatentschluss zugrunde,[268] zumal wenn der Täter von der Polizei darüber belehrt worden ist, dass er wegen seiner Alkoholisierung kein Fahrzeug mehr führen darf. Grundsätzlich unterbricht auch ein Unfall eine Trunkenheitsfahrt. Die Entscheidung zur Weiterfahrt beruht in diesem Fall regelmäßig auf einem

---

[265] OLG Celle NZV 1998, 123 = StVE § 316 StGB Nr. 120a; OLG Hamm NZV 2003, 47 und NZV 2005, 161; OLG Koblenz NZV 2008, 304 (306).

[266] OLG Hamm BA 2005, 481.

[267] BGH DAR 2010, 273; AG Lüdinghausen NZV 2007, 485, das allerdings ohne Hinweis auf eine natürliche Handlungseinheit von einer einzigen Fahrt ausgeht.

[268] OLG Hamm NZV 2008, 532.

neuen Tatentschluss.[269] Entwendet ein fahruntauglicher Dieb ein Kfz und fährt damit davon, stehen der Diebstahl und die Trunkenheitsfahrt regelmäßig in Tateinheit (§ 52 StGB),[270] denn in diesem Fall fallen die Wegnahme-Handlung des Diebstahls und das Führen des Fahrzeugs zusammen. Ob zwischen dem Führen eines Kfz im Zustand der rauchgiftbedingten Fahrunsicherheit (§ 316 StGB) und dem **Verstoß gegen das BtMG** (gleichzeitiges Mitführen von Betäubungsmitteln) Tatidentität iSd § 264 StPO besteht, hängt davon ab, ob ein innerer Beziehungszusammenhang zwischen dem Fahren und dem Mitführen des Betäubungsmittels besteht (zB die Fahrt dient dem Transport der Drogen, um sie an einen sicheren Ort zu bringen[271]). Fehlt es an diesem inneren Zusammenhang, handelt es sich nicht um dieselbe prozessuale Tat.[272]

E. Die Einziehung des Fahrzeugs nach Fahrten unter Alkoholeinfluss

Für die Polizeipraxis stellt sich neben der Sicherstellung bzw. Beschlagnahme **113** des Führerschein gem. §§ 94 III iVm § 111a I StPO die Frage, ob auch das Tatfahrzeug nach einer Trunkenheitsfahrt der Einziehung unterliegt und deshalb gem. §§ 111b, c StPO schon vor Ort zu beschlagnahmen ist. Nach § 74 I StGB können Gegenstände nur dann eingezogen werden, wenn sie entweder

a) durch die vorsätzliche Straftat hervorgebracht worden sind (sog. producta sceleris), etwa gefälschte Banknoten und Münzen oder
b) zur Begehung der vorsätzlichen Straftat oder zur Vorbereitung gebraucht worden oder bestimmt gewesen sind (sog. instrumenta sceleris), zB Einbruchwerkzeuge oder das zum Abtransport der Beute benutzte Fahrzeug.

Von den instrumenta sceleris sind die sog. **Beziehungsgegenstände** zu unter- **114** scheiden.[273] Darunter versteht man die „notwendigen Gegenstände der Tat". Sie bilden lediglich das passive Objekt der Tat, indem sich die Verwendung des Gegenstandes jeweils in dem Gebrauch erschöpft, auf dessen Verhinderung der betreffende Tatbestand abzielt. Der Tatbestand des § 316 StGB kann nur durch Benutzung eines Fahrzeugs verwirklicht werden. Das Fahrzeug gehört anders als etwa das Einbruchwerkzeug im Rahmen der §§ 242, 243 StGB notwendigerweise zur Erfüllung des Tatbestandes dazu. Die Verwendung des Fahrzeugs erschöpft sich bei der Trunkenheit im Verkehr in dem Gebrauch, auf dessen Verhinderung § 316 StGB gerade abzielt. Nach dem Gesetzeswortlaut ist nur die Einziehung solcher Gegenstände gestattet, mit denen ein über ihre bloße Benutzung hinausgehender Straftatbestand verwirklicht werden soll. Dies ergibt sich aus der im Gesetz vorausgesetzten besonderen Zielrichtung. Gegenstände, die der Täter zur Begehung einer vorsätzlichen Straftat gebraucht

269 OLG Hamm BA 2009, 95.
270 NK-GVR/*Quarch* StGB § 316 Rn. 21.
271 BGH NStZ 2009, 705 = NZV 2010, 39; NStZ 2012, 709.
272 OLG Hamm NStZ-RR 2010, 154 = NZV 2010, 312 = BA 2010, 39 (40); OLG Hamm BA 2010, 28 (30); KG NStZ-RR 2012, 155 = NZV 2012, 305.
273 BGHSt 10, 28 = NJW 1957, 351.

oder bestimmt hat, können nur die sein, die ihm als **Mittel** zur Verwirklichung eines gegen die Strafrechtsordnung verstoßenden Planes dienen sollen. An dieser Absicht fehlt es, wenn durch die Benutzung des Gegenstandes lediglich ein gegen den Gebrauch als solchen gerichtetes Verbot verletzt wird. Dem Täter kommt es etwa beim Tatbestand des § 316 StGB nur auf die Benutzung des Fahrzeugs an, nicht auf die Gefährdung des Straßenverkehrs. Der Gesetzgeber hat in verschiedenen Gesetzen dieser Unterscheidung Rechnung getragen und in Sondervorschriften (zB § 56 WaffG, § 21 III StVG) in bestimmten Fällen auch die Einziehung von Beziehungsgegenständen geregelt. Bei § 316 StGB fehlt eine solche besondere Regelung.

115 Entsprechend dieser Differenzierung zwischen den Tatinstrumenten und den Beziehungsgegenständen unterliegt das bei einer **vorsätzlichen Trunkenheitsfahrt** nach § 316 I StGB benutzte Kfz nicht der Einziehung nach § 74 I StGB, weil § 316 StGB darauf abzielt, den Gebrauch eines Kfz durch einen fahrunsicheren Fahrer zu verhindern. Bei einer Zuwiderhandlung gegen dieses Verbot kommt es dem Täter nur auf den Gebrauch des Kfz an. Ein darüber hinausgehender Einsatz des Fahrzeugs als Mittel iSd § 74 I StGB liegt nicht vor.[274] Grundsätzlich bestehen aber keine Bedenken, bei einer **vorsätzlichen Verwirklichung des § 315c I Nr. 1a StGB**, wenn der Täter hinsichtlich seiner Fahrunsicherheit und der Herbeiführung der konkreten Gefährdung vorsätzlich handelt, das hierbei eingesetzte Fahrzeug als Tatmittel iSd § 74 I StGB einzuziehen. Dagegen vertritt Geppert[275] den Standpunkt, dass neben der Trunkenheit im Verkehr (§ 316 I StGB) auch bei der Straßenverkehrsgefährdung nach § 315c StGB das Kfz nur Beziehungsgegenstand ist und „mangels einzelgesetzlicher Einziehungsermächtigung demnach nicht einziehungsfähig sei", denn eine Straßenverkehrsgefährdung kann begrifflich nur durch einen Fahrzeugführer begangen werden. Als Tatobjekt ist ein Fahrzeug zwingend erforderlich.

116 Die **Einziehung** des vom Angeklagten als Tatfahrzeug (für das **Handeltreiben mit Betäubungsmitteln**) benutzten Kraftwagens setzt keinen „verkehrsspezifischen Zusammenhang" voraus.[276] § 74 I StGB lässt es genügen, wenn der Gegenstand zur Tatbegehung gebraucht worden ist.

117 Bei der Einziehung von Beziehungsgegenständen gelten über § 74 IV StGB die Abs. 2 und 3 des § 74 StGB entsprechend.

---

[274] OLG Hamm BA 1974, 282.
[275] DAR 1988, 12 (14); ebenso Hentschel/König/Dauer/*König* StGB § 316 Rn. 114.
[276] BGH NStZ 2005, 232 und NStZ-RR 2012, 169.

3. Kapitel. Die § 24a und 24c StVG

Prüfungsschema für § 24a StVG
1. Objektiver Tatbestand
    a) Tatobjekt: **Kraftfahrzeug**
    b) im (öffentlichen) Straßenverkehr
    c) Tathandlung: Führen
    d) Der Betroffene muss 0,25 mg/l o.mehr Alkohol in der Atemluft oder 0,5‰ oder mehr Alkohol im Blut oder eine Alkoholmenge im Körper haben, die zu einer solchen Konzentration führt (Abs. 1) oder alternativ (Abs. 2) unter der Wirkung eines in der Anlage zu § 24a genannten Mittels stehen (Nachweis im Blut)
2. Subjektiver Tatbestand (Vorsatz – §§ 24a I oder II StVG, 10 OWiG – oder Fahrlässigkeit – § 24a III StVG)
3. Rechtswidrigkeit (zB § 15 oder § 16 OWiG)
4. Vorwerfbarkeit – § 12 OWiG (vergleichbar der Schuld im Strafrecht)
5. Ergebnis

Beim Thema Alkohol bzw. bestimmten berauschenden Mitteln im Straßenver- **119** kehr spielt unter anderem die Ordnungswidrigkeit nach § 24a StVG eine Rolle. Zunächst soll an einer Grafik die Abgrenzung zwischen relativer und absoluter Fahrunsicherheit sowie gegenüber § 24a StVG dargestellt werden:

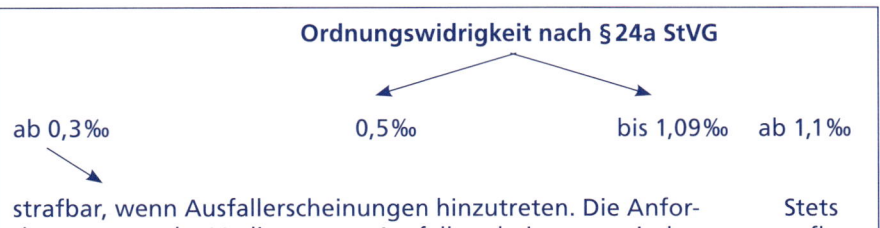

Ordnungswidrigkeit nach § 24a StVG

ab 0,3‰   0,5‰   bis 1,09‰   ab 1,1‰

strafbar, wenn Ausfallerscheinungen hinzutreten. Die Anforderungen an das Vorliegen von Ausfallerscheinungen sind desto geringer, je näher die festgestellte Blutalkoholkonzentration dem Grenzwert von 1,1‰ kommt.

Stets strafbar

Sofern im Bereich des § 24a StVG (also zwischen 0,5 und 1,09‰) relative Fahrunsicherheit gegeben ist, tritt die Ordnungswidrigkeit nach § 24a StVG hinter Straftaten nach §§ 316 bzw. 315c I Nr. 1a StGB zurück (§ 21 I 1 OWiG). Dies gilt ebenso auch bei der absoluten Fahrunsicherheit. Da § 24a StVG keinen oberen Wert enthält, hätte ein **Kraftfahrer** bei einer BAK von 1,1‰ und mehr in aller Regel gleichfalls den Tatbestand des § 24a StVG erfüllt. Aber auch in diesem Fall greift § 21 I 1 OWiG ein.

A. Der objektive Tatbestand des § 24a StVG

120 § 24a StVG findet nur Anwendung auf Verstöße im öffentlichen Straßenverkehr („… wer im Straßenverkehr …"). Der Betroffene muss ein **Kraft**fahrzeug geführt haben. Das Führen eines **Fahrrades** wird somit nicht von § 24a StVG erfasst, wohl aber ein **sehr langsam fahrendes motorisiertes Baufahrzeug** (zB ein nur mit einer Höchstgeschwindigkeit von 5 km/h fahrender Bagger[277]). § 24a StVG enthält im Gegensatz zu anderen Bestimmungen keine Einschränkungen in Bezug auf eine Mindestgeschwindigkeit, die das geführte Fahrzeug erreichen muss, um als Kfz im Sinne dieser Bestimmung zu gelten. § 24a I StVG enthält **zwei voneinander unabhängige Mindestwerte**, nämlich einen Atemalkoholwert von 0,25 mg/l und einem Blutalkoholwert von 0,5 Promille. Anders als die §§ 315c I Nr. 1a, 316 StGB knüpft der Tatbestand des **§ 24a StVG nicht an eine Fahrunsicherheit** oder verminderte Fahrtüchtigkeit an. Maßgebend ist lediglich die Alkoholmenge im Körper bzw. der Nachweis von Drogen im Blut.[278] Zur festgestellten BAK ist **kein Sicherheitszuschlag** mehr zu addieren, weil dieser bereits in dem Wert von 0,5 ‰ enthalten ist.[279] Dies gilt auch für **Atem**alkoholmessungen im Rahmen des § 24a StVG mit dem Analysegerät Dräger Alkotest 7110 Evidential MK III. Das BayObLG[280] hält das Gerät für zuverlässig und ist weiterhin der Ansicht, die Festlegung eigener Grenzwerte für die Alkoholkonzentration in der Atemluft in § 24a StVG und ihre Verknüpfung mit denselben Rechtsfolgen, die für die ihnen gegenübergestellten BAK-Grenzwerte bestimmt sind, sei verfassungsrechtlich unbedenklich. Das Gericht sieht die Mitteilung der Messmethode, der beiden Einzelmesswerte sowie des aus ihnen errechneten Mittelwertes als ausreichend an. Es geht jeweils um die stationären Messgeräte auf den Polizeiwachen (im Gegensatz zu den mobilen **Vortest**geräten in den Streifenwagen der Polizei, deren Ergebnisse nicht gerichtsverwertbar sind).

121 Bei der Atemalkoholmessung muss zwischen Trinkende und Messung die erforderliche **Wartezeit von 20 Minuten** eingehalten werden.[281] Das gilt jedenfalls dann, wenn der gemessene Wert nur knapp über dem gesetzlichen Gefahrengrenzwert liegt.[282] Wird die Wartezeit von 20 Minuten nicht eingehalten, kann bei deutlicher Überschreitung (hier: 20 %) des Gefahrengrenzwertes des § 24a I StVG von 0,25 mg/l durch Einholung eines Sachverständigengutachtens geklärt werden, ob die mit der Nichteinhaltung verbundenen Schwankungen der Messwerte durch einen Sicherheitszuschlag ausgeglichen werden können.[283] Bei

---

[277] OLG Düsseldorf VRS 64, 115; OLG Hamm StVE § 24a StVG Nr. 1.
[278] KG BA 2000, 115.
[279] OLG Köln VRS 48, 46; OLG Hamm VRS 52, 55; OLG Zweibrücken StVE § 24a StVG Nr. 12; *Krumm* NJW 2012, 1860; NK-GVR/*Krumm* StVG § 24a Rn. 6.
[280] BayObLG NZV 2000, 295; ebenso OLG Jena BA 2006, 406; 2006, 408.
[281] BayObLG BA 2005, 492; OLG Bamberg BA 2010, 134; NK-GVR/*Krumm* StVG § 24a Rn. 10.
[282] OLG Karlsruhe SVR 2005, 114.
[283] OLG Karlsruhe NStZ-RR 2006, 250 = NZV 2006, 438 = NStZ 2006, 536 = NJW 2006, 1988; OLG Bamberg BA 2008, 197; OLG Hamm BA 2008, 198; 2010, 37 (39); aA OLG Jena BA 2006, 404, das die Verwertbarkeit selbst dann verneint, wenn ein Sachverständiger hinzugezogen wird.

der Bestimmung der Atemalkoholkonzentration iSv § **24a StVG** unter Verwendung eines Atemalkoholmessgerätes, das die Bauartzulassung für die amtliche Überwachung des Straßenverkehrs erhalten hat, ist der gewonnene Messwert jedenfalls dann **ohne Sicherheitsabschläge** verwertbar, wenn das Gerät unter Einhaltung der Eichfrist geeicht ist und die Bedingungen für ein gültiges Messverfahren gewahrt waren.[284] **Atemalkoholmessgeräte** für die amtliche Überwachung des Straßenverkehrs müssen im Gegensatz zu den Geräten für die gaschromatographischen Untersuchungen **geeicht sein**; die Gültigkeitsdauer der Eichung beträgt ein halbes Jahr.[285] Aus einem festgestellten Atemalkoholwert darf nicht auf die Höhe der Blutalkoholkonzentration geschlossen werden, weil **keine durchgehende Konvertierbarkeit zwischen AAK und BAK** besteht.[286] Bei einem ordnungsgemäß festgestellten Atemalkoholwert, der eine über dem tatbestandlichen Gefahrengrenzwert liegende Alkoholisierung ergeben hat, kann diese Messung nicht durch das günstigere Ergebnis einer nachfolgenden Blutalkoholbestimmung infrage gestellt werden.[287] Das ergibt sich aus dem Wortlaut des § 24a I StVG. Der Gesetzgeber hat **beide Werte gleichbedeutend nebeneinander** gestellt („oder"). Ist **einer** der beiden Werte erreicht oder überschritten, dann ist der Tatbestand verwirklicht. Nach dem aktuellen Stand der Wissenschaft kann eine Hypoventilation (Anhalten der Luft vor der Messung des Atemalkohols) möglicherweise das Messergebnis zum Nachteil des Betroffenen beeinflussen.[288]

In § **24a II StVG** ist das Führen eines **Kraft**fahrzeugs unter Drogeneinfluss mit **122** Bußgeld bedroht. Diese Neuregelung erfolgte, weil das Fahren nach Drogenkonsum erheblich zugenommen hat. Die Norm setzt keine Fahrunsicherheit voraus.[289] Da es – anders als beim Alkohol – keine von der Rspr. anerkannten Grenzwerte gibt, besteht daher eine Lücke zu den §§ 315c I Nr. 1a, 316 StGB. Der Gesetzgeber hat im Jahre 1998 mangels entsprechender Erkenntnisse in § 24a II StVG im Gegensatz zum I, in dem Grenzwerte festgesetzt worden sind, keine derartigen Werte in den Tatbestand aufgenommen, sodass insoweit der bloße Nachweis der in der Anlage zu § 24a StVG genannten Substanzen **im Blut** ausreichen könnte.[290] Wegen der langen Dauer der Nachweisbarkeit von Substanzen im Urin und Haar könnte der Nachweis noch Tage und Wochen nach der konkreten Einnahme erfolgen. Im Blut waren die genannten Substanzen jedoch zum Zeitpunkt, als die Norm eingefügt worden ist, lediglich in einem Zeitraum von Stunden nach der Einnahme und auch nur ab einer bestimmten Mindestgrenze nachweisbar. Daher verlangt der Tatbestand des § 24a II StVG ausdrücklich einen Nachweis der Substanzen **im Blut**.[291] Ein Nachweis in ande-

---

[284] BGHSt 46, 358 = NJW 2001, 1952 = NZV 2001, 267 – ergangen auf Vorlagebeschluss des OLG Hamm NZV 2000, 426; *Krumm* NJW 2012, 1860.

[285] KG NZV 2002, 471.

[286] OLG Zweibrücken StVE § 24a StVG Nr. 14 = BA 2002, 278.

[287] NK-GVR/*Krumm* StVG § 24a Rn. 12

[288] OLG Bamberg NZV 2006, 490 = BA 2007, 104.

[289] OLG München NZV 2006, 275; OLG Bremen NZV 2006, 276.

[290] Vgl. OLG Zweibrücken NZV 2001, 483 – das noch von einer „echten Nullwert-Grenze" spricht.

[291] OLG Hamm BA 2001, 285 = StVE § 24a StVG Nr. 9a = NZV 2001, 484.

ren Substanzen wäre also nicht verwertbar. Da sich inzwischen infolge technischen Fortschritts die Verhältnisse insoweit geändert haben, als die Nachweisdauer von THC im Blut wesentlich erhöht worden ist und teilweise auch schon geringe Spuren im Blut heute feststellbar sind, darf nach einer Entscheidung des **BVerfG**[292] eine Ahndung aus § 24a II StVG nur dann erfolgen, wenn **eine THC-Konzentration** nachgewiesen wird, bei der **abstrakt eine Einschränkung der Fahrtüchtigkeit** möglich ist. Nachweisdauer und Wirkungsdauer sind nach neueren Erkenntnissen nicht identisch. Allerdings dürfte bei Werten von 1,0ng/ml oder mehr regelmäßig die Fahrtüchtigkeit eingeschränkt sein.[293] Unterhalb dieser Grenze muss in jedem Einzelfall nachgewiesen werden, dass die Möglichkeit bestanden hat, dass die Fahrtüchtigkeit herabgesetzt war.[294] Daher gehört bei einer Verurteilung wegen eines Verstoßes gegen § 24a II StVG die Mitteilung der THC-Konzentration im Blut des Betroffenen zu den notwendigen tatrichterlichen Feststellungen.[295] Zuschläge für Messungenauigkeiten sind nicht erforderlich.[296] Soweit Ausfallerscheinungen vorgelegen haben, kommt möglicherweise ein Verstoß gegen § 316 (bzw. gegen § 315c I Nr. 1a) StGB in Betracht, der die Ordnungswidrigkeit nach § 24a II StVG verdrängt (§ 21 I 1 OWiG). Inzwischen wendet man die Rspr. des BVerfG auch auf **andere Rauschmittel** an. Bei **Amphetamin** liegt der Grenzwert bei 25 ng/ml.[297] Wird dieser Grenzwert nicht erreicht, kommt eine Verurteilung nach § 24a II StVG in Betracht, wenn Umstände festgestellt werden, aus denen sich ergibt, dass psycho-physische Ausfälle auftreten, die nicht mit dem sicheren Lenken eines Fahrzeugs zu vereinbaren sind. Bei dem Wirkstoff **Benzoylecgonin** (Abbauprodukt von Kokain) liegt der Grenzwert bei 75 ng/ml.[298] Hat ein Betroffener verschiedene Betäubungsmittel konsumiert und liegen die Blutkonzentrationen für alle Substanzen jeweils unter den Grenzwerten, die einer verfassungskonformen Anwendung des § 24a II StVG zugrunde zu legen sind, ist eine Addition der festgestellten Werte nicht statthaft, denn es ist zugunsten des Betroffenen davon auszugehen, dass alle Substanzen im Hinblick auf die Fahrtüchtigkeit wirkungslos waren und somit keine relevante Kombinationswirkung auftreten konnte.[299] Allerdings kann der Tatbestand dann erfüllt sein, wenn der auf die Wirkung

---

[292] NJW 2005, 349 = NZV 2005, 270 = BA 2005, 156; im Anschluss an die vorstehend genannte Entscheidung des BVerfG: OLG Köln NStZ-RR 2005, 385 = BA 2006, 236; OLG Koblenz NStZ-RR 2005, 385; OLG Bamberg BA 2006, 238; OLG Karlsruhe NZV 2007, 248; OLG Saarbrücken BA 2007, 176; NJW 2007, 1373; OLG Hamm NZV 2007, 248; OLG Schleswig BA 2007, 181.

[293] OLG München BA 2006, 490; OLG Bamberg BA 2007, 255; OLG Jena NStZ 2013, 114 Rn. 4.

[294] Vgl. auch OLG Zweibrücken NZV 2005, 430; OLG Hamm BA 2010, 245.

[295] OLG Koblenz BA 2006, 489; OLG Bamberg BA 2007, 253; OLG Hamm BA 2007, 260; 2008, 391.

[296] OLG Brandenburg BA 2008, 135.

[297] OLG München NJW 2006, 1606 = NZV 2006, 277 = BA 2006, 239 = NStZ 2006, 535; OLG Celle NStZ 2009, 711; OLG Jena NStZ 2013, 114 Rn. 4.

[298] OLG Bamberg BA 2007, 253; OLG Hamm NZV 2007, 248; SVR 2007, 478; zu den einzelnen Grenzwerten s. auch *Ternig* NZV 2008, 271.

[299] OLG Koblenz NJW 2009, 1222 = BA 2009, 221; OLG Jena NZV 2014, 138.

von Kokain hindeutende Blutanalysewert auf den Genuss des kokainhaltigen Teegetränkes „Mate de Coca" zurückzuführen ist.[300]

Die Rspr. des BVerfG und der sich ihm anschließenden Oberlandesgerichte **123** beruht auf der Funktion des § 24a StVG, der nach dem Willen des Gesetzgebers im Vorfeld der Strafbarkeit der §§ 315c I Nr. 1a, 316 StGB eingreifen soll. Bei der alkoholischen Beeinflussung geht der Gesetzgeber davon aus, dass ab einer BAK von 0,5 ‰ eine Beeinträchtigung der Fahrsicherheit vorliegt. Man spricht bei der 0,5 ‰-Grenze deshalb von einem Gefahrengrenzwert. Zwar mag im Einzelfall noch keine (relative) Fahrunsicherheit vorliegen oder jedenfalls nicht nachweisbar sein, aber es besteht eine erhebliche Gefahr, dass es zu Ausfallerscheinungen kommen kann. Deshalb soll ein Kraftfahrer ab diesem Grad der Alkoholisierung kein Kfz mehr führen. Tut er es dennoch, wird sein Verhalten als Verwaltungsunrecht (Ordnungswidrigkeit) geahndet. Da § 24a StVG gerade das Vorfeld der Strafbarkeit abdecken will, ist dies auch bei einer Ahnbarkeit nach Drogenkonsum zu beachten. Ähnlich wie etwa eine Alkoholisierung von 0,1 oder 0,2 ‰ unerheblich ist, weil von ihr im Allgemeinen noch keine Gefahren für den Straßenverkehr ausgehen, muss auch bei Drogenkonsum zumindest eine abstrakte Gefährlichkeit gegeben sein. Allerdings ist das Erreichen der von der Rspr. entwickelten Werte bei den Betäubungsmitteln keine „objektive Bedingung der Ahnbarkeit". Eine Beeinträchtigung der Fahrtüchtigkeit kann auch auf andere Weise festgestellt werden.[301] Außerdem enthält § 24a II StVG eine **Ausschlussklausel für Medikamente**, jedoch nur für den Fall der bestimmungsgemäßen Einnahme in einem konkreten Krankheitsfall. Erfolgt die Einnahme nicht zu therapeutischen Zwecken, greift diese Ausschlussklausel nicht ein. Die missbräuchliche Einnahme wird somit nicht aus dem Bereich des § 24a II StVG ausgeschlossen. Der **Versuch** kann bei § 24a StVG nicht geahndet werden, weil gem. § 13 II OWiG der Versuch einer Ordnungswidrigkeit nur dann verfolgt werden kann, wenn das Gesetz dies ausdrücklich bestimmt (s. § 23 I StGB für Vergehen). § 24a StVG enthält aber keine Versuchsregelung.

B. Der subjektive Tatbestand

Auch im Ordnungswidrigkeitenrecht gibt es eine Regelung, nämlich § 10 OWiG, **124** wonach als Ordnungswidrigkeit nur vorsätzliches Handeln geahndet werden kann, außer wenn das Gesetz fahrlässiges Handeln ausdrücklich mit Geldbuße bedroht. Folglich kann nach § 24a I und II StVG nur ein vorsätzlicher Verstoß verfolgt werden. Aber ähnlich wie in § 316 II StGB hat der Gesetzgeber in § 24a **III StVG** bestimmt, dass **auch ordnungswidrig handelt, wer die Tat fahrlässig begeht.** Ein Unterschied zu §§ 315c I Nr. 1a, 316 StGB besteht darin, dass sich dort der **Vorsatz** des Täters auch auf die Fahrunsicherheit erstrecken muss, während bei § 24a StVG Bezugspunkt des Vorsatzes das bloße Erreichen des in der Vorschrift genannten Grenzwertes ist.[302] Im Gegensatz zu den §§ 315c I Nr. 1a, 316

---

[300] OLG Zweibrücken BA 2009, 335.
[301] OLG Koblenz NJW 2009, 1222 (1223); OLG Celle NZV 2009, 300 = BA 2009, 222; OLG Zweibrücken BA 2009, 335.
[302] OLG Jena BA 2005, 480.

StGB ist eine Fahrunsicherheit für den Tatbestand des §24a StVG nicht erforderlich. Bei §24a StVG dürfte der **(bedingte) Vorsatz** leichter nachzuweisen sein, weil fast jeder Autofahrer, der mehrere Gläser eines alkoholischen Getränkes zu sich genommen hat, zumindest billigend in Kauf nimmt, dass er die Grenze von 0,5 ‰ möglicherweise überschritten hat. Da nach naturwissenschaftlicher Erkenntnis niemand vor, während oder nach dem Trinken genau voraussehen kann, welche Blut- oder Atemalkoholkonzentration er später erreichen wird, ist der **Vorwurf der Fahrlässigkeit** im Rahmen des §24a III StVG in aller Regel schon aufgrund der Tatsache gerechtfertigt, dass der Betroffene trotz Kenntnis vorausgegangenen Alkoholgenusses das Kfz geführt hat.[303] Es sind allerdings Feststellungen zu der Frage erforderlich, aufgrund welcher konkreten Umstände der Betroffene voraussehen konnte, dass infolge seines Verhaltens der Tatbestand verwirklicht werden könnte. Unter Umständen können daran Zweifel bestehen, wenn der ermittelte Wert auf dem Vorhandensein von Restalkohol nach länger zurückliegendem Trinkende beruhen kann.[304] Bei §24a II StVG beziehen sich Vorsatz und Fahrlässigkeit auch auf die Wirkung des Rauschmittels **zum Tatzeitpunkt**.[305] Grundsätzlich muss für einen fahrlässigen Vorwurf der Betroffene tatsächlich nicht bemerkt haben, dass er das Kfz unter Einfluss des Rauschmittels führte oder dass er die Wirkung des Rauschmittels zur Tatzeit gespürt hat oder spüren konnte. Es reicht aus, dass er die Möglichkeit der fortdauernden, wenn auch womöglich subjektiv nicht spürbaren Rauschwirkung hätte erkennen können und erkennen müssen.[306] Wenn zwischen der Einnahme des Rauschmittels und der Fahrt längere Zeit vergeht, kann es **im Einzelfall** an der Erkennbarkeit der Wirkung zur Tatzeit fehlen.[307] Die bloße Fehlvorstellung über die Dauer der Wirkung ist jedoch unerheblich.[308] Grundsätzlich muss sich ein Kfz-Führer hinreichend über die mögliche Wirkdauer der Droge erkundigen. Nur wer sich der Gefahrlosigkeit der Fahrt gewiss sein kann, darf sich in den Straßenverkehr begeben; ansonsten handelt er zumindest fahrlässig.[309]

C. Die Höhe der Geldbuße

125 In §24a IV StVG ist der **Bußgeldrahmen** festgelegt, nämlich Geldbuße bis zu 3.000 EUR. Die **Mindest**geldbuße ergibt sich aus §17 I OWiG. Bei der Festsetzung der Geldbuße im Rahmen des §24a III StVG (also bei fahrlässiger Begehungsweise) ist §17 II OWiG zu beachten, sofern nicht der **Regelsatz** in Betracht

---

[303] OLG Jena BA 2007, 102.
[304] OLG Hamm BA 2009, 47; 2009, 413.
[305] OLG Hamm NZV 2005, 428; OLG Karlsruhe NStZ 2007, 488 = BA 2007, 101 (102); OLG Frankfurt a.M. NStZ-RR 2007, 249; KG NZV 2010, 422.
[306] OLG Brandenburg BA 2008, 135; KG NZV 2009, 572 = BA 2009, 415; OLG Jena BA 2010, 247; OLG Bremen NStZ-RR 2014, 257; OLG Koblenz NStZ-RR 2014, 322.
[307] OLG Saarbrücken NJW 2007, 1373 = NStZ 2007, 488 = NZV 2007, 320 = BA 2007, 258; OLG Celle NZV 2009, 89 = BA 2009, 100 = SVR 2009, 337 = NStZ 2009, 710; krit. dazu: *König* NStZ 2009, 425 ff.; OLG Zweibrücken BA 2009, 99; KG BA 2010, 133; OLG Frankfurt a.M. NJW 2010, 3526 = NZV 2010, 530; OLG Karlsruhe NZV 2011, 413.
[308] OLG Bremen BA 2007, 179.
[309] OLG Frankfurt a.M. NStZ-RR 2013, 47 = NZV 2013, 406.

kommt. Droht nämlich das Gesetz für vorsätzliches und fahrlässiges Handeln Geldbuße an, ohne im Höchstmaß zu unterscheiden, so kann fahrlässiges Handeln im Höchstmaß nur mit der Hälfte des angedrohten Höchstbetrages der Geldbuße geahndet werden. Da in §24a IV StVG nur **ein** Höchstmaß festgesetzt ist, bedeutet dies, dass die Höchstgeldbuße bei fahrlässigem Handeln 1.500 EUR beträgt.

D. Das Fahrverbot nach §25 StVG

Zu beachten ist bei der Ahndung einer Ordnungswidrigkeit nach §24a StVG, **126** dass „in der Regel auch ein Fahrverbot anzuordnen" ist (vgl. §25 I 2 StVG). Dies gilt auch für den Führer eines Mofas, gegen den eine Geldbuße wegen einer Ordnungswidrigkeit nach §24a StVG festgesetzt wird.[310] §25 I StVG enthält zwei Alternativen. In **S.1** heißt es: „Wird gegen den Betroffenen wegen einer Ordnungswidrigkeit nach §24, die er unter grober oder beharrlicher Verletzung der Pflichten eines Kfz-Führers begangen hat, eine Geldbuße festgesetzt, so kann ihm die Verwaltungsbehörde oder das Gericht in der Bußgeldentscheidung für die Dauer von einem Monat bis zu drei Monaten verbieten, im Straßenverkehr Kfz jeder oder einer bestimmten Art zu führen." §25 I 1 StVG ist demnach nur anwendbar bei Ordnungswidrigkeiten, die ihre gesetzliche Grundlage in **§24 StVG** haben. In diesen Fällen ist auch erforderlich, dass die Ordnungswidrigkeit unter grober oder beharrlicher Verletzung der Pflichten eines Kfz-Führers begangen worden ist. §25 I 2 StVG enthält eine **Sonderregelung für Ordnungswidrigkeiten nach §24a StVG**. Das Fahrverbot ist unabhängig von den Voraussetzungen des Satzes 1 zu verhängen.[311] §25 I 2 StVG differenziert **nicht** zwischen Vorsatz- und Fahrlässigkeitstaten. Das „Regel"-Fahrverbot kommt auch bei fahrlässigen Verstößen regelmäßig in Betracht.[312] Ausnahmen vom Regelfall sind denkbar, zB wenn der Betroffene nur eine kurze Fahrtstrecke zurückgelegt hat. Eine solche **„Bagatelltat"** kann auch vorliegen, wenn der Täter seinen ursprünglichen Plan, eine weitere Strecke im öffentlichen Straßenverkehr zurückzulegen, wieder aufgibt, bevor er das Kfz in Bewegung gesetzt hat, und die geänderte Willensrichtung dadurch zum Ausdruck bringt, dass er nunmehr die nächstgelegene, ohne Gefährdung anderer Verkehrsteilnehmer erreichbare Abstellmöglichkeit ansteuert und den Wagen dort endgültig zurücklässt.[313]

E. Die Beteiligung an einer Ordnungswidrigkeit nach §24a StVG

§24a StVG ist – wie auch die §§315c, 316 StGB – ein eigenhändiges Delikt. Das **127** bedeutet, dass es keine mittelbare Täterschaft gibt. „Haupt"-Täter des §24a StVG kann nur sein, wer das Kfz selbst geführt hat. Abweichend vom Strafrecht

---

[310] OLG Düsseldorf DAR 1996, 469 = NZV 1997, 83 = VRS 92, 266.
[311] OLG Düsseldorf NZV 1993, 489.
[312] OLG Bamberg BA 2008, 394.
[313] OLG Köln NZV 1994, 157; beachte aber auch: OLG Hamm NZV 1995, 496; 1996, 246; OLG Saarbrücken BA 2004, 173; OLG Hamm BA 2004, 177; 2005, 166.

gibt es im Ordnungswidrigkeitenrecht keine Anstiftung und Beihilfe. Der Gesetzgeber hat aus Vereinfachungsgründen in § 14 OWiG den **„Einheitstäter"** geschaffen. Jeder, der den (Haupt-)Betroffenen zu der Fahrt überredet oder ihm dabei Hilfe leistet, ist über § 14 OWiG Täter, wobei allerdings die Rspr.[314] verlangt, dass alle Beteiligten vorsätzlich gehandelt haben müssen, denn der Gesetzgeber übernimmt in § 14 OWiG den Begriff des Beteiligten aus § 28 II StGB. Der Gesetzgeber wollte mit der Schaffung des Einheitstäters lediglich die Abgrenzung zwischen Täterschaft und Teilnahme beseitigen, nicht aber die sonstigen Voraussetzungen wie etwa den „doppelten Vorsatz". Derjenige, der sich etwa durch Überlassen eines Fahrzeugs an einer **fahrlässigen** Trunkenheit im Verkehr (§ 316 StGB) als „Gehilfe" beteiligt oder den Angetrunkenen zu der Fahrt überredet (Teilnahme in Form der Anstiftung oder Beihilfe ist nur zu einer **vorsätzlichen** Straftat möglich), kann unter Umständen aus § 24a I StVG in Verbindung mit § 14 OWiG belangt werden, wenn sowohl der Fahrer (Haupttäter) als auch er zumindest billigend in Kauf genommen haben, dass der Fahrer den Gefahrengrenzwert von 0,5 ‰ erreicht oder überschritten hat.[315] Da die Rechtsprechung bei den §§ 315c I Nr. 1a, 316 StGB an den Vorsatz hohe Anforderungen stellt, kann diese Konstruktion in der Praxis durchaus eine Rolle spielen. Denn der Nachweis, dass die Beteiligten eine Überschreitung der Grenze von 0,5 ‰ billigend in Kauf genommen haben, dürfte leichter zu führen sein. Der Haupttäter würde in diesem Falle etwa aus § 316 II StGB wegen fahrlässiger Trunkenheit im Verkehr verurteilt. Die vorsätzliche Ordnungswidrigkeit nach § 24a I StVG würde bei ihm gem. § 21 I OWiG zurücktreten. Dennoch könnte sich der andere (etwa durch das Überreden zur Fahrt) an dieser zurückgetretenen Ordnungswidrigkeit beteiligt haben (§ 14 OWiG). Eine **fahrlässige Beteiligung** ist – zumindest nach hM – auch bei der Einheitstäterregelung nicht möglich, es sei denn in Form der fahrlässigen Nebentäterschaft, sofern deren Voraussetzungen vorliegen. Es müssten also mehrere das Kfz geführt haben. Denn ähnlich wie bei den §§ 315c, 316 StGB kann – sofern nicht die Voraussetzungen des § 14 OWiG vorliegen – nur eigentlicher Täter des § 24a StVG sein, wer das Kfz geführt hat.

F. Verjährungsfragen

128 Das Ordnungswidrigkeitenrecht enthält in § 31 OWiG eine ähnliche Regelung, wie sie für Straftaten in § 78 StGB geschaffen worden ist. Maßgebend ist in § 31 OWiG das **abstrakt angedrohte Höchstmaß** der Geldbuße. Ordnungswidrigkeiten nach § 24a I und II StVG verjähren gem. § 31 II Nr. 2 OWiG in zwei Jahren. Im Hinblick auf § 17 II 2 OWiG verjähren die Fahrlässigkeitstaten gem. § 24a III StVG in einem Jahr (§ 31 II Nr. 3 OWiG). Die **kürzere Verjährungsfrist nach § 26 III StVG** gilt nur für Ordnungswidrigkeiten nach § 24 StVG (also insbesondere für OWi's nach der StVO, FeV, StVZO und FZV), nicht aber für andere Ordnungswidrigkeiten, also auch nicht für Ordnungswidrigkeiten nach § 24a StVG.

---

[314] BGHSt 31, 309 = NStZ 1983, 416; BayObLG VRS 58, 458.
[315] OLG Köln VRS 63, 283.

Unterbrechungshandlungen (§ 33 OWiG) im Hinblick auf die Straftat (zB wegen § 316 StGB) wirken sich auch auf die Ordnungswidrigkeit, die im Hinblick auf § 21 I 1 OWiG hinter der Straftat zurücktritt, aus. So unterbricht etwa gem. § 33 IV OWiG die Anklageerhebung die Verjährungsfrist auch hinsichtlich der subsidiären Bußgeldvorschrift, § 33 I Nr. 13 OWiG. Hingewiesen sei auf die Regelung in § 33 III 3 OWiG. Hierbei handelt es sich um eine weitergehende Sonderverjährungsregelung gegenüber § 33 III 1 und 2 OWiG. Danach gilt als gesetzliche Verjährungsfrist im Sinne des vorangegangenen Satzes 2 (Doppelte der gesetzlichen Verjährungsfrist) die Frist, die sich aus der Strafdrohung ergibt, wenn jemandem in einem bei Gericht anhängigen Verfahren eine Handlung zur Last gelegt wird, die gleichzeitig Straftat und Ordnungswidrigkeit ist. Diese Regelung spielt gerade in den Fällen der relativen Fahrunsicherheit (§ 316 StGB) im Verhältnis zu § 24a StVG eine Rolle. Kann in einer späteren Hauptverhandlung der Nachweis der relativen Fahrunsicherheit nicht geführt werden, kann nach Erteilung eines rechtlichen Hinweises durch das Gericht (§ 265 StPO) eine Verurteilung nach § 24a StVG erfolgen. § 33 III Nr. 3 OWiG gilt allerdings nur für bei Gericht anhängige Verfahren, nicht für Verfahren, die bei der Verfolgungsbehörde (Staatsanwaltschaft oder Verwaltungsbehörde) anhängig sind. Weitere Voraussetzung ist, dass die Ordnungswidrigkeit im Zeitpunkt der Gerichtshängigkeit nicht schon verjährt war. Ferner ist erforderlich, dass die vorgesehenen Unterbrechungshandlungen vorgenommen worden sind. Nur dann kann die absolute Verjährungsfrist (Doppelte der gesetzlichen Verjährungsfrist – § 78c III 2 StGB), die für die Straftat vorgesehen ist, auch auf die Ordnungswidrigkeit ausgedehnt werden.

G. Das Verhältnis von Straftat zur Ordnungswidrigkeit (§ 21 OWiG)

Sofern **eine Handlung** gleichzeitig Straftat und Ordnungswidrigkeit ist, tritt die **129** Ordnungswidrigkeit hinter der Straftat zurück (§ 21 I 1 OWiG). Gemeint ist die materiell-rechtliche Handlungseinheit. Sind eine Straftat und eine Ordnungswidrigkeit durch **zwei selbstständige Handlungen** verwirklicht, bilden aber **eine prozessuale Tat**, findet § 21 OWiG keine Anwendung. Ein typisches Beispiel für Handlungseinheit ist das Fahren ohne Fahrerlaubnis unter Alkoholeinfluss (0,5–1,09 ‰) ohne Ausfallerscheinungen. In diesem Fall tritt § 24a StVG gem. § 21 I 1 OWiG hinter dem Straftatbestand des § 21 StVG (Fahren ohne Fahrerlaubnis) zurück. Nach § 21 II OWiG kann im Falle des Abs. 1 die Handlung jedoch als Ordnungswidrigkeit geahndet werden, wenn eine Strafe nicht ausgesprochen wird. Problematisch ist, in welchem Verhältnis ein Verstoß gegen das BtM-Gesetz zu § 24a II StVG steht. Dient das Führen des Kfz unter Drogeneinfluss (§ 24a II StVG) dazu, die im Fahrzeug befindlichen Betäubungsmittel in die BRD zu transportieren und einzuführen, besteht zwischen der Einfuhr der Betäubungsmittel und dem Führen eine unlösbare innere Verknüpfung, die über die bloße Gleichzeitigkeit der Ausführung hinausgeht. Nach § 21 I OWiG wird daher in diesem Fall wegen Tateinheit die Ordnungswidrigkeit von der

Straftat (Verstoß gegen das BtM-Gesetz) verdrängt.[316] Besteht aber dieser innere Zusammenhang nicht (zB die Betäubungsmittel werden nur rein zufällig bei einer Fahrt unter Drogeneinfluss mitgeführt), ist nicht einmal verfahrensrechtlich Tatidentität iSv § 264 StPO gegeben. Zwar knüpfen beide Tatbestände an die Existenz eines Betäubungsmittels (im Blut bzw. als körperliche Sache) an, aber in ihrer Struktur greifen sie nicht ineinander.[317]

H. Überblick über § 24c StVG

130   In der Praxis hat auch der am 1.8.2007 in Kraft getretene **§ 24c StVG Bedeutung.** Danach handelt ein **Fahranfänger** ordnungswidrig, der vorsätzlich oder fahrlässig (§ 24c II StVG) „in der Probezeit nach § 2a StVG oder vor Vollendung des 21. Lebensjahres als Führer eines Kfz im Straßenverkehr alkoholische Getränke zu sich nimmt oder die Fahrt antritt, obwohl er unter der Wirkung eines solchen Getränks steht".[318] Das Verbot richtet sich – unabhängig von ihrem Alter – an Fahranfänger, die sich entweder in der in § 2a StVG geregelten Probezeit befinden oder aber das 21. Lebensjahr noch nicht vollendet haben. Um dem Verbot des § 24c StVG zu entgehen, müssen also beide Voraussetzungen nebeneinander vorliegen. Wer etwa im Rahmen des begleiteten Fahrens mit 17 Jahren schon in diesem Alter die Fahrerlaubnis erwirbt, dessen Probezeit endet regelmäßig mit 19 Jahren. Denn die nach § 2a StVG zweijährige Probezeit beginnt mit der Erteilung der Fahrerlaubnis, und zwar auch dann, wenn sie mit einer Auflage gem. § 48a II FeV versehen ist.[319] Das Verbot des § 24c StVG gilt aber für den jungen Fahrer weiter bis zur Vollendung des 21. Lebensjahres. Wer umgekehrt erst mit 21 Jahren die Fahrerlaubnis erwirbt, für den gilt die Regelung des § 24c StVG bis zum Ablauf der Probezeit – auch wenn diese verlängert wird (§ 2a IIa StVG).[320] Die Vorschrift hat zwei Alternativen. Die Erste verbietet es dem Führer eines Kfz im Straßenverkehr alkoholische Getränke zu sich zu nehmen, die Zweite, die Fahrt anzutreten, obwohl er unter der Wirkung eines solchen Getränks steht. Während die erste Alternative bereits einen einzigen Schluck eines alkoholischen Getränks erfasst, ist die zweite Alternative unter Berücksichtigung von Messungenauigkeiten und des endogenen Alkohols problematisch. Ab einem BAK-Wert von 0,15 ‰ bzw. 0,075 mg/l in der Atemluft ist der Tatbestand erfüllt. Der BAK-Wert setzt sich aus einem Grundwert von 0,1 ‰ und einem Sicherheitszuschlag von 0,05 ‰ zusammen.[321] Der Nachweis – insbesondere der ersten Alternative – erfordert nicht unbedingt die Entnahme einer Blutprobe bzw. einer Atemalkoholanalyse. Vielmehr reichen dahingehende Zeugenaussagen aus, dass der Fahrer während der Fahrt Alkohol getrunken hat.

---

[316] BGH BA 2009, 210; NStZ 2009, 705.
[317] BGH BA 2005, 242; NZV 2012, 250; OLG Braunschweig BeckRS 2014, 19751.
[318] S. *Hufnagel* NJW 2007, 2577 ff.; *Krell* SVR 2007, 321 ff.
[319] Hentschel/König/Dauer/*Dauer* StVG § 2a Rn. 21.
[320] Hins. des Adressatenkreises s. auch *Ternig* NZV 2013, 167.
[321] OLG Stuttgart NJW 2013, 2296 = NZV 2013, 563; aA AG Herne BeckRS 2008, 29273; AG Langenfeld BeckRS 2011, 20505, das von einem Mindestwert von 0,2 ‰ ausgeht.

I. Angetrunkene Fußgänger

Angetrunkene Fußgänger können nach den §§ 2, 75 Nr. 1 FeV, 24 StVG belangt **131** werden (OWi). Diese Vorschriften finden grundsätzlich auf alle Verkehrsteilnehmer Anwendung, treten jedoch hinter den Straftatbeständen zurück (§ 21 I OWiG). § 24a StVG stellt für Kfz-Führer eine Spezialvorschrift dar, die die §§ 2, 75 Nr. 1 FeV ebenfalls verdrängt. Das OLG Stuttgart[322] nimmt bei Fußgängern einen Grenzwert alkoholbedingter Verkehrsuntüchtigkeit bei Tag zwischen 2 und 2,5 ‰, bei Nacht zwischen 1,7 und 2 ‰ an. Es[323] neigt allerdings dazu, bei Fußgängern jeweils auf den Einzelfall abzustellen.

---

[322] VRS 25, 462; ähnlich: OLG Hamm BA 2003, 455.
[323] OLG Stuttgart BA 2007, 407.

4. Kapitel. Die Straßenverkehrsgefährdung

132

Prüfungsschema für § 315c I Nr. 1 StGB
1. Objektiver Tatbestand
   a) Fahrzeug (kein Kraftfahrzeug erforderlich)
   b) Im Straßenverkehr (öffentl. Verkehrsfläche)
   c) Tathandlung: Führen
   d) Fahrunsicherheit aufgr. alkoholischer Getränke o. anderer berauschender Mittel o. körperl. oder geistiger Mängel
   e) Kausalität (Beruht Fahrunsicherheit auf diesen Mängeln?)
   f) Konkrete Gefährdung anderer Menschen oder fremder Sachen von bedeutendem Wert
   g) Kausalität (Beruht Gefährdung auf Fahrunsicherheit?)
2. Subjektiver Tatbestand (Vorsatz o. Fahrlässigkeit bzgl. Handlung und Gefährdung)
3. Rechtswidrigkeit (Liegen Rechtfertigungsgründe vor?)
4. Schuld
5. Ergebnis

133

Prüfungsschema für § 315c I Nr. 2 StGB
1. Objektiver Tatbestand
   a) Verkehrsverstoß nach I Nr. 2 StGB
   b) Grob verkehrswidrig (besonders schwerer Verstoß?)
   c) Rücksichtslosigkeit (Umstritten, ob dies hier oder im subjektiven Tatbestand zu prüfen ist)
   d) Konkrete Gefährdung anderer Menschen oder fremder Sachen von bedeutendem Wert
   e) Kausalität (Beruht Gefährdung auf Verkehrsverstoß?)
2. Subjektiver Tatbestand (Vorsatz oder Fahrlässigkeit bzgl. Handlung und Gefährdung) – evtl. ist auch hier die Rücksichtslosigkeit zu prüfen, sofern dies nicht unter 1 c erfolgt ist.
3. Rechtswidrigkeit (Liegen Rechtfertigungsgründe vor?)
4. Schuld
5. Ergebnis

§ 315c StGB findet grundsätzlich nur im öffentlichen Verkehrsraum Anwendung **134** (vgl. Wortlaut: „Wer im Straßenverkehr …"). Da aber § 315c StGB jedermann gegen Straßenverkehrsgefahren Schutz gewähren will, schützt diese Norm auch den, der sich **außerhalb des Verkehrs** (am Rande der Verkehrsfläche) befindet.[324] Denn eine Person, die sich am Straßenrand befindet, kann durch einen Fahrzeugführer nicht minder gefährdet werden als ein Radfahrer auf der

---

[324] BGH VRS 11, 62.

Fahrbahn oder ein Fußgänger auf dem Bürgersteig. § 315c StGB unterscheidet zwei Arten von Tathandlungen. In I Nr. 1 wird die Teilnahme ungeeigneter Personen am Straßenverkehr unter Strafe gestellt, in I Nr. 2 Fehlverhaltensweisen von Verkehrsteilnehmern (die sog. „sieben Todsünden"). Ob auch **Tatteilnehmer** von § 315c StGB geschützt werden, ist streitig. Teilweise[325] wird vertreten, maßgeblich sei allein, ob der Täter nur sich selbst oder einen anderen in Gefahr bringe (auch der Tatteilnehmer sei ein anderer) und es gebe keinen allgemeinen Grundsatz, wonach der Teilnehmer selber nicht Objekt der Straftat sein könne. Nach Ansicht des BGH[326] aber fallen an der Straftat beteiligte Insassen nicht unter den Schutzbereich des § 315c StGB.

A. Abgrenzung zu § 316 StGB – die konkrete Gefährdung

135 Zunächst soll auf die Alternative Nr. 1a in § 315c I StGB eingegangen werden. Wenn man den Gesetzeswortlaut der §§ 316 und § 315c I Nr. 1a StGB nebeneinander stellt, wird man eine weitgehende Übereinstimmung feststellen. Da § 315c I Nr. 1a StGB den kompletten Tatbestand des § 316 I StGB enthält, kann insoweit auf die Ausführungen zur Trunkenheit im Verkehr verwiesen werden. Allerdings beinhaltet § 315c I Nr. 1a StGB gegenüber § 316 StGB ein zusätzliches Tatbestandsmerkmal. Aus der Subsidiaritätsklausel in § 316 I aE, aber auch aus der Tatsache, dass der Tatbestand des § 315c I Nr. 1a StGB weitergehend ist, ergibt sich für die Prüfungsreihenfolge, dass grundsätzlich mit § 315c I Nr. 1a StGB zu beginnen ist. Nur wenn die Voraussetzungen der konkreten Gefährdung („… und dadurch Leib oder Leben …") abgelehnt werden oder sie eindeutig nicht vorliegen, darf § 316 StGB geprüft werden.

136 Im Gegensatz zu § 315c StGB ist § **316** StGB ein sogenanntes **abstraktes Gefährdungsdelikt**. Der Gesetzgeber stellt in dieser Vorschrift die generelle Gefährlichkeit von Trunkenheitsfahrten unter Strafe ohne Rücksicht darauf, ob sich die Gefahr in einem bestimmten Verkehrsvorgang konkretisiert. Deshalb ist für § 316 StGB die Einlassung unbeachtlich, der Täter sei nachts allein auf einer einsamen Landstraße unterwegs gewesen. Denn wenn andere Personen oder fremde Sachen von bedeutendem Wert konkret gefährdet worden sind, liegen bereits die Voraussetzungen des § 315c I Nr. 1a StGB vor. § 315c StGB ist ein **konkretes Gefährdungsdelikt**. Der Tatbestand des § 315c StGB ist nur verwirklicht, wenn tatsächlich andere Menschen oder fremde Sachen von bedeutendem Wert konkret gefährdet oder gar geschädigt worden sind. § 315c StGB deckt vorrangig den Zwischenraum zwischen der abstrakten Gefährlichkeit (§ 316 StGB) auf der einen Seite und einem Schadenseintritt (zB § 229 StGB) auf der anderen Seite ab, erfasst aber auch den Bereich des Schadenseintritts. Ein eingetretener Schaden ist sozusagen die stärkste Form der konkreten Gefährdung. Wenn ein Schaden eingetreten ist, ist daher in aller Regel der sichere Bereich des § 315c StGB gegeben.

---

[325] OLG Stuttgart StVE § 315c StGB Nr. 3 = NJW 1976, 1904 = VRS 50, 265.
[326] BGHSt 6, 100 = NJW 1954, 1089; BGHSt 6, 235; 27, 40 (43) = StVE § 315c StGB Nr. 7 und Nr. 18 sowie VRS 50, 95; BGH NZV 2012, 448 = NStZ 2012, 701.

Problematisch ist bisweilen die **Abgrenzung zwischen der abstrakten und der** 137 **konkreten Gefährdung**, wenn der Eintritt eines Schadens ausgeblieben ist. Denn der Begriff der (konkreten) Gefahr entzieht sich einer genauen wissenschaftlichen Umschreibung. Er ist nicht genau bestimmbar und überwiegend tatsächlicher, nicht rechtlicher Natur.[327] Es ist stets auf den Einzelfall abzustellen; die jeweils gegebenen Tatumstände müssen in ihrem Zusammen- und Gegeneinanderwirken bewertet und abgeschätzt werden.[328] Die hM geht von der Formel aus: Eine Gefahr ist dann konkret, wenn der Eintritt eines Unfalls, also der Eintritt eines Schadens, in bedrohliche, nächste Nähe gerückt ist.[329] Anders ausgedrückt: Die konkrete Gefahr ist gegeben, wenn der Täter die von ihm geschaffene Verkehrssituation von sich aus nicht mehr meistern kann oder wenn der Eintritt eines Schadens wahrscheinlicher ist als sein Ausbleiben.[330] „Ein sog. Beinahe-Unfall ist ein Geschehen, bei dem ein unbeteiligter Beobachter zu der Einschätzung gelangt, das sei noch einmal gut gegangen."[331] Negativ ist festzustellen: Eine konkrete Gefahr ist nicht schon dann gegeben, wenn Menschen oder Sachen von bedeutendem Wert in die Gefahrenzone geraten, die ein verkehrswidrig fahrender Täter bildet.[332] Das Ausbleiben des Schadens ist ohne Erkenntniswert für die Frage des Vorliegens einer konkreten Gefahr.[333] Wenn der andere Verkehrsteilnehmer – etwa durch weitsichtiges Verhalten – den **Eintritt** einer gefährlichen Situation **verhindert**, hat der Täter Glück gehabt; denn es ist nicht zu **einer** konkreten Gefährdung iSd § 315c StGB gekommen. Damit ist der Tatbestand nicht erfüllt. Ein Versuch wäre nur bei einer vorsätzlichen Herbeiführung einer Gefährdung strafbar (vgl. § 315c II StGB). Wenn aber der andere die **eingetretene Gefahrenlage** lediglich meistert und dadurch einen Schadenseintritt verhindert, dann liegt eine konkrete Gefährdung iSd § 315c StGB vor.

Erforderlich ist die (konkrete) Gefährdung anderer Menschen oder *fremder* **Sa-** 138 **chen von bedeutendem Wert**. Die **Untergrenze für Sachen von bedeutendem Wert** ist in der Rspr. fließend. Während manche Gerichte sie bei mindestens 1.300 bis 1.500 EUR ansetzen, geht der BGH[334] nach wie vor von einer Wertgrenze von 750 EUR aus. Jedenfalls wird dieser Wert von der Rspr. von Zeit zu Zeit den sich ändernden Wertverhältnissen angepasst. Bei § 315c StGB kommt es auf den Wert der Sache bzw. auf den Schaden an, der ihr je nach Gefahr gedroht hat.[335] Der

---

[327] BGHSt 18, 271 ff. = NJW 1963, 1069; BGH NStZ-RR 2010, 120 = NZV 2010, 261.
[328] OLG Frankfurt a.M. NJW 1975, 841.
[329] BGHSt 13, 66 (70) = NJW 1959, 1187; BGH NZV 1995, 80; NStZ-RR 2012, 252 = NZV 2012, 448 = NStZ 2012, 701; NZV 2014, 184 (185); OLG Karlsruhe NJW 1972, 962; OLG Frankfurt a.M. NZV 1994, 365 = StVE § 315c StGB Nr. 37.
[330] BGH VRS 11, 62; NStZ-RR 2012, 123 (124); OLG Düsseldorf NJW 1993, 3212 = NZV 1994, 37.
[331] BGH HRRS 2012 Nr. 2, S. 54.
[332] BGH NZV 1995, 325; VRS 93, 307; OLG Köln BA 2004, 71; OLG Düsseldorf NZV 1990, 80 = StVE § 315c StGB Nr. 30.
[333] BGH VRS 45, 38; OLG Frankfurt a.M. NJW 1975, 840 f.
[334] BGH NStZ 2011, 215 = JuS 2011, 660; BGH NZV 2012, 393 (394); NStZ 2012, 700; OLG Celle NZV 2011, 622.
[335] OLG Köln VRS 64, 114.

tatsächlich eingetretene Schaden ist für die Entscheidung letztlich belanglos. **§ 315c StGB verlangt nicht einmal einen tatsächlichen Schadenseintritt, sondern eben nur eine Gefährdung.** Das Ausmaß der Gefährdung braucht sich mit dem eingetretenen Schaden nicht zu decken, dieser kann hinter der Gefährdung erheblich zurückbleiben.[336] Andererseits genügt es nicht, dass eine Sache von bedeutendem Wert in unbedeutendem Umfang gefährdet wird.[337] Wenn etwa ein (betrunkener) Fahrradfahrer mit nur mäßiger Geschwindigkeit gegen die Stoßstange eines Pkw fährt, droht unter Umständen der Stoßstange ein leichter Lackkratzer. Jedoch ist der Pkw nicht in seiner Gesamtheit konkret gefährdet. Abstellen kann man in diesem Fall allenfalls auf den Wert der Stoßstange. Es sind **zwei Prüfschritte** erforderlich, zu denen die entsprechenden Feststellungen zu treffen sind: Zunächst ist zu fragen, ob es sich bei der gefährdeten Sache um eine solche von bedeutendem Wert handelt. Sofern dies zutrifft, ist in einem zweiten Schritt zu prüfen, ob ihr ein bedeutender Schaden gedroht hat, wobei ein tatsächlich entstandener Schaden geringer sein kann als der maßgebliche Gefährdungsschaden. Der Wert der Sache ist hierbei nach dem Verkehrswert, die Höhe des (drohenden) Schadens nach der am Marktwert zu messenden Wertminderung zu berechnen.[338] Die Berechnung des Wertes bei § 315c StGB ist nicht identisch mit der Feststellung des bedeutenden Schadens an fremden Sachen im Rahmen des § 69 II Nr. 3 StGB. Während beim bedeutenden **Schaden** iSd § 69 II Nr. 3 StGB zB die Wiederherstellungskosten einschließlich eines merkantilen Minderwertes sowie auch die Bergungskosten berücksichtigt werden, meint bedeutender **Wert** iSv § 315c StGB den Verkehrswert, den wirtschaftlichen Wert der gefährdeten Sache oder ihres gefährdeten Teils ohne Rücksicht auf ihre allgemeine Funktion. Er richtet sich nicht unbedingt nach den Wiederherstellungskosten.

139 Werden durch ein und denselben Verkehrsvorgang **mehrere Sachwerte gefährdet**, so ist die Summe der drohenden Schäden dafür entscheidend, ob Gefahr für bedeutende Sachwerte bestand. Denn geschütztes Rechtsgut ist die Sicherheit des Straßenverkehrs. Geschützt werden soll die Allgemeinheit, nicht der Einzelne. Deshalb können auch die Werte mehrerer Sachen, die für sich allein betrachtet nicht bedeutend iSd § 315c StGB sind, zusammengerechnet werden, sodass insgesamt Sachen von bedeutendem Wert gefährdet sind. Es kommt also nicht auf den Wert eines von mehreren gefährdeten Fahrzeugen an; maßgebend ist vielmehr der **Gesamtwert aller gefährdeten Fahrzeuge** und der diesen drohende Gesamtschaden.[339] Bei **räumlich umfangreichen Sachen** (zB längerer Zaun, Leitplanke, Mauern) ist zu prüfen, ob sie insgesamt oder nur teilweise gefährdet waren. Danach richtet sich der gefährdete Wert. Vielfach wird lediglich für ein Teilstück eine Gefahr bestanden haben. In diesen Fällen ist auch nur der Wert dieses Teilstücks maßgebend für die Frage, ob eine fremde Sache von bedeutendem Wert gefährdet war.

---

[336] BGH NZV 2008, 639 (640).
[337] BayObLG NZV 1998, 164 = StV 1998, 267 = DAR 1998, 149.
[338] BGH NStZ-RR 2008, 289; NStZ 2010, 216 = NZV 2010, 261 (262).
[339] OLG Karlsruhe NJW 1961, 133.

Da der Tatbestand des § 315c StGB die Gefährdung **fremder** Sachen von bedeu- **140** tendem Wert erfordert, ist das **dem Täter gehörende** Fahrzeug kein Schutzobjekt iSd § 315c StGB, **weil es nicht fremd ist.** Fremd ist eine Sache, die nach bürgerlichem Recht im Eigentum einer anderen Person steht. Das Merkmal ist identisch mit dem der Fremdheit beim Diebstahl (§ 242 StGB) oder bei der Sachbeschädigung (§ 303 StGB). Umstritten ist aber die Frage, ob das vom Täter benutzte **fremde** Fahrzeug vom Schutz des § 315c StGB erfasst wird. In der Literatur wird diese Frage teilweise bejaht, weil es nicht überzeugend sei, dass etwa das gestohlene Motorrad, das auf einem gestohlenen Lkw befördert wird, als fremde Sache anerkannt wird, nicht aber der Lkw selbst. Übersehen wird dabei jedoch, dass das vom Täter geführte und gefährdete **fremde** Fahrzeug ein **notwendiges Mittel zur Tatausführung** ist, das deshalb nicht vom Schutz des § 315c StGB erfasst wird. Der Gegenstand, der zur Ausführung der Tat benutzt wird, kann nicht gleichzeitig geschütztes Tatobjekt sein. Im Übrigen würde bei anderer Auffassung der Eigentumsschutz unzulässig erweitert.[340] Der Täter würde über § 315c StGB auch für eine fahrlässige Sachbeschädigung strafrechtlich zur Verantwortung gezogen. § 315c StGB will einzig und allein die Sicherheit des Straßenverkehrs schützen, nicht aber das Eigentum des einzelnen.

Neben der Gefährdung fremder Sachen von bedeutendem Wert erfasst § 315c **141** StGB auch die **Gefährdung anderer Menschen.** Hinsichtlich des Eintritts der konkreten Gefährdung gilt hier nichts anderes als bei der Gefährdung fremder Sachen. Mitfahrende Insassen sind dann gefährdet, wenn es bei der Fahrt zu einer kritischen Situation kommt.[341] An der Straftat des Fahrers beteiligte Personen fallen dagegen nicht in den Schutzbereich des § 315c StGB.[342] Bei der (gleichzeitigen oder einander nachfolgenden) **konkreten Gefährdung mehrerer Personen** verwirklicht der Täter den Tatbestand des § 315c StGB nur einmal und nicht in gleichartiger Idealkonkurrenz.[343] Denn geschütztes Rechtsgut ist die Sicherheit des Straßenverkehrs. Dieses Rechtsgut ist auch bei der konkreten Gefährdung mehrerer Personen oder mehrerer fremder Sachen von bedeutendem Wert nur einmal tangiert. Dies gilt aber nur dann, wenn zwischen den einzelnen Gefährdungen ein enger räumlicher und zeitlicher Zusammenhang besteht. Kommt es **auf einer zusammenhängenden Fahrt in größeren Abständen** zu mehreren gefährlichen Situationen, ist ggf. § 315c StGB mehrfach verwirklicht. In Einzelfällen ist sogar von mehreren prozessualen Taten auszugehen.

---

340 BGHSt 11, 148 = NJW 1958, 469; BGHSt 12, 282 = NJW 1959, 637; BGHSt 27, 40 = StVE § 315c StGB Nr. 7 und Nr. 18 sowie VRS 50, 95; BGH NZV 1998, 211 = DAR 1998, 241; NZV 2000, 213; BGH NZV 1999, 172; BA 2000, 502; BGH NStZ-RR 2012, 252 = NZV 2012, 448.
341 BGH NZV 1995, 325 = StVE § 315c StGB Nr. 41 = MDR 1995, 798.
342 BGH NZV 2012, 448.
343 BGH NZV 1989, 31 (32) = NJW 1989, 1227 = VRS 76, 194 = NStZ 1990, 125.

B. Körperliche und geistige Mängel als weitere Alternative

142 Daneben umfasst § 315c StGB unter **Nr. 1b** noch eine weitere Alternative, nämlich die Fahrunsicherheit infolge geistiger und körperlicher Mängel.[344] Diese Variante enthält § 316 StGB **nicht**. Voraussetzung ist, dass eine konkrete Gefährdung eingetreten ist, die ihre Ursache in einem körperlichen oder geistigen Mangel hat (Kausalität). Bei bloß **abstrakter Gefährdung kann eine Ordnungswidrigkeit** nach den §§ 2 oder 23 II iVm 75 Nr. 1 oder Nr. 9 FeV vorliegen. Im Falle eines wegen Fahrunsicherheit verursachten Unfalls mit Verletzung eines anderen bzw. mit Todesfolge kann neben § 315c I Nr. 1b StGB auch **eine Strafbarkeit wegen fahrlässiger Körperverletzung (§ 229 StGB) bzw. wegen fahrlässiger Tötung (§ 222 StGB)** in Betracht kommen, wenn sich in dem „Erfolg" die Pflichtwidrigkeit des Verkehrsteilnehmers realisiert. Hinter einer Straftat würde die in Idealkonkurrenz stehende Ordnungswidrigkeit zurücktreten (§ 21 I 1 OWiG). § 315c I Nr. 1 a StGB geht als **lex specialis** der Vorschrift im lit. b vor, wenn die auf geistigen und körperlichen Mängeln beruhende Ungeeignetheit, ein Fahrzeug zu führen, durch Alkoholgenuss verursacht worden ist.[345] Der Genuss alkoholischer Getränke führt regelmäßig zu geistigen und körperlichen Mängeln. Somit wäre in diesen Fällen auch immer der lit. b des § 315c I Nr. 1 StGB erfüllt. Der Gesetzgeber hat aber gerade die alkoholische Beeinträchtigung bzw. die durch andere berauschende Mittel erfolgte Fahrunsicherheit in einer besonderen Alternative des § 315c I Nr. 1 StGB geregelt, nämlich unter lit. a.

143 Die **Eignung zum Führen eines Kfz** iSd § 315c I Nr. 1b StGB ist dann nicht gegeben, wenn aufgrund der individuellen körperlichen Mängel eine Verkehrsgefährdung nachgewiesen ist. Dies setzt voraus, dass die nahe, durch Tatsachen begründete Wahrscheinlichkeit des Eintritts eines Schädigungsereignisses gegeben sein muss. Anders ausgedrückt bedeutet das, dass der Autofahrer aufgrund des Grades der festgestellten Beeinträchtigung nicht mehr in der Lage ist, die Anforderungen zum sicheren Führen eines Kfz gerade auch in Belastungssituationen zu bewältigen.

144 **Zu den körperlichen und geistigen Mängeln gehören** dauernde wie auch vorübergehende körperliche oder geistige Beeinträchtigungen, zB Blindheit, Schwerhörigkeit, Amputationen, Geisteskrankheiten, altersbedingte Beeinträchtigungen oder Übermüdung und andere Einwirkungen, wenn der Mangel nicht durch eine besondere Vorsorge (Brille, Prothesen oder dergleichen) ausgeglichen ist. Weitere Beispiele sind etwa hohes Fieber, starke Schmerzen, Nachwirkungen nach einem ärztlichen Eingriff mit zB leichter Narkose, Beeinträchtigungen nach bestimmten augenärztlichen Untersuchungen, erfahrungsgemäß häufige Ohnmacht als Folge von Betäubungsmitteln, starker Heuschnupfen[346] oder auch unter Umständen ein epileptischer Anfall.[347] Der Kurzsichtige, der ohne geeignete **Sehhilfe** (wie Brille, Kontaktlinsen usw) ein Fahrzeug führt, verwirklicht den Tatbestand des § 315c I Nr. 1b StGB, sofern auch die anderen

---

[344] S. auch *Eisenmenger* NZV 2014, 15 ff.
[345] BGH VerkMitt. 1971, 81.
[346] Insoweit LG Gießen NJW 1954, 612.
[347] BGHSt 40, 341 = NZV 1995, 157 (158) = DAR 1995, 114.

Tatbestandsmerkmale erfüllt sind, insbesondere eine konkrete Gefährdung eingetreten ist. Die **Nichteinnahme eines bestimmten Medikamentes**, das bei gewissen Patienten die Fahrsicherheit erhöht oder erst herbeiführt, kann ebenfalls einen derartigen Mangel darstellen. Ein höheres **Alter** allein ist noch kein körperlicher oder geistiger Mangel.[348] Ggf. bedarf es einer gesonderten Feststellung, ob für einen älteren Kraftfahrer die infolge von Altersabbau eingetretene Fahrunsicherheit erkennbar ist.[349] Im Einzelfall kann ein **Gehgips** beim Führen eines Fahrzeugs einen körperlichen Mangel darstellen.[350] Der häufigste Mangel dürfte wohl die **Übermüdung** sein. Übermüdung ist ein geistiger oder körperlicher Mangel. Nach dem gegenwärtigen Stand der ärztlichen Wissenschaft besteht der Erfahrungssatz, dass ein Autofahrer, bevor er am Steuer eines Fahrzeugs während der Fahrt einschläft (einnickt), stets deutliche Zeichen der Übermüdung an sich wahrnimmt oder wenigstens wahrnehmen kann. Ausgenommen ist der seltene Fall, dass der Kraftfahrer an Narkolepsie leidet.[351] Eine bloße **Ermüdung** nach langem Tagewerk reicht aber nicht aus.[352] Denn auch eine „normale" **Ermüdung** nach erbrachter Arbeit kann zu kurzfristiger Unaufmerksamkeit und damit zu einem Unfall führen, ohne dass der Fahrer deshalb schon als fahrunsicher bezeichnet werden könnte. Man muss folglich unterscheiden zwischen der bloßen **Ermüdung**, die noch keinen körperlichen oder geistigen Mangel darstellt, und der **Übermüdung**. Grundsätzlich empfiehlt es sich in den Fällen der körperlichen und geistigen Mängel in aller Regel einen **Sachverständigen einzuschalten**. Wichtige Anhaltspunkte ergeben sich aus dem Gutachten „Krankheit und Kraftverkehr" des Gemeinsamen Beirates für Verkehrsmedizin beim Bundesminister für Verkehr und beim Bundesminister für Gesundheit.

Die **Polizei** hat nach § 2 XII StVG unter bestimmten Voraussetzungen Informationen über Tatsachen, die auf nicht nur vorübergehende **Mängel** hinsichtlich der Eignung oder Befähigung einer Person zum Führen von Kfz schließen lassen, **den Fahrerlaubnisbehörden zu übermitteln**. Ggf. darf auch ein Arzt trotz **ärztlicher Schweigepflicht** der Straßenverkehrsbehörde Mitteilung über eine Erkrankung seines Patienten machen.[353] Voraussetzung ist jedoch, dass der Arzt vorher den Patienten auf seinen Gesundheitszustand und auf die Gefahren aufmerksam gemacht hat, die sich beim Steuern eines Kfz ergeben, es sei denn, dass ein Zureden des Arztes wegen der Art der Erkrankung oder wegen der Uneinsichtigkeit des Patienten von vornherein zwecklos ist. Grundsätzlich ist der behandelnde Arzt aber auf jeden Fall aus dem **Arzt-Patienten-Verhältnis** verpflichtet, den Patienten auf dessen verkehrsunsicheren Zustand und die daraus resultierenden Gefahren für ihn und andere Verkehrsteilnehmer hinzuweisen. Unterlässt der Arzt die Beratung, kann er aus seiner Garantenstellung (Arzt-Vertrag) ggf. wegen fahrlässiger Körperverletzung bzw. wegen fahrlässiger Tötung durch Unterlassen strafbar sein. **145**

---

[348] BayObLG NZV 1996, 326 = DAR 1996, 152; OLG Celle VA 2007, 202.
[349] OLG Oldenburg StVE § 315c StGB Nr. 52a.
[350] BayObLG StVE § 2 StVZO Nr. 1.
[351] BGHSt 23, 156 = NJW 1970, 520.
[352] OLG Köln NZV 1989, 357 (358); LG Traunstein NZV 2011, 514.
[353] BGH NJW 1968, 2288.

C. Kausalitätsprobleme im Rahmen des § 315c I Nr. 1 StGB

146 § 315c I Nr. 1a StGB verlangt ebenso wie § 316 StGB, dass der Fahrer **infolge** des Genusses alkoholischer Getränke oder anderer berauschender Mittel bzw. aufgrund der körperlichen oder geistigen Mängel fahrunsicher ist. Der Alkohol bzw. die anderen berauschenden Mittel oder die sonstigen Mängel müssen also die Ursache für die Fahrunsicherheit bilden. Bei § 315c StGB muss neben der Prüfung, ob der Alkohol, die anderen berauschenden Mittel oder die sonstigen Mängel kausal für die Fahrunsicherheit waren, eine **weitere Kausalitätsprüfung** vorgenommen werden **(doppelte Kausalitätsprüfung).** Es muss nämlich festgestellt werden, ob die dadurch bedingte Fahrunsicherheit auch ursächlich war für die im Tatbestand geforderte konkrete Gefährdung von Leib und Leben bzw. Eigentum anderer; dh die bei einem bestimmten Verkehrsvorgang entstehende Gefahr für Personen oder fremde Sachen muss eine Folge des tatbestandsmäßigen Handelns sein.[354] Das ist unter Umständen nicht der Fall, wenn der Täter etwa in Selbstmordabsicht bewusst auf die Gegenfahrbahn fährt, weil in diesem Fall der „Fahrfehler" nicht auf der alkoholbedingten Fahrunsicherheit beruht.[355] Es reicht nicht aus, dass etwa eine konkrete Gefährdung etwa erst die Folge eines verursachten Unfalls ist.[356] Eine nur gelegentlich der Fahrt entstehende, mit ihr aber innerlich nicht zusammenhängende Gefahr genügt nicht. Fährt beispielsweise der betrunkene Autofahrer gegen einen Baum, der dadurch auf die Straße stürzt, und stößt ein weiterer Kfz-Führer mit seinem Wagen in den auf der Straße liegenden Baum, so ist die Fahrunsicherheit des Angetrunkenen nicht unmittelbar kausal für die konkrete Gefährdung des nachfolgenden Verkehrsteilnehmers. Der Gesetzgeber wollte mit § 315c StGB vor den Gefahren schützen, die von einem betrunkenen Fahrzeugführer während der Fahrt ausgehen. Mit dem Anprall gegen den Baum war aber die Trunkenheitsfahrt beendet. Eine konkrete Gefahr für den fließenden Verkehr iSd § 315c I Nr. 1a StGB geht nur dann von einem zum Stillstand gekommenen Kfz aus, wenn die verursachte Gefahr noch in einem unmittelbaren zeitlichen und räumlichen Zusammenhang mit dem alkoholbedingten Fehlverhalten des Täters steht,[357] ein nachfolgender Autofahrer wird beispielsweise von dem umstürzenden Baum getroffen.

147 Hingewiesen sei an dieser Stelle, dass für die Frage einer **fahrlässigen Körperverletzung (bzw. fahrlässigen Tötung),** die im Zusammenhang mit der Trunkenheitsfahrt steht, andere **Kausalitätsüberlegungen** vorzunehmen sind.[358] Ein alkoholbedingt fahruntüchtiger Kraftfahrer ist verpflichtet, die Geschwindigkeit seiner herabgesetzten Reaktionsfähigkeit so anzupassen (vgl. § 3 I 2 StVO),

---

[354] BayObLG NZV 1989, 359; OLG Köln BA 2004, 71.
[355] BGH NStZ 2014, 87 = NZV 2014, 185.
[356] OLG Stuttgart NJW 1960, 1484; OLG Celle NJW 1969, 1184 = VRS 37, 118 = Nds.Rpfl. 69, 164; BayObLG NJW 1969, 2026; OLG Celle NJW 1970, 1091.
[357] OLG Celle NJW 1970, 1091.
[358] BGH NJW 1971, 388; OLG Zweibrücken VRS 41, 113; OLG Koblenz StVE § 315c StGB Nr. 19.

dass er keinen längeren Anhalteweg benötigt als ein nüchterner Fahrer.[359] Unterlässt er die entsprechende Reduzierung und wäre ein Unfall bei einer seinen persönlichen Fähigkeiten im Zeitpunkt des Eintritts der kritischen Verkehrslage angepassten Geschwindigkeit vermieden worden, ist das Verhalten des Kraftfahrers im Rahmen der §§ 222, 229 StGB für den durch den Unfall herbeigeführten Körperschaden oder Tod eines Menschen kausal (zurechenbar ursächlich), selbst wenn ein in zulässiger Weise mit gleich hoher Geschwindigkeit fahrender nüchterner Kraftfahrer den Unfall nicht hätte vermeiden können. Hingegen fehlt es unter diesen Voraussetzungen in aller Regel an der in § 315c I Nr. 1a StGB vorausgesetzten Kausalität zwischen der alkoholbedingten Fahrunsicherheit und der Gefährdung von Leib oder Leben eines anderen Menschen. In Betracht kommt eine tateinheitliche Verurteilung aus § 316 StGB.

D. Der subjektive Tatbestand (Vorsatz und Fahrlässigkeit)

Zunächst ein Überblick über die Schuldkombinationen des § 315c StGB: **148**

Schuldform bzgl. Handlung	bzgl. Gefährdung
§ 315c I StGB: Vorsatz	Vorsatz (vgl. § 15 StGB) – insgesamt Vorsatzdelikt
§ 315c III Nr. 1 StGB: Vorsatz	Fahrlässigkeit – insgesamt Vorsatzdelikt (s. § 11 II StGB)
§ 315c III Nr. 2 StGB: Fahrlässigkeit	Fahrlässigkeit – insges. Fahrlässigkeitsdelikt.

§ 315c StGB enthält **drei mögliche Kombinationen für den subjektiven Bereich.** **149** Absatz 1 erfordert sowohl für die Handlung (Führen eines Fahrzeugs im Straßenverkehr trotz Fahrunsicherheit) als auch hinsichtlich der Gefährdung Vorsatz.[360] Denn bedroht das Gesetz – wie in § 315c I StGB – fahrlässiges Handeln nicht ausdrücklich mit Strafe, ist **gem. § 15 StGB nur vorsätzliches Handeln strafbar.** **III** des § 315c StGB enthält unter **Nr. 1** eine Vorsatz-Fahrlässigkeits-Kombination. Bzgl. der Handlung ist Vorsatz erforderlich, hinsichtlich der Gefährdung reicht Fahrlässigkeit aus. **Insgesamt handelt es sich um eine vorsätzliche Tat** (§ 11 II StGB). Ohne die Regelung in § 11 II StGB wäre zweifelhaft, ob eine Anstiftung bzw. eine Beihilfe zu dieser Tatbestandsvariante möglich wäre. Auch für den Anstifter oder Gehilfen ist **bzgl. der Gefährdung** mindestens Fahrlässigkeit erforderlich, aber auch ausreichend. In aller Regel dürfte für den Teilnehmer vorsehbar sein, dass es zu einer kritischen Situation während der Fahrt kommen kann, wenn er einen betrunkenen Autofahrer zum Führen eines Fahrzeugs überredet oder ihm Hilfe leistet. Schließlich stellt **III Nr. 2** des § 315c StGB auch die bloße Fahrlässigkeitstat (sowohl hinsichtlich der

---

[359] BGH NStZ 2013 = NZV 2013, 305 (231); BayObLG NZV 1994, 283 = StVE § 315c StGB Nr. 36 = NStZ 1997, 388.
[360] BGH NStZ-RR 2014, 384.

Handlung wie hinsichtlich der Gefährdung) unter Strafe. Bei dieser Variante ist eine Tatteilnahme (Anstiftung oder Beihilfe) nicht möglich, weil es bereits an einer **vorsätzlichen** Haupttat fehlt. Insbesondere wegen des unterschiedlichen Strafrahmens muss zwischen den subjektiven Varianten des § 315c StGB sorgfältig unterschieden werden.[361] Die Probleme, wann bei § 315c I Nr. 1 StGB von einer **vorsätzlichen Handlung** (Führen eines Fahrzeugs trotz Fahrunsicherheit) ausgegangen werden kann, sind dieselben wie bei § 316 StGB.[362]

E. Die Rechtswidrigkeit

150 Eine rechtfertigende **Einwilligung** ist nach hMbei § 315c StGB nicht möglich, weil als geschütztes Rechtsgut vorrangig die Sicherheit des Straßenverkehrs angesehen wird. Damit sind indirekt auch das Leben und die Gesundheit sowie das Eigentum des einzelnen geschützt. Aber die Rspr. stellt allein auf das Rechtsgut der Sicherheit des Straßenverkehrs ab. Dieses Rechtsgut ist der Dispositionsfreiheit des einzelnen entzogen. Somit schließt etwa die Einwilligung des Mitfahrers in eine Gefährdung seiner körperlichen Unversehrtheit durch den wegen Trunkenheit fahruntüchtigen Kraftfahrer die Rechtswidrigkeit der Straßenverkehrsgefährdung nach § 315c I StGB nicht aus.[363] Außerdem müsste sonst der Richter im jeweiligen Einzelfall prüfen, ob für den Einwilligenden nicht möglicherweise sogar eine Lebensgefahr bestanden hat. Insoweit wäre eine Einwilligung ohnehin nicht möglich.[364] Dies ergibt unter anderem ein Rückschluss aus § 216 StGB, der die Tötung auf Verlangen unter Strafe stellt. Die Mindermeinung würde lediglich eine Strafbarkeit aus § 316 StGB annehmen.[365] Ein Rechtfertigungsgrund, der hin und wieder im Zusammenhang mit § 315c StGB, (ebenso bei 316 StGB) eine Rolle spielt, ist der **rechtfertigende Notstand** nach § 34 StGB. Ausnahmsweise bejaht die Rspr. eine Rechtfertigung über § 34 StGB bei einer Trunkenheitsfahrt.[366] Hierbei muss in jedem Fall eine **Gefährdung anderer Verkehrsteilnehmer nahezu ausgeschlossen** sein; denn ein verkehrswidriges Fahrverhalten ist auch in einer Notstandssituation bei der erforderlichen Abwägung der widerstreitenden Interessen nach § 34 StGB nicht gerechtfertigt, wenn die Fahrt mit großer Wahrscheinlichkeit zur Gefährdung und Verletzung von anderen Menschen führt.[367] Die Sicherheit des Straßenverkehrs und der einzelnen Verkehrsteilnehmer wird als hohes Rechtsgut eingestuft. Eine Fahrt unter Alkoholeinfluss kann daher lediglich unter engen Voraussetzungen ausnahmsweise gerechtfertigt sein. Die manchmal vorgetragene Einlassung, man habe einen plötzlich **Erkrankten oder einen Verletzten**

---

[361] BGH NZV 1995, 495 = DAR 1998, 241; BGH NZV 1998, 211.
[362] BayObLG StVE § 316 StGB Nr. 89b zur Frage des Vorsatzes bezüglich Fahrunsicherheit bei Übermüdung.
[363] BGH 23, 261 = NJW 1970, 1380; NZV 1995, 80.
[364] BGHSt 7, 112 (114) = NJW 1955, 472; *Blum* NZV 2011, 378 ff.
[365] OLG Hamburg NJW 1969, 336 = VRS 35, 433; *Bickelhaupt* NJW 1967, 713, der auf den Schutz des einzelnen abstellt; *Zimmermann* JuS 2010, 22 (25).
[366] OLG Celle StVE § 316 StGB Nr. 47.
[367] OLG Hamm NJW 1977, 1892; KG NZV 1993, 362.

unbedingt ins Krankenhaus bringen müssen, kann in aller Regel kaum zu einer Rechtfertigung der Handlung (§ 34 StGB) führen oder als Entschuldigungsgrund (§ 35 StGB) ausreichen, weil es nur ganz selten Fälle geben dürfte, in denen die Gefahr für den Erkrankten oder Verletzten nicht anders abwendbar war.[368] Denn wir haben in der BRD eines der besten Rettungssysteme der ganzen Welt. Außerdem verlangt § 34 StGB eine **Güterabwägung**, wobei das geschützte Interesse das beeinträchtigte wesentlich überwiegen muss. Wie aber bereits ausgeführt wurde, wird der Sicherheit des Straßenverkehrs ein hoher Stellenwert beigemessen.[369]

F. Anstiftung und Beihilfe

Die §§ 315c, 316 StGB sind – ebenso wie § 24a StVG – **eigenhändige Delikte**; das **151** bedeutet, dass Täter nur sein kann, wer das Fahrzeug geführt hat, es also selbst in Bewegung gesetzt hat, wobei mehrere gemeinsam ein Fahrzeug führen können, wenn sie sich die Verrichtungen teilen. Unter dieser Voraussetzung wäre Mittäterschaft denkbar. Wer aber nicht am Vorgang des Führens beteiligt ist, kann nicht Täter sein. Eine mittelbare Täterschaft ist nicht denkbar.[370] Die Tatsache, dass es sich um eigenhändige Delikte handelt, schließt jedoch die Teilnahmeformen der Anstiftung und Beihilfe (bei § 24a StVG eine Teilnahme über § 14 OWiG) nicht aus. Anstiftung und Beihilfe sind nur zu **vorsätzlichen** Haupttaten möglich (s. Wortlaut der §§ 26, 27 StGB). Kann dem Haupttäter nur eine fahrlässige Haupttat zur Last gelegt werden, scheiden Anstiftung und Beihilfe dazu aus. Bei § 315c StGB gibt es neben der reinen Vorsatztat (§§ 315c I, 15 StGB) und neben der reinen Fahrlässigkeitstat (§ 315c I, III Nr. 2 StGB) auch noch eine Vorsatz-Fahrlässigkeitskombination (§ 315c I, III Nr. 1 StGB), wenn der Täter die Handlung vorsätzlich begeht, die Gefahr aber nur fahrlässig herbeiführt (§ 315c III Nr. 1 StGB). Für die Tatteilnahme trifft § 11 II StGB insoweit eine Regelung.

Fraglich ist, ob sich der **Gastgeber** einer Party oder der **Gastwirt** wegen Beihilfe **152** strafbar machen können, wenn sie an Gäste, die mit einem Fahrzeug angereist sind, alkoholische Getränke ausschenken. Beihilfe setzt eine **vorsätzliche** Haupttat voraus. Die Beihilfe könnte im Ausschank (aktives Tun) der Getränke erblickt werden. Aber die Gesellschaft nimmt den Ausschank von Alkoholika in erträglichen Grenzen (auch an Fahrzeugführer) in Kauf[371], zumal der Genuss von alkoholischen Getränken grundsätzlich gegen keinerlei strafrechtliche Bestimmungen verstößt. Selbst Autofahrern ist der Genuss in bestimmten Grenzen erlaubt. Deshalb ist eine Beihilfe durch aktives Tun bei dieser Fallgestaltung in aller Regel ausgeschlossen. Man kann aber **Beihilfe durch Unterlassen** (§ 13 StGB) in Erwägung ziehen. Schließlich hat der Gastgeber durch den Ausschank der Getränke eine Gefahrenlage (mit-)herbeigeführt. Aus dieser Tatsache könnte er verpflichtet sein, die Heimfahrt des Gastes mit dem Fahrzeug zu verhindern. Ob für die Bejahung einer Garantstellung aus der tatsächlichen Herbeifüh-

---

[368] OLG Koblenz NZV 2008, 367 (368) für den Fall eines Harnverhalts.
[369] OLG Koblenz StVE § 316 StGB Nr. 79; LG Zweibrücken DAR 1996, 325.
[370] BGHSt 36, 341 (343) = NZV 1990, 157; BGH NZV 1995, 364.
[371] BGHSt 19, 152 (155) = NJW 1964, 412; BGHSt 26, 35 (38) = NJW 1975, 1175.

rung einer Gefahrenlage ein pflichtwidriges oder rechtswidriges Verhalten erforderlich ist, mag dahinstehen. Würde man den Gastgeber, der entsprechend den allgemeinen Gepflogenheiten alkoholische Getränke serviert, für alle Folgen des Trinkens seiner Gäste verantwortlich machen wollen, „so würde er in vielen Fällen auf dem Wege über die strafrechtliche Garantenpflicht gleichsam zum Vormund und Hüter seiner Gäste bestellt".[372] Das gesellschaftliche Leben würde in unerträglichem Maße belastet. Grundsätzlich ist jeder für sein eigenes Tun selbst verantwortlich. Eine Garantenpflicht gegenüber einem Gast besteht in derartigen Fällen nur, wenn für den Gastgeber bzw. Gastwirt die **Zurechnungsunfähigkeit des Gastes infolge Trunkenheit** erkennbar ist.[373] Im Einzelfall (zB erkennbar schlechter Gesundheitszustand des Gastes) kann die Pflicht zum Eingreifen schon früher bestehen.

153 Eine Verurteilung wegen einer **vorsätzlichen Beteiligung an einer vorsätzlichen Ordnungswidrigkeit nach §24a StVG** ist auch dann möglich, wenn der „Haupttäter" zugleich den Tatbestand einer fahrlässigen Trunkenheitsfahrt (§316 I, II StGB) verwirklicht hat und auf ihn nach §21 I 1 OWiG nur das Strafgesetz angewendet wird.[374] Voraussetzung ist allerdings, dass der Haupttäter zumindest hinsichtlich der Ordnungswidrigkeit gem. §24a StVG vorsätzlich gehandelt hat. Das wird nicht selten der Fall sein. Wem eine BAK von 1,1 ‰ oder mehr nachgewiesen werden kann, der hat vielfach zumindest billigend in Kauf genommen, den Gefahrengrenzwert des §24a StVG von 0,5 ‰ überschritten zu haben. Anders als bei den §§315c, 316 StGB muss der Täter im Rahmen des §24a I StVG lediglich die Möglichkeit billigend in Kauf genommen haben, dass er die in dieser Norm enthaltenen Werte erreicht bzw. überschritten hat. Ferner kann sich der **Halter** des Kfz einer Ordnungswidrigkeit nach den §§31 II, 69a V Nr. 3 StVZO, 24 StVG schuldig machen, wenn er einer fahrunsicheren Person sein Fahrzeug überlässt. Eine Ahndung als Ordnungswidrigkeit tritt jedoch ggf. hinter einer Straftat (zB Beihilfe gem. §§316 I, 27 StGB) nach §21 I 1 OWiG zurück.

G. „Die sieben Todsünden im Straßenverkehr"

154 In §315c I Nr. 2 StGB hat der Gesetzgeber einen Katalog aufgestellt mit Verstößen, die mit erheblichen Gefahren für die Sicherheit des Straßenverkehrs verbunden sein können. Sie werden auch die „sieben Todsünden im Straßenverkehr" genannt.

I. Die einzelnen Verkehrsverstöße des § 315c I Nr. 2 StGB

155 Im Folgenden sollen einige Hinweise zu den einzelnen in §315c I Nr. 2 StGB aufgezählten Verkehrsverstößen aufgezeigt werden. Die Aufstellung kann keinesfalls vollständig und abschließend sein. Wenn es in den Fällen des §315c I

---

[372] BGHSt 19, 152 (154) = NJW 1964, 412.
[373] BGHSt 4, 20 = NJW 1953, 551; BGHSt 19, 152 (155) = NJW 1964, 412; BGHSt 26, 35 (38) = NJW 1975, 1175.
[374] OLG Köln VRS 63, 283.

Nr. 2 StGB nicht zu einer konkreten Gefährdung gekommen ist, liegen regelmäßig Ordnungswidrigkeitstatbestände nach der StVO vor. Bei den aufgezählten
Verstößen ist immer auch **die Frage nach dem Sinn und Zweck der Norm** zu
stellen. Eine Straßenverkehrsgefährdung nach § 315c I Nr. 2 StGB setzt voraus,
dass die besondere Gefahrenlage zB an einer der in der Vorschrift genannten
Straßenstellen auf dem zu schnellen Fahren beruht;[375] **ein bloß örtliches Zusammentreffen genügt nicht.**[376] Der Gesetzgeber hat in § 315c I Nr. 2d StGB das
Rasen an Straßenkreuzungen erfasst, weil es sich bei einer Kreuzung um eine
gefahrträchtige Stelle im Straßenverkehr handelt, die auf den dort aus verschiedenen Richtungen zusammentreffenden Verkehrsströmen beruht. Kommt
es aber **rein zufällig** in Höhe einer Kreuzung zu einer Gefährdung, die in keinerlei Zusammenhang mit der Verkehrssituation an einer Kreuzung steht, greift
§ 315c I Nr. 2d StGB nicht ein.[377]

1. Die Vorfahrtsverletzung

Unter den Begriff der Vorfahrt iSd § 315c I Nr. 2a StGB fallen sämtliche Ver- **156**
kehrsvorgänge im öffentlichen Straßenverkehr, bei denen die Fahrlinien zweier
(Kraft-)Fahrzeuge bei unveränderter Fahrweise zusammentreffen oder einander gefährlich nahe kommen würden. Dazu gehören alle Fälle, in denen eine
straßenverkehrsrechtliche Vorschrift einem Verkehrsteilnehmer die Vorfahrt
einräumt[378]. Weil der **Vorrang** des **Fußgängers** nicht unter den Begriff „**Vorfahrt**"
iSd § 315c I Nr. 2a StGB fällt, werden Fußgänger von dieser Alternative nicht
geschützt[379].

Auch derjenige verletzt die Vorfahrt, der **bei Rotlicht der Lichtzeichenanlage in 157
eine Kreuzung** einfährt und dadurch den Querverkehr gefährdet.[380] Ein bloßer
Rotlichtverstoß reicht jedoch allein nicht aus. Vielmehr muss einem anderen
Verkehrsteilnehmer infolge des Verstoßes die Vorfahrt genommen werden. Das
gilt auch für die Verletzung von anderen Vorfahrtsregeln.

2. Das falsche Überholen

Der **Begriff des Überholens bzw. des falschen Fahrens bei Überholvorgängen 158**
wird in der Rspr. sehr weit gefasst. Darunter fällt jedes Fehlverhalten bei einem
Überholvorgang – sowohl des Überholenden als auch des Überholten sowie des
Gegenverkehrs.[381] Unter Überholen versteht man einen tatsächlichen Vorgang,
bei dem ein Verkehrsteilnehmer von hinten an einem anderen mit höherer
Geschwindigkeit vorbeifährt, der sich auf derselben Fahrbahn in derselben
Richtung bewegt oder nur mit Rücksicht auf die Verkehrslage anhält. Das Über-

---

[375] BayObLG StVE § 315c StGB Nr. 13.
[376] BGH NStZ 2007, 222 = StV 2007, 414.
[377] BGH NStZ 2007, 222 (223); BayObLG StVE § 315c StGB Nr. 4 = VRS 50, 425; OLG Hamm
       NJW 1955, 723.
[378] BGH NStZ-RR 2009, 185 = NZV 2009, 350.
[379] OLG Düsseldorf StVE § 315c StGB Nr. 17.
[380] BayObLGSt 58, 252; OLG Frankfurt a.M. NZV 1994, 365; OLG Jena NZV 1995, 237; OLG
       Düsseldorf NZV 1996, 245 = JMBl.NRW 1996, 188.
[381] BVerfG NZV 1995, 79 = VRS 88, 84; OLG Düsseldorf VRS 62, 44.

holen setzt weder eine Erhöhung der bisher vom Überholenden eingehaltenen Geschwindigkeit noch einen Wechsel des Fahrstreifens noch die Rückkehr auf einen vorher eingehaltenen Fahrstreifen voraus.[382] Unter die zweite Alternative **„oder sonst bei Überholvorgängen falsch fährt"** fällt insbesondere das Fehlverhalten von Fahrzeugführern, die überholt werden. Denn auch dadurch kann es zu folgenschweren Unfällen kommen.[383]

159 Neben versuchter **Nötigung** durch **dichtes Auffahren auf der Autobahn, um das Überholen zu erzwingen,** liegt gewöhnlich auch **tateinheitliche** – mindestens fahrlässige – Straßenverkehrsgefährdung durch **grob verkehrswidriges und rücksichtsloses** Überholen vor.[384] Durch **dichtes Auffahren** entsteht unter Umständen eine konkrete Gefahr iSd § 315c I Nr. 2b StGB für den zu Überholenden.[385] Bei hohen Geschwindigkeiten kann der Nachfolgende bei einer plötzlichen stärkeren Geschwindigkeitsreduzierung des Vorausfahrenden einen Auffahrunfall und damit einen Schadenseintritt kaum noch vermeiden. Somit ist in diesen Fällen bei einem sehr geringen Abstand bereits eine konkrete Gefahrenlage geschaffen. Beim **dichten Auffahren** (etwa beim Überholen) ist zu unterscheiden zwischen der Unterschreitung des Sicherheitsabstandes (als Sicherheitsabstand ist die in 1,5 Sekunden durchfahrene Strecke anzusehen) und dem **Eintritt einer konkreten Gefährdung**. Eine Gefährdung nimmt die Rspr.[386] an, wenn der Abstand nicht nur ganz vorübergehend geringer ist als die in 0,8 Sekunden durchfahrene Strecke.

3. Falsches Verhalten an Fußgängerüberwegen

160 Ob in den Schutzbereich des § 315c I Nr. 2c StGB auch derjenige fällt, der an einem Fußgängerüberweg **mit einem Fahrrad** wartet und ihn dann mit dem Fahrrad rollend überquert, ist umstritten. Teilweise[387] wird dies bejaht, während eine Gegenmeinung[388] dies verneint, weil an einem Fußgängerüberweg eben nur Fußgänger einen Vorrang genießen und nicht auch andere Verkehrsteilnehmer.

161 Ebenfalls umstritten ist, ob von § 315c I Nr. 2c auch **Fußgängerüberwege** erfasst werden, die (zusätzlich) durch eine **Lichtzeichenanlage** gesichert sind. Eine Mindermeinung[389] lehnt dies ab, weil die allgemeine Gefährdung von Fußgängern an bloßen Zebrastreifen erfahrungsgemäß größer ist als an Ampelanlagen, woraus sich auch ein stärkerer Strafschutz für diese Übergänge rechtfertigen lässt. Dagegen meint die wohl hM,[390] § 315c I Nr. 2c StGB sei auch bei einem grob verkehrswidrigen und rücksichtslosen falschen Fahren an einem Fußgängerüberweg (Zeichen 293 StVO) anzuwenden, der zusätzlich durch eine Lichtsignalanlage gesichert wird. Es könne doch nicht sein, dass der Fußgänger an

---

[382] BGHSt 22, 137 (139) = NJW 1968, 1533; OLG Düsseldorf StVE § 9 StVO Nr. 77.

[383] OLG Frankfurt a.M. VRS 56, 286 (288); OLG Koblenz NZV 1993, 318 (319).

[384] OLG Köln VRS 44, 16 (17); OLG Celle VRS 38, 431.

[385] OLG Brandenburg VRS 93, 103 (106).

[386] So zB OLG Karlsruhe NJW 1971, 1818 und NJW 1972, 962.

[387] OLG Stuttgart DAR 1988, 101 = StVE § 315c StGB Nr. 22.

[388] OLG Düsseldorf NZV 1998, 296.

[389] OLG Celle NZV 2013, 252 mit einer krit. Anm. von *Ternig*.

[390] OLG Koblenz VerkMitt. 1976, 12 – Nr. 16; ebenso BGH NZV 2008, 528 (529).

einem Überweg, der durch Ampeln geregelt werde, weniger geschützt werde, als an einem Zebrastreifen.

4. Unübersichtliche Stellen

Nach der Rspr. muss die Unübersichtlichkeit der Straßenstelle nicht unbedingt **162** in deren Beschaffenheit selbst liegen; sie kann auch durch andere Hindernisse, insbesondere solche der umgebenden Örtlichkeit, begründet werden.[391] Eine **unübersichtliche Stelle** liegt zB vor, wenn **wegen Nebels** die Sichtweite erheblich verringert ist.[392] Bei einer Verurteilung wegen fahrlässiger Straßenverkehrsgefährdung nach § 315c I Nr. 2d StGB sind eindeutige Feststellungen zu einem **inneren Zusammenhang zwischen der Unübersichtlichkeit der Stelle und dem zu schnellen Fahren** erforderlich.[393] Die Straßenverkehrsgefährdung liegt dann nicht vor, wenn die Unübersichtlichkeit zu der konkreten Gefahr nicht beigetragen hat. Bereits bei einer erheblichen – nicht notwendig mehr als doppelten – **Überschreitung der zulässigen Höchstgeschwindigkeit** kann unter Berücksichtigung der Gegebenheiten des konkreten Falles ein grob verkehrswidriges Verhalten iSd § 315c I Nr. 2d StGB vorliegen.[394]

5. Das Nichtabsichern liegen gebliebener Fahrzeuge

§ 315c I Nr. 2 g StGB verlangt die Absicherung von haltenden oder liegen geblie- **163** benen **Fahrzeug**en. Nach dieser Norm kann aber nur das Unterlassen der ausreichenden Kenntlichmachung eines **kompletten** Fahrzeugs geahndet werden. Wer nur **Fahrzeugteile** – etwa nach einem Unfall – auf der Straße zurücklässt, kann sich möglicherweise nach § 315b I Nr. 2 (evtl. Abs. 4 und 5) StGB strafbar machen, nicht aber nach § 315c I Nr. 2 g StGB. Zur Abgrenzung sei Folgendes ausgeführt: § 315b StGB will grundsätzlich nur die Eingriffe von außen in den Straßenverkehr erfassen. Das Verhalten im (fließenden) Verkehr hat der Gesetzgeber in § 315c StGB geregelt. § 315b StGB greift im fließenden Verkehr nur dann ein, wenn das Fahrzeug nicht mehr als Fortbewegungsmittel, sondern gerade in verkehrsfeindlicher Absicht mit zumindest bedingtem Schädigungsvorsatz eingesetzt wird. Das Unterlassen der Absicherung eines liegen gebliebenen Fahrzeugs hat der Gesetzgeber in den Katalog des § 315c I Nr. 2 StGB unter Lit. g aufgenommen und damit zum Ausdruck gebracht, dass er diesen Verstoß noch der Teilnahme am Straßenverkehr zurechnet.[395] Aus der Formulierung der Vorschrift ergibt sich, dass **der Katalog des § 315c StGB abschließend** gemeint ist. Daraus ist aber zu folgern, dass andere als die in § 315c StGB genannte Verhaltensweisen nicht als „gefährliche Eingriffe" iSd § 315b I StGB gewertet werden können. Denn dies würde mit Rücksicht darauf, dass § 315c I Nr. 2 StGB neben der Fehlleistung im Verkehr ein grob verkehrswidriges und rücksichtsloses Verhalten erfordert, dazu führen, dass andere vom Gesetzgeber als weniger gefährlich eingestufte Verkehrsvorgänge unter geringeren Tatbestandsvor-

---

[391] BGH VRS 3, 247; OLG Celle VRS 31, 33.
[392] BayObLG VRS 75, 209 = NZV 1988, 110 = StVE § 315c StGB Nr. 23.
[393] OLG Stuttgart DAR 1998, 362.
[394] BVerfG DAR 1999, 309 = StVE § 315c StGB Nr. 51.
[395] BayObLG NJW 1969, 2026.

aussetzungen durch § 315b StGB erfasst würden.[396] Etwas anderes mag gelten, wenn jemand ein (betriebsuntaugliches) Fahrzeug auf die Straße schiebt oder Teile des Fahrzeugs oder der Ladung nicht von der Straße räumt.[397] Die Pflicht zur Absicherung eines liegen gebliebenen Fahrzeugs (§ 315c I Nr. 2 g StGB iVm § 15 StVO) entfällt, wenn ihre Vornahme (zB Aufstellen eines Warndreiecks) länger dauern würde als ein zulässiges Entfernen des Fahrzeugs von der Stelle, an der es liegen geblieben ist.[398]

6. Sonstige Fragen zu § 315c I Nr. 2 StGB

164 Der **Versuch** ist bei § 315c StGB nur in den Fällen des § 315c I Nr. 1 StGB strafbar[399] (s. den Wortlaut des § 315c II StGB). Bei der Nr. 2 des § 315c I StGB kann er lediglich im Rahmen des lit. n f geahndet werden („… oder dies versucht"). Die Verwirklichung des Tatbestandes der Gefährdung des Straßenverkehrs durch **mehrere** der in § 315c I StGB aufgeführten Verhaltensweisen bildet eine **einheitliche Straftat**; Tateinheit scheidet aus.[400] Geschütztes Rechtsgut ist die Sicherheit des Straßenverkehrs. Dieses Rechtsgut wird nur einmal tangiert. Etwas anderes mag gelten, wenn der Täter zwischen den einzelnen Verstößen größere Fahrtstrecken zurückgelegt hat, eine längere Zeit dazwischen liegt und es sich um völlig unterschiedliche Verhaltensweisen handelt. In diesem Falle verwirklicht der Täter ggf. mehrfach den Tatbestand des § 315c StGB in Tatmehrheit (§ 53 StGB), wobei es sich unter Umständen auch um mehrere prozessuale Taten handeln kann.

II. Die grobe Verkehrswidrigkeit und die Rücksichtslosigkeit

165 Der Gesetzgeber schränkt die Strafbarkeit im Katalog der besonders gravierenden Verkehrsverstöße dadurch ein, dass das Gesetz verlangt, der Täter müsse grob verkehrswidrig und rücksichtslos gehandelt haben. Es handelt sich um **zwei selbstständige Tatbestandsmerkmale**.[401] Während die **grobe Verkehrswidrigkeit** nach **objektiven Kriterien** zu beurteilen ist (etwa in welchem Maße im konkreten Fall die Verkehrssicherheit beeinträchtigt war), enthält die **Rücksichtslosigkeit ein subjektives Element**. Sie wird durch die subjektive Einstellung des Täters gekennzeichnet.[402]

166 **Grob verkehrswidrig** ist ein besonders schwerer Verstoß gegen eine Verkehrsvorschrift, ein objektiv besonders verkehrsgefährdendes Verhalten. Die Frage ist immer anhand der konkreten Situation zu beantworten, wobei jedoch eine generalisierende Betrachtungsweise anzustellen ist. Allein aus dem Eintritt einer konkreten Gefahr für andere darf aber nicht auf einen besonders gefährlichen und damit besonders schwerwiegenden Verkehrsverstoß geschlossen

---

[396] OLG Hamm NJW 1969, 1975.
[397] OLG Stuttgart VRS 29, 193; OLG Hamm VRS 51, 103.
[398] OLG Köln NZV 1995, 159 (160) = StVE § 315c StGB Nr. 39.
[399] BGH NZV 2010, 261.
[400] BayObLG VerkMitt. 1987, 75 – Nr. 87 = StVE § 315c StGB Nr. 21a.
[401] OLG Oldenburg StVE § 315c StGB Nr. 55.
[402] OLG Düsseldorf NZV 2000, 337 (338).

werden. Es ist letztlich darauf abzustellen, ob der Verkehrsverstoß in der konkreten Verkehrssituation die Sicherheit des Straßenverkehrs beeinträchtigt hat. Der Gesetzgeber hat in §315c I Nr. 2 StGB besonders schwere Verkehrsverstöße unter Strafe gestellt. Wer einen der in dieser Norm aufgezählten Fahrfehler begeht, verstößt häufig schon in grober Weise gegen die Verkehrsregeln. Mit dem Tatbestandsmerkmal „grob verkehrswidrig" wollte der Gesetzgeber lediglich einen **„Filter"** schaffen, mit dem leichte Verstöße nicht von §315c I Nr. 2 StGB erfasst werden sollen. Wer zB die zulässige Geschwindigkeit an einer in §315c I Nr. 2 StGB genannten Stellen geringfügig überschreitet, fährt zu schnell. Eine **geringe** Geschwindigkeitsüberschreitung ist aber noch nicht grob verkehrswidrig. Ein grob verkehrswidriges Verhalten (beim Überholen) liegt beispielsweise vor, wenn ein Lkw **in einer unübersehbaren S-Kurve** einen langsam fahrenden Traktor überholt und dabei die gesamte Gegenfahrbahn versperrt.[403]

Rücksichtslos handelt, wer sich aus eigensüchtigen Gründen über seine Pflichten **167** gegenüber anderen Verkehrsteilnehmern hinwegsetzt **(vorsätzliche Variante)** oder aus Gleichgültigkeit von vornherein Bedenken gegen sein Verhalten nicht aufkommen lässt und unbekümmert drauflos fährt **(fahrlässige Variante).**[404] Wer sich etwa als Führerscheininhaber mit geänderten Verkehrsregeln nicht vertraut macht, sondern „unbekümmert" weiter fährt, kann in fahrlässiger Weise rücksichtslos sein Fahrzeug steuern. Bei bestimmten fahrlässigen Verstößen kann die Rücksichtslosigkeit entfallen.[405] Eine kurzfristige Unaufmerksamkeit oder eine Fehleinschätzung einer Verkehrssituation sind nicht als rücksichtsloses Verhalten zu bezeichnen, sondern die Rücksichtslosigkeit verlangt ein sich aus zusätzlichen Umständen ergebendes Defizit, das – geprägt von Leichtsinn, Eigennutz oder Gleichgültigkeit – weit über das hinausgeht, was normalerweise jedem – häufig aus Gedankenlosigkeit oder Nachlässigkeit – begangenen Verkehrsverstoß innewohnt.[406] Das Merkmal der Rücksichtslosigkeit erfordert ein in subjektiver Hinsicht **überdurchschnittliches Fehlverhalten**, das über den in jedem Regelverstoß liegenden Mangel an Rücksichtnahme gegenüber anderen Verkehrsteilnehmern weit hinausgeht und von einer besonders verwerflichen Verkehrsgesinnung geprägt ist.[407] So beweist derjenige, der gleich zweimal unter Missachtung nachfolgenden Überholverkehrs auf die Überholspur ausschert, ein so hohes Maß an Nachlässigkeit und Gleichgültigkeit, dass ihm der erschwerte Schuldvorwurf rücksichtslosen Handelns zu machen ist.[408] Auch fährt etwa derjenige rücksichtslos, der bei in beiden Richtungen dichtem Großstadtverkehr **trotz erheblicher Gefährdung des Gegenverkehrs zum Überholen ausschert**, um aus nichtigem Anlass (zB um den Beginn eines Fernsehkrimis nicht zu versäumen) den Anschluss an einen wegekundigen Vorausfahrenden

---

403 OLG Koblenz VRS 52, 39 = StVE §315c StGB Nr. 6.
404 BGHSt 5, 392 = VRS 6, 373; OLG Koblenz VRS 52, 39 = StVE §315c StGB Nr. 6; BayObLG StVE §315c StGB Nr. 12; OLG Koblenz NZV 1993, 318 (319); OLG Düsseldorf NStE §315c StGB Nr. 4; OLG Düsseldorf NZV 1996, 245 = JMBl.NRW 1996, 188 (189) = StVE §315c StGB Nr. 44; OLG Düsseldorf NZV 2000, 337 (338).
405 OLG Köln VerkMitt. 1972, 35.
406 KG NStZ-RR 2008, 257.
407 OLG Stuttgart DAR 1998, 362.
408 OLG Koblenz NStE §315c StGB Nr. 6.

nicht zu verlieren.[409] Dagegen vermag **Freude an zügigem Fahren**, das als solches von der StVO beim Überqueren vorfahrtsberechtigter Straßen oder Einbiegen in diese sogar geboten sein kann, den Vorwurf rücksichtslosen Verkehrsverhaltens jedenfalls für sich allein nicht zu rechtfertigen. Es müssen vielmehr weitere Beweggründe hinzutreten, die das Verhalten des Verkehrsteilnehmers als besonders verkehrsfeindlich erscheinen lassen.[410] Ferner liegt ein rücksichtsloses Verhalten möglicherweise auch dann nicht vor, wenn der Täter, weil er einem ihn verfolgenden Polizeifahrzeug entkommen will, im **Zustand hochgradiger, das Bewusstsein einengender Erregung** gehandelt hat.[411] Die **Bedenkenlosigkeit** (fahrlässige Variante der Rücksichtslosigkeit) kann nicht damit begründet werden, der Täter habe **unter Alkoholeinfluss** ein Fahrzeug geführt und dadurch zum Ausdruck gebracht, er habe Bedenken an seiner Fahrweise nicht aufkommen lassen. Das Fahren unter Alkoholeinfluss hat der Gesetzgeber in den §§ 315c I Nr. 1a, 316 StGB bereits unter Strafe gestellt. Das schließt umgekehrt aber auch nicht aus, dass ein alkoholisierter Autofahrer sich **zusätzlich** rücksichtslos iSd § 315c I Nr. 2 StGB verhalten kann. Die Rücksichtslosigkeit muss sich aus anderen Verhaltensweisen als der Alkoholisierung ergeben. Da es sich bei der Rücksichtslosigkeit um ein subjektives Element handelt, lässt sich darüber streiten, ob dieses Merkmal im objektiven oder im subjektiven Tatbestand zu erörtern ist.

H. Konkurrenzprobleme

168 **Fahrlässige Tötung bzw. fahrlässige Körperverletzung** stehen zur Straßenverkehrsgefährdung in **Tateinheit** (§ 52 StGB), weil der Beeinträchtigung der Sicherheit des Straßenverkehrs über die Verursachung der Körperverletzung bzw. des Todes hinaus ein selbstständiger Unrechtsgehalt zukommt.[412] In den Fällen des § 315c I Nr. 1 StGB stellt eine **einheitliche Fahrt** in verkehrsuntüchtigem Zustand – wenn während dieser mehrere Gefahrensituationen herbeigeführt werden – grundsätzlich eine Handlungseinheit dar; die Herbeiführung von zeitlich hintereinander liegenden Gefahrensituationen verbindet diese zu einer Tat im Sinne eines Dauerdelikts.[413] Werden **auf einer Fahrt mehrere Personen oder mehrere Sachen von bedeutendem Wert gleichzeitig oder auch nacheinander konkret gefährdet**, liegt in der Regel nur **ein** Verstoß gegen § 315c StGB vor, insbesondere handelt es sich auch **nicht** um einen Fall der gleichartigen Idealkonkurrenz.[414] Denn geschütztes Rechtsgut ist die Sicherheit des Straßenverkehrs und nicht der Einzelne. Die Sicherheit des Straßenverkehrs ist aber lediglich einmal tangiert. Das gilt aber dann nicht, wenn **zwischen den einzelnen Gefährdungshandlungen eine größere Fahrtstrecke liegt** (Täter hatte mehrere Kilometer zurückgelegt und eine andere Ortschaft durchfahren). Wer zB in Dortmund einen Unfall

[409] OLG Köln VerkMitt. 1972, 35.
[410] BGH NZV 1995, 80; OLG Düsseldorf VerkMitt. 1979, 13.
[411] OLG Zweibrücken StVE § 315c StGB Nr. 10.
[412] BGH DAR 1996, 468 = NZV 1996, 457 = VRS 92, 205 (207).
[413] OLG Düsseldorf NZV 1999, 388 = StVE § 315c StGB Nr. 49 = DAR 1999, 324.
[414] BGH NZV 1989, 31 (32) = NJW 1989, 1227 = VRS 76, 194 = NStZ 1990, 125.

verursacht, über die Autobahn flieht und auf dieser Flucht in Höhe von Köln einen weiteren Unfall verursacht und erneut trotzdem seine Fahrt fortsetzt, kann auch wegen sämtlicher Taten getrennt zur Verantwortung gezogen werden.[415] Das unerlaubte Entfernen vom Unfallort ist nach Durchfahren einer längeren Strecke **beendet.** Außerdem ist § 315c StGB kein Dauerdelikt. § 316 StGB kann als „schwaches Delikt" nicht schwerwiegendere Vergehen verklammern.

---

[415] BGHSt 23, 141 = VRS 38, 120; s. auch OLG Hamm NStZ-RR 2012, 25 zu mehreren Geschwindigkeitsüberschreitungen während einer Fahrt.

5. Kapitel. Actio libera in causa und Vollrausch

Vorbemerkung: Zunächst sind die im Rausch begangenen Delikte zu prüfen. **169**
Nur wenn diese – mit Ausnahme der Schuld – verwirklicht sind, kommt
eine Strafbarkeit wegen Vollrausches in Betracht. Soweit ein Strafantrag
erforderlich ist, muss auch dieser vorliegen. Im subjektiven Bereich eines
Vorsatzdeliktes muss ein zumindest natürlicher Vorsatz zu bejahen sein.
Schließlich ist zu erörtern, ob über die Rechtsfigur der **actio libera in causa**
eine Vorverlagerung der Schuld in die Zeit vor dem Rausch möglich ist. Nur
wenn das ausgeschlossen ist, kann der Vollrausch geprüft werden.

Prüfungsschema beim Vollrausch
1. Soweit erforderlich: Wirksamer Strafantrag
2. Objektiver Tatbestand: Das Sich-Versetzen in einen Rausch durch alkoholische Getränke oder andere berauschende Mittel
3. Subjektiver Tatbestand (Vorsatz oder Fahrlässigkeit)
4. Rechtswidrigkeit (Rechtfertigungsgründe?)
5. Schuld (War der Täter zum Zeitpunkt des Sich-Versetzens in den Rausch
   schuldunfähig – zB krankhafte Störungen?)
6. Objektive Bedingung der Strafbarkeit (eine oder mehrere im Rausch
   begangene rechtsw. Taten, deretwegen er nicht bestraft werden kann)
7. Ergebnis

A. Die Rechtsfigur der actio libera in causa

Bei der Rechtsfigur der actio libera in causa handelt es sich um eine höchst um- **170**
strittene Konstruktion, die teilweise auf heftige Ablehnung stößt. Da die actio
libera in causa nach der neueren Rspr. nicht mehr zu den wichtigen Problemen
des Verkehrsstrafrechts zählt, soll sie an dieser Stelle auch nur sehr kurz dargestellt werden. Im Gegensatz zum Vollrausch, der noch näher erörtert wird,
ist die actio libera in causa kein selbstständiger Tatbestand, sondern lediglich
eine Konstruktion, mit deren Hilfe unter bestimmten Voraussetzungen die
Schuld vorverlagert werden kann. Typische Beispiele für eine vorsätzliche
actio libera in causa sind die Fälle, in denen sich der Täter „Mut antrinkt", um
eine konkrete Straftat zu begehen, dh der Täter versetzt sich vor der Tatbegehung in willensfreiem (noch) verantwortlichem Zustand mit dem (zumindest
bedingten) Vorsatz in den Zustand der Schuldunfähigkeit, um in diesem Zustand ein bestimmtes Delikt zu begehen. Zum Zeitpunkt der Tatausführung
ist der Täter schuldunfähig. Er hat diese **konkrete Tat** aber **in schuldfähigem**

Zustand geplant.[416] Aus dem Gesichtspunkt der vorverlagerten Schuld kann eine Bestrafung wegen vorsätzlicher actio libera in causa nur erfolgen, wenn sich der Vorsatz im Zeitpunkt der noch bestehenden Schuldfähigkeit sowohl auf die eigentliche Tatbestandsverwirklichung erstreckt als auch darauf, dass der Täter zumindest damit gerechnet hat, dass er durch den Alkoholgenuss schuldunfähig werde. Sonst kann nur eine Bestrafung wegen fahrlässiger actio libera in causa erfolgen. Dies setzt allerdings voraus, dass bei dem fraglichen Delikt auch die fahrlässige Begehungsweise strafbar ist, denn die Rechtsfigur der actio libera in causa verlagert lediglich die Schuld auf einen früheren Zeitpunkt. Für die Vorsatzform müssen die **Planung der Tat** in schuldfähigem Zustand und **deren Ausführung in schuldunfähigem Zustand** sich im Wesentlichen decken.[417]

171 Für **bestimmte Delikte aus dem Verkehrsbereich** (nämlich für die §§ 315c, 316 StGB und 21 StVG – also die Delikte, die das Führen eines Fahrzeugs voraussetzen), ist nach der neueren Rspr.[418] die Rechtskonstruktion der actio libera in causa nicht anwendbar. Denn das Führen eines Fahrzeugs setzt voraus, dass es in Bewegung gesetzt wird. Dieses Erfordernis kann nicht vorverlagert werden, weil auch andere Vorbereitungshandlungen, wie zB das Einführen des Zündschlüssels in der Absicht, alsbald loszufahren, diesen Tatumstand nicht erfüllen. Da im Übrigen das Führen eines Fahrzeugs als ein eigenhändiges Merkmal gesehen wird, gibt es in diesem Zusammenhang auch keine mittelbare Täterschaft, mit der aber die Rechtsfigur der actio libera in causa teilweise begründet wird (Täter benutzt sich selbst als Werkzeug). In der Praxis spielt die actio libera in causa im verkehrsrechtlichen Bereich daher kaum noch eine Rolle. Bei manchen Verkehrsdelikten – wie zB bei § 142 StGB – ist diese Rechtsfigur nur schwer vorstellbar, weil es jedenfalls regelmäßig an einer entsprechenden Planung der Tat im willensfreien Zustand fehlt. Soweit jedoch die actio libera in causa im Einzelfall zu bejahen ist, geht sie dem Vollrausch vor. Es besteht also **Subsidiarität des § 323a StGB** gegenüber dem mit vorverlagerter Schuld begangenen Delikt. Wenn der Täter bei der Verwirklichung der Tatbestände der §§ 315c, 316 StGB, 21 StVG alkoholbedingt schuldunfähig ist, wird man sein Verhalten in aller Regel aus § 323a StGB ahnden können.

172 Für eine Verurteilung wegen **fahrlässiger Tötung bzw. Körperverletzung** (§ 222 bzw. § 229 StGB) trotz Schuldunfähigkeit zum Zeitpunkt des Eintritts des Erfolges muss ebenfalls nicht auf die actio libera in causa zurückgegriffen werden.[419] Denn Gegenstand des strafrechtlichen Vorwurfs ist bei den §§ 222, 229 StGB jedes in Bezug auf den tatbestandsmäßigen „Erfolg" sorgfaltswidrige Verhalten des Täters, das diesen ursächlich herbeiführt. Aus diesem Grunde kann, wenn mehrere Handlungen als sorgfaltswidrige in Betracht kommen (wie zB das Sich-Betrinken trotz erkennbarer Gefahr einer anschließenden Trunkenheitsfahrt einerseits und diese Fahrt selbst andererseits), der Fahrlässigkeitsvorwurf an

---

[416] OLG Koblenz VRS 75, 34 (35).
[417] BGHSt 21, 381 ff.
[418] BGHSt 42, 235 = DAR 1996, 465 = NZV 1996, 500 = StVE § 316 StGB Nr. 116 = NStZ 1997, 228 = VRS 92, 211; OLG Naumburg DAR 1999, 228.
[419] BGHSt 42, 235 = NZV 1996, 500 = NStZ 1997, 228.

das zeitlich frühere Verhalten angeknüpft werden, das dem Täter – anders als das spätere – auch als schuldhaft vorgeworfen werden kann.

Begeht ein Täter im Zustand der Volltrunkenheit **mehrere** mit Strafe bedrohte **173** Handlungen, die er zum Teil unter dem Gesichtspunkt des § 323a StGB, im Übrigen deshalb zu verantworten hat, weil er den Geschehensablauf in verantwortlichem Zustand in Gang gesetzt hat (sog. actio libera in causa), so stehen diese Handlungen zueinander in Tateinheit.[420] Dem Täter wird in beiden Fällen das Sich-Betrinken vorgeworfen. Insoweit überdecken sich die Handlungen. Deshalb liegt Idealkonkurrenz vor (§ 52 StGB).

B. Der Vollrausch

Gelangt man bei der Prüfung einer Straftat im Bereich der Schuld zu dem **174** Ergebnis, dass der Täter infolge des Genusses alkoholischer Getränke oder anderer berauschender Mittel bei der Tatbegehung schuldunfähig iSd § 20 StGB war oder kann man dies nicht ausschließen, so ist nach der Erörterung und evtl. Ablehnung der Rechtsfigur der actio libera in causa die Frage eines Vollrausches gem. § 323a StGB zu prüfen. Bei der Bestrafung von im Rauschzustand begangenen Taten sind Gegenstand des Schuldvorwurfs nicht diese Taten, sondern das (fahrlässige oder vorsätzliche) **Sich-Berauschen.**[421] Denn der Täter kann wegen seiner Schuldunfähigkeit für die von ihm im Rauschzustand begangene Tat gerade nicht zur Verantwortung gezogen werden. Für das Ordnungswidrigkeitenrecht gibt es in § 122 OWiG eine ähnliche Regelung für den Fall, dass jemand, der sich in einen Rausch versetzt hat, eine Ordnungswidrigkeit begeht. Treffen in demselben Rausch eine Straftat und eine Ordnungswidrigkeit zusammen, tritt § 122 OWiG hinter § 323a StGB zurück (§ 21 I 1 OWiG). Zu beachten ist, dass auch bei einem Blutalkoholwert von 3 Promille **nicht zwangsläufig von Schuldunfähigkeit** auszugehen ist. Auch hier bedarf es einer konkreten Prüfung des Einzelfalles.[422] Bei Blutalkoholwerten von 2 ‰ an aufwärts ist die Anwendung des § 21 StGB und bei Werten ab 2,5 ‰ aufwärts des § 20 StGB in Betracht zu ziehen, und zwar umso mehr, je mehr die jeweiligen Werte überschritten sind.[423] Jedoch kann eine rein schematische Bejahung der Schuldunfähigkeit aufgrund einer festgestellten BAK nicht erfolgen.[424] Es gibt weder einen allgemeinen Erfahrungssatz, dass bei einer BAK unter 2 ‰ bzw. 2,5 ‰ die Voraussetzungen der §§ 20, 21 StGB stets zu verneinen sind,[425] noch dass sie darüber zwingend vorliegen. Vielmehr müssen weitere Gesichtspunkte herangezogen werden, zB die Frage, ob der Täter alkoholgewohnt ist sowie sonstige Verhaltensweisen des Beschuldigten zur Tatzeit.

Zunächst ist die **Rauschtat, also die im Rausch begangene Straftat** (etwa ein **175** Diebstahl oder Straßenverkehrsdelikte wie unerlaubtes Entfernen vom Unfall-

---

[420]   BGHSt 17, 333 = NJW 1962, 1830.
[421]   BGH NZV 2001, 133.
[422]   OLG Hamm NZV 1992, 153.
[423]   ZB BGHSt 37, 231 (235)) = NStZ 1991, 481; BGH NStZ-RR 2012, 137.
[424]   BGHSt 43, 66 = BA 1997, 446; BGHSt 57, 247 = NJW 2012, 2672.
[425]   OLG Köln BA 2002, 50; OLG Braunschweig NZV 2014, 478.

ort, Trunkenheit im Verkehr oder Straßenverkehrsgefährdung usw) zu erörtern. Wird im Rahmen der Schuldprüfung die rauschbedingte Schuldunfähigkeit festgestellt, dann ist zu erwägen, ob die Grundsätze der actio libera in causa zu einer vorverlagerten Schuld führen, sofern diese Rechtsfigur als zulässig erachtet wird; denn bei Bejahung des Vorliegens der vorverlagerten Schuld würde § 323a StGB in aller Regel **als subsidiäre Vorschrift** zurücktreten. Entscheidend – vor allem bei Delikten mit einem hohen Strafrahmen – ist, ob die Rechtsfigur der actio libera in causa Anwendung finden kann. Bei einem Mord könnte der zur Tatzeit schuldunfähige Täter über diese Konstruktion aus § 211 StGB bestraft werden und würde ggf. zu einer lebenslangen Freiheitsstrafe verurteilt. Liegen die Voraussetzungen dieses Rechtsinstituts dagegen nicht vor, könnte nur eine Bestrafung aus § 323a StGB erfolgen (Höchststrafe: fünf Jahre).

I. Die Schuldform der im Rausch begangenen Tat

176 Hinsichtlich der im Rausch begangenen Tat (Rauschtat) ist die Feststellung eines zumindest „natürlichen Vorsatzes" erforderlich, wenn das Gesetz Vorsatz vorsieht. Verlangt das Gesetz **Absicht** (evtl. nur bei einem Tatbestandsmerkmal), so muss auch diese entsprechende Willensrichtung festgestellt werden. Auch der berauschte Täter kann noch einen natürlichen Willen (Vorsatz) entfalten. Davon geht auch der Gesetzgeber aus. Denn über die Strafrahmenlimitierung des § 323a II StGB schreibt das Gesetz letztlich vor, dass der Deliktscharakter – also vorsätzliche oder fahrlässige Begehungsweise – festgestellt werden muss. Bei Straftaten, die beide Schuldformen vorsehen, ist nämlich häufig ein unterschiedlicher Strafrahmen zu berücksichtigen (Ausnahme: § 316 StGB[426]). Fehlt es bei einem **Vorsatzdelikt** (zB beim unerlaubten Entfernen vom Unfallort) am (natürlichen) Vorsatz, erübrigt sich eine weitere Prüfung. Hat etwa bei einem unerlaubten Entfernen vom Unfallort der Täter den Unfall nicht bemerkt, dann könnte der nüchterne Täter mangels Vorsatzes nicht bestraft werden. Deshalb kann auch dem Volltrunkenen unter diesen Voraussetzungen die Tat nicht angelastet werden. Zu beachten ist, dass der Vollrausch nach § 323a StGB zu den Regelbeispielen für eine **Entziehung der Fahrerlaubnis** nach § 69 II StGB gehört, wenn die zugrunde liegende Rauschtat unter die in § 69 II Nr. 1 bis 3 StGB aufgezählte Alternativen fällt (vgl. § 69 II Nr. 4 StGB).

II. Der Charakter der im Rausch begangenen Tat

177 Der Gesetzgeber stellt in § 323a StGB unter Strafe, dass sich jemand durch alkoholische Getränke oder andere berauschende Mittel in einen Rausch versetzt hat. Es wird also in dieser Norm das Sich-Berauschen unter Strafe gestellt. Die im Rausch begangene Tat (Rauschtat) ist nach hM lediglich eine sog. **objektive Bedingung der Strafbarkeit**. Das bedeutet, dass sich Vorsatz und Fahrlässigkeit nicht auf die Rauschtat erstrecken müssen. Deshalb ist diese objektive Bedingung der Strafbarkeit nicht im Tatbestand zu prüfen.[427] Der Tatbestand des § 323a StGB kann **sowohl vorsätzlich als auch fahrlässig** verwirklicht werden.

---

[426] BayObLG NJW 1989, 1685.
[427] Beachte aber BGHSt 10, 247 ff. = NJW 1957, 996.

Vorsätzlich iSd § 323a StGB handelt, wer bei dem Genuss von Rauschmitteln weiß oder billigend in Kauf nimmt, dass er sich dadurch in einen Rauschzustand versetzt, der seine Schuldfähigkeit jedenfalls erheblich vermindert, wenn nicht ganz ausschließt.[428] Allein aus der Aufnahme einer beträchtlichen Alkoholmenge, die zum Erreichen einer festgestellten BAK von 3 ‰ erforderlich gewesen ist, können zuverlässige Schlüsse zum Vorsatz des Rauschtatbestandes (§ 323a StGB) nicht gezogen werden.[429] Es gibt keinen Erfahrungssatz, dass bei Alkoholgenuss in einer Menge, die zu einer Blutalkoholkonzentration von mehr als 3 ‰ führt, stets auf die vorsätzliche Herbeiführung eines Rauschzustandes durch den Täter geschlossen werden kann, sofern dieser alkoholgewohnt ist und die Wirkung von Alkohol kennt. Hierzu bedarf es weiterer Feststellungen zum Trinkverlauf, zur Art der genossenen Getränke sowie zu deren Alkoholgehalt. Regelmäßig dürfte die **Anhörung eines medizinischen Sachverständigen** geboten sein.[430] Darüber hinaus muss sich der Vorsatz des Täters darauf erstrecken, dass er in dem Rausch wegen Ausschlusses des Einsichts- und Hemmungsvermögens möglicherweise strafbare Handlungen irgendwelcher Art begehen werde.[431] Wenn der Täter mit keinen Ausschreitungen im Rauschzustand gerechnet hat (auch obwohl er damit hätte rechnen können), liegt nur ein fahrlässiger Vollrausch vor.[432] Im Rahmen der Schuldprüfung ist ferner festzustellen, ob der Täter in dem Zeitpunkt, in dem er sich in den Rauschzustand versetzt hat, schuldfähig war. Bei dem in diesem Zeitpunkt **aus anderen Gründen schuldunfähigen Täter** (zB Geisteskranken) kommt auch eine Verurteilung aus § 323a StGB nicht in Betracht.[433]

III. Das Verhältnis von § 323a StGB zur im Rausch begangenen Tat

Streitig ist nach wie vor, ob in Anlehnung an die frühere Rspr. zur alten Fassung des § 330a StGB (inzwischen § 323a StGB), die durch die Neufassung des Gesetzes teilweise überholt ist, für die Anwendung des Vollrausch-Tatbestandes zumindest die **Grenze des § 21 StGB überschritten** sein muss.[434] Nach § 323a StGB kann auch der infolge des schuldhaft herbeigeführten Rausches in seiner **Schuldfähigkeit nur erheblich verminderte Täter** bestraft werden, der lediglich nicht ausschließbar schuldunfähig war, als er die rechtswidrige Tat beging.[435] Zweifelhaft ist aber, wie zu verfahren ist, wenn nicht einwandfrei festgestellt werden kann, ob zur Tatzeit überhaupt ein Rausch vorgelegen hat. Das OLG Köln[436] steht auf dem Standpunkt, dass auch weiterhin eine **Verurteilung wegen** **178**

---

[428] BGH BGHR StGB § 323a I – Vorsatz 2; BGHSt 16, 187 ff. = NJW 1961, 2028; BGH bei *Spiegel* DAR 1979, 180; GA 1966, 375; OLG Düsseldorf NZV 1992, 328; OLG Jena BA 2008, 142.
[429] OLG Hamm BA 2001, 51.
[430] OLG Düsseldorf NZV 1999, 213 = DAR 1999, 80.
[431] OLG Jena BA 2008, 142; OLG Hamm NStZ 2009, 40 mAnm *Geisler*.
[432] OLG Oldenburg BA 2005, 73; OLG Hamm BA 2005, 73.
[433] BayObLG NZV 1990, 317.
[434] Bejahend: OLG Jena BA 2008, 142.
[435] BGHSt 32, 48 = NJW 1983, 2889; OLG Braunschweig NZV 2014, 478.
[436] VRS 68, 38; vgl. auch OLG Zweibrücken NZV 1993, 488; OLG Köln BA 2002, 50; OLG Karlsruhe BA 2005, 249 = NZV 2004, 592 (593).

Vollrausches nicht möglich ist, wenn **nicht ausgeschlossen** werden kann, dass **der Täter zur Tatzeit voll schuldfähig** war. Das Gericht begründet seine Entscheidung damit, dass der Tatbestand des § 323a StGB das Vorliegen eines Rausches erfordere. Der Nüchterne erfülle dieses Tatbestandsmerkmal aber gerade nicht. Ein **Stufenverhältnis** zwischen der möglichen Rauschtat und dem Tatbestand des Vollrausches lehnt das OLG Köln ab.

179 Zum **Tatbestand des § 323a I StGB** gehört (lediglich) **das Versetzen** durch alkoholische Getränke oder andere berauschende Mittel **in einen Rausch.**[437] Das allein ist Gegenstand der Bestrafung. Deshalb können zwar tatbezogene Merkmale der im Vollrausch begangenen Taten (zB Art, Umfang, Schwere und Gefährlichkeit) grundsätzlich straferschwerend herangezogen werden, doch sind der strafschärfenden Berücksichtigung solcher Umstände im Hinblick auf den Strafgrund des § 323a StGB Grenzen gesetzt.

180 Hingewiesen sei auf § 323a III StGB, der einen **Strafantrag** (Ermächtigung oder Strafverlangen) erfordert, wenn die im Rausch begangene Tat nur auf Antrag (bzw. nur mit Ermächtigung oder auf Strafverlangen) verfolgt werden kann. Sofern die jeweilige Antragsvorschrift dies vorsieht, kann bei einem Antragsdelikt das besondere öffentliche Interesse an der Strafverfolgung bejaht werden. § 323a II StGB sieht eine **Strafrahmenlimitierung** für den Fall vor, dass die im Rausch begangene Tat einen geringeren Strafrahmen als § 323a I StGB aufweist. Es ist also jeweils zu prüfen, ob die im Rausch begangene Tat einen geringeren Strafrahmen als fünf Jahre hat. Hat der Täter beispielsweise im Rausch einen Hausfriedensbruch (§ 123 StGB) oder eine Trunkenheit im Verkehrs (§ 316 StGB) verübt, dann reduziert sich der Strafrahmen des § 323a StGB auf das Höchststrafmaß für Hausfriedensbruch bzw. Trunkenheit im Verkehr, nämlich auf ein Jahr. Aus der Strafrahmenlimitierung lässt sich auch herleiten, dass der Strafrahmen der im Rausch begangenen Tat für die Bestimmung der **Verjährungsfrist** maßgebend ist.[438] Absolute Obergrenze ist die Verjährungsfrist für § 323a StGB.

IV. Unerlaubtes Entfernen vom Unfallort im Rausch

181 Wer nach einem Unfall weiterfährt, weil er infolge des Rausches einen Unfall gar nicht wahrgenommen hat, und dementsprechend keine Willensrichtung entwickeln konnte, die für § 142 StGB erforderlich ist, hat unter Umständen **keinen natürlichen Vorsatz**. Es scheitert in diesen Fällen am subjektiven Tatbestand, nämlich am Vorsatz. Deshalb kommt auch eine Bestrafung aus § 323a StGB **nicht** in Betracht. Das gilt selbst dann, wenn das Nichtwahrnehmen des Unfalls lediglich auf den Rauschzustand zurückzuführen ist.[439] Bestritten ist, ob als Rauschtat iSd § 323a StGB auch ein Vergehen des unerlaubten Entfernens vom Unfallort nach § 142 I StGB in Betracht kommt, ob also derjenige Unfallbeteiligte nach § 323a StGB zu bestrafen ist, der sich im Zustand (nicht ausschließbarer)

---

[437] BGH NZV 2001, 133.
[438] OLG Naumburg BA 2002, 46; anders noch das KG VRS 20, 50 (51), das seine frühere Rechtsprechung aber auf Nachfrage des OLG Naumburg aufgegeben hat.
[439] OLG Hamm NJW 1967, 1523.

rauschbedingter Schuldunfähigkeit (vorsätzlich) vom Unfallort entfernt, ohne seinen Verpflichtungen nach § 142 I StGB genügt zu haben. Teilweise wird der Standpunkt vertreten, ein solcher Unfallbeteiligter entferne sich entschuldigt iSv § 142 II Nr. 2 vom Unfallort; er müsse den Pflichten aus § 142 II und III StGB nachkommen, wenn er wieder nüchtern geworden sei.[440] Die Gegenmeinung[441] vertritt die Auffassung, dass zwar auch bei nur vorübergehender Schuldunfähigkeit ein entschuldigtes Entfernen vom Unfallort (§ 142 II Nr. 2 StGB) bejaht werden kann, nicht aber bei einer vorübergehenden Schuldunfähigkeit wegen Vollrausches. Der Vorzug dürfte der letzten Meinung zu geben sein, weil nur so mit dem Schutzzweck des § 142 StGB nicht zu vereinbarende Strafbarkeitslücken verhindert werden können. Denn wenn nachträglich nicht mehr festgestellt werden kann, ob der Täter beim Verlassen des Unfallortes wegen Trunkenheit schuldunfähig war oder aber möglicherweise nicht einmal den Bereich des § 21 StGB erreicht hatte, könnte nach der ersten Meinung auch auf § 323a StGB nicht mehr zurückgegriffen werden.

V. Mehrere Rauschtaten und Tatort des Vollrausches

182 Hat der Täter **in einem Rausch mehrere Delikte oder sogar mehrere strafprozessuale Taten** begangen, empfiehlt es sich regelmäßig, zuerst **alle Taten** bzw. **alle Tatbestände** zu erörtern und jeweils festzustellen, dass der Täter schuldunfähig war. Erst danach wird eine Strafbarkeit aus § 323a StGB geprüft. Begeht der Täter in **demselben Rausch mehrere (Rausch-)Taten**, liegt nur **ein** Vergehen des Vollrausches vor, weil der Täter sich lediglich einmal in den Rausch versetzt hat und dies auch nur der Vorwurf ist, weswegen der Täter verfolgt werden kann.[442] Nicht zuletzt im Hinblick auf die Strafrahmenlimitierung des § 323a II StGB erscheint jedoch **die Prüfung aller im Rausch begangenen Taten** angebracht. Denn der Strafrahmen der im Rausch begangenen Delikte entscheidet über das zulässige Höchstmaß der Strafe. Werden nicht alle im Rausch begangenen Straftaten geprüft, kann dies zu einer unzutreffenden Strafrahmenlimitierung führen.

183 **Tatort** ist der Ort, an dem der Täter sich in den Rausch versetzt hat. Der zum Tatbestand des § 323a StGB gehörende Erfolg iSd § 9 I StGB tritt aber auch an dem **Ort** ein, **an dem der Täter die Rauschtat** begeht.[443]

---

[440] *Miseré* JURA 1991, 298 ff.
[441] BayObLG NJW 1989, 1685 = NStZ 1990, 392 = StVE § 142 StGB Nr. 84b.
[442] BGHSt 13, 223 (225) = BeckRS 1959, 31193310; BGH NZV 2001, 133 = BA 2001, 50.
[443] BGH DAR 1996, 465 = NZV 1996, 500.

6. Kapitel. Gefährliche Eingriffe in den Straßenverkehr

Prüfungsschema für § 315b StGB

1. Objektiver Tatbestand (Verwirklichung **einer** der drei Alternativen)
   - aa) Anlage oder Fahrzeug zerstört, beschädigt oder beseitigt
   - ab) Hindernis bereitet (auch durch Unterlassen)
   - ac) Ähnlicher, ebenso gefährlicher Eingriff
   - b) Kausalität: Wurde durch Eingriff die Sicherheit des Straßenverkehrs beeinträchtigt?
   - c) Konkrete Gefährdung von Leib oder Leben anderer Menschen oder von fremden Sachen von bedeutendem Wert
   - d) Zweite Kausalitätsprüfung: Beruht Gefährdung auf Tathandlung?
2. Subjektiver Tatbestand:
   - a) Vorsatz bzgl. Handlung und Gefährdung
   - b) Vorsatz bzgl. Handlung und Fahrlässigkeit bzgl. Gefährdung
   - c) Fahrlässigkeit bzgl. Handlung und Gefährdung

Anmerkung: Gelangt § 315b ausnahmsweise im fließenden Verkehr zur Anwendung (verkehrsfeindlicher Eingriff), muss der Täter zumindest mit bedingtem Schädigungsvorsatz gehandelt haben – also nur im Falle 2a) möglich.

Nur bei der Alternative 2a) kommt als Qualifizierungstatbestand § 315b III iVm § 315 III in Betracht. Ggf. ist hinsichtlich bestimmter Merkmale Absicht erforderlich. Deshalb kann Qualifizierung auch erst hier geprüft werden.

3. Rechtswidrigkeit (Rechtfertigungsgründe?)
4. Schuld
5. Ergebnis

A. Einleitung und Abgrenzung zu § 315c StGB

I. Die Sicherheit des Straßenverkehrs

Geschütztes Rechtsgut des § 315b StGB ist wie bei § 315c StGB die **Sicherheit** 185 **des Straßenverkehrs.** Während § 315c StGB das Fehlverhalten im (fließenden) Verkehr unter Strafe stellt, werden in § 315b StGB Eingriffe **von außen** in den Verkehr geahndet. Vom Grundsatz her erfassen die beiden Vorschriften ganz unterschiedliche Verhaltensweisen. Von daher gibt es eigentlich keine Abgrenzungsschwierigkeiten. Jedoch hat die Rspr. Ausnahmen entwickelt, die im Einzelfall zu Abgrenzungsproblemen führen.

Im Gegensatz zu § 315c StGB („Wer im Straßenverkehr ...") hat der Gesetzgeber 186 in § 315b StGB die Formulierung gewählt: „Wer **die Sicherheit** des Straßenverkehrs …". Aus dieser unterschiedlichen Formulierung schließt die hM,[444] dass der Anwendungsbereich des §315b StGB gegenüber §315c StGB weiter eingeschränkt wird und sich die **Schutzwirkung nur auf den öffentlichen Verkehrsraum erstreckt.** Während §315c StGB auch die neben der Straße befindlichen Personen und Sachen schützen soll, erfasst §315b StGB lediglich den Schutz der Personen und Sachen auf der öffentlichen Verkehrsfläche. Zwar reicht es für §315b StGB aus, dass die konkrete Gefahr oder auch der Schaden außerhalb des öffentlichen Verkehrsraums eintreten, jedoch muss sich das Opfer zu dem Zeitpunkt, in dem der Täter zur Verwirklichung des Tatbestandes durch zweckwidrigen Einsatz des Fahrzeugs als Waffe unmittelbar ansetzt, noch auf der öffentlichen Verkehrsfläche befinden.[445]

187 Der Wortlaut des §315b StGB verlangt eine **Beeinträchtigung der allgemeinen Verkehrssicherheit,** dh die Eingriffe müssen geeignet sein, zu einer derartigen Beeinträchtigung zu führen. Die Eingriffe müssen eine **gewisse Erheblichkeitsschwelle** überschreiten. Harmlose Eingriffe sollen als ungeeignet ausgeschieden werden. Es muss eine **Steigerung der normalen Betriebsgefahr** (Verkehrsgefahr) hervorgerufen worden sein.[446] Konkrete Gefahren für den Verkehr müssen deutlich wahrscheinlicher geworden sein. Grundsätzlich genügt die generelle Eignung der Einwirkung (die Sicherheit des Straßenverkehrs zu beeinträchtigen), wofür die konkrete Gefährdung in der Regel ein ausreichendes Indiz ist. Ist eine konkrete Gefährdung eingetreten, so ist damit regelmäßig auch die Sicherheit des Straßenverkehrs beeinträchtigt worden.[447]

188 Zwischen der konkreten Gefährdung und der Beeinträchtigung der Verkehrssicherheit muss ein **ursächlicher Zusammenhang** bestehen.[448] §315b StGB ist also mehrstufig aufgebaut. Die unter Nr. 1–3 genannten Eingriffe müssen zu einer Beeinträchtigung der Verkehrssicherheit *und* zu einer konkreten Gefährdung von Leib oder Leben anderer Menschen oder fremder Sachen von bedeutendem Wert führen, wobei der Eintritt einer konkreten Gefährdung zumindest ein gewichtiges Indiz für die Beeinträchtigung der Verkehrssicherheit ist. Die Tathandlung muss eine **abstrakte** Gefahr für die Sicherheit des Straßenverkehrs bewirken, die sich zu einer **konkreten** Gefahr für die genannten Schutzobjekte (Leib/Leben eines anderen Menschen oder fremde Sachen von bedeutendem Wert) verdichtet. Das Erfordernis einer **zeitlichen Differenz** zwischen Eingriff und konkreter Gefahr ist dem Gesetzestext dagegen **nicht** zu entnehmen. Der Tatbestand des §315b I StGB kann daher in sämtlichen Handlungsalternativen auch dann erfüllt sein, wenn die Tathandlung unmittelbar zu einer konkreten Gefahr oder Schädigung führt, sofern dieser Erfolg sich als Steigerung der abstrakten Gefahr darstellt.[449] Es muss die Sicherheit des Straßenverkehrs tangiert sein. Der „Eingriff" darf sich **nicht in einer bloßen Schädigung** erschöpfen. Es

---

[444] BGH VRS 61, 122 = StVE §315b StGB, Nr. 14; OLG Düsseldorf NJW 1982, 2391 = StVE §315b StGB Nr. 16; s. auch RGSt 42, 301 zur alten Fassung des §315 StGB.

[445] BGH HRRS 2012 Nr. 1, S. 9 = NStZ-RR 2012, 185 = NZV 2012, 394.

[446] BGHSt 11, 164; 13, 66 (69) = NJW 1959, 1187.

[447] BayObLG VRS 6, 46 (48).

[448] BGH NZV 2006, 483 = NStZ 2007, 34.

[449] BGH NZV 2003, 196 (197) = StVE §315b StGB Nr. 56.

genügt deshalb nicht jeder Eingriff im Straßenverkehr. §315b StGB ist vielmehr nur dann erfüllt, wenn die darin vorausgesetzte konkrete Gefahr die Folge des tatbestandsmäßigen „Eingriffs" ist, durch den die Sicherheit des Straßenverkehrs beeinträchtigt wird. Erschöpft sich dagegen der „Eingriff" in der konkreten Gefährdung bzw. Schädigung, scheidet der Tatbestand des §315b StGB aus.[450] In diesen Fällen fehlt es an der Beeinträchtigung der Sicherheit des Straßenverkehrs. Wer bspw. an einem geparkten Auto den Lack zerkratzt oder die Scheibenwischer verbiegt, mag zwar eine Sachbeschädigung begehen und unter anderem auch eine fremde Sache konkret gefährdet bzw. in diesem Fall beschädigt haben. Die Sicherheit des Straßenverkehrs ist aber dadurch nicht unmittelbar beeinträchtigt. Die Vorschrift umfasst nur die verkehrsspezifischen Gefahren.[451]

II. Verkehrsfeindlicher (Innen-)Eingriff

Grundsätzlich werden von §315b StGB **nur Eingriffe von außen** in den öf- **189** fentlichen Verkehrsraums hinein erfasst. Vorgänge im fließenden (und ruhenden) Verkehr sollen nur ausnahmsweise unter §315b StGB fallen. Bei bloß verkehrswidrigem Verhalten ist §315b StGB nicht anwendbar, weil solche (verkehrsüblichen) Verstöße im fließenden und ruhenden Verkehr in §315c I Nr.2 StGB abschließend geregelt sind. **Nur wer sein Fahrzeug in verkehrsfremder, verkehrsfeindlicher Einstellung bewusst zweckwidrig gebraucht (ohne dass die Verkehrslage dies veranlasst), und zweckentfremdet als Werkzeug der Gefährdung einsetzt (pervertiert), verstößt gegen §315b StGB,**[452] wobei zusätzlich erforderlich ist, dass das Fahrzeug mit (mindestens bedingtem) **Schädigungsvorsatz** – als Waffe oder Schadenswerkzeug – missbraucht wird.[453] Hieran fehlt es jedoch, wenn der Täter etwa sein Fahrzeug lediglich als Fluchtmittel benutzt und von Anfang an bspw. in der Absicht handelt, an dem die Fahrbahn teilweise versperrenden Polizeifahrzeug vorbeizufahren.[454] Jedoch kann der Tatbestand des §315b I Nr.3 StGB dann verwirklicht sein, wenn der Täter die Möglichkeit der Verletzung der sich ihm in den Weg stellenden Polizeibeamten erkennt und eine solche Folge billigend in Kauf nimmt, weil ihm seine Flucht nur um den Preis einer Verletzung der Beamten und/oder einer Beschädigung ihres Fahrzeuges möglich erscheint (dolus eventualis). Da für die Erfüllung des objektiven Tatbestandes des §315b I Nr.2 und 3 StGB im fließenden Verkehr die **bewusste Zweckentfremdung des Fahrzeugs** entscheidend ist und diese sich in der bewusst in Kauf genommenen tatsächlichen Gefährdung anderer äußern muss, ist eine Anwendung des §315b IV und V StGB (also die Fälle der fahrläs-

---

[450] BGH NZV 1990, 77 = BGHR StGB §315b I Konkurrenzen 3 [zu §315b I Nr.1 StGB]; BGH NZV 1998, 36; 2002, 236 (237).

[451] BGH NStZ 2009, 100 (101) = NZV 2009, 155 (Beachte auch die Anm. v. *Obermann* NStZ 2009, 539).

[452] BGH NZV 1990, 35; 2001, 134; HRRS 2012 Nr.2, S.54.

[453] BGHSt 48, 233 = NZV 2003, 488 = SVR 2004, 70; BGH NStZ-RR 2006, 109; NStZ 2010, 391; NStZ-RR 2012, 123 (124) = NZV 2012, 249; NStZ 2014, 86 = NZV 2014, 184; OLG Hamm NZV 2008, 261.

[454] BGH NZV 1997, 276 = DAR 1997, 281.

sigen Gefährdung) auf eine solche Tathandlung kaum denkbar.[455] Der (zumindest bedingte) Schädigungsvorsatz kann nur vorliegen, wenn hinsichtlich des Taterfolges (Gefährdung) Vorsatz bejaht wird. Wer aus Rache oder Verärgerung im dichten Verkehr auf einer Autobahn bei einem Abstand von ca. 15 m zum nachfolgenden Fahrzeug aus einer höheren Geschwindigkeit derart stark abbremst, dass der Nachfolgende scharf bremsen muss, um einen Auffahrunfall zu vermeiden, begeht einen vorsätzlichen Eingriff in den Straßenverkehr (in Tateinheit mit Nötigung), sofern er zumindest mit bedingtem Schädigungsvorsatz handelt. Die bewusste Zweckentfremdung des Fahrzeugs stellt ein verkehrsfeindliches Verhalten dar und erfüllt den Tatbestand des § 315b StGB, nicht des § 315c StGB.[456] Auch **ein (äußerlich) verkehrsgerechtes Verhalten** kann das Bereiten eines Hindernisses oder einen ähnlichen, ebenso gefährlichen Eingriff darstellen, wenn es aus verkehrsfeindlichen Gründen, nämlich in der Absicht erfolgt, einen Verkehrsunfall herbeizuführen[457] (zB plötzliches Bremsen vor einer Lichtzeichenanlage, die gerade auf „gelb" umgesprungen ist, nachdem der Fahrer bei mehreren früheren Ampel bei „gelb" durchgefahren ist).

III. Das Konkurrenzverhältnis zu den §§ 315c, 316 StGB

190 Grundsätzlich schließen sich die § 315b und 315c StGB gegenseitig aus, weil § 315c StGB nur Vorgänge im fließenden Verkehr erfasst, während in § 315b StGB Eingriffe in den Verkehr von außen unter Strafe gestellt werden. Jedoch gibt es insbesondere bei den verkehrsfeindlichen Eingriffen im fließenden Verkehr Überschneidungen.

191 Umstritten ist, in welchem **Verhältnis § 315b StGB zu § 315c I *Nr. 1a* (III) StGB** steht. **Nach neuerer Ansicht des BGH**[458] scheidet neben dem vorsätzlichen Eingriff in den Straßenverkehr (§ 315b StGB) eine in Verbindung mit Alkoholgenuss des Täters infrage kommende Straßenverkehrsgefährdung iSd § 315c I Nr. 1a StGB aus, wenn der Täter sein Fahrzeug bewusst und gezielt einsetzt, um das Opfer anzufahren. **Denn in diesen Fällen beruht die konkrete Gefährdung des Opfers nicht auf der alkoholbedingten Fahrunsicherheit, sondern auf dem gefährlichen Eingriff in den Straßenverkehr.** Das gilt auch für eine vorsätzliche Straßenverkehrsgefährdung.[459] Fährt etwa ein alkoholisierter Autofahrer mit seinem Fahrzeug auf einen kontrollierenden Polizeibeamten zu, um ihn zur Freigabe der Weiterfahrt zu bewegen, kommt neben dem gefährlichen Eingriff in den Straßenverkehr (§ 315b I Nr. 3 StGB – in aller Regel dürften auch die Voraussetzungen des III iVm § 315 III Nr. 1b erfüllt sein) nur eine Trunkenheit im Verkehr (§ 316 StGB) in Betracht. Für den Prüfungsaufbau empfiehlt sich daher bei dieser Fallkonstellation, grundsätzlich mit der Erörterung des § 315b StGB zu beginnen. Regelmäßig sind bei dieser Fallgestaltung weitere Straftatbestände wie zB §§ 113, 223, 224 I Nr. 2 und Nr. 5 (evtl. §§ 22, 23) StGB zu prüfen. Versuchter Mord (zur Verdeckung einer anderen Straftat – nämlich der Trunkenheitsfahrt)

---

[455] OLG Köln NZV 1991, 319; DAR 1999, 88.
[456] OLG Celle StVE § 240 StGB Nr. 10; OLG Düsseldorf VerkMitt. 1989, 80 – Nr. 87.
[457] BGH NZV 1999, 430 = StVE § 315b Nr. 52.
[458] NStE § 315c StGB Nr. 1; BGH BA 2004, 63; NStZ-RR 2007, 174.
[459] BGH BA 2005, 479; NStZ-RR 2007, 174.

wird in den meisten Fällen zu verneinen sein, weil der Täter angesichts der hohen Hemmschwelle gegenüber einer vorsätzlichen Tötung eines Menschen immer auch die Möglichkeit in Betracht ziehen wird, ein solcher Erfolg werde nicht eintreten. Gerade beim Durchbrechen einer Polizeisperre rechnet der Täter damit, der Polizeibeamte werde sich außer Gefahr bringen. Der Täter nimmt zwar in der Regel eine Gefährdung des Beamten in Kauf, aber nicht dessen Tötung.[460]

Das **Konkurrenzverhältnis zwischen § 315b StGB und § 315c I Nr. 2 StGB** ist eben- **192** falls umstritten. § 315c StGB will das Fehlverhalten im fließenden Verkehr unter Strafe stellen. Dagegen wurde § 315b StGB vom Gesetzgeber in erster Linie zur Ahndung von Vorgängen, die von außen in den Verkehr erfolgen, geschaffen. Die Vorschriften regeln also unterschiedliche Bereiche. Erfasst § 315b StGB aber ausnahmsweise Vorgänge im fließenden Verkehr, kann nicht auch noch dane- ben § 315c StGB zur Anwendung gelangen, zumal die Rspr. den § 315b StGB im fließenden Verkehr nur anwenden will, wenn ein Verkehrsvorgang pervertiert wird, wenn also das Fahrzeug **als Waffe gegen den Verkehr** eingesetzt wird. Man könnte auch sagen, dass in diesen Fällen im Grunde gar keine Teilnahme am Straßenverkehr vorliegt. Bei gleichzeitiger Verwirklichung beider Straftat- bestände wird § 315c I Nr. 2 StGB grundsätzlich von § 315b I StGB verdrängt. Dagegen begründet etwa die **grob verkehrswidrige und rücksichtslose** Miss- achtung der Vorfahrt sowie entsprechendes falsches Überholen bei konkreter Gefährdung von Leib und Leben anderer Menschen oder fremder Sachen von bedeutendem Wert in der Regel die Strafbarkeit des Täters wegen Gefährdung des Straßenverkehrs (§ 315c I, III StGB); denn insoweit handelt es sich um eine – wenn auch verkehrswidrige – Teilnahme am Straßenverkehr. Es ist weder ein Schädigungsvorsatz noch überhaupt bedingter Vorsatz erforderlich. Für § 315c StGB reicht auch die fahrlässige Begehungsweise aus.

Ausnahmsweise ist zwischen den §§ 315b und 315c StGB Tateinheit anzuneh- **193** men, wenn das Tatgeschehen **als natürliche Handlungseinheit** aufzufassen ist und einzelne der Teilakte nur den Tatbestand des § 315c I Nr. 2 StGB erfüllen, nicht aber auch den des § 315b I Nr. 3 StGB.[461] Gemeint sind etwa die Fälle, in denen der Täter zB auf einer Polizeiflucht nacheinander sowohl Verstöße ge- gen § 315c StGB als auch gegen § 315b I Nr. 3 StGB verwirklicht, die im Wege der natürlichen Handlungseinheit in Idealkonkurrenz (§ 52 StGB) zueinan- der stehen. Bei gleichzeitiger konkreter **Gefährdung mehrerer Personen oder fremder Sachen von bedeutendem Wert** verwirklicht der Täter den Tatbestand des § 315b StGB nur einmal (und nicht in gleichartiger Idealkonkurrenz).[462] Allerdings begründet allein der Umstand, dass der Täter aufgrund eines ein- heitlichen Tatentschlusses **während einer ununterbrochenen Fahrt mehrere in sich voneinander unabhängige Gefahrenlagen schafft**, noch keine natürliche Handlungseinheit.[463]

---

[460] BGH NZV 1996, 156; 2000, 88; 2000, 156.
[461] BGH NStZ-RR 2007, 59 = NZV 2007, 151.
[462] BGH NJW 1989, 2550 = NZV 1989, 357 = NStE § 315b StGB Nr. 9.
[463] BGH NZV 1995, 196 = StVE § 315b StGB Nr. 40.

B. Der objektive Tatbestand

I. Das Beschädigen und Zerstören von Anlagen und Fahrzeugen

194 § 315b I Nr. 1 StGB unterscheidet zunächst zwischen Anlagen und Fahrzeugen. **Anlagen** sind vor allem Verkehrszeichen und Verkehrsschilder, Leitplanken und ähnliche Einrichtungen, Brücken und die Straßen selbst. So liegt bspw. in dem Herausheben des Deckels eines am Fahrbahnrand befindlichen Gullys ein Beseitigen von Anlagen iSd § 315b I Nr. 1 StGB.[464] **Fahrzeuge** sind sämtliche im öffentlichen Verkehr vorkommenden Beförderungsmittel ohne Rücksicht auf die Antriebsart, also neben Kfz auch Straßenbahnen, Fahrräder, Fuhrwerke usw. Da es auf die Art des Antriebs nicht ankommt, fallen auch Krankenfahrstühle darunter.[465] Fahrbare Kinderspielzeuge und Inline-Skates[466] stellen keine Fahrzeuge dar (s. 1. Kap.). Auf die **Eigentumsverhältnisse am Fahrzeug** kommt es nach dem Gesetzeswortlaut nicht an. Auch das tätereigene Fahrzeug kann taugliches Objekt einer Handlung nach Nr. 1 sein. Wer am **eigenen** Fahrzeug bspw. die Bremsleitungen durchtrennt, kann die Sicherheit des Straßenverkehrs beeinträchtigen und dadurch **andere** Menschen an Leib oder Leben oder **fremde** Sachen von bedeutendem Wert konkret gefährden.

195 Bei der Inbetriebnahme eines Fahrzeugs, an dem der Täter zB vor Fahrtantritt die Bremsleitungen durchtrennt hat, besteht (zunächst) lediglich eine abstrakte Gefährdung, die für § 315b StGB nicht ausreicht. Allerdings kann ein **versuchter** gefährlicher Eingriff in den Straßenverkehr (§ 315b II StGB) vorliegen. Vollendet ist der Tatbestand erst, wenn es zu einer kritischen Situation (**konkreten** Gefährdung) gekommen ist.

196 Ob eine **Sachbeschädigung** nach § 303 StGB von § 315b I *Nr. 1* StGB im Wege der Gesetzeskonkurrenz verdrängt wird, ist streitig. Teilweise[467] wird dies bejaht, weil mit dieser Alternative notwendigerweise oder zumindest in aller Regel auch der Tatbestand der Sachbeschädigung verwirklicht wird. Ob diese Meinung nach der inzwischen geänderten Rspr. des BGH zum Verhältnis zwischen den §§ 243 und 303 StGB noch vertretbar ist, erscheint zweifelhaft. Die Sachbeschädigung tritt jedenfalls nicht in den Fällen hinter den gefährlichen Eingriffen in den Straßenverkehr zurück, in denen der Täter etwa **ein Fahrzeug beschädigt und als Folge daraus (konkrete Gefährdung) ein anderes Fahrzeug beschädigt wird**, wobei der Täter dies in seinen (bedingten) Vorsatz aufgenommen hat. Denn insoweit verlangt der Tatbestand des § 315b StGB nur eine (konkrete) Gefährdung. Der Vorsatz des Täters und der Erfolg gehen in diesen Fällen über den Tatbestand des § 315b StGB hinaus. Mit der Gefährdung ist nicht notwendigerweise oder in aller Regel ein Schadenseintritt verbunden. Bei dieser Konstellation muss Idealkonkurrenz zwischen § 315b I Nr. 1 StGB und § 303 StGB angenommen werden.

---

[464] BGH NZV 2002, 517 = StVE § 315b StGB Nr. 55 = NStZ 2002, 648.
[465] *Fischer* StGB § 315b Rn. 6.
[466] BGH NZV 2002, 225.
[467] BGH VRS 65, 359 (361); OLG Braunschweig VRS 32, 371 = MDR 1967, 419.

§ 315b I Nr. 1 StGB setzt voraus, dass die tatbestandliche Gefahr die Folge der 197 vorausgegangenen Beschädigung – hier: eines Fahrzeugs – ist; stellt dagegen die Beschädigung des Fahrzeugs schon die Realisierung einer durch eine Tathandlung nach § 315b I Nr. 2 oder 3 StGB verursachten Gefahr dar, so sind allein diese Tatbestandsvarianten anzuwenden.[468] Man muss die Nr. 1 des § 315b I StGB klar von den beiden anderen Alternativen abgrenzen. Um § 315b I Nr. 1 StGB bejahen zu können, muss die Beschädigung des Fahrzeugs die Ursache für die Beeinträchtigung der Sicherheit des Straßenverkehrs und die daraus folgende konkrete Gefährdung sein, dh sie muss zeitlich vor der Beeinträchtigung der Sicherheit des Straßenverkehrs liegen, wobei eine ganz geringe Zeitdifferenz ausreichend ist[469] (Beispiel: Jemand wirft von außen einen Stein in das Heckfenster eines fahrenden Autos. Der Fahrer erschreckt sich und fährt deshalb gegen einen Baum).

II. Das Bereiten von Hindernissen

In § 315b I Nr. 2 StGB stellt der Gesetzgeber das Bereiten eines Hindernisses 198 unter den weiteren Voraussetzungen des Tatbestandes unter Strafe. Als Bereiten eines Hindernisses ist jede Einwirkung auf den Straßenkörper zu verstehen, die geeignet ist, den reibungslosen Verkehrsablauf zu hemmen oder zu gefährden. Dabei meint der Gesetzgeber in erster Linie verkehrsfremde Eingriffe in den Straßenverkehr von außen her (etwa Spannen eines Drahtes über die Straße). Ein Hindernisbereiten ist zu bejahen, wenn Täter größere Gegenstände (zB schwere Holzscheite, Steine, Kanaldeckel) von einer Brücke auf die Fahrbahn einer Autobahn werfen.[470] Bleibt die konkrete Gefährdung aus, liegt unter Umständen lediglich ein Versuch vor. Bei diesen Verhaltensweisen kommt ggf. auch tateinheitlich eine Strafbarkeit wegen (versuchten) Mordes in Betracht.[471]

1. Fehlverhalten an einem Bahnübergang

Zunächst ist zu prüfen, ob die Schienenbahn am Straßenverkehr teilnimmt oder 199 nicht (§ 315d StGB). Schienenbahnen nehmen an Übergängen und Kreuzungen von Schiene und Straße dann nicht am allgemeinen Straßenverkehr teil und unterliegen damit auch nicht der Regelung der Straßenverkehrsordnung, wenn eine Sonderregelung nach § 19 StVO (Warnkreuz, Blinklicht usw) getroffen ist.[472] Wird die Vorfahrt eines Schienenfahrzeugs verletzt, das am **Straßenverkehr teilnimmt**, kommt ggf. ein Verstoß gegen § 315c I Nr. 2a StGB in Betracht. An entsprechend gesicherten Bahnübergängen genießen Schienenfahrzeuge den Schutz des § 315 StGB. § 315b StGB findet in diesen Fällen keine Anwendung.[473] Wenn ein Straßenfahrzeug ein Schienenfahrzeug, das nicht am Straßenverkehr teilnimmt, „behindert", handelt es sich aus der Sichtweise des § 315 StGB um ei-

---

468 BGH NZV 1990, 77 = VRS 78, 207; StVE § 315b StGB Nr. 49.
469 BGH NZV 1990, 77; 1995, 115; 1999, 91 = StVE § 315b StGB Nr. 49; OLG Köln NZV 1991, 319.
470 BGH VRS 45, 48; NStZ 2010, 572.
471 BGH VRS 63, 119; NZV 2003, 196; NStZ-RR 2010, 373.
472 BGHSt 15, 9 = NJW 1960, 2009; OLG Stuttgart VRS 44, 33.
473 BGH VRS 15, 356.

nen Eingriff in den Bahnverkehr von außen. Eine verkehrsfeindliche Gesinnung ist daher **nicht** erforderlich. Es reicht somit **auch eine fahrlässige Begehungsweise (§ 315 VI StGB)** aus. So kann ein **sehr nahes Heranfahren** eines Lastzuges mit unverminderter Geschwindigkeit an einen unbeschrankten Bahnübergang beim Herannahen eines Zuges ein dem Hindernisbereiten ähnlicher Eingriff sein, der die Sicherheit des Bahnbetriebes beeinträchtigt (§ 315 I Nr. 2 oder 4 – evtl. in Verbindung mit V oder VI StGB).[474] Solange das Fahrzeug nur sehr dicht an den Bahnkörper heranfährt, stellt es noch kein Hindernis dar. Das ist erst der Fall, wenn sich das Fahrzeug auf dem Bahnkörper befindet bzw. in diesen hineinragt. Konsequent kann deshalb das bloß schnelle Heranfahren an einen Bahnübergang trotz Herannahens eines Zuges nur unter § 315 I Nr. 4 StGB fallen, sofern die Betriebssicherheit der Bahn gefährdet worden ist. Bei beiden Alternativen ist stets auch die Frage zu prüfen, ob Leib oder Leben anderer Menschen oder fremde Sachen von bedeutendem Wert **konkret gefährdet** waren. Schon bei einer Vollbremsung (ohne Zusammenstoß) können Eisenbahnpassagiere unter Umständen an ihrer Gesundheit gefährdet sein.[475] Bei dieser Fallgestaltung hängt es nur vom Zufall ab, ob Fahrgäste stürzen und sich verletzen. Nicht ausreichend ist, wenn (etwa bei einem Güterzug) eine Sache von bedeutendem Wert (Lokomotive) nur in unbedeutendem Umfang gefährdet wird.

200 Zum Verhältnis zwischen § 315 I Nr. 2 StGB einerseits und § 315c I Nr. 2d StGB **(zu schnelles Fahren an Bahnübergängen)** ist in der obergerichtlichen Rspr. nichts und in der Literatur nur wenig zu finden. In der Praxis tritt das zu schnelle Fahren an **Bahnübergängen** selten als selbstständige Tat in Erscheinung. Führt das Fehlverhalten eines Fahrzeugführers zur Behinderung des Schienenverkehrs, ist zunächst zu prüfen, ob ein Hindernisbereiten iSd § 315 I Nr. 2 StGB anzunehmen ist. Hinter § 315 StGB tritt § 315c I Nr. 2d StGB (zu schnelles Fahren an Bahnübergängen) zurück. § 315c I Nr. 2d StGB schützt jedoch den Straßenverkehr in seiner Gesamtheit. Deshalb kann § 315c I Nr. 2d StGB erfüllt sein, wenn durch das zu schnelle Fahren an Bahnübergängen **andere Verkehrsteilnehmer als Schienenfahrzeuge** (etwa Fußgänger) in Gefahr geraten. Denn aus der Beschaffenheit eines Bahnübergangs (zB durch die Bodenunebenheiten oder durch an diesen Stellen häufig vorzufindende Stahlplatten) ergeben sich beim zu schnellen Fahren besondere Gefahrenmomente, in deren Folge auch andere Verkehrsteilnehmer gefährdet werden können. Allerdings muss die eingetretene Gefährdung gerade auf den Besonderheiten eines Bahnübergangs beruhen. Ein zufälliges örtliches Zusammentreffen reicht nicht aus.

2. Baustellen und verkehrsberuhigende Maßnahmen

201 Hin und wieder spielt der Fall einer nicht hinreichenden **Absicherung einer Baustelle** eine Rolle. Das Einrichten der Baustelle (aktives Tun) dürfte regelmäßig nicht von § 315b (I Nr. 2) StGB erfasst werden.[476] Denn § 45 II StVO sieht

---

[474] BGHSt 13, 66 = NJW 1959, 1187.
[475] OLG Oldenburg NStZ 2005, 387.
[476] KG VRS 12, 372.

ausdrücklich die Einrichtung von Baustellen vor. Die erforderlichen Absperr-maßnahmen müssen genehmigt werden (§ 45 VI StVO). Wer es jedoch **unterlässt, eine Baustelle zu sichern,** bereitet ein Hindernis iSv § 315b I Nr. 2 StGB durch Unterlassen (§ 13 StGB).[477] Denn jedes Delikt, das den Eintritt eines Erfolges voraussetzt, kann auch durch pflichtwidriges Unterlassen verwirklicht werden. Nach § 45 VI StVO müssen Bauunternehmer die Anordnungen der zuständigen Behörde über die Absicherung der Baustelle befolgen. Zumindest hieraus lässt sich eine Rechtspflicht zum Handeln herleiten. Sofern die Absicherung lediglich vergessen worden ist, dürfte von einem fahrlässigen Verstoß auszugehen sein.

Verkehrsberuhigungsmaßnahmen (zB das Anbringen von sog. „Kölner Tellern" **202** auf einer Fahrbahn als „Geschwindigkeitsbremse" für Kfz) stellen keine gefähr-lichen Eingriffe in den Straßenverkehr iSd § 315b I Nr. 2 StGB dar, weil gerade durch diese Maßnahmen die Sicherheit des Straßenverkehrs erhöht werden soll.[478] Das bedeutet aber keinen Freibrief für nicht ordnungsgemäß durchge-führte Verkehrsberuhigungsmaßnahmen der Kommunen. In Einzelfällen sind durchaus die Voraussetzungen des § 315b I Nr. 2 StGB erfüllt.[479]

3. Liegenlassen von verlorener Ladung und von Fahrzeugteilen

Es muss unterschieden werden zwischen der **unterlassenen Absicherung eines** **203** **Fahrzeugs** nach einem Unfall oder einer Panne einerseits und **dem Liegenlas-sen von abgefallenen Fahrzeugteilen und verlorener Ladung** auf der Fahrbahn andererseits. Wer ein haltendes oder **liegen gebliebenes Fahrzeug** nicht auf ausreichende Entfernung kenntlich macht, obwohl das zur Sicherung des Ver-kehrs erforderlich ist, verstößt gegen § 315c I Nr. 2 g StGB, sofern die übrigen Tatbestandsmerkmale erfüllt sind. In diesen Fällen scheidet eine Anwendung des § 315b StGB grundsätzlich aus. Das Verhalten im (fließenden) Verkehr hat der Gesetzgeber in § 315c StGB abschließend geregelt. Durch die Aufnahme in den Katalog des § 315c I Nr. 2 StGB ist zum Ausdruck gebracht, dass ein derar-tiger Verstoß noch der Teilnahme am Straßenverkehr zugerechnet wird.[480] Im Gegensatz zu § 315b StGB erfordert § 315c I Nr. 2 StGB ein grob verkehrswid-riges und rücksichtsloses Verhalten im Verkehr. Würde man bei Fehlen dieser Tatbestandsvoraussetzungen auf § 315b StGB zurückgreifen, würde das dazu führen, dass andere vom Gesetz als weniger gefährlich eingestufte Verkehrsvor-gänge unter geringeren Tatbestandsvoraussetzungen durch § 315b StGB erfasst würden.[481] Etwas anderes mag gelten, wenn etwa jemand ein unbeleuchtetes Fahrzeug nachts auf die Straße schiebt. In diesem Falle liegt ein gefährlicher Eingriff **von außen** vor. Dieses Verhalten kann nicht anders gewertet werden, als

---

[477] BGH VRS 16, 29.

[478] OLG Frankfurt a.M. NZV 1992, 38; vgl. auch Anm. von *Molketin* zu dieser Entschei-dung NZV 1992, 39; *Franzheim* NJW 1993, 1836.

[479] Zu zivilrechtlichen Haftungsfragen im Zusammenhang mit Verkehrsberuhigungs-maßnahmen vgl. BGH NZV 1991, 385 = NJW 1991, 2824 (zu Bodenschwellen); OLG Hamm NZV 1994, 400 (zu Blumenkübeln auf der Fahrbahn); OLG Saarbrücken NZV 1998, 284 (zu sog. Kölner Tellern).

[480] BayObLG NJW 1969, 2026.

[481] OLG Hamm NJW 1969, 1975.

das Errichten eines Hindernisses auf der Fahrbahn durch einen entsprechenden Gegenstand.

204 Zu beachten ist, dass ein **im fließenden Verkehr begangener Eingriff** in die Verkehrssicherheit, der über eine fehlerhafte Verkehrsteilnahme nicht hinausgeht, in der Regel nicht als Hindernisbereiten iSd § 315b I Nr. 2 StGB anzusehen ist.[482] Ein Hindernisbereiten iSv § 315b I Nr. 2, V StGB kann jedoch vorliegen, wenn es ein **Autofahrer pflichtwidrig unterlässt, Teile seines Fahrzeugs**, die sich infolge einer Kollision von dem Fahrzeug gelöst haben und auf der Fahrbahn liegen geblieben sind, von dort **zu beseitigen**, sofern durch sie für andere Verkehrsteilnehmer eine konkrete Gefährdung entstanden ist.[483] Die **Verursachung der ursprünglichen Kollision selbst gehört dem Bereich des fließenden Verkehrs an**, sofern nicht ausnahmsweise der Unfall in verkehrsfeindlicher Einstellung herbeigeführt wird. Vorgänge im fließenden Verkehr werden aber grundsätzlich nicht von § 315b StGB erfasst. Deshalb liegt auch in dem Unfall selbst, bei dem Teile des Fahrzeugs auf die Straße fallen, kein von § 315b I Nr. 2 StGB erfasstes Hindernisbereiten durch aktives Tun. Erst wenn die Teile auf der Fahrbahn liegen, trifft den Fahrer die Pflicht, die Teile wegzuräumen oder jedenfalls hinreichend abzusichern (§ 32 StVO). Kommt der Fahrer dieser Pflicht nicht nach, bereitet er ein Hindernis durch Unterlassen (§ 13 StGB) iSd § 315b I Nr. 2 StGB, wobei die Rechtspflicht zum Handeln aus § 32 StVO hergeleitet werden kann, ggf. auch aus vorangegangenem gefahrerhöhendem Tun. Das vorangegangene gefahrerhöhende Verhalten begründet für den Autofahrer eine Garantenstellung (Sonderverantwortlichkeit) gegenüber anderen Verkehrsteilnehmern, für die die auf der Fahrbahn liegenden Auto- oder Ladungsteile eine besondere Gefahrenlage darstellen.

205 Es stellt noch keinen gefährlichen Eingriff in den Straßenverkehr iSd § 315b I Nr. 2 StGB dar, wenn etwa jemand mit einem **verkehrsunsicheren Lastkraftwagen**, dessen Räder unterwegs abspringen und dabei andere gefährden, am Verkehr teilnimmt, weil § 315b StGB grundsätzlich nur Eingriffe in die Verkehrssicherheit von außen abwehren und im fließenden Verkehr begangene Handlungen nur insoweit erfassen soll, als sie nicht nur **falsche Verkehrsteilnahme** sind.[484] Als falsche Verkehrsteilnahme muss auch das Fahren mit einem verkehrsunsicheren Fahrzeug gelten. Dieses steht den eigentlichen Fahrfehlern gleich. Die unmittelbar vom fließenden Verkehr ausgehenden Gefahren entspringen beiden Quellen. Diese Gefahren sollen nach dem erkennbaren Willen des Gesetzes nicht als Hindernisbereiten bewertet werden. Das Hindernisbereiten muss vom Verkehrsgeschehen abgelöst werden können und neben ihm selbstständige Bedeutung haben, wenn es den Tatbestand des § 315b I Nr. 2 StGB ausfüllen soll. Solange andere Verkehrsteilnehmer durch das sich lösende Rad gefährdet werden, liegen damit grundsätzlich die Voraussetzungen des § 315b StGB nicht vor, weil es sich um einen Vorfall im Zusammenhang mit einem Fahrvorgang handelt. Fährt dagegen später ein Fahrzeug auf das auf der Fahrbahn liegende Rad auf und geraten die Insassen und das Auto dadurch in eine

---

[482] OLG Hamm NJW 1965, 2167.
[483] OLG Hamm VRS 51, 103 = StVE § 315b StGB Nr. 5.
[484] OLG Stuttgart VRS 29, 193.

konkrete Gefahr oder entsteht gar ein Schaden, könnte möglicherweise § 315b I Nr. 2, V 5 StGB durch Unterlassen (§§ 13 StGB, 32 StVO) bejaht werden.

Auch beim **Verlust der Ladung** sind zwei Fälle zu unterscheiden: Führt das **206** Herunterfallen der unzureichend gesicherten Ladung von dem befördernden Fahrzeug zur unmittelbaren Gefährdung eines anderen Verkehrsteilnehmers, so ist dieses Geschehen noch Teil des Fahrvorgangs. Anders liegt der Fall, wenn herabfallende Gegenstände aus Verschulden des Fahrers auf der Fahrbahn liegen bleiben und dadurch ein selbstständiges, dh von der Fahrt unabhängiges Hindernis bilden.[485] Im letzten Falle **(Liegenlassen von Ladungsteilen auf der Fahrbahn)** wäre evtl. § 315b I Nr. 2 StGB durch Unterlassen (§ 13 StGB, Rechtspflicht aus § 32 StVO) erfüllt. Insoweit wäre keine verkehrsfeindliche Einstellung notwendig, weil dieses Verhalten jedenfalls von der Rspr. nicht mehr als Teilnahme am fließenden Verkehr angesehen wird. Zu prüfen bleibt allerdings, inwieweit das Herabfallen der Ladungsteile und damit das Bereiten des Hindernisses durch das Liegenlassen voraussehbar und vermeidbar waren (Fahrlässigkeitsprüfung). Sofern die Ladung **beim Herunterfallen während der Fahrt** sich zur Gefahr für andere entwickelt, wird dieser Vorgang nicht von § 315b StGB umfasst, weil dies dem fließenden Verkehr zugerechnet wird. Etwas anderes mag gelten, wenn jemand gezielt Teile der Ladung während der Fahrt auf andere Fahrzeuge oder Verkehrsteilnehmer wirft. In diesem Falle kann ggf. eine verkehrsfeindliche Gesinnung angenommen werden. Das Nichtbeseitigen einer **Ölspur auf der Straße** fällt unter das Tatbestandsmerkmal des Hindernisbereitens (durch Unterlassen), wenn diese ein solches Ausmaß angenommen hat, dass sie eine erhebliche Gefahr für andere Verkehrsteilnehmer darstellt.[486] Es bestehen keine sprachlichen Bedenken, dass eine größere Ölspur unter den Begriff eines Hindernisses subsumiert werden kann; denn ein Hindernis bilden kann auch ein Gegenstand, der die Durchfahrt nicht schlechthin verhindert, sondern wegen der damit verbundenen Gefahren, also im Weg zunächst psychischer Einwirkung den Fahrer veranlasst, nicht über diesen Fahrbahnteil zu fahren. Die Rechtspflicht zur Beseitigung der Ölspur kann sich aus § 32 StVO ergeben, wonach es verboten ist, die Straße zu beschmutzen oder zu benetzen oder Gegenstände auf Straßen zu bringen oder dort liegen zu lassen, wenn dadurch der Verkehr gefährdet oder erschwert werden kann. „Der für solche verkehrswidrigen Zustände Verantwortliche hat sie unverzüglich zu beseitigen und sie bis dahin ausreichend kenntlich zu machen" (§ 32 I 2 StVO). Ferner lässt sich evtl. die Rechtspflicht zur Beseitigung aus vorangegangenem gefahrerhöhendem Tun herleiten.

Ein Kraftfahrer, der es **pflichtwidrig unterlässt, Baken**, die er zuvor umgefah- **207** ren hat, **von der Fahrbahn zu räumen**, bereitet ein Hindernis durch Unterlassen (§ 315b I Nr. 2 StGB).[487] Es ist durchaus nicht unbillig, die fehlende Absicherung von Fahrzeugen nach einem Unfall oder einer Panne nur über § 315c I Nr. 2 g StGB bei grob verkehrswidrigem und rücksichtslosem Verhalten zu ahnden, während es bei der Nichtabsicherung von Ladungs- oder Fahrzeugteilen auf

---

[485] OLG Karlsruhe VRS 19, 291 (293).
[486] BayObLG StVE § 315b StGB Nr. 31; OLG Stuttgart VRS 16, 200.
[487] BayObLG NJW 1969, 2026 (2027).

der Fahrbahn dieser Einschränkungen nicht bedarf. Denn mit liegen gebliebenen, nicht kenntlich gemachten Fahrzeugen muss im Straßenverkehr, selbst auf Autobahnen, stets gerechnet werden. Hindernisse anderer Art, die ein Verkehrsteilnehmer auf der Fahrbahn hinterlassen hat (zB ein abgesprungenes Rad, eine Ölspur, herabgefallene Ladungsteile, umgefahrene Verkehrszeichen), sind meistens viel schwerer erkennbar und deshalb im Schnellverkehr besonders gefahrenträchtig, zumal andere Verkehrsteilnehmer mit solchen Hindernissen weit weniger rechnen und zu rechnen brauchen als mit einem haltenden oder liegen gebliebenen Fahrzeug.

4. Hindernisbereiten durch Ausbremsen

208 Die Fallkonstellation des „Ausbremsens" eines anderen Verkehrsteilnehmers kommt relativ häufig vor. Meistens auf Autobahnen und Schnellstraßen ärgern sich Führer schnellerer Fahrzeuge darüber, dass ein anderer Verkehrsteilnehmer nicht bei ihrem Herannahen die Überholspur sofort freigibt. Aus Rache und Verärgerung wird nach dem Überholen der andere Verkehrsteilnehmer durch plötzliches scharfes Bremsen zu einer Vollbremsung gezwungen. In diesem Fall setzt der Täter sein Fahrzeug als Mittel der Verkehrsbehinderung und damit bewusst zweckentfremdet ein.[488] Denkbar sind auch andere ähnliche Varianten, etwa der Fall, der dem Urteil des OLG Koblenz[489] zugrunde lag. Dort hatte der Angeklagte mehrfach durch verkehrswidriges Manövrieren **andere am Überholen gehindert** und dann plötzlich und ohne vernünftigen Grund bewusst so stark abgebremst, dass ein nachfolgender Verkehrsteilnehmer nur durch eine Notbremsung einen Auffahrunfall verhindern konnte. In derartigen Fällen liegt nicht ein bloß falsches Verkehrsverhalten vor, sondern das Fahrzeug wird gezielt als Werkzeug vorsätzlicher Gefährdung eingesetzt. Fälle dieser Art, auch wenn sie äußerlich gesehen im Rahmen des fließenden Verkehrs geschehen, werden von § 315b StGB erfasst. Der Führer eines im fließenden Verkehr befindlichen Fahrzeugs kann nach § 315b I Nr. 2, (III) StGB bestraft werden, wenn er es darauf anlegt, **vor Ampelanlagen, Straßeneinmündungen, Fußgängerüberwegen** und dergleichen den nachfolgenden Verkehrsteilnehmer dadurch auf sein Fahrzeug auffahren zu lassen, dass er unerwartet bremst, ohne durch die Verkehrslage dazu veranlasst worden zu sein.[490] Denn in diesen Fällen bereitet der Täter ein Hindernis iSd § 315b I Nr. 2 StGB. Unter dem Schein eines verkehrsgerechten Verhaltens verbirgt sich in Wirklichkeit ein verkehrsfremdes, wobei das Fahrzeug vom Täter absichtlich als Mittel der Verkehrsbehinderung benutzt und damit bewusst zweckentfremdet wird. In diesem Falle liegen ebenfalls die **Voraussetzungen des § 315b III iVm § 315 III Nr. 1a und b StGB vor**, weil der Täter in der Absicht gehandelt hat, einen Unglücksfall herbeizuführen.[491] Im Übrigen

---

[488] OLG Düsseldorf VerkMitt. 1989, 80 – Nr. 87 = NZV 1989, 441 = NJW 1990, 265; OLG Düsseldorf NZV 1994, 37; StVE § 315b StGB Nr. 23 und Nr. 26; OLG Karlsruhe VRS 93, 102 = StVE § 315b StGB Nr. 43.

[489] StVE § 315b StGB Nr. 3; ähnlich: BGHSt 21, 301 = NJW 1967, 2167.

[490] BGH NZV 1992, 325; 2012, 393 = HRRS 2012, 164.

[491] BGH NZV 1992, 157 = NStZ 1992, 182 = VRS 82, 312 = StVE § 315b StGB Nr. 35 – Ergänzung zu BGH VRS 53, 355 = StVE § 315b StGB Nr. 4.

will der Täter unter Umständen auch eine andere Straftat ermöglichen, nämlich einen Betrug zum Nachteil der Versicherung.

Ein Hindernisbereiten iSd § 315b I Nr. 2 StGB liegt nicht vor, wenn ein Kfz- **209** Führer unter **Missachtung der Vorfahrt** sein Fahrzeug aus einer Grundstücksausfahrt heraus auf eine Hauptverkehrsstraße lenkt, weil es sich jedenfalls in aller Regel lediglich um eine fehlerhafte Verkehrsteilnahme handelt, die ggf. von § 315c StGB erfasst wird, nicht aber von § 315b StGB. Das wird regelmäßig selbst dann anzunehmen sein, wenn der Autofahrer die Vorfahrt vorsätzlich missachtet.[492] Etwas anderes mag ausnahmsweise dann gelten, wenn es dem Täter in erster Linie darauf ankommt, für das bevorrechtigte Fahrzeug ein Hindernis zu bereiten. Im bloßen **Aufleuchten-lassen der Bremslichter** liegt weder eine (versuchte) Nötigung noch ein gefährlicher Eingriff in den Straßenverkehr, weil ein Hindernisbereiten iSv § 315b I Nr. 2 StGB nur angenommen werden kann, wenn der Vordermann absichtlich scharf bremst, um einen Auffahrunfall zu provozieren oder den nachfolgenden Kraftfahrer zu einer Vollbremsung zu zwingen.[493] Das **Fahren auf Autobahnen und Kraftfahrstraßen in gegenläufiger Fahrtrichtung** fällt – wenn nicht besondere Umstände hinzutreten – nicht unter die nach § 315b I Nr. 2 oder 3 StGB strafbaren Eingriffe in den Straßenverkehr.[494] Die sog. Geisterfahrer hat der Gesetzgeber in den Katalog der „sieben Todsünden" im Straßenverkehr aufgenommen (§ 315c I Nr. 2 f. StGB). Damit ist zum Ausdruck gebracht, dass Geisterfahrer grundsätzlich dem fließenden Verkehr zuzurechnen sind. Da es sich um eine **fehlerhafte Verkehrsteilnahme** handelt, dürfte in der Regel eine Anwendung des § 315b I Nr. 2 (oder evtl. Nr. 3) StGB ausscheiden. Ausnahmen sind aber denkbar.

III. Ähnliche, ebenso gefährliche Eingriffe

Zu den Tatbestandsvoraussetzungen des § 315b I Nr. 3 StGB gehört ein „ähnli- **210** cher, ebenso gefährlicher Eingriff". Die Worte „ähnlich" und „ebenso" nehmen Bezug auf die Nr. 1 und 2 des § 315b I StGB. Der gefährliche Eingriff im Sinne der Nr. 3 des § 315b I StGB muss den beiden anderen Alternativen des § 315b I StGB vergleichbar sein.[495] Aus dem Wort „ähnlich" lässt sich entnehmen, dass nur Eingriffe gemeint sind, die nicht schon unter die Nr. 1 oder 2 fallen; denn ansonsten wären es gleiche und keine ähnlichen Eingriffe. Teilweise[496] werden verfassungsrechtliche Bedenken gegen die Nr. 3 erhoben, weil es diesem Tatbestand an einer hinreichenden Bestimmtheit fehle. Es werden Zweifel geäußert, ob hier das Gesetz gem. Art. 103 II GG selbst die Strafbarkeit bestimmt oder verfassungswidrig die Analogie zu § 315b I Nr. 1 und 2 anordnet. Die Ähnlichkeit wird durch das weitere Erfordernis „ebensolcher Gefährlichkeit" des Eingriffs in einer für die richterliche Rechtsanwendung ausreichend klaren Weise abgegrenzt. Somit liegt eine hinreichende Bestimmtheit iSd Art. 103 II

---

[492] OLG Hamm VRS 30, 356.
[493] OLG Köln NZV 1997, 318.
[494] OLG Stuttgart StVE § 315b StGB, Nr. 13 = VRS 58, 203.
[495] Vgl. insoweit auch *Fabricius* GA 1994, 164 ff.
[496] ZB *Isenbeck* NJW 1969, 174.

GG vor.[497] Wichtig ist, dass bei der **Generalklausel des § 315b I Nr. 3 StGB ein Maßstab an den Nr. 1 und 2** zu nehmen ist. Die Eingriffe nach der Nr. 3 müssen in ihrer Bedeutung denen der Nr. 1 und 2 ebenbürtig sein. Sie müssen ebenso gefährlich sein.

211   Seine Hauptbedeutung hat § 315b I Nr. 3 StGB bei groben Einwirkungen im fließenden Verkehr, die jedoch über ein bloß fehlerhaftes Verkehrsverhalten hinausgehen müssen. Denkbar sind aber auch bei der Nr. 3 Eingriffe von außen. Hierunter kann im Einzelfall das **Geben falscher Zeichen oder Signale** (das anders als in § 315 I Nr. 3 nicht erwähnt ist, um im fließenden Verkehr das falsche Betätigen des Blinkers nicht zu erfassen, Begr. 28) fallen, wenn sie als verkehrsfremde Eingriffe von außen kommen, zB das Anbringen eines Einbahnstraßenschildes in entgegengesetzter Richtung. Es muss sich jedoch immer um Eingriffe von einigem Gewicht handeln, geringe Verstöße scheiden aus.[498] Die Verstöße müssen ebenso gefährlich wie die in Nr. 1 und 2 des § 315b StGB erwähnte Fälle sein. Ein ähnlicher, ebenso gefährlicher Eingriff im fließenden Verkehr liegt nur vor, wenn der Täter das von ihm gesteuerte Fahrzeug bewusst zweckwidrig einsetzt. Das ist jedoch nicht schon bei jeder objektiv behindernden Verkehrsteilnahme der Fall, und zwar selbst dann nicht, wenn sie gänzlich aus dem Rahmen dessen fällt, was im Verkehr – wenn auch verbotenermaßen – vorzukommen pflegt.[499] Versucht der Täter mit zumindest bedingtem Schädigungsvorsatz,[500] einen ihn **überholenden Polizeiwagen von der Straße abzudrängen**, damit dieser die Verfolgung aufgebe, kann darin ein ähnlicher, ebenso gefährlicher Eingriff in die Sicherheit des Straßenverkehrs liegen.[501]

212   Zu den Fällen des § 315b I Nr. 3 gehört das **vorsätzliche Rammen eines am Fahrbahnrand** (im öffentlichen Verkehrsraum) **abgestellten Kfz.**[502] Denn der Täter benutzt dabei sein Kfz nicht als Fortbewegungsmittel, sondern missbraucht es als Schadenswerkzeug. § 315b I Nr. 3 StGB erfasst alle Einwirkungen von Gewicht gegenüber anderen Verkehrsteilnehmern oder fremden Sachen, die zum Straßenverkehr in Beziehung stehen. Es genügt, dass abstrakt die Gefährdung von Rechtsgütern Dritter die nahe liegende, wenn auch nur mittelbare Folge der eigentlichen Tathandlung ist. Durch einen solchen Eingriff wird auch die Sicherheit des Straßenverkehrs beeinträchtigt. Dadurch, dass Fahrzeuge unbeteiligter Dritter beschädigt werden, realisiert sich die durch den bewusst herbeigeführten Anstoß an die tatbeteiligten Fahrzeuge verursachte Gefahr für die Sicherheit des Straßenverkehrs. Allerdings setzt der Tatbestand des § 315b I Nr. 3 StGB eine kausale Verknüpfung zwischen dem Fahren als gefährlichem Eingriff und der Gefährdung bzw. Schädigung des Opfers voraus.

---

[497]   BGHSt 22, 365 (366) = NJW 1969, 1218.

[498]   BGHSt 28, 87 (89, 90) = VRS 55, 431; BGHSt 26, 176 (178) = NJW 1975, 1934; BGH VRS 45, 185; StVE § 315b StGB Nr. 19.

[499]   BGH StVE § 315b StGB Nr. 10.

[500]   BGHSt 48, 233 = NZV 2003, 488 = SVR 2004, 70; BGH NStZ-RR 2006, 109.

[501]   OLG Koblenz VRS 73, 58 = StVE § 315b StGB Nr. 27.

[502]   BGH NZV 1995, 115 = StVE § 315b StGB Nr. 39; NZV 2001, 265.

1. Eingriffe von Beifahrern

Immer wieder hat sich die Rspr. mit dem Fehlverhalten von Insassen in einem **213** fahrenden Fahrzeug zu befassen. Früher[503] sah man in gefahrenträchtigen Eingriffen eines Beifahrers einen normalen Anwendungsfall des § 315b StGB, nämlich einen Eingriff von außen. In einer neueren Entscheidung[504] gelangt der BGH zu der Ansicht, dass im Verhalten eines Beifahrers, der mit zumindest bedingtem Schädigungsvorsatz ins Steuer greift, um das Fahrzeug in eine Straßeneinmündung zu lenken, ein ähnlicher, ebenso gefährlicher Eingriff iSd § 315b I Nr. 3 StGB nur dann zu sehen ist, wenn der Täter in der Absicht handelt, den Verkehrsvorgang zu einem Eingriff zu pervertieren. Der BGH bejaht jedoch unabhängig davon beim Griff des Beifahrers in das Lenkrad zumindest die Tatbestandsvoraussetzungen der **Nötigung** gem. § 240 StGB.[505]

2. Zufahren auf Fußgänger und auf Polizeibeamte

Das Verlassen der Fahrbahn und Fahren auf dem Bürgersteig vermag für sich **214** allein den Unrechtsvorwurf des § 315b I Nr. 3 StGB nicht zu begründen. Hinzutreten muss vielmehr eine durch gezieltes Zufahren bedingte, nicht unerhebliche und bewusst in Kauf genommene Schädigung des Opfers. Der Tatbestand des § 315b I Nr. 3 StGB kann dann verwirklicht sein, wenn der Fahrzeugführer das Fahrzeug als Nötigungsmittel gebraucht, indem er auf Fußgänger zufährt, um diese zu veranlassen, ihm den Weg freizumachen. Wenn jedoch der Täter nicht beabsichtigt, den Bedrohten zu überfahren oder zu verletzen, sondern **vor diesem im letzten Augenblick anhalten will**, ist der Tatbestand schon mangels eines bedingten Schädigungsvorsatzes in aller Regel nicht erfüllt.[506] So reicht auch die **bloße Absicht, den Fußgänger zu erschrecken**, nicht aus. Es muss sich immer um eine grobe Einwirkung in den Verkehrsablauf mit einer erheblichen Gefährlichkeit handeln. Verstöße geringeren Gewichts reichen nicht aus.[507] Deshalb erfüllt ein **sehr langsames Zufahren auf einen Fußgänger**, der jederzeit zur Seite treten kann, nicht den Tatbestand des ähnlichen, ebenso gefährlichen Eingriffs.[508] Anders ist die Sachlage zu beurteilen, wenn das **Fahrzeug so stark beschleunigt** wird, dass einer unmittelbar vor ihm stehenden Person keine oder lediglich eine minimale Zeit zur Reaktion bleibt.[509] Dabei reicht eine **Geschwindigkeit von nur 20 km/h** aus, um die Voraussetzungen des § 315b I Nr. 3 StGB zu bejahen, wenn der Fahrer eines Fahrzeugs in der Absicht auf einen Fußgänger zufährt, diesen zu verletzen, und ihm dies auch gelingt.[510] Unerheblich ist, ob der Fußgänger noch hätte beiseitetreten können.

Da die Rspr. bei der Anwendung des § 315b I Nr. 3 StGB bei Vorgängen im flie- **215** ßenden Verkehr einen bewusst zweckwidrigen Einsatz des Fahrzeugs verlangt,

---

[503] ZB BGH VRS 36, 267 (269); OLG Karlsruhe NJW 1978, 1391 = StVE § 315b StGB Nr. 7.

[504] NZV 1990, 35; zweifelnd an dieser Rechtsprechung der BGH NZV 2006, 483.

[505] Ebenso: OLG Hamm NJW 1969, 1975 (1976).

[506] BGH NZV 2003, 488; 2014, 184 (185).

[507] BGH VRS 45, 185.

[508] BGH VRS 40, 104; 44, 437; OLG Stuttgart VerkMitt. 1973, 68 Nr. 94.

[509] BGH VerkMitt. 1987, 1 Nr. 1.

[510] BGH VRS 65, 142 = StVE § 315b StGB, Nr. 19; OLG Koblenz VRS 74, 196 (198).

kann in diesen Fällen der § 315b I Nr. 3 StGB durch den Fahrzeugführer nicht fahrlässig erfüllt werden.[511] Im Übrigen würde es am (zumindest bedingten) Schädigungsvorsatz fehlen.

216 Zahlreiche Entscheidungen des Bundesgerichtshofes und der Oberlandesgerichte befassen sich mit dem Zufahren von Tätern mit Kfz auf kontrollierende oder Halt gebietende Polizeibeamte. Es liegt in diesem **Zufahren auf Polizeibeamte** nicht unbedingt auch ein **Mordvorsatz**, weil der Autofahrer in aller Regel davon ausgeht, der Polizeibeamte werde rechtzeitig zur Seite springen.[512] An die Feststellung des Tötungsvorsatzes sind bei dieser Fallkonstellation hohe Anforderungen zu stellen. Wer aber auf einen Halt gebietenden Polizeibeamten zufährt, um ihn zur Freigabe der Fahrbahn zu nötigen, begeht einen ähnlichen, ebenso gefährlichen Eingriff in den Straßenverkehr.[513] Im Einzelfall wird jedoch zu prüfen sein, ob der Täter eine Schädigung des Polizeibeamten zumindest billigend in Kauf genommen hatte.[514] Will dagegen der Täter nur **neben dem Polizeibeamten vorbeifahren**, ohne ihn durch das Zufahren zur Freigabe der Straße zu zwingen, so liegt darin mangels Schädigungsvorsatzes kein ähnlicher, ebenso gefährlicher Eingriff in die Sicherheit des Straßenverkehrs iSd § 315b I StGB.[515] Will der Autofahrer sein Fahrzeug lediglich als Fluchtmittel einsetzen, will er also beispielsweise von Anfang an nicht auf den Polizeibeamten zufahren, sondern an ihm vorbeigefahren, kommt es für die Beurteilung seines Verhaltens nach § 315b StGB nicht darauf an, ob es dann auf irgendeine Weise gleichwohl zu einer konkreten Gefährdung oder Verletzung des Beamten oder zu einem anderen Schaden kommt, es sei denn, der Autofahrer hätte die Möglichkeit der Gefährdung oder Verletzung erkannt und eine solche Folge in Kauf genommen, weil ihm seine Flucht nur um den Preis einer nicht unerheblichen Gefährdung des Beamten möglich erschien.[516] Der Versuch eines Autofahrers, einen Polizeibeamten, der sich am flüchtenden Fahrzeug festklammert, abzuschütteln, indem der Täter den Wagen stark beschleunigt und ruckartig wieder abbremst, erfüllt in aller Regel den Tatbestand des § 315b I Nr. 3 (evtl. iVm III) StGB,[517] weil die Gefährlichkeit, die bei dieser Fahrweise für den Beamten von dem Auto ausgeht, sehr hoch ist.

3. Sonstige „ähnliche, ebenso gefährliche Eingriffe"

217 Ergänzend sollen noch einige Fälle erwähnt werden, in denen man ähnliche, ebenso gefährliche Eingriffe annimmt.[518]

218 So stellt etwa die (unfreiwillige) **Mitnahme eines anderen auf der Kühlerhaube** des Fahrzeugs bei hoher Geschwindigkeit einen ähnlichen, ebenso gefährlichen

---

[511] OLG Köln NZV 1991, 319.
[512] BGH NZV 1996, 156; 2000, 88; StVE § 315b StGB Nr. 51.
[513] BGH StVE § 315b StGB Nr. 2; OLG Karlsruhe StVE § 315b StGB Nr. 22.
[514] BGHSt 48, 233 = NZV 2003, 488 = SVR 2004, 70.
[515] BGH StVE § 315b StGB Nr. 11 sowie VRS 93, 307 = StVE § 315b StGB Nr. 44a; OLG Koblenz VRS 69, 378.
[516] BGH NStZ 1985, 267.
[517] BGH VRS 56, 141 (142) = StVE § 315b StGB Nr. 8; BGHSt 28, 87 ff. = VRS 55, 431.
[518] Zu Besonderheiten bei der Anklage s. *Blum* VerkehrsstrafR 6. Kap. Rn. 53.

Eingriff dar, wenn etwa der „Mitgenommene" sich nur an den Scheibenwischern festhalten kann.[519] Ein ähnlicher, ebenso gefährlicher Eingriff im Einzelfall kann aber auch beim Mitnehmen eines Fußgängers auf der Kühlerhaube bei geringer Geschwindigkeit **unter besonders gefährlichen Begleitumständen** (zB bei dichtem Verkehr auf einer stark befahrenen Straße) gegeben sein.[520]

„Auto-Surfen" (Mitfahrer legt sich während der Fahrt auf das Autodach) auf **219** einem Feldweg stellt in der Regel keinen gefährlichen Eingriff in den Straßenverkehr dar.[521] Denn die gefährdeten Personen sind Teilnehmer des gefährlichen Eingriffs. Das Fahrverhalten des Täters allein ist nicht verkehrswidrig und gefährlich. Das wird es erst durch das Mitwirken desjenigen, der sich auf das Dach legt. Erst dadurch wird das Fahrzeug zweckentfremdet, und die Fahrt führt für den auf dem Dach Liegenden zu einer Gefährdung. Dieser ist deshalb ebenso wie der Fahrer an dem gefährlichen Unternehmen beteiligt und wäre damit Teilnehmer eines evtl. gefährlichen Eingriffs in den Straßenverkehr. Da aber Teilnehmer nicht von § 315b StGB geschützt werden, fehlt es an einer Gefährdung eines anderen.

IV. Die Tatbestandsvoraussetzungen des § 315b III StGB

§ 315b III StGB, der hinsichtlich der Qualifikationsmerkmale auf § 315 III StGB **220** Bezug nimmt, stellt ein Verbrechen dar. Bei dieser Vorschrift handelt es sich **nicht** um eine bloße Schärfung iSd § 12 III StGB, **vielmehr um einen eigenen Tatbestand.** Allerdings knüpft III an § 315b I StGB an. Es müssen also alle Tatbestandsmerkmale des I verwirklicht sein. Da III von seiner systematischen Stellung *allein* auf I Bezug nimmt, scheidet der Qualifizierungstatbestand des III aus, wenn der Täter etwa die Gefährdung nur fahrlässig herbeigeführt hat. Das gilt erst recht, wenn die Tathandlung des I lediglich fahrlässig verwirklicht wurde.

Die **Verweisung des § 315b III StGB auf § 315 III StGB bezieht sich nur auf die 221 Qualifikationsmerkmale,** nicht aber auch auf den Strafrahmen der letzteren Vorschrift; denn § 315b III StGB enthält einen eigenen Strafrahmen, der vom Strafrahmen des § 315 III StGB abweicht.[522] § 315b III StGB stellt über § 315 III **Nr. 1** StGB unter Strafe, wenn der Täter in der Absicht handelt, einen Unglücksfall herbeizuführen oder eine andere Straftat zu ermöglichen oder zu verdecken. Dem Täter muss es auf diese Erfolge ankommen. **Die beabsichtigten Erfolge müssen aber nicht unbedingt eintreten** (kupiertes Erfolgsdelikt).

Absicht iSd §§ 315b III, 315 III **Nr. 1a** StGB bedeutet, dass der Wille des Täters **222** darauf gerichtet ist, nicht nur eine Gefährdung, sondern einen Schaden herbeizuführen. Erforderlich ist deshalb, dass der Täter einen zielorientierten unbedingten direkten Vorsatz (sog. dolus directus ersten Grades) hat; von der

---

[519] BGH StVE § 315b StGB Nr. 1.
[520] OLG Köln VRS 53, 184.
[521] OLG Düsseldorf StVE § 315b StGB Nr. 46 = NZV 1998, 76; beachte auch zu dieser Thematik *Saal* NZV 1998, 49.
[522] BGH NZV 2000, 508.

Absicht zu unterscheiden ist das Motiv, das heißt der Beweggrund der Tat.[523] So begeht bspw. derjenige, der ein vor sich fahrendes **Fahrzeug rammt**, um es zum Anhalten zu zwingen, einen gefährlichen Eingriff in den Straßenverkehr zur Herbeiführung eines Unglücksfalles.[524] Der Täter führt durch den zweckwidrigen Einsatz seines Fahrzeugs, nämlich das gezielte Auffahren auf das andere Fahrzeug, absichtlich einen Unglücksfall herbei. Oder es handelt derjenige zugleich in der **Absicht, einen Unglücksfall** herbeizuführen, der nach einem von ihm verursachten Verkehrsunfall das Unfallopfer mit dem von ihm geführten Fahrzeug als „Waffe" angreift, um diesem einen Denkzettel zu verpassen.[525] In dem vom BGH entschiedenen Fall war es durch eine Vorfahrtsverletzung des Täters zunächst zu einem Verkehrsunfall gekommen. Der Geschädigte war beim Anstoß gegen den Traktor des Täters mit seinem Mokick gestürzt. Aus Verärgerung fuhr dann der Täter mit seinem Traktor auf den am Boden liegenden Geschädigten zu und überrollte zunächst das Mokick und anschließend den Geschädigten, der erheblich verletzt wurde. Dass der Geschädigte durch den vorausgegangenen Unfall bereits Opfer eines Unglücksfalles geworden war, schließt den Erschwerungsgrund des § 315 III StGB nicht aus, weil der Täter mit seinem Tun gänzlich andere Folgen und Gefahren für das Opfer herbeiführen wollte.

223 § 315 III Nr. 1b StGB setzt nicht voraus, dass die **andere Straftat**, die der Täter verdecken will, auch tatsächlich begangen worden ist. Das Gesetz stellt die höhere Bestrafung allein auf die Absicht der Verdeckung ab. Die „andere Straftat" ist kein Tatbestandsmerkmal. Es genügt deshalb, dass der Täter irrig glaubt, mit seinem Vorverhalten, das er verdecken will, habe er eine Straftat begangen. Eine **Ordnungswidrigkeit ist jedoch keine Straftat** iSd § 315 III Nr. 1b StGB.[526] Will der Täter also bspw. lediglich eine Ordnungswidrigkeit nach § 24a StVG verdecken, ist der Tatbestand des § 315 III Nr. 1b StGB nicht erfüllt.

224 Bei zweckwidrigem Einsatz eines Kfz gegen Polizeibeamte stellt die **Widerstandsleistung nicht** die Ermöglichung einer anderen Straftat iSd § 315b III StGB dar.[527] Denn der Einsatz des Autos gegen die Beamten ist nicht das Mittel, um die Widerstandshandlung erst zu ermöglichen, sondern vielmehr ist das Verhalten des Täters – etwa das Zufahren auf die Polizeibeamten – bereits die Widerstandshandlung. Verdeckungsabsicht liegt auch nicht schon darin, dass der Täter einen zeitlichen Vorsprung erhalten will, um fliehen zu können.[528] Die §§ 113 und 315b StGB stehen bei dieser Fallkonstellation in Tateinheit zueinander.

225 Weiterhin stellt **§ 315 III Nr. 2 StGB** unter Strafe, wenn der Täter durch die Tat eine **schwere Gesundheitsschädigung eines anderen Menschen oder eine Gesundheitsschädigung einer großen Zahl von Menschen** verursacht. Der BGH[529]

---

[523] OLG München NZV 2006, 46 und 218 = NStZ 2006, 452.
[524] BGH NZV 2001, 265.
[525] BGH StVE § 315b StGB Nr. 28.
[526] BGHSt 28, 93 = VRS 55, 270.
[527] BGH NZV 1995, 285.
[528] OLG Hamm NZV 2008, 261.
[529] BGHSt 44, 175 = NJW 1999, 299.

hat für den Tatbestand des § 306b StGB (Besonders schwere Brandstiftung) bei 14 Personen eines mittelgroßen Hauses angenommen, dass es sich um eine große Zahl von Menschen handelt, wobei der BGH aber ausdrücklich darauf hinweist, dass dieses Merkmal einer tatbestandsspezifischen Auslegung bedarf. Unter welchen Voraussetzungen bei § 315b StGB bei einer tatbestandsspezifischen Auslegung eine große Zahl angenommen werden kann, ist in der Literatur umstritten. Man wird von der üblichen Sitzplatzzahl eines durchschnittlichen Reisebusses (ca. 50 Personen) ausgehen müssen. Eine **schwere Gesundheitsschädigung** ist jedenfalls immer dann zu bejahen, wenn intensivmedizinische Maßnahmen oder umfangreiche und langwierige Rehabilitationsmaßnahmen zur Wiederherstellung der Gesundheit und/oder zur sonstigen Beseitigung der Tatfolgen notwendig sind.[530]

V. Konkrete Gefährdung bei § 315b StGB

Im Rahmen des § 315b StGB ist stets eine konkrete Gefährdung anderer Menschen oder fremder Sachen von bedeutendem Wert erforderlich. Insoweit stellen sich die gleichen Fragen und Probleme wie bei § 315c StGB, zumal die beiden Tatbestände hinsichtlich dieses Merkmals übereinstimmen. Zur Vermeidung von Wiederholungen wird deshalb weitgehend auf die Ausführungen bei § 315c StGB verwiesen. **226**

Zwar muss man, um eine ausufernde Anwendung des § 315b I StGB zu verhindern, **strenge Anforderungen an die Feststellung einer konkreten Gefahr** stellen. Das Vorliegen einer hochgradigen Existenzkrise für die bedrohten Rechtsgüter muss durch präzise und nachvollziehbare Feststellungen belegt werden. Jedoch dürfte die Verwendung von eher wertenden Begriffen (wie Notbremsung, Vollbremsung, scharfes, abruptes bzw. starkes Bremsen) zur plausiblen Umschreibung der brisanten Situation im Einzelfall ausreichen. Man darf grundsätzlich einem Zeugen die Fähigkeit nicht absprechen, eine gefährliche Verkehrssituation mit wertenden Begriffen nachvollziehbar zu beschreiben.[531] Eine andere Ansicht würde die Fähigkeit insbesondere gefährdeter Zeugen, genau wertende Angaben über eine Verkehrssituation zu machen, abwerten, und zugleich würde bei einer solchen engen Auffassung die prozessuale Situation eines Verkehrsteilnehmers, der sich offensichtlich und gefährdend verkehrswidrig verhalten hat, ohne gesetzliche Grundlage deutlich verbessert. Es dürfte in einer kritischen Situation nämlich für viele Zeugen unmöglich sein, etwa den Abstand der Fahrzeuge in genauer Meterangabe zu benennen. Der Ausgleich zwangsläufig nicht genauer Sachverhalts-Angaben mit Hilfe wertender Begriffe muss nach der StPO nicht durch die Anhebung der Anforderungen an die Sachverhalts-Schilderung, sondern durch die freie Beweiswürdigung des Richters erfolgen (§ 261 StPO). **227**

Der Tatbestand des § 315b I Nr. 3 StGB setzt eine **kausale Verknüpfung zwischen dem Fahren als gefährlichem „Eingriff" und der Gefährdung bzw. Schädigung** **228**

---

[530] BGH NStZ-RR 2007, 304 (306).
[531] BGH NZV 1995, 325; OLG Fankfurt a.M. NZV 1994, 365 (366); aA OLG Düsseldorf NZV 1994, 37.

des Opfers voraus.[532] Stößt etwa der Täter während der Fahrt einen Fahrgast aus seinem Wagen, dann erschöpft sich möglicherweise der „Eingriff" in der Gefährdung bzw. Schädigung des Opfers. Der Tatbestand des § 315b I Nr. 3 StGB ist nicht erfüllt. Dieses Ergebnis wird durch den Strafgrund der Vorschrift des § 315b StGB gestützt, durch die in erster Linie die Sicherheit des Straßenverkehrs allgemein und lediglich nebenbei auch die individuellen Rechtsgüter geschützt werden. Der Tatbestand des § 315b I Nr. 3 StGB ist nur gegeben, wenn die konkrete Gefahr auf einen infolge der **Einwirkung des Täters regelwidrig ablaufenden Verkehrsvorgang** zurückzuführen ist.[533] So sind die Voraussetzungen des § 315b I Nr. 3 StGB zu verneinen, wenn ein Täter in einem **stehenden** Bus Benzin ausgießt, den Fahrer und andere Fahrgäste bespritzt und anschließend mit einem Einwegfeuerzeug droht, das Benzin zu entzünden.

229 Das OLG Köln[534] verlangt, dass die Annahme einer vorsätzlichen Gefährdung insbesondere dann näherer Begründung bedarf, wenn die Gefährdung des nachfolgenden Fahrzeugs **zugleich eine Gefährdung des Angeklagten selbst** darstellt. Ganz nachvollziehbar ist diese Ansicht nicht. § 315b StGB ist ein konkretes Gefährdungsdelikt. Der Vorsatz des Täters – wobei bedingter Vorsatz ausreicht – muss sich **nur auf die Gefährdung** eines anderen Menschen oder fremder Sachen von bedeutendem Wert erstrecken. Den Eintritt eines Schadens braucht der Täter nicht in seinen Vorsatz aufzunehmen, weil ein Schadenseintritt für die Tatbestandserfüllung gar nicht erforderlich ist. Das Gericht hegt **Zweifel an einer bewussten Selbstgefährdung** des Täters. Die Realität auf unseren Straßen sieht aber anders aus. Viele Autofahrer nehmen mit ihrer Fahrweise bewusst ein Risiko in Kauf. Jeder weiß, dass überhöhte Geschwindigkeit eine Hauptunfallursache ist und demnach mit erheblichen Gefahren auch für die eigene Person verbunden ist. Trotzdem gehören Geschwindigkeitsüberschreitungen zu den häufigsten Verkehrsverstößen. Außerdem verlangt § 315b StGB nur die Gefährdung anderer Menschen oder fremder Sachen von bedeutendem Wert. Der Täter braucht folglich die Gefährdung seiner eigenen Person gar nicht in seinen Vorsatz aufzunehmen; er braucht sich – und so wird es auch häufig sein – hinsichtlich seiner eigenen Person gar keine Gedanken zu machen.

230 Die Frage, inwieweit **Tatteilnehmer von § 315b StGB geschützt** werden, wurde schon im Zusammenhang mit § 315c StGB erörtert. Hingewiesen sei an dieser Stelle nur auf die Entscheidungen des BGH,[535] wonach ein gefährlicher Eingriff in den Straßenverkehr nicht vorliegt, wenn durch einen absichtlich herbeigeführten Zusammenstoß zweier Kfz lediglich die Tatteilnehmer und von ihnen mitgeführte Sachen von bedeutendem Wert gefährdet worden sind.[536] Bei dieser Fallkonstellation handeln die Beteiligten einverständlich, sie führen somit beide den Unfall selbst herbei und keiner von ihnen wird dadurch überrascht, die Ver-

---

532 BGH NZV 1998, 36 = BGH bei *Tolksdorf* DAR 1998, 172 = StV 1999, 317.
533 BGH VRS 93, 306 = StVE § 315b StGB Nr. 45.
534 NZV 1992, 80.
535 NZV 1991, 157 = StVE § 315b StGB, Nr. 33 sowie in NZV 1992, 326 = NStZ 1992, 233; NZV 1995, 115; 1999, 172; NStZ-RR 2008, 289; NStZ 2012, 700; OLG Düsseldorf NZV 1998, 76.
536 BGH NZV 1991, 157.

kehrsgefahr also nicht vom Zufall bestimmt. Deshalb kann durch einen solchen Zusammenstoß die Sicherheit des Straßenverkehrs nicht gefährdet werden.

Nach teilweise vertretener Ansicht[537] gehören zu den fremden Sachen von be- **231** deutendem Wert – sofern fremdes Eigentum besteht – sowohl betriebsfremde Sachen als auch Betriebs- und Beförderungsgegenstände sowie das Beförderungsmittel selbst, von dem die Gefahr ausgeht. Eine Unterscheidung danach, ob das vom Täter geführte Fahrzeug nur Mittel der Tat, aber nicht selbst Schutzgegenstand ist, ist hier im Gegensatz zu § 315c StGB nach dieser Meinung in der Regel nicht durchführbar, weil auch das einzelne Beförderungsmittel grundsätzlich Schutzgegenstand ist. Für § 315b StGB kommt es auf die **Eigentumsverhältnisse** an dem vom Unfallverursacher geführten Fahrzeug **nicht** an. Nach einer Gegenmeinung wird wie bei § 315c StGB das vom Täter benutzte fremde Fahrzeug nicht geschützt, weil auch bei § 315b StGB geschütztes Rechtsgut die Sicherheit des Straßenverkehrs ist.[538] Dabei wird jedoch verkannt, dass das dem Täter nicht gehörende Fahrzeug bei dieser Fallkonstellation nicht unbedingt notwendiges Mittel zur Tatausführung sein muss (im Gegensatz zu § 315c StGB). Der Täter kann das Hindernis für den Straßenverkehr auf vielfältige Weise auch ohne Fahrzeug bereiten. Damit fällt die Argumentation, die bei § 315c StGB gebraucht wird, in wesentlichen Teilen fort. Anders mag es in den Fällen sein, in denen der Täter das Fahrzeug im fließenden Verkehr in verkehrsfeindlicher Absicht einsetzt.

C. Der subjektive Tatbestand, der Versuch sowie die tätige Reue

§ 315b I StGB entspricht im subjektiven Bereich dem § 315c I StGB, der ebenfalls **232** sowohl **hinsichtlich der Handlung** als auch **bezüglich der konkreten Gefährdung Vorsatz** verlangt (§ 15 StGB). Der Vorsatz muss sich nur auf den Eintritt der Gefährdung, nicht aber auf den Eintritt einer Schädigung erstrecken, weil zum Tatbestand nur der Gefährdungseintritt gehört.[539] Etwas anderes mag für die Eingriffe im fließenden Verkehr in verkehrsfeindlicher Gesinnung gelten. § 315b IV StGB gleicht dem § 315c III Nr. 1 StGB. Bei dieser Alternative sind **hinsichtlich der Handlung Vorsatz** und **bezüglich der konkreten Gefährdung Fahrlässigkeit** erforderlich bzw. ausreichend. Insgesamt aber handelt es sich um ein Vorsatzdelikt (§ 11 II StGB). Die Behandlung der Vorsatz-Fahrlässigkeits-Kombination als Vorsatztat ist unter anderem bedeutsam für Tatteilnehmer. Schließlich gibt es in § 315b **V** StGB wie bei § 315c (Abs. 3 Nr. 2) StGB die reine **Fahrlässigkeitsform**.

In § 315b StGB ist noch eine vierte Kombination geregelt. § 315b **III** StGB, der **233** insoweit auf § 315 III StGB verweist, verlangt bei Nr. 1 **hinsichtlich der dortigen Merkmale Absicht.** Bezüglich der übrigen Tatbestandsmerkmale – also der in Abs. 1 genannten – **reicht bedingter Vorsatz** aus, jedoch ist Vorsatz sowohl hinsichtlich der Handlung als auch hinsichtlich der Gefährdung notwendig, weil Abs. 3 von seiner systematischen Stellung her (nur) an den Abs. 1 anknüpft.

---

[537] *Fischer* StGB § 315 Rn. 16.
[538] BGH NZV 1999, 172 = NStZ-RR 1999, 120 = StV 1999, 317.
[539] BGHSt 22, 67 (73) = VRS 34, 361 (365).

234 In den Fällen des Abs. 3 (Verbrechen) ist der **Versuch** stets strafbar (§ 23 I StGB). Dagegen gibt es bei reinen Fahrlässigkeitstaten keinen Versuch, weil nach der Definition des § 22 StGB der Versuch eine Vorstellung des Täters von der Tat und damit Vorsatz voraussetzt. Nach hM[540] bezieht sich die Versuchsregelung in § 315b II nur auf die Fälle des Abs. 1. Aus der systematischen Stellung in Abs. 2 lässt sich folgern, dass der Versuch **in den Fällen des Abs. 4** nicht strafbar sein soll.

235 In § 320 StGB ist für § 315b StGB die Möglichkeit der **tätigen Reue** geregelt. Bei den **Vorsatzformen** des § 315b StGB (Abs. 1, 3 und 4) kann das Gericht nach § 320 II StGB die angedrohte Strafe nach seinem Ermessen mildern (§ 49 II StGB) oder von Strafe absehen (dh es erfolgt ein Schuldspruch ohne Strafausspruch), in den Fällen des Abs. 3 jedoch nur in Verbindung mit § 315 III Nr. 1 StGB. Bei der Nr. 2 scheidet schon aus logischen Gründen eine tätige Reue aus, weil der Tatbestand der Nr. 2 den Eintritt eines erheblichen Schadens (… schwere Gesundheitsschädigung pp. …) voraussetzt. Bei einer **Fahrlässigkeitstat** (§ 315b V StGB) führt die tätige Reue stets zur Straffreiheit (§ 320 III StGB). In beiden Fällen – also sowohl bei § 320 II als auch bei Abs. 3 StGB – ist jedoch Voraussetzung, dass der Täter freiwillig die Gefahr abwendet, bevor ein erheblicher Schaden entsteht. Der **„bedeutende Wert" iSv § 315b I** (bzw. § 315c I) StGB meint wesentlich mehr als „erheblich"[541]. Für die Erheblichkeit des Schadens kommt es nicht auf die (absolute) Schadenshöhe, sondern auf das Ausmaß der Beschädigung des Schutzobjekts an. Soweit teilweise[542] die Ansicht vertreten wird, der erhebliche Schaden entspreche dem bedeutenden Wert der Sache, ist dem nicht zuzustimmen, weil der eingetretene Schaden hinter dem Sachwert zurückbleiben kann. Der Gesetzgeber wollte dem Täter mit der tätigen Reue eine goldene Brücke bauen, wenn der Täter nach Eintritt der konkreten Gefährdung – also nach Vollendung des Tatbestandes (vor Vollendung käme Rücktritt vom Versuch gem. § 24 StGB in Betracht) – einen „erheblichen" Schaden verhindert. Bei der Verletzung von Personen wird ein erheblicher Schaden immer anzunehmen sein, sofern die Verletzung nicht ganz geringfügig ist. Wird **ohne Zutun des Täters** die Gefahr oder der Erfolg abgewendet, so genügt nach § 320 IV StGB sein freiwilliges und ernsthaftes Bemühen, dieses Ziel zu erreichen. Neben den Fällen der tätigen Reue gibt es – sofern ein Versuch des § 315b StGB vorliegt – auch den **Rücktritt vom Versuch**, der – wenn die Voraussetzungen gegeben sind – stets zur Straffreiheit führt (vgl. § 24 StGB). Deshalb geht er der tätigen Reue vor. Bei der tätigen Reue bleibt eine **Strafbarkeit nach anderen Vorschriften unberührt**. Eine Bestrafung wegen anderer tateinheitlich begangener Delikte kommt also noch in Betracht.

---

[540] OLG Düsseldorf NZV 1994, 486 = StVE § 315b StGB Nr. 38.
[541] Vgl. *Fischer* StGB § 314a Rn. 3.
[542] Schönke/Schröder/*Heine* § 314a Rn. 9.

7. Kapitel. Die Nötigung

236

Prüfungsschema zur Nötigung

1. Objektiver Tatbestand: einen anderen Menschen zu einer Handlung, Duldung oder Unterlassung nötigen
   a) mit Gewalt (Gewalt beinhaltet eine gewisse Absicht) oder
   b) mit Drohung mit einem empfindlichen Übel
2. subjektiver Tatbestand (zumindest bedingter Vorsatz erforderlich
3. Rechtswidrigkeit
   a) Allgemeine Rechtfertigungsgründe (Reihenfolge! Eine gerechtfertigte Handlung kann nicht verwerflich iSd Abs. 2 sein.)
   b) Mittel-Zweck-Relation (Abs. 2)
4. Schuld
5. Ergebnis

A. Einleitung

Obwohl die Nötigung nicht zu den eigentlichen Straßenverkehrsdelikten ge- **237** hört, spielt sie im Verkehrsbereich eine bedeutende Rolle, bspw. beim Erzwingen bzw. Verhindern des Überholens oder beim „Kampf um die Parklücke". Aber auch andere Nötigungshandlungen auf unseren Straßen sind denkbar und gewinnen in der Praxis an Bedeutung. **Geschütztes Rechtsgut** ist die Freiheit der Willensentschließung und Willensbetätigung des zu Nötigenden, auf die **mit Gewalt oder durch Drohung** mit einem empfindlichen Übel eingewirkt wird. Wird auf die Willensfreiheit des Opfers etwa mit List oder Täuschung Einfluss genommen, wird dies jedenfalls **nicht** von § 240 StGB erfasst. Im Einzelfall greifen andere Vorschriften ein (zB Betrug gem. § 263 StGB). Im Bereich des Straßenverkehrs trifft die Nötigung bisweilen unter anderem mit § 113 StGB **(Widerstand gegen Vollstreckungsbeamte)** zusammen. Sofern Polizeibeamte oder andere Amtsträger (bzw. sonstige Personen iSd § 114 StGB) von der Nötigungshandlung betroffen sind, sollte man regelmäßig **zunächst die Voraussetzungen des § 113 StGB prüfen**. Denn jede Widerstandshandlung verfolgt zugleich den Zweck, den Amtsträger rechtswidrig zu einer Duldung oder Unterlassung zu nötigen. Daher ist § 113 StGB gegenüber § 240 StGB das speziellere Gesetz und deshalb allein anzuwenden.[543] **§ 113 StGB stellt eine Privilegierung gegenüber § 240 StGB** dar. Der Grund für die Privilegierung ist der bei dem Betroffenen durch die Konfrontation mit der Staatsmacht leicht entstehende Affekt. Andererseits gilt § 240 II StGB für § 113 StGB nicht. Das Gesetz sieht eine derartige Nötigung gegenüber einem rechtmäßigen staatlichen Akt stets als rechtswid-

---

[543] BGHSt 30, 235 (236) = NJW 1982, 190; BGHSt 48, 233 (238) = NZV 2003, 488 = SVR 2004, 70; BGH VRS 35, 174 (175); 50, 94 (96); KG VRS 11, 198; OLG Koblenz DAR 1980, 348.

rig an. Ob die **Bedrohung** (§ 241 StGB), die grundsätzlich hinter der Nötigung zurücktritt, Bestand neben § 113 StGB haben kann, ist umstritten. Teilweise[544] wird vertreten, § 113 StGB entfalte keine Sperrwirkung gegenüber § 241 StGB, weil diese Norm individualschützenden Charakter habe. Der **Versuch** ist bei der Nötigung unter Strafe gestellt (§ 240 III StGB).

I. Der Gewaltbegriff des § 240 I StGB

238 Die erste Tatbestandsalternative erfordert als Nötigungsmittel „Gewalt". **Gewalt** ist der physisch vermittelte Zwang zur Überwindung eines geleisteten oder erwarteten Widerstandes. Der Gewaltbegriff ist in der Rspr. teilweise unterschiedlich ausgelegt worden. So hatte der BGH[545] zeitweise einen vergeistigten, entmaterialisierten Gewaltbegriff vertreten und den Schwerpunkt vom äußeren Täterverhalten auf die körperliche Zwangseinwirkung beim Tatopfer verlagert. Es sollte ausreichen, wenn der Täter mit nur geringem körperlichen Kraftaufwand einen psychisch determinierten Prozess in Lauf setzt (zB Menschen setzen sich bei einem Sitzstreik auf die Straße und bringen damit den Verkehr zum Erliegen). In jedem Menschen besteht eine Hemmschwelle, andere Menschen zu überfahren. Für die Autofahrer besteht im Beispielsfall somit ein unwiderstehlicher Zwang. Sie sind also genötigt, ihre Fahrt nicht fortzusetzen. Dieser vergeistigte Gewaltbegriff ist durch das BVerfG[546] als zu weitgehend – und damit als Verstoß gegen Art. 103 II GG – beanstandet worden. Das BVerfG verlangt für die Bejahung von Gewalt iSd § 240 StGB eine **körperliche Kraftentfaltung** auf Seiten des Täters. Die **bloße Anwesenheit** einer Person oder einer Sache reicht alleine nicht aus, es sei denn, die Sache stellt ein **unüberwindbares** Hindernis dar. Aus verfassungsrechtlicher Sicht ist es nicht erforderlich, dass die Kraftentfaltung des Täters eine bestimmte Intensität besitzen muss. Geringfügige körperliche Energie kann für die Annahme von Gewalt ausreichen.[547]

II. Die Drohung mit einem empfindlichen Übel

239 Eine weitere Tatbestandsalternative des § 240 I StGB ist die **Drohung** mit einem empfindlichen Übel. Drohung ist das In-Aussicht-Stellen eines zukünftigen Übels, auf dessen Eintritt der Drohende sich Einfluss zuschreibt. Zum Begriff der Drohung gehört es, dass der Drohende das in Aussicht gestellte Übel – wirklich oder angeblich – selbst herbeiführen will oder – wenn das durch einen Dritten geschehen soll – dass in dem Bedrohten die Vorstellung erweckt werden soll, der Drohende könne und wolle den Dritten in der angegebenen Richtung beeinflussen.[548] Von der Drohung zu unterscheiden ist die bloße **Warnung**. Von einer Warnung spricht man, wenn jemand auf die Gefahren eines bestimmten Verhaltens oder auf ein damit verbundenes Übel hinweist, dessen Eintritt von

---

[544] ZB *Schmid* JZ 1980, 56 (58); aA RGSt 54, 206; BGH bei *Dallinger* MDR 1973, 902; NJW 1990, 1055.
[545] BGHSt 23, 46 (54) = NJW 1969, 1770.
[546] BVerfG NJW 1995, 1141 = JZ 1995, 778.
[547] BVerfGE 104, 92 (102) = NJW 2002, 1031; BVerfG NJW 2007, 1669.
[548] BGHSt 16, 386 (387) = NJW 1962, 596.

seinem Willen oder Einfluss unabhängig ist.[549] Hinter einer Warnung kann sich aber auch eine Drohung verbergen. Deshalb kommt es nicht in erster Linie auf den Wortlaut an, sondern auf den Sinn der betreffenden Äußerung. Gleichgültig ist, ob die Drohung ausführbar ist und ob der Drohende sie verwirklichen will. Entscheidend ist nur, dass sie den **Anschein der Ernsthaftigkeit** erweckt und dass der Bedrohte ihre Verwirklichung wenigstens für möglich halten soll. Falls die Drohung dem Genötigten als Übel erscheint, ist es unerheblich, ob sich dessen Verwirklichung gegen einen Dritten oder sogar gegen den Täter selbst richtet (zB Drohung der Selbstverbrennung des Täters). **Empfindlich ist ein Übel** mindestens dann, wenn eine erhebliche Einbuße an Werten zu besorgen ist und der drohende Verlust geeignet ist, einen besonnenen Menschen zu dem mit der Drohung erstrebten Verhalten zu bestimmen.[550] Die Drohung ist ein Inaussichtstellen eines **künftigen** Übels, während die Gewalt in Form der vis compulsiva eine **gegenwärtige** Übelzufügung beinhaltet. Die Einengung des Gewaltbegriffs durch das BVerfG führt möglicherweise auch in der Rspr. wieder zu klareren Grenzziehungen. Während also die Übelzufügung bei der Drohung nur als zukünftig in Aussicht gestellt wird, ist sie im Falle der vis compulsiva bereits gegenwärtig. Denkbar sind Überschneidungen zwischen beiden Alternativen. Der Drohung dürfte in derartigen Fällen nur subsidiäre Bedeutung zukommen.[551]

III. Die Rechtswidrigkeit

Es fällt auf, dass in § 240 II StGB – anders als bei anderen Straftatbeständen – **240** eine besondere Regelung der Rechtswidrigkeit enthalten ist. Man spricht bei der Nötigung deshalb von einem sog. **„offenen Tatbestand"**. Bei den meisten sonst bekannten Strafnormen indiziert die Erfüllung des Tatbestandes die Rechtswidrigkeit, dh wer einen bestimmten Straftatbestand verwirklicht, verstößt damit automatisch gegen die bestehende Rechtsordnung, sofern ihm nicht irgendwelche Rechtfertigungsgründe (bspw. Notwehr, rechtfertigender Notstand, Einwilligung) zur Seite stehen. Dagegen ist bei der Nötigung die Rechtswidrigkeit positiv festzustellen (s. § 240 II StGB). Sie wird also nicht durch die Verwirklichung des Tatbestandes indiziert. Diese Ausnahme vom allgemeinen Verbrechensaufbau ist geboten, weil angesichts der Weite der Tatbestandsbeschreibung in Abs. 1 zahlreiche, im täglichen Umgang der Bürger miteinander als sozialadäquat empfundene Verhaltensweisen erfasst werden (etwa Arbeitgeber droht dem Arbeitnehmer die Kündigung an, falls er weiterhin ständig verspätet am Arbeitsplatz erscheine; Vater kündigt der minderjährigen Tochter Stubenarrest an, falls sie nicht zur vereinbarten Zeit zuhause sei). Ohne die Regelung des § 240 II StGB stünde dem eine die Rechtswidrigkeit ausschließende Gegennorm nicht entgegen.[552] Das Wort **„rechtswidrig"** in § 240 I StGB umschreibt nicht einen zum gesetzlichen Tatbestand gehörenden Tatumstand und ist mithin **kein Tatbestandsmerkmal**, sondern allgemeines Verbrechens-

---

549 BGH NJW 1957, 596 (598); NStZ 2009, 692.
550 OLG Hamm NJW 1957, 1081.
551 BGHSt 23, 46 (54) = NJW 1969, 1770.
552 BGHSt 35, 270 (275, 279).

merkmal.[553] In der Literatur wird dagegen teilweise der Standpunkt vertreten, das Verwerflichkeitserfordernis des § 240 II StGB sei nicht ein allgemeines Rechtswidrigkeitsmerkmal, sondern eine Ergänzung des Tatbestandes. Bedeutung hat dieser Meinungsstreit vor allem bei Irrtumsfragen. Wenn man nämlich das Wort „rechtswidrig" in § 240 I StGB nicht als Tatbestandsmerkmal, sondern als allgemeines Verbrechensmerkmal ansieht, stellt zB die irrige Annahme eines Detektivs, von ertappten Ladendieben eine Bearbeitungsgebühr fordern zu dürfen, einen Verbotsirrtum dar. Anerkanntermaßen schließt aber nur ein unvermeidbarer Verbotsirrtum den Vorwurf der Schuld aus[554] (§ 17 StGB). Die eben erwähnte Literaturmeinung müsste dagegen zu einem Tatbestandsirrtum kommen mit der in § 16 I StGB geregelten Konsequenz, nämlich dass der Täter nicht vorsätzlich handeln würde. Da bei § 240 StGB eine fahrlässige Begehungsweise nicht unter Strafe gestellt ist, wäre das Verhalten des Täters straflos.

> **Hinweis:** Die Voraussetzungen des § 240 II StGB sind erst und nur dann zu prüfen, wenn kein allgemeiner Rechtfertigungsgrund eingreift, weil gerechtfertigte Handlungen nicht verwerflich iSd § 240 II StGB sein können.

241 Nach § 240 II StGB ist eine Nötigungshandlung dann rechtswidrig, wenn die Gewaltanwendung oder die Drohung zu dem angestrebten Zweck in einem derartigen Missverhältnis stehen, dass sie als verwerflich, dh sozialethisch missbilligenswert anzusehen sind. Man darf die Rechtswidrigkeit der Nötigung nicht nur im angewandten (Zwangs-)Mittel oder in dem angestrebten Zweck suchen, vielmehr muss man beide zueinander in Beziehung (Relation) setzen. Die **Mittel-Zweck-Relation,** also die Verknüpfung zwischen dem Mittel der Gewalt oder der Drohung und dem Nötigungszweck muss verwerflich sein. Für die Frage der Rechtswidrigkeit iSd § 240 II StGB kommt es darauf an, ob das Mittel der Willensbeeinflussung im Hinblick auf den erstrebten Zweck als anstößig anzusehen ist.[555] Hierbei hat der Richter auf das Rechtsempfinden des Volkes zu achten.[556] Das rechtlich Verwerfliche ist also nicht einseitig in dem angewandten Mittel oder in dem angestrebten Zweck, sondern in der Beziehung beider zueinander zu suchen. Die Verquickung des Mittels der Gewalt oder der Drohung mit dem durch die Nötigung angestrebten Zweck muss nach allgemeinem Urteil sittlich zu missbilligen sein. Der Begriff der Verwerflichkeit knüpft damit an sozialethische Wertungen an.[557]

IV. Der subjektive Tatbestand

242 Grundsätzlich ergibt sich aus dem Wortlaut des § 240 I StGB, dass im subjektiven Bereich bedingter Vorsatz ausreichend ist. Jedoch wird nach verbreiteter Ansicht hinsichtlich des abgenötigten Verhaltens bei der Alternative „Gewalt" Absicht im Sinne von zielgerichtetem Handeln verlangt. Das wird teilweise aus

---

[553] BGHSt 2, 194 (195, 196) = NJW 1952, 593.
[554] OLG Braunschweig NJW 1976, 60 (62).
[555] BGHSt 5, 254 (256) = NJW 1954, 565.
[556] BGHSt 1, 86.
[557] BGHSt 17, 328 (331) = NJW 1962, 1923.

dem Gewaltbegriff hergeleitet. Eine andere Meinung argumentiert damit, dass in § 240 II StGB auf den „angestrebten Zweck" abgestellt wird.[558]

B. Die Nötigung im Bereich des Straßenverkehrs

Eine Nötigung im Straßenverkehr liegt vor, wenn mit der Gewalt eines Fahr- **243** zeugs mittels verkehrswidriger Fahrweise andere Verkehrsteilnehmer mutwillig gezwungen werden, nicht so zu fahren, wie sie wollen und wie die Verkehrslage es zulässt, sofern diese Fahrweise gegenüber dem angestrebten Zweck sittlich zu missbilligen ist und ein als Vergehen strafwürdiges Unrecht darstellt.[559] Um es deutlich hervorzuheben: Der Tatbestand der Nötigung setzt **keine** konkrete Gefährdung anderer voraus, jedoch ist deren **konkrete Gefährdung ein starkes Indiz für die Frage der Verwerflichkeit**, weil nach unserer Rechtsordnung die Gefährdung anderer Menschen stets zu missbilligen ist. Teilweise wird die Meinung vertreten, **§ 240 StGB sei im Bereich des Straßenverkehrs grundsätzlich nicht anwendbar**, weil neben den Verkehrsordnungswidrigkeiten die Verkehrsstraftaten abschließend im Gesetz geregelt seien. Diese Auffassung verkennt jedoch, dass die Nötigung im Gegensatz zu manchen Verkehrsdelikten eine Erfolgsstraftat ist. Ihr Tatbestand setzt vorsätzlichen Zwang auf den Genötigten voraus, der dadurch zu einer Handlung, Duldung oder Unterlassung veranlasst werden soll. Schon dadurch unterscheiden sich die Straftatbestände wesentlich voneinander. Das Tatbestandsmerkmal der Rücksichtslosigkeit im § 315c I Nr. 2 StGB kennzeichnet die Verkehrsgesinnung des Täters. Der Begriff „verwerflich" im Tatbestand des § 240 StGB richtet sich dagegen nach objektiven Maßstäben, nämlich danach, ob die Nötigungshandlung zu dem erstrebten Zweck sittlich zu missbilligen ist. Die Nötigung enthält also Unrechtsmerkmale, welche die Vorschrift des § 315c StGB nicht erfasst.[560] Daher ist der Tatbestand der Nötigung auch im Bereich des Straßenverkehrs anwendbar. Damit ist aber auch klar, in welchem **Konkurrenzverhältnis die Nötigung zu den (anderen) Verkehrsstraftatbeständen** steht, nämlich ggf. in Tateinheit (§ 52 StGB).

I. Allgemeine Grundsätze

Zurückhaltung ist geboten, in jedem **verkehrswidrigen Verhalten – selbst wenn** **244** **es vorsätzlich ist** – schon eine Gewaltanwendung iSd § 240 I StGB zu erblicken.[561] Eine Verneinung der Gewalt **schließt den objektiven Tatbestand aus**. Nicht jede geringfügige, durch Fahrverhalten bedingte Einwirkung auf einen anderen Autofahrer kann als Anwendung von Gewalt verstanden werden, sondern der **Gewaltbegriff verlangt eine gewisse Intensität und Dauer der Einwirkung.**[562]

---

[558] OLG Düsseldorf NStZ 2008, 38.
[559] OLG Köln VerkMitt. 1979, 64 Nr. 78 = StVE § 240 StGB Nr. 5.
[560] BGHSt 19, 263 (267) = NJW 1964, 1426; OLG Köln VRS 44, 16; OLG Celle StVE § 240 StGB Nr. 10 = VRS 68, 43; OLG Koblenz NZV 1993, 403 (404).
[561] OLG Düsseldorf NJW 2007, 3219 = NZV 2007, 585 = NStZ 2008, m. krit. Anm. *König* NZV 2008, 46; OLG Koblenz bei *Himmelreich/Halm* NStZ 2011, 440 (443).
[562] OLG Köln NZV 2006, 386 (387) mwN; beachte auch OLG Köln NZV 2000, 99 = VRS

Wenn bereits das Abbremsen eines Autofahrers, der in eine Parklücke einfahren will, und der dadurch nachfolgende Fahrzeugführer zu einer Verringerung ihrer Geschwindigkeit zwingt, Gewalt darstellen würde, dann würde das zu einer unangemessenen Ausdehnung des Tatbestandes des § 240 StGB führen. An einer **Nötigung** im Straßenverkehr dürfte es jedenfalls in aller Regel dann **fehlen, wenn die Gefahr verhältnismäßig gering und der bedrängte Verkehrsteilnehmer ihr nicht ausgeliefert ist.** Eine bedrängende Fahrweise durch **einmaliges kurzzeitiges Näherkommen** eines nachfolgenden Fahrzeuges auf der Autobahn kann nur unter ganz besonderen Umständen eine Gewaltanwendung iSd § 240 StGB darstellen.[563]

245 Auf jeden Fall ist aber nicht schon jede Verkehrszuwiderhandlung, soweit sie als nötigendes Verhalten in Erscheinung tritt, bereits verwerflich. Damit ist sie **nicht rechtswidrig** iSd § 240 II StGB. Bei bloßen Verkehrsordnungswidrigkeiten, die schon ihrem Rechtscharakter nach nicht als sozialethisch verwerfliches Handeln eingeordnet sind, wird im allgemeinen Zurückhaltung geboten sein. So ist zB nicht jede beabsichtigte Behinderung eines anderen Verkehrsteilnehmers, die als Ordnungswidrigkeit geahndet werden kann und unter Umständen nur ein geringes Ausweichmanöver verlangt, sittlich so missbilligenswert, sozial so unerträglich, dass sie als verwerflich betrachtet werden müsste.[564] Das entscheidende **Abgrenzungskriterium** liegt in dem Zweck, den der Täter mit seiner verkehrswidrigen Fahrweise verfolgt. Wer einen anderen durch vorsätzliche Verletzung der Vorfahrt zum Bremsen nötigt, handelt in der Regel seines eigenen schnelleren Fortkommens wegen; ebenso ist denkbar, dass der Täter einen anderen am Überholen hindert, um selbst schneller voranzukommen. Derartige bloß rücksichtslose Autofahrer machen sich in aller Regel nicht nach § 240 StGB wegen Nötigung strafbar, denn die Einwirkung ihres Fahrverhaltens auf andere Verkehrsteilnehmer ist im Zweifel nicht der Zweck ihres Handelns, sondern nur die in Kauf genommene Folge ihrer Fahrweise.[565] Solche Verhaltensweisen sind grundsätzlich als Ordnungswidrigkeit nach den entsprechenden Vorschriften der StVO zu ahnden, soweit nicht § 315c I Nr. 2 StGB eingreift. War dagegen die **Behinderung des anderen der eigentliche Zweck der verbotenen Fahrweise**, dann dürfte eine Nötigung zu bejahen sein. Diese Differenzierung kann man daraus herleiten, dass dem Begriff der Gewalt eine gewisse Absicht immanent ist. Bei dieser Betrachtungsweise lässt sich ggf. der subjektive Tatbestand, also der Vorsatz verneinen.[566] Teilweise[567] wird erst die Verwerflichkeit (§ 240 II StGB) verneint. Leichter lässt sich in Zweifelsfällen jedoch eine Lösung über die

---

98, 124, wonach keine Nötigung beim Einscheren in eine Fahrzeugkolonne im stockenden Verkehr gegeben ist. Das OLG Köln hat in diesem Falle das Merkmal der Gewalt verneint, weil die Fortbewegung der anderen Verkehrsteilnehmer durch den eingeschränkten Verkehrsfluss ohnehin gehindert wurde; OLG Köln NZV 2013, 454 (455).

[563] OLG Karlsruhe VRS 57, 415 = StVE § 240 StGB Nr. 7.
[564] *Janiszewski* VerkehrsStrafR Rn. 565.
[565] OLG Düsseldorf NJW 2007, 3219 = NZV 2007, 585 = JMBl.NRW 2008, 57.
[566] OLG Brandenburg NZV 2014, 102 = NStZ-RR 2014, 25.
[567] OLG Düsseldorf MDR 1989, 181 = StVE § 240 StGB Nr. 13; OLG Köln NStE § 240 StGB Nr. 27; OLG Stuttgart VRS 35, 438.

Verneinung des Gewaltbegriffs erreichen. Denn wenn man einmal die Gewalt bejaht hat, ist die Ablehnung der Verwerflichkeit iSd § 240 II StGB schwieriger, weil die Anwendung von Gewalt jedenfalls in aller Regel verwerflich ist.

Verkehrsstraftaten (zB nach den §§ 315b I Nr. 2 und 315c I Nr. 2b StGB), die zu **246** einer nicht unerheblichen Gefährdung anderer geführt haben oder führen können, sowie Drohungen mit Körperverletzung oder Tötung oder gar Körperverletzungen selbst wird man häufig als **verwerflich** zu betrachten haben. Zwar ist für die Bejahung einer Nötigung eine (konkrete) Gefährdung anderer nicht erforderlich. Der Täter kann wegen Nötigung bestraft werden, auch wenn er durch sein Verhalten andere nicht gefährdet und keinen über die Verhinderung des Überholens hinausgehenden weiteren Zweck verfolgt.[568] Aber wenn sogar andere Menschen konkret gefährdet worden sind, bestehen in aller Regel bei der Begründung der Verwerflichkeit keine Probleme, denn die Gefährdung anderer Menschen dürfte grundsätzlich sittlich missbilligenswert iSd § 240 II StGB sein. Für den **Prüfungsaufbau** empfiehlt sich daher, eine mögliche Strafbarkeit gem. den §§ 315b, 315c StGB vor der Nötigung zu erörtern. Diese Reihenfolge erleichtert die Ausführungen zur Verwerflichkeit.

Nötigt der Täter das Opfer mit Gewalt, so ist damit **in aller Regel** auch die Ver- **247** werflichkeit des § 240 II StGB erfüllt, weil die tatbestandliche Erweiterung, die zur jetzigen Fassung des § 240 StGB geführt hat, nur die Alternative der Drohung betraf und nur diese Erweiterung die Rechtswidrigkeitsklausel notwendig gemacht hat. Die Gewaltanwendung ist praktisch ein Indiz für die Verwerflichkeit der Nötigung. **Nur ausnahmsweise können besondere Umstände das Verwerflichkeitsurteil ausschließen.**[569] Grundsätzlich lässt sich die Anwendung von Gewalt nicht rechtfertigen. Sie ist sittlich zu missbilligen. Auch etwaige **bloße Belehrungsabsichten** des Täters können die Verwerflichkeit nicht beseitigen. Gegenseitige Verkehrserziehung beruht, soweit sie überhaupt angebracht ist, ausschließlich auf vorbildlicher Fahrweise. Sofern das verkehrswidrige Verhalten des anderen es erfordert, muss man notfalls die Polizei einschalten.[570] Es kann nicht Aufgabe von Verkehrsteilnehmern sein, durch Selbsthilfe andere zu einer richtigen Fahrweise zu zwingen.

II. Die Nötigung bei Überholvorgängen

Gerade bei Überholvorgängen spielt die Nötigung im Bereich des Straßenver- **248** kehrs eine wichtige Rolle. Bei Überholvorgängen sind im Wesentlichen folgende Fallvarianten anzutreffen:

1. Erzwingen des Überholens durch dichtes Auffahren,
2. Verhinderung des Überholens durch Fahrbewegungen und durch Blockieren des Überholstreifens,
3. Schneiden und Ausbremsen eines überholten Verkehrsteilnehmers.

---

[568] BGHSt 18, 389 (393) = NJW 1963, 1629.
[569] BGHSt 23, 46 (54) = NJW 1969, 1770; BGHSt 34, 71 (77).
[570] BGHSt 18, 389 (393) = NJW 1963, 1629.

1. Das dichte Auffahren

249 Dichtes Auffahren auf Autobahnen und Schnellstraßen bei hohen Geschwindigkeiten (wenn der notwendige Sicherheitsabstand grob unterschritten wird) stellt in der Regel eine Gewaltanwendung iSd § 240 I StGB dar, zumal bei zusätzlicher Abgabe von Schall- und Lichtzeichen. Entscheidend sind unter anderem neben den Signalzeichen der Abstand zwischen den Fahrzeugen, die gefahrene Geschwindigkeit, die Annäherungsgeschwindigkeit und die Dauer der bedrängenden Fahrweise.[571] Für die Annahme einer Zwangseinwirkung reicht nicht bereits jede geringfügige, durch das Fahrverhalten bedingte Einwirkung aus, vielmehr ist eine gewisse Intensität erforderlich. Außerdem muss die „Nötigungsabsicht" festgestellt werden. Wer lediglich etwa **aus Unachtsamkeit** dicht auffährt, begeht möglicherweise eine Ordnungswidrigkeit nach den §§ 4 I 1, 49 I Nr. 4 StVO, 24 StVG. Eine Nötigung liegt aber zumindest mangels Vorsatzes darin nicht. Die Einlassung des Täters, man sei nur deshalb dicht aufgefahren, um eine Aufschrift auf dem Heck des vorausfahrenden Fahrzeugs lesen zu können, ist ohne weitere Anhaltspunkte nur schwer zu widerlegen. Sofern nicht andere Umstände hinzukommen, ist dem Täter in aller Regel ein Nötigungsvorsatz nicht nachzuweisen. Es bleibt lediglich die Ordnungswidrigkeit übrig. Ausnahmsweise kann auch **im innerstädtischen Verkehr** trotz der geringeren Geschwindigkeiten im Verhältnis zu Schnellstraßen ein dichtes und bedrängendes Auffahren von solcher Intensität sein, dass sich die Fahrweise des Dränglers als Gewaltanwendung iSd § 240 I StGB darstellt.[572] Das Merkmal der körperlichen Kraftentfaltung liegt in der dynamischen Bewegung des Kfz. Der Unrechtsgehalt ist im Betätigen des Gaspedals zu sehen. In der Regel dürfte jedoch Zurückhaltung geboten sein bei der Bejahung einer Nötigung durch dichtes Auffahren im innerstädtischen Verkehr, weil im Stadtverkehr ohnehin geringere Abstände üblich sind.

> **Hinweis:** Zu der Frage, ob der Tatbestand der Nötigung beim Erzwingen des Überholens durch dichtes Auffahren erfüllt ist, sind insbesondere folgende Kriterien zu beachten:
>
> a) Länge der Fahrtstrecke, über die der Täter dicht auffährt, sowie die Dauer (Im Einzelfall kann ausnahmsweise auch eine kurze Fahrstrecke bzw. Dauer ausreichen, wenn die anderen (folgenden) Voraussetzungen gravierend sind.)
>
> b) Geschwindigkeiten der beteiligten Fahrzeuge (Je höher die Geschwindigkeit, desto bedrohlicher und gefährlicher ist die Situation.)
>
> c) der eingehaltene Abstand (Auch hier kommt es auf den Einzelfall an. Bei geringen Geschwindigkeiten im Stadtverkehr ist ein dichterer Abstand anders zu beurteilen als bei hohen Geschwindigkeiten auf der Autobahn.)
>
> d) die Abgabe von Schall- und Lichtzeichen (auch das Setzen des linken Blinkers)

---

[571] OLG Hamm SVR 2007, 467.
[572] BVerfG NJW 2007, 1669 = NStZ 2007, 397 = NZV 2007, 370; OLG Köln NZV 2006, 386 = NStZ-RR 2006, 280 = DAR 2007, 39 = VRS 110, 412.

e) die Annäherungsgeschwindigkeit des vom Täter benutzten Fahrzeuges (Von einer sehr hohen Annäherungsgeschwindigkeit geht erfahrungsgem. ein stärkerer Nötigungseffekt aus als von einem langsamen Aufschließen des nachfolgenden Fahrzeugs.)

f) abruptes Bremsen erst kurz hinter dem Fahrzeug des Geschädigten

g) eine möglicherweise besondere Gefahrenlage für den Geschädigten und andere Verkehrsteilnehmer. (Eine Gefährdung anderer ist zwar für eine Nötigung nicht erforderlich. Liegt aber eine Gefährdung anderer vor, so ist dies ein starkes Indiz für die Verwerflichkeit iSd § 240 II StGB).

Es sind alle Umstände des jeweiligen Falles zu berücksichtigen.[573]

Bei bedrängender Fahrweise liegt **nicht Nötigung durch Drohung mit einem** 250 **empfindlichen Übel** vor, sondern es kommt nur Nötigung durch Gewaltanwendung in Betracht.[574] Die bedrängende Fahrweise ist nicht die Ankündigung eines künftigen Übels, sondern sie ist bereits Gewaltanwendung. Denn in solchen Fällen wird das Opfer nicht durch das In-Aussicht-Stellen eines künftigen Übels genötigt, sondern durch die Zufügung eines gegenwärtigen Übels, durch die gegenwärtige Einwirkung auf seine Sinne tritt die Nötigung ein.

2. Verhindern des Überholens durch Fahrbewegungen

Ein Autofahrer, der auf einer hinreichend breiten Straße das Überholen eines 251 nachfolgenden Fahrers dadurch verhindert, dass er jedes Mal dann, wenn der Überholwillige zum Überholen ansetzt, nach links ausschert, wendet ebenso Gewalt iSd § 240 I StGB an, wie der Kfz-Führer, der ein (zulässiges) Überholen bewusst dadurch verhindert, dass er mehrfach während eines Überholversuchs seine Geschwindigkeit erhöht und sie, nachdem der Überholende darauf wegen Gegenverkehrs den Überholvorgang abbrechen musste, wieder auf das vorherige Maß herabsetzt.

Problematisch sind die Fälle, in denen jemand durch das **ständige Fahren auf der** 252 **linken Spur** einer Schnellstraße andere Verkehrsteilnehmer am Überholen hindert. Bei dieser Fahrweise bestehen zumindest Zweifel, ob der Tatbestand der Nötigung in Betracht kommt, weil bei dem Verhalten des Vorausfahrenden das Erfordernis der gegen einen anderen gerichteten Aktivität fehlt. Denn dessen Bewegung geht ja gerade in dieselbe Richtung wie die des Hintermannes. Erst durch dessen Bestreben, schneller zu sein, wird aus dem Verhalten des Vordermanns eine Behinderung ganz ähnlich derjenigen bei einer Sitzblockade. Etwas anderes mag gelten, wenn der Täter die ursprünglich eingehaltene Geschwindigkeit verringert, weil dann die Verzögerung gegen den Fahrer des folgenden Fahrzeugs wirkt. Voraussetzung ist aber auch hier eine gewisse Intensität der Beeinträchtigung des anderen. Auch beim Verhindern des Überholens sind Bagatellfälle denkbar, die den Unrechtsgehalt einer strafbaren Nötigung nicht

---

[573] OLG Köln NZV 2013, 454 (456).
[574] OLG Köln NZV 1992, 371.

erreichen.[575] Möglicherweise liegt ein Verstoß gegen das Rechtsfahrgebot vor, der als Ordnungswidrigkeit nach § 2 II StVO zu ahnden wäre. Es ist jedenfalls nicht als verwerflich und daher als Vergehens-Unrecht anzusehen, wenn ein Verkehrsteilnehmer etwa in vorübergehender Unmutsaufwallung einen schnelleren Wagen einmal nicht überholen lassen will oder auf schmaler Straße nicht ganz rechts fährt, obwohl es ihm möglich wäre, und so das Überholen zeitweise unmöglich macht.[576] Dies gilt insbesondere dann, wenn er von dem Anderen durch dichtes Auffahren provoziert worden ist. Unter Umständen handelt er unter Berücksichtigung des in § 199 StGB zum Ausdruck kommenden Rechtsgedankens nicht verwerflich.[577] Möglicherweise liegt ein Verstoß gegen das Rechtsfahrgebot vor, der als Ordnungswidrigkeit nach den §§ 2 II, 49 I Nr. 2 StVO, § 24 StVG zu ahnden wäre. Wenn jedoch ein Autofahrer durch **stetiges Fahren auf dem linken Fahrstreifen** einer Autobahn oder sonstigen Schnellstraße verhindert, dass er von einem nachfolgenden Fahrzeug überholt wird, **kann** dies den Tatbestand der Nötigung erfüllen.[578] Das ist allerdings nicht bereits bei jedem planmäßigen Verhindern des Überholtwerdens, sondern nur dann der Fall, wenn erschwerende Umstände mit so besonderem Gewicht hinzutreten, dass dem Verhalten des Täters der Makel des sittlich Missbilligenswerten, Verwerflichen und sozial Unerträglichen anhaftet. Solche Umstände sind etwa das absichtliche Langsamfahren und plötzliche Linksausbiegen, das beharrliche Linksfahren auf freier Autobahn mit nur mäßiger Geschwindigkeit, um ein Überholen zu verhindern, sowie die Gefährdung anderer Verkehrsteilnehmer. Kurzfristige Behinderungen reichen jedenfalls nicht aus. Notwendig ist eine planmäßige, länger währende Behinderung ohne vernünftigen Grund. Im Rahmen der notwendigen umfassenden Würdigung aller Umstände des Einzelfalles ist neben der Verkehrslage auch das Verhalten der behinderten Verkehrsteilnehmer zu berücksichtigen. Ein Autofahrer kann sich zB im Einzelfall wegen Nötigung strafbar machen, wenn er die linke Fahrspur der Autobahn über 40 km (ca. 20 Minuten lang) gleich bleibend mit 120 km/h befährt und diese trotz zahlreicher für ihn zumutbarer Möglichkeiten nicht freigibt, obwohl andere Verkehrsteilnehmer ihn überholen wollen.[579] Bei dieser Fallgestaltung liegen extreme Voraussetzungen vor. Insgesamt ist die Rspr. aber zurückhaltend mit der Bejahung einer Nötigung, wenn das Überholen auf der Autobahn oder einer Schnellstraße von einem „Linksfahrer" verhindert wird.[580]

253 Zweifelhaft ist auch, ob eine Nötigung bejaht werden kann, wenn das Überholen des Überholwilligen nur unter Überschreitung der zulässigen Höchstgeschwindigkeit möglich ist. Der **Zwang zur Unterlassung von Straftaten** ist grundsätzlich nicht verwerflich.[581] Jedoch ist das Verhältnis zwischen Nötigungsmittel und Nötigungszweck zu beachten. Das gilt auch, wenn ein Verkehrsteilnehmer zu verhindern sucht, dass er von einem anderen Verkehrsteilnehmer mit unzu-

---

[575] BGHSt 34, 238 (241) = NJW 1987, 913.
[576] OLG Hamm VRS 57, 347 ff. = StVE § 240 StGB Nr. 8.
[577] BGHSt 17, 331 f. = NJW 1962, 1923; BGHSt 18, 389 (392) = NJW 1963, 1629.
[578] OLG Düsseldorf NZV 2000, 301 = VerkMitt. 2000, 61 Nr. 70.
[579] OLG Stuttgart NZV 1991, 119.
[580] OLG Köln NZV 1993, 36.
[581] BGH VRS 40, 104 (107); OLG Saarbrücken VRS 17, 25.

lässig hoher Geschwindigkeit überholt wird. Unerlaubter Gemeingebrauch der Straße ist kein schutzwürdiges Gut im Sinne der Notwehr. Bei geringwertigen Rechtsgütern ist die Notwehrfähigkeit eingeschränkt oder ganz beseitigt. Die Gepflogenheiten im heutigen Straßenverkehr zeigen, dass gewalttätiges Verhalten im Straßenverkehr nicht unbedingt mit gleicher Münze heimgezahlt werden darf. Im Übrigen gilt im Straßenverkehr der Grundsatz der gegenseitigen Rücksichtnahme (§ 1 StVO). Grundsätzlich haben Verkehrsteilnehmer untereinander innerhalb des Verkehrsgeschehens kein Notwehrrecht, wenn sie unter vorsätzlichem Verstoß gegen die Regeln des Straßenverkehrs in ihrer Bewegungsfreiheit beeinträchtigt werden.[582] Ausnahmen von diesem Grundsatz sind aber unter Umständen möglich. Eine Gewaltanwendung iSd § 240 I StGB liegt nicht darin, dass ein überholender Autofahrer mit seinem Pkw auf der Autobahn bei einer Geschwindigkeit von 120 km/h eine Strecke von 400 m neben dem Eingeholten befährt und diesen so darin hindert, zum Überholen eines anderen Fahrzeugs auf die Überholspur zu wechseln. Es scheitert an der notwendigen Intensität.[583] Möglicherweise verhält sich der Täter aber verkehrsordnungswidrig iSv § 5 II 2 StVO. Nach dieser Vorschrift darf nur überholen, wer mit wesentlich höherer Geschwindigkeit als der zu Überholende fährt.

3. Schneiden und Ausbremsen eines überholten Verkehrsteilnehmers

Eine andere Fallvariante ist das Schneiden und Ausbremsen überholter Verkehrsteilnehmer. Der Täter handelt in diesen Fällen häufig aus Rache oder aus Verärgerung, weil der Überholte ihn am Überholen gehindert hat oder weil er nicht rechtzeitig die Überholspur freigegeben hat. Vielfach dürfte in diesen Fällen neben einer Nötigung auch ein gefährlicher Eingriff in den Straßenverkehr (§ 315b I Nr. 2 oder evtl. Nr. 3 StGB) in Betracht kommen.[584] Das Verhalten wird vom Gewaltbegriff des BVerfG erfasst. Denn bei Fahrmanövern der hier angesprochenen Art geht die Zwangswirkung nicht allein (passiv) von der bloßen körperlichen Anwesenheit an einer Stelle aus, die ein anderer passieren möchte, sondern von der aktiven Bereitung eines Hindernisses, das nicht allein psychisch auf den betroffenen Fahrer einwirkt. Das abgebremste Fahrzeug stellt in aller Regel für den Hintermann ein unüberwindbares Hindernis dar.[585] Eine Nötigung liegt nicht nur in den Fällen vor, in denen der Täter den Nachfolgenden zu einer sog. „Vollbremsung" zwingt oder stark abbremst, mit der Folge, dass der Nachfolgende zum Anhalten gezwungen wird, sondern auch bereits dann, wenn der Täter seine **Geschwindigkeit ohne verkehrsbedingten Grund massiv reduziert,** um den Fahrer des nachfolgenden Fahrzeugs zu einer unangemessen niedrigen Geschwindigkeit zu zwingen und der Nachfolgende das ihm vom Täter aufgezwungene Verhalten nicht durch Ausweichen oder Überholen

254

---

[582] BayObLG NZV 1993, 37.
[583] OLG Hamm NZV 1991, 480.
[584] OLG Düsseldorf VerkMitt. 1989, 80 Nr. 87; VRS 68, 449; OLG Celle VRS 68, 43 = StVE § 240 StGB Nr. 10; OLG Koblenz VRS 55, 278; OLG Köln NZV 1997, 318 = VRS 93, 338 = StVE § 240 StGB Nr. 35a.
[585] BGH NZV 1995, 325; ebenso: *Berz* NZV 1995, 297 (298).

vermeiden kann.[586] Im bloßen **Aufleuchtenlassen des Bremslichts** ist jedoch weder eine (versuchte) Nötigung noch ein gefährlicher Eingriff in den Straßenverkehr zu erblicken.[587] Selbst wenn man das Aufleuchtenlassen des Bremslichts als verkehrswidriges Warnzeichen ansieht, liegt darin gleichwohl keine dem starken Abbremsen des Fahrzeugs gleichzusetzende Nötigungshandlung. Im Gegensatz zum stark abgebremsten Fahrzeug, das der nachfolgende Autofahrer wegen seiner Gefährlichkeit als körperlichen Zwang empfindet, erschöpft sich die Wirkung des kurz aufleuchtenden Bremslichts dagegen allein in einer psychischen Zwangswirkung, welche die Schwelle zur Gewaltanwendung noch nicht überschreitet.

III. Blockieren eines haltenden Fahrzeugs

255 Seit dem Beschluss des BVerfG v. 10.1.1995[588] ist die Frage, inwieweit das Blockieren eines stehenden Fahrzeugs durch ein anderes Fahrzeug bzw. eine vergleichbare Sache Gewalt iSd § 240 I StGB darstellt, streitig. Teilweise[589] wird argumentiert, die Blockade mit einer Sache ähnle der bloßen Anwesenheit von menschlichen Körpern, die aber nach Meinung des BVerfG noch nicht unter den Gewaltbegriff des § 240 I StGB falle. Bei dieser Fallkonstellation darf man jedoch nicht übersehen, dass die Fahrzeuge zunächst durch Kraftentfaltung an diese Stelle bewegt worden sind. Im Übrigen stellt ein Kfz in der Regel ein wesentlich massiveres Hindernis dar als eine Person. Wird etwa ein schweres Fahrzeug auf die Straße gestellt, ist eine Überwindung dieses Hindernisses kaum möglich. Deshalb liegt in dem (vorsätzlichen) **Blockieren einer Grundstückseinfahrt** grundsätzlich eine Nötigung iSd § 240 StGB.[590]

256 Wer seinen Pkw zurücksetzt, um in eine **Parklücke einfahren** zu können, und dadurch einen nachfolgenden Kraftfahrer veranlasst, seinerseits zurückzusetzen, wendet noch nicht ohne Weiteres Gewalt an;[591] denn nicht jede verkehrsordnungswidrige Behinderung eines anderen Verkehrsteilnehmers, die von diesem ein geringfügiges Ausweichmanöver verlangt, um seine Fahrt fortsetzen zu können, ist Gewalt. Auch an der Verwerflichkeit iSd § 240 II StGB scheitert es, weil einmalige kurze Verkehrsvorgänge im Allgemeinen das Verwerflichkeitsurteil nicht rechtfertigen.[592]

IV. Sitzblockaden

257 Auch gewisse Demonstrationsformen, die sich auf den Straßenverkehr auswirken, können als Gewaltanwendung iSd § 240 I StGB angesehen werden. Allerdings reicht die bloße Anwesenheit von Personen auf der Fahrbahn noch nicht aus. Haben jedoch die Teilnehmer an einer Straßenblockade dadurch, dass

---

[586] BayObLG NZV 2001, 527 = StVE § 240 StGB Nr. 41; OLG Celle NZV 2009, 199.
[587] OLG Köln NZV 1997, 318 = VRS 93, 338 = StVE § 240 StGB Nr. 35a.
[588] NJW 1995, 1141 = JZ 1995, 778.
[589] *Berz* NZV 1995, 297 (300).
[590] OLG Koblenz MDR 1975, 243.
[591] OLG Köln NStE § 240 StGB Nr. 27.
[592] OLG Frankfurt a.M. NStZ-RR 2011, 110.

sie sich auf die Fahrbahn begeben, Autofahrer an der Weiterfahrt gehindert und deren Fahrzeuge bewusst dazu benutzt, **die Durchfahrt für weitere Kraftfahrer** tatsächlich zu versperren, so kann diesen gegenüber im Herbeiführen eines solchen physischen Hindernisses eine strafbare Nötigung liegen.[593] Um diesen Fall auf eine Kurzformel zu bringen: Blockieren etwa Demonstranten eine Fahrbahn, in dem sie sich darauf stellen oder setzen, liegt noch keine Gewalt gegen das erste Fahrzeug, das ankommt, vor, weil nur psychisch auf diesen ersten Autofahrer eingewirkt wird. Die Demonstranten auf der Fahrbahn stellen für ihn kein unüberwindbares Hindernis dar. Trifft aber nunmehr ein zweiter Kfz-Führer mit seinem Wagen ein, so stellt das erste Fahrzeug für ihn ein unüberwindbares Hindernis dar. Somit liegt Gewalt iSd § 240 I StGB vor. Hinsichtlich des zweiten Autofahrers handeln die Demonstranten sozusagen in mittelbarer Täterschaft, indem sie sich des ersten Fahrzeugs als Mittel der Verhinderung der Weiterfahrt bedienen. Dass der Gesichtspunkt der Kraftentfaltung bei Verkehrsblockaden und Straßensperren durch Verwendung von Fahrzeugen nicht außer Acht gelassen werden darf, zeigt der Umstand, dass das erstrebte Hindernis für die dritten Verkehrsteilnehmer auch durch Verwendung anderer Mittel erreicht werden könnte, etwa durch Baumstämme, Masten, Spannen von Seilen oder Drähten usw.[594] Sitzblockaden von kurzer Dauer oder bei bestehenden Ausweichmöglichkeiten über andere Zufahrten erfüllen unter Umständen nicht den Tatbestand der Nötigung. Im Einzelfall ist im Rahmen der Verwerflichkeitsprüfung jeweils eine Abwägung vorzunehmen zwischen dem in Art. 8 I GG garantierten Versammlungsrecht und der Beeinträchtigung Dritter.[595]

V. „Der Kampf um die Parklücke"

Ein Fall, der in der Praxis eine nicht unbedeutende Rolle spielt, ist angesichts der **258** heute in vielen Städten herrschenden Parkraumnot „der Kampf um die Parklücke". Ein Fußgänger stellt sich auf einen Parkplatz, um diesen für einen noch weiter entfernten Autofahrer freizuhalten. Ein anderer Autofahrer, der ebenfalls eine Parkmöglichkeit sucht, versucht nun, in diese Parklücke einzufahren.

Nach § 12 V StVO hat an einer **Parklücke** derjenige **Vorrang, der sie zuerst unmit-** **259** **telbar erreicht**; der Vorrang bleibt erhalten, wenn der Berechtigte an der Parklücke vorbeifährt, um rückwärts einzuparken oder wenn er sonst zusätzliche Fahrbewegungen ausführt, um in die Parklücke einzufahren. Dies gilt entsprechend für Fahrzeugführer, die an einer frei werdenden Parklücke warten. Dagegen schafft das **Warten an einer Reihe von parkenden Fahrzeugen in der bloßen Hoffnung**, dass demnächst ein Parkplatz freigemacht werde, ohne dass dafür bereits Anhaltspunkte erkennbar sind, für den wartenden Fahrzeugführer kein Vorrecht iSd § 12 StVO gegenüber einem erst jetzt ankommenden Kfz-Führer, weil nämlich erst in dem Augenblick eine frei werdende Parklücke entsteht, in

---
[593] BVerfG NJW 2011, 3020; BGHSt 41, 182 = NJW 1995, 2643 = StVE § 240 StGB Nr. 29 = NZV 1995, 453; OLG Zweibrücken StVE § 240 StGB Nr. 32; OLG Hamm VRS 92, 208 (210) = StVE § 240 StGB Nr. 34a.

[594] OLG Karlsruhe StVE § 240 StGB Nr. 33.

[595] BVerfG NJW 2011, 3020 sowie bei *Himmelreich/Halm* NStZ 2011, 440 (443).

dem der Autofahrer, der ursprünglich den Parkplatz besetzt hielt, wegfährt.[596] Beim „Kampf um die Parklücke" ist sowohl das Verhalten des Autofahrers als auch das des Fußgängers zu untersuchen.

260 Das **Verhalten des Fußgängers**, der sich in eine freie Parklücke stellt, um sie unberechtigterweise für einen Kfz-Führer freizuhalten, dürfte wohl in aller Regel **schon nicht als Gewalt iSd § 240 I StGB** anzusehen sein. **Es entfällt bereits ein tatbestandsmäßiges Verhalten,** und es wird nicht erst – wie früher meist vertreten wurde[597] – an der Verwerflichkeit iSd § 240 II StGB scheitern. Es kann eine Ordnungswidrigkeit nach den §§ 12 V, 49 I Nr. 12 StVO, 24 StVG seitens des Fußgängers vorliegen. Teilweise wird in dem Verhalten des Fußgängers auch eine Ordnungswidrigkeit nach den §§ 1, 49 StVO, 24 StVG gesehen.[598]

261 Anders dürfte es mit dem **Verhalten des Autofahrers** aussehen. In der höchstrichterlichen Rspr. ist wiederholt entschieden worden, dass das Zufahren auf einen Fußgänger (bzw. sogar das Anfahren des Fußgängers), der eine Parklücke für ein noch nicht eingetroffenes Kfz (zu Unrecht) freihält, Gewalt iSd § 240 I StGB darstellt.[599] Zu prüfen ist nach der Bejahung des Tatbestandes das Vorliegen von allgemeinen Rechtfertigungsgründen und der besonderen Rechtswidrigkeit des § 240 II StGB. Da es seitens des Fußgängers an einem rechtswidrigen Angriff iSd § 32 StGB fehlt, wird man dem Autofahrer **keine Notwehr** zubilligen können. Dabei kann hier dahingestellt bleiben, ob das Recht zum Gemeingebrauch oder besser das „Vorrecht des Erstkommenden beim Parken" überhaupt ein notwehrfähiges Rechtsgut darstellt. Auszugehen ist von der Überlegung, dass das gesamte Straßenverkehrsrecht zur Gewährleistung der größtmöglichen Sicherheit im Straßenverkehr unter dem Gebot der gegenseitigen Rücksichtnahme steht, dass es einem Verkehrsteilnehmer zur Pflicht macht, auf eine ihm zustehende Befugnis zu verzichten, wenn er sie nur um den Preis der Gefährdung, Schädigung oder Belästigung eines anderen ausüben könnte, selbst wenn der andere im Unrecht ist.[600] Im Übrigen ist die Einhaltung von Verkehrsvorschriften Sache der Polizei und der Ordnungsbehörden, dh sie dienen der Aufrechterhaltung der öffentlichen Ordnung, schützen dagegen nicht unmittelbar individuelle Interessen. Rechtsgüter, die, wie die öffentliche Ordnung, nur dem Staat als Träger der öffentlichen Gewalt zustehen, sind aber für den einzelnen grundsätzlich nicht notwehrfähig. Der Staat hat sich die Wahrung der öffentlichen Ordnung selbst vorbehalten. Notwehr gegen Verkehrsverstöße kommt daher nur in Betracht, wenn über die Beeinträchtigung der öffentlichen Ordnung hinaus ein Mensch in seiner individuellen Rechtssphäre angegriffen wird.[601] Das Verhalten des Autofahrers ist in aller Regel (Ausnahmen sind im

---

[596] OLG Düsseldorf NZV 1992, 199.
[597] So zB OLG Köln VRS 57, 352 = NJW 1979, 2056 = StVE § 240 StGB Nr. 6; OLG Hamm VRS 59, 426 = StVE § 240 StGB Nr. 9.
[598] OLG Köln NJW 1979, 2056 = VRS 57, 352 = StVE § 240 StGB Nr. 6; OLG Hamm StVE § 240 StGB Nr. 9 = VRS 59, 426.
[599] BayObLG NJW 1961, 2074 = VRS 21, 360.
[600] OLG Hamm NJW 1970, 2074; *Blum* NZV 2011, 378 ff.
[601] OLG Stuttgart NJW 1966, 745; BayObLG NJW 1963, 824; OLG Hamburg NJW 1968, 662; BayObLG NZV 1995, 327 = StVE § 240 StGB Nr. 27; OLG Naumburg NZV 1998, 163 = DAR 1998, 28 = StVE § 240 StGB Nr. 37.

Einzelfall denkbar)[602] **rechtswidrig iSd § 240 II StGB**. Denn nach dieser Norm kommt es nicht darauf an, ob der mit der Nötigung erstrebte Zweck als solcher verwerflich ist, sondern darauf, ob es verwerflich ist, diesen Zweck gerade mit dem angewandten Mittel zu erreichen. Die Verwerflichkeit muss sich also aus der Verbindung von Mittel und Zweck ergeben, was auch dann der Fall sein kann, wenn der erstrebte Zweck rechtlich nicht zu beanstanden ist.[603] Das billigenswerte Maß bei der Anwendung von Gewalt zur Durchsetzung bestehender oder vermeintlicher Vorrechte im Straßenverkehr ist auf jeden Fall dann überschritten, wenn die Gewaltanwendung nicht nur eine Gefährdung, sondern eine nicht unerhebliche Verletzung der körperlichen Unversehrtheit des Genötigten bewirkt, zB wenn ein Autofahrer einen Fußgänger, der eine Parklücke für einen anderen freihalten will, anfährt.[604]

VI. Das Zufahren auf Fußgänger

Auch in anderen Fällen als beim Kampf um die Parklücke ist in der Regel im **262** Zufahren auf einen Fußgänger, um ihn zu veranlassen, Platz zu machen, eine Gewaltanwendung iSd § 240 I StGB zu sehen. Im Einzelfall ist ferner zu prüfen, ob möglicherweise auch die Voraussetzungen des § 315b I Nr. 3 StGB erfüllt sind, wobei es grundsätzlich sinnvoll ist, mit der Prüfung des § 315b StGB zu beginnen. Wird nämlich im Rahmen des § 315b StGB die konkrete Gefährdung bejaht, lässt sich bei der Erörterung der Nötigung die Verwerflichkeit (§ 240 II StGB) leichter begründen. Wer etwa sein Fahrzeug bewusst verkehrsfeindlich einsetzt, indem er **gezielt auf Fußgänger zufährt**, um sie dadurch gewaltsam zu veranlassen, ihm sofort den Weg freizumachen, begeht regelmäßig einen vorsätzlichen gefährlichen Eingriff in den Straßenverkehr in Tateinheit mit Nötigung.[605] Gewalt iSv § 240 I StGB wird angewandt, wenn ein Kraftfahrer in einem Fußgängerbereich mit deutlich mehr als Schrittgeschwindigkeit auf Fußgänger zufährt und diese zwingt, beiseite zu springen, um nicht überfahren zu werden.[606] Zweifelhaft ist jedoch, wie zu entscheiden ist, wenn der **Fußgänger sich widerrechtlich in den Weg des Kraftfahrers stellt**. Ähnlich wie beim Kampf um die Parklücke stellt sich auch hier die Frage nach allgemeinen Rechtfertigungsgründen bzw. der besonderen Rechtswidrigkeit des § 240 II StGB. Notwehr (§ 32 StGB) zugunsten des Kfz-Führers wird man sicher immer dann bejahen können, wenn sich Personen einem Autofahrer in den Weg stellen, um Straftaten gegen ihn zu verüben (zB einen Raubüberfall). Im Übrigen ist das Problem streitig.

Das OLG Schleswig[607] hat eine Rechtfertigung einer Nötigungshandlung durch **263** Notwehr seitens eines Autofahrers in einem Fall angenommen, in dem eine Frau ihm den **Weg versperrt** hatte, um ihn zur Rede zu stellen. Neben den Rechtsgütern wie Leben, Gesundheit, Eigentum oder Besitz ist auch die per-

---

[602] OLG Stuttgart NJW 1966, 745.
[603] BayObLG NJW 1961, 2074 = VRS 21, 360.
[604] OLG Düsseldorf VerkMitt. 1978, 59 Nr. 68.
[605] BGH VRS 51, 209; OLG Koblenz VRS 46, 31; OLG Hamm VRS 27, 30.
[606] OLG Köln StVE § 240 StGB Nr. 40.
[607] NJW 1984, 1470.

sönliche Freiheit, sich im Straßenverkehr vorschriftsmäßig zu bewegen, ein notwehrfähiges Rechtsgut. Das tatbestandsmäßige Nötigungsverhalten des Autofahrers war nach Ansicht des OLG Schleswig auch erforderlich gewesen, um den vorsätzlichen und nicht gerechtfertigten Angriff der Zeugin auf seine Bewegungsfreiheit abzuwehren. Ein milderes Mittel, um die Zeugin zum Beiseitetreten zu zwingen, als das zügige Zufahren auf diese, gab es nach den Umständen offenbar nicht. Dagegen meint das OLG Hamm,[608] ein Lastzugführer, dem kurzfristig die Abfahrt dadurch widerrechtlich versperrt wird, dass ein Fußgänger sich in die Fahrbahn stellt, handele rechtsmissbräuchlich und daher rechtswidrig iSd *§ 240 StGB, wenn er die Weiterfahrt durch Einsatz der Gewalt des Lastzugs erzwingt. Denn auch im Rahmen des Notwehrrechts gilt das Verbot des Rechtsmissbrauchs. Bei krassem Missverhältnis zwischen dem angegriffenen Rechtsgut und der durch die Verteidigung herbeigeführten Verletzung oder Gefährdung des Angreifers ist die Verteidigung Rechtsmissbrauch.* Auch das Kammergericht[609] bejaht eine strafbare Nötigung, wenn der Täter mit seinem Kraftwagen so scharf anfährt, dass ein anderer Verkehrsteilnehmer, der sich vor das Fahrzeug gestellt hatte, um dessen Weiterfahrt zu verhindern, zur Seite springen muss, weil er befürchtet, überfahren zu werden. Nach Meinung des Kammergerichts ist diese Gewaltanwendung durch Notwehr nicht gerechtfertigt, weil das gesamte Straßenverkehrsrecht zur Gewährleistung der größtmöglichen Sicherheit im Straßenverkehr unter dem Gebot der gegenseitigen Rücksichtnahme steht. Dadurch wird jeder Verkehrsteilnehmer verpflichtet, auf eine ihm zustehende Befugnis zu verzichten, wenn er sie nur um den Preis der Schädigung oder Gefährdung des anderen ausüben könnte, auch wenn dieser im Unrecht ist. Dagegen macht sich nach einer Entscheidung des OLG Düsseldorf[610] ein Kraftfahrer, der auf drei Privatpersonen, die ihn wegen des **Verdachts der Alkoholisierung** der Polizei übergeben wollen, zufährt und mit einer dieser Personen auf der Kühlerhaube über eine längere Strecke davonfährt, nicht der Nötigung schuldig. Denn einem Privatmann kann die Berechtigung, die Fahrunsicherheit eines Autofahrers mit der Folge zu beurteilen, dass er diesen nach § 127 I StPO festhalten darf, nicht zugebilligt werden, es sei denn, dass schwere Ausfallerscheinungen offenkundig sind. Ferner konnten sich die Geschädigten nicht auf Notwehr oder Nothilfe berufen, als sie sich dem Autofahrer in den Weg stellten. Sie waren nicht konkret gefährdet. Eine Verteidigung der öffentlichen Ordnung durch sie im Wege der Staatsnothilfe war nicht zulässig. Das OLG hat aber die Voraussetzungen des § 315b I Nr. 3 StGB bejaht.

VII. Sonstige Fragen bei der Nötigung im Straßenverkehr

264 **Andauerndes Hupen**, um einen anderen Fahrzeugführer zur Weiterfahrt zu veranlassen, stellt noch keine Gewalt im Sinne des Nötigungstatbestandes dar.[611] Denn es handelt sich lediglich um eine Belästigung, weil ein den der körperlichen Zwangseinwirkung vergleichbaren Grad an psychischer Beeinflussung

608 NJW 1972, 1826.
609 VRS 45, 35.
610 VerkMitt. 1979, 63 Nr. 76.
611 OLG Düsseldorf NZV 1996, 288 = DAR 1996, 244 = StVE § 240 StGB Nr. 34.

nicht erreicht wird, wenngleich auch eine solche Verhaltensweise im Einzelfall beim anderen zu Nervosität oder Fahrunsicherheit führen kann.

Ein bewusst verkehrswidriges **Gehen auf der Fahrbahn** erfüllt den Tatbestand **265** der Nötigung nicht.[612] Denn das Verhalten des Fußgängers besteht lediglich in seiner körperlichen Anwesenheit, und die Zwangswirkung auf den Genötigten ist nur psychischer Natur. Es stellt keinen rechtserheblichen Unterschied dar, wenn der Passant nicht auf der Straße sitzt, sondern auf der Straße geht; die Einwirkung desjenigen, der sich als Fußgänger fahrtrichtungsgemäß, dh vor den Fahrzeugen her, fortbewege, ist letztlich sogar geringer.

---

[612] BGHSt 41, 231 = NJW 1996, 203.

8. Kapitel. Unerlaubtes Entfernen vom Unfallort

Prüfungsschema zu § 142 I StGB
1. Objektiver Tatbestand:
   a) Unfall im Straßenverkehr (plötzliches Ereignis im Verkehr, das mit dessen typischen Gefahren zusammenhängt und unmittelbar zu einem nicht völlig belanglosen Körper- oder Sachschaden geführt hat, wobei es ausreicht, dass es zumindest für einen der Beteiligten ein ungewolltes Ereignis war)
   b) Täter muss Unfallbeteiligter sein (§ 142 V StGB) und er muss zur Unfallzeit am Unfallort anwesend sein.
   c) Es muss Feststellungsinteresse bestehen (ungeschriebenes Merkmal) – auch Abwehransprüche reichen ggf. aus.
   d) Tathandlung: Täter muss sich vom Unfallort entfernt haben, bevor er gegenüber feststellungsbereiten Personen die erforderlichen Angaben gemacht hat (Abs. 1 Nr. 1) oder – wenn keine feststellungsbereiten Personen anwesend waren – sich ohne Einhaltung einer Wartefrist vom Unfallort entfernt haben (Abs. 1 Nr. 2)
2. Subjektiver Tatbestand: (bedingter) Vorsatz erforderlich (§ 15 StGB)
3. Rechtswidrigkeit (Rechtfertigungsgründe?)
4. Schuld
5. Ergebnis

Prüfungschema zu § 142 II StGB
§ 142 II StGB greift grundsätzlich nur ein, wenn der Täter sich nicht bereits nach § 142 I StGB strafbar gemacht hat.
1. Objektiver Tatbestand:
   a) Da § 142 II ausdrücklich an den Abs. 1 anknüpft, müssen zunächst – sofern noch nicht geschehen – die Voraussetzungen a)–d) wie Abs. 1 geprüft werden.
   b) Der Täter muss sich
      aa) entweder nach Ablauf der Wartefrist entfernt haben
      bb) oder sich berechtigt oder entschuldigt entfernt haben
2. Subjektiver Tatbestand: (bedingter) Vorsatz erforderlich (§ 15 StGB)
3. Rechtswidrigkeit (Rechtfertigungsgründe?)
4. Schuld
5. Ergebnis

A. Übersicht zu § 142 StGB

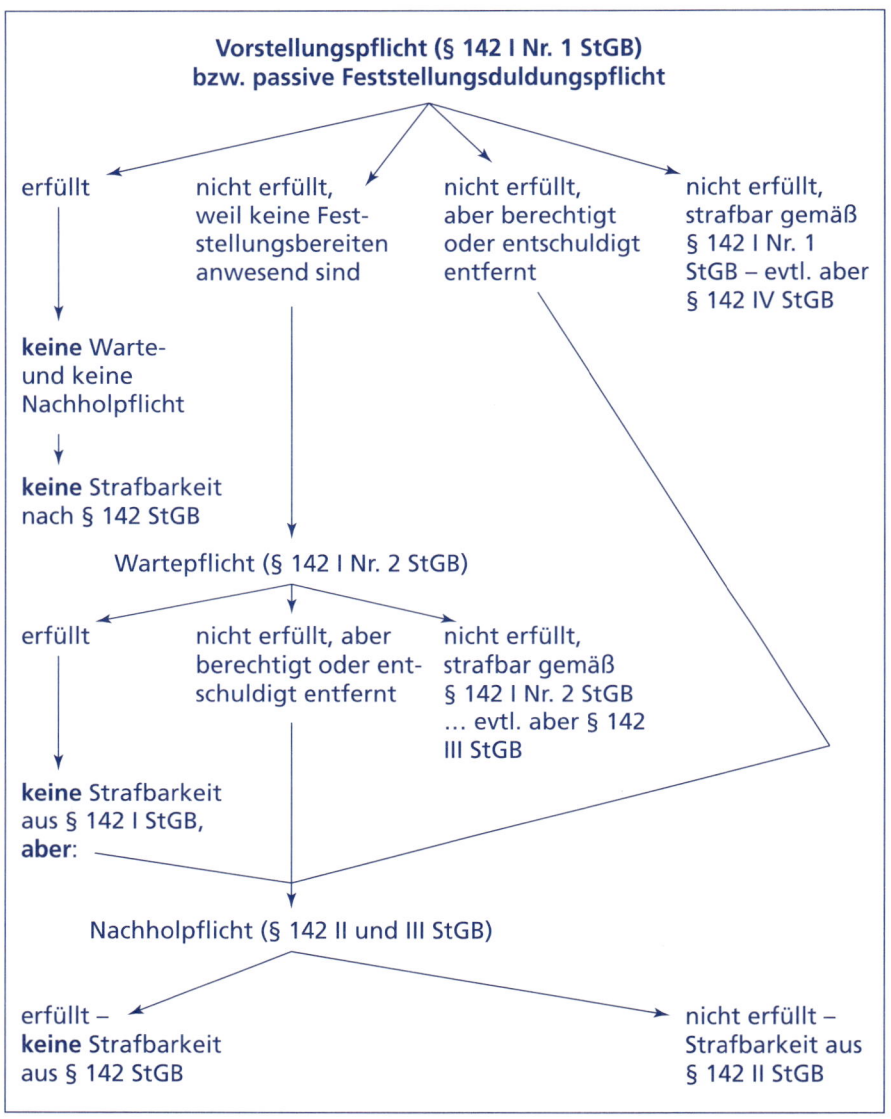

B. Einleitung

266 Schutzzweck des § 142 StGB ist **allein** das **private Feststellungs- und Beweissicherungsinteresse zur Klärung der zivilrechtlichen Rechtsbeziehungen** (vgl. Wortlaut des § 142 I Nr. 1 StGB: „… zu Gunsten der anderen Unfallbeteiligten und der Geschädigten. …"). Die Vorschrift ist ein abstraktes Vermögensgefährdungsdelikt und kein Delikt gegen die Rechtspflege. § 142 StGB schützt allein das private Interesse der Unfallgeschädigten und der Unfallbeteiligten, den

Unfallhergang möglichst umfassend zu dem Zweck aufzuklären, Schadenersatzansprüche zu sichern oder abzuwehren.[613] Das strafrechtliche Verfolgungsinteresse wird nicht erfasst. Eigentlich ist § 142 StGB im deutschen Rechtssystem ein Fremdkörper, weil die Vorschrift in vielen Fällen zu einer Selbstbelastung führt (etwa bei einem Unfall nach Alkoholgenuss). Grundsätzlich ist die **Selbstbegünstigung** nach unserer Rechtsordnung nicht strafbar (s. § 258 I StGB, der verlangt, dass „ein anderer" der Strafverfolgung entzogen wird; ferner § 258 V StGB). Die obergerichtliche Rspr.[614] fordert etwa von einem Straftäter (zB einem Autodieb oder einem betrunkenen Autofahrer), dass er den Verpflichtungen aus § 142 I StGB nachkommen muss, auch wenn er sich damit in erhöhtem Maße der Gefahr der Strafverfolgung aussetzt. **§ 142 StGB ist bei richtiger Auslegung mit dem Grundgesetz vereinbar.**[615] Aufgabe der Rechtsordnung ist es, die Entschädigung der Unfallopfer nach Möglichkeit sicherzustellen. Außerdem lässt sich aus dem Rechtsstaatsprinzip ein Satz des Verfassungsrechts nicht herleiten, nach dem die Selbstbegünstigung als Ausfluss der persönlichen Freiheit straflos oder darüber hinaus immer erlaubt sein müsse. Das Verbot des unerlaubten Entfernens vom Unfallort verstößt auch nicht gegen die Unantastbarkeit der Menschenwürde. Der Bürger wird nicht entwürdigt, wenn die Rechtsordnung von ihm verlangt, für die Folgen seines menschlichen Versagens einzustehen und die Aufklärung der Unfallursachen wenigstens nicht durch unerlaubtes Entfernen von der Unfallstelle zu erschweren oder gar zu vereiteln. Neben der Sicherung der Schadenersatzansprüche gehört zum Schutzzweck des § 142 StGB die **Abwehr unberechtigter Ansprüche**. Dies ergibt sich insbesondere aus dem Gesetzeswortlaut. Der Gesetzgeber differenziert zwischen den Geschädigten und den anderen Unfallbeteiligten. Durch § 142 StGB sollen somit nicht nur die Geschädigten geschützt werden, sondern auch die übrigen Unfallbeteiligten, die die Möglichkeit erhalten sollen, sich etwa gegen unberechtigte Ansprüche seitens der Geschädigten wirksam verteidigen zu können. UU ist es für einen Unfallbeteiligten, der selbst keinen Schaden erlitten hat, wichtig, sich durch Feststellungen an der Unfallstelle vor einer späteren unberechtigten Inanspruchnahme schützen zu können.

C. Der objektive Tatbestand

I. Unfall im Straßenverkehr

Der Tatbestand des § 142 StGB erfordert einen „Unfall im Straßenverkehr". **267** Nach allgemeiner Auffassung ist ein Unfall im Straßenverkehr ein plötzliches, zumindest von **einem** Beteiligten ungewolltes Ereignis, das im ursächlichen Zusammenhang mit dem öffentlichen Straßenverkehr und seinen typischen Gefahren zu jedenfalls nicht gänzlich belanglosem Körper- oder Sachscha-

---

[613] BGHSt 28, 129 (133) = NJW 1979, 434; BayObLG NZV 1990, 397.
[614] BGHSt 9, 267 = VRS 11, 207; BayObLG bei *Rüth* DAR 1985, 240; OLG Hamburg VRS 72, 361 = DAR 1987, 231.
[615] BVerfGE 16, 191 = NJW 1963, 1195 = DAR 1963, 240.

den führt.[616] Auch ein Unfall im Straßenverkehr, für den keiner strafrechtlich oder aufgrund von Verkehrsordnungswidrigkeiten einzustehen hat, kann ein Verkehrsunfall iSd § 142 StGB sein; **auf ein Verschulden kommt es nicht an.** Wer durch sein Verhalten im Straßenverkehr ohne Beteiligung anderer allein Schaden erleidet, hat einen Unfall im Straßenverkehr erlitten. Mangels eines Feststellungsinteresses unterliegt aber derjenige, der einen sog. „Alleinunfall" verursacht hat, nicht den Pflichten aus § 142 StGB.[617] Vereinzelt wird ein Unfall im Straßenverkehr nur angenommen, wenn ein **fremder** Personen- oder Sachschaden eingetreten ist. Diese Auffassung dürfte jedoch kaum mit dem Begriff des Unfalls in Einklang stehen. Letztlich spielt die Frage aber keine nennenswerte Rolle. Bei einem Alleinunfall dürfte es auf jeden Fall an einem fremden Feststellungsinteresse fehlen, sodass der Tatbestand aus diesem Grunde jedenfalls nicht erfüllt ist.

268 Zum Tatbestand gehört ein **Unfall im Straßenverkehr**, also im Verkehr auf öffentlichen Verkehrswegen. Auf Ereignisse im Bahn, Schiffs- oder Luftverkehr findet § 142 StGB keine Anwendung. Der Betrieb auf Skipisten ist kein typischer Straßenverkehr.[618] Nehmen Skifahrer am öffentlichen Straßenverkehr teil oder wirken sie sonst auf den Straßenverkehr ein, kann bei einem Unfall § 142 StGB unter Umständen eingreifen. Grundsätzlich werden **Vorfälle, die sich nicht auf öffentlichem Verkehrsgrund** *ohne* Zusammenhang mit dem öffentlichen Straßenverkehr ereignet haben, nicht von § 142 StGB erfasst, weil nur im öffentlichen Verkehrsraum das Verhältnis der Verkehrsteilnehmer in aller Regel durch das Fehlen persönlicher Beziehungen gekennzeichnet ist.[619] Allerdings muss der **Schaden nicht im öffentlichen Verkehrsraum eingetreten** sein. Es genügt ein unmittelbarer Zusammenhang mit dem öffentlichen Straßenverkehr.[620] Ein solcher Zusammenhang wird bejaht, wenn entweder die Ursache für den Unfall im öffentlichen Verkehrsraum gesetzt wird und der Schaden außerhalb der öffentlichen Verkehrsfläche eintritt (etwa: Pkw kommt von der Straße ab und landet im Vorgarten eines Hauses, wo ein Schaden entsteht) oder die Ursache außerhalb des öffentlichen Verkehrsraumes gesetzt wird, und der Schaden tritt im öffentlichen Verkehrsraum ein (zB Blendung eines Pkw-Fahrers von einem privaten Grundstück aus).[621] Wenn der Täter jedoch absichtlich den öffentlichen Verkehrsraum verlässt und dann auf einer nicht-öffentlichen Fläche einen Unfall verursacht, dürfte in aller Regel eine Anwendung des § 142 StGB nicht mehr in Betracht kommen.

---

[616] ZB BayObLG NZV 1992, 326 mwN.

[617] BGHSt 8, 263 = VRS 9, 33 = DAR 1955, 169.

[618] Beachte aber Art. 24 VI Nr. 4 des Bay. Landesstraf- und Verordnungsgesetzes – BayLStVG, wonach etwa ein Skifahrer, der sich nach einem Unfall entfernt, mit einem Bußgeld belegt werden kann.

[619] OLG Stuttgart VRS 47, 15 (17); BayObLG DAR 1982, 332; OLG Hamm NZV 2008, 257.

[620] BGH DAR 1984, 239.

[621] Vgl. BGH VRS 31, 421 (422) = VerkMitt. 1966, 89 Nr. 157; OLG Hamm VRS 14, 437 (438).

1. Die typischen Gefahren des Straßenverkehrs

Merkmal eines Verkehrsunfalls ist, dass das schädigende Ereignis **mit den typi-** 269
schen Gefahren des Straßenverkehrs in ursächlichem Zusammenhang steht.[622]
An einem solchen Zusammenhang fehlt es, wenn einem Anstreicher versehent-
lich sein Arbeitsgerät vom Gerüst eines Neubaus auf einen geparkten Wagen
fällt, oder wenn der Hund des Täters einen anderen Hund anfällt und dieser
daraufhin seinen Führer, der ihn an der Leine hält, umreißt und verletzt.[623]
In diesen Beispielfällen würden sich gerade nicht die typischen Gefahren des
Straßenverkehrs realisieren. Der zweite Vorfall hat seine Ursache in dem Verhalten von Hunden, die sich zufällig auf der Straße befinden. Die Verletzungen
des Hundeführers wären ebenfalls möglich gewesen, wenn sich die Hunde an
einer anderen Stelle außerhalb des Straßenverkehrs begegnet wären. Bewerfen
die Insassen eines fahrenden Kfz einen vor ihnen fahrenden **Pkw mit leeren
Flaschen** und beschädigen ihn, liegt kein Unfall im Straßenverkehr vor, weil
dieses Verhalten nicht mit dem Verkehr und seinen Gefahren in einem ursächlichem Zusammenhang steht.[624] Das gleiche gilt für den Fall, in dem die Täter
zur Nachtzeit „zum Zeitvertreib und aus Spaß" **Mülltonnen aus dem fahrenden
Fahrzeug** ergriffen haben, um sie dann nach einer gewissen Strecke wieder los-
zulassen, wobei verschiedene Tonnen gegen geparkte Pkw stießen.[625] Es reicht
nämlich nicht jede ursächliche Verknüpfung des Schadensereignisses mit dem
Verkehrsgeschehen aus. Vielmehr setzt die Annahme eines Verkehrsunfalls
nach dem Schutzzweck der Norm des § 142 StGB einen straßenverkehrsspezifi-
schen Gefahrenzusammenhang voraus. Dagegen steht das Vorbeischieben von
auf Rollen beweglichen **Mülltonnen** an parkenden Fahrzeugen im öffentlichen
Straßenraum, damit sie später zum Müllfahrzeug gebracht werden können,
nach der natürlichen Verkehrsauffassung in unmittelbarem Zusammenhang
mit dem Verkehrsgeschehen.[626] Auch Schadensereignisse im **ruhenden Verkehr**
können Verkehrsunfälle iSd § 142 StGB darstellen, zB wenn bei einem **Entlade-
Vorgang die Bordwand eines Lkw** auf ein geparktes Fahrzeug stürzt.[627] Ähnlich
muss man den Fall bewerten, wenn beim Beladen eines Lkw ein Teil der Ladung
auf ein anderes geparktes Fahrzeug fällt oder wenn ein Pkw bei Reifenwech-
seln im öffentlichen Verkehrsraum vom Wagenheber rutscht und dadurch ein
anderes Fahrzeug beschädigt wird.[628]

Es tauchen immer wieder Fälle auf, in denen auf einem Supermarktparkplatz 270
beim Transport der Waren mit dem **Einkaufswagen oder beim Beladen des eigenen Pkw** fremde Fahrzeuge beschädigt werden. Bei derartigen Parkplätzen

---

[622] BGHSt 24, 382 (383) = NJW 1972, 2319; BGH VRS 11, 425; 31, 421 (422).
[623] BayObLG VerkMitt. 1980, 9 Nr. 13 = StVE § 142 StGB Nr. 21.
[624] OLG Hamm NJW 1982, 2456 = StVE § 142 StGB Nr. 54.
[625] BGHSt 47, 158 = StVE § 142 StGB Nr. 130 = NZV 2002, 236 (237).
[626] LG Berlin NStZ 2007, 100 = NZV 2007, 322.
[627] OLG Stuttgart NJW 1969, 1726; OLG Köln NStZ-RR 2011, 354 = NZV 2011, 619; aA
LG Aachen NZV 2013, 305 mAnm *Lenhart* NZV 2013, 270; AG Berlin-Tiergarten NJW
2008, 3728 = NZV 2009, 94, die einen Unfall iSd § 142 StGB verneinen, wenn bei einem
fehlerhaften Beladen eines Fahrzeugs ein anderes Fahrzeug beschädigt wird.
[628] OLG Köln VRS 65, 431 = StVE § 142 StGB Nr. 67 (Radwechselfall).

handelt es sich in aller Regel um öffentliche Verkehrsflächen. In diesen Fällen wird man grundsätzlich einen Unfall im Straßenverkehr annehmen können, weil der Transport von Waren mit einem Einkaufswagen nicht außerhalb des typischen Verkehrsgeschehens liegt.[629] So wie ein Autofahrer dafür sorgen muss, dass sein Fahrzeug nicht selbstständig in Bewegung gerät, trifft diese Pflicht auch die Benutzer von handgezogenen Fahrzeugen, Fuhrwerken, Schlitten, Einkaufswagen, Gabelstapler und ähnlichen Gefährten, mit denen am öffentlichen Straßenverkehr teilgenommen wird. Auch ein Vorkommnis, an dem **ausschließlich Fußgänger** beteiligt sind, kann einen Verkehrsunfall darstellen.[630] Dadurch dass der Gesetzgeber die frühere Fassung „Führer eines Kfz" ersatzlos gestrichen hat, kommt zum Ausdruck, dass die Vorschrift gerade nicht nur Fahrzeugführer erfassen will. Außerdem ist die ursprünglichste Art der Fortbewegung auf Straßen die des Fußgängers. Dagegen verursacht ein **Fußgänger, der aus Verärgerung über ein entgegenkommendes Kfz gegen dessen Windschutzscheibe schlägt** und diese beschädigt, einen Unfall im Straßenverkehr und unterliegt der in § 142 StGB normierten Wartepflicht, weil das schädigende Ereignis im ursächlichen Zusammenhang mit dem Begegnungsverkehr zwischen zwei Verkehrsteilnehmern und seinen Gefahren steht. Insbesondere ist in diesem Zusammenhang für den vorliegenden Fall von Bedeutung, dass der Ort des Ereignisses nicht nur zufällig auf die Straße verlegt ist, sondern das Schadensereignis seine eigentliche Ursache im Straßenverkehr hat, nämlich im **Begegnungsverkehr zwischen Verkehrsteilnehmern** und der dadurch entstehenden Gefahr von Behinderungen, Missverständnissen und Spannungen.[631]

2. Ungewolltes Ereignis (Vorsätzlich herbeigeführte Unfälle)

271 **Vorsätzlich herbeigeführte Unfälle** fallen aus dem Tatbestand nur heraus und sind keine Unfälle im Straßenverkehr, wenn **alle** Beteiligten sie gewollt haben, weil dann kein schutzwürdiges privates Aufklärungsinteresse besteht. Das Beweisinteresse der unvorsätzlich Beteiligten bleibt schutzbedürftig.[632] So ist es im bereits zitierten Fall des **Fußgängers, der aus Verärgerung über ein entgegenkommendes Kfz gegen dessen Windschutzscheibe** schlägt und diese vorsätzlich beschädigt, für die Beantwortung dieser Frage unerheblich, ob der Schädiger oder der Verletzte den Unfall vorsätzlich herbeigeführt hat.[633] Im Übrigen würde eine andere Beurteilung zu dem unerträglichen Ergebnis führen, dass zB derjenige, der beim Ausparken ein anderes Fahrzeug beschädigt und sich vom Unfallort entfernt hat, sich später darauf berufen könnte, er habe das Fahrzeug vorsätzlich beschädigt, weil er sich geärgert habe, dass der andere Fahrzeugführer ihn in die Parklücke eingeklemmt habe. Schon das Reichsgericht[634] kam zu dem Ergebnis, dass sich an der Tatsache eines Unfalls dadurch

---

[629] OLG Stuttgart VRS 47, 15; OLG Düsseldorf NZV 2012, 350 = NStZ 2012, 326; LG Bonn NJW 1975, 178; aA LG Düsseldorf NStZ-RR 2011, 355.

[630] OLG Stuttgart VRS 18, 117; BayObLG VerkMitt. 1980, 9 Nr. 13.

[631] BayObLG VRS 71, 277 = StVE § 142 StGB Nr. 79.

[632] AA *Hartman-Hilter* NZV 1995, 340.

[633] BayObLG VRS 71, 277 = StVE § 142 StGB Nr. 79.

[634] RGSt 75, 355 (360); ebenso: BGH VRS 11, 425 (426); 36, 23; 56, 141 (144).

nichts ändert, dass „ein anderer Teilnehmer am Verkehr oder ein Dritter den Unfall vorsätzlich herbeigeführt hat". Der BGH[635] geht sogar von einem Unfall im Straßenverkehr aus, wenn ein Polizeibeamter **mit dem Streifenwagen einen flüchtenden Pkw in der Absicht rammt**, den Fahrer zum Anhalten zu bewegen. In einer weiteren Entscheidung hatte sich der BGH[636] unter anderem mit der Frage zu befassen, ob ein Verkehrsunfall vorliegt, wenn sich jemand in **selbstmörderischer Absicht** vor ein fahrendes Kfz wirft. Der BGH kommt auch in diesem Falle zu dem Ergebnis, dass ein Unfall im Straßenverkehr gegeben ist, weil jedenfalls der beteiligte Kraftfahrer das Schadensereignis nicht gewollt hat. Ansonsten hätte es der Täter durch seine Einlassung in der Hand, ob er wegen unerlaubten Entfernens vom Unfallort bestraft werden könnte oder nicht. Außerdem ist es für den Geschädigten belanglos, ob der Schädiger den Schaden vorsätzlich oder fahrlässig verursacht hat. Geschützt werden soll durch § 142 StGB das Feststellungsinteresse und die Durchsetzbarkeit der Schadenersatzansprüche.

Ob etwas anderes gilt, „wenn ein Kfz nicht (auch) als Mittel der Fortbewegung **272** im Straßenverkehr, sondern nur **als Werkzeug zur Verwirklichung eines außerhalb des Straßenverkehrs liegenden Erfolges benutzt** wird, etwa um den Nebenbuhler zu töten oder das Gartentor des feindlichen Nachbarn zu zerstören", lässt der BGH[637] offen. „Allerdings lassen sich in der Tat gewichtige Gründe, nicht zuletzt auch vom Sprachlichen her, gegen die Annahme eines Verkehrsunfalls und einer darauf fußenden Wartepflicht des Täters anführen". Ein solches **verkehrsatypisches Verhalten**, dessen Schadensfolgen keine Auswirkungen des allgemeinen Verkehrsrisikos sind, sondern vielmehr einer deliktischen Planung, wie sie an beliebigen anderen Orten mit beliebigen anderen Mitteln auch durchführbar ist, wird möglicherweise nicht von § 142 StGB erfasst.[638] Das Landgericht Frankfurt/Main[639] kommt in Anlehnung an die zuvor genannte BGH-Entscheidung zu dem Ergebnis, dass es keinen Verkehrsunfall darstellt, wenn ein Kraftfahrer als Verkehrsteilnehmer **seine Fahrt in Richtung auf ein bestimmtes Ziel unterbricht**, ausschließlich um mit seinem Kfz eine fremde Sache zu beschädigen (etwa durch Rammen eines geparkten Fahrzeugs), und er erst danach wieder sein ursprüngliches Fahrziel verfolgt. Das OLG Koblenz[640] hat sich allerdings in einem ähnlich gelagerten Fall, in dem der Täter aus Verärgerung **vorsätzlich den parkenden Pkw seiner ehemaligen Freundin gerammt** und beschädigt hat, auf den Standpunkt gestellt, wartepflichtig sei auch derjenige Verkehrsteilnehmer, der den ruhenden oder fließenden öffentlichen Verkehr zu vorsätzlichem deliktischem Verhalten missbrauche. Das OLG Hamm[641] vertritt den Standpunkt, „dass einen Unfall im Straßenverkehr nur das schädigende Ereignis darstellen kann, das durch die **typischen** Gefahren

---

[635] NZV 2003, 488 (489) m. krit. Anm. *Müller* und *Kraus* NZV 2003, 559.
[636] BGHSt 12, 253 = NJW 1959, 394; ebenso: OLG Koblenz VRS 56, 342; BayObLG MDR 1986, 1046.
[637] BGHSt 24, 382 (384) = NJW 1972, 2319.
[638] Ebenso: OLG Jena NStZ-RR 2008, 74 (75) = NZV 2008, 366 (367).
[639] VRS 61, 349 = NStZ 1981, 303.
[640] VRS 56, 342.
[641] NJW 1982, 2456.

des Straßenverkehrs verursacht wurde". Das OLG Köln[642] jedenfalls nimmt bei **bedingt vorsätzlichem Anfahren eines Fußgängers** einen Verkehrsunfall an.

3. Der nicht völlig belanglose Körper- und Sachschaden

273 Allgemein wird vertreten, dass ein Verkehrsunfall iSd § 142 StGB nicht vorliegt, wenn lediglich ein **gänzlich belangloser Schaden** eingetreten ist. Gänzlich (völlig) belanglos ist der Schaden, wenn zum Zwecke seines Ausgleichs üblicherweise nicht mit Schadenersatzansprüchen gerechnet werden muss.[643] An einem erheblichen Fremdschaden fehlt es, wenn wegen der Geringfügigkeit des Schadens mit der Geltendmachung von Ersatzansprüchen vernünftigerweise nicht zu rechnen und die Beseitigung des Schadens auch aus Sicherheitsgründen nicht unbedingt erforderlich ist.[644] **Hintergrund ist**, dass § 142 StGB allein das private Interesse der Unfallbeteiligten und der Geschädigten, den Unfallhergang möglichst umfassend zu dem Zweck aufzuklären, Schadenersatzansprüche zu sichern oder abzuwehren, schützen will. Wenn aber in einem gewissen Rahmen üblicherweise – wie etwas kühn behauptet wird – keine Ansprüche geltend gemacht werden, dann greift möglicherweise der Schutzzweck der Norm schon gar nicht ein, zumindest liegt aber kein „echter Schaden" vor. Somit handelt es sich jedenfalls nicht um einen „Unfall im Straßenverkehr", wie ihn der Wortlaut des § 142 StGB verlangt. Auf die tatsächliche Geltendmachung des Schadens im Prozesswege oder über den Rechtsschutzversicherer kommt es vor dem Hintergrund des im geltenden Recht weit in den Vermögensgefährdungsbereich vorverlagerten Schutz des § 142 StGB nicht an.[645] Die **Obergrenze für den völlig belanglosen Schaden** dürfte augenblicklich bei etwa 50 EUR[646] oder geringfügig darüber anzusetzen sein. Vereinzelt wird dies als zu engherzig angesehen. Diese Gegenmeinung will die Grenze zB bei 300 EUR ziehen. Bei Schäden unterhalb dieser Grenze komme eine Ordnungswidrigkeit nach § 34 StVO in Betracht. Dabei wird jedoch verkannt, dass § 34 StVO vom selben Unfallbegriff ausgeht wie § 142 StGB.[647] Im Interesse der Rechtssicherheit und der Zielsetzung des § 142 StGB kann nur vor einer zu großzügigen Anhebung gewarnt werden. Durch eine zu starke Anhebung könnte der Zwang zur Rücksichtnahme im Verkehr in gefährlicher Weise aufgeweicht werden. Außerdem würden dem Unfallbeteiligten in zunehmendem Umfang unwiderlegbare Ausreden dahin ermöglicht, er habe den Schaden für völlig belanglos und sich deshalb zum Entfernen befugt gehalten. Man kann davon ausgehen, dass dem Durchschnittsbürger die üblichen Werkstattpreise bekannt sind und er deshalb schnell erkennt, dass die Grenze des völlig belanglosen Schadens überschritten ist.

274 Ob ein Sachschaden völlig belanglos ist, ist danach zu beurteilen, wie sich im Unfallzeitpunkt unter Berücksichtigung gewöhnlicher Umstände **die Repara-**

---

[642] VRS 44, 20.
[643] OLG Köln VRS 44, 97; krit. dazu *Loos* DAR 1983, 209 (210).
[644] OLG Karlsruhe StVE § 142 StGB Nr. 103a.
[645] Vgl. OLG Nürnberg NZV 2007, 535 (536) = NStZ-RR 2008, 56.
[646] OLG Nürnberg NZV 2007, 535 = NStZ-RR 2008, 56 = SVR 2008, 75.
[647] Vgl. insoweit BayObLG VerkMitt. 1980, 9 Nr. 13 = StVE § 142 StGB Nr. 21.

turkosten **objektiv** abzeichnen.[648] Besondere Umstände, die im Einzelfall die Schadensbehebung im Nachhinein mit nur sehr geringem finanziellem Aufwand ermöglicht haben, sind insoweit außer Betracht zu lassen. Wenn etwa der Geschädigte einen guten Bekannten hat, der ihm den Schaden preiswert behebt, ist dies für den Begriff des Schadens iSd § 142 StGB unbeachtlich. Ein völlig belangloser Schaden liegt nicht vor, wenn der Geschädigte außer geringfügigen Materialkosten auch erhebliche **eigene Arbeitsleistungen** erbracht hat, um den Schaden zu beheben.[649] Fraglich ist, was zu dem Schaden, von dessen Höhe es abhängt, ob iSd § 142 StGB ein Unfall eingetreten ist, rechnet. Dabei ist darauf abzustellen, wie sich der Schaden für einen objektiven Betrachter unter Berücksichtigung der Verkehrsanschauung und gewöhnlicher Umstände im Augenblick des schadenstiftenden Verkehrsgeschehens darstellt. Zum Schaden gehört wohl **nicht der Zeitverlust des Geschädigten** durch den Gang zur Zulassungsstelle zwecks Abstempelung eines neuen Kennzeichens und die dort verbrachte Wartezeit[650] (Das alte Kennzeichen war bei einem leichten Parkrempler beschädigt worden). Denn eine eigene geldwerte Arbeitsleistung liegt insoweit nicht vor. Vielmehr handelt es sich um eine keinen messbaren Vermögenswert darstellende Freizeiteinbuße. Bei bestimmten **Verkehrseinrichtungen** (zB Leitplanken und Gittern) kann die Grenze des völlig belanglosen Schadens etwas höher anzusetzen sein, weil geringfügige Beschädigungen häufig gar nicht repariert werden. Ähnliches mag für eine Beule an einem äußerlich stark abgenutzten **Baufahrzeug** gelten.

Bei **Körperschäden** scheiden ganz unerhebliche, nur vorübergehende Beein- **275** trächtigungen wie **geringfügige** Hautabschürfungen, blaue Flecken und alsbald vergehende Schmerzen aus. Erst recht scheiden solche aus, die noch nicht einmal als „Körperverletzung" iSd § 223 StGB, sondern lediglich als bloße Unannehmlichkeiten des Lebens zu werten sind. Wenn aber üblicherweise mit der Inanspruchnahme eines Arztes zu rechnen ist, liegt spätestens bei derartigen Verletzungen kein völlig belangloser Körperschaden mehr vor.[651]

Der Eventualvorsatz (dolus eventualis) bei § 142 StGB setzt unter anderem vo- **276** raus, dass der Täter sich einen nicht völlig belanglosen Schaden zumindest als möglich vorgestellt hat. Insoweit reicht bedingter Vorsatz aus.[652]

4. Unfälle mit Wild

Obwohl Unfälle mit Wild zum Alltag auf unseren Straßen gehören, hat das **277** Problem, ob beim Anfahren von herrenlosem Wild ein Verkehrsunfall iSd § 142 StGB vorliegt, soweit erkennbar, bisher keine große Rolle in der Rspr. gespielt. Solange es sich um Kleintiere handelt, deren materieller Wert noch unterhalb der Grenze des völlig belanglosen Schadens liegt, ist die Frage letztlich

---

[648] OLG Hamm StVE § 142 StGB Nr. 48.
[649] OLG Frankfurt a.M. VRS 37, 259 (260).
[650] KG VRS 63, 349.
[651] OLG Köln VRS 44, 97.
[652] OLG Hamm NZV 1997, 125 = StVE § 142 StGB Nr. 112 = VRS 93, 166 = DAR 1997, 78; OLG Düsseldorf NZV 1997, 318 = VRS 93, 165 = DAR 1997, 117 sowie NZV 1998, 383 = StVE § 142 StGB Nr. 120.

unerheblich. Bei größeren Tieren, die herrenlos sind, stellt sich das Problem aber unausweichlich. Veröffentlicht ist bislang lediglich eine Entscheidung des Amtsgerichts Öhringen.[653] Das AG bejaht einen Unfall im Straßenverkehr iSd § 142 StGB. Das Tier (im entschiedenen Falle ein Reh) ist zwar herrenlos, aber nach Ansicht des Gerichts „ist zu berücksichtigen, dass in unserer Welt, in der fast sämtliche Güter verteilt und einzelnen Rechtssubjekten zugeordnet sind – wie auch im vorliegenden Fall das Reh dem Aneignungsrecht des Jagdausübungsberechtigten – durch Beschädigung einer Sache auch fast stets einem Rechtssubjekt ein Schaden entsteht." Auch im vorliegenden Fall würde das Aneignungsrecht des Jagdausübungsberechtigten beeinträchtigt und könnte dieser bei Feststellung eines Verschuldens des Autofahrers am Unfall nach § 823 BGB, andernfalls nach § 7 StVG Schadenersatz verlangen, weil ihm allein das Aneignungsrecht und das Verfügungsrecht über das Wild in seinem Bezirk zustehe. Neben dem Vermögen sei aber auch ein ideelles Interesse des Jagdpächters beeinträchtigt, da bei der primär auf Hege ausgerichteten Art der Jagdausübung jeder Revierbesitzer ein starkes Interesse daran habe, den Überblick über seinen Wildbestand zu erhalten und zu erfahren, welche Vererber durch Unfälle abgegangen seien, denn gerade für die Hege bringe der Revierpächter einen erheblichen Aufwand an Zeit, Arbeit und Geld auf. Auch hieraus ergäbe sich, dass der Jagdausübungsberechtigte ein starkes Feststellungsinteresse an der Person dessen, der sein Reh überfuhr, und an dem Verbleib des Rehs habe. Das AG Öhringen übersieht jedoch, dass der Jagdausübungsberechtigte schon tatsächlich kein (sicheres) Recht an einem wilden Tier hat, weil dieses nicht selten den Jagdbezirk wechselt. Im Übrigen erlangt der Jagdausübungsberechtigte gerade erst durch den Unfall, bei dem das Tier getötet wird, ein Aneignungsrecht, das ihm vorher nicht zustand. Insoweit steht er durch den Unfall rechtlich besser da als zuvor.[654] Hingewiesen sei noch auf die Pflichten, die sich aus dem Jagdrecht ergeben. So muss man grundsätzlich[655] einen Wildunfall beim Revierinhaber oder der nächsterreichbaren Polizeidienststelle anzeigen, wenn Schalenwild (§ 2 III Bundesjagdgesetz) durch Anfahren verletzt oder getötet worden ist.

278 Bei Tieren, die in jemandes Eigentum stehen, stellt sich das Problem nicht. Der dargestellte Streit trifft nur bei wilden (dh nach § 960 BGB herrenlosen) Tieren zu. Bei Tieren, die jemand gehören, ist allenfalls zu prüfen, ob – etwa bei Kleintieren und Hühnern – lediglich ein völlig belangloser Schaden eingetreten ist, der die Verpflichtungen aus § 142 StGB nicht auslöst. Tierarztkosten dürften bei der Schadensberechnung nur dann zu berücksichtigen sein, wenn sie den Wert des Tieres nicht übersteigen. Jedenfalls findet das Affektionsinteresse des Tierbesitzers keine Berücksichtigung.

---

[653] NJW 1976, 580 ff.; ähnlich: LG Verden 1 Qs 105/06 = 214 Js 12766/06 – StA Verden.
[654] *Jagusch* NJW 1976, 583 (584).
[655] So zB Art. 56 BayJG oder § 43 III SJG.

II. Unfallbeteiligter, Täterschaft, Teilnahme

1. Unfallbeteiligter und Täter

Im Gegensatz zu vielen anderen Straftatbeständen des StGB, bei denen jeder- **279** mann Täter sein kann, ist § 142 StGB ein sog. **Sonderdelikt**, dh der Täter muss eine **besondere Täterqualifikation** erfüllen, im Falle des § 142 StGB muss er „Unfallbeteiligter" sein. Eine Definition dieses Begriffes enthält § 142 V StGB: „Unfallbeteiligter ist jeder, dessen Verhalten nach den Umständen zur Verursachung des Unfalls beigetragen haben **kann**." Es genügt der nicht ganz unbegründete Verdacht, dass die Person zur Entstehung des Unfalls beigetragen haben kann (könnte), wobei es auf ein Verschulden nicht ankommt. Außerdem reicht die bloße *Möglichkeit* der Unfallverursachung aus. Es ist somit nicht erforderlich, dass die Person tatsächlich zur Verursachung des Unfalls beigetragen hat. Ein tatsächlicher kausaler Beitrag ist also nicht notwendig. Das Merkmal „Unfallbeteiligter" ist ein Verdachtsbegriff.[656] Der Gesetzgeber geht davon aus, dass nach einem Unfall eine ungeklärte Lage besteht. Wenn sich die Beteiligten vom Unfallort entfernen, besteht die Gefahr eines Beweisverlustes. Deshalb erwächst den am Unfall – wirklich oder vermutlich – Beteiligten die Pflicht zur Ermöglichung der nötigen Feststellungen.[657] Eine indirekte Unfallbeteiligung kann zur Verursachung iSd § 142 StGB ausreichen. Der Täter braucht zB nicht selbst mit seinem Fahrzeug in einen Zusammenstoß verwickelt gewesen zu sein. Man spricht auch von der **mittelbaren Unfallbeteiligung** im Gegensatz zu den Fällen, in denen der Betreffende unmittelbar an dem Unfall beteiligt ist **(unmittelbare Unfallbeteiligung)**.

Die Rspr.[658] definiert den Begriff des Unfallbeteiligten dahingehend, dass **280** die nicht ganz unbegründete, aus dem äußeren Anschein der Unfallsituation zu folgernde Möglichkeit der Mitverursachung ausreicht, nicht jedoch eine nur mittelbare, für die Haftung offensichtlich unerhebliche Kausalität. Wer nur Zeuge eines Unfalls ist, wird damit noch nicht zum Unfallbeteiligten. Entscheidend für die Kausalitätsbetrachtungen sind die **Umstände am Unfallort**. Unerheblich ist die spätere Feststellung – etwa in der Hauptverhandlung oder in einem Zivilverfahren –, der Angeklagte bzw. die Partei habe nicht zur Verursachung des Unfalls beigetragen. Der Gesetzeszweck und ein effektiver Rechtsgüterschutz sind nur dadurch erfüllbar, dass auf die Sicht zur Zeit des Unfalls abgestellt wird, weil alles andere gerade der weiteren Klärung bedarf. Die Entscheidung, ob und in welchem Umfang jemand an einem Unfall beteiligt ist, kann aus verständlichen Gründen nicht denjenigen überlassen werden, die in den Unfall verwickelt sind. Die Unfallbeteiligung setzt **keine willensgesteuerten Vorgänge** voraus.[659] Auch wer am Steuer seines Wagens einschläft oder einen Ohnmachtsanfall erleidet und in der Folge einen Unfall verursacht, ist Unfallbeteiligter. Ähnliches gilt für den Fahrer, wenn der Unfall ohne jeglichen

---

[656] BayObLG NZV 2000, 133 = StVE § 142 StGB Nr. 124.
[657] BGHSt 8, 263 = VRS 9, 33 = DAR 1955, 169.
[658] BGHSt 15, 1 = NJW 1960, 2060; OLG Frankfurt a.M. NJW 1983, 2038; OLG Koblenz VRS 74, 435 (436) = NZV 1989, 200 = StVE § 142 StGB Nr. 84.
[659] OLG Karlsruhe VRS 74, 432.

Einfluss seinerseits seine Ursache in einer unsachgemäß durchgeführten Reparatur der Bremsen oder der Lenkung in einer Werkstatt hat.

281 Ein Fahrzeugführer, der sich als **Linksabbieger** in der Kreuzungsmitte eingeordnet hat, um den Gegenverkehr abzuwarten, ist im Falle eines Auffahrunfalls in der **durch ihn verursachten Warteschlange** nur dann Unfallbeteiligter, wenn er sich nicht ordnungsgemäß verhalten hat oder gegen ihn wenigstens der Verdacht eines solchen Verhaltens besteht.[660] Zwar hat der Linksabbieger eine Ursache gesetzt. Jedoch würde man den Tatbestand des § 142 StGB überdehnen, wenn man jede kausale Bedingung ausreichen lassen würde, die zum Unfallgeschehen beigetragen hat oder beigetragen haben könnte. Es wäre mit dem Sinn und Zweck des § 142 StGB nicht mehr vereinbar, wenn man etwa eine hübsche Frau, die sich ansonsten unauffällig am Straßenrand aufhält, als Unfallbeteiligte ansehen würde, bloß weil sich ein Autofahrer durch sie hat ablenken lassen. Deshalb schränkt die Rspr. die **mittelbare Unfallbeteiligung** dahingehend ein, dass nur solche Personen darunter fallen, die sich objektiv nicht verkehrsgerecht verhalten haben. Auf ein Verschulden kommt es nicht an. Wenn nicht der Tatbestand des unerlaubten Entfernens vom Unfallort ins Uferlose ausgeweitet werden soll, kann eine nur mittelbare Verursachung eines Unfalls lediglich dann als ausreichende Grundlage für die Anwendung des § 142 I StGB angesehen werden, wenn das Verhalten des Täters mehr als eine nicht hinweg zu denkende Bedingung für den Unfall ist, dh wenn zwischen dem Verhalten des Täters und dem Unfall ein engerer Zusammenhang besteht.[661] Ergeben sich etwa bei einem Linksabbieger erhebliche Zweifel, ob er sich tatsächlich ordnungsgemäß verhalten hat, dann treffen ihn selbstverständlich die Pflichten aus § 142 StGB. Denn es ist bei Linksabbiegern durchaus ein nicht ganz seltener Ausnahmefall, dass das rechtzeitige Ankündigen des Abbiegevorhabens unterbleibt bzw. dass relativ unvermutet gebremst wird.[662] Unerheblich ist, ob der nicht ganz unbegründete Verdacht der Unfallbeteiligung zu Unrecht erhoben worden ist.[663] Für die mittelbare Unfallbeteiligung reicht also einerseits nicht jedes kausale Verhalten aus (im Einzelfall nicht ausreichend ein bloß passives, aber ordnungsgemäßes Verhalten), andererseits ist aber auch derjenige (mittelbarer) Unfallbeteiligter, der in den nicht ganz unbegründeten Verdacht gerät, zu dem Unfall beigetragen zu haben, obwohl sich später herausstellt, dass er keine Ursache für den Unfall gesetzt hat, sein Verhalten also gerade nicht kausal für den eingetretenen Erfolg war. Es ist auf den Verdacht abzustellen, der sich an der Unfallstelle ergibt, nicht auf das Ergebnis der späteren Ermittlungen.

282 Die **Haltereigenschaft** als solche macht den **Beifahrer** grundsätzlich noch nicht zum Unfallbeteiligten. Wer einem geeigneten Fahrer (der Inhaber der erforderlichen Fahrerlaubnis ist und an dessen Fahrtüchtigkeit keine Zweifel bestehen) sein Fahrzeug überlässt, setzt zwar eine Ursache für den späteren Unfall. Sein ordnungsgemäßes Verhalten begründet aber keine eigene Unfallbeteiligung.[664]

---

[660] BayObLG VRS 42, 200 = VerkMitt. 1972, 2 Nr. 2.

[661] OLG Karlsruhe VRS 74, 432 (433).

[662] Vgl. insoweit KG VRS 50, 39.

[663] OLG Düsseldorf NZV 1993, 157 (158).

[664] BGHSt 15, 1 = NJW 1960, 2060; OLG Frankfurt a.M. NJW 1983, 2038.

Etwas anderes gilt, wenn der Halter (oder der ständige eigenverantwortliche Nutzer) sein Fahrzeug einer unzuverlässigen oder fahrunsicheren Person überlässt bzw. dem Fahrer ein verkehrsunsicheres Fahrzeug aushändigt. In diesem Falle ist er durch sein **eigenes Fehlverhalten** mit ursächlich für den Unfall geworden,[665] wobei das OLG Stuttgart[666] eine Einschränkung dahingehend vornimmt, dass der mitfahrende Halter nicht schon deshalb Unfallbeteiligter ist, weil er das Fahrzeug einem anderen überlassen hat, der keine Fahrerlaubnis besitzt, sondern erst dann, wenn der **Unfall auf die mangelnde Eignung zum Führen eines Kfz zurückzuführen ist.** Bei einem **Fahrer, der keine Fahrerlaubnis** besitzt, wird man in aller Regel annehmen können, dass seine Ungeeignetheit zu dem Unfall beigetragen hat. Aber **Ausnahmen** sind denkbar, etwa wenn die Schuld am Unfall eindeutig bei dem anderen Verkehrsteilnehmer liegt (zB Fahrer ohne Fahrerlaubnis wartet ordnungsgemäß vor einer roten Ampel. Der andere Verkehrsteilnehmer fährt auf das stehende Fahrzeug auf).

Der **am Unfallort anwesende Fahrzeughalter** kann auch dann Unfallbeteiligter **283** iSd § 142 V StGB sein, wenn noch nicht feststeht, **ob er oder ein Dritter das Fahrzeug geführt hat.**[667] Ob ein zZt des Unfalls am Unfallort Anwesender Unfallbeteiligter ist, bestimmt sich nach der aufgrund konkreter Umstände bestehenden Verdachtslage. „**Unfallbeteiligter" kann daher auch der Halter sein**, selbst wenn nachträglich festgestellt wird, dass er nur Beifahrer war.[668] Das Merkmal „Unfallbeteiligter" ist ein Verdachtsbegriff. Auch jeder andere **Beifahrer** kann dann **Unfallbeteiligter** sein, wenn er in den nicht ganz unbegründeten Verdacht geraten ist, selbst Fahrzeugführer gewesen zu sein.[669] Jedoch macht allein der Umstand, dass nicht feststeht, **wer von zwei Insassen eines Tatfahrzeuges zum Tatzeitpunkt Fahrzeugführer war**, beide Insassen noch nicht zu Unfallbeteiligten, weil man einen nicht ganz unbegründeten Verdacht, das Fahrzeug selbst gesteuert zu haben, gegen den bloß Nutzungsberechtigten allenfalls dann annehmen kann, wenn er bereits in der Vergangenheit häufiger Benutzer des Fahrzeugs gewesen ist und/oder zum Halter/Eigentümer in enger verwandtschaftlicher Beziehung steht.[670] Für die Frage der Unfallbeteiligung iSd § 142 V StGB ist es nicht ausreichend, dass irgendeine Person den ungeprüften Verdacht äußert, jemand könne etwas mit dem Unfall zu tun haben, weil **der völlig unbegründete Verdacht** den Voraussetzungen des § 142 V StGB nicht genügt.[671] Im Einzelfall mag die Abgrenzung zwischen dem völlig unbegründeten und dem nicht ganz unbegründeten Verdacht schwierig sein. Der bloße, sei es auch nahe liegende Verdacht gegen einen Fahrzeugführer, er habe bei einem Verkehrsvorgang einen Schaden verursacht, der in Wirklichkeit schon vorhanden gewesen sein konnte, begründet keine Verpflichtung des Fahrzeugführers aus § 142 StGB, weil bei dieser Fallkonstellation gar nicht sicher ist, ob der Beschuldigte

---

[665] BayObLG DAR 1988, 364 bei *Bär*; OLG Frankfurt a.M. NJW 1983, 2038.
[666] VRS 72, 186 (188).
[667] BGHSt 15, 1 (4) = NJW 1960, 2060; BayObLG bei *Rüth* DAR 1984, 240; BayObLG NZV 1993, 35 (36).
[668] BayObLG NZV 2000, 133 = StVE § 142 StGB Nr. 124.
[669] OLG Köln VRS 75, 341 (342) = NZV 1989, 78.
[670] OLG Frankfurt a.M. NZV 1997, 125.
[671] OLG Frankfurt a.M. NJW 1983, 2038 (2039).

zum Zeitpunkt des Schadenseintritts überhaupt am Unfallort anwesend war.[672] (Beispiel: Es steht nicht fest, ob der Beschuldigte einen Schaden beim Einparken angerichtet hat oder ein anderer Autofahrer, der zuvor an dieser Stelle geparkt hatte). Diese Fallkonstellation unterscheidet sich grundlegend von der Situation, dass ein **beim Unfallgeschehen** Anwesender in den nicht ganz unbegründeten Verdacht gerät, an dem Unfall beteiligt zu sein. Denn im Beispielfall ist zweifelhaft, ob sich der Beschuldigte zur Unfallzeit überhaupt an der Unfallstelle befunden hat und damit möglicherweise gar kein Unfallbeteiligter war.

284 Im Einzelfall besteht der Verdacht eines **unfallverursachenden Verhaltens eines Mitfahrers** (sei er Halter oder bloßer Insasse) immer dann, wenn er auf die Führung des Fahrzeugs Einfluss genommen hat (zB Hineingreifen ins Lenkrad, Sexhandlungen während der Fahrt usw).[673] Unfallbeteiligter kann auch jeder Mitfahrer sein, der vorsätzlich einen Fahrer, der unter Alkoholeinfluss steht oder der keine Fahrerlaubnis hat, zu der Fahrt anstiftet oder ihm Beihilfe leistet.

285 § 142 StGB ist ein **Sonderdelikt.** Täter kann deshalb **nur** sein, wer Unfallbeteiligter ist. Wer schon kein Unfallbeteiligter ist, kann auch nicht **Täter** des § 142 StGB sein (wohl aber Anstifter oder Gehilfe). Der Fahrzeugführer dürfte unter den Voraussetzungen des § 142 V StGB grundsätzlich Unfallbeteiligter sein. Der Täterbegriff bei § 142 StGB ist enger gefasst als der des Unfallbeteiligten. Der Täter muss Unfallbeteiligter sein. Aber nicht jeder Unfallbeteiligte ist auch Täter. Wer durch ein ordnungswidriges Parken seines Fahrzeugs zu einem Verkehrsunfall nach seinem Weggehen beiträgt, mag Unfallbeteiligter sein. Als Täter scheidet er aber aus, weil er zur Unfallzeit nicht am Unfallort anwesend war. Die Rspr.[674] schränkt die Täterschaft bei § 142 StGB nämlich dahingehend ein, dass nur derjenige Täter des unerlaubten Entfernens vom Unfallort sein kann, der sich **zur Unfallzeit am Unfallort aufgehalten hat,** weil der Tatbestand ein Entfernen vom Unfallort erfordert. Wer aber nicht am Unfallort anwesend ist, kann sich auch nicht von diesem entfernen. Im Übrigen muss auf die **Anwesenheit zur Unfallzeit** abgestellt werden, weil die in § 142 I StGB normierten Pflichten weitgehend nicht auf einen Unfallverursacher passen, der erst nach dem Unfall an die Unfallstelle kommt. Außerdem macht es keinen Sinn, wenn man von jemandem, der möglicherweise erst nach Tagen oder gar nach Wochen zur Unfallstelle gelangt, verlangen würde, der Wartepflicht nachzukommen. Schließlich wäre es unbillig, denjenigen, der einen Unfall mit seinem vorschriftswidrig geparkten Fahrzeug aus der Ferne beobachtet und der sich nunmehr zum Unfallort begibt, diesen dann aber wieder verlässt, zu bestrafen, während man denjenigen, der trotz seiner Unfallbeobachtung das Geschehen nur weiterhin aus einer größeren Distanz verfolgt, straffrei lassen müsste, weil er sich nicht vom Unfallort entfernt hat. Natürlich muss auch der **Halter**, um die Täterqualifikation erfüllen zu können, neben den anderen bereits erörterten Voraussetzungen zur Unfallzeit am Unfallort anwesend gewesen sein.[675] Auch

---

[672] BayObLG StVE § 142 StGB Nr. 87.
[673] OLG Karlsruhe VRS 53, 426 = StVE § 142 StGB Nr. 5.
[674] BayObLG VRS 72, 363; OLG Köln VRS 76, 354 f. = NJW 1989, 1683; OLG Stuttgart NZV 1992, 327.
[675] KG VRS 46, 434.

der **Beifahrer** kann, wenn er Unfallbeteiligter ist (zB wenn er in irgendeiner Form auf den Fahrer eingewirkt oder ihn zu der Fahrt angestiftet hat), Täter des § 142 StGB sein.[676]

> **Zusammenfassung:**
>
> Täter des § 142 StGB kann also nur sein,
>
> a) wer Unfallbeteiligter ist
>
> **und**
>
> b) wer zur Unfallzeit am Unfallort anwesend ist.
>
> Beide Voraussetzungen müssen kumulativ, also gleichzeitig, vorliegen.

2. Teilnahmeformen (Mittäterschaft, Anstiftung, Beihilfe)

Beim unerlaubten Entfernen vom Unfallort sind die üblichen Teilnahmefor- **286** men (Anstiftung und Beihilfe, §§ 26, 27 StGB), aber auch **Mittäterschaft** (§ 25 II StGB) denkbar.[677] Da § 142 StGB jedoch ein Sonderdelikt ist, ist notwendige Voraussetzung für eine Mittäterschaft die erforderliche **Täterqualifikation**. Auch der Mittäter muss folglich Unfallbeteiligter iSd § 142 V StGB[678] und ebenfalls zur Unfallzeit am Unfallort anwesend gewesen sein. Weiterhin müssen die allgemeinen Voraussetzungen der Mittäterschaft vorliegen, insbesondere ein bewusstes und gewolltes Zusammenwirken der Täter. Wer zu einem gefährlichen Eingriff in den Straßenverkehr oder zu einer Straßenverkehrsgefährdung, die zu einem Unfall geführt hat, Beihilfe geleistet hat und sich dann mit dem Haupttäter unter Verstoß gegen § 142 I StGB vom Unfallort entfernt, ist in der Regel (Mit-)Täter.[679] Erfüllt der Beschuldigte die besondere Täterqualifikation nicht, dann besteht häufig Anlass zur Prüfung, ob der Beschuldigte sich wegen Anstiftung oder Beihilfe strafbar gemacht haben kann. Bevor man zu den Teilnahmeformen der Anstiftung oder Beihilfe kommt, muss jedoch zunächst eine (Mit-)Täterschaft ausgeschlossen werden, weil die anderen Teilnahmeformen im Wege der Subsidiarität hinter einer Täterschaft zurücktreten. **Der Anstifter oder Gehilfe muss nicht die besondere Täterqualifikation erfüllen, er braucht also insbesondere nicht Unfallbeteiligter zu sein.** Der nach dem Unfall an der Unfallstelle eintreffende Dritte, der einen zur Unfallzeit an der Unfallstelle anwesenden Unfallbeteiligten zum Entfernen vom Unfallort verleitet oder ihn in seinem Pkw von der Unfallstelle aus mitnimmt, kann sich wegen Anstiftung oder Beihilfe strafbar machen. Voraussetzung sowohl für die Anstiftung als auch für die Beihilfe ist eine vorsätzliche rechtswidrige (Haupt-)Tat. Außerdem muss auch der Anstifter oder Gehilfe mit Vorsatz handeln.

Der **Halter, der das Wegfahren des Fahrers** mit dem Fahrzeug unter Verstoß **287** gegen § 142 I StGB nach dem Unfall nicht verhindert, begeht – sofern er nicht

---

[676] OLG Zweibrücken VRS 75, 292; OLG Karlsruhe StVE § 142 StGB Nr. 5.
[677] OLG Zweibrücken VRS 75, 292.
[678] BGHSt 15, 1 (4) = NJW 1960, 2060.
[679] BGH StVE § 142 StGB Nr. 31; OLG Köln NZV 1992, 80.

schon aus anderen Gründen (Mit-)Täter oder Teilnehmer des § 142 StGB ist – möglicherweise **Beihilfe durch Unterlassen.**[680] Dabei ist gleichgültig, ob er Beifahrer ist oder erst später an der Unfallstelle erscheint. Die Garantenstellung ergibt sich aus der **engen Sachherrschaft** zu seinem Fahrzeug. Er muss als Halter grundsätzlich verhindern, dass mit seinem Fahrzeug Straftaten (etwa ein unerlaubtes Entfernen vom Unfallort) begangen werden,[681] wobei ggf. im Rahmen des § 13 StGB Zumutbarkeitserwägungen anzustellen sind. Zweifel an der Zumutbarkeit bestehen zB, wenn der Fahrer nach dem Unfall ohne Halt mit hoher Geschwindigkeit weiterfährt. Dann ist es unter Umständen dem mitfahrenden Halter nicht zuzumuten, den Fahrer zum Anhalten zu zwingen. Beihilfe zum unerlaubten Entfernen vom Unfallort liegt auch dann vor, wenn der **weisungs-berechtigte Insasse** (etwa ein Vorgesetzter) die Entfernung des Fahrers mit dem Fahrzeug von der Unfallstelle stillschweigend duldet.[682] Dagegen ist der Halter nicht verpflichtet, das Entfernen des Fahrers von der Unfallstelle – bspw. zu Fuß oder mit einem anderen Verkehrsmittel – zu verhindern.

288 Beihilfe zum unerlaubten Entfernen vom Unfallort kann auch noch geleistet werden, wenn der Täter sich zwar bereits von der Unfallstelle „entfernt", jedoch weder sein Fahrtziel erreicht noch sich endgültig in Sicherheit gebracht hat. Es ist zwischen der Vollendung und der Beendigung der Tat zu unterscheiden. Die Tat ist **vollendet** mit dem Entfernen von der Unfallstelle. Sie ist aber erst **beendet**, wenn der Täter sein Fahrtziel erreicht bzw. sich in Sicherheit gebracht hat.[683]

III. Feststellungsinteresse und Einwilligung

1. Das Feststellungsinteresse

289 Weitere Tatbestandsvoraussetzung des § 142 StGB ist, dass jemand ein Feststellungsinteresse hat. Dieses (ungeschriebene) Tatbestandsmerkmal lässt sich aus dem Sinn der Vorschrift herleiten. Denn bestehen keinerlei zivilrechtliche Ansprüche oder hat niemand ein Feststellungsinteresse, greift § 142 StGB nicht ein. Im Übrigen lässt sich die Notwendigkeit eines Feststellungsinteresses auch dem Gesetzeswortlaut entnehmen („... zu Gunsten der anderen Unfallbeteiligten und der Geschädigten ..."). Feststellungsinteressenten können sowohl die Geschädigten als auch diejenigen Unfallbeteiligten sein, die ein sog. Abwehrinteresse haben. Wie sich aus dem Wortlaut des Gesetzes ergibt, sind die Feststellungen „zu Gunsten der anderen Unfallbeteiligten und der Geschädigten" zu treffen. Der Gesetzestext erwähnt ausdrücklich neben den Geschädigten auch die anderen Unfallbeteiligten als mögliche Feststellungsinteressenten. Von den Feststellungs**interessenten** zu unterscheiden sind die feststellungs**bereiten** Personen.

290 Erleidet ein Verkehrsteilnehmer bei einem sog. **Alleinunfall** nur selbst einen Schaden, fehlt es an einem Feststellungsinteressenten und damit an einem Tatbestandsmerkmal des § 142 StGB, weil aus dem Unfall Rechtsbeziehungen

---

[680] OLG Stuttgart NJW 1981, 2369; OLG Zweibrücken NJW 1982, 2566.
[681] OLG Düsseldorf VerkMitt. 1966, 42 Nr. 76.
[682] BGH VRS 24, 34.
[683] BayObLG NJW 1980, 412 = VRS 57, 345 = StVE § 142 StGB Nr. 20.

zu beteiligten Dritten nicht infrage kommen. Wenn allerdings Dritte auch nur berechtigte Abwehransprüche haben, besteht ein Feststellungsinteresse.[684] Wer jedoch durch einen Verkehrsunfall einen nicht unwesentlichen Schaden an dem von ihm geführten, einem anderen gehörenden Fahrzeug herbeiführt, muss in der Regel der in § 142 StGB vorausgesetzten Feststellungspflicht nachkommen, auch wenn außer ihm kein anderer Verkehrsteilnehmer an dem Unfall beteiligt ist.[685] Durch den Unfall sind möglicherweise Ersatzansprüche des Eigentümers entstanden. So unterliegt der **Dieb** auch dann der Feststellungs- und Wartepflicht des § 142 I StGB, wenn er mit dem **gestohlenen Fahrzeug** einen Verkehrsunfall verursacht, bei dem nur das selbstgeführte Fahrzeug beschädigt worden ist.[686] Der Eigentümer hat in diesem Fall ein Interesse an der Feststellung, welche Schäden bei dem Unfall eingetreten sind.

Bei **Firmenfahrzeugen** dürfte der Arbeitgeber in der Regel ein Feststellungs- **291** interesse haben, weil ihm aus dem Unfall häufig Schadenersatzansprüche erwachsen. Wenn der Fahrzeugführer bei einem Unfall im Straßenverkehr ein von ihm gelenktes Firmenfahrzeug beschädigt und sich sogleich von der Unfallstelle entfernt, besteht allerdings besonderer Anlass zur Prüfung der Frage, ob das Verlassen der Unfallstelle **nach den Grundsätzen der mutmaßlichen Einwilligung gerechtfertigt** ist oder ob der Täter sich nicht jedenfalls in einem Irrtum – sei es über die tatsächlichen Voraussetzungen, sei es über den rechtlichen Umfang – über einen solchen Rechtfertigungsgrund befand.[687] Diese Überlegungen gehören jedoch nicht in den Tatbestand, sondern in die Prüfung der Rechtswidrigkeit bzw. der Schuld. Allerdings besteht, wenn der Unfallbeteiligte ein fremdes Fahrzeug benutzt, nicht immer ein Feststellungsinteresse. So ist der **Sicherungseigentümer** eines Pkw bei hier angebrachter wirtschaftlicher Betrachtung nicht geschädigter Dritter, sodass den Sicherungsgeber nach einem Unfall mit Sachschaden (nur) an diesem von ihm gefahrenen Pkw keine Wartepflicht im Rahmen der Aufklärungspflicht gegenüber dem Sicherungseigentümer trifft.[688] Denn Eigentum iSd § 142 StGB ist im wirtschaftlichen Sinne zu verstehen, sodass der Sicherungsübereigner oder der Vorbehaltskäufer als allein Geschädigter anzusehen sind. Sowohl das Sicherungseigentum als auch das Vorbehaltseigentum sind bloße Sicherungsrechte. Die Eigentumsübertragung etwa beim Sicherungseigentum ist eine reine Hilfskonstruktion, weil es (grundsätzlich) kein besitzloses Pfandrecht gibt und deshalb das Anliegen der beiden Beteiligten (Sicherungsgeber und Sicherungsnehmer) nicht im Wege der Einräumung eines Pfandrechtes gelöst werden kann.

Bei **Leasing-Fahrzeugen** ist auf die Einzelheiten des Leasing-Vertrages abzustel- **292** len.[689] In aller Regel wird bei derartigen Verträgen das Risiko einer Beschädi-

---

[684] BGHSt 8, 263 = VRS 9, 33 = DAR 1955, 169.
[685] BGHSt 9, 267 = VRS 11, 207.
[686] BayObLG DAR 1985, 240 bei *Rüth*.
[687] BayObLG NZV 1992, 413.
[688] OLG Nürnberg (zivilrechtl. Urt.) StVE § 142 StGB Nr. 4 = NJW 1977, 1543.
[689] OLG Hamm NJW 1990, 1925 = NStE § 69 StGB Nr. 10 = NZV 1990, 197; OLG Frankfurt a.M. NZV 1991, 34 = StVE § 142 StGB Nr. 90; OLG Hamburg NZV 1991, 33; OLG Hamm NZV 1998, 33 = StVE § 142 StGB Nr. 116.

gung oder Zerstörung des geleasten Fahrzeugs auf den Leasingnehmer abgewälzt. Denn charakteristisch für diesen Vertragstyp ist, dass der Leasinggeber sich wirtschaftlich auf die Finanzierung der Gebrauchsnutzung beschränkt und demnach kaufähnlich die Gefahr des zufälligen Untergangs, Verlustes, der Beschädigung und des vorzeitigen Verschleißes auf den Leasingnehmer überträgt. Nach einer Gegenmeinung[690] besteht die Verpflichtung, polizeiliche Feststellungen zum Unfallhergang zu ermöglichen, auch bei der Alleinbeschädigung eines Leasingfahrzeugs, weil fremdes Eigentum betroffen sei. Überzeugender erscheint die erste Meinung. Denn geschützt wird durch § 142 StGB das Feststellungsinteresse. Wenn dieses nicht tangiert ist (wie bei vielen Leasingverträgen), erscheint es sehr formal, sich auf das Eigentum zurückzuziehen. Der Anspruch aus dem Leasing-Vertrag auf Zahlung der Leasing-Raten wird durch den Unfall gerade nicht tangiert. Bei Leasing-Verträgen muss in der Regel der Leasingnehmer auf seine Kosten den Schaden beheben. Den Untergang des Leasing-Gegenstandes muss der Leasinggeber aber stets einkalkulieren. In der Praxis tauchen diese Probleme deshalb sehr selten auf, weil als Halter in aller Regel der Leasingnehmer eingetragen ist. Meistens wird deshalb gar nicht bekannt, dass es sich um ein geleastes Fahrzeug handelt.

293 Wird bei einem Unfall allein an dem vom Fahrer **gemieteten Fahrzeug** ein Schaden verursacht, unterliegt der Fahrer der Feststellungspflicht des § 142 StGB, weil die Feststellungspflicht nämlich nur dann entfällt, wenn Rechtsbeziehungen zu Dritten nicht infrage kommen; denn ob Unfallbeteiligten oder Geschädigten Schadenersatzansprüche zustehen, wird sich oft erst später, häufig sogar erst nach langwierigen Prozessen klären lassen.[691] Außerdem trägt der Vermieter die Beweislast, wenn der Mieter bestreitet, dass Schäden an dem Mietwagen durch einen Unfall während der Mietzeit entstanden sind, etwa wenn der Mieter behauptet, die am Ende der Mietzeit festgestellten Mängel an dem Mietwagen seien schon im Zeitpunkt der Vermietung vorhanden gewesen. Ob dies auch für Mietverträge mit Firmen gilt, in deren allgemeinen Geschäftsbedingungen dem Mieter das Risiko für den Untergang des Fahrzeugs übertragen wird, ist zumindest streitig. Wohlgemerkt, die dargestellten Fragen tauchen immer **nur bei sog. Alleinunfällen mit fremden Fahrzeugen** auf. Wird ein Dritter geschädigt, hat dieser schon in aller Regel ein Feststellungsinteresse, und es kann letztlich dahinstehen, ob auch die Vermieterfirma ein Interesse an Feststellungen hat, es sei denn, der Dritte verzichtet etwa auf sein Feststellungsinteresse.

294 Kein Feststellungsinteresse besteht, wenn sämtliche Berechtigte endgültig auf Feststellungen verzichtet haben, etwa wenn sich alle Beteiligten über die Abwicklung des Schadens geeinigt haben oder der Schaden schon an der Unfallstelle reguliert worden ist. Dies gilt jedoch nicht bei einem erschlichenen Verzicht oder wenn der Verzichtende keine zutreffenden Vorstellungen von der Tragweite seiner Erklärung hat (zB ein Kind). Ein wirksamer Verzicht kann

---

[690] OLG Oldenburg StVE § 142 StGB Nr. 91 = NZV 1991, 35; s. auch *Hällmayer* NZV 1999, 105 ff.
[691] OLG Celle VRS 54, 36 ff. = StVE § 142 StGB Nr. 6.

wohl auch nur von einem (unbeschränkt) Geschäftsfähigen erklärt werden.[692] Verzicht ist im Sinne eines zivilrechtlichen Erlassvertrags (§ 397 BGB) zu verstehen. Auf einen schuldrechtlichen Anspruch (Schadenersatzanspruch) kann nicht einseitig wirksam verzichtet werden. Der Schuldner muss sich nichts schenken lassen. Weiterhin entfällt ein Feststellungsinteresse, wenn **sämtliche Berechtigte mutmaßlich auf Feststellungen verzichten**. Dieser Fall kommt nur selten in Betracht (zB unter nahen Angehörigen bei relativ geringen Schäden).[693] Vom mutmaßlichen Verzicht ist die mutmaßliche Einwilligung zu unterscheiden (dazu später). **Fährt der andere Unfallbeteiligte weiter, ohne anzuhalten,** scheidet eine Strafbarkeit nach § 142 StGB aus, wenn der eine Unfallbeteiligte den Unfallort erst verlassen hat, nachdem der andere in Kenntnis des Unfalls die Fahrt fortgesetzt hat.[694] Denn der Unfallbeteiligte und Geschädigte, der nach dem Unfall unter Verletzung der ihm obliegenden Wartepflicht seine Fahrt fortsetzt, ohne vorher Feststellungen zu treffen und zu ermöglichen, verzichtet damit – sofern er nicht in Unkenntnis des Unfallgeschehens weiterfährt – auch auf die Ermöglichung weiterer Feststellungen am Unfallort, soweit sie zu seinen Gunsten dem anderen Unfallbeteiligten obliegen, und entbindet damit diesen von dessen Wartepflicht (Einwilligung).

Es ist zwischen dem **fehlenden Feststellungsinteresse** (etwa bei einem Verzicht **295** auf Feststellungen) und der **Einwilligung** zu unterscheiden.[695] Das fehlende Feststellungsinteresse ist im objektiven Tatbestand zu prüfen, während die Einwilligung einen Rechtfertigungsgrund darstellt, der zum Ausschluss der Rechtswidrigkeit führt. Bei einer korrekten Unterscheidung zwischen fehlendem Feststellungsinteresse und Einwilligung kommt man zu sauberen und klaren Ergebnissen. Liegt nämlich bloß eine Einwilligung zum Entfernen vor, ist die Rechtswidrigkeit ausgeschlossen und der „Täter" entfernt sich „berechtigt" von der Unfallstelle mit der Folge, dass ihn die Nachholpflicht (§ 142 II Nr. 2, III StGB) trifft. Verneint man ein Feststellungsinteresse, ist der Tatbestand nicht erfüllt. Folglich besteht auch keine Nachholpflicht aus § 142 II, III StGB. Reguliert der „Schuldige" bereits an der Unfallstelle den Schaden, hat der Geschädigte kein Feststellungsinteresse mehr. Der „Täter" verwirklicht nicht den Tatbestand des § 142 I Nr. 1 StGB, wenn er wegfährt, ohne nähere Feststellungen zu treffen bzw. zu dulden. Hat es etwa einer der Unfallbeteiligten aus irgendwelchen Gründen eilig, will aber nicht auf Feststellungen verzichten, dann entfernen sich nach einer entsprechenden Absprache die Beteiligten „berechtigt" (mit Einwilligung) von der Unfallstelle. Die Feststellungen müssen in diesem Fall nachgeholt werden (§ 142 II Nr. 2, III StGB).

Ein **Minderjähriger kann als beschränkt Geschäftsfähiger** analog den §§ 106, 107 **296** BGB **keine wirksame Verzichtserklärung** abgeben,[696] denn § 142 StGB schützt die bestehenden zivilrechtlichen Ansprüche. Da ein **beschränkt Geschäftsfä-**

---

[692] OLG Düsseldorf NZV 1991, 77.
[693] OLG Köln VRS 66, 128.
[694] BayObLG VRS 71, 189 = StVE § 142 StGB Nr. 78; BayObLG StVE § 142 StGB Nr. 92 = NZV 1990, 397; OLG Oldenburg StVE § 142 StGB Nr. 106.
[695] *Blum* NZV 2011, 378 ff.
[696] OLG Düsseldorf NZV 1991, 77; OLG Hamm VRS 23, 102 (103).

higer nicht wirksam auf Schadenersatzansprüche verzichten kann, kann sein „Verzicht" auch insoweit nicht die (Tatbestands-)Voraussetzungen des § 142 StGB beseitigen. Ein Erlassvertrag gem. § 397 BGB wäre schwebend unwirksam (§§ 107, 108 BGB). Zu differenzieren ist aber zwischen einem Verzicht auf mögliche Schadenersatzansprüche und der **Aufgabe einer Beweisposition.** Im Fall der Aufgabe einer Beweisposition ist dies als eine Erklärung anzusehen, die ähnlich einer strafrechtlichen Einwilligung zu behandeln ist, die unter Umständen auch wirksam von einem Minderjährigen abgegeben werden kann.

297 Der Verzichtende muss eine zutreffende Vorstellung von der tatsächlichen und rechtlichen Tragweite seiner Willensentschließung haben und in einer physischen und psychischen Verfassung sein, die ihm ein sachgerechtes und verständiges Abwägen ermöglicht. Erforderlich ist, dass der Geschädigte den Eintritt eines Schadens iSd § 142 StGB tatsächlich wahrgenommen hat. Ferner muss deutlich zum Ausdruck kommen, dass der Geschädigte wirklich auf seine Ansprüche verzichten will. Zu beachten ist auch, dass die **Zustimmung eines Unfallopfers,** das bspw. wegen des Unfalls (zB infolge eines Unfallschocks) die Voraussetzungen und/oder die Folgen seiner Erklärung nicht übersehen und einschätzen kann, unbeachtlich sein kann. Glaubt allerdings der Täter irrig, der Unfallgegner habe kein Feststellungsinteresse, fehlt ihm der Vorsatz zur Verwirklichung des Tatbestandes.[697] Es liegt dann ein Tatbestandsirrtum iSd § 16 I StGB vor.

298 Im Einzelfall wird kein Feststellungsinteresse bestehen, zumindest wird aber vielfach eine Einwilligung zum Entfernen vorliegen, wenn bei einem Unfall allein das vom Täter geführte fremde Fahrzeug beschädigt worden ist und der **Eigentümer/Halter dem Täter in Kenntnis dessen, dass dieser keine Fahrerlaubnis hat bzw. dieser stark angetrunken war,** den Pkw überlassen hatte. Der Eigentümer/Halter wird in der Regel auf Feststellungen am Unfallort und auf Feststellung der alkoholbedingten Fahrunsicherheit des Fahrers keinen Wert legen. Er will sich nicht dem Risiko aussetzen, dass die Polizei aufgrund ihrer Überprüfungen auch gegen ihn ermittelt, weil er dem Fahrer in strafbarer Weise das Fahrzeug übergeben hat.[698]

2. Die Einwilligung

299 Neben den Fällen des Verzichts auf das Feststellungsinteresse (Erlassvertrag) gibt es auch den Rechtfertigungsgrund der Einwilligung. Von der tatsächlichen Einwilligung – ein Unterfall ist die stillschweigende (konkludente) Einwilligung – ist die mutmaßliche Einwilligung zu unterscheiden. Eine **mutmaßliche Einwilligung** kann unter dem Gesichtspunkt des Handelns im Interesse des Verletzten und in Fällen des mangelnden Schutzinteresses des Betroffenen eingreifen.[699] Grundsätzlich kommt eine mutmaßliche Einwilligung aber nur in Betracht, wenn die Zustimmung des Betroffenen nicht rechtzeitig erfragt

---

[697] BayObLG NZV 1992, 245; OLG Düsseldorf NZV 1992, 246 mwN.
[698] OLG Köln VRS 37, 35 (37).
[699] OLG Koblenz VRS 57, 13; OLG Düsseldorf NZV 1991, 77.

werden kann.[700] Da im Übrigen die rechtfertigende Wirkung einer mutmaßlichen Einwilligung aus der notwendigen Übereinstimmung der Täterhandlung mit dem aufgrund einer objektiv sorgfältigen Prüfung aller Umstände **zu vermutenden hypothetischen Willen des Geschädigten** folgt, kann das Handeln des Täters nur dann gerechtfertigt sein, wenn er gewissenhaft und umfassend geprüft hat, ob konkrete und erkennbare Umstände vorliegen, die das hypothetische Wahrscheinlichkeitsurteil, nämlich Einwilligung des Geschädigten bei voller Kenntnis der Sachlage, zwangsläufig ergeben. **Zu prüfen ist also, ob der Geschädigte vernünftigerweise dem Entfernen von der Unfallstelle zugestimmt hätte, wenn man ihn hätte fragen können.** Hat der Täter bei einem (Allein-)Unfall im Straßenverkehr ein von ihm gelenktes **Firmenfahrzeug** beschädigt und sich sogleich von der Unfallstelle entfernt, besteht Anlass zur Prüfung der Frage, ob das Verlassen der Unfallstelle nach den Grundsätzen **der mutmaßlichen Einwilligung** gerechtfertigt ist. In diesen Fällen ist eine Interessenabwägung dahingehend vorzunehmen, ob der Geschädigte überhaupt ein Interesse an einem Verbleiben des Unfallverursachers an der Unfallstelle hat oder ob es ihm vielmehr genügt, wenn dieser sich anschließend mit ihm in Verbindung setzt und ihn über seine Beteiligung an dem Unfall unterrichtet. Hilfsweise ist zu prüfen, ob der Täter sich nicht jedenfalls in einem Irrtum – sei es über die tatsächlichen Voraussetzungen, sei es über den rechtlichen Umfang – eines solchen Rechtfertigungsgrundes befunden hat.[701]

Sofern man nicht bereits einen tatbestandsausschließenden Verzicht annimmt, **300** kann jedenfalls das Sich-Entfernen des Angeklagten (ohne Einhalten der Wartezeit) von der Unfallstelle das Tatgericht dazu drängen, den Rechtfertigungsgrund der mutmaßlichen Einwilligung zu erörtern, sofern der an der Unfallstelle nicht anwesende (Allein-)Geschädigte sein Fahrzeug dem Angeklagten in Kenntnis des Umstandes überlassen hat, dass der Angeklagte über keine Fahrerlaubnis verfügt.[702]

In folgenden Fällen kann beim unerlaubten Entfernen vom Unfallort eine **301** mutmaßliche Einwilligung **in eng umgrenzten Ausnahmefällen** angenommen werden:

a) bei nahen persönlichen Beziehungen des Geschädigten zum Täter (In Einzelfällen kann sogar von einem mutmaßlichen Verzicht auf das Feststellungsinteresse – Erlassvertrag – ausgegangen werden. Dann läge bereits der Tatbestand nicht vor.),

b) bei geringfügigen Schäden und offenbarem Alleinverschulden des Täters mit klarer und einfacher Beweislage.

Bei Eheleuten kann man ggf. ein Feststellungsinteresse verneinen. Das OLG **302** Schleswig[703] hat in einer zivilrechtlichen Entscheidung den Schmerzensgeldanspruch einer Frau gegen ihren Ehemann erheblich gekürzt, weil „auch die familienrechtlichen Beziehungen" in derartigen Fällen eine Rolle spielen. Je-

---

[700] OLG Düsseldorf NZV 1991, 77.
[701] BayObLG NZV 1992, 413.
[702] OLG Köln StVE § 142 StGB Nr. 132 = NZV 2002, 278 und 409.
[703] NZV 1992, 190.

doch ist auch bei Eheleuten auf den Einzelfall abzustellen (zB Zustand der Ehe, Schadenshöhe, Art und Schwere der Verletzungen usw).

303 Unter den unter b) genannten Voraussetzungen ist eventuell das Verlassen der Unfallstelle (ohne Einhaltung der Wartezeit nach § 142 I Nr. 2 StGB) nach **Anbringung eines Zettels** gerechtfertigt. Der „Täter" entfernt sich dann ggf. unter dem rechtlichen Gesichtspunkt der mutmaßlichen Einwilligung, wobei das Zurücklassen eines Zettels eine (gewisse) Wartepflicht nicht unbedingt entfallen lässt.[704] Das Anbringen eines Zettels begründet unter Umständen eine mutmaßliche Einwilligung, wenn folgende Voraussetzungen vorliegen.[705]

a) Es muss sich um einen relativ geringen Schaden handeln.
b) Die Rechts- und Beweislage muss klar und eindeutig sein.
c) Der Schädiger muss sich uneingeschränkt zu seiner Ersatzpflicht bekennen.

304 Auf jeden Fall trifft den Unfallbeteiligten die Nachholpflicht aus § 142 II und III StGB.

Wenn der Täter (ausschließlich) ein geparktes Kfz, zu dessen nicht anwesendem Eigentümer er in engen persönlichen Beziehungen steht, angefahren und beschädigt hat, kann es **unter dem Gesichtspunkt der mutmaßlichen Einwilligung** gerechtfertigt sein, dass er, statt an der Unfallstelle zu warten, den Geschädigten persönlich aufsucht.[706]

305 Ein Unfallbeteiligter, der gegenüber seinem Unfallgegner **falsche Personalien angibt** und dadurch dessen **Einwilligung** zum Verlassen des Unfallortes **erschleicht**, macht sich nach § 142 I Nr. 1 StGB strafbar.[707] Zwar besteht insoweit nur eine passive Feststellungsduldungspflicht. Aber bei dieser Vorgehensweise begnügt sich der Täter bei der Angabe falscher Personalien gerade nicht mit einem passiven Verhalten, sondern er vereitelt oder erschwert durch aktives Tun die Feststellungen des Unfallgegners. Bei einer sog. erschlichenen Einwilligung dürfte **häufig auch der Tatbestand des Betruges** (§ 263 StGB) erfüllt sein. Der Schaden kann in diesen Fällen in der nicht hinreichenden Absicherung des Schadensersatzanspruchs aus §§ 823 I BGB, 7 I StVG liegen. Ein Vermögensschaden liegt vor, wenn wirtschaftlich gesehen der Gesamtwert des Vermögens verringert wurde. Hierbei reicht eine Vermögensgefährdung aus, wenn sie nach wirtschaftlicher Betrachtungsweise bereits eine **konkrete** Verschlechterung der gegenwärtigen Vermögenslage darstellt. Ein Vermögensschaden iSd § 263 StGB kann darin liegen, dass die Geltendmachung oder Verteidigung von Vermögensrechten erschwert oder verhindert wird.[708] Denn im Wirtschaftsleben werden Ansprüche, die bestritten oder nur unter erschwerten Bedingungen durchsetzbar sind, regelmäßig geringer bewertet als unbestrittene.[709] Zwar hat der Unfallgegner einen Schadenersatzanspruch gegen den Schädiger. Da dieser

---

[704] LG Zweibrücken VRS 93, 333.
[705] OLG Köln VRS 64, 115 = VerkMitt. 1983, 10 Nr. 13 = StVE § 142 StGB Nr. 51.
[706] BayObLG VRS 64, 121.
[707] OLG Stuttgart VRS 63, 203 = StVE § 142 StGB Nr. 55; OLG Köln VRS 50, 344 = StVE § 142 StGB Nr. 1.
[708] BGHSt 21, 112 = NJW 1966, 1975.
[709] RGSt 73, 61 (63).

aber wegen der falschen Personalien nicht realisierbar ist, liegt ein Schaden iSd § 263 StGB vor. Allerdings wird teilweise in der Literatur die Auffassung vertreten, **§ 142 I StGB sei grundsätzlich gegenüber § 263 StGB eine Spezialvorschrift**. § 263 StGB trete also hinter § 142 I StGB zurück.[710] Die Schutzrichtung des § 142 StGB ist jedoch nicht genau die gleiche wie beim Betrug. Zwar schützen beide Vorschriften das Vermögen. Aber wer sich nach einem Unfall unerlaubt vom Unfallort entfernt, erfüllt nicht in aller Regel auch die Tatbestandsvoraussetzungen des § 263 StGB. Die kriminelle Energie desjenigen, der falsche Personalien angibt, ist deutlich höher anzusetzen, als die desjenigen, der nach einem kurzen Blick zur Seite feststellt, dass keiner den Unfall bemerkt hat, und der deshalb davonfährt. Somit stehen bei dieser Fallkonstellation die §§ 142 und 263 StGB grundsätzlich in Tateinheit zu einander.

Umstritten ist selbst in der Rspr., wie sich derjenige im Rahmen des § 142 StGB **306** strafbar macht, der an der Unfallstelle gegenüber dem anwesenden Feststellungsberechtigten unrichtige Angaben macht. Das OLG Hamm[711] steht auf dem Standpunkt, dass ein Unfallbeteiligter, der an der Unfallstelle seine Unfallbeteiligung wahrheitswidrig in Abrede stellt, den Tatbestand des § 142 I Nr. 1 StGB dann verwirklicht, wenn er sich von der Unfallstelle räumlich entfernt. Da der Tatbestand das Sich-Entfernen voraussetzt, können falsche Angaben am Unfallort allein noch nicht den Tatbestand des § 142 I StGB erfüllen. Erst wenn der Täter sich danach entfernt, hat er **den Tatbestand des § 142 I StGB** verwirklicht. Nach einer Entscheidung des BayObLG[712] verwirklicht der Unfallbeteiligte, der sich, nachdem er etwa falsche Personalien angegeben hat, **nach dem Feststellungsberechtigten von der Unfallstelle entfernt**, dagegen den Tatbestand des unerlaubten Entfernens vom Unfallort nicht schon dadurch, dass er in der Folge auch selbst die Unfallstelle verlässt; er muss jedoch die erforderlichen Feststellungen unverzüglich nachträglich ermöglichen. Denn der Täter darf sich nach Ablauf der angemessenen Wartefrist von der Unfallstelle entfernen, wenn sich keine feststellungsbereiten Personen (mehr) am Unfallort aufhalten (§ 142 I Nr. 2 StGB). Ihn trifft nach Ansicht des BayObLG die Nachholpflicht aus § 142 II Nr. 1 StGB. Anders wäre es, wenn er sich vor den anderen Beteiligten entfernt; denn dann wäre noch eine feststellungsbereite Person an der Unfallstelle.

Welcher Meinung man sich anschließt, kann im Einzelfall entscheidend sein, **307** nämlich, wenn der Beschuldigte sich nach dem Verlassen der Unfallstelle doch noch entschließt, die richtigen Angaben zu machen. Folgt man der Auffassung des BayObLG, hat sich der Beschuldigte erst dann strafbar gemacht, wenn er später seiner Nachholpflicht nicht nachkommt. Dagegen hat er nach Ansicht des OLG Hamm mit dem Entfernen von der Unfallstelle bereits den Tatbestand nach § 142 I StGB verwirklicht.

---

[710] Offen gelassen von OLG Köln VRS 50, 344 (345).
[711] OLG Hamm NJW 1979, 438.
[712] NJW 1984, 1365 = VerkMitt. 1984, 57 – Nr. 64 – Ergänzung zu BayObLGSt 1983, 40 = NJW 1983, 2039 und BayObLG NJW 1984, 66.

IV. Feststellungsbereite Personen

308 Von den Feststellungs**interessenten** sind die feststellungs**bereiten** Personen zu unterscheiden. Im Einzelfall kann ein Feststellungsinteressent auch feststellungsbereit sein. Aber eine Identität ist nicht erforderlich. So kann grundsätzlich außer den anderen Unfallbeteiligten, den Geschädigten und der Polizei auch ein Dritter feststellungsbereite Person sein.[713] Erforderlich ist, dass diese Person:

a) objektiv tatsächlich und rechtlich in der Lage ist, die jeweils notwendigen Feststellungen zu treffen,

b) subjektiv gewillt ist, diese Feststellungen im Interesse der Beweissicherung des Geschädigten zuverlässig zu treffen („**zu Gunsten** der ... Geschädigten" – § 142 I Nr. 1 StGB) und

c) offenkundig die getroffenen Feststellungen unverzüglich und vollständig an den Geschädigten weitergeben wird.

309 Ein Dritter ist also nur dann zugunsten des abwesenden Geschädigten feststellungsbereit, wenn er **erkennbar auch den Willen hat, seine Feststellungen zur Kenntnis des Geschädigten zu bringen**.[714] Deshalb ist nicht schon jeder Zeuge, der sich als solcher zur Verfügung stellt, als feststellungsbereite Person anzusehen. Der Feststellungsbereite muss objektiv geeignet sein. Bei schweren Unfällen wird ohnehin regelmäßig nur die Polizei objektiv in der Lage sein, die erforderlichen Feststellungen zu treffen. Das gilt regelmäßig auch dann, wenn Feststellungen zur Alkoholisierung eines Unfallbeteiligten notwendig sind. **Objektiv ungeeignet** sind grundsätzlich Kinder und Betrunkene, aber auch Verletzte, zumindest bei schweren Verletzungen.[715] **Als Feststellungsbereite untauglich** sind meistens auch Personen, von denen keine objektiven Feststellungen zu erwarten sind (parteiische Personen, Beifahrer des Feststellungspflichtigen).[716] Ein in der forensischen Praxis bekanntes Phänomen ist, dass sich Beifahrer häufig mit dem Fahrer solidarisieren. Dies gilt in besonderem Maße, wenn zwischen dem Beifahrer und dem Fahrer enge persönliche Beziehungen bestehen (zB Eheleute, enge Verwandte, befreundete Personen). Daher dürften solche Personen in der Regel nicht geeignet sein, die erforderlichen Feststellungen **zugunsten** des abwesenden Geschädigten zu treffen. Andererseits wird man das nicht unbedingt beim Fahrgast eines Taxis annehmen können, zumal wenn sich dieser Fahrgast schon vor dem Unfall über die Fahrweise des Taxifahrers geärgert hat. Lehnt der Geschädigte es ab, die erforderlichen Feststellungen selbst zu treffen, so sind keine feststellungsbereiten Personen an der Unfallstelle. Daraus ergibt sich in der Regel die Pflicht, das **Eintreffen der Polizei** (= feststellungsbereite Person) abzuwarten.[717] Allerdings darf der Wunsch auf Hinzuziehung der Polizei nicht ausschließlich dem Strafverfolgungsinteresse dienen. Denn dieses wird von § 142 StGB nicht geschützt.

---

[713] OLG Zweibrücken DAR 1982, 332.
[714] BayObLG VRS 64, 119 = StVE § 142 StGB Nr. 60.
[715] OLG Köln VRS 66, 128.
[716] BayObLG DAR 1982, 249 bei *Rüth*; OLG Köln VRS 63, 352 (353).
[717] OLG Hamm VRS 44, 272; KG VRS 63, 46.

V. Der Unfallort

Die Frage, welchen Bereich der Unfallort umfasst, ist entscheidend für die Voll- **310**
endung des Tatbestandes. Denn erst wenn der Täter diesen Bereich verlassen
hat, liegt ein Entfernen vom Unfallort vor. Der Versuch ist bei § 142 StGB nicht
strafbar. Auch für den Täterbegriff ist die Frage, was (noch) zum Unfallort gehört, von großer Bedeutung. Denn Täter kann nur sein, wer sich zur Unfallzeit
am **Unfallort** aufgehalten hat. Wer sich zur Unfallzeit außerhalb des Unfallortes bewegt hat, kann nicht Täter sein. Das Gesetz enthält **keine Definition des
Begriffs „Unfallort".** Grundsätzlich wird Unfallort als die Stelle definiert,[718]
an der sich das schädigende Ereignis zugetragen hat, sowie der unmittelbare
Umkreis, innerhalb dessen das am Unfall beteiligte Fahrzeug durch den Unfall zum Stillstand gekommen ist oder – unter Beachtung der dem Fahrer bei
geringfügigen Schäden gem. § 34 I Nr. 2 StVO treffenden Pflicht, unverzüglich
beiseite zu fahren – hätte angehalten werden können bzw. an der der Unfallbeteiligte seine Pflicht, einem Berechtigten seine Unfallbeteiligung zu offenbaren,
erfüllen kann bzw. an der, unabhängig davon, eine feststellungsbereite Person
unter den gegebenen Umständen den Wartepflichtigen vermuten und ggf.
durch Befragen ermitteln würde. Welchen Bereich der Unfallort umfasst, ist
also jeweils nach den Umständen des Einzelfalles zu entscheiden. Während bei
einem Unfall auf einem Parkplatz oder sonst bei niedrigen Geschwindigkeiten
ein Anhalten innerhalb kürzester Strecke möglich ist, beträgt der Anhalteweg
bei hohen Geschwindigkeiten (zB auf Autobahnen) oft mehrere hundert Meter.
Dieser Tatsache ist bei der Frage, was man unter Unfallort versteht, Rechnung
zu tragen. Wer nach einem Anstoß gegen ein geparktes Fahrzeug seinen Pkw in
die nur wenige Meter entfernte Garage stellt und anschließend das Garagentor
schließt, hat sich vom Unfallort entfernt, selbst wenn er in seinem Pkw hinter
dem verschlossenen Tor wartet.

VI. Das Sich-Entfernen vom Unfallort

Weiterhin gehört zu den Tatbestandsvoraussetzungen des § 142 StGB, dass der **311**
Täter **sich** vom Unfallort **entfernt hat.** Sich-Entfernen erfordert eine Ortsver-
änderung[719], die eine für die Durchführung sofortiger Feststellungen beein-
trächtigende räumliche Trennung des Unfallbeteiligten vom Unfallort bewirkt.
Der Unfallbeteiligte entfernt sich, wenn er den unmittelbaren Unfallbereich
soweit verlassen hat, dass er entweder seine Pflicht, einem Berechtigten seine
Unfallbeteiligung zu offenbaren, nicht mehr erfüllen kann oder sich außerhalb
des Bereichs befindet, in dem feststellungsbereite Personen den Wartepflichtigen vermuten und ggf. durch Befragen ermitteln würden.[720] Insofern ist zu
beachten, dass ein Unfallbeteiligter nach § 34 I Nr. 2 StVO verpflichtet ist, den
Verkehr zu sichern und bei geringfügigem Schaden unverzüglich beiseite zu
fahren. Zur Vollendung des Delikts kann es ausreichen, dass der Beteiligte nur

---

[718] BayObLG VRS 56, 437 (438); OLG Stuttgart NJW 1981, 878; OLG Karlsruhe VRS 74, 432
= NStZ 1988, 409; OLG Stuttgart NZV 1992, 327; *Rittig* NZV 2012, 561 ff.
[719] OLG Hamm VRS 54, 433 (434) = DAR 1978, 140.
[720] *Fischer* StGB § 142 Rn. 21.

wenige Meter zur Seite geht, dabei jedoch in einer Menschenmenge untertaucht. Er muss sich aber durch diese wenigen Schritte **von der Unfallstelle entfernen**; wenn er sich nur unter die Zuschauer **am Unfallort** mischt, ist dies zur Erfüllung des Tatbestandes noch nicht ausreichend. Strafbar macht sich ein solcher Unfallbeteiligter, wenn er sich von der Unfallstelle entfernt, ohne angegeben zu haben, dass er an dem Unfall beteiligt war. Andererseits werden aber zB auf einer einsamen Landstraße bei Tag die oben genannten Voraussetzungen erst nach einer gewissen Wegstrecke gegeben sein. Vollendet ist das Delikt auch, wenn der Wartepflichtige bei seinem unerlaubten Entfernen von Anfang an verfolgt, dabei nie aus dem Auge gelassen und schließlich gestellt wird.[721] Nach der Neufassung des § 142 StGB im Jahre 1975 reicht jede unberechtigte oder nicht entschuldigte Entfernung vom Unfallort zur Erfüllung des Tatbestands aus, also auch schon eine geringere.[722] Der frühere Begriff der Flucht erforderte ein Mehr als das heute nur noch notwendige Sich-Entfernen.

312 Das Sich-Entfernen von der Unfallstelle setzt ein **willentliches Verhalten des Unfallbeteiligten** voraus. Wird etwa der Unfallbeteiligte an der Unfallstelle **vorläufig festgenommen und (gegen seinen Willen) zur Polizeistation verbracht** (etwa zum Zwecke der Entnahme einer Blutprobe), so entfernt er **sich** nicht von der Unfallstelle, sondern er **wird entfernt**.[723] Dies gilt auch, wenn der Halter als Beifahrer vom Unfallort entfernt wird, weil er tatsächlich nicht in der Lage gewesen ist, den Fahrer zum Anhalten zu bewegen.[724] Die Bejahung einer **Beihilfe durch Unterlassen** würde voraussetzen, dass der Unterlassende neben der Rechtspflicht zum Einschreiten auch die tatsächliche Möglichkeit gehabt hat, den Erfolgseintritt zu verhindern. Ferner mussten ihm die hierzu geeigneten Maßnahmen nach Lage der Dinge auch zuzumuten sein (§ 13 StGB). Möglicherweise beruht die Entfernung von der Unfallstelle nicht auf dem eigenen willensgetragenen Handeln des Täters (= Beifahrers), sondern auf dem seinem Willen widersprechenden gewaltsamen Eingreifen eines Dritten, nämlich des Fahrzeugführers.[725] Ein Unfallbeteiligter, der **bewusstlos von der Unfallstelle in ein Krankenhaus** gebracht wird, entfernt **sich** ebenfalls nicht von der Unfallstelle.[726] Anders liegt der Fall jedoch, wenn ein Unfallbeteiligter zwar (schwer) verletzt, aber bei Bewusstsein und mit dem Transport ins Krankenhaus einverstanden gewesen sein sollte. Denn das Sich-Entfernen ist auch durch ein passives Verhalten möglich. Ggf. wäre aber das Sich-Entfernen nach § 34 StGB durch Notstand gerechtfertigt. Den Verletzten träfe unter Umständen die Nachholpflicht aus § 142 II Nr. 2 StGB.

313 Weitgehend unstreitig ist, dass ein Sich-Entfernen nicht vorliegt, wenn der Unfallbeteiligte **ohne oder gegen seinen Willen** vom Unfallort entfernt wird. Streitig ist aber, ob nach einem derartigen „Entfernt-Werden" eine **nachträgli-**

---

[721] OLG Celle NdsRpfl. 77, 169.
[722] BayObLG StVE § 142 StGB Nr. 20; OLG Hamm NJW 1979, 438.
[723] OLG Hamm NJW 1979, 438; BayObLG NZV 1993, 35.
[724] OLG Düsseldorf VRS 65, 364.
[725] BayObLG VRS 62, 187 = StVE § 142 StGB Nr. 50.
[726] OLG Köln VRS 57, 406.

che **Feststellungspflicht** aus § 142 II StGB entsteht. Das BayObLG[727] bejaht die Nachholpflicht aus § 142 II, III StGB mit der Begründung, § 142 StGB wolle die zivilrechtlichen Ansprüche der Geschädigten umfassend schützen. Dagegen lehnt das OLG Hamm[728] grundsätzlich eine Bestrafung aus § 142 II Nr. 2 StGB ab, weil der Tatbestand voraussetze, dass ein Unfallbeteiligter sich berechtigt oder entschuldigt vom Unfallort entfernt habe. Dies sei jedoch nicht der Fall, wenn jemand vom Unfallort entfernt worden sei. Der objektive Tatbestand des § 142 I StGB sei bereits nicht erfüllt. Es erscheint zumindest zweifelhaft, ob die Auffassung des BayObLG nicht gegen das Bestimmtheitsgebot des Art. 103 II GG verstößt.

VII. Die Pflichten aus § 142 I Nr. 1 StGB

§ 142 I Nr. 1 StGB regelt detailliert die Pflichten, die einen Unfallbeteiligten nach **314** einem Unfall im Straßenverkehr treffen. So ist er verpflichtet, zugunsten der anderen Unfallbeteiligten und der Geschädigten die Feststellung seiner Person, seines Fahrzeugs und der Art seiner Beteiligung durch seine Anwesenheit und durch die Angabe, dass er an dem Unfall beteiligt ist, zu ermöglichen. Wie bereits erörtert worden ist, sind die Feststellungen nicht nur zugunsten des Geschädigten, sondern auch „zu Gunsten der anderen Unfallbeteiligten" zu treffen. Auch wer nicht geschädigt ist, hat möglicherweise ein Interesse an der Abwehr von (unberechtigten) Schadenersatzansprüchen. Voraussetzung ist allerdings, dass überhaupt ein Schaden eingetreten ist. Sonst liegt schon gar kein Unfall im Straßenverkehr vor. Denn zum Begriff des Unfalls im Straßenverkehr gehört notwendigerweise der Eintritt eines nicht völlig belanglosen Personen- oder Sachschadens.

Die Verpflichtungen aus § 142 I Nr. 1 StGB sind grundsätzlich lediglich **passiver 315 Art.** Nach dem Gesetzeswortlaut muss der Unfallbeteiligte die Feststellungen **nur durch seine Anwesenheit ermöglichen.** Eine aktive Mitwirkungspflicht ergibt sich mit einer Ausnahme aus § 142 I Nr. 1 StGB nicht.[729] Der Unfallbeteiligte muss sich nämlich als solcher gegenüber den übrigen Beteiligten zu erkennen geben **(aktive Vorstellungspflicht).** Diese Minimalpflicht aktiver Mitwirkung ist unverzichtbare Grundlage für das Erreichen des erstrebten Rechtsschutzes. Die **Vorstellungspflicht** nach § 142 I StGB hat nur zum Gegenstand, sich als Unfallbeteiligter zu erkennen zu geben.[730] Sie beinhaltet nicht, Angaben zum Unfallgeschehen zu machen oder sich selbst als unfallverursachenden Führer des unfallbeteiligten Fahrzeugs zu bezichtigen.[731] Die Vorstellungspflicht entfällt, wenn die Unfallbeteiligung bereits bekannt ist (etwa wenn nach dem Zusammenstoß zweier Fahrzeuge die Fahrer aus ihren Fahrzeugen aussteigen, wäre es übertrieben, wenn sich zunächst jeder als Unfallbeteiligter zu erkennen geben müsste).

---

[727] VRS 62, 187 = StVE § 142 StGB Nr. 50.
[728] NJW 1979, 438 = StVE § 142 StGB Nr. 13; OLG Köln VRS 57, 406.
[729] OLG Hamm NJW 1977, 207.
[730] OLG Frankfurt a.M. NJW 1977, 1833; OLG Karlsruhe MDR 1980, 160.
[731] BayObLG NZV 1993, 35 (36).

316 Im Übrigen beinhaltet § 142 I Nr. 1 StGB nur eine **passive Feststellungsdul-dungspflicht**. Allerdings besteht nach § 34 I Nr. 5 StVO die Verpflichtung, den anderen Unfallbeteiligten auf Verlangen seinen Namen und seine Anschrift anzugeben sowie ihnen Führerschein und Fahrzeugschein vorzuweisen und nach bestem Wissen Angaben über seine Haftpflichtversicherung zu machen. Gemäß § 49 I Nr. 29 StVO stellt ein Verstoß gegen diese Pflichten aus § 34 I Nr. 5 StVO eine Ordnungswidrigkeit dar. Wer sich also zB am Unfallort aufhält und sich auch als Unfallbeteiligter zu erkennen gegeben hat, aber keine Angaben zur Person pp. macht, verstößt zwar nicht gegen § 142 I Nr. 1 StGB, begeht aber eine Ordnungswidrigkeit nach den §§ 34 I Nr. 5, 49 I Nr. 29 StVO, § 24 StVG. Verstößt jemand zugleich gegen § 142 I StGB, tritt die Ordnungswidrigkeit nach §§ 34 I Nr. 5, 49 I Nr. 29 StVO, § 24 StVG hinter der Straftat zurück (§ 21 I 1 OWiG).

317 Die Feststellungen nach § 142 I Nr. 1 StGB sind **bezüglich aller drei Punkte (Person, Fahrzeug und Art der Beteiligung) zu ermöglichen**, nicht nur alternativ. Ein Unfallbeteiligter ermöglicht die Feststellung seiner Person nicht schon dadurch, dass er den anderen Unfallbeteiligten auf die Möglichkeit hinweist, das **Kennzeichen seines Kfz** aufzuschreiben.[732] Das gilt selbst dann, wenn er das Fahrzeug an der Unfallstelle zurücklässt und die Art seiner Unfallbeteiligung keiner Klärung bedarf. Denn die Person des berechtigten Fahrers – von den Fällen der unberechtigten Nutzung des Fahrzeugs ganz abgesehen – lässt sich aufgrund des polizeilichen Kennzeichens nicht immer rasch und zuverlässig ermitteln. Schon die Anfrage bei der Zulassungsstelle – an sich das schnellste und sicherste Mittel zum Ausfindig-Machen des anderen Unfallbeteiligten – kann im Einzelfall mit erheblichem Zeitverlust oder mit unzumutbaren Kosten verbunden sein. Im Übrigen führt sie auch nur dann sofort zum Ziel, wenn der Halter eine natürliche Person ist und das Fahrzeug selbst gefahren hat. UU verweigert der Halter die Angaben zur Person des Fahrers. Schließlich läuft der Geschädigte häufig Gefahr, dass ihm von der als Halter oder Fahrer ermittelten Person ein Ablesefehler entgegengehalten wird und er in Beweisnot gerät. Dies gilt auch bei einem Hinweis auf die Taxinummer[733] oder auf eine am Fahrzeug angebrachte Firmenanschrift, es sei denn, er ist der Chef persönlich und weist darauf hin.[734] Die aufgezeigten Schwierigkeiten bleiben dem Geschädigten nur dann sicher erspart, wenn unter der nach § 142 StGB am Unfallort zu duldenden „Feststellung der Person" die Festlegung von Merkmalen verstanden wird, die die Person so kennzeichnen, dass sie ohne weitere Ermittlungen eindeutig feststeht. Dazu gehört, dass der Unfallbeteiligte dem Geschädigten seinen Namen und seine Anschrift mitteilt und ihm die Überprüfung dieser Angaben durch Vorzeigen des Führerscheins oder eines Personalausweises ermöglicht. Daher genügt ein Unfallbeteiligter, der dem anderen Beteiligten **nur seinen Familiennamen nennt** und Gelegenheit gibt, sein Kfz-Kennzeichen zu notieren, nicht seiner Verpflichtung, die erforderlichen Feststellungen iSd § 142 I StGB zu ermöglichen.[735] Bei **öffentlichen Verkehrsmitteln** (Linienbussen

---

[732] BGHSt 16, 139 = VRS 21, 202; OLG Stuttgart VRS 59, 416 (419).
[733] OLG Nürnberg NZV 2007, 535.
[734] LG Baden-Baden DAR 1996, 246 = StVE § 142 StGB Nr. 109.
[735] OLG Düsseldorf VRS 68, 449.

und Straßenbahnen) können im Einzelfall geringere Anforderungen an die Feststellungen des Fahrzeugführers gestellt werden, etwa durch Übergabe eines Merkblatts mit der Angabe der internen Fahrzeugnummer,[736] weil mit dieser Nummer kraft der inneren Organisation des Fahrbetriebes zugleich die Person des Fahrzeugführers feststeht. Hintergrund dieser Rspr. ist das besondere öffentliche Interesse an einer zügigen Weiterfahrt der öffentlichen Verkehrsmittel. Denn bspw. bei einem Straßenbahnunfall – unter Umständen mit nur geringen Schäden – kommt es mitunter zu erheblichen Verspätungen auch auf anderen Straßenbahnlinien. Teilweise ist eine Vielzahl von Menschen davon betroffen. Deshalb überwiegt *im Einzelfall* das öffentliche Interesse an einer alsbaldigen Weiterfahrt.

Die Anwesenheitspflicht ist **in eigener Person** zu erfüllen. Es reicht nicht aus, **318** einen Beifahrer zur Auskunftserteilung und Regelung der Angelegenheit am Unfallort zurückzulassen. Dies ergibt sich schon aus dem Gesetzeswortlaut des § 142 I Nr. 1 StGB. Dort heißt es, dass der Unfallbeteiligte die Feststellungen „durch seine Anwesenheit" ermöglichen muss.[737] Im Übrigen ist die Art der Beteiligung festzustellen. Zu diesem Punkt gehört unter anderem auch der Zustand des Fahrers. Etwas anderes mag für die in § 142 II, III normierte Nachholpflicht gelten. Hier mag die Beauftragung eines Dritten ausreichend sein.[738]

Die Feststellungen zur **Art der Beteiligung** beziehen sich **nur auf die tatsächli-** **319** **che Seite der Unfallbeteiligung;** rechtliche Zugeständnisse können über § 142 I StGB nicht durchgesetzt werden.[739] Zu unterscheiden ist einerseits zwischen der vollständigen Feststellung der Tatsachen, die den Unfallhergang ausmachen und deren Feststellung der Unfallbeteiligte ermöglichen muss, und andererseits den strafrechtlichen, ordnungswidrigkeitsrechtlichen und zivilrechtlichen Formen der Beteiligung. Diese muss der Unfallbeteiligte nicht ermöglichen. Diese Feststellungen sind nämlich Aufgabe der Strafverfolgungsbehörden und der Gerichte. Auch **Feststellungen zur Schadenshöhe** gehören nicht zur „Art der Beteiligung".[740]

Festzuhalten bleibt: **320**

1. Der **Begriff der „Art der Beteiligung"** umfasst jedes **tatsächliche** Verhalten, das nach den Umständen zur Verursachung des Unfalls beigetragen haben kann.
2. Das tatsächliche Verhalten, dessen Feststellung der Unfallbeteiligte ermöglichen muss, ist zu trennen von der rechtlichen Bewertung, die (ggf. später zB in einem Prozess) auf der Grundlage dieses tatsächlichen Verhaltens zu treffen ist.
3. Wenn die tatsächliche Seite der Unfallbeteiligung feststeht, bietet § 142 StGB keine Handhabe, einen Unfallbeteiligten am Unfallort zu rechtlichen Zugeständnissen zu bewegen.

---

[736] OLG Neustadt NJW 1960, 688; LG Leipzig NZV 1994, 373.
[737] KG VRS 40, 109; OLG Hamm VRS 44, 272.
[738] OLG Stuttgart VerkMitt. 1976, 85 Nr. 123.
[739] OLG Frankfurt a.M. NJW 1983, 293 = StVE § 142 StGB Nr. 58.
[740] OLG Hamburg NJW 1979, 439; OLG Frankfurt a.M. NJW 1983, 293.

321 Zu den Feststellungen der **Art der Beteiligung** gehören alle Fakten, die zum Unfallereignis beigetragen haben können, also:

a) der Zustand der am Unfall beteiligten Fahrzeuge (zB Betriebssicherheit, Bereifung, Bremsen)

b) Spuren oder Beschädigungen an Fahrzeugen

c) Spuren an den Unfallbeteiligten selbst (etwa zur Feststellung, wer Fahrer oder Beifahrer war)

d) der körperliche Zustand der Unfallbeteiligten (zB Übermüdung, Trunkenheit, sofern sie für die Haftungslage von Bedeutung sind)

e) die Berechtigung der Unfallbeteiligten zum Führen der unfallbeteiligten Fahrzeuge.

322 **Feststellungen zur körperlichen Verfassung** des Unfallbeteiligten (etwa Alkoholisierung) gehören zur Art der Beteiligung, weil die Klärung dieser Frage regelmäßig nicht nur rein polizeilichen Zwecken dient, sondern auch dem durch § 142 StGB geschützten Beweisinteresse der anderen Unfallbeteiligten. Denn die Alkoholisierung ist für die Frage, wer den Unfall (mit-)verschuldet hat, vielfach nicht ganz ohne jede Bedeutung. Eine Verpflichtung des Unfallbeteiligten, Feststellungen zu seiner Alkoholisierung zu dulden, besteht nur dann nicht, wenn solche Feststellungen für das Beweisinteresse des Geschädigten ohne Bedeutung sind, weil die Frage einer Alkoholisierung des Schädigers **auf die Haftungsfrage keinen Einfluss** haben kann, insbesondere weil der Einwand eines Mitverschuldens oder einer mitwirkenden Betriebsgefahr aufseiten des Geschädigten von vornherein ausscheidet (zB der Alkoholisierte ist gegen eine Hauswand gefahren und hat an dieser Schäden verursacht, oder er hat ein auf der Gegenfahrbahn ordnungsgemäß geparktes Fahrzeug beschädigt[741]). Die Wartepflicht am Unfallort nach § 142 I StGB besteht bei **Anordnung einer Blutprobenentnahme** gem. § 81a I 1 StPO durch die Polizei solange fort, bis entschieden ist, ob die Anordnung zwangsweise durchgesetzt werden soll, und die vorübergehende Festnahme des zur Mitwirkung nicht bereiten Unfallbeteiligten zwecks Verbringung zu einem Arzt erfolgt.[742]

323 Ein **pauschales Schuldanerkenntnis**, auch in Verbindung mit der Angabe der Personalien, entspricht regelmäßig nicht den Anforderungen einer ausreichenden Aufklärung des Unfallgeschehens und erübrigt daher in der Regel nicht weitere Ermittlungen durch die Polizei.[743] Denn ein derartiges Anerkenntnis bietet schon nicht die sichere Feststellung der Personalien des Unfallgegners. Es gibt ferner keine Auskunft über die Fahrtauglichkeit des Schädigers.

VIII. Täuschungshandlungen an der Unfallstelle

324 Die Frage, ob Handlungen zur Vereitelung der Feststellungen dem Unfallbeteiligten im Falle des § 142 I StGB verboten sind, ist umstritten. Während teilwei-

---

[741] OLG Zweibrücken NJW 1989, 2765 = StVE § 142 StGB Nr. 86 = NZV 1990, 78; OLG Karlsruhe VRS 44, 426.

[742] OLG Köln NZV 1999, 173 = StVE § 142 StGB Nr. 122 = BA 1999, 390.

[743] OLG Stuttgart StVE § 142 StGB Nr. 8.

se[744] vertreten wird, Verdunkelungshandlungen würden nicht von § 142 I StGB erfasst, ist die Gegenmeinung[745] der Ansicht, ein Ermöglichen ausreichender Feststellungen liege nicht vor, wenn ein Beteiligter den Hergang, soweit Feststellungen nach I in Betracht kommen können, verwischt, verdunkelt oder darüber täuscht. Zu unterscheiden ist **zwischen der Beseitigung von Unfallspuren** bzw. des Vertuschens des Grades der Alkoholisierung (etwa durch Nachtrunk) einerseits **und der Angabe falscher Personalien** andererseits. Voraussetzung für die Erfüllung des Tatbestandes des § 142 I StGB ist, dass sich der Täter vom Unfallort entfernt. Wer am Unfallort bleibt und dort Spuren verwischt bzw. durch Nachtrunk seine BAK verschleiert, kann alleine damit nicht den Tatbestand des § 142 I StGB verwirklichen. § 34 III StVO verbietet, **Unfallspuren** zu beseitigen, bevor die notwendigen Feststellungen getroffen worden sind. Über § 49 I Nr. 29 StVO ist ein Verstoß gegen § 34 III StVO als Ordnungswidrigkeit mit einem Bußgeld bedroht. Diese Ordnungswidrigkeit wäre überflüssig, wenn dieses Verhalten bereits von § 142 I StGB erfasst würde. Zwar wiederholt § 34 StVO teilweise auch den Text des § 142 StGB. Jedoch hat der Verordnungsgeber in § 49 I Nr. 29 StVO nur solche Verstöße gegen § 34 StVO zu Ordnungswidrigkeiten erklärt, die nicht bereits von § 142 StGB erfasst werden. Schließlich hat der Gesetzgeber das Problem nicht übersehen; denn in § 142 III 2 StGB hat er im Rahmen der Nachholpflicht eine entsprechende Regelung getroffen. Aus der systematischen Stellung geht eindeutig hervor, dass diese nur für die Nachholpflicht gelten soll. Von einer vergleichbaren Vorschrift wurde in § 142 I StGB abgesehen. Damit werden Verdunklungshandlungen an der Unfallstelle nicht von § 142 I StGB erfasst.

Etwas anderes gilt bei der **Angabe falscher Personalien;** denn bei dieser Fall- **325** konstellation erschleicht sich der Täter im Regelfall die Einwilligung zum Entfernen vom Unfallort. Wäre dem Unfallgegner bekannt, dass die Personalien unzutreffend sind, wäre er regelmäßig nicht damit einverstanden, dass sich der Täter vom Unfallort entfernt. Bei dieser Fallvariante verlässt der Täter die Unfallstelle, bevor alle Feststellungen getroffen worden sind. Der Tatbestand ist damit erfüllt. Die erschlichene Einwilligung des anderen Unfallbeteiligten ist unwirksam und vermag daher das Verhalten des Täters auch nicht zu rechtfertigen. Daneben dürfte in aller Regel der Tatbestand des Betruges (§ 263 StGB) erfüllt sein.

IX. Die Wartepflicht nach § 142 I Nr. 2 StGB

Nach § 142 I Nr. 2 StGB macht sich ein Unfallbeteiligter strafbar, der sich nach **326** einem Unfall im Straßenverkehr vom Unfallort entfernt, bevor er eine nach den Umständen angemessene Zeit gewartet hat, ohne dass jemand bereit war, die Feststellungen zu treffen. Während Unfallbeteiligte in Gegenwart anderer Beteiligter eine Wartepflicht im engeren Sinne haben und durch Anwesenheit

---

744 OLG Köln VRS 48, 89 (90); OLG Karlsruhe MDR 1980, 160 = StVE § 142 StGB Nr. 22; *Küper* GA 1994, 49 ff.; *Fischer* StGB § 142 Rn. 29; BGHSt 5, 124 (130) = NJW 1954, 400; OLG Oldenburg NJW 1955, 192.
745 Hentschel/König/Dauer/*König* StGB § 142 Rn. 37.

die notwendigen Feststellungen dulden müssen (§ 142 I Nr. 1 StGB), besteht die eigentliche Wartepflicht iSd § 142 I Nr. 2 StGB,

a) wenn feststellungsberechtigte Personen am Unfallort nicht anwesend sind oder

b) solche Personen zwar anwesend, aber nicht im Stande (zB Bewusstlose und schwer Verletzte) bzw. nicht willens sind (zB Personen, die auf Hinzuziehung der Polizei bestehen), die Feststellungen selbst zu treffen.

327 Wenn der andere Unfallbeteiligte sich zwar am Unfallort aufhält, aber das Hinzuziehen der Polizei verlangt, muss der Täter gem. § 142 I Nr. 2 StGB das **Eintreffen der verständigten Polizei** abwarten, selbst wenn der Sachschaden relativ gering ist;[746] denn in diesem Falle sind keine feststellungsbereiten Personen an der Unfallstelle. Es ist aber mit ihrem Eintreffen (Polizei) zu rechnen.

328 Erscheint während der Wartefrist eine feststellungsbereite Person an die Unfallstelle, treffen den Unfallbeteiligten die Pflichten aus § 142 I Nr. 1 StGB, also die Vorstellungs- und die passive Feststellungspflicht. Das gilt selbst dann, wenn feststellungsbereite Personen **erst nach Ablauf der angemessenen Wartefrist an die Unfallstelle kommen**, den Unfallbeteiligten dort aber noch antreffen.[747] Da § 142 StGB ein **abstraktes** Vermögensgefährdungsdelikt ist, besteht die Wartepflicht auch dann noch, wenn durch sofortiges Verlassen der Unfallstelle die Aufklärung des Unfalls nicht erschwert oder vereitelt würde.

329 **Sinn und Zweck der Wartefrist ist ein Interessenausgleich** zwischen dem Geschädigten, der regelmäßig ein Interesse daran hat, dass die erforderlichen Feststellungen unmittelbar am Unfallort getroffen werden und dem Interesse des „Unfallverursachers", nicht unnötig lange an der Unfallstelle verweilen zu müssen. Zur Frage der **Dauer der Wartefrist** gibt es eine Vielzahl von Einzelfallentscheidungen. Insoweit wird auf die einschlägige Kommentierung verwiesen. Im Rahmen dieser Ausführungen sollen vorrangig die Kriterien dargestellt werden, die für die Bemessung der Wartefrist von Bedeutung sind. Die Wartedauer richtet sich nach den Umständen des jeweiligen Falles.[748] Der Unfallbeteiligte muss grundsätzlich warten, auch wenn nicht mit alsbaldigem Erscheinen von feststellungsbereiten Personen zu rechnen ist,[749] selbst nachts auf dunkler Landstraße[750] oder wenn andere Verkehrsteilnehmer dadurch behindert werden[751] (Beachte allerdings § 34 I Nr. 2 StVO). Nur die Dauer der Wartefrist kann durch solche Umstände beeinflusst werden.

---

[746] KG VRS 63, 46.

[747] OLG Stuttgart VRS 63, 47.

[748] OLG Hamburg VerkMitt. 1978, 68; OLG Hamburg VRS 55, 347; OLG Hamm NJW 1977, 207; OLG Stuttgart VRS 51, 431; 73, 191 = StVE § 142 StGB Nr. 81; NJW 1981, 1107 = StVE § 142 StGB Nr. 10; BayObLG NJW 1987, 1712; OLG Köln NZV 2001, 312.

[749] BGHSt 4, 144 = NJW 1953, 1190; BGHSt 5, 124 = NJW 1954, 400.

[750] BGH GA 1957, 243; VRS 42, 97.

[751] BayObLG DAR 1985, 240.

Hinweis: Der Unfallbeteiligte hat (nur) eine nach den Umständen angemessene Frist zu warten. Die Dauer der Wartefrist richtet sich im Wesentlichen nach folgenden Kriterien:

a) Art und Schwere des Unfalls[752] (je schwerer der Unfall, desto länger die Wartefrist),

b) Unfallörtlichkeit (belebte Innenstadt – kürzere Wartezeit – oder einsame Landstraße – längere Wartezeit),

c) ob und voraussichtlich wann mit dem Erscheinen feststellungsbereiter Personen zu rechnen ist,[753] sowie der Möglichkeit, den Geschädigten aufzufinden,

d) Verkehrsdichte,

e) Tageszeit zum Unfallzeitpunkt,[754]

f) Witterung (je widriger die Witterung, desto geringer die zumutbare Wartezeit und die Wahrscheinlichkeit, dass feststellungsbereite Personen erscheinen),

g) Verhalten des Unfallverursachers,[755]

h) das Maß der Beeinträchtigung des Beweisinteresses des Geschädigten.

Auch das **Verhalten des Unfallverursachers** kann sich auf die Dauer der War- **330** tezeit auswirken.[756] So beginnt für denjenigen die Wartezeit erneut, der eine feststellungsbereite Person mit der Begründung wegschickt, er selbst werde den Unfall melden. Damit blockt der Täter die Möglichkeit, dass andere Personen die erforderlichen Feststellungen entweder selbst treffen oder etwa durch Verständigung der Polizei ermöglichen würden, von vornherein ab. Für die Anrechnung auf die Wartezeit gem. § 142 I Nr. 2 StGB ist es aber unbeachtlich, dass Zweck des Verbleibens an der Unfallstelle nicht die Ermöglichung einer Feststellung der Unfallbeteiligung, sondern nur die **Befreiung aus einer durch das Unfallgeschehen eingetretenen Situation** (zB festgefahrenes Fahrzeug) ist.[757]

Man kann folgende Faustformel für die Dauer der Wartefrist aufstellen: **331**

* bei geringen Sachschäden eine Wartedauer von ca. 20 bis 30 Minuten,
* bei mittleren Sachschäden eine solche von bis zu 60 Minuten,
* bei schweren Sach- oder Personenschäden eine Wartezeit von mindestens 60 Minuten, teilweise auch deutlich länger.

Hinweis: Jedoch ist immer auf den Einzelfall abzustellen, wobei bestimmte Kriterien die Wartezeit verkürzen, aber auch verlängern können.

---

[752] OLG Düsseldorf StVE § 142 StGB Nr. 104.

[753] OLG Stuttgart VRS 73, 191.

[754] OLG Stuttgart StVE § 142 StGB Nr. 81; OLG Zweibrücken NZV 1991, 479.

[755] BayObLG NJW 1987, 1712; OLG Frankfurt a.M. NJW 1967, 2073; VRS 34, 39; OLG Hamm VRS 13, 137; OLG Bremen VRS 43, 29.

[756] BayObLG NJW 1987, 1712; OLG Köln NZV 2001, 312 (313) und NZV 2002, 276.

[757] OLG Köln NZV 2001, 312.

332 Möglicherweise kann bei einem geringen Schaden das **Anbringen eines Zettels** am beschädigten Fahrzeug unter bestimmten Voraussetzungen (eindeutige Rechtslage und Schädiger bekennt sich uneingeschränkt zu seiner Ersatzpflicht) unter dem Gesichtspunkt der mutmaßlichen Einwilligung die Wartepflicht abkürzen bzw. unter Umständen sogar ganz entfallen lassen.

333 Im Einzelfall kann es am **Vorsatz** des unerlaubten Entfernens vom Unfallort **fehlen**, wenn sich ein Unfallverursacher vor Ablauf einer angemessenen Wartezeit von der Unfallstelle entfernt, um den **Geschädigten aufzusuchen** und so die Feststellungen iSd § 142 I Nr. 1 StGB zu ermöglichen.[758] Denn in diesem Fall ist sein Wille nicht auf die Verletzung, sondern gerade auf die Wahrung des durch § 142 StGB geschützten Feststellungsinteresses gerichtet. Unter diesen Umständen kann sich die aktive Suche nach dem Geschädigten als ein Mehr gegenüber dem bloßen Zuwarten am Unfallort mit der nur ungewissen Aussicht auf das Erscheinen anderer feststellungsbereiter Personen darstellen.

X. Das berechtigte und entschuldigte Entfernen vom Unfallort

334 Es gibt verschiedene Gründe, die eine Bestrafung wegen unerlaubten Entfernens vom Unfallort nach § 142 I StGB ausschließen. So macht sich derjenige nicht strafbar, der an der Unfallstelle eine den Umständen nach angemessene Frist gewartet hat und sich **nach Ablauf der Wartefrist vom Unfallort** entfernt. Damit hat er bereits den objektiven Tatbestand des § 142 I StGB nicht erfüllt. Allerdings trifft ihn gem. § 142 II Nr. 1 StGB die Nachholpflicht.

335 Ebenfalls der Nachholpflicht nachkommen müssen gem. § 142 II Nr. 2 StGB jene, die sich **„berechtigt oder entschuldigt vom Unfallort entfernt"** haben. Mit dieser Formulierung sind alle die gemeint, die sich aufgrund eines Rechtfertigungs- oder eines Entschuldigungsgrundes von der Unfallstelle wegbewegt haben. § 142 II Nr. 2 StGB ist selbst kein Rechtfertigungs- oder Entschuldigungsgrund, sondern setzt das Vorliegen eines solchen voraus. Nicht rechtfertigen oder entschuldigen kann die **Möglichkeit der Selbstbezichtigung**, weil das Gesetz die Feststellungspflicht im Interesse der Aufklärung von Unfällen für so bedeutsam angesehen hat, dass es diese Folge notfalls als unvermeidlich in Kauf genommen hat.[759] Die Befürchtung, wegen einer anderen Straftat verfolgt oder festgenommen zu werden, befreit nicht von der Feststellungs- oder der Wartepflicht.[760] Der Unfallbeteiligte darf sich auch dann nicht von der Unfallstelle entfernen, wenn er **dringende geschäftliche Angelegenheiten** zu regeln hat, es sei denn, dass sie im Verhältnis zu dem fremden Feststellungsinteresse sehr viel wichtiger und unaufschiebbar sind.[761] Ggf. kann die Verletzung der Wartepflicht aus Gründen der **Pflichtenkollision** gerechtfertigt sein, wenn der Unfallverursacher sich vom Unfallort entfernt, um einer anderen hochwertigen Handlungspflicht, die auf andere Weise nicht erfüllt werden kann, nachzukommen, sofern deren Verletzung zur ernstlichen Gefährdung von Rechtsgütern

[758] OLG Koblenz NZV 1996, 324 = StVE § 142 StGB Nr. 111.
[759] BGHSt 9, 267 (269) = VRS 11, 207.
[760] BGH VRS 38, 341.
[761] KG VRS 40, 109; BayObLG DAR 1958, 108; OLG Hamm VRS 8, 53; 54, 433 (435).

führen würde[762] (zB ein Arzt, der sich auf dem Weg zu einem Notfall befindet). Möglicherweise greift in diesen Fällen auch der Rechtfertigungsgrund aus §34 StGB ein. Im Einzelfall kann sich auch für den **Führer eines öffentlichen Verkehrsmittels** eine Pflichtenkollision ergeben.[763] So kann es etwa durch das Warten eines Straßenbahnfahrers nach einem Unfall zum weitgehenden Zusammenbruch des Straßenbahnverkehrs einer ganzen Stadt kommen. Dies steht aber bei einem geringen Sachschaden in keinem Verhältnis zu den Folgen des Wartens. Das alsbaldige Verlassen der Unfallstelle zwecks **Beauftragung eines Abschleppunternehmers** mit der unverzüglichen Bergung des Fahrzeugs kann gerechtfertigt sein, wenn das bei Nacht gegen eine Leitplanke geprallte Kfz eine Gefahrenquelle für den übrigen Verkehr darstellt.[764]

Die **Pflicht zur Hilfeleistung nach §323c StGB** geht der Pflicht aus §142 I StGB **336** in der Regel vor.[765] Wer einem Verletzten Hilfe leistet und sich deshalb mit ihm von der Unfallstelle entfernt, ist möglicherweise gerechtfertigt iSd §34 StGB.[766] Gerechtfertigt aus §34 StGB kann auch das Entfernen desjenigen Unfallbeteiligten von der Unfallstelle sein, der **eigene Verletzungen** versorgen lassen muss.[767] Das gilt aber nicht uneingeschränkt, wenn es sich zB um nur geringfügige Verletzungen handelt, die nicht der sofortigen ärztlichen Versorgung bedürfen. Ein berechtigtes bzw. entschuldigtes Verhalten kann vorliegen, wenn der Beschuldigte sich wegen einer **medizinisch gesicherten Darmerkrankung** von der Unfallstelle entfernt hat.[768] Der Führer eines Kfz ist selbst dann berechtigt, sich dem **drohenden Angriff eines anderen Kfz-Führers durch Flucht zu entziehen**, wenn er diesen Angriff durch eigenes vorangegangenes verkehrswidriges Verhalten provoziert hat.[769]

Zweifelhaft war lange Zeit, wie die Begriffe „berechtigt und entschuldigt" zu **337** **verstehen sind.** Die Rspr.[770] hat dieses Begriffspaar in der Vergangenheit sehr weit ausgelegt und auch das unvorsätzliche Entfernen vom Unfallort darunter gefasst. Begründet hat man diese Auffassung damit, dass auch der Täter zunächst ohne Schuld handle, der sich ohne Vorsatz vom Unfallort entfernt, aber noch in einem räumlichen und zeitlichen Zusammenhang mit dem Unfall auf diesen hingewiesen werde. Er habe die Tat nach I entschuldigt begangen. Also treffe ihn die Nachholpflicht aus §142 II Nr. 2 StGB, weil nur so der Geschädigte umfassend geschützt sei. Diese Rspr. hat das **BVerfG**[771] für verfassungswidrig erklärt, weil diese Auslegung **gegen das strafrechtliche Analogieverbot** (Art. 103 II GG) verstoße. Es sei ein Unterschied, ob jemand den Unfall bemerkt habe und

---

762 OLG Bremen VRS 43, 29 (32).
763 OLG Frankfurt a.M. NJW 1960, 2066 (2067).
764 BayObLG DAR 1982, 241 (249) bei *Rüth*.
765 BGHSt 5, 124 (128) = NJW 1954, 400; LG Zweibrücken StVE §142 StGB Nr. 119.
766 OLG Köln VRS 66, 128.
767 BGH NZV 2014, 534; OLG Koblenz VRS 57, 13; OLG Köln VRS 63, 349 (350).
768 LG Zweibrücken StVE §142 StGB Nr. 121.
769 OLG Düsseldorf NJW 1989, 2763.
770 BGH NJW 1979, 434 = StVE §142 StGB Nr. 12; BayObLG NJW 1979, 436 (437); BayObLG VRS 67, 221; OLG Karlsruhe NJW 1981, 881 = StVE §142 StGB Nr. 30; OLG Düsseldorf VRS 68, 448.
771 NJW 2007, 1666 = NZV 2007, 368; s. auch die Anm. von *Küper* NStZ 2008, 597 ff.

ihm die Rechtsordnung gestatte, nach Ablauf einer Wartefrist oder berechtigt oder entschuldigt den Unfallort zu verlassen oder ob jemand den Unfall gar nicht bemerkt habe und sich später zu einem ihm unbekannten Geschehen zu bekennen habe. Diese unterschiedlichen Verhaltensweisen dürften nicht gleichwertig nebeneinander gestellt werden. Jedoch weist das BVerfG auf einen anderen **Lösungsweg** hin. Das Gericht ist der Auffassung, dass ein Entfernens-Vorsatz bis zur Beendigung der Tat gebildet werden könne. Beendet ist das unerlaubte Entfernen vom Unfallort erst, wenn der flüchtende Unfallbeteiligte das Ziel seiner Fahrt erreicht hat oder sich vom Unfallort so weit entfernt hat, dass nach den Umständen mit seiner Identifizierung nicht mehr zu rechnen ist. Bei dieser Betrachtungsweise entfernt sich zumindest der Täter, der noch in einem engen Zusammenhang mit dem Unfall auf diesen hingewiesen wird, vorsätzlich nach § 142 I StGB (weiter) vom Unfallort.[772]

338   Der Unfallbeteiligte, der den Unfall nicht bemerkt und deshalb weiterfährt, verwirklicht den objektiven **Tatbestand** des § 142 I – je nach Fallgestaltung entweder Nr. 1 oder Nr. 2. Er handelt auch in aller Regel rechtswidrig. Jedoch mangelt es am erforderlichen Vorsatz. Die Rspr. muss in Anlehnung an die Entscheidung des BVerfG nunmehr genau definieren, bis zu welchem Zeitpunkt das Sich-Entfernen abgeschlossen ist. Das OLG Düsseldorf[773] hat einen engen zeitlichen und räumlichen Zusammenhang zwischen dem Unfall und dem nachfolgenden Hinweis durch einen anderen Verkehrsteilnehmer verlangt. Das OLG Hamburg[774] hat eine Strafbarkeit sogar ganz abgelehnt, wenn der Flüchtige erst nach Verlassen des Unfallorts von seiner Unfallbeteiligung Kenntnis erlangt und sich gleichwohl (weiter) vom Unfallort entfernt, wobei das OLG Hamburg der Ansicht ist, der Täter müsse den Vorsatz zum Zeitpunkt der Tathandlung habe. Der nachfolgende Vorsatz (dolus subsequens) reiche nicht aus. Inzwischen hat sich der BGH[775] der Auffassung des OLG Hamburg angeschlossen mit der Begründung, der Täter entferne sich in diesen Fällen nicht **vom Unfallort**. Somit macht sich ein Autofahrer, der den Unfall nicht bemerkt hat und erst später auf diesen hingewiesen wird, grundsätzlich nicht nach § 142 StGB strafbar.

XI. Die Nachholpflicht aus § 142 II und III StGB

339   Wie die nachträglichen Feststellungen zu ermöglichen sind, erläutert § 142 III StGB. Wer sich bereits nach § 142 I StGB strafbar gemacht hat, weil er seinen Verpflichtungen aus § 142 I Nr. 1 StGB nicht nachgekommen ist oder weil er die Wartefrist nach § 142 I Nr. 2 StGB nicht eingehalten hat, kann sich durch die Nachholung seiner Pflichten keine Straffreiheit mehr verschaffen. Wer sich schon nach I strafbar gemacht hat, aber sein Fehlverhalten bereut und sich an den Geschädigten oder die Polizei wendet, kommt nicht seinen Pflichten aus § 142 II, III StGB nach, weil es an den Voraussetzungen des II Nr. 1 bzw. Nr. 2 fehlt. Das Verhalten desjenigen spielt ggf. im Rahmen der Strafzumessung

---

[772] S. auch: *Laschewski* NZV 2007, 444; *Mitsch* NZV 2008, 217; JuS 2010, 303 ff.; *Blum* SVR 2010, 210 ff.

[773] NZV 2008, 107 = NStZ-RR 2008, 88 m. krit. Anm. von *Blum* NZV 2008, 495.

[774] NJW 2009, 2074 = NZV 2009, 301.

[775] BeckRS 2010, 29484 = NStZ 2011, 209.

eine Rolle. Möglicherweise liegen die Voraussetzungen der tätigen Reue (§ 142 IV StGB) vor, die jedoch allenfalls zu einem Absehen von Strafe bzw. zu einer Strafmilderung führen. Umgekehrt: Wer bereits allen Verpflichtungen aus § 142 I Nr. 1 StGB in vollem Umfange nachgekommen ist, den trifft keine Nachholpflicht mehr aus § 142 II StGB. § 142 III StGB räumt dem Unfallbeteiligten ein Wahlrecht ein. Er kann sich entweder an die Polizei oder aber an den Geschädigten wenden.

Sofern eine Nachholpflicht besteht, müssen die Feststellungen **unverzüglich** 340 nachträglich ermöglicht werden. Unverzüglich (nicht unbedingt sofort) hat die nachträgliche Mitteilung zu geschehen, also **ohne schuldhaftes Zögern**. Die Anforderungen an das Merkmal „unverzüglich" können nicht allgemein festgelegt werden, sondern sind unter Berücksichtigung von Sinn und Zweck des § 142 StGB **nach den Umständen des jeweiligen Falles** zu beurteilen.[776] Hierbei können insbesondere Art und Zeit des Unfalles sowie die Höhe des verursachten Fremdschadens eine Rolle spielen. Unverzüglich ist der Oberbegriff zu III und schränkt das Wahlrecht deshalb auf diejenigen Fälle ein, in welchen beide Wege die unverzügliche Nachholung der nötigen Feststellungen ermöglichen, wobei aber nicht zwingend stets nur der schnellere Weg „unverzüglich" ist.[777] Ein weiteres Kriterium für die Frage des zeitlichen Rahmens der Unverzüglichkeit ist die **eindeutige Haftungslage**. Dies ist dann der Fall, wenn die Sach- und Rechtslage so eindeutig ist, dass an der zivilrechtlichen Verantwortlichkeit einer bestimmten Person keinerlei Zweifel bestehen.[778] Unverzüglich handelt in zahlreichen Fällen nicht, wer anstatt der sogleich möglichen Verständigung der Polizei erst später oder nur auf wesentlich zeitraubendere Art den Geschädigten benachrichtigen könnte, es sei denn, der Schaden ist unbedeutend, die Ersatzpflicht eindeutig und die Verzögerung gering. Bei nächtlicher Unfallverursachung mit **Sachschaden** ist in der Regel die Meldung beim Geschädigten oder der Polizei in den Morgenstunden des nächsten Tages noch als unverzüglich anzuerkennen, wenn die Haftungslage eindeutig, dh eine Haftung des Unfallbeteiligten zweifelsfrei ist.[779] Hierbei kann weiterhin von Bedeutung sein, ob das Fahrzeug des Unfallbeteiligten am Unfallort zurückgeblieben ist und damit eindeutige Hinweise für die Haftung nach § 7 StVG ermöglicht. Diese Rspr. findet allerdings **keine Anwendung bei Personenschäden**. Denn in diesen Fällen ist wegen etwaiger Schmerzensgeldansprüche nach § 253 II BGB unter Umständen die Verschuldensfrage bedeutsam.

> **Grundsatz:** Je schwerer die Unfallfolgen sind, je ungeklärter die Haftungslage und je „vergänglicher" die Beweislage ist, desto kürzer ist die Frist für die Unverzüglichkeit.

---

[776] BGHSt 29, 138 = VRS 58, 200.
[777] OLG Frankfurt a.M. VRS 65, 30; LG Zweibrücken StVE § 142 StGB Nr. 119.
[778] OLG Hamm VRS 61, 263.
[779] BayObLG StVE § 142 StGB Nr. 28; OLG Frankfurt a.M. StVE § 142 StGB Nr. 2; OLG Stuttgart StVE § 142 StGB Nr. 34; OLG Hamm StVE § 142 StGB Nr. 41; OLG Stuttgart StVE § 142 StGB Nr. 65.

Entscheidendes Kriterium ist dabei das durch § 142 StGB geschützte Interesse der übrigen Unfallbeteiligten und Geschädigten an der Aufklärung des Unfallhergangs zwecks Sicherung und Abwehr zivilrechtlicher Schadensersatzansprüche.[780]

341 Unter Umständen kann das **Anbringen eines Zettels** zwischen Windschutzscheibe und Scheibenwischer des beschädigten Fahrzeugs die Frist für die nachträglichen Feststellungen verlängern.[781] Ausdrücklich hingewiesen sei an dieser Stelle, dass sich die Problematik dieser Fallgestaltung unterscheidet von der Anbringung eines Zettels zum Zwecke der Abkürzung oder des Wegfalls der Wartezeit. Im vorliegenden Fall wird der Zettel erst nach Ablauf der Wartefrist angebracht. In dem früher erwähnten Beispiel diente der Zettel zur „mutmaßlichen Einwilligung" des Geschädigten in die Weiterfahrt des Unfallbeteiligten vor Ablauf der Wartezeit.

342 Im Gegensatz zu den Fällen des § 142 I StGB, in denen der Unfallbeteiligte „durch seine Anwesenheit" die Aufklärung ermöglichen muss, kann ein Unfallbeteiligter, der sich entschuldigt vom Unfallort entfernt hat, seiner Pflicht, nachträgliche Feststellungen unverzüglich zu ermöglichen (§ 142 II StGB) auch dadurch nachkommen, dass er einen **Dritten beauftragt**, die Mitteilung nach § 142 III StGB vorzunehmen. Der Dritte muss jedoch hinreichend informiert und persönlich zuverlässig sein.[782] Grund für diese unterschiedliche Behandlung ist unter anderem die Tatsache, dass zB die körperliche Verfassung des Unfallbeteiligten zum Zeitpunkt des Unfalls bei einer nachträglichen Feststellung sich nicht mehr eindeutig klären lässt.

343 Grundsätzlich gibt III ein **Wahlrecht zwischen der Verständigung der Polizei und der Benachrichtigung des Geschädigten**, sofern dem Gebot der Unverzüglichkeit Rechnung getragen wird. Ein Unfallbeteiligter, der sich nach Ablauf der Wartefrist von der Unfallstelle entfernt, kann frei entscheiden, auf welchem Wege er die nachträglichen Feststellungen ermöglichen will, vorausgesetzt, dass er mit seiner Entscheidung dem Unverzüglichkeitsgebot des § 142 II StGB gerecht werden kann.[783] Auf welche Weise der Unfallbeteiligte seiner Pflicht, nachträgliche Feststellungen zu ermöglichen (§ 142 III StGB), nachzukommen hat, wird also durch das Gebot der Unverzüglichkeit (§ 142 II StGB) mit bestimmt. Kann nur eine der nach § 142 III StGB in Betracht kommenden Mitteilungen alsbald erfolgen, so muss der Unfallbeteiligte diese Möglichkeit ergreifen; ein Wahlrecht besteht dann nicht.[784] Kann der Unfallverursacher etwa den Geschädigten nicht erreichen, muss er sich an die Polizei wenden.[785] In einem gewissen Rahmen bedeutet dies aber nicht, dass er stets den Weg zu wählen hat, der am schnellsten zum Erfolg führt. Denn sonst müsste sich der Unfallbeteiligte in allen Fällen, in denen etwa der Geschädigte nicht gleich erreichbar ist, zur nächsten Polizeidienststelle begeben. Nach dem eindeutigen

---

780 BayObLG VRS 60, 112 (113); OLG Zweibrücken StVE § 142 StGB Nr. 19.
781 OLG Zweibrücken StVE § 142 StGB Nr. 89.
782 OLG Stuttgart VerkMitt. 1976, 85 Nr. 123.
783 BGHSt 29, 138 = VRS 58, 200.
784 OLG Stuttgart VerkMitt. 1976, 84 Nr. 121.
785 OLG Frankfurt a.M. VRS 65, 30.

Wortlaut des Gesetzes muss der Unfallbeteiligte „den" (also allen) Berechtigten die Mitteilungen nach § 142 III StGB machen. Hingewiesen sei auf § 142 III 2 StGB. Der Unfallbeteiligte genügt nach dieser Norm seinen Verpflichtungen nicht, wenn er durch sein Verhalten die Feststellungen **absichtlich** vereitelt (zB Beseitigung von Spuren und Unfallschäden oder eine fingierte Diebstahlsmeldung). Die Handlungen müssen mit **Absicht** begangen worden sein. Bedingter Vorsatz reicht also nicht aus.

D. Der Vorsatz

Für den subjektiven Bereich ist Vorsatz erforderlich (§ 15 StGB), wobei dolus **344** eventualis ausreichend ist. Das Nichterkennen eines Fremdschadens infolge nachlässiger Nachschau schließt unter bestimmten Umständen die Annahme bedingten Vorsatzes nicht aus.[786] Der Vorsatz muss sich darauf erstrecken, dass es zu einem Unfall iSd § 142 StGB gekommen ist, und der Täter muss erkannt oder wenigstens billigend in Kauf genommen haben, dass ein nicht völlig belangloser Schaden eingetreten ist. Es reicht aber für die Annahme von Vorsatz nicht aus, dass der Unfallbeteiligte die Entstehung des Schadens hätte erkennen können, denn dies würde lediglich Fahrlässigkeit begründen.[787]

E. Verhältnis von Abs. 1 zu Abs. 2, Konkurrenzen und Tatidentität[788]

Abs. 1 und 2 des § 142 StGB sind zwei von einander selbstständige Tatbestände, **345** **die sich gegenseitig ausschließen.** § 142 II StGB kann nur verwirklichen, wer sich nicht bereits nach § 142 I StGB strafbar gemacht hat. Weitere Voraussetzung für eine Strafbarkeit nach § 142 II StGB ist, dass sich der Täter zuvor entweder nach **Ablauf** der Wartezeit oder „berechtigt oder entschuldigt" vom Unfallort entfernt hat. **Wahlfeststellung** zwischen Abs. 1 und Abs. 2 ist möglich[789] (zB wenn es sich nicht einwandfrei feststellen lässt, ob der Beschuldigte seiner Wartepflicht nachgekommen ist, er aber später auch seine Verpflichtungen aus § 142 II Nr. 1 StGB nicht erfüllt hat).

I. Zusammentreffen mit anderen Delikten

Meldet der Unfallverursacher, der sich „berechtigt oder entschuldigt" von der **346** Unfallstelle entfernt hat, **in einem Zeitpunkt**, in dem er seiner Pflicht zur unverzüglichen Ermöglichung nachträglicher Feststellungen noch nachkommen könnte, wahrheitswidrig der Polizei, sein Fahrzeug sei (vor dem Unfall) gestohlen worden, so treffen unerlaubtes Entfernen vom Unfallort nach § 142 II StGB

---

[786] OLG Düsseldorf NZV 1997, 318 = VRS 93, 165 = DAR 1997, 117 sowie NZV 1998, 383 = StVE § 142 StGB Nr. 120; OLG Köln StVE § 142 StGB Nr. 128 = NZV 2001, 526; NStZ-RR 2011, 285 = NZV 2011, 510 (511).

[787] OLG Jena VRS 110, 15 = StV 2006, 529; KG NZV 2012, 497.

[788] Ausführlich zu Konkurrenzen, Tatidentität im Zusammenhang mit § 142 StGB und Teilfreispruch s. *Blum* VerkehrsstrafR 8. Kap. Rn. 133 ff.

[789] OLG Köln VRS 64, 115 (119); OLG Celle VRS 54, 38 (40).

und **Vortäuschen einer Straftat** (§ 145d I Nr. 1 StGB) rechtlich in Idealkonkurrenz (§ 52 StGB) zusammen.[790] Hat der Täter aber schon den Tatbestand des § 142 I StGB erfüllt und zeigt nachträglich bei der Polizei wahrheitswidrig den Diebstahl seines Wagens an, dürfte in aller Regel Tatmehrheit (§ 53 StGB) vorliegen. Denkbar ist ein Zusammentreffen von § 142 I Nr. 1 StGB und **§ 263 I StGB** zB in den Fällen, in denen der Täter dem anderen Unfallbeteiligten falsche Personalien angibt. Da der Eintritt des Schadens (konkrete Vermögensgefährdung) in aller Regel mit dem Entfernen zusammenfällt, liegt grundsätzlich Tateinheit (§ 52 StGB) vor.

II. Tatmehrheit anderer Delikte zu § 142 StGB

347 In Tatmehrheit zum unerlaubten Entfernen vom Unfallort stehen grundsätzlich die Delikte, die zum Unfall geführt haben (zB §§ 222, 229, 315c, 316 StGB, § 21 StVG oder auch Verkehrsordnungswidrigkeiten). Deshalb treten Ordnungswidrigkeiten, die zum Unfall geführt haben, jedenfalls hinter § 142 StGB **nicht** gem. § 21 I 1 OWiG zurück, weil materiell-rechtlich **keine** Handlungseinheit besteht. Die **Dauerstraftat der Trunkenheit im Verkehr** (§ 316 StGB) endet regelmäßig, wenn sich der Täter nach einem von ihm verursachten Unfall zum Entfernen vom Unfallort entschließt.[791] Ihr gegenüber ist die zugleich den Tatbestand des unerlaubten Entfernens vom Unfallort verwirklichende Weiterfahrt im Zustand der Fahrunsicherheit eine rechtlich selbstständige Handlung. Der Täter unterwirft die vom Unfallort wegführende (Trunkenheits-)Fahrt einer neuen Zweckbestimmung, nämlich der Entziehung der ihn treffenden Warte- und Feststellungspflicht. Er fasst einen neuen Tatentschluss. Dabei ist es unerheblich, ob der Täter anhält und aussteigt, ob er nur kurz anhält und die Unfallfolgen aus dem Wagenfenster besieht oder ob er durch den Unfallablauf nicht zum Halten gezwungen wurde, aber die Unfallfolgen im Fahren erkennt und in sein Bewusstsein aufnimmt. Denn in allen drei Fällen sieht sich der Täter in der Regel sowohl im äußeren Geschehen wie in seiner geistig-seelischen Verfassung vor eine neue Lage gestellt. Bei einer Fahrtunterbrechung durch einen Verkehrsunfall und neuem Entschluss zur Weiterfahrt – vor allem, um sich unerlaubt vom Unfallort zu entfernen – ist also nicht eine natürliche Handlungseinheit, sondern eine neue Handlung gegeben.[792] Eine Ausnahme vom Grundsatz, dass die Delikte, die zum Unfall geführt haben, zum nachfolgenden unerlaubten Entfernen vom Unfallort eine selbstständige materiell-rechtliche Handlung (§ 53 StGB) bilden, kann die sog. **Polizeiflucht** bilden (Täter flieht vor der Polizei und verwirklicht mehrere Delikte, unter anderem auch § 142 StGB). In diesen Fällen geht die Rspr. ausnahmsweise in der Regel von Tateinheit iSd § 52 StGB aus, weil das ganze Trachten des Täters darauf gerichtet ist, vor der Polizei zu fliehen. Bei dieser Fallgestaltung ist das gesamte Verhalten des Täters von einem einheitlichen Handlungswillen getragen. Er wird von dem Gedanken beherrscht, seinen Verfolgern unerkannt zu entkommen. Deshalb liegt in diesen

---

[790] BayObLG VRS 60, 112.
[791] BGHSt 21, 203 = VRS 32, 364.
[792] BayObLG VRS 61, 351; *Rüth* DAR 1982, 241; OLG Saarbrücken BA 2008, 192.

Fällen häufig eine natürliche Handlungseinheit vor.[793] Es besteht selbst dann Handlungseinheit iSd § 52 StGB, wenn der Täter im Rahmen der Fluchtfahrt sich **mehrfach** unerlaubt vom Unfallort entfernt.[794] Voraussetzung ist, dass der Unfall während und nicht vor dem Beginn der Polizeiflucht verursacht wird. Dem ist aber der Fall nicht vergleichbar, in dem der Täter sich von Anfang an entschließt, im Verlauf einer Fahrt absichtlich mehrere Unfälle herbeizuführen. Allein dem Umstand einer ununterbrochenen Fahrt kommt eine solche, „den Angeklagten in sachlich nicht gebotener Weise begünstigende Wirkung nicht zu".[795] Ein einheitlich gefasster Tatentschluss reicht nach dem Wortlaut des § 52 StGB nicht aus, um von Handlungseinheit auszugehen.

III. Tatidentität zwischen § 142 StGB und anderen Delikten

In der Regel ist von Tatidentität iSd § 264 StPO zwischen Straßenverkehrsge- **348** fährdung und dem in Handlungsmehrheit (§ 53 StGB) begangenen unerlaubten Entfernen vom Unfallort auszugehen, weil es sich in diesen Fällen grundsätzlich um einen geschichtlichen Vorgang, um einen einzigen Lebenssachverhalt handelt.[796] Das unerlaubte Entfernen vom Unfallort ist nur verständlich aus dem vorangegangenen Unfall. Das gilt auch für den Fall einer schuldhaften Unfallverursachung und dem nachfolgenden Verstoß gegen § 142 II StGB.[797] Es sind jedoch Ausnahmen denkbar. Verursacht etwa ein angetrunkener Autofahrer auf seiner Fahrt zwei Unfälle und fährt er – zumindest nach dem ersten Unfall – ohne die erforderlichen Feststellungen weiter und liegt zwischen den beiden Unfällen eine längere Fahrtstrecke, handelt es um zwei selbstständige prozessuale Taten iSd § 264 StPO.[798] Der als Dauerstraftat zugleich verwirklichte § 316 StGB (der grundsätzlich ohnehin hinter dem meistens bei dieser Fallkonstellation erfüllten § 315c StGB zurücktritt) vermag die beiden Geschehnisse nicht zu verklammern.

F. Sonstige Einzelfragen

I. Die „tätige Reue" in § 142 IV StGB

Nach § 142 IV StGB mildert das Gericht in den Fällen der I und II die Strafe (§ 49 **349** I) oder es **kann** von Strafe nach diesen Vorschriften absehen, wenn der Unfallbeteiligte innerhalb von vierundzwanzig Stunden nach einem Unfall außerhalb des fließenden Verkehrs, der ausschließlich nicht bedeutenden Sachschaden zur Folge hat, freiwillig die Feststellungen nachträglich ermöglicht (Abs. 3). Mit dieser Regelung eines persönlichen Strafaufhebungs- oder Milderungsgrundes der tätigen Reue wollte der Gesetzgeber **im Interesse des Geschädigten** einen

---

[793] BGHSt 22, 67 (76) = VRS 34, 361 (366); BGH VRS 65, 428 (429); 66, 20; BGH bei *Tolksdorf* DAR 1999, 198; NZV 2007, 151.
[794] BGH NZV 2001, 265; 2003, 488 (489).
[795] BGH NZV 1995, 196.
[796] BGHSt 23, 141 = VRS 38, 120.
[797] OLG Celle VRS 54, 38.
[798] BGHSt 23, 141 = VRS 38, 120.

Anreiz zur nachträglichen Meldung eines Unfalls schaffen. Zwar kann der Täter nicht unbedingt davon ausgehen, dass das Gericht von Strafe absieht. Auf jeden Fall muss das Gericht aber zumindest die Strafe mildern. Von der Ausnahmenorm des § 142 IV StGB werden nur die sog. **Parkunfälle** (Unfälle außerhalb des fließenden Verkehrs) erfasst, weil insoweit in aller Regel keine großen Beweisschwierigkeiten bestehen. Fährt dagegen der Täter, der sich mit seinem Fahrzeug im fließenden Verkehr befindet, gegen einen geparkten Wagen, liegen die Voraussetzungen des § 142 IV StGB nicht vor. Denn wenn ein Teilnehmer im fließenden Verkehr einen Unfall verursacht, kann dies nicht als Unfall „außerhalb des fließenden Verkehrs" gewertet werden, mag auch das geschädigte Fahrzeug zum ruhenden Verkehr gehören; ein solcher Unfall ist untrennbar mit der Teilnahme am fließenden Verkehr verbunden und nicht ein Geschehen „außerhalb des fließenden Verkehrs". Ebenso wenig werden Unfälle, die durch ein vorschriftswidriges Anhalten verursacht werden, erfasst. Anwendbar ist § 142 IV StGB jedoch im Zusammenhang mit „Parkunfällen" bei Kollisionen mit Gegenständen am Rande des Verkehrsraumes (zB Zäunen).[799] Weiterhin darf nur ein objektiv nicht bedeutender **Sach**schaden entstanden sein, wobei das Gesetz ausdrücklich **nicht** auf die subjektiven Vorstellungen des Täters abstellt. In Anlehnung an § 69 II Nr. 3 StGB ist die Grenze bei zur Zeit 1.500 EUR zu ziehen. Bei **Personen**schäden findet § 142 IV StGB expressis verbis keine Anwendung. Der Begriff der **Freiwilligkeit** ist identisch mit derselben Formulierung in § 24 StGB. Ist die Tat bereits entdeckt, scheitert eine Meldung des Täters an der Freiwilligkeit. Das Risiko trägt also der Täter. Da das Gesetz ausdrücklich auf III hinweist, ist dieser insoweit heranzuziehen (einschl. S. 2). Der Unfallbeteiligte kann also den Berechtigten (Abs. 1 Nr. 1) oder einer nahe gelegenen Polizeidienststelle die erforderlichen, in Abs. 3 genannten Einzelheiten mitteilen. Er kann aber auch andere Wege beschreiten (etwa durch freiwillige Rückkehr an den Unfallort), soweit er damit seinen Mitteilungspflichten nachkommt.

350 Die **Milderung oder das Absehen von Strafe** betrifft nur § 142 StGB. Soweit tateinheitlich andere Vorschriften verletzt worden sind, ist insoweit eine Milderung oder ein Absehen von Strafe nicht möglich. Wird von Strafe abgesehen, lebt die nach § 21 I 1 OWiG zurückgetretene Ordnungswidrigkeit, insbesondere die nach § 34 iVm § 49 I Nr. 29 StVO wieder auf. Allerdings ist ein Verstoß gegen § 34 StVO nicht in allen Punkten bußgeldbewehrt. Dies gilt insbesondere für die in Nr. 6a und 6b enthaltenen Regelungen, die im Wesentlichen dem § 142 I Nr. 1 und 2 StGB entsprechen. Insoweit besteht auch gerade im Hinblick auf die Strafnorm kein Bedarf für einen Bußgeldtatbestand. Das Gericht **muss** bei Vorliegen der Voraussetzungen des Abs. 4 die Strafe zumindest mildern. Alternativ **kann** es von Strafe absehen.

II. Auskunft des Beifahrers über die Unfallfolgen

351 Ein Fahrzeugführer kann sich nach einem Zusammenstoß mit einem anderen Kfz nicht auf die Angaben des Beifahrers verlassen, an dem angefahrenen Kfz sei kein Schaden entstanden; der Fahrzeugführer hat das andere Fahrzeug

---

[799] OLG Köln VRS 98, 122 = StVE § 142 StGB Nr. 123.

selbst in Augenschein zu nehmen. Ein solches Verhalten (Absehen von einer Betrachtung des anderen Fahrzeugs) stellt keinen den Vorsatz ausschließenden Tatbestandsirrtum dar.[800]

III. Beweisfragen

Gerade beim Ein- oder Ausparken kommt es immer wieder zu Unfällen mit **352** Fahrzeugen oder auch anderen Gegenständen im unmittelbaren Umkreis. Die Standardeinlassung lautet, man habe den Anprall nicht bemerkt. Zwar gibt es keinen Erfahrungssatz, dass die Berührung zweier Fahrzeuge immer von den Fahrzeuginsassen „gefühlt" wird **(taktile Wahrnehmbarkeit)**.[801] Aber in den meisten Fällen spürt der Fahrer durch seine Verbindung mit dem Fahrzeug über die Sitzfläche und durch die Hände am Lenkrad den Anprall. Meist führt ein solcher Anstoß durch die erhöhten Verzögerungswerte auch zu einer ruckartigen Geschwindigkeitsveränderung. Daneben sieht der Autofahrer regelmäßig, dass er dem anderen Fahrzeug oder Gegenstand sehr nahe kommt. Schließlich ist ein solcher Anprall häufig auch hörbar. Nach den Erfahrungen in der Praxis gelangen die Sachverständigen in vielen Fällen zu dem Ergebnis, der Anstoß sei akustisch, auf jeden Fall aber taktil wahrnehmbar gewesen. Im Einzelfall bietet sich zur weiteren Aufklärung die Beauftragung eines Sachverständigen an. Aus der Haltereigenschaft allein kann in der Regel nicht geschlossen werden, der Halter habe das privat genutzte Fahrzeug zur Tatzeit gesteuert. Erst beim Hinzutreten weiterer Beweisanzeichen, die sich aus Berufstätigkeit, Familienverhältnissen, Lebensumständen sowie Zeit und Ort der Zuwiderhandlung ergeben können, darf angenommen werden, dass der Halter das Fahrzeug zur Tatzeit geführt hat[802] (zB der Halter lebt allein und befährt die fragliche Strecke um eine bestimmte Uhrzeit fast täglich auf dem Weg zu seiner Arbeitsstelle).

IV. Entziehung der Fahrerlaubnis nach einem Verstoß gegen § 142 StGB

Da der Tatbestand des § 142 StGB meist bei oder im Zusammenhang mit dem **353** Führen eines Kfz oder unter Verletzung der Pflichten eines Kfz-Führers begangen wird, steht in diesen Fällen auch in der Regel die Frage der Entziehung der Fahrerlaubnis (§§ 69, 69a StGB) oder eines Fahrverbots (§ 44 StGB) zur Erörterung. § 69 II Nr. 3 StGB enthält für das unerlaubte Entfernen vom Unfallort ein sog. **Regelbeispiel**, also eine Beweiserleichterung, nämlich dann, wenn der Täter weiß oder wissen kann, dass bei dem Unfall ein Mensch getötet oder nicht unerheblich verletzt worden oder an fremden Sachen bedeutender Schaden entstanden ist. Der Begriff des bedeutenden Schadens iSd § 69 II Nr. 3 StGB ist nicht identisch mit dem Begriff der Gefährdung fremder Sachen von bedeutendem Wert. Die **Untergrenze für den bedeutenden Schaden** zieht die Rspr. zZt bei etwa 1.500 EUR oder geringfügig darüber.[803] Zu beachten sind bei dieser Wertgrenze die allgemeinen Veränderungen der Einkommen und des Geldwertes sowie

---

[800] LG Köln StVE § 142 StGB Nr. 94.
[801] OLG Köln NZV 1992, 37.
[802] BVerfG BA 2003, 370; OLG Köln StVE § 142 StGB, Nr. 118 = NZV 1998, 37; OLG Düsseldorf BA 2003, 377.
[803] OLG Dresden NZV 2006, 104; LG Düsseldorf NZV 2003, 103.

die zum 1.1.2002 erfolgte Umstellung auf den Euro. Neben den objektiven Voraussetzungen ist ein Wissen oder Wissen-Können des Täters erforderlich. Im Rahmen der zweiten Alternative reicht unter Umständen auch Fahrlässigkeit aus. Weiterhin ist immer dann, wenn eine Entziehung der Fahrerlaubnis nicht in Betracht kommt, zu prüfen, ob ein **Fahrverbot nach § 44 StGB** zu verhängen ist. Aber auch **unterhalb der Grenze eines bedeutenden Schadens** kommt eine Entziehung der Fahrerlaubnis in Betracht, wenn sich aus der Gesamtwürdigung der Tat ergibt, dass der bzw. die Angeklagte zum Führen von Kfz ungeeignet ist.

V. Die Pflichten aus § 34 StVO

354   In § 34 StVO ist detailliert geregelt, wie sich ein Unfallbeteiligter nach einem Verkehrsunfall zu verhalten hat. Der Wortlaut des § 34 StVO erinnert teilweise an den Text des § 142 StGB, geht aber über diesen hinaus. Wer die Pflichten aus § 34 StVO korrekt erfüllt, läuft kaum Gefahr, sich nach § 142 StGB strafbar zu machen. § 34 StVO will aufzeigen, wie sich ein Verkehrsteilnehmer nach einem Unfall im Straßenverkehr zu verhalten hat. Verstöße gegen § 34 I Nr. 1, Nr. 2, Nr. 5 lit. a und b oder Nr. 6 lit. b – sofern der Unfallbeteiligte in diesem letzten Fall zwar eine nach den Umständen angemessene Frist wartet, aber nicht Name und Anschrift am Unfallort hinterlässt – oder nach § 34 III StVO stellen Ordnungswidrigkeiten dar (§ 49 I Nr. 29 StVO). Erfüllt das Verhalten des Täters gleichzeitig – **durch dieselbe materiell-rechtliche Handlung** – den Tatbestand des § 142 StGB, tritt § 34 StVO dahinter zurück (§ 21 I 1 OWiG). Die Ordnungswidrigkeiten nach § 49 I Nr. 29 StVO kann man vorsätzlich oder fahrlässig begehen. Allerdings begeht derjenige, der fahrlässig einen Verkehrsunfall nicht wahrnimmt und deshalb nicht unverzüglich anhält, keine Ordnungswidrigkeit iSd §§ 34 I Nr. 1, 49 I Nr. 29 StVO, 24 StVG.[804] Denn würde es zur Ahndung wegen einer Ordnungswidrigkeit genügen, dass der Unfallbeteiligte den Unfall fahrlässig nicht wahrgenommen hat, könnte er in diesem Fall zwar nicht nach § 142 I StGB bestraft werden, weil er nicht gewartet hat, aber deshalb zur Verantwortung gezogen werden, weil er nicht angehalten hat. Damit würde der vom Gesetzgeber absichtlich sanktionsfrei gelassene Raum einer fahrlässigen Verletzung wesentlicher Pflichten vom Verordnungsgeber durch die Androhung einer Geldbuße wegen fahrlässiger Verletzung einer Pflicht ausgefüllt, die lediglich mittelbar der Erfüllung der wesentlichen Pflichten dient.

VI. Einziehung des Fahrzeugs nach einem Vergehen des § 142 StGB

355   Das vom Täter zum unerlaubten Entfernen vom Unfallort benutzte Fahrzeug kann unter den Voraussetzungen des § 74 I StGB eingezogen werden. Es stellt in diesen Fällen ein Tatwerkzeug dar und keinen sog. Beziehungsgegenstand, weil der Täter beim unerlaubten Entfernen vom Unfallort das Fahrzeug als Mittel zur Erfüllung einer über die bloße Benutzung hinausgehenden Straftat verwendet hat.[805] Neben der Beschlagnahme des Tatfahrzeugs gem. § 94 II StPO als Beweismittel kann unter den Voraussetzungen der §§ 111b, c StPO iVm § 74

---

[804]   BGHSt 31, 55 = NJW 1982, 2081 = StVE § 34 StVO Nr. 2.
[805]   BGHSt 10, 337 = NJW 1957, 1446.

StGB eine vorübergehende Beschlagnahmeanordnung durch die Polizei gem. §111e I 2 StPO erfolgen und dadurch ein Veräußerungsverbot gem. §111c V StPO bewirkt werden.

VII. Beschlagnahme von Versicherungsakten

Gerade in Fällen des unerlaubten Entfernens vom Unfallort werden häufig **356** keine Angaben zum Fahrer gemacht, der zur Tatzeit das Fahrzeug geführt hat. Sofern das unfallverursachende Fahrzeug feststeht, wird der Geschädigte oft Ansprüche bei der Haftpflichtversicherung des Unfallgegners angemeldet haben. Der Versicherungsnehmer ist gegenüber seiner Versicherung zu entsprechenden Angaben – auch zur Person des Fahrers – verpflichtet. Die Nichtbeantwortung dieser Frage würde eine Obliegenheitsverletzung gegenüber der Versicherung darstellen mit der Folge, dass die Versicherung möglicherweise **im Innenverhältnis** (teilweise) von ihrer Leistungspflicht frei würde. Es ist deshalb vielfach üblich, in derartigen Fällen die Unterlagen der Versicherung zu beschlagnahmen.[806] Zulässig ist auch die Vernehmung des Sachbearbeiters der Versicherung.

---

[806] BVerfG NZV 1996, 203 = StVE § 142 StGB Nr. 108; KG NZV 1994, 403.

9. Kapitel. Die Pflichtversicherung

357

Prüfungsschema für § 6 PflVG
1. Objektiver Tatbestand:
   a) Fahrzeug (Kfz oder Anhänger – § 1 PflVG)
   b) Auf öffentl. Wegen oder Plätzen (öffentl. Straßenverkehr)
   c) Tathandlung: Gebraucht haben oder Gebrauch gestattet haben (Gebrauchen = Führen). Gestatten erfordert mehr als ermöglichen.
   d) Es besteht kein Haftpflichtversicherungsvertrag. Auf einen (noch) bestehenden Versicherungsschutz kommt es nicht an.
2. Subjektiver Tatbestand: (bedingter) Vorsatz, aber auch Fahrlässigkeit (§ 6 II PflVG)
3. Rechtswidrigkeit (Rechtfertigungsgründe?)
4. Schuld
5. Ergebnis

A. Einleitung

Grundsätzlich ist nach § 1 PflVG der **Halter** eines **Kfz** oder Anhängers mit re- 358 gelmäßigem Standort im Inland verpflichtet, für sich, den Eigentümer und den Fahrer eine Haftpflichtversicherung zur Deckung der durch den Gebrauch des Fahrzeugs verursachten Personenschäden, Sachschäden und sonstigen Vermögensschäden abzuschließen und aufrechtzuerhalten, wenn das Fahrzeug auf öffentlichen Wegen oder Plätzen (§ 1 StVG) verwendet wird. **§ 2 PflVG** enthält **Befreiungen von der Versicherungspflicht**. So sind insbesondere der **Bund**, die **Länder** und **größere Gemeinden** (mit mehr als 100.000 Einwohnern) von der Versicherungspflicht befreit, weil diese Institutionen jederzeit in der Lage sind, die Schäden, die durch ihre Kfz verursacht werden, zu regulieren. Außerdem sind Halter von **Kfz, deren durch die Bauart bestimmte Höchstgeschwindigkeit sechs Kilometer je Stunde nicht übersteigt**, von der Versicherungspflicht ausgenommen, ebenso die **Halter selbstfahrender Arbeitsmaschinen**, deren Höchstgeschwindigkeit zwanzig Kilometer je Stunde nicht übersteigt, wenn sie den Vorschriften über das Zulassungsverfahren (§ 3 II Nr. 1 FZV) nicht unterliegen, sowie Halter von Anhängern, soweit sie von den Vorschriften über das Zulassungsverfahren befreit sind. Die Zulassungspflicht sowie deren Ausnahmen sind in der FZV geregelt.

B. Der Tatbestand des § 6 PflVG

I. Der Anwendungsbereich

359 Nach § 6 I PflVG muss derjenige mit Freiheitsstrafe bis zu einem Jahr oder mit Geldstrafe rechnen, der ein Fahrzeug auf öffentlichen Wegen oder Plätzen gebraucht oder den Gebrauch gestattet, obwohl für das Fahrzeug der nach § 1 erforderliche Haftpflichtversicherungsvertrag nicht oder nicht mehr besteht, wobei die Tat nach § 6 II PflVG auch **fahrlässig** begangen werden kann. In diesen Fällen ist jedoch ein geringerer Strafrahmen vorgesehen. Nach § 6 III PflVG ist nach einer **vorsätzlichen** Tatbegehung eine **Einziehung des Fahrzeugs** als Beziehungsgegenstand möglich, wenn es dem Täter oder Teilnehmer zur Zeit der Entscheidung gehört. Strafbar ist der Gebrauch eines nicht versicherten Fahrzeugs **nur auf öffentlichen Wegen und Plätzen,** also auf öffentlicher Verkehrsfläche. Außerhalb dieses Bereichs besteht keine Versicherungspflicht (s. § 1 PflVG aE). Zwar spricht § 6 PflVG von Fahrzeugen („Wer ein Fahrzeug …"), aber § 1 PflVG verlangt nur vom Halter eines Kfz oder eines Anhängers den Abschluss einer entsprechenden Haftpflichtversicherung. Da grundsätzlich auch das Mitführen von Anhängern ohne eine entsprechende Haftpflichtversicherung unter § 6 PflVG fällt, musste der Gesetzgeber den weiter gefassten Begriff des Fahrzeugs verwenden (s. § 2 Nr. 3 FZV, wonach Anhänger Fahrzeuge sind). Strafbar ist demnach unter den übrigen Voraussetzungen nach den §§ 1, 6 PflVG nur derjenige, der ein **Kfz** bzw. einen zulassungspflichtigen Anhänger (§ 2 I Nr. 6 c PflVG) im öffentlichen Verkehrsraum gebraucht bzw. den Gebrauch gestattet. Zu den Kfz gehören auch zwei- oder dreirädrige Kleinkrafträder einschl. FmH, Mofas und Leichtmofas, Pocketbikes,[807] Mobilitätshilfen (Segways), motorisierte Krankenfahrstühle sowie vierrädrige Leichtkraftfahrzeuge.[808] Auch Elektrofahrräder (E-Bikes) sind Kfz, solange sie nicht unter die Regelungen des § 1 III StVG fallen und damit den Fahrrädern gleichgestellt werden.[809]

II. Gebrauchen oder den Gebrauch gestatten

360 **Gebrauchen bedeutet die bestimmungsgemäße Benutzung des Fahrzeugs zum Zwecke der Fortbewegung.** Der Begriff stimmt mit dem des Führens in den §§ 315c, 316 StGB, § 21 StVG überein.[810] Da das PflVG Teil des Straßenverkehrsrechts ist, sind die in dem Gesetz verwendeten allgemeinen verkehrsrechtlichen Begriffe in Übereinstimmung mit den anderen verkehrsrechtlichen Vorschriften auszulegen. **Das bloße Abstellen** eines nicht versicherten Fahrzeugs auf öffentlichen Verkehrsflächen reicht nicht aus. Vielfach gehen jedoch Anzeigen ein, in denen lediglich festgestellt ist, dass ein Fahrzeug ohne Versicherungsschutz auf einer öffentlichen Straße abgestellt ist. Selbst wenn das Fahrzeug an verschiedenen Stellen abgeparkt gesehen worden ist, kann häufig nicht unbe-

---

[807] OLG Dresden NZV 2014, 235 (236).
[808] Hentschel/König/Dauer/*Dauer* FZV Vor § 23 Rn. 11.
[809] *Huppertz* DAR 2013, 488.
[810] BGH VRS 14, 118; OLG Köln VRS 20, 379 (385); OLG Düsseldorf VRS 59, 59 (60); KG VRS 67, 154.

dingt ein eindeutiger Nachweis geführt werden, dass von dem Fahrzeug auch Gebrauch iSd § 6 PflVG gemacht worden ist. Die über einen längeren Zeitraum andauernde **wiederholte Benutzung** eines Kfz ohne bestehenden Haftpflichtversicherungsvertrag rechtfertigt **nicht die Annahme einer Dauerstraftat**.[811] Zwar mag der Versicherungsvertrag über einen längeren Zeitraum nicht bestanden haben. Aber die Strafbarkeit nach § 6 PflVG tritt nur ein, wenn das Fahrzeug in Gebrauch genommen, also geführt wird. Jeder Gebrauch erfordert jeweils einen neuen Entschluss und **stellt eine neue selbstständige Handlung dar**. Bei Fahrten in einem engen zeitlichen Zusammenhang (zB Täter fährt zu einem Supermarkt und nach dem Einkauf wieder zurück) kann in der Regel **von einer natürlichen Handlungseinheit** ausgegangen werden.

Das „Gestatten" des Gebrauchs setzt zumindest ein **schlüssiges Verhalten** vor- **361** aus, das als stillschweigendes Einverständnis gewertet werden kann; **das bloße „Ermöglichen" des Gebrauchs reicht** – anders als etwa beim „Zulassen" in §§ 21 StVG, 31 II StVZO – **nicht aus**,[812] denn unter dem Gestatten versteht man vom Begriff des Wortes her ein Einwilligen in ein bestimmtes Tun. Erlaubt derjenige, der die Sachherrschaft über ein nicht haftpflichtversichertes Kraftfahrzeug besitzt, einem anderen den Gebrauch des Fahrzeugs auf einem nichtöffentlichen Weg, so liegt darin ein vorsätzliches oder fahrlässiges „Gestatten" des Gebrauchs iSd § 6 PflVG auch dann nicht, wenn der Fahrer die Erlaubnis dazu missbraucht, das Fahrzeug auch auf öffentlichen Wegen zu benutzen.[813] Wenn ein **Verkäufer** einem Käufer ein unversichertes Kfz übergibt, liegt darin kein Gestatten des Gebrauchs iSd § 6 PflVG; denn den Gebrauch kann nur derjenige gestatten, dessen **Sachherrschaft am Fahrzeug derjenigen des Täters übergeordnet** ist.[814] Das setzt der Begriff des Gestattens notwendig voraus. Diese übergeordnete Sachherrschaft muss noch zu dem Zeitpunkt bestanden haben, in dem das Fahrzeug im öffentlichen Verkehr gebraucht worden ist. Regelmäßig wird das im Verhältnis Verkäufer – Käufer nach der Übergabe an den Erwerber nicht der Fall sein (anders bei einer Probefahrt). Denkbar ist im Einzelfall jedoch eine Beihilfe. Wesentliche Voraussetzung dafür wäre, dass sowohl der Käufer als Haupttäter als auch der Verkäufer als Gehilfe **vorsätzlich** gegen § 6 PflVG verstoßen bzw. dazu Hilfe leisten (§ 27 StGB).

III. Das Bestehen eines Versicherungsvertrages

Entgegen der früheren Regelung des § 6 PflVG, in der es auf das Bestehen des **362** Versicherungs**schutzes** zur Tatzeit ankam, stellt die heutige Fassung allein auf das Bestehen eines Versicherungs**vertrages** ab. Unter Haftpflichtversicherungsvertrag ist jede vertragliche Beziehung zu verstehen, die eine den Vorschriften des Gesetzes entsprechende Haftpflichtversicherung zum Gegenstand hat, namentlich auch die vorläufige Deckungszusage des Versicherers.[815] Es reicht die Aushändigung des nach § 23 FZV erforderlichen Versicherungsnachweises

---

[811] OLG Oldenburg NZV 1996, 83.
[812] OLG Köln StVE § 6 PflVG Nr. 1; NZV 2013, 454 (455).
[813] BGH StVE § 6 PflVG Nr. 2.
[814] BGH NJW 1974, 1086 = VRS 47, 4.
[815] BGHSt 33, 172 (175) = NJW 1986, 439.

durch die Versicherungsgesellschaft aus bzw. bei elektronischer Versicherungsbestätigung die Mitteilung der nach § 23 III FZV notwendigen Versicherungs-
bestätigungsnummer.[816]

363 Für die Pflichtversicherung enthält das VVG besondere Bestimmungen in den
§§ 113 ff. § 117 II VVG sieht unter anderem eine gewisse **Nachhaftungszeit nach
Beendigung des Versicherungsvertrages** vor. Obwohl kein Versicherungsvertrag mehr besteht, haftet der Versicherer gegenüber einem Dritten noch einen
Monat ab dem Zeitpunkt, ab dem der Versicherer das Nichtbestehen oder die
Beendigung des Versicherungsverhältnisses der zuständigen Stelle angezeigt
hat (§ 25 I FZV). Diese Frist hat der Gesetzgeber vorgesehen, damit die zuständigen Behörden Gelegenheit haben, die erforderlichen Maßnahmen zu treffen
(zB Stilllegung des Fahrzeugs). Für die Strafbarkeit nach § 6 PflVG ist aber allein
die Frage entscheidend, ob **zur Tatzeit** ein Versicherungs**vertrag** bestanden hat.
Auf eine eventuelle Nachhaftung des Versicherers kommt es nicht an. Trotz
des durch die Nachhaftung bestehenden Versicherungs**schutzes** macht sich der
Täter nach § 6 PflVG strafbar, wenn zur Tatzeit kein Versicherungs**vertrag** mehr
bestand. Wie auch sonst im Bereich des Strafrechts spielen die **zivilrechtlichen
Rückwirkungsfiktionen** keine Rolle. Die Strafbarkeit eines Verhaltens kann
nicht rückwirkend begründet oder beseitigt werden, insbesondere nicht durch
Anfechtung, Kündigung oder Rücktritt vom Vertrag. So macht sich derjenige,
der ein Fahrzeug auf öffentlichen Wegen oder Plätzen gebraucht oder den
Gebrauch gestattet, obwohl der für das Fahrzeug abgeschlossene Haftpflicht-
Versicherungsvertrag nach § 38 III 1 VVG wirksam gekündigt worden ist, auch
dann nach den §§ 1, 6 PflVG strafbar, wenn die Wirkungen der Kündigung gem.
§ 38 III 3 VVG durch nachgeholte Prämienzahlung wieder weggefallen sind.[817]
§ 38 III VVG sieht für **Folgeprämien** die Möglichkeit vor, dass die Wirkungen der
Kündigung entfallen, wenn der Versicherungsnehmer innerhalb eines Monats
nach der Kündigung oder, falls die Kündigung mit der Fristbestimmung verbunden worden ist, innerhalb eines Monats nach dem Ablauf der Zahlungsfrist
die Zahlung nachholt, sofern nicht der Versicherungsfall bereits eingetreten ist.
Der Versicherungsvertrag lebt bereits mit der **Einzahlung der Prämie bei der
Post oder Bank** und nicht erst mit ihrem Eingang beim Versicherer rückwirkend wieder auf.[818] Hat der Beschuldigte in der Zwischenzeit das Fahrzeug in
Gebrauch genommen bzw. den Gebrauch gestattet, so hat er sich nach § 6 PflVG
strafbar gemacht, weil zu diesem Zeitpunkt tatsächlich kein Versicherungsvertrag bestanden hat. Der spätere Wegfall der Kündigung ändert an dieser Tatsache nichts. Die einmal eingetretene Strafbarkeit fällt dadurch nicht wieder weg.

364 Umgekehrt macht sich derjenige nicht nach § 6 PflVG strafbar, der auf öffentlichen Wegen oder Plätzen ein Fahrzeug gebraucht oder den Gebrauch gestattet,
für welches zunächst ein wirksamer Vertrag vor Zahlung der **Erstprämie** aufgrund einer vorläufigen Deckungszusage besteht, wenn die vorläufige Deckung
später infolge Nichteinlösung des Versicherungsscheins rückwirkend wegfällt

---

[816] OLG Celle NJW 2013, 3319.
[817] BGH NJW 1984, 877.
[818] BayObLG DAR 1978, 209 bei *Rüth*.

oder wenn der Versicherer vom Vertrag gem. § 37 VVG zurücktritt.[819] ISd § 6 PflVG gilt die **vorläufige Deckungszusage** als ein selbstständiger (kurzfristiger) Versicherungsvertrag.[820] Jede andere Ansicht würde dazu führen, dass man beim Gebrauch des Fahrzeuges nach der Erteilung der Deckungszusage aber vor Abschluss des Hauptvertrages gegen § 6 PflVG verstoßen würde.[821] Die vorläufige Deckungszusage ist ein gebräuchliches Instrument, um bis zum Zustandekommen des eigentlichen Versicherungsvertrages das Fahrzeug im Straßenverkehr gebrauchen zu können. Da also zunächst mit der Deckungszusage ein Versicherungsvertrag besteht, der später durch Nichtzahlung der Erstprämie rückwirkend wegfällt, macht sich der Nutzer des Fahrzeugs zum Zeitpunkt der Fahrt nicht strafbar. Es ist nicht denkbar, dass später die Tat rückwirkend strafbar sein soll. Zwar gilt die Deckungszusage grundsätzlich erst ab der Zulassung des Fahrzeugs. Jedoch besteht nach H.3.1 AKB 2015 – sofern diese Regelung im Vertrag nicht ausdrücklich ausgeschlossen worden ist – die Versicherung auch für Zulassungsfahrten mit ungestempelten Kennzeichen mit Ausnahme von roten und Kurzzeitkennzeichen (s. auch § 10 IV FZV). UU fallen auch Fahrten, die nicht der Zulassung dienen, nicht unter § 6 PflVG, weil es sich bei derartigen Verstößen lediglich um reine Obliegenheitsverletzungen im Rahmen des Versicherungsvertrages handelt, die das Außenverhältnis nicht berühren.[822]

365 Da die Versicherungsgesellschaften häufig die Kündigungsschreiben mit einfachem Brief übersenden, bereitet der **Nachweis des Zugangs der Kündigung bzw. des Rücktritts vom Vertrag** immer wieder Schwierigkeiten. Mit dieser Frage beschäftigen sich zahlreiche gerichtliche Entscheidungen. Allein aus der Tatsache, dass ein **einfacher Brief zur Post gegeben** wurde, kann nicht zwingend geschlossen werden, dass das Schreiben (etwa die Mahnung nach § 38 I VVG) dem Empfänger zugegangen ist.[823] Versendet der Versicherer Mahn- und Kündigungsschreiben nur durch einfachen Brief, kann die Wirksamkeit einer nach § 38 III VVG ausgesprochenen Kündigung regelmäßig nicht festgestellt werden, wenn der Versicherungsnehmer den Empfang des Schreibens nicht einräumt und außer der Absendung keine positiven Beweisanzeichen für den Zugang vorhanden sind. Die Rechtsgrundsätze über den Beweis des ersten Anscheins sind im Strafverfahren unanwendbar.[824] Auch die **bloße Mahnung** des Haftpflichtversicherers führt nicht zur Beendigung des Versicherungsverhältnisses,[825] denn die Mahnung ersetzt nicht die Kündigung des Versicherungsvertrages.

Ein Versicherungsvertrag endet: **366**

1. durch vertraglichen Fristablauf,
2. durch Rücktritt seitens des Versicherers bei nicht rechtzeitiger Zahlung der Erstprämie (§ 37 I VVG),

---

[819] BGHSt 33, 172 = NJW 1986, 439 = VRS 69, 143.
[820] BGHZ 47, 352 (356); BGH VersR 1968, 439; BayObLG VRS 59, 237.
[821] BayObLG VRS 59, 237; *Blumberg* NZV 1998, 305 ff.
[822] OLG Celle NJW 2013, 3319.
[823] BayObLG VRS 66, 34.
[824] OLG Köln VRS 73, 153; KG NZV 2002, 200.
[825] OLG Düsseldorf VRS 71, 73.

3. durch Kündigung des Vertrages gem. §38 III VVG bei Nichtzahlung der Folgeprämie. Die Nachzahlung der Prämie binnen eines Monats nach Kündigung lässt die Wirkungen der Kündigung entfallen und stellt das Vertragsverhältnis rückwirkend wieder her (vgl. §38 III 3 VVG).[826]

IV. Besonderheiten

1. Tuning

367 Gerade bei **Mofas oder Kleinkrafträdern** werden bisweilen **Veränderungen am Kolben, Zylinderkopf, Antriebsritzel, Vergaser** und anderen Fahrzeugteilen zur Erzielung einer höheren Fahrgeschwindigkeit vorgenommen. Dadurch wird der Versicherungsvertrag aber nicht ohne Weiteres hinfällig oder gegenstandslos, sondern lediglich nach Maßgabe der gesetzlichen Vorschriften über die Gefahrerhöhung (§23 VVG) in der Weise umgestaltet, dass der Versicherer gem. §24 VVG berechtigt ist, den Versicherungsvertrag fristlos zu kündigen.[827] Somit besteht ein wirksamer Versicherungsvertrag. Folglich liegt in diesen Fällen kein Verstoß gegen §6 PflVG vor.

368 Ähnliches gilt für die Veränderung eines Kfz durch **Einbau eines stärkeren Motors**[828] oder durch **Chip-Tuning**.[829]

2. Fahrten mit ungestempelten Kennzeichen

369 Fahrten, die im Zusammenhang mit dem Zulassungsverfahren stehen, insbesondere Fahrten zur Anbringung der Stempelplakette sowie Fahrten zur Durchführung einer Hauptuntersuchung oder einer Sicherheitsprüfung dürfen innerhalb des Zulassungsbezirks und eines angrenzenden Bezirks mit **ungestempelten Kennzeichen** durchgeführt werden, wenn die Zulassungsbehörde vorab ein solches zugeteilt hat und die Fahrten von der Kfz-Haftpflicht-Versicherung erfasst sind. Rückfahrten nach Entfernung der Stempelplakette dürfen mit dem bisher zugeteilten Kennzeichen bis zum Ablauf des Tages der Außerbetriebsetzung des Fahrzeugs durchgeführt werden, wenn sie von der Kfz-Haftpflicht-Versicherung erfasst sind. Dazu ist die vollständige Erfassung der Halter- und Fahrzeugdaten erforderlich.

Mit Einführung der elektronischen Versicherungsbestätigung ist der Nachweis des Versicherungsschutzes während der Fahrt in zunehmendem Maße nicht mehr anhand der Eintragungen etwa auf der früher üblichen „Doppelkarte" möglich. Die elektronische Versicherungsbestätigung wurde mit Wirkung ab 1.11.2012 zum Standardverfahren.[830] Die Fahrer können jetzt nur mehr die sog. eVB-Nummer vorweisen.[831] Ob ein sich auf diese Fahrten erstreckender Versicherungsvertrag besteht, muss letztlich beim Versicherer erfragt werden. Die

---

[826] Aber beachte die bereits erwähnte Entscheidung des BGH – BGHSt 32, 152 = NJW 1984, 877.
[827] OLG Bremen VRS 63, 395.
[828] OLG Celle VRS 50, 475.
[829] *Grunert* DAR 2000, 556 (559).
[830] Hentschel/König/Dauer/*Dauer* FZV §23 Rn. 10.
[831] *Zunner*, Praxiswissen Fahrzeug-Zulassung, 5. Aufl. 2013, Rn. 201.

Übermittlung und Bereithaltung zum Abruf hat gem. § 23 I FZV zur Verein-
fachung des elektronischen Verfahrens durch die Gemeinschaftseinrichtung
der Versicherer (Zentralruf) zu erfolgen. Sind Fahrten mit ungestempelten
Kennzeichen hier nicht erfasst, liegt kein gültiger Versicherungsvertrag vor.[832]

3. Rote Dauerkennzeichen

Die **roten Dauerkennzeichen** sind aufgrund der „Sonderbedingungen zur Haft- **370**
pflicht- und Fahrzeugversicherung für Kraftfahrzeughandel und -handwerk"
versichert. Danach bezieht sich die Haftpflichtversicherung auf alle Fahrzeuge,
wenn und solange sie mit einem dem Versicherungsnehmer zugeteilten amtlich
abgestempelten roten Kennzeichen versehen sind.

Ein Kfz ist mit roten Dauerkennzeichen auch dann „versehen" und damit
ordnungsgemäß (vereinfacht) zugelassen, wenn die Kennzeichen im Fahrzeug-
inneren so angebracht sind, dass sie von außen abgelesen werden können.
Ein Verstoß gegen § 6 PflVG scheidet bei ordnungsgemäß ausgegebenen roten
Kennzeichen in einem derartigen Fall aus.[833] Der Versicherungsvertrag bleibt
auch dann bestehen, wenn die roten Kennzeichen nach verkehrsrechtlichen
Vorschriften nicht hätten verwendet werden dürfen, etwa bei Verwendung zu
anderen als Probe-, Prüfungs- und Überführungsfahrten.[834]

4. Kurzzeitkennzeichen

Nach der Neufassung der Vorschriften über das **Kurzzeitkennzeichen** (§ 16a **371**
FZV)[835] muss das Fahrzeug den Zulassungsbehörden bekannt sein. Die Zulassungsbehörde fertigt dann einen auf den Antragsteller ausgestellten Fahrzeugschein für Kurzzeitkennzeichen nach dem Muster der Anlage 10 aus.
Dieser entspricht inhaltlich einer Zulassungsbescheinigung Teil I. In der Versicherungsbestätigung ist die Dauer des Vertragsverhältnisses einzutragen. Die
Vertragsdauer beträgt grundsätzlich fünf Tage und ist bereits in das Formular
der Versicherungsbestätigung (Anlage 11 FZV) eingedruckt. Der Versicherungsvertrag bleibt auch dann bestehen, wenn die Kurzzeitkennzeichen nach verkehrsrechtlichen Vorschriften nicht hätten verwendet werden dürfen, etwa bei
Verwendung zu anderen als Probe-, Prüfungs- und Überführungsfahrten. Wird
das Kurzzeitkennzeichen über den gewährten Zulassungszeitraum hinaus
in Betrieb genommen, ist auch der Versicherungsvertrag abgelaufen.[836] Einer
besonderen Kündigung bedarf es nicht. Zu klären bleibt jedoch im Einzelfall,
ob der Zulassungszeitraum mit dem Versicherungszeitraum übereinstimmt.

---

[832] *Heinzlmeier* NZV 2006, 225 (227).
[833] BayObLG NZV 2003, 147.
[834] OLG Hamm NZV 2007, 375; Hentschel/König/Dauer/*Dauer* FZV Vor § 23 Rn. 15; FZV
§ 28 Rn. 5.
[835] 2. ÄndVO-FZV v. 30.10.2014, BGBl. 2014 I 1666: in Kraft seit 1.4.2015.
[836] Feyock/Jacobsen/Lemor/*Feyock* PflVG § 6 Rn. 1.

5. Saisonkennzeichen

372 Obergerichtlich entschieden ist bisher die Frage der sog. **Saisonkennzeichen** (§ 9 III FZV) noch nicht. „Das Fahrzeug darf auf öffentlichen Straßen nur während des angegebenen Betriebszeitraums in Betrieb genommen oder abgestellt werden" (§ 9 III 5 FZV). Wer entgegen dieser Vorschrift „außerhalb des Betriebszeitraums ein Fahrzeug auf öffentlichen Straßen abstellt", macht sich zumindest einer Ordnungswidrigkeit schuldig (§ 48 Nr. 9 FZV). Ob auch ein Verstoß gegen § 6 PflVG in Betracht kommt, wenn das Fahrzeug außerhalb des Zulassungszeitraums in Gebrauch genommen wird, dürfte von der Ausgestaltung des Versicherungsvertrages abhängen.[837] § 6 PflVG stellt auf das Bestehen eines Versicherungsvertrages ab.

Nach einer Entscheidung des BayObLG[838] zum sog. Ruhevertrag umfasst das vertraglich übernommene Risiko auch den Gebrauch des Fahrzeugs außerhalb des Einstellraums oder des umfriedeten Einstellplatzes. Die Obliegenheitsverletzung des Versicherungsnehmers wirkt sich lediglich für das vertragliche Innenverhältnis aus. Für Fahrzeuge, die mit einem Saisonkennzeichen zugelassen sind, wird gem. Nr. H 2.1 AKB 2015 der vereinbarte Versicherungsschutz während des auf dem Saisonkennzeichen dokumentierten Betriebszeitraums gewährt. Außerhalb der Saison besteht nach Nr. H 2.2 AKB 2015 Ruheversicherungsschutz. Dieser umfasst mindestens die Kfz-Haftpflichtversicherung. Hier liegt daher kein Verstoß gegen die Bestimmungen des PflVG vor.[839] Alleine durch den Gebrauch des Fahrzeuges außerhalb des Betriebszeitraumes wird dieser Vertrag nicht automatisch aufgelöst. Der Umstand, dass der Versicherer womöglich eine Rückgriffmöglichkeit aus einer Obliegenheitsverletzung (Gefahrerhöhung) heraus hat, ersetzt nicht die zur Vertragsauflösung notwendige Vertragsbeendigung etwa durch Kündigung.[840] Wird die Vertragswirksamkeit bei Saisonfahrzeugen dagegen ausdrücklich auf die auf dem Saisonkennzeichen vermerkte Zulassungsdauer beschränkt, so besteht für die übrige Zeit kein Versicherungsvertrag iSd § 6 PflVG.[841]

6. Fahrten nach Ablauf des Versicherungsjahres

373 Werden versicherungskennzeichenpflichtige Kfz (Kleinkraftrad, Mofa, Leichtmofa, FmH, motorisierte Krankenfahrstühle, vierrädrige Leichtkraftfahrzeuge oder die elektronische Mobilitätshilfe) im März, also nach Ablauf des alten Versicherungsjahres und -vertrages weiter im öffentlichen Straßenverkehr in Betrieb gesetzt, ohne dass zur Tatzeit ein neuer Vertrag für das laufende Versicherungsjahr abgeschlossen worden ist, liegt ein Vergehen nach § 6 PflVG vor.[842] Ob der Versicherungsnehmer für diesen Zeitraum den Beitrag eventuell später

---

[837] Hentschel/König/Dauer/*Dauer* FZV § 10 Rn. 8.
[838] NZV 1993, 449; *Heinzlmeier* NZV 2006, 225 (226).
[839] BayObLG NZV 1993, 449; OVG Hamburg NZV 2002, 151; *Kullik* PVT 2001, 137; 2003, 20.
[840] OVG Hamburg NZV 2002, 151.
[841] Feyock/Jacobsen/Lemor/*Feyock* PflVG § 6 Rn. 1.
[842] *Heinzlmeier* NZV 2006, 225 (230).

nachzahlt, ist unerheblich, da auch eine nachgeholte Prämienzahlung den zur Tatzeit vorliegenden Verstoß nicht heilen kann.[843]

7. Ausländische Fahrzeuge

Ausländische Kfz und Anhänger ohne regelmäßigen Standort im Inland dür- **374** fen in der BRD nur dann auf öffentlichen Straßen gebraucht werden, wenn für Halter und Führer Versicherungsschutz nach den §§ 2–6 Ausländerpflichtversicherungsgesetz (Ausl.PflVG) besteht. Im Einzelnen entsprechen die Vorschriften denen des Pflichtversicherungsgesetzes. Das Ausl.PflVG schützt nicht nur Inländer, sondern auch Ausländer, die auf den Straßen der BRD durch ein ausländisches Kfz Schaden erleiden. Mit der Ausgabe der internationalen (grünen) Versicherungskarte übernimmt der Kraftfahrzeughaftpflichtversicherer innerhalb des Geltungsbereichs der Karte den Deckungsschutz mindestens nach den im Besuchsland geltenden Versicherungsbedingungen und Versicherungssummen. Insoweit ist der Einwand der Leistungsfreiheit aus dem Versicherungsvertrag (zB bei einer Trunkenheitsfahrt) nur nach dem Recht des Besuchslandes zu beurteilen.[844] In vielen Fällen bedarf es jedoch mittlerweile nicht mehr der „Grünen Versicherungskarte". Nach § 8a I AuslPflVG in Verbindung mit der Verordnung über den „Wegfall der Grünen Versicherungskarte"[845] genügt für die meisten ausländischen Fahrzeuge aus den EU – Staaten allein das Kennzeichen als Versicherungsnachweis. Kfz und Kraftfahrzeuganhänger, die in einem Nicht-EU-Staat (…) zugelassen sind, dürfen in der BRD nur gebraucht werden, wenn auch sie versichert sind (§ 1 I AuslPflVG iVm § 3 I VO über den „Wegfall der Grünen Versicherungskarte"). Aber auch hier gibt es mittlerweile Ausnahmen (s. hierzu § 8 I VO über den „Wegfall der Grünen Versicherungskarte").

Eine Straftat iSd § 9 AuslPflVG begeht, wer in der BRD ein Fahrzeug auf öffent- **375** lichen Wegen und Plätzen gebraucht, obwohl für das Fahrzeug das nach § 1 erforderliche Versicherungsverhältnis nicht oder nicht mehr besteht und die Pflichten eines Haftpflichtversicherers auch nicht nach § 2 Ib oder § 8a I von einem nationalen zum Geschäftsbetrieb befugten Versicherer (…) übernommen worden sind. Danach müssen also zwei Voraussetzungen zusammentreffen: es darf kein Versicherungsvertrag (mehr) bestehen und keine in der BRD ansässige Versicherungsgesellschaft hat die Regelung des Schadensfalles übernommen.

8. Besonderheiten für zulassungsfreie Anhänger

Im Zulassungsverfahren (§§ 6 ff. FZV) ist die Zulassung von Kfz und An- **376** hängern derart mit der Pflichtversicherung gekoppelt, dass der Nachweis ausreichender Haftpflichtversicherung Voraussetzung für die Zulassung ist. Teilweise unterliegen auch Kfz, die nach § 3 II FZV zulassungsfrei sind, der Versicherungspflicht (vgl. § 4 III FZV).

---

[843] BGH NJW 1984, 877.
[844] OLG Zweibrücken VRS 76, 462.
[845] VO über die Kraftfahrzeug-Haftpflichtversicherung ausländischer Kraftfahrzeuge und Kraftfahrzeuganhänger v. 8.5.1974, BGBl. 1974 I 1062.

Durch die Reform des Schadensersatzrechts[846] wurde den Anhängern in §7 I StVG eine eigene Betriebsgefahr zugesprochen. Danach unterfallen diese selbst der Gefährdungshaftung mit der Folge, dass Verkehrsunfallopfer sich nicht nur an die Versicherung des Kfz wenden können, sondern Ansprüche auch gegenüber der Versicherung des Anhängers geltend machen können. Die Haftung besteht dabei unabhängig davon, ob sich bei dem Verkehrsunfall die Betriebsgefahr nur eines der zur Fahrzeugkombination verbundenen Fahrzeuge ausgewirkt hat.[847] Dennoch sind zulassungsfreie Anhänger nach §2 I Nr. 6c PflVG von der Versicherungspflicht befreit. Gemäß der AKB 2015, A 1.1.5 erfasst die Haftpflichtversicherung des ziehenden Kfz auch weiterhin alle Schäden, die durch den zulassungsfreien Anhänger verursacht werden, solange dieser mit dem Kfz verbunden ist oder sich während des Gebrauchs von diesem löst und sich noch in Bewegung befindet. Die sog. Anhängerversicherung umfasst die restlichen Risiken. Eine Strafbarkeit soll daher entgegen 6 PflVG aber nicht gegeben sein, wenn die Versicherung des Zugfahrzeugs gem. §3 VVG, §3 I KfzPflVV für etwaige durch den Anhänger verursachte Schäden aufkommt (die Fahrzeugkombination muss im Vertrag erfasst sein).[848] Für die Annahme,[849] bei fehlendem eigenem Versicherungsvertrag bezüglich des Anhängers läge auch eine Straftat iSd §6 PflVG vor, finden sich nämlich in Literatur und Rechtsprechung keine Anhaltspunkte: weder ist §6 PflVG noch §3 I KfzPflVV geändert worden.[850] Auch die später novellierte AKB-2015 weist immer noch darauf hin, dass Anhänger über das Zugfahrzeug versichert sind.[851]

377 Da **Anhänger in land- und forstwirtschaftlichen Betrieben** von der Zulassungspflicht ausgenommen sind, unterliegen sie auch nicht der Pflichtversicherung (§§2 Nr. 6c PflVG, 3 II Nr. 2a FZV). Allerdings gilt dies nur, solange eine Geschwindigkeit von 25 km/h nicht überschritten wird. Wer jedoch hinter einer ordnungsgemäß versicherten Zugmaschine einen von den Vorschriften über das Zulassungsverfahren ausgenommenen landwirtschaftlichen Anhänger, für den keine Haftpflichtversicherung abgeschlossen ist, mitführt, verstößt, falls sich auf dem Anhänger keine Personen befinden, bei einer Überschreitung der für solche Anhänger vorgeschriebenen Höchstgeschwindigkeit nicht zugleich gegen die Vorschriften über die Pflichtversicherung.[852]

378 Man muss unterscheiden zwischen den Anhängern, die nicht der Versicherungspflicht unterliegen, und den versicherungspflichtigen Anhängern. Wer einen **versicherungspflichtigen** Anhänger mitführt, obwohl kein Versicherungsvertrag besteht, verstößt gegen §6 I PflVG.

---

[846] Zweites Gesetz zur Änderung schadensersatzrechtlicher Vorschriften v. 19.7.2002 (BGBl. I 2674).

[847] BGH NJW 2011, 447.

[848] *Heinzlmeier* NZV 2006, 225; Hentschel/König/*Dauer* FZV Vor §23 Rn. 16.

[849] *Ternig* NZV 2011, 525.

[850] Feyock/Jacobsen/Lemor/*Feyock* PflVG §6 Rn. 1.

[851] *Heinrichs* DAR 2015, 195, 256.

[852] BayObLG VRS 48, 301; OLG Koblenz VRS 55, 73; OLG Celle VRS 66, 63 (65) für Wohnwagen und Packwagen im Gewerbe nach Schaustellerart (vgl. §3 II Nr. 2b FZV).

9. Abschleppen und Schleppen

Das Gleiche gilt für die Haftung für Schäden, die verursacht werden durch **379** geschleppte oder abgeschleppte Fahrzeuge, für die kein Haftpflichtversicherungsschutz besteht. Diese Vorschrift regelt allerdings nur die Frage des Versicherungsschutzes. *Dauer* geht davon aus, dass betriebsunfähig abgeschleppte Fahrzeuge zugelassen sein müssen, stellt aber auch klar, dass es *„für die Frage, ob die durch ein im Verkehr betriebsunfähig gewordenes Fahrzeug entstandene Gefahr kurzfristig im Wege der Nothilfe beseitigt werden darf, unerheblich ist, ob das Fahrzeug zugelassen ist oder nicht".*[853] Das gezogene Fahrzeug unterliegt dann auch nicht der Versicherungspflicht.[854]

Werden die Grenzen des zulässigen Abschleppens überschritten, so liegt ein nicht genehmigtes Schleppen entgegen § 33 StVZO vor. Das geschleppte Fahrzeug zählt dann als zulassungspflichtiger Anhänger. Als solcher unterliegt er der Versicherungsvertragspflicht nach § 1 PflVG. Fehlt ein solcher eigenständiger Vertrag, ist der objektive Tatbestand des Vergehens nach § 6 PflVG erfüllt.[855] Es besteht allerdings die Möglichkeit der Ausnahmegenehmigung nach § 70 I Nr. 1 StVZO (genehmigtes Schleppen). Bis zur Änderung des § 33 StVZO[856] unterlag das mit Genehmigung gezogene Kfz nicht dem Zulassungsverfahren und nachfolgend auch nicht der Versicherungspflicht.[857] Die seitens des BMV[858] avisierte Richtlinie betreffend die „Voraussetzungen und Bedingungen für die Erteilung von Ausnahmegenehmigungen" enthält jedoch keine Hinweise zu § 33 StVZO. Hier wird man im Zweifel auf die alten Regelungen zu § 33 StVZO zurückgreifen müssen.

C. Der subjektive Tatbestand

Wer ein **Gebrauchtfahrzeug erwirbt**, wird sich in der Regel vergewissern müs- **380** sen, dass es noch ausreichend haftpflichtversichert ist. Unterlässt er dies, handelt er zumindest fahrlässig.[859] Wer ein **mit ordnungsgemäßem Kennzeichen versehenes Kfz** führt, darf auf das Bestehen ausreichender Haftpflicht-Versicherung vertrauen. Auffällige Umstände, die zu Zweifeln an der Ordnungsmäßigkeit der Fahrzeugkennzeichnung führen, begründen eine Erkundigungspflicht.[860] Der Benutzer kann (zumindest) fahrlässig gegen § 6 PflVG verstoßen, wenn er infolge unzureichender Überprüfung des Kennzeichens nicht bemerkt, dass die **Nummernschilder wegen Erlöschens des Versicherungsschutzes entstempelt** worden sind.[861]

---

[853]   Hentschel/König/Dauer/*Dauer* StVZO § 33 Rn. 25; so bereits *Blum* NZV 2008, 547 (548).
[854]   *Blum* NZV 2008, 547 (549).
[855]   *Blum* NZV 2008, 547 (550).
[856]   48. VO zur Änderung straßenverkehrsrechtlicher Vorschriften v. 26.7.2013, BGBl. I 2903.
[857]   *Blum* NZV 2008, 547 (550).
[858]   BR-Drs. 445/13.
[859]   KG VRS 56, 296.
[860]   OLG Celle VerkMitt. 1973, 20 Nr. 27.
[861]   OLG Hamm VRS 58, 64.

D. Einziehung des Fahrzeugs wegen eines Verstoßes gegen § 6 PflVG

381 Da das Fahrzeug notwendiges Mittel zur Erfüllung des Tatbestandes des § 6 PflVG ist, kann es nicht als Tatwerkzeug über § 74 I StGB eingezogen werden.[862] Es handelt sich um notwendige Gegenstände der Tat, um Beziehungsgegenstände. Diese können nur eingezogen werden, wenn das Gesetz eine entsprechende Regelung enthält. Eine solche spezielle Einziehungsnorm ist bei Verstößen gegen das PflVG in § 6 III enthalten. Allerdings ist nach dieser Vorschrift eine Einziehung nur nach einer vorsätzlichen Tatbegehung und unter der Voraussetzung, dass das Fahrzeug dem Täter oder Teilnehmer zur Zeit der Entscheidung gehört, zulässig.

---

[862] BGHSt 10, 28 = NJW 1957, 351.

10. Kapitel. Kennzeichenmissbrauch sowie Missbrauch von Wegstreckenzählern und Geschwindigkeitsbegrenzern

Prüfungsschema zu § 22 StVG
1. Objektiver Tatbestand:
   a) S. die Alternativen Abs. 1 Nr. 1–3 im Gesetzestext
   b) Bzw. (evtl. zusätzlich) von Kfz oder Anhänger Gebrauch gemacht zu haben (Abs. 2).
2. Subjektiver Tatbestand: Die Rspr. verlangt auch für Abs. 2 die rechtwidrige Absicht, die in Abs. 1 im subjektivem Bereich notwendig ist. In rechtwidriger Absicht handelt, wer durch die Beweiskraft des Kennzeichens das Rechtsleben beeinflussen will.
3. Rechtswidrigkeit (Rechtfertigungsgründe?)
4. Schuld
5. Ergebnis

A. Einleitung und Fragen zur Subsidiarität

Sinn und Zweck des in 22 StVG geregelten Kennzeichenmissbrauchs ist die 383 Verhinderung von Versuchen, die Halter- und Fahrerfeststellung dadurch zu beeinträchtigen, dass amtliche Kennzeichen gefälscht, verfälscht, vertauscht oder unkenntlich gemacht werden.[862] Vom Schutz umfasst sind lediglich von der Zulassungsstelle zugeteilte **amtliche Kennzeichen**, sodass § 22 StVG nur bei Fahrzeugen (Kfz und Anhänger) anwendbar ist, für die amtliche Kennzeichen vorgeschrieben sind. **Versicherungskennzeichen** (§§ 26 ff. FZV) fallen nicht unter diese Norm.

Wie sich aus dem Wortlaut des Gesetzes ergibt, ist § 22 StVG gegenüber ande- 384 ren Bestimmungen mit höherer Strafdrohung, sei es im Strafgesetzbuch oder in Nebengesetzen, subsidiär. Gegenüber Delikten mit einem gleichen oder niedrigeren Strafrahmen (wie zB §§ 316 StGB, 21 StVG) tritt § 22 StVG dagegen nicht zurück, sondern steht mit diesen regelmäßig in Tateinheit (§ 52 StGB). Sofern der Täter etwa ohne die erforderliche Fahrerlaubnis gefahren ist, fällt die Manipulation des Kennzeichens in aller Regel mit dem Gebrauch des Kfz (in Tateinheit) zusammen.[863] Die in § 22 I StVG enthaltene **Subsidiaritätsklausel**, die auch für II gilt, deutet darauf hin, dass § 22 StVG gegenüber allen Straftatbeständen des StGB oder des Nebenstrafrechts subsidiär ist, die mit **schwererer** Strafe bedroht sind. Nach einer teilweise vertretenen Ansicht ist § 22 StVG jedoch nur subsidiär gegenüber solchen eine höhere Strafe androhenden

---

[862] BayObLG NJW 1963, 1559; OLG Hamburg NJW 1966, 1827; OLG Köln NZV 1999, 341.
[863] BGHSt 18, 66 (70) = NJW 1963, 212.

Strafvorschriften, die gerade durch die unrichtige Kennzeichnung oder durch die Benutzung des unrichtig gekennzeichneten Kfz verwirklicht werden,[864] also hinter Delikten mit gleicher Schutzrichtung. Dies sind in erster Linie die Urkundsdelikte (§§ 267 ff. StGB).[865] In anderen Fällen greife die Subsidiaritätsregel nicht. Denn es wäre unverständlich, wenn der Täter in Fällen, in denen er mit dem zu Täuschungszwecken falsch gekennzeichneten Kfz am öffentlichen Straßenverkehr teilnimmt und hierbei einen Unfall mit Personenschaden verursacht, ausschließlich wegen fahrlässiger Tötung bzw. fahrlässiger Körperverletzung verurteilt würde mit der Folge, dass der Charakter der Tat (auch) als Vorsatztat im Schuldspruch gar nicht in Erscheinung träte. Jedoch ist eine Einschränkung der Subsidiaritätsklausel im Rahmen des § 22 StVG mit dem Wortlaut des Gesetzes, dessen möglicher Wortsinn die äußerste Grenze der Auslegung strafrechtlicher Vorschriften zum Nachteil des Beschuldigten darstellt (Art. 103 II GG), nicht vereinbar. Der Gesetzgeber hat im Gegensatz zu § 22 StVG in verschiedenen Vorschriften (zB in den §§ 145, 145d, 202, 265, 316 StGB) die Subsidiarität ausdrücklich beschränkt. Daher kann die Subsidiaritätsklausel in § 22 StVG nur so verstanden werden, dass § 22 StVG subsidiär gegenüber allen Vorschriften mit einer höheren Strafandrohung ist.[866]

B. Abgrenzung zur Urkundenfälschung

385 Da § 22 StVG insbesondere hinter den Urkundsdelikten zurücktritt, ist stets zunächst zu prüfen, ob sich der Beschuldigte einer Straftat nach den §§ 267 ff. StGB hinreichend verdächtig gemacht hat. Sofern dies bejaht wird, ist eine Erörterung des § 22 StVG überflüssig. Eine Urkundenfälschung liegt in aller Regel vor, wenn der Täter ein Kfz mit einer anderen als der amtlich hierfür ausgegebenen oder zugelassenen Kennzeichnung versieht.[867] Der typische Fall, der in der Praxis immer wieder vorkommt, ist das Anbringen eines („gültigen") Kennzeichens, das für ein anderes Kfz ausgegeben worden ist, an einem anderen (nicht zugelassenen) Pkw, um so eine ordnungsgemäße Zulassung dieses Pkw vorzutäuschen. Häufig liegt gleichzeitig ein **Verstoß gegen das PflVG** vor, weil das Fahrzeug, an dem das Kennzeichen verbotswidrig benutzt wird, meistens nicht haftpflichtversichert ist. Als weiteres Beispiel sei der Fall erwähnt, dass ein von einem anderen Pkw gestohlenes Kennzeichen an einem Fahrzeug angebracht wird, um mit diesem Straftaten zu begehen. Inzwischen mehren sich die Fälle, in denen bei sogenannten **Tankbetrügereien** ein gestohlenes Kennzeichen benutzt wird, um so die Ermittlung des Täters, der nach dem Tanken ohne Bezahlung davonfährt, zu verhindern. Bringt der Täter nach dem Verlust eines Kennzeichens von den von der Zulassungsstelle ausgegebenen zwei neuen Kennzeichen nur vorne ein neues an, während er hinten das alte entsiegelte Kennzeichen belässt, macht er sich nicht der Urkundenfälschung strafbar. Mit dem Anbringen des vorderen Kennzeichens wird nicht über den

---

[864] BayObLG VRS 62, 136 = StVE § 22 StVG Nr. 2; OLG Stuttgart VRS 34, 69.
[865] BayObLG NZV 1998, 333.
[866] S. auch BGHSt 47, 243 = NJW 2002, 2188 zu § 246 StGB.
[867] BGHSt 18, 66 (70) = NJW 1963, 212.

Aussteller getäuscht. Durch das Belassen des alten Kennzeichens wird auch keine Urkundenfälschung durch Unterlassen begangen, weil die Tathandlungen des Herstellens einer unechten Urkunde und des Verfälschens einer echten Urkunde durch ein Unterlassen regelmäßig nicht zu verwirklichen sind.[868] Es kommt jedoch ein Kennzeichenmissbrauch nach § 22 I Nr. 3, 4. Alt. StVG in Betracht.

Zunächst ist zu prüfen, ob das mit einem amtlichen Kennzeichen versehene **386** Kfz eine Urkunde darstellt. **Eine Urkunde ist eine verkörperte, allgemein oder für Eingeweihte verständliche, menschliche Gedankenerklärung, die geeignet und bestimmt ist, im Rechtsverkehr Beweis zu erbringen, und die ihren Aussteller erkennen lässt.**[869] Auch allein unverständliche Buchstaben oder Zahlen können in Verbindung mit dem Gegenstand, an dem sie befestigt sind, eine für den Rechtsverkehr sinnvolle Gedankenerklärung enthalten.[870] Beim Autokennzeichen kommt noch hinzu, dass schon aus dem auf dem Schild enthaltenen Siegel der Aussteller, nämlich das jeweilige Straßenverkehrsamt, erkennbar ist. Das **amtliche Kennzeichen** muss gem. § 10 III FZV mit dem Dienststempel der Zulassungsstelle versehen sein. Die Plaketten müssen so beschaffen sein und so befestigt werden, dass sie beim Ablösen in jedem Fall zerstört werden (§ 10 III 3 FZV). Das amtliche Kennzeichen ist an der Vorderseite und an der Rückseite des Kfz fest anzubringen (§ 10 V FZV). Mit dieser Vorschrift (feste Anbringung) soll gewährleistet werden, dass das Kennzeichen im Betrieb für jeden erkennbar bleibt. Es darf nur mit Werkzeugen gelöst werden können. Eine Befestigung mit starkem Draht kann unter Umständen ausreichen.[871] Deshalb stellt das mit dem Fahrzeug fest verbundene amtlichen Kennzeichen eine sog. **zusammengesetzte Urkunde**[872] dar. Eine solche liegt vor, wenn eine Urkunde mit dem Augenscheinobjekt, auf das sich ihr Erklärungsinhalt bezieht, **räumlich fest zu einer Beweiseinheit verbunden ist**.[873] Wer etwa das Bezugsobjekt (Kfz) austauscht, macht sich nach § 267 StGB wegen Urkundenfälschung strafbar, weil er den Erklärungsinhalt verändert. In diesen Fällen tritt § 22 StVG als subsidiäre Vorschrift hinter § 267 StGB zurück. Ein Täter, der Kennzeichen, die für einen anderen Pkw ausgegeben sind, an seinem Fahrzeug anbringt, handelt auch dann **zur Täuschung im Rechtsverkehr**, wenn er **in erster Linie einen außerrechtlichen Erfolg erstrebt**, die Beeinträchtigung des Rechtsverkehrs aber als sichere Folge seines Tuns voraussieht.[874] Denn für die Frage der Rechtssicherheit macht es keinen Unterschied, ob es dem Täter auf die Verletzung des Rechtsgutes ankommt oder ob er sie als sichere Folge seines Tuns voraussieht.

Allerdings macht sich derjenige **nicht** der Urkundenfälschung schuldig, der **387** ein **rotes Kennzeichen** (für Prüfungs-, Probe- und Überführungsfahrten) unbe-

---

[868] LG Verden NStZ-RR 2012, 282 = NZV 2012, 498.
[869] BGHSt 3, 82 (84) = NJW 1952, 1104; BGHSt 4, 284 (285) = NJW 1953, 1519; BGHSt 13, 235 (239) = NJW 1959, 2173; BGHSt 16, 94 (96) = NJW 1961, 1542; BGHSt 18, 66 = NJW 1963, 212.
[870] BGHSt 16, 94 (96).
[871] OLG Köln VRS 57, 314 = NJW 1961, 1542.
[872] OLG Stuttgart VRS 47, 25; OLG Hamburg NJW 1966, 1827.
[873] BGHSt 18, 66 = NJW 1963, 212.
[874] BayObLG NZV 1998, 333 – unter Aufgabe von BayObLGSt 1967, 62.

rechtigt verwendet, denn das rote Kennzeichen muss gem. § 16 V FZV entgegen der Regelung für die sonst üblichen Kennzeichen nicht fest mit dem Fahrzeug verbunden werden. Deshalb bildet es mit dem Fahrzeug selbst dann keine zusammengesetzte Urkunde, wenn es im Einzelfall fest am Fahrzeug angebracht ist.[875] Ggf. liegt aber ein Kennzeichenmissbrauch vor. Wer lediglich das Kennzeichen von seinem Pkw entfernt oder sonst unkenntlich macht, um bei Radarkontrollen oder von den sog. „Starenkästen" nicht erfasst zu werden, begeht keine Urkundenunterdrückung gem. § 274 I Nr. 1 StGB, weil die **Vereitelung des staatlichen Straf- oder Bußgeldanspruchs** keine Nachteilzufügung iSd § 274 I Nr. 1 StGB darstellt.[876] Jedoch kommt unter Umständen ein Verstoß gegen § 22 I Nr. 3 iVm Abs. 2 StVG in Betracht.

388 Derjenige, der an einem Kleinkraftrad ein für ein anderes Fahrzeug ausgegebenes **Versicherungskennzeichen** anbringt, macht sich einer Urkundenfälschung nach § 267 StGB schuldig.[877] Denn das Versicherungskennzeichen ist dazu bestimmt, den Nachweis über einen bestehenden Versicherungsvertrag zu führen. Durch die Zahlen- und Buchstabenkombinationen ist auch der Aussteller erkennbar. Gemäß § 26 II 5 FZV werden den Versicherern bestimmte Erkennungsnummern zugeteilt. Somit kann man anhand des Versicherungskennzeichens feststellen, welcher Versicherer das Kennzeichenschild ausgegeben hat. (Über den Versicherer lässt sich letztlich auch der Halter ermitteln.) Daher bildet das Versicherungskennzeichen mit dem Fahrzeug, an dem es angebracht ist, eine (zusammengesetzte) Urkunde. Da der Mitarbeiter der Versicherungsgesellschaft dem Kunden das Kennzeichen aushändigt zur Anbringung an einem konkreten (nämlich dem im Versicherungsvertrag bezeichneten) Fahrzeug, begeht derjenige eine Urkundenfälschung, der es an einem anderen Fahrzeug befestigt. Es handelt sich um eine sogenannte Blankettfälschung. Also fällt eine solche Verhaltensweise unter § 267 StGB. Auch die Veränderung eines Versicherungskennzeichens an einem Moped zur Täuschung darüber, dass ein gültiges Versicherungsverhältnis besteht, stellt eine Urkundenfälschung dar.[878] Das ist zB der Fall, wenn der Täter die ursprünglich schwarzen Buchstaben und Ziffern auf dem Versicherungskennzeichen blau überstreicht. Im Gegensatz zu den üblichen amtlichen Kennzeichen haben Versicherungskennzeichen nur eine Gültigkeit für das jeweilige Versicherungsjahr (Verkehrsjahr), das vom 1.3. bis zum 28. bzw. 29.2. des Folgejahres läuft (§ 26 I 3 FZV). Zur besseren Unterscheidbarkeit wechseln die Farben der Versicherungskennzeichen für jedes Verkehrsjahr zwischen blau, grün und schwarz – jeweils auf weißem Grund (§ 27 I 1 FZV). Durch die jeweilige Farbe bringt der Versicherer zum Ausdruck, dass das Kennzeichen für ein bestimmtes Verkehrsjahr (Versicherungsjahr) gilt. Wenn die Farbe durch Überstreichen verändert wird, wird damit auf den Erklärungsinhalt der Urkunde (Kennzeichen) eingewirkt. Daher ist der Tatbestand der Urkundenfälschung erfüllt. Neben seiner Subsidiarität käme

---

[875]　BGHSt 34, 375 = StVE § 22 StVG Nr. 3.
[876]　BayObLG NZV 1989, 81; OLG Zweibrücken GA 78, 316; aA AG Elmshorn NJW 1989, 3295.
[877]　BayObLG VRS 53, 353.
[878]　OLG Koblenz VRS 60, 436.

§22 StVG schon deshalb nicht in Betracht, weil diese Norm nur für amtliche Kennzeichen, nicht aber für Versicherungskennzeichen gilt.

C. Ein Überblick über die verschiedenen Kennzeichenarten

Die Ausgestaltung der amtlichen Kennzeichen ist in §10 FZV geregelt. Unter- **389** scheidungszeichen und Erkennungsnummern sind in **schwarzer** Schrift auf weißem Grund anzugeben. Einen Sonder- oder Unterfall bilden die **Saison-Kennzeichen** (§9 III FZV). Das sind befristete amtliche Kennzeichen, die auf Antrag für ein Fahrzeug auf einen nach vollen Monaten bemessenen Zeitraum zugeteilt werden. Der jährlich wiederkehrende Zeitraum ist auf dem Kennzeichen und im Fahrzeugschein zu vermerken. Einen weiteren Sonderfall bilden die **Oldtimerkennzeichen** (§9 I FZV, §23 StVZO). Diese Kennzeichen werden nur ausgegeben für Fahrzeuge, die vor 30 Jahren oder eher erstmals in den Verkehr gekommen sind, weitgehend dem Originalzustand entsprechen, in einem guten Erhaltungszustand sind und zur Pflege des kraftfahrzeugtechnischen Kulturgutes dienen (§2 Nr. 22 FZV). Bei Fahrzeugen, deren Halter von der Kfz-Steuer befreit sind, ist die Beschriftung **grün** auf weißem Grund (§9 II FZV). Jedoch sieht §9 II FZV verschiedene Ausnahmen vor. Danach müssen bestimmte von der Kfz-Steuer befreite Fahrzeuge kein grünes Kennzeichen führen, sondern sie erhalten das „normale" Kennzeichen.

Zur vereinfachten Abwicklung von Prüfungs-, Probe- und Überführungs- **390** fahrten ist in §16 FZV eine Ausnahmeregelung getroffen. Auf solchen Fahrten müssen **rote Kennzeichen** (rote Schrift auf weißem Grund) an den Fahrzeugen geführt werden. Es gibt zwei Arten von roten Kennzeichen:

a) Das rote Kennzeichen gem. §16 I FZV, das im Einzelfall für ein bestimmtes Fahrzeug ausgegeben wird. Es ist fahrzeuggebunden.

b) Rote Dauerkennzeichen gem. §16 III FZV für zuverlässige Kfz-Hersteller, Kfz-Teilehersteller, Kfz-Werkstätten und Kfz-Händler. Diese Kennzeichen sind an die Person bzw. den Betrieb gebunden.

Seit dem 1.5.1998 sind die bisherigen roten Kennzeichen für den Einzelfall durch **391** neue Kennzeichen mit **schwarzer** Schrift auf weißem Grund ergänzt worden. Außerdem enthalten diese Kennzeichen einen Gültigkeitsvermerk, der maximal fünf Tage beträgt. Die neuen sog. **Kurzzeitkennzeichen** die in §16 I, II, IV, und V FZV geregelt sind, brauchen ebenso wie die roten Kennzeichen am Fahrzeug nicht fest angebracht zu sein (§§16 V 2 FZV). Daher bilden auch sie mit dem Fahrzeug, an dem sie befestigt sind, keine zusammengesetzte Urkunde,[879] selbst wenn sie im Einzelfall fest mit dem Fahrzeug verbunden sind,[880] weil eine Urkunde nicht ohne Kenntnis und Willen des Ausstellers, hier des Straßenverkehrsamtes, durch eine zufällige oder willkürliche Handlung des Verwenders entstehen kann. Insoweit hat sich an der Rechtslage nichts geändert. Daher liegt auch bei einer unberechtigten Verbindung eines roten Kennzeichens mit einem Pkw keine Urkundenfälschung vor. Jedoch kann unter Umständen ein

---

[879] OLG Stuttgart VRS 47, 25.
[880] BGHSt 34, 375 = StVE §22 StVG Nr. 3.

Verstoß gegen § 22 StVG in Betracht kommen. Die Kurzzeitkennzeichen sind in schwarzer Schrift auf weißem, schwarz gerandetem Grund herzustellen. Sie bestehen – wie die roten Kennzeichen – bei den Erkennungsnummern aus einer Null (0) mit einer oder mehreren nachfolgenden Ziffern. Rote Kennzeichen und Kurzzeitkennzeichen dürfen erst ausgegeben werden, wenn der Nachweis erbracht ist, dass eine dem PflVG entsprechende Kfz-Haftpflichtversicherung besteht oder dass der Halter der Versicherungspflicht nicht unterliegt (§ 16 IV FZV). Solange eine entsprechende Versicherung besteht, liegt somit kein Verstoß gegen das PflVG vor, selbst wenn das Fahrzeug (bei den roten Dauerkennzeichen) einem Dritten überlassen wird. Dies stellt eine Obliegenheitsverletzung dar, die sich nur im Innenverhältnis zwischen Versicherung und Versicherungsnehmer auswirkt. Wird das Kfz zu anderen Zwecken als für eine Prüfungs-, Probe- oder Überführungsfahrt und nicht im Zusammenhang mit dem Betrieb des Zeichenempfängers verwendet, erfüllt die mit Zustimmung des Zeichenempfängers vorgenommene Anbringung zur wiederholten Verwendung ausgegebener roter Kennzeichen nicht den Tatbestand des Kennzeichenmissbrauchs.[881] Jedoch kommt eine Ordnungswidrigkeit in Betracht.[882] Wer die an ihn ausgegebenen roten Dauerkennzeichen einem Dritten überlässt, **kann** Beteiligter der Ordnungswidrigkeit des Inbetriebsetzens eines Kfz ohne die erforderliche Zulassung sein (§§ 16 V, 48 Nr. 17 FZV, 24 StVG), wenn der Dritte mit Wissen und Wollen des Betroffenen die Kennzeichen nicht für eine Prüfungs-, Probe- oder Überführungsfahrt verwendet.[883] Zwar brauchen die roten Kennzeichen und die Kurzzeitkennzeichen mit dem Fahrzeug nicht fest verbunden zu sein (§ 16 V 2 FZV). Jedoch stellt es eine **Ordnungswidrigkeit nach § 16 V 1 iVm § 10 V 1, 48 Nr. 1b FZV, § 24 StVG** dar, wenn das rote oder das Kurzzeitkennzeichen nicht an der vorgeschriebenen Stelle am Fahrzeug angebracht ist.[884] Unzulässig ist insbesondere die weit verbreitete Unsitte, die Kennzeichen hinter die Scheiben zu stellen, weil dadurch etwa durch Spiegelung, Blendung oder durch Beschlagen der Scheiben die Lesbarkeit beeinträchtigt wird. Deshalb schreibt der Verordnungsgeber in § 10 V 2 FZV unter anderem vor, dass das hintere Kennzeichen bei Dunkelheit zu beleuchten ist. Die nicht ordnungsgemäße Anbringung des Kennzeichens stellt aber keinen Verstoß gegen § 22 StVG dar.[885]

392 Wird eines der beiden roten Dauerkennzeichen an einem nicht zugelassenen Kfz im öffentlichen Verkehr gebraucht, während das zweite an einem anderen auf öffentlicher Verkehrsfläche abgestellten Fahrzeug angebracht wird, hat der Täter einen Kennzeichenmissbrauch begangen, weil er als Empfänger eines roten Dauerkennzeichens sein Bestimmungsrecht hinsichtlich eines bestimmten Fahrzeuges nicht ausgeübt und damit den Zulassungsakt nicht konkretisiert hat und dies in der Absicht getan hat, über die fehlende Konkretisierung des Zulassungsaktes zu täuschen.[886] Erst dann, wenn der Zeichenempfänger sein

---

[881] BayObLG VRS 73, 62 = StVE § 22 StVG Nr. 2a.

[882] OLG Düsseldorf NZV 2011, 619.

[883] BayObLG NZV 1995, 458; 2003, 147 = StVE § 22 StVG Nr. 8; zum Missbrauch von Kurzzeitkennzeichen s. *Blum* SVR 2009, 126 ff.

[884] BayObLG VRS 79, 55 (56).

[885] BayObLG NZV 2003, 147 = StVE § 22 StVG Nr. 8.

[886] NZV 1993, 404.

Bestimmungsrecht ausgeübt und nach außen kenntlich gemacht hat, handelt es sich bei dem bestimmten Fahrzeug nicht mehr um ein solches, für das die verwendeten Kennzeichen weder ausgegeben noch zugelassen sind.

Beim **roten Dauerkennzeichen** ist jede einzelne Fahrt in ein dafür vorgesehenes **393** Verzeichnis einzutragen (§ 16 III 5). Fraglich ist, ob die **unterlassene Eintragung vor Fahrtantritt** von § 22 StVG erfasst wird. Der Händler muss jedenfalls diese Aufzeichnungen im Fahrzeugschein **nicht** bei sich führen; es genügt, wenn er sie unmittelbar nach dem Abschluss der Fahrt vervollständigt, sie ein Jahr lang aufbewahrt und sie zuständigen Personen auf Verlangen jederzeit an seinem Betriebssitz aushändigt.[887] Die Eintragung kann also auch unmittelbar nach der Fahrt vorgenommen werden. Da der Gesetz- bzw. Verordnungsgeber in den §§ 16 III 5, 48 Nr. 17 FZV die Nichteintragung der Fahrt bzw. des Fahrzeugs als Ordnungswidrigkeit normiert, bringt er damit zum Ausdruck, dass dieses Verhalten nicht gleichzeitig eine Straftat darstellen kann. Aus dem Gesetzestext (§ 16 III FZV) ergibt sich nicht zwingend, dass die Eintragung vor Fahrtantritt zu erfolgen hat. Andererseits sind Manipulationen Tür und Tor geöffnet. Zumindest stellt das Verhalten aber eine Ordnungswidrigkeit dar. Außerdem kann die Verwaltungsbehörde bei Unzuverlässigkeit die roten Kennzeichen zur wiederkehrenden Benutzung einziehen. Hingewiesen sei noch auf einen Beschluss des KG,[888] wonach auch ein mit einem roten Kennzeichen versehenes Fahrzeug den technischen und ordnungsrechtlichen Straßenverkehrsvorschriften entsprechen muss. Dass es nach den §§ 16 VI FZV, 29 I 2 Nr. 1 StVZO von der Verpflichtung zur Hauptuntersuchung befreit ist, hat nicht zur Folge, dass das Fahrzeug, wenn es im öffentlichen Verkehrsraum betrieben wird, von den sonstigen der Verkehrssicherheit dienenden Vorschriften befreit ist.

D. Der Tatbestand des § 22 StVG

I. Die einzelnen Tatbestandsalternativen

§ 22 I Nr. 1 StVG bedroht denjenigen mit Strafe, der eigenmächtig nicht amtlich **394** gekennzeichnete Kfz bzw. Anhänger mit einem Zeichen versieht, das den Anschein amtlicher Kennzeichnung hervorrufen könnte. Die Zulassungspflicht ist im § 3 I FZV geregelt. Im Falle des § 22 I Nr. 1 StVG versieht der Täter das Fahrzeug mit einem verwechslungsfähigen, nicht amtlich zugeteilten (Kenn-) Zeichen. Das kann auch ein entsiegeltes (ehemaliges amtliches) Kennzeichen sein. Da bei einem **entsiegelten Kennzeichen** der Aussteller nicht mehr erkennbar ist, liegt beim Anbringen eines solchen Schildes keine Urkundenfälschung iSd § 267 StGB vor. Es wird aber eine ordnungsgemäße Kennzeichnung vorgetäuscht. Damit ist – sofern die übrigen Merkmale gegeben sind – der Tatbestand des § 22 I Nr. 1 (evtl. auch Abs. 2) StVG erfüllt. Den Tatbestand des Kennzeichenmissbrauchs verwirklicht dagegen nicht, wer die entstempelten amtlichen Kennzeichen an dem nur vorübergehend stillgelegten Kfz, für das sie

---

[887] VGH Mannheim VerkMitt. 1981, 45 Nr. 51.
[888] KG NStZ-RR 2015, 92.

ausgegeben sind, wieder anbringt,[889] denn bei nur **vorübergehender Stilllegung** wird das Fahrzeug nicht aus der amtlichen Überwachung entlassen. Der Tatbestand ist weiterhin nicht erfüllt, wenn das verwendete Zeichen, welches keine Verwechslungsgefahr mit einem amtlichen deutschen Kennzeichen hervorruft, bei einem Betrachter lediglich den Eindruck erwecken kann, es handle sich um ein ihm unbekanntes ausländisches Kfz-Kennzeichen.[890]

395 Nach § 22 I Nr. 1 StVG ist ein Kfz **mit einem Zeichen versehen,** wenn dieses dem Fahrzeug in einer Weise räumlich so zugeordnet ist, dass ein objektiver Beobachter daraus regelmäßig den Schluss zieht, es handele sich dabei um das amtliche Kennzeichen, mit dem die Straßenverkehrsbehörde gerade dieses Fahrzeug zum öffentlichen Verkehr zugelassen hat.[891] Ein „Anbringen" durch Herstellen einer technischen Verbindung zwischen Kennzeichen und Fahrzeug ist hierzu nicht erforderlich. Legt beispielsweise der Halter die Kennzeichen sichtbar hinter die Scheibe, scheidet selbst dann eine Strafbarkeit wegen Urkundenfälschung aus, wenn es sich noch um ein für ein anderes Fahrzeug ausgegebenes amtliches Kennzeichen handelt. Denn das Kennzeichen ist nicht fest mit dem abgestellten Kfz verbunden. In diesem Falle greift zumindest die subsidiäre Vorschrift des § 22 StVG ein, die eben anders als bei § 267 StGB keine feste Verbindung erfordert. Wer ein entstempeltes Kennzeichen am Fahrzeug **belässt**, versieht dieses nicht mit einem falschen Kennzeichen. Wenn er das Fahrzeug im Verkehr benutzt, begeht er nur eine Ordnungswidrigkeit nach den §§ 3 I 1, 48 Nr. 1a FZV, § 24 StVG, sofern nicht Straftatbestände (zB Verstoß gegen das PflVG) in Betracht kommen.[892] Vollendet ist der Tatbestand durch das Versehen mit dem falschen Kennzeichen. Ein Fahren im Verkehr ist nicht erforderlich. Wer das Fahrzeug selbst führt oder die Fahrt veranlasst oder dazu beiträgt, macht von dem Fahrzeug Gebrauch (§ 22 **II** StVG). Solange das Kfz nicht geführt wird, liegen lediglich die Voraussetzungen des § 22 I Nr. 1 StVG vor. Nicht von § 22 I Nr. 1 (II) StVG erfasst werden die Fälle, in denen jemand bei der Zulassungsstelle den Antrag auf Erteilung eines **Kurzzeitkennzeichens** stellt und dabei den **Bedarf bewusst unzutreffend** angibt (§ 16 II FZV). Eine Strafbarkeit könnte man evtl. dann annehmen, wenn der Zuteilungsakt unwirksam wäre. Jedoch ist ein durch Täuschung erschlichener Verwaltungsakt lediglich rücknehmbar, also nicht nichtig. Solange also die Behörde ihren Zuteilungsakt nicht zurückgenommen hat, liegt eine ordnungsgemäße Kennzeichenzuteilung vor. Wegen der kurzen Gültigkeitsdauer der Kurzzeitkennzeichen von maximal fünf Tagen (s. § 16 II 5 FZV) dürfte eine rechtzeitige Rücknahme des Verwaltungsaktes praktisch kaum möglich sein, zumal die Rücknahme frühestens mit der Zustellung wirksam wird.

396 Von **§ 22 I Nr. 2 StVG** werden die Fälle erfasst, in denen der Täter neben dem zugeteilten Kennzeichen ein weiteres anbringt. Dadurch kann die Erkennbarkeit beeinträchtigt sein.

---

[889] BayObLG VRS 58, 442 = StVE § 22 StVG Nr. 1.
[890] OLG Naumburg NStZ-RR 2012, 253 = NZV 2012, 558.
[891] OLG Hamburg NZV 1994, 369 = StVE § 22 StVG Nr. 6; BayObLG NZV 2003, 147.
[892] OLG Hamburg VerkMitt. 1961, 68.

Nach **§ 22 I Nr. 3 StVG** macht sich derjenige strafbar, der das amtliche Kenn- **397** zeichen verändert, beseitigt, verdeckt oder sonst in seiner Erkennbarkeit beeinträchtigt. Durch das **Ausschalten der Fahrzeugbeleuchtung bzw. der Kennzeichenbeleuchtung** wird zwar bei Dunkelheit dessen Lesbarkeit und damit die Erkennbarkeit beeinträchtigt. Jedoch erfüllt dieses Verhalten nicht den Tatbestand **des § 274 I Nr. 1 StGB**. In Betracht käme allenfalls die Alternative des Unterdrückens. Als Unterdrückung wird jede Handlung angesehen, durch die dem Berechtigten (das ist derjenige, der ein Beweisführungsinteresse hat) die Benutzung der Urkunde als Beweismittel entzogen oder vorenthalten wird. Beim Ausschalten der Beleuchtung bleibt die Urkunde aber vorhanden. Es wird nur die Ablesbarkeit erschwert. Soweit das Abschalten lediglich zu dem Zwecke geschieht, den staatlichen Straf- oder Bußgeldanspruch zu vereiteln, fehlt es auch an der Nachteilzufügungsabsicht.[893] Der Verordnungsgeber schreibt aber in § 10 FZV für Kfz eine amtliche Kennzeichnung nicht zuletzt deshalb vor, um etwa geschädigten Personen die Identifizierung des beteiligten Fahrzeugs zu ermöglichen oder zu erleichtern. Wer deshalb die vorgeschriebene Kennzeichenbeleuchtung (§ 10 VI 2 FZV) bei Dunkelheit ausschaltet, beeinträchtigt das amtliche Kennzeichen in seiner Erkennbarkeit.[894] Die in § 22 I Nr. 3 StVG vorausgesetzte rechtswidrige Absicht hat er jedoch nur, wenn er gerade dadurch die Feststellung seines Kfz vereiteln oder erschweren will.[895]

Ob die durch Täuschung der Zulassungsstelle erlangte Zuteilung von Kurzzeit- **398** kennzeichen und der damit häufig verbundene **Handel und Verkauf von Kurzzeitkennzeichen** unter § 22 I Nr. 3 (evtl. Abs. 2) StVG fällt, ist umstritten.[896] Die Zulassung ist ein Verwaltungsakt. Nach den Verwaltungsverfahrensgesetzen des Bundes und der Länder können aber durch Täuschung erwirkte Verwaltungsakte lediglich zurück genommen werden; sie sind aber nicht nichtig. Unerheblich ist, dass der Empfänger der Kurzzeitkennzeichen diese einem Dritten zum privilegierten Gebrauch überlässt. Denn nach den Bestimmungen muss weder der Empfänger Eigentümer des Fahrzeugs sein, an dem sie angebracht werden, noch ist es erforderlich, dass die mit den Kennzeichen durchgeführte Fahrt demjenigen wirtschaftlich zugutekommt, an den die Kennzeichen zugeteilt worden sind. Jedoch kommt im Einzelfall eine Ordnungswidrigkeit nach den §§ 16 II 3 Nr. 2, 48 Nr. 15b FZV, § 24 StVG in Betracht, wenn das Kurzzeitkennzeichen anderen Personen überlassen wird.

Um den stationären **Geschwindigkeits-Messeinrichtungen** zu entgehen, ent- **399** wickeln manche Autofahrer ständig neue Ideen. Indem das vordere Kennzeichen mit entsprechenden Mitteln versehen wird, kann unter Umständen der Blitzstrahl der Anlage reflektiert werden. Bei modernen Geräten kann meistens mit einem gewissen Aufwand dennoch das Kennzeichen des fraglichen Kfz

---

[893] OLG Zweibrücken GA 78, 316; BayObLG NZV 1989, 81; OLG Düsseldorf NZV 1989, 477; aA AG Elmshorn NJW 1989, 3295.

[894] BayObLG DAR 1981, 242 bei *Rüth*; krit. dazu: *Zopfs* NZV 2008, 387.

[895] OLG Stuttgart VRS 34, 69.

[896] Bejahend: *Thiemer* NZV 2009, 587 ff.; verneinend: OLG Düsseldorf NStZ-RR 2012, 27; *Blum* SVR 2009, 126 ff. Nach Ansicht des OLG München NZV 2011, 263 = NStZ-RR 2011, 217 wird das Verhalten von § 22a I Nr. 1 StVG erfasst.

sichtbar gemacht werden, sodass sich diese Manipulationen häufig schon aus diesem Grunde kaum „lohnen". Nachdem zunächst das OLG Düsseldorf[897] das Überkleben der Buchstaben und Ziffern eines amtlichen Kfz-Kennzeichens mit einer **reflektierenden Folie** als Urkundenfälschung iSd § 267 StGB gewertet hatte,[898] hat der BGH[899] entschieden, es liege **keine** Urkundenfälschung vor, wenn das amtliche Kennzeichen eines Kfz mit einem reflektierenden Mittel versehen werde, sodass die Erkennbarkeit der Buchstaben und Ziffern bei Blitzlichtaufnahmen beeinträchtigt sei. Nach Ansicht des BGH soll und kann das abgestempelte Kennzeichen keinen Beweis über seine fortdauernde Ablesbarkeit nach der Zulassung des Fahrzeugs erbringen. Das ergibt sich schon daraus, dass etwa die nach § 10 II 1 FZV durch die Zulassungsstelle bei der Abstempelung vorzunehmende Feststellung, dass das Kennzeichen nicht verschmutzt ist, naturgemäß keine weiter gehende Bedeutung haben kann als die, dass das Kennzeichen bei der Zulassung nicht verunreinigt war (s § 23 I 3 StVO). Jede spätere Verunreinigung des Kennzeichens im täglichen Fahrbetrieb würde sonst als Urkundenfälschung – ggf. durch Unterlassen – zu werten sein.

400 Gemäß **§ 22 II StVG** macht sich auch derjenige strafbar, der auf öffentlichen Wegen oder Plätzen von einem Kfz oder einem Kfz-Anhänger Gebrauch macht, von dem er weiß, dass die Kennzeichnung in der in § 22 I Nr. 1–3 StVG bezeichneten Art gefälscht, verfälscht oder unterdrückt worden ist. Nach der Rspr.[900] bedeutet **„Gebrauch" die bestimmungsgemäße Benutzung des Fahrzeuges zum Zwecke der Fortbewegung.** Der Begriff stimmt weitgehend mit dem des Führens in den §§ 315c I Nr. 1, 316 StGB überein.[901] Allerdings ist auch das **Schieben eines (fahruntüchtigen) Pkw** auf einer öffentlichen Straße ein „Gebrauchmachen" iSd § 22 II StVG.[902] Der Begriff des Gebrauchens geht insoweit über den des Führens hinaus. Ein **Mitfahrer** macht nur dann iSd § 22 II StVG von einem Kfz Gebrauch, wenn er die Fahrt veranlasst oder in anderer Weise dazu beiträgt.[903] Der Tatbestand des § 22 II StVG setzt ebenfalls rechtswidrige Absicht beim **Gebrauch** des verfälschten – nicht gestempelten – Kennzeichens voraus.[904] In solcher Absicht handelt, wer mit dem verbotswidrigen Kennzeichen amtliche Kennzeichnung vortäuschen will, um unbeanstandet fahren zu können. Denn es macht keinen Sinn, wenn das Anbringen eines falschen Kennzeichens nur bei rechtswidriger Absicht, der Gebrauch hingegen auch ohne eine solche Absicht strafbar sein sollte. „Wissen, dass" bedeutet an sich Kenntnis von der Fälschung. Wie vielfach im StGB und anderen älteren Strafgesetzen bedeutet **„wissentlich"** aber nur vorsätzlich. Bedingter Vorsatz reicht also aus.[905]

---

[897] NJW 1997, 1793 = NZV 1997, 319; aA BayObLG NZV 1999, 213.
[898] Vgl. auch dazu die Anm. von *Krack* NStZ 1997, 602 ff.
[899] BGHSt 45, 197 = NZV 2000, 47.
[900] BGHSt 11, 47 = VRS 14, 118; OLG Köln VRS 20, 379 (385); KG VRS 67, 154.
[901] OLG Düsseldorf VRS 59, 59 (60).
[902] OLG Köln NZV 1999, 341 = DAR 1999, 373.
[903] BayObLG NJW 1963, 1559 = VRS 25, 287.
[904] OLG Stuttgart VRS 36, 306.
[905] So schon RGSt 72, 26; verneinend entgegen früheren Auflagen jetzt Hentschel/König/ Dauer/*König* StVG § 22 Rn. 8.

II. Das Verhältnis des § 22 I StVG zu II

Nach einer Literaturmeinung[906] kann derjenige, der sich durch das „Fälschen" **401** pp. der Kennzeichnung bereits nach § 22 I StVG strafbar gemacht hat, nicht auch noch nach § 22 II StVG strafbar sein. Nach aA[907] ist § 22 I StVG ein Gefährdungstatbestand, während II einen Verletzungstatbestand darstellt. Der Verletzungstatbestand gehe dem Gefährdungstatbestand vor. Nach Meinung der Rspr.[908] setzt der Täter die Tatbestandsverwirklichung in der Begehungsform des § 22 II StVG fort – die dem Gebrauch der Urkunde in § 267 StGB entspricht –, wenn er mit dem Kfz fährt, an dem sich die falsche Kennzeichnung befindet. Also bildet das Anbringen der Kennzeichen jeweils mit dem Gebrauch-Machen *eine* Straftat des Kennzeichenmissbrauchs, weil die bereits mit dem Anbringen vollendete Tat erst durch den Gebrauch beendet wird.[909] Das Verhältnis des I zum II ist ähnlich wie das der ersten bzw. zweiten Alternative des § 267 StGB zur dritten.

E. Missbräuchliches Herstellen, Vertreiben oder Ausgeben von Kennzeichen

Auf § 22a StVG, der das missbräuchliche Herstellen, Vertreiben oder Ausge- **402** ben von Kennzeichen unter Strafe stellt, soll nur kurz hingewiesen werden. Die Nr. 1 des § 22a I StVG bezieht sich ausschließlich auf Kennzeichen iSd § 6b StVG, also nur auf deutsche Kennzeichen. Dagegen umfassen die Nr. 3 und 4 alle Kennzeichen (also auch ausländische), deren missbräuchliche Verwendung unter § 22 StVG fiele. Da die Vorschrift insbesondere schon das ungenehmigte Herstellen und Vertreiben von Kennzeichen unter Strafe stellt, wird damit bereits der Bereich im Vorfeld der missbräuchlichen Benutzung (§ 22 StVG) erfasst. Unter das strafbewehrte Verbot des Feilhaltens und In-Verkehr-Bringens nachgemachter Kfz-Kennzeichen fällt nicht der Vertrieb von **Fantasiezeichen**, die keinem Kfz-Kennzeichen, das tatsächlich Verwendung findet, in einer eine Verwechslungsgefahr begründenden Weise ähnlich sind, sondern lediglich bei einem Betrachter den Eindruck erwecken können, es handele sich um ein ihm bisher unbekanntes (ausländisches) Kfz-Kennzeichen. Bei anderer Betrachtung würde der Bereich des § 22a StVG ins Uferlose ausgedehnt.[910]

Inwieweit das Überlassen eines Kurzzeitkennzeichen**s an einen Dritten** ohne **403** vorherige Anzeige an die zuständige Zulassungsstelle strafbar nach § 22a I Nr. 1 StVG ist, ist umstritten. Das OLG München[911] geht von einer Strafbarkeit aus, weil nur so der Schutz des staatlichen Zulassungswesens gewährleistet und der Kennzeichenmissbrauch verhindert werden könnten. Verkannt wird dabei jedoch, dass der Schutz der amtlichen Kennzeichen (also der von der Zu-

---

906 *Kuckuk/Werny*, Straßenverkehrsrecht, 8. Aufl. 1996, StVG § 22 Rn. 17.
907 ZB früher Hentschel/König/Dauer/*König* StVG § 22 Rn. 9 (bis zur 39. Aufl.).
908 BGHSt 18, 66 (70) = NJW 1963, 212.
909 BGHSt 34, 375 = StVE § 22 StVG Nr. 3; so jetzt auch Hentschel/König/Dauer/*König* StVG § 22 Rn. 10.
910 BayObLG StVE § 22a StVG Nr. 1; OLG Naumburg NZV 2012, 558.
911 NZV 2011, 263 = NStZ-RR 2011, 217.

lassungsstelle ausgegebenen Kennzeichen) in § 22 StVG geregelt ist, während
§ 22a StVG erkennbar den Bereich davor schützen will, also das Herstellen von
Schildern, die den Eindruck amtlicher Kennzeichnung erwecken könnten. In
§ 22 StVG verwendet der Gesetzgeber ausdrücklich den Begriff der amtlichen
Kennzeichen. Dagegen taucht in § 22a StVG das Wort „amtlich" nicht auf. Kurzzeitkennzeichen werden von der Zulassungsstelle ausgegeben und sind somit
amtliche Kennzeichen.

404 Das Inbetriebsetzen eines mit einem roten oder Kurzzeitkennzeichen versehe-
nen Kfz im öffentlichen Verkehr zu anderen als den in § 16 I FZV genannten
Zwecken (nämlich zu Prüfungs-, Probe- oder Überführungsfahrten) stellt ein
Inbetriebsetzen ohne die erforderliche Zulassung dar. Denn § 16 FZV erlaubt
gerade in den aufgezählten Ausnahmefällen das Inbetriebsetzen eines nicht zugelassenen Fahrzeugs. Liegen aber diese Ausnahmetatbestände nicht vor, wird
das Fahrzeug ohne die erforderliche Zulassung geführt.[912] Bei missbräuchlicher
Benutzung wird ggf. der Tatbestand einer Ordnungswidrigkeit nach den §§ 16
II 3 Nr. 1, 48 Nr. 15a FZV, § 24 StVG erfüllt.

F. Missbrauch von Wegstreckenzählern und Geschwindigkeits-
begrenzern

405 Durch Gesetz v. 14.8.2005 wurde § 22b als neue Vorschrift in das StVG eingefügt.[913] Von der **Systematik** her handelt es sich eigentlich nicht in erster Linie
um eine verkehrsrechtliche Bestimmung. Daher hätte man diese Norm auch
hinter § 268 StGB einordnen können. Andererseits hat der Gesetzgeber den
Kennzeichenmissbrauch, der im Grunde eine Auffangvorschrift im Bereich der
Urkundenfälschung (§ 267 StGB) darstellt, ebenfalls als § 22 ins StVG eingestellt.
Deshalb passt diese Norm durchaus an diese Stelle. Die Manipulation des Kilo-
meterzählers fällt grundsätzlich nicht unter **§ 268 StGB**, weil es zu den wesentlichen Kriterien der technischen Aufzeichnungen in § 268 StGB gehört, dass die
Informationen in einem selbstständigen und dauerhaft vom Gerät abtrennbaren
Stück enthalten sein müssen.[914] Deshalb hat der Gesetzgeber § 22b StVG eingefügt. Im Entwurf dieser Norm war zunächst sowohl bei der Nr. 1 (Wegstreckenzähler) als auch bei der Nr. 2 (Geschwindigkeitsbegrenzer) die Formulierung
gewählt worden, dass sich strafbar mache, wer auf ein Gerät einwirkt, das „in
ein Kraftfahrzeug **eingebaut** ist". Im weiteren Gesetzgebungsverfahren wurde
der Wortlaut insoweit geändert, als es nunmehr stattdessen in § 22b StVG heißt:
„mit dem ein Kraftfahrzeug **ausgerüstet** ist". Damit wird deutlich, dass der Gesetzgeber erkannt hat, dass die ursprüngliche Formulierung möglicherweise die
Fälle nicht erfasst hätte, in denen der Täter vor und während der Manipulation
den Wegstreckenzähler bzw. den Geschwindigkeitsbegrenzer ausbaut. Aus der
Änderung des Wortlautes kann man nur schließen, dass der Gesetzgeber auch

---

[912] OLG Düsseldorf NJW 2011, 3176.
[913] S. auch *Blum* NZV 2007, 70 ff.
[914] BGHSt 29, 204 = NJW 1980, 1638.

Veränderungen am vorübergehend ausgebauten Gerät von der Strafbarkeit umfasst sehen will.

Um diese Verhaltensweisen, die erhebliche Schäden auf Seiten der Käufer von **406** Gebrauchtwagen verursachen, zu unterbinden, hat der Gesetzgeber nicht nur die Manipulation am Wegstreckenzähler selbst unter Strafe gestellt, sondern in § 22b I Nr. 3 StVG auch gewisse **Vorbereitungshandlungen** wie zB das Herstellen und den Vertrieb entsprechender Computerprogramme. Allerdings sieht § 22b II StVG in diesen Fällen durch seinen Hinweis auf § 149 II und III StGB die Möglichkeit der tätigen Reue vor. Wer etwa die Ausführung der vorbereiteten Handlung freiwillig aufgibt oder die Vollendung der Tat verhindert oder die Programme vernichtet, unbrauchbar macht, ihr Vorhandensein einer Behörde anzeigt oder sie dort abliefert, wird nicht bestraft. **Nicht erfasst von der Regelung des § 22b I Nr. 3** wird nach deren Wortlaut und der gesetzgeberischen Intention die digitale Programmierung von Wegstreckenzählern zum Zwecke von deren Umstellung, Reparatur und Justierung und die Herstellung hierfür geeigneter Software.[915] Denn der Begriff des Verfälschens ist verwandt mit dem Wort „falsch". Zweck des Wegstreckenzählers ist es, die tatsächliche Laufleistung eines Kfz zu dokumentieren. Wird zum Zwecke der Reparatur, Justierung oder Datenwiederherstellung auf den Wegstreckenzähler eingewirkt, ist das Ergebnis der Einwirkung nicht falsch. Somit wird das Gerät auch nicht verfälscht. Im Übrigen kommt es dem Gesetzgeber auf die vorbeugende Bekämpfung betrügerischer Täuschungen über die Laufleistung eines Gebrauchtwagens an. Er wollte nicht die Wiederherstellung der zutreffenden Angaben eines Wegstreckenzählers unter Strafe stellen.

Ein Problem ist die Frage, in welchem **Verhältnis etwa § 22b I Nr. 1 StVG zu 407 einem nachfolgenden Betrug** beim Verkauf des Fahrzeugs mit dem veränderten Tacho steht. Man kann unter Umständen die eigentliche Manipulation als mitbestrafte Vortat im Wege der Gesetzeskonkurrenz zurücktreten lassen. Andererseits erscheint es vertretbar, dass das kriminelle Unrecht des Täters (bzw. Anstifters), der seinen Wegstreckenzähler vor dem Verkauf manipuliert hat, allein mit einer Verurteilung wegen Betruges nicht hinreichend erfasst wird. Häufig wird die Veränderung des Wegstreckenzählers im Auftrag des Fahrzeugeigentümers von einer dritten Person mit den entsprechenden technischen Kenntnissen vorgenommen. Der Auftraggeber dürfte wohl nur Anstifter iSd § 26 StGB sein. Zwar geschieht die Tat in seinem Interesse, aber häufig dürfte es ihm an der Tatherrschaft fehlen.

Außerdem hat der Gesetzgeber in § 22b I Nr. 2 StVG die Aufhebung oder Be- **408** einträchtigung der Funktion von **Geschwindigkeitsbegrenzern** unter Strafe gestellt. Geschwindigkeitsbegrenzer sind Einrichtungen, die im Kfz in erster Linie durch die Steuerung der Kraftstoffzufuhr zum Motor die Fahrzeughöchstgeschwindigkeit auf den eingestellten Wert beschränken (§ 57c I StVZO). Alle Kraftomnibusse sowie Lastkraftwagen, Zugmaschinen und Sattelzugmaschinen mit einer zulässigen Gesamtmasse von jeweils mehr als 3,5 t müssen mit Geschwindigkeitsbegrenzern ausgerüstet sein, die bei Omnibussen auf eine

---

[915] BVerfG NJW 2006, 2318 = NZV 2006, 482.

Höchstgeschwindigkeit von 100 km/h und bei allen Lastwagen auf 90 km/h eingestellt sein müssen, wobei gewisse geringfügige Toleranzen akzeptiert werden (§ 57c II StVZO). § 57c III StVZO enthält für gewisse Fahrzeuge Ausnahmen (zB für Kfz der Bundeswehr, des Katastrophenschutzes, der Polizei usw). Sinn und Zweck der Regelung in § 57c II StVZO ist, die hohen Gefahren, die von diesen schweren Fahrzeugen ausgehen, zu begrenzen. Aufgrund ihrer starken Motorleistung, die sie für Bergfahrten benötigen, könnten schwere Lastwagen auf ebener Strecke deutlich höhere Geschwindigkeiten erreichen, obwohl andere Bauteile dieser Fahrzeuge (zB Bremsen und Reifen) dafür nicht ausgelegt sind. Zumindest stellen Fahrten ohne oder mit stillgelegtem Geschwindigkeitsbegrenzer **eine Ordnungswidrigkeit** nach den §§ 57c II oder V, 69a III Nr. 25b StVZO, § 24 StVG dar. Häufig dürfte jedoch der Straftatbestand des § 22b I Nr. 2 StVG erfüllt sein. Äußerst zweifelhaft ist, ob der bloße **Gebrauch eines funktionsuntüchtigen Geschwindigkeitsbegrenzers** von § 22b I Nr. 2 StVG erfasst wird. Im Gegensatz zu § 22 II StVG und zu § 267 I, 3. Alt. StGB, die ausdrücklich auch den Gebrauch erwähnen, enthält § 22b I Nr. 2 StVG keine derartige Regelung. Sofern der ertappte Lkw-Fahrer schweigt, dürfte es häufig nicht einfach sein, den Täter zu ermitteln. Oft bleibt dann nur der Rückgriff auf den Ordnungswidrigkeitstatbestand der §§ 57c II oder V, 69a III Nr. 25b StVZO, § 24 StVG.

409 Da der Wegstreckenzähler bzw. der Geschwindigkeitsbegrenzer notwendiges Mittel der Tatausführung ist (Beziehungsgegenstand), hat der Gesetzgeber in § 22b III StVG eine **erweiterte Einziehungsmöglichkeit** geschaffen. Da auch auf § 74a StGB verwiesen wird, darf die Einziehung unter den Voraussetzungen des § 74a StGB selbst dann erfolgen, wenn der Gegenstand zur Zeit der Entscheidung einer anderen Person gehört. Diese Vorschrift gestattet also eine sogenannte **Dritteinziehung**. Da insbesondere bei der Verfälschung von Wegstreckenzählern der Zustand andauert und die Gefahr besteht, dass weitere zukünftige Erwerber des Kfz ebenfalls geschädigt werden, besteht an der Beseitigung und damit an der Einziehung des Gerätes ein erhöhtes Interesse, auch wenn das Fahrzeug etwa an einen (zunächst) gutgläubigen Dritten veräußert worden ist. Fraglich ist jedoch, was unter den Gegenständen in § 22b III StVG zu verstehen ist. Als solche Gegenstände kommen die manipulierten Wegstreckenzähler und Geschwindigkeitsbegrenzer sowie die Verfälschungssoftware in Betracht.[916] Eine Einziehung des gesamten Kfz, in das das verfälschte Gerät eingebaut ist, dürfte mit dem Grundsatz der Verhältnismäßigkeit nicht in Einklang stehen.

---

[916] BVerfG NJW 2006, 2318 = NZV 2006, 482.

11. Kapitel. Fahren ohne Fahrerlaubnis

A. Überblick über die Systematik des § 21 StVG

Sanktionen	Schuldform	Adressat	Strafbare Verhaltens- weise
Abs. 1: Freiheitsstrafe **bis zu einem Jahr** oder Geldstrafe (bis zu **360** Tagessätzen – § 40 I StGB)	nur Vorsatztaten (§ 15 StGB)	**Nr. 1:** richtet sich an den **Fahrer**	**1. Alt.:** Fahren ohne (bzw. ohne die für dieses Fahrzeug erforderliche) Fahrerlaubnis. Dazu zählen auch die Fälle der vorläufigen Entziehung der Fahrerlaubnis (§ 111a StPO), weil auch in diesen Fällen die erforderliche Fahrerlaubnis (vorläufig) fehlt. **2. Alt.:** Fahren trotz eines bestehenden Fahrverbots nach § 44 StGB oder § 25 StVG
		Nr. 2: richtet sich an den **Halter**	erfasst ansonsten dieselben Alternativen wie bei Nr. 1
Abs. 2 Freiheitsstrafe **bis zu sechs Monaten** oder Geldstrafen bis zu **180** Tagessätzen	auch bei Fahrlässigkeitstaten	**Nr. 1:** richtet sich an den **Fahrer und den Halter**	stellt alle fahrlässigen Begehungsweisen des Abs. 1 unter Strafe

Sanktionen	Schuldform	Adressat	Strafbare Verhaltensweise
	Vorsatz und Fahrlässigkeit	**Nr. 2:** richtet sich an den **Fahrer**	erfasst die Fälle der **nach § 94 StPO** in Verwahrung genommenen oder sichergestellten oder beschlagnahmten Führerscheine
	Vorsatz und Fahrlässigkeit	**Nr. 3:** richtet sich an den **Halter**	erfasst ansonsten dieselben Fälle wie die vorstehende Nr. 2

410 § 21 StVG bedroht als Dauerdelikt alle vorsätzlichen (Abs. 1, 2 Nr. 2 und 3) und fahrlässigen (Abs. 1, 2 Nr. 1) Verstöße gegen die in § 2 StVG normierte Fahrerlaubnispflicht. Abs. 1 **Nr. 1** richtet sich an den Fahrer, während **Nr. 2** sich mit dem ansonsten selben Wortlaut an den Halter wendet. Die gleiche Systematik enthält II Nr. 2 und Nr. 3. In **Abs. 1** ist eine Höchstgeldstrafe von 360 Tagessätzen (§ 40 I StGB) oder eine Höchstfreiheitsstrafe von einem Jahr vorgesehen, während **Abs. 2** eine Höchstgeldstrafe von 180 Tagessätzen oder eine Höchstfreiheitsstrafe von sechs Monaten normiert.

411 In **Abs. 1** wird das Führen eines Kfz ohne die erforderliche Fahrerlaubnis bzw. das Anordnen oder Zulassen dieses Führens durch den Halter mit Strafe bedroht. Dazu zählen auch die Fälle, in denen die Fahrerlaubnis gem. § 111a StPO vorläufig entzogen worden ist. Denn auch in diesen Fällen ist der Führer des Kfz nicht Inhaber der erforderlichen Fahrerlaubnis. Daneben erfasst Abs. 1 das Führen eines Kfz trotz eines bestehenden Fahrverbots nach § 44 StGB oder § 25 StVG bzw. das Anordnen oder Zulassen dieses Führens durch den Halter. Unter diese Regelung fallen alle Kfz, also auch führerscheinfreie wie zB Mofas. **Abs. 2 Nr. 1** regelt die fahrlässige Begehung der in Abs. 1 unter Strafe gestellten Verhaltensweisen. In den Nr. 2 und 3 des Abs. 2 ist das vorsätzliche oder fahrlässige Führen eines Kfz, obwohl der Führerschein nach § 94 StPO in Verwahrung genommen, sichergestellt oder beschlagnahmt worden ist, bzw. das Anordnen oder Zulassen durch den Halter strafbewehrt. Abs. 2 tritt gegenüber einer Strafbarkeit aus Abs. 1 als subsidiär zurück.[917]

412 Abs. 3 regelt die Fälle der **Einziehung des Kfz.** Da das Kfz beim Tatbestand des § 21 StVG kein Tatwerkzeug sondern ein sog. Beziehungsgegenstand (tatnotwendiges Mittel) ist, ist diese Regelung in § 21 III StVG für die Einziehung erforderlich.

---

[917] *Mitsch* NZV 2012, 512 (516).

413

Prüfungsschema für § 21 StVG
1. Objektiver Tatbestand
    a) Im öffentlichen Verkehr (öffentl. Verkehrsfläche)
    b) Kfz (Für das Führen von Fahrzeugen ist keine FE erforderlich)
    c) Führen
    d) Ohne erforderliche Fahrerlaubnis oder trotz Fahrverbot
2. Subjektiver Tatbestand [Vorsatz (§ 21 I, II Nr. 2 und 3 StVG) oder Fahrlässigkeit (§ 21 I, II Nr. 2 und 3 StVG)]
3. Rechtswidrigkeit
4. Schuld
5. Ergebnis

Prüfungsreihenfolge

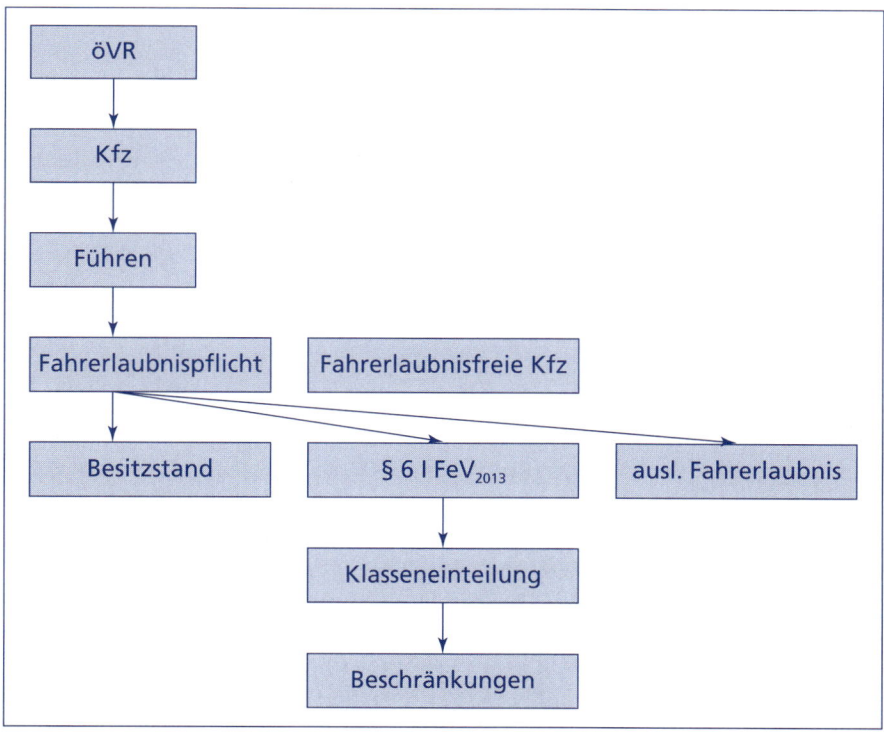

B. Der objektive Tatbestand des § 21 StVG

I. Führen eines Kfz

414 Eine Strafbarkeit ist nur gegeben, wenn ein **Kfz im öffentlichen Verkehrsraum geführt** wird. Denn § 21 StVG knüpft an die Vorschrift des § 2 StVG an. Nach dieser Norm bedarf derjenige der Erlaubnis der zuständigen Behörde (Fahrerlaubnisbehörde), der **auf öffentlichen Straßen** (vgl. Erl. zu Kap. 1, C I) ein **Kfz** (vgl. Erl. zu Kap. 1, C II) **führt** (vgl. Erl. zu Kap. 1, C IV).

Als zuständige Behörden können neben den Fahrerlaubnisbehörden (§ 73 I FeV) auch Dienststellen der Bundeswehr, der Bundespolizei und der Polizei (§ 73 IV FeV) **Dienstfahrerlaubnisse** erteilen (§ 2 X StVG).[918] Nach näherer Maßgabe des § 2 Xa StVG können die nach Landesrecht zuständigen Behörden weitere Fahrberechtigungen zum Führen von Einsatzfahrzeugen (sog. Feuerwehrführerschein) erteilen. Darüber hinaus berechtigen auch die von den zuständigen ausländischen Stellen ausgegebenen Fahrerlaubnisse nach näherer Bestimmung der §§ 28, 29 ff. FeV zum Führen von Kfz im Inland (§ 2 XI StVG).

II. Die erforderliche Fahrerlaubnis

415 Die Vorschrift stellt in ihrer ersten Alternative auf das Vorhandensein oder Fehlen der behördlich erteilten Fahrerlaubnis ab. Wann eine Fahrerlaubnis erforderlich ist, ergibt sich aus § 2 I StVG. **Detailregelungen** zur Fahrerlaubnis, insbesondere zur erforderlichen Fahrerlaubnisklasse, enthält die **Fahrerlaubnisverordnung** (FeV), die am 1.1.1999 die entsprechenden Vorschriften der StVZO abgelöst hat.

1. Ausnahmen von der Fahrerlaubnispflicht

416 § 4 I FeV wiederholt als Grundregel das Erfordernis einer Fahrerlaubnis zum Führen von Kfz im öffentlichen Straßenverkehr. Jedoch enthält § 4 I 2 FeV verschiedene **Ausnahmen von der Fahrerlaubnispflicht**.

417 **Mofas** sind unter Berücksichtigung der RL 2002/24/EG eine Unterart des zweirädrigen Kleinkraftrades, also ein Kfz der Klasse L1e mit einer bbH von bis zu 25 km/h und Hubraum von bis zu 50 ccm im Falle von Verbrennungsmotoren oder einer maximalen Nenndauerleistung von bis zu 4 kW im Falle von Elektromotoren. Zu den Voraussetzungen der Fahrerlaubnisfreiheit gehört nach der Ergänzung des § 4 I 2 Nr. 1b FeV (**geschwindigkeitsreduzierte Kleinkrafträder**)[919] nur noch die bbH von nicht mehr als 25 km/h, nicht mehr dagegen die Einsitzigkeit die (bei älteren Modellen anzutreffende) Tretkurbel oder Drehzahlbegrenzung.[920] Nach § 10 IV FeV darf ein Kind unter sieben Jahren auf einem Mofa nur mitgenommen werden, wenn der Fahrzeugführer mindestens 16 Jahre alt ist. Die Ausnahme von der Fahrerlaubnispflicht für Mofas beruht darauf, dass sie innerhalb eines Geschwindigkeitsbereiches liegen, der heute von modernen

---

[918] Zu den Dienstfahrerlaubnissen s. *Müller* NZV 2012, 57 ff.
[919] 10. ÄndVO-FeV v. 16.4.2014, BGBl. I 348; *Huppertz* DAR 2015, 289.
[920] BGBl. I 2051 (= VkBl. 1997, 655).

Fahrrädern, die überwiegend mit Gangschaltung und teilweise auch mit elektrischer Tretunterstützung ausgerüstet sind, ohne Weiteres erreicht wird. Aus Gründen der Verkehrssicherheit ist es daher nicht erforderlich, solche Fahrzeuge einer Fahrerlaubnispflicht zu unterwerfen. Der Motor hat bei ihnen nur die Aufgabe, die menschliche Tretkraft zu ersetzen.[921]

Für das Führen von Mofas ist keine Fahrerlaubnis erforderlich. Jedoch bestimmt **418** § 5 FeV, dass derjenige, der auf öffentlichen Straßen ein Mofa führt, einer **Mofa-Prüfbescheinigung** bedarf. Gemäß § 76 Nr. 3 FeV gilt § 5 I FeV nicht für Führer von Mofas, die vor dem 1.4.1980 das 15. Lebensjahr vollendet haben. Da mit diesem Datum die Pflicht für die Prüfbescheinigung eingeführt worden ist, wollte der Gesetzgeber mit dieser Sonderregelung aus Gründen der Besitzstandwahrung alle diejenigen von dieser Norm ausnehmen, die bisher schon Mofas führen durften, also alle die, die am 1.4.1980 das 15. Lebensjahr vollendet hatten. Wer Inhaber einer gültigen Fahrerlaubnis ist, bedarf ebenfalls keiner Prüfbescheinigung (§ 5 I FeV). Wer ohne die **erforderliche** Mofa-Prüfbescheinigung ein Mofa führt, verstößt nicht gegen § 21 I Nr. 1 StVG, sondern handelt lediglich ordnungswidrig nach den §§ 75 Nr. 5, 5 I 1 FeV. Wer die erforderliche Mofa-Prüfbescheinigung zwar besitzt, aber beim Führen eines Mofas nicht mitführt, handelt ordnungswidrig nach den §§ 75 Nr. 4, 5 IV 2 FeV. Da die **Mofa-Prüfbescheinigung keine Fahrerlaubnis** ist – § 4 I 2 Nr. 1 und Nr. 1b FeV nehmen ja gerade Mofas von der Fahrerlaubnispflicht aus –, hat die Entziehung der Fahrerlaubnis keinen Einfluss auf die Prüfbescheinigung. Wer außer der entzogenen Fahrerlaubnis eine Prüfbescheinigung besitzt, darf nach Entziehung der Fahrerlaubnis ebenso weiterhin Mofas führen wie derjenige, der gem. § 76 Nr. 3 FeV keiner Prüfbescheinigung bedarf. Dagegen muss derjenige, der gem. § 5 I 2 FeV lediglich als Fahrerlaubnisinhaber keiner Prüfbescheinigung bedurfte, nach Entziehung der Fahrerlaubnis eine solche erwerben, um Mofas führen zu dürfen. Da für das Führen von Mofas keine Fahrerlaubnis erforderlich ist, kann **im Strafverfahren** auch die Prüfbescheinigung (§ 5 FeV) nicht entzogen werden.[922] Jedoch kann die **Verwaltungsbehörde** das Führen eines Mofas gem. § 3 FeV untersagen, sofern die übrigen Voraussetzungen vorliegen. Nach dieser Norm reicht die Ungeeignetheit zum Führen eines **Fahrzeugs** aus. Das **Fahrverbot** (§§ 44 StGB, 25 StVG) erfasst dagegen **alle Kfz**, also auch Mofas, sofern das Fahrverbot nicht beschränkt wird. Wer also während eines unbeschränkten Fahrverbots (das ist in der Praxis der Regelfall) ein Mofa führt, verstößt gegen § 21 I Nr. 1 StVG.

Technische Veränderungen am Mofa führen zur Fahrerlaubnispflicht, wenn **419** dadurch die besonderen Merkmale, die § 4 I 2 Nr. 1 FeV aufzählt, beeinträchtigt werden (zB Hubraumvergrößerung, Erhöhung der bbH).[923] Damit erfüllt das Gerät nicht mehr die gesetzliche Definition eines Mofas. Beim Tuning wird die Erhöhung der bbH zumeist ohne Hubraumvergrößerung erreicht. Das so „frisierte" Zweirad ist dann jedoch ein fahrerlaubnispflichtiges mind. Kleinkraftrad. Ausreichend für die Strafbarkeit ist, dass das Mofa eine höhere Geschwindigkeit erreicht. **Technische Veränderungen sind nicht erforderlich,** wenn etwa das **Fahr-**

---

[921] Vgl. die amtl. Begr.
[922] BayObLG NZV 1993, 199.
[923] BHJJ/*Janker* StVG § 21 Rn. 4; *Huppertz* VD 2007, 191; 2011, 137; DAR 2012, 290.

zeug bereits ab Werk schneller als 25 km/h fahren kann.[924] Ob der Täter schneller als 25 km/h gefahren ist, ist unbeachtlich. An einen unvermeidlichen Verbotsirrtum stellt die Rspr. allgemein sehr hohe Anforderungen. Jedoch kann im Einzelfall eine Strafbarkeit im subjektiven Bereich scheitern. Werkseitig werden Mofas zumeist mit einer zweisitzigen Sitzbank ausgeliefert. Die Einsitzigkeit[925] wird zumeist durch „Blockade" des hinteren Sitzes in der Weise erreicht, dass ein sog. Topcase oder eine Sitztasche aufgebracht wird. Wird diese entfernt oder eine Sitzbank zB mit zwei Sitzmulden und/oder einer Halteschlaufe benutzt oder sind zusätzliche Fußrasten[926] vorhanden, ist das Mofa nicht mehr einsitzig. Dann handelt es sich fahrerlaubnisrechtlich um ein Kleinkraftrad. Bei diesen jedoch ist die Einsitzigkeit nicht vorgeschrieben mit der Folge, dass ein Verstoß dagegen keine fahrerlaubnisrechtlichen Auswirkungen zeigt (→ Rn. 421). Für das Führen eines Mofas reicht es aus, wenn der Täter es ohne Motorkraft unter Ausnutzung der Schwerkraft über eine Gefällstrecke lenkt, auch wenn er nicht die Absicht oder die Möglichkeit hat, den Motor in Betrieb zu setzen.[927]

420 **Leichtmofas** sind als Unterart des Mofas bei Einhaltung der weiteren Kriterien der Leichtmofa-AusnahmeVO ebenfalls fahrerlaubnisfrei.

421 Das gilt auch für **Elektrofahrräder** mit einer bbH von nicht mehr als 25 km/h.[928] Mit „Daumengas bis 20 km/h" gelten sie bei Einhaltung der weiteren Kriterien der Leichtmofa-AusnahmeVO als Leichtmofa, bis 25 km/h als Mofa. Dagegen gelten Elektrofahrräder iSd Art. 1 lit. h RL 2002/24/EG (Pedelecs), auch solche mit einer Anfahr- oder Schiebehilfe jedoch als Fahrräder (§ 1 III StVG) und sind damit ebenfalls fahrerlaubnisfrei.

422 Ebenfalls fahrerlaubnisfrei sind geschwindigkeitsreduzierte Kleinkrafträder.[929] Nach der Formulierung des § 4 I 2 Nr. 1b FeV handelt es sich dabei um zweirädrige (Klasse L1e) Kleinkrafträder mit einem Hubraum von bis zu 50 ccm im Falle von Verbrennungsmotoren oder einer maximalen Nenndauerleistung von bis zu 4 kW im Falle von Elektromotoren und einer bbH von nicht mehr als 25 km/h. Die bei den Mofas noch geforderte Einsitzigkeit ist hier nicht Voraussetzung für die Fahrerlaubnisfreiheit.

423 Neu aufgenommen in den Katalog der fahrerlaubnisfreien Fahrzeuge wurden in § 4 I Nr. 1a FeV **elektronische Mobilitätshilfen** (Segways). Das sind gem. § 1 I MobHV (Mobilitätshilfen-Verordnung) zweispurige Kfz mit zwei parallel angeordneten Rädern mit integrierter elektronischer Balance-, Antriebs-, Lenk- und Verzögerungstechnik mit einer Plattform als Standfläche für den Fahrer, einer lenkerähnlichen Haltestange, über die der Fahrer durch Schwerpunktverlagerung die Beschleunigung oder Abbremsung sowie die Lenkung beeinflusst. Diese Fahrzeuge dürfen eine Gesamtbreite von 70 cm nicht überschreiten. Sie

[924] OLG Hamm NJW 1978, 332; ähnlich für Leichtkrafträder: OLG Karlsruhe StVE § 21 StVG Nr. 46; zu Fragen im subjektiven Bereich bei technisch veränderten Mofas: OLG Düsseldorf NJW 2006, 855.
[925] Zur Einsitzigkeit: *Greiner* NZV 2014, 72.
[926] Vgl. AG Eisenhüttenstadt BA 41 (2004), 182.
[927] BayObLG StVE § 21 StVG Nr. 21.
[928] *Huppertz/Kern* SVR 2014, 44; *Huppertz* DAR 2013, 488.
[929] *Huppertz* DAR 2015, 289.

müssen über eine Typgenehmigung sowie über ein gültiges Versicherungskennzeichen verfügen, wenn sie auf öffentlichen Verkehrsflächen in Betrieb gesetzt werden (§ 2 MobHV). Führen darf ein solches Kfz nur, wer mindestens die Berechtigung zum Führen eines Mofas besitzt (§ 3 MobHV). Außerdem muss das Fahrzeug mit bestimmten lichttechnischen Einrichtungen und mit einer Glocke ausgerüstet sein (§§ 5, 6 MobHV). Welche Verkehrsflächen zu benutzen sind, regelt § 7 MobHV. § 8 MobHV enthält bestimmte Ordnungswidrigkeitstatbestände. Mobilitätshilfen, die über die genannten technischen Eckdaten hinausgehen, sind nicht fahrerlaubnisfrei. Das gilt insbesondere für die technischen Weiterentwicklungen des Segway mit breiterer Plattform und höherer Geschwindigkeit. Da es sich um mehrspurige Kfz handelt, ist dann Klasse B einschlägig.[930] Die zuständigen Straßenverkehrsbehörden können jedoch Ausnahmen erlassen.[931]

Die vierte Ausnahme von der Fahrerlaubnispflicht bilden gem. § 4 I 2 Nr. 2 FeV **424** **motorisierte Krankenfahrstühle** (einsitzige, nach der Bauart zum Gebrauch durch körperlich behinderte Personen bestimmte Kfz mit Elektroantrieb, einer Leermasse von nicht mehr als 300 kg einschließlich Batterien, jedoch ohne Fahrer, mit einer zulässigen Gesamtmasse von nicht mehr als 500 kg, bbH von nicht mehr als 15 km/h und einer Breite über alles von maximal 110 cm). Die Fahrerlaubnisfreiheit des „motorisierten Krankenfahrstuhls" gem. § 4 I 2 Nr. 2 FeV hängt nicht davon ab, ob der Führer körperlich behindert oder gebrechlich ist.[932] Das Merkmal „nach der Bauart zum Gebrauch durch körperlich gebrechliche oder behinderte Personen bestimmte Kfz" (§ 4 I 2 Nr. 2 FeV) setzt neben der Eignung des Kfz zur Benutzung durch diesen Personenkreis lediglich die durch konstruktive Maßnahmen erzielte und auf Dauer angelegte Einhaltung der weiteren vorgeschriebenen Merkmale des Kfz (Einsitzigkeit, Höchstgewicht, Höchstgeschwindigkeit) voraus. Abs. 1 Nr. 2 gilt in dieser Fassung seit 30.4.2006. Die eindeutige Definition des Krankenfahrstuhls soll den immer wiederkehrenden Versuchen entgegenwirken, Kleinstautomobile mit mehreren Sitzplätzen als Krankenfahrstühle auszuweisen. Vielfach wurden diese von Personen, die nicht behindert oder nicht im Besitz einer Fahrerlaubnis sind, benutzt.[933]

§ 76 Nr. 2 enthält umfangreiche Übergangsregelungen. Danach werden nach **425** näherer Maßgabe dieser Bestimmung auch einsitzige Krankenfahrstühle mit einer bbH von nicht mehr als 25 km/h und zweisitzige Krankenfahrstühle mit einer bbH von nicht mehr als 30 km/h sowie Krankenfahrstühle iSd Vorschriften der ehemaligen DDR fahrerlaubnisfrei gestellt. Zum Führen von Krankenfahrstühlen iSd § 4 I Nr. 2 FeV wird nach der Neuregelung zum 1.9.2002 keine Prüfbescheinigung (mehr) vorausgesetzt. Lediglich, wer die in der Übergangsregelung des § 76 Nr. 2 erwähnten Krankenfahrstühle führt, bedarf dazu einer Prüfbescheinigung. Das Mindestalter für das Führen eines motorisierten Krankenfahrstuhls, für den eine Fahrerlaubnis nicht erforderlich ist, beträgt gem. § 10 III FeV 15 Jahre. Dies gilt nicht für das Führen eines motorisierten

---

930 *Huppertz* NZV 2012, 23.
931 *Scheidler* DAR 2009, 536.
932 BVerwG NZV 2002, 246.
933 *Kramer* VD 2000, 25; *Schlund* DAR 2000, 562; *Jung* PVR 2002, 62; *Schäpe* VD 2002, 211; *Weibrecht* NZV 2002, 554.

Krankenfahrstuhls mit einer bbH von nicht mehr als 10 km/h durch behinderte Menschen (vornehmlich Kinder).

426 Eine weitere Ausnahme von der Fahrerlaubnispflicht bilden **selbstfahrende Arbeitsmaschinen, Zugmaschinen**, die nach ihrer Bauart für die Verwendung für land- und forstwirtschaftliche Zwecke bestimmt sind, und **Flurförderzeuge** (innerbetriebliche Transportmittel wie zB Gabelstapler und Hubwagen) jeweils mit einer **bbH von nicht mehr als 6 km/h** sowie einachsige Zug- oder Arbeitsmaschinen, die von Fußgängern an Holmen geführt werden. Nach der amtlichen Begründung für die zuletzt genannte Ausnahme werden derartige Maschinen, die von Fußgängern bedient werden, in der Regel nicht schneller als 6 km/h fahren. Auch wenn ihre Bauart an sich eine höhere Geschwindigkeit zulässt, ist deshalb die Führerscheinpflicht entbehrlich.

427 Schließlich dürfen gem. § 2 XV StVG auch **Personen, die noch keine Fahrerlaubnis** besitzen, im öffentlichen Straßenverkehr ein fahrerlaubnispflichtiges Kfz führen, wenn sie von einem Fahrlehrer (Inhaber der Ausbildungserlaubnis) beaufsichtigt werden. (s. Fahrlehrergesetz). § 2 XV StVG verlangt allerdings, dass die Fahrt **zum Zwecke der Ausbildung und Ablegung der Prüfung** erfolgt, dh der Fahrschüler muss ernsthaft beabsichtigen, die Fahrerlaubnis zu erwerben und die entsprechende Prüfung abzulegen. Zu beachten ist § 10 FeV, der ein Mindestalter für die Erteilung der Fahrerlaubnis vorschreibt.

428 **Langsam fahrende Kfz** (mit einer bbH von nicht mehr als 6 km/h) waren nach dem bis zum 31.12.1998 geltenden § 4 I 1 StVZO von der Fahrerlaubnispflicht ausgenommen. Nach dem In-Kraft-Treten der FeV (Übergangsregelung bis zum 31.12.2000 – § 76 Nr. 1 FeV) ist für diese langsam fahrenden (gedrosselten) Kfz in aller Regel die Fahrerlaubnisklasse B erforderlich, in Einzelfällen auch Klasse C oder evtl. auch eine andere Klasse. Der Gesetzgeber hat bewusst die frühere Regelung nicht mehr übernommen, weil sie von Personen, denen die Fahrerlaubnis entzogen worden war, teilweise missbraucht worden ist. Im Übrigen stellten solche Kfz ein erhebliches Verkehrshindernis dar. Sind besondere Fortbewegungsmittel (zB: Kinderdreiräder, -autos und -fahrräder mit Elektroantrieb, Skateboards und Bobbycars) motorisiert, handelt es sich um Kfz, da ihnen mit zunehmender Höchstgeschwindigkeit die spezifische Ungefährlichkeit eines Spielzeugs fehlt.[934]

2. Die Klasseneinteilung

429 Die Fahrerlaubnis wird in verschiedene Klassen eingeteilt (vgl. § 6 I FeV). Die Einteilung richtet sich insbesondere nach Art, Schwere und Höchstgeschwindigkeit der Kfz. Fehlt die zum Führen des jeweiligen Kfz erforderliche Fahrerlaubnis, kommt ein Verstoß gegen § 21 StVG in Betracht. Die Einteilung der Fahrerlaubnisklassen wurde in Anpassung an Art. 4 RL 2006/12/EG zum 19.1.2013 geändert. Die vor diesem Stichtag erteilten Fahrerlaubnisse bleiben im Rahmen des Besitzschutzes im Umfang der bisherigen Berechtigung erhalten § 6 VI FeV).

---

[934] Hentschel/König/*König* StVO § 24 Rn. 7 und StVZO § 16 Rn. 3. Die in der Voraufl. vertretene Auffassung (§ 1 Rn. 2 StVG) wurde aufgegeben; *Bouska/Laeverenz* FahrerlaubnisR StVG § 1 Rn. 5.

Die Änderungen betreffen also nur Fahrerlaubnisse, die ab dem 19.1.2013 erteilt worden sind. Das Fahrerlaubnisrecht ist im Laufe seines Bestehens immer wieder verändert worden, wobei die alten Regelungen meistens unverändert ihre Wirksamkeit behalten haben. Das macht das Fahrerlaubnisrecht ziemlich unübersichtlich. Sofern jemand noch im Besitz einer (sehr) alten Fahrerlaubnis ist, muss sorgfältig geprüft werden, ob diese zum Führen des fraglichen Kfz ausreichend war und er damit nicht den Tatbestand des § 21 StVG erfüllt hat. Alle alten Regeln darzustellen, würde aber den Rahmen dieses Werkes sprengen. Die folgende Darstellung soll sich nur auf das aktuelle Fahrerlaubnisrecht beschränken.

Die **Klasse AM** umfasst neben zwei- und dreirädrigen Kleinkrafträdern (Art. 1 II **430** lit. a RL 2002/24/EG) auch vierrädrige LeichtKfz (Art. 1 III lit. a RL 2002/24/EG). Zuordnungskriterium ist in allen Fällen die bbH von nicht mehr als 45 km/h sowie ein Hubraum von nicht mehr als 50 ccm bzw. eine max. Nenndauerleistung von nicht mehr als 4 kW im Falle von Elektromotoren. Das gilt auch für die älteren FmH sowie für entsprechende eScooter, Pocketbikes und E-Bikes. Bei vierrädrigen LeichtKfz darf darüber hinaus die Leermasse nicht mehr als 350 kg betragen, ohne Masse der Batterien im Falle von Elektrofahrzeugen. Darunter fallen unter anderem Quads, Gokarts und GolfKarts. Größere vierrädrige Kfz mit einer Leermasse von bis zu 400 kg und einer maximalen Nutzleistung von bis zu 15 kW (Art. 1 III lit. b RL 2002/24/EG [Klasse L 7e]) unterfallen der Fahrerlaubnisklasse B1. Da diese in Deutschland nicht übernommen wurde, gehören sie in Klasse B.

Das Mindestalter beträgt 16 Jahre (§ 10); aufgrund der 3. AusnVO-FeV in den **431** Freistaaten Sachsen und Thüringen sowie im Land Sachsen-Anhalt 15 Jahre.

Die Klasse A umfasst **Krafträder** (Zweiräder, auch mit Beiwagen) mit einem **432** Hubraum von mehr als 50 cm³ oder mit einer bbH von mehr als 45 km/h. Aufgrund der Unterklassen A1 und A2 greift die Klasse A jedoch nur bei leistungsunbeschränkten „schweren" Motorrädern, daneben auch bei dreirädrigen Kfz mit einer Leistung von mehr als 15 kW und dreirädrigen Kfz mit symmetrisch angeordneten Rädern und einem Hubraum von mehr als 50 cm³ bei Verbrennungsmotoren oder einer bbH von mehr als 45 km/h und mit einer Leistung von mehr als 15 kW. Die sog. **Trikes** wurden früher von der Klasse B (alte Klasse 3) erfasst. Nach der Änderung der FeV v. 19.1.2013 gehören sie jedoch jetzt regelmäßig in die Klasse A bzw. bei einer Leistung bis 15 kW in die Klasse A1. Im Rahmen der Besitzstandwahrung gelten aber die alten Fahrerlaubnisse, die bis zum 18.1.2013 erteilt worden sind, im bisherigen Umfang weiter (§ 6 VI FeV).

Krafträder (auch mit Beiwagen) mit einem Hubraum von bis zu 125 cm³ und **433** einer Motorleistung von nicht mehr als 11 kW, bei denen das Verhältnis der Leistung zum Gewicht 0,1 kW/kg nicht übersteigt (**Leichtkrafträder**), unterfallen der **Klasse A1**. Auffälligerweise sind keine Leichtkrafträder mit Elektromotor erfasst. Krafträder mit Elektromotor sind daher keine Leichtkrafträder, auch wenn sie bezüglich ihrer bbH und der Leistung in diese Kategorie passen würden. Entsprechende E-Bikes sind der Klasse A zuzuschlagen.[935] In diesem Punkt

---

[935] *Huppertz* DAR 2013, 488.

gehen die zulassungs- (§ 2 Nr. 10 FeV) und fahrerlaubnisrechtliche Definition auseinander. In diese Klasse gehören auch dreirädrige Kfz mit symmetrisch angeordneten Rädern und einem Hubraum von mehr als 50 cm³ bei Verbrennungsmotoren oder einer bbH von mehr als 45 km/h und mit einer Leistung von bis zu 15 kW (also leichtere Trikes).

Fahrerlaubnisse, die vor dem 1.4.1980 in der Klasse 2, 3 oder 4 erteilt worden sind, berechtigen auch zum Führen von Leichtkrafträdern (§ 5 III 2 Nr. 4 StVZO iVm §§ 76 und 6 VI FeV) – jedoch teilweise mit Einschränkungen.

434 Bei einem Fahrer, der Inhaber der Fahrerlaubnis der (früheren) Klasse 4 ist, liegt ein Fahren ohne Fahrerlaubnis vor, wenn sein Leichtkraftrad mit einem Hubraum von nicht mehr als 50 ccm und einer bbH von nicht mehr als 50 km/h auch ohne Vornahme technischer Veränderungen regelmäßig eine Geschwindigkeit erreicht, welche **wesentlich** über der durch seine bbH liegt.[936] Für die Erfüllung des objektiven Tatbestandes von § 21 StVG ist es aber nicht ausreichend, wenn ein Kfz – möglicherweise allein aufgrund durch Zeitablauf eingetretener Verschleißerscheinungen – nur unwesentlich schneller als erlaubt fährt. Die Grenze, ab welcher solche ohne äußere Eingriffe aufgetretene Veränderungen als wesentlich anzusehen sind, werden bei einem Leichtkraftrad mit 20 % bemessen.

435 Ferner gibt es die **Fahrerlaubnisklasse A 2,** die Krafträder mit einer Motorleistung von nicht mehr als 35 kW erfasst, bei denen das Verhältnis der Leistung zum Gewicht 0,2 kW nicht übersteigt. Im Gegensatz zu den Klassen A und A1 ist sie allein auf Zweiräder beschränkt. Das **Prinzip des stufenweisen Zugangs** bei den Motorradklassen wird weiter verstärkt. Wer zunächst eine niedrigere Klasse erwirbt, erhält leichteren Zugang zur nächst höheren Klasse. Damit wird ein Anreiz geschaffen, zunächst auf weniger leistungsstarken Zweirädern Erfahrung zu sammeln.

436 Ein Anhängerbetrieb ist in den Zweiradklassen auch ohne eigene Anhängerklasse mitumfasst.[937] das Mitführen eines Anhängers mit einer zGM bis einschließlich 750 kg (Hauptanwendungsfall, da mehr aufgrund der Vorschrift des § 42 II StVZO bei Krafträdern technisch nicht erlaubt ist) ist stets auch mit der Grundklasse erlaubt. Auch das BMV[938] stellte hierzu klar, dass es kein Verbot von Anhängern hinter Krafträdern gibt.

437 Die **Klasse B** umfasst alle Kfz mit einer zGM von nicht mehr als 3500 kg, die zur Beförderung von nicht mehr als acht Personen außer dem Fahrzeugführer ausgelegt und gebaut sind. Dabei kommt es nicht auf die Fahrzeugart (zumeist wohl Pkw, Wohnmobile und leichte Lkw, möglich aber auch selbstfahrende Arbeitsmaschinen und andere Flurförderzeuge, Zugmaschinen, Quads, Elektrofahrzeuge sowie vierrädrige LeichtKfz iSd Art. 4 IV lit. a RL 2006/126/EG, die nicht in die Klasse AM fallen) an. Ebenso ist unerheblich, ob das Kfz womöglich zulassungs-/versicherungsfrei oder steuerbefreit ist. Einzig die Tatsache, dass

---

[936] OLG Karlsruhe StVE § 21 StVG Nr. 46.
[937] *Huppertz* NZV 2013, 375; *Heiler/Jagow/Tschöpe* VD 2013, 128; aM Hentschel/König/Dauer/*Dauer* FeV § 6 Rn. 36.
[938] BLFA-FE Sitzung 1/2012 am 21./22.3.2012, Ergebnis TOP 4.2.

es sich um ein mehrspuriges Kfz handelt, bestimmt nach den weiteren Kriterien (insbesondere zGM und die Möglichkeit, bis zu acht Personen zu transportieren) die Zugehörigkeit zur Klasse B. Auch auf die Anzahl der Sitzplätze kommt es nicht an, sondern nur darauf, dass das Kfz zur Beförderung von nicht mehr als 8 Personen außer dem Fahrzeugführer ausgelegt und gebaut ist.[939] Dabei sind die tatsächlichen Verhältnisse und nicht die in der ZB I eingetragenen Sitzplätze entscheidend. Werden in einem Pkw bzw. Kleinbus, der außer dem Fahrerplatz noch weitere acht Plätze aufweist, mehr Personen befördert als Sitzplätze vorhanden sind, gehört das Kfz weiterhin zur Klasse B, denn das Fahrzeug ändert sich nicht dadurch, dass mehr Personen mitgenommen werden.[940] Allerdings kann unter Umständen etwa eine Ordnungswidrigkeit nach § 23 I 1 und 2 StVO in Betracht kommen.

Nicht von Klasse B erfasst werden Kfz der Klassen AM, A1, A2 und A, also **438** auch keine dreirädrigen Kfz (Trikes). Mit Umstellung der Fahrerlaubnisklassen unterfallen diese den Zweiradklassen. Inhaber der Klasse B in der bis zum 18.1.2013 geltenden Fassung können jedoch über § 6 VI FeV weiterhin Trikes fahren.

Mit der Klasse B können auch Fahrzeugkombinationen geführt werden beste- **439** hend aus einem Kfz der Klasse B und einem Anhänger mit einer zGM von nicht mehr als 750 kg (mit der Folge, dass die zGM der Kombination 4250 kg beträgt) oder einem Anhänger über 750 kg zGM, sofern 3500 kg zGM der Kombination nicht überschritten wird. Auf das bis zum 18.1.2013 ausschlaggebende Verhältnis zwischen der zGM des Anhängers und der Leermasse des Zugfahrzeuges kommt es nicht mehr an.

Neu eingefügt wurde zum 19.1.2103 die Fahrerlaubnisklasse **B mit der Schlüs- 440 selzahl 96.** Es handelt sich um eine erweiterte Klasse B, die unter bestimmten Voraussetzungen (s. § 6a FeV) erteilt werden kann. So ist unter anderem eine Fahrerschulung zu absolvieren. **Anhänger mit einer zGM von mehr als 750 kg** dürfen nur in eingeschränktem Umfange mitgeführt werden, sofern die zGM der Fahrzeugkombination 4250 kg nicht übersteigt oder der Fahrer nicht ohnehin über die Fahrerlaubnisklasse BE verfügt.

Nach näherer Maßgabe der 4. AusnVO-FeV[941] wird der Umfang der Fahrer- **441** laubnisklasse B bei **elektrisch betriebenen und im Bereich des Gütertransportes eingesetzten Fahrzeugen** auf eine zGM von nicht mehr als 4250 kg erweitert. Viele Fahrzeuge der Sprinterklasse werden als Hybridfahrzeuge angeboten. Da aber die Zuladung durch das Gewicht der Batterien geringer ist, die Fahrzeuge selbst aber ein höheres Gewicht vertragen, soll das Gewicht der Batterie bei der Bestimmung der Fahrzeugklasse außen vor bleiben. Um von der Ausnahmeregelung Gebrauch machen zu können, muss der Fahrerlaubnisinhaber nach Anlage 1 an einer zusätzlichen Fahrzeugeinweisung teilnehmen. Die darüber ausgestellte Teilnahmebescheinigung ist Grundlage für die Neuausfertigung eines Kartenführerscheins. Der Nachweis des erweiterten Umfangs der Fahr-

---

[939] Hentschel/König/Dauer/*Dauer* FeV § 6 Rn. 39.
[940] OLG München NZV 2010, 527.
[941] AusnVO-FeV v. 22.12.2014, BGBl. I 2432; *Huppertz* VD 2015, 79.

berechtigung erfolgt durch die in Spalte 12 der Klasse B betreffenden Zeile des Führerscheins eingetragene Schlüsselzahl 192 (§2 I AusnVO-FeV).

442 Gemäß §2 Xa StVG kann die nach Landesrecht zuständige Behörde Angehörigen der Freiwilligen Feuerwehren, der nach Landesrecht anerkannten Rettungsdienste, des Technischen Hilfswerks und sonstiger Einheiten des Katastrophenschutzes, die ihre Tätigkeit ehrenamtlich ausüben, Fahrberechtigungen zum Führen von Einsatzfahrzeugen auf öffentlichen Straßen bis zu einer zulässigen Gesamtmasse von 4,75 t – auch mit Anhängern, sofern die zulässige Gesamtmasse der Kombination 4,75 t nicht übersteigt – erteilen.[942] Die Fahrberechtigung nach §2 Xa StVG ist eine Fahrerlaubnis iSd §2 I 1 StVG, denn es handelt sich um eine öffentlich-rechtliche Erlaubnis, auf öffentlichen Straßen ein Kfz zu führen, das ohne Erlaubnis nicht geführt werden dürfte („**Feuerwehrführerschein**"). Die Fahrberechtigung gilt im gesamten Hoheitsgebiet der Bundesrepublik Deutschland zur Aufgabenerfüllung der Freiwilligen Feuerwehren, der nach Landesrecht anerkannten Rettungsdienste, des Technischen Hilfswerks und sonstiger Einheiten des Katastrophenschutzes. Durch die gewählte Formulierung ist ausgeschlossen, dass die Fahrberechtigung auch für andere Fahrzeuge oder andere Organisationen ausgenutzt wird. Ebenso ist eine Verwendung zu privaten Zwecken ausgeschlossen.

Die vorgenannten Regelungen gelten entsprechend für den Erwerb der Fahrberechtigung zum Führen von Einsatzfahrzeugen bis zu einer zulässigen Gesamtmasse von 7,5 t – auch mit Anhängern, sofern die zulässige Gesamtmasse der Kombination nicht 7,5 t übersteigt („großer Feuerwehrführerschein").

443 **Beschussgeprüfte Kfz** mit einer zGM bis einschließlich 4100 kg dürfen ebenfalls mit Klasse B gefahren werden (§1 der 2. AusnVO-FeV. Darunter fallen bestimmte Fahrzeuge für den Personenschutz des BKA und der Polizeien der Länder.

444 Die **Klasse BE** ist dann einschlägig, wenn hinter einem Kfz der Klasse B ein Anhänger oder Sattelanhänger geführt wird, dessen zGM mehr als 750 kg beträgt. Dann darf gleichzeitig die zGM des Anhängers/Sattelanhängers aber 3500 kg nicht überschreiten. Ist das aber der Fall, ist grundsätzlich Klasse C1E erforderlich, es sei denn, es liegt ein Fall nach Klasse B mit Schlüsselzahl 96 vor. Die zGM einer Fahrzeugkombination errechnet sich aus der Summe der zGM der Einzelfahrzeuge ohne Berücksichtigung von Stütz- und Aufliegelasten (§6 I 2).

445 **Begleitetes Fahren ab 17** Jahre ist möglich sowohl für die Klasse B einschließlich B 96 (vgl. §6a II FeV, Anlage 8a, Schlüsselzahl 184) als auch Klasse BE. Aufgrund der Einschlussregel des §6 III Nr. 4 FeV ist der Fahranfänger auch berechtigt, Kfz der Klassen AM und L zu fahren; diese auch ohne Begleitperson.[943] Der Fahrerlaubnisinhaber bekommt anstelle eines Scheckkartenführerscheins eine „Prüfungsbescheinigung zum Begleiteten Fahren ab 17 Jahre" gem. dem Muster nach Anlage 8a zu §48a FeV. Dabei handelt es sich um eine vollgültige Fahrerlaubnis.[944] Die Prüfungsbescheinigung dient bis 3 Monate nach Vollendung des 18. Lebensjahres im Inland zum Nachweis der Fahrberechtigung. Da der

---

[942] Zu den Einzelheiten: *Engelke* NZV 2010, 183 ff.; *Beck* NZV 2012, 61 ff.
[943] Hentschel/König/Dauer/*Dauer* FeV §48a Rn. 18.
[944] BMV VkBl. 1998, 1313 (1314); Hentschel/König/Dauer/*Dauer* FeV §48a Rn. 18.

Betroffene aber durch diese Prüfungsbescheinigung bereits über eine Fahrerlaubnis verfügt, ist eine weitere Teilnahme am Straßenverkehr auch über diesen Zeitraum hinaus möglich.[945] Die Fahrerlaubnis ist jedoch mit der Auflage zu versehen, dass von ihr nur dann Gebrauch gemacht werden darf, wenn der Fahrerlaubnisinhaber während des Führens von mindestens einer namentlich bekannten Person begleitet wird. Neben dieser Auflage weist §48a FeV noch weitere Auflagen aus, wobei Verstöße dagegen zum Teil jedoch nicht ordnungswidrig sind.[946] Jedenfalls stellen Zuwiderhandlungen gegen die Auflagen im Zusammenhang mit dem Begleiteten Fahren keine Straftat iSd § 21 StVG dar. Bei einem Verstoß gegen die mit der Fahrerlaubnis verbundene Auflage ist allerdings gem. § 6e III StVG die erteilte Fahrerlaubnis der Klassen B und BE von der Verwaltungsbehörde zu widerrufen.

Die Klasse C berechtigt zum Führen von Kfz mit einer zGM von mehr als **446** 3500 kg. Aufgrund der in Deutschland eingeführten Unterklasse C1 greift die Klasse C jedoch erst bei einer zGM von mehr als 7500 kg. Damit werden ganz mehrheitlich schwere Lkw erfasst, die früher unter Klasse 2 fielen. Mit der Klasse C können auch Fahrzeugkombinationen geführt werden bestehend aus einem wie vor beschriebenen Kfz und einem Anhänger mit einer zGM von nicht mehr als 750 kg. Die Fahrerlaubnis der Klasse C wird für fünf Jahre befristet erteilt (§ 23 I Nr. 2). Danach darf das entsprechende Kfz oder die entsprechende Fahrzeugkombination nicht mehr geführt werden sofern die Fahrerlaubnis nicht ausdrücklich verlängert worden ist. Die Vorschriften über die Geltungsdauer der Fahrerlaubnis gelten auch für Inhaber einer ausländischen EU-/EWR-Fahrerlaubnis mit ordentlichem Wohnsitz in der Bundesrepublik Deutschland (§ 28 III FeV).

Mit der **Klasse CE** können Fahrzeugkombinationen geführt werden bestehend **447** aus einem Kfz der Klasse C und Anhängern oder einem Sattelanhänger mit einer zGM von mehr als 750 kg. Die Klasse CE gestattet als einzige Fahrerlaubnisklasse das Mitführen von mehreren Anhängern (zB Touristikbahnen mit zwei oder drei Anhängern), jedoch auch hier nur einem Sattelanhänger. Die Fahrerlaubnis der Klasse CE wird für fünf Jahre befristet erteilt (§ 23 I Nr. 2).

Die **Klasse C1** umfasst Kfz mit einer zGM von mehr als 3500 kg, aber nicht mehr **448** als 7500 kg und mit nicht mehr als acht Sitzplätzen außer dem Führersitz (auch mit Anhänger mit einer zulässigen Gesamtmasse von nicht mehr als 750 kg). Diese zumeist Lastwagen werden von der alten Klasse 3 erfasst. Die Klasse C1, die es nicht in allen EU-Staaten gibt, ist eingeführt worden, um insbesondere den Inhabern einer alten Fahrerlaubnis der Klasse 3, die das Führen von Kfz bis zu einem Gewicht von 7,5 t erfasste, bei einer Umschreibung im Wege der Besitzstandwahrung die Möglichkeit einzuräumen, weiterhin Kfz bis zu einem Gewicht von 7500 kg führen zu können. Der Begriff der zulässigen Gesamtmasse ist in § 6 I 2 FeV definiert. Die Fahrerlaubnisse der Klassen C1 und C1E gelten grundsätzlich bis zur Vollendung des 50. Lebensjahres, danach sind sie

---

[945] Amtl. Begr. zu § 48a FeV (VkBl. 2005, 691); Hentschel/König/Dauer/*Dauer* FeV § 48a Rn. 18; VG Aachen BeckRS 2010, 51276.
[946] *Huppertz* DAR 2014, 347.

auf fünf Jahre (§ 23 I Nr. 1 FeV) **befristet**. Eine Ausnahme bilden von der alten Klasse 3 umgeschriebenen Fahrerlaubnisse (§ 76 Nr. 9 FeV).

449 Für das Mitführen **größerer Anhänger** ist die Klasse CE bzw. C1E erforderlich. Mit der Klasse C1E dürfen auch Anhänger oder Sattelanhänger mit einer zulässigen Gesamtmasse von mehr als 750 kg geführt werden, sofern die zulässige Gesamtmasse der Fahrzeugkombination 12000 kg nicht übersteigt. Das dürfte bei sog. Minisattelzügen regelmäßig der Fall sein.[947]

450 **Die Klassen D, D1, DE und D1E** umfassen Kfz mit Ausnahme von Krafträdern, die zur Beförderung von mehr als acht Personen außer dem Fahrzeugführer ausgelegt und gebaut sind (Omnibusse). Aufgrund der in Deutschland eingeführten Unterklasse D1 greift die Klasse D jedoch erst bei Kfz, die zur Beförderung von mehr als 16 Personen ausgelegt sind. Entgegen der früheren Regelung wird nicht mehr auf die Zahl der tatsächlich vorhandenen Sitzplätze abgestellt, weil dies zu Missbrauch führen konnte. Wenn etwa aus einem großen Omnibus die Zahl der Sitze auf 16 reduziert wurde, konnte der Fahrer mit der Fahrerlaubnis D1 neben den 16 Passagieren zusätzlich noch eine große Zahl von stehenden Fahrgästen befördern. Das soll durch die Neuregelung verhindert werden.

451 Kleinere Omnibusse (das sind Kfz, die zur Beförderung von mehr als acht, aber nicht mehr als 16 Personen außer dem Fahrzeugführer ausgelegt und gebaut sind und deren Länge nicht mehr als 8 m beträgt) können mit der Klasse D1 geführt werden. Soweit Anhänger mit einer zulässigen Gesamtmasse von mehr als 750 kg mitgeführt werden, ist jeweils die Zusatzklasse E erforderlich.

452 Die Klassen D, DE, D1 und D1E beinhalten bereits den früher zusätzlich erforderlichen **Personenbeförderungsschein (jetzt: Fahrgastbeförderungsschein – s. § 48 FeV).** Unter bestimmten Voraussetzungen berechtigen Fahrerlaubnisse der Klassen C, C1, CE, C1E **im Inland** auch zum Führen von Omnibussen, wenn keine Fahrgäste transportiert werden (§ 6 IV FeV). Diese Ausnahmeregel wurde eingefügt für Kfz-Mechaniker, die ansonsten für Probefahrten mit Omnibussen der Fahrerlaubnis der Klassen D, DE, D1 bzw. D1E bedurft hätten.

453 Die Fahrerlaubnisse der Klassen D, D1, D1E, DE werden für fünf Jahre befristet erteilt (§ 23 I Nr. 3). Danach darf das entsprechende Kfz oder die entsprechende Fahrzeugkombination nicht mehr geführt werden. Die Vorschriften über die Geltungsdauer der Fahrerlaubnis gelten auch für Inhaber einer ausländischen EU-/EWR-Fahrerlaubnis mit ordentlichem Wohnsitz in der Bundesrepublik Deutschland (§ 28 III Fev).

454 Mit der **Fahrerlaubnisklasse L** können bei Einhaltung weiterer Kriterien Zugmaschinen, selbstfahrende Arbeitsmaschinen, Futtermischwagen, Stapler und andere Flurförderzeuge gefahren werden. Zugmaschinen (§ 2 Nr. 16 FZV) müssen zusätzlich für eine Verwendung zu land- und forstwirtschaftliche Zwecken (§ 6 V FeV) bauartbestimmt sein. Die Kriterien für die Beschreibung der land- und forstwirtschaftlichen Zwecke sind im Wesentlichen den Bestimmungen über die land- und forstwirtschaftlichen Berufsgenossenschaften entnommen worden.[948] Nicht unter land- und forstwirtschaftliche Zweck fällt zB die Hobby-

---

[947] *Huppertz* NZV 2013, 529).
[948] *Jagow* FeV § 6 Rn. 2.

gärtnerei[949] oder der Einsatz einer entsprechenden Zugmaschine als Kehrgerät eines Bauunternehmers. Auch ihre Verwendung im Schaustellergewerbe oder im Handwerk ist untersagt. Eine Zugmaschine ist nur dann für land- und forstwirtschaftliche Zwecke bauartbestimmt, wenn sie technisch erkennbar für den besonderen land- und forstwirtschaftlichen Zweck ausgerüstet ist. In Klasse L dürfen Kombinationen von Zugmaschinen mit einer bbH von bis zu 40 km/h und (zwei) Anhängern geführt werden – jedoch nur mit einer tatsächlichen Betriebsgeschwindigkeit von nicht mehr als 25 km/h.

Einachsige Zugmaschinen sind fahrerlaubnisfreie Kfz, die die Gebrauchsmerk- **455** male von Zugmaschinen aufweisen. Bei den sogenannten Sitzkarren handelt es sich um einachsige Anhänger, die ausschließlich dazu bestimmt sind, dem Führer einer einachsigen Zug- und Arbeitsmaschine beim Lenken einen Sitz zu bieten.[950] Wird die einachsige Zug- und Arbeitsmaschine von einem Sitzkarren aus geführt, ist die Fahrerlaubnisfreiheit verwirkt.

Bei SAM (§ 2 Nr. 17 FZV), Staplern (§ 2 Nr. 18 FZV) und anderen Flurförderzeu- **456** gen kommt es alleine auf die bbH an. Beträgt diese nicht mehr als 25 km/h unterfallen sie der Klasse L. Gleiches gilt für selbstfahrende Futtermischwagen mit einer bbH von nicht mehr als 25 km/h. Dabei handelt es sich um Kfz, die der Aufnahme, der Verarbeitung, der Vermischung, dem Transport und der Rationierung von Futtermitteln dienen.[951]

Die Klasse L berechtigt nach Maßgabe des § 1 II der 2. VO über Ausnahmen von **457** straßenverkehrsrechtlichen Vorschriften auch zum Führen von Zugmaschinen mit einer bbH von nicht mehr als 40 km/h einschließlich Anhänger bei örtlichen **Brauchtumsveranstaltungen**, Altmaterialsammlungen, Landschaftssäuberungsaktionen sowie Feuerwehreinsätzen und –übungen einschließlich den An- oder Abfahrten zu diesen Einsätzen.

Mit **Fahrerlaubnisklasse T** können bei Einhaltung weiterer Kriterien Zugma- **458** schinen, SAM und Futtermischwagen gefahren werden. Mit dieser Fahrerlaubnisklasse können Zugmaschinen (§ 2 Nr. 16 FZV) mit einer bbH von nicht mehr als 60 km/h, die nach ihrer Bauart für die Verwendung für land- und forstwirtschaftliche Zwecke bestimmt sind und für solche Zwecke eingesetzt werden, gefahren werden, ebenso Kombinationen von Zugmaschinen mit einer bbH von bis zu 60 km/h und (zwei) Anhängern - entgegen Klasse L auch ohne Rücksicht auf eine besondere Betriebsgeschwindigkeit. Bei SAM (§ 2 Nr. 17 FZV) und den selbstfahrenden Futtermischwagen kommt es sowohl auf die bbH von nicht mehr als 40 km/h als auch auf den zweckgebundenen Einsatz an.

Die Klasse T berechtigt nach Maßgabe des § 1 II 2. VO über Ausnahmen von **459** straßenverkehrsrechtlichen Vorschriften auch zum Führen von Zugmaschinen mit einer bbH von nicht mehr als 60 km/h einschließlich Anhänger bei örtlichen Brauchtumsveranstaltungen, Altmaterialsammlungen, Landschaftssäuberungsaktionen sowie Feuerwehreinsätzen und –übungen einschließlich den An- oder Abfahrten zu diesen Einsätzen. Das Mindestalter für die Erteilung

---

[949] OVG Münster NZV 2003, 592.
[950] VkBl. 1963, 3.
[951] Amtl. Begr. zur ÄndVO, VkBl. 2012, 591 (605); *Huppertz* SVR 2012, 370.

einer Fahrerlaubnis der Klasse T beträgt 16 Jahre (§ 10 I Nr. 10). Jedoch dürfen Zugmaschinen mit einer bbH von mehr als 40 km/h grundsätzlich nur von Inhabern einer Fahrerlaubnis der Klasse T geführt werden, die das 18. Lebensjahr vollendet haben (§ 6 II).

3. Abschleppen

460 Abschleppen ist das Verbringen eines betriebsunfähigen[952] oder zumindest in seiner Betriebssicherheit beeinträchtigten[953] Fahrzeugs zu einem möglichst nahe gelegenen Bestimmungsort. Unter den vorgenannten Voraussetzungen (Nothilfe) genügt die Klasse des ziehenden Kfz (§ 6 I 4 FeV).[954] Der Fahrer des abgeschleppten Fahrzeugs muss lediglich geeignet (§ 2 IV StVG) sein, denn er führt zwar ein Fahrzeug, dieses aber nicht als Kfz.[955] Zu den Fragen des Abschleppens beachte das Kap. „Abschleppen und Schleppen".

4. Besitzstandregelung

461 Da es sich bei der **Erteilung der Fahrerlaubnis um einen begünstigenden Verwaltungsakt** handelt, bleiben Fahrerlaubnisse, die vor dem 19.1.2013 erteilt worden sind **(Fahrerlaubnisse alten Rechts),** im Umfang der bisherigen Berechtigung vorbehaltlich der Bestimmungen in § 76 FeV bestehen (§ 6 VI FeV). Das gilt im Übrigen für alle noch im Umlauf befindlichen alten Führerscheine („grauer Lappen", rosa Papierführerschein, DDR-Führerscheine)[956]. Im Einzelfall (zB beim Führen schwerer Lkw mit mehr als 7,5 t) wiegen jedoch die Sicherheitsinteressen höher als die Besitzstandwahrung (§ 76 Nr. 9 FeV). Eine Umschreibung einer alten in eine neue Fahrerlaubnis ist auf Antrag möglich (§ 6 VI 2 FeV), wobei die alten Berechtigungen erhalten bleiben. Der Berechtigungsumfang alter Fahrerlaubnisse richtet sich nicht mehr alleine nach den in der FeV aF dort beschriebenen alten Fahrerlaubnisklassen, sondern zusätzlich auch nach dem Ergebnis der Umrechnung in die neuen Fahrerlaubnisklassen entsprechend Anlage 3. Dadurch werden sowohl die Besitzstandmehrungen erfasst als auch den geänderten Klassenzuschnitten Rechnung getragen. Bei der Umstellung einzelner Fahrerlaubnisklassen muss der Berechtigungsumfang bisweilen erweitert bzw. beschränkt werden. Dies geschieht durch Eintragung entsprechender Schlüsselzahlen gem. Anlage 9. Die Schlüsselzahlen manifestieren dann die aus der alten Fahrerlaubnis herrührenden Berechtigungen. Um eine bis zum 18.1.2013 erteilte alte Fahrerlaubnis auf ihre Gültigkeit iSd „erforderlichen" Fahrerlaubnis zu prüfen, ist ein Abgleich mit Anlage 3 vonnöten. Die dortige Umrechnungstabelle gibt den derzeitigen Berechtigungsumfang in der Sprache

---

[952] OLG Celle NZV 1994, 242 VD 1994, 114 Anm. *Huppertz*; OLG Frankfurt a.M. NStZ-RR 1997, 93; Hentschel/König/Dauer/*Dauer* StVZO § 33 Rn. 19 ff.

[953] BayObLG DAR 1992, 362 bei *Bär*; BayObLG NZV 1994, 163.

[954] OLG Frankfurt a.M. NStZ-RR 1997, 93; Hentschel/König/Dauer/*Dauer* FeV § 6 Rn. 61, StVZO § 33 Rn. 27; StVG § 21 Rn. 11; *Heiler/Jagow* 61; *Dauer/Glowalla/Brauckmann* 56; *Heberlein/Miller* DAR 2009, 288 (289).

[955] BGH NZV 1990, 157; VD 1999, 253 Anm. *Huppertz*; amtl. Begr. zu § 6 VkBl. 1998, 982 (1062); Hentschel/König/Dauer/*König* StVG § 21 Rn. 11; *Heiler/Jagow* 61; *Dauer/Glowalla/ Brauckmann* 56; *Heberlein/Miller* DAR 2009, 288 (289).

[956] Amtl. Begr. zur 8. ÄndVO-FeV (§ 6 Abs. 6), BR-Drs. 683/12.

der neuen ab 19.1.2013 gültigen FeV an. Die vielfach verwendeten Schlüsselzahlen lassen sich mithilfe der Anlage 9 „entschlüsseln". Gravierende Umstellungen gab es bei den Zweiradklassen. Hierunter fallen jetzt auch dreirädrige Kfz, die bis zur Novellierung in die Klasse B fielen.[957] Auch die für Minisattelzüge erforderliche Fahrerlaubnisklasse wurde „heraufgesetzt".[958]

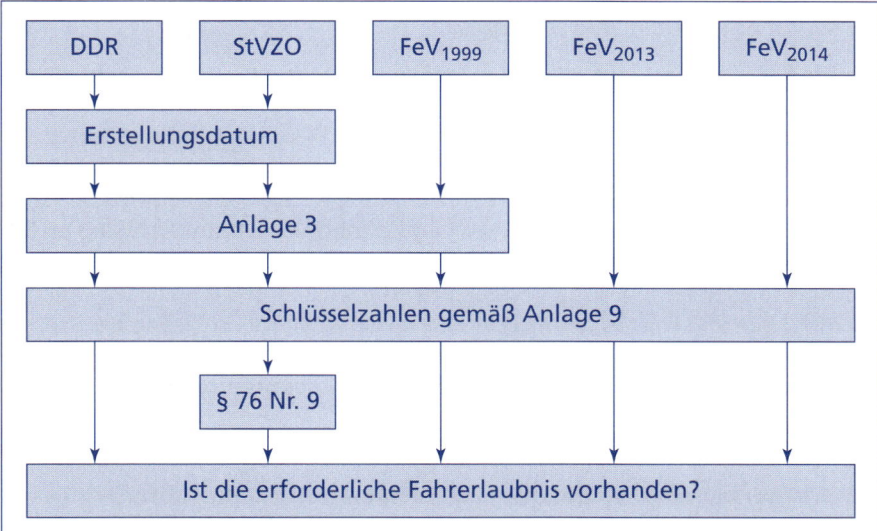

5. Ausländische Fahrerlaubnisse

Die Bundesrepublik erkennt aufgrund diverser gemeinschaftsrechtlicher Ver- **462** einbarungen die Fahrerlaubnisse aus Mitgliedstaaten der Europäischen Union und der anderen Vertragsstaaten des Abkommens über den Europäischen Wirtschaftsraum (RL 2006/126/EG – 3. Führerscheinrichtlinie) sowie aufgrund diverser internationale Vereinbarungen (WÜ, Pariser Abkommen) auch die Fahrerlaubnisse der übrigen Staaten (Listen-/Drittstaaten) an. Rechtsgrundlage dafür sind die Vorschriften der §§ 28, 29 FeV. Nach den dort festgelegten engen Vorschriften dürfen Inhaber einer ausländischen Fahrerlaubnis im Umfang ihrer Berechtigung Kfz im Inland führen. Gestattet die heimatliche Fahrerlaubnis das Führen des jeweils in Rede stehenden Kfz, so handelt es sich grds. um die „erforderliche" Fahrerlaubnis iSd § 21 StVG (zu den Details s. unten IV).

6. Abgrenzungen

Die für den Verkehr mit einem Taxi, einem Mietwagen, einem Krankenkraft- **463** wagen oder einem der entgeltlichen Personenbeförderung grds. erforderliche Fahrerlaubnis zur Fahrgastbeförderung (§ 48 FeV) ist keine Fahrerlaubnis iSd § 21 StVG (sie setzt regelmäßig eine Fahrerlaubnis zumeist der Klasse B voraus). Auch der Internationale Führerschein alleine ist keine Fahrerlaubnis, weil

---

[957] *Huppertz* DAR 2013, 191.
[958] *Huppertz* NZV 2013, 529).

auch er eine gültige Fahrerlaubnis des Ausstellerstaates voraussetzt. Die Mofa-Prüfbescheinigung (§ 5 FeV) ist ebenfalls keine Fahrerlaubnis. Ein Taxifahrer, der die erforderliche Fahrerlaubnis nicht besitzt, macht sich nach § 21 I Nr. 1 StVG strafbar. Die Ordnungswidrigkeit nach § 75 Nr. 12 FeV tritt in diesen Fällen hinter der Straftat zurück (§ 21 I 1 OWiG).

III. Wann erlischt die Fahrerlaubnis?

464 Für die Frage der Strafbarkeit ist es ferner von Bedeutung, wann die Fahrerlaubnis erlischt bzw. wann ein Fahrverbot wirksam wird. In den Fällen einer **befristeten Fahrerlaubnis** (§ 23 I 2 und 3 FeV) endet die Fahrerlaubnis mit Ablauf des Gültigkeitsdatums. Wer **nach Fristablauf** (vor einer evtl. notwendigen Verlängerung) das entsprechende Kfz führt, fährt **ohne die erforderliche Fahrerlaubnis,** weil die Fahrerlaubnis auf den jeweiligen Zeitraum beschränkt ist, und erfüllt damit den Tatbestand des § 21 StVG. Das gilt selbst für den Fall, dass rechtzeitig ein Antrag auf Verlängerung gestellt, über diesen aber noch nicht entschieden wurde[959] oder die Fahrerlaubnis zu einem späteren Zeitpunkt auf seinen Antrag hin verlängert wird. Grundsätzlich besteht bei rechtzeitiger Antragstellung unter den Voraussetzungen des § 24 FeV ein Verlängerungsanspruch.

1. Entziehung der Fahrerlaubnis und Verzicht

465 Bei einer **verwaltungsbehördlichen Entscheidung** erlischt die Fahrerlaubnis mit der Bestandskraft der Entziehung (§§ 3 II StVG, 46 V FeV). Nach der Entziehung der Fahrerlaubnis ist der Führerschein unverzüglich der Behörde, die die Maßnahme ausgesprochen hat, abzuliefern (§ 47 I FeV). Ein Rechtsbehelf gegen die Entziehung einer Fahrerlaubnis nach § 3 I StVG (§ 3 I FeV) hat grundsätzlich aufschiebende Wirkung; ein öffentliches Interesse, das ausnahmsweise **die sofortige Vollziehung** nach § 80 II Nr. 4, V VwGO rechtfertigt, ist grundsätzlich nur dann anzuerkennen, wenn entweder die Rechtsverfolgung des Betroffenen offenbar aussichtslos erscheint oder wenn wenigstens gewichtige Gründe dafür sprechen, dass der Betroffene ungeeignet ist und als Führer eines Kfz gerade während des noch schwebenden Verfahrens den Straßenverkehr gefährden wird.[960] Die Entziehung der Fahrerlaubnis durch die Verwaltungsbehörde wird mit der **Bestandskraft bzw. Rechtskraft wirksam.** Für die Beurteilung im Rahmen des § 21 StVG kommt es nur auf die formell-rechtliche Wirksamkeit, dh die Vollziehbarkeit nach § 80 VwGO, nicht auch auf die materiell-rechtliche Richtigkeit der verwaltungsrechtlichen Entscheidung an, wobei die wirksame Bekanntgabe zu der formellen Wirksamkeit der Entscheidung gehört.[961]

466 Außerdem erlischt die Fahrerlaubnis durch **Verzicht.** Der Verzicht ist unter Rückgabe des Führerscheins der für den Wohnort des Erlaubnisinhabers zuständigen Verwaltungsbehörde zu erklären, von dieser schriftlich zu bestätigen und dem Kraftfahrtbundesamt (KBA) mitzuteilen.[962] Ein Verzicht auf die Fahr-

---

[959] *Dauer/Glowalla/Brauckmann* 154.
[960] OVG Bremen NJW 1979, 75; 1980, 2371.
[961] OLG Celle NStZ-RR 2008, 353.
[962] Hentschel/König/*Dauer* StVG § 2 Rn. 25.

erlaubnis kann wirksam auch vor dem Strafgericht erklärt werden.[963] Jedoch wird dieser Verzicht erst in dem Zeitpunkt wirksam, in dem er der zuständigen Behörde zugeht (§§ 130 ff. BGB), weil der Gesetzgeber in § 29 V 1 StVG nur eine Verzichtsmöglichkeit vor der Verwaltungsbehörde vorsieht.[964]

Im **Strafverfahren** erlischt die Fahrerlaubnis mit der Rechtskraft des Urteils **467** (§ 69 III StGB). Für die Wirksamkeit kommt es nicht darauf an, ob der Führerschein noch im Besitz des ehemals Berechtigten ist. Die Fahrerlaubnis muss nach Fristablauf neu beantragt werden. Sie lebt also nicht automatisch wieder auf. Wer nach Ablauf der Sperrfrist ein Kfz führt, obwohl ihm noch keine neue Fahrerlaubnis erteilt worden ist, macht sich nach § 21 I Nr. 1 StVG strafbar.

Zwar gelten für die **Neuerteilung der Fahrerlaubnis nach vorangegangener Ent-** **468** **ziehung** oder nach vorangegangenem Verzicht die Vorschriften für die Ersterteilung (§ 20 FeV). Jedoch kann bei einer entzogenen Fahrerlaubnis alten Rechts (vgl. § 6 VI FeV) die neue Fahrerlaubnis im früheren Umfange erteilt werden. Der ehemalige Inhaber einer Fahrerlaubnis der Klasse 3 erhält im Rahmen einer Neuerteilung **auf Antrag** außer der Klasse B auch die Klassen BE, C1,C1E und CE sowie die Klasse A1, sofern die Klasse 3 vor dem 1.4.1980 erteilt war, ohne Ablegung der hierfür erforderlichen Fahrerlaubnisprüfung, wenn die Fahrerlaubnisbehörde nicht die Ablegung der Prüfung der Klasse B nach § 20 II angeordnet hat. Dies gilt auch bei einem Verzicht auf Klasse 3 alten Rechts (vgl. § 76 Nr. 11a FeV). Da § 76 Nr. 9 2 FeV Umstellungen **bestehender** Fahrerlaubnisse und hiervon erfasster Fahrerlaubnis-Klassen betrifft, ist diese Regelung grundsätzlich nicht zur Rechtfertigung für Abweichungen von Vorschriften über die Ersterteilung geeignet, die gem. § 20 I FeV bei der Neuerteilung früher entzogener Fahrerlaubnisse anzuwenden sind. Es sind nicht alle Vergünstigungen, die bei einer bloßen Umschreibung vorgesehen sind, auch auf die Fälle der Neuerteilung einer Fahrerlaubnis nach deren Entziehung anzuwenden.[965]

Die Fahrerlaubnis „fehlt" iSd § 21 I Nr. 1 StVG auch im Falle ihrer nur **vorläufi-** **469** **gen Entziehung nach § 111a StPO**. Derjenige, dem die Fahrerlaubnis nach § 111a StPO vorläufig entzogen ist, ist nicht Inhaber einer gültigen Berechtigung zum Führen eines Kfz. Der Beschuldigte ist – wenn auch nur vorläufig – gerade nicht mehr Inhaber der Fahrerlaubnis. Damit liegen die Voraussetzungen des § 21 I Nr. 1, 1. Alt. StVG vor, wenn der Täter nach Bekanntgabe des Beschlusses gem. § 111a StPO im Straßenverkehr ein fahrerlaubnispflichtiges Kfz führt. Fraglich ist aber, wann die Wirkung des § 111a StPO eintritt. Der wirksame Erlass des Beschlusses hat seine rechtliche Existenz zur Folge. Der Beschluss ist jetzt nicht mehr ein Internum des Gerichts. Er kann nicht mehr ohne Weiteres geändert oder beseitigt werden. Aus der rechtlichen Existenz des Beschlusses folgt aber nicht zwingend, dass die in ihm angeordnete Maßnahme sofort wirksam wird.[966] Aus der Natur der Sache ergibt sich, dass die Entscheidung dem Adressaten bekannt zu machen ist. Denn der Fahrer kann sich nach diesem Verbot nur richten, wenn er es kennt. Außerdem verliert der Fahrer mit

---

[963] VG Berlin NZV 1998, 176.
[964] LG Bad Kreuznach NStZ-RR 2006, 151; beachte auch: *Eisele* NZV 1999, 232.
[965] BVerwG NZV 2003, 253.
[966] BGH NJW 1962, 2104.

der Entziehung der Fahrerlaubnis im Innenverhältnis zur Versicherung auch den Versicherungsschutz. Dieser Verlust träte ein, obwohl der Fahrer nichts von der Entziehung seiner Fahrerlaubnis wüsste. Im Übrigen werden auch im Verwaltungsrecht – etwa bei der Entziehung der Fahrerlaubnis durch die Verwaltungsbehörde – die Verfügungen und Entscheidungen grundsätzlich frühestens mit der Bekanntgabe bzw. Zustellung an den Adressaten wirksam.[967] Die Möglichkeit der Entziehung der Fahrerlaubnis im Strafverfahren hat der Gesetzgeber nur aus Vereinfachungsgründen eingeführt. Da die Erteilung der Fahrerlaubnis ein begünstigender Verwaltungsakt ist, müsste ohne die Sonderregeln der §§ 69, 69a StGB die Fahrerlaubnis grundsätzlich durch die Verwaltungsbehörde entzogen werden. Wer ein Kfz **nach polizeilicher Beschlagnahme des Führerscheins**, aber vor Wirksamwerden des Beschlusses nach § 111a StPO führt, ist (nur) nach § 21 II Nr. 2 StVG strafbar.[968] Ein Verstoß gegen § 98 II 1 StPO (Pflicht zur Einholung der richterlichen Bestätigung binnen drei Tagen) ist auf die Rechtswirksamkeit der polizeilichen Beschlagnahme des Führerscheins ohne Einfluss.

2. Das Fahrverbot

470   Wer trotz eines bestehenden Fahrverbotes nach den §§ 44 StGB, 25 StVG ein Kfz – also **auch ein Mofa** – führt, macht sich ebenfalls nach § 21 I Nr. 1 StVG strafbar. Das Fahrverbot führt nicht zu einem Verlust der Fahrerlaubnis. Dem Verurteilten ist lediglich verboten, während einer bestimmten Frist Kfz **jeder oder einer bestimmten Art** zu führen. Das Fahrverbot wird **mit der Rechtskraft des Urteils** (§ 44 II 1 StGB) bzw. **mit der Rechtskraft der Bußgeldentscheidung** (§ 25 II 1 StVG) wirksam. Ab der Rechtskraft des Urteils bzw. der Bußgeldentscheidung verstößt der Führer eines Kfz gegen § 21 I Nr. 1 StVG, auch wenn er noch im Besitz seines Führerscheins ist. Hingewiesen wird auf die Ausnahmeregelung in § 25 IIa StVG. Die **Frist des Fahrverbotes** wird erst von dem Tage an gerechnet, an dem der Führerschein in amtliche Verwahrung gegeben wird (§ 44 III StGB, § 25 V StVG). Das Fahrverbot kann also in den Fällen, in denen ein Führerschein in amtliche Verwahrung zu geben ist, unter Umständen wesentlich länger als drei Monate dauern, wenn nämlich der Führerschein nicht unmittelbar nach Eintritt der Rechtskraft abgegeben wird. Ein Verurteilter, der bei Verhängung eines (durch Einspruchrücknahme rechtskräftig gewordenen) Fahrverbots **nicht über den Zeitpunkt dessen Wirksamwerdens belehrt worden ist**, darf nicht, ohne hierüber Erkundigungen einzuziehen, davon ausgehen, er dürfe bis zur Ablieferung seines Führerscheins, zu der er noch aufgefordert werde, Kfz führen.[969] Ein Täter, der trotz Kenntnis eines gegen ihn mit Bußgeldbescheid angeordneten Fahrverbots irrig annimmt, dieses sei noch nicht rechtskräftig, handelt jedenfalls dann im den Vorsatz ausschließenden **Tatbestandsirrtum**, wenn sein Irrtum darauf beruht, dass ihm nicht alle zur Rechtskraft führenden tatsächliche Umstände bekannt waren.[970] Die **falsche**

---

[967]   LG Hildesheim StVE § 21 StVG Nr. 25.
[968]   KG VRS 42, 210.
[969]   BayObLG VRS 62, 460.
[970]   BayObLG NZV 2000, 133.

Rechtsauskunft eines Rechtsanwalts kann zu einem unvermeidbaren Verbotsirrtum bei einem Beschuldigten führen, der trotz bestehenden Fahrverbots
ein Kfz führt.[971] Führt ein Fahrer ein Kfz **nach Ablauf der Fahrverbotsfrist**,
aber vor Rückgabe des Führerscheins aus der amtlichen Verwahrung, macht
er sich grundsätzlich nicht nach § 21 I Nr. 1 StVG strafbar, weil er eine gültige
Fahrerlaubnis besitzt und auch kein Fahrverbot mehr besteht. Allerdings begeht
er eine Ordnungswidrigkeit nach den §§ 4 II 2, 75 Nr. 4 FeV, 24 StVG, weil er
den Führerschein nicht mitführt, wobei ggf. das Verschulden sehr gering sein
kann, zumal wenn durch eine Pflichtverletzung der zuständigen Behörde der
Führerschein nicht rechtzeitig herausgegeben wurde.

3. Wegfall der Fahrerlaubnisentziehung im Wiederaufnahmeverfahren

Wird ein rechtskräftiges Urteil, das die Fahrerlaubnis entzogen hatte, im Wie- **471**
deraufnahmeverfahren rechtskräftig aufgehoben, ist der Verurteilte so zu behandeln, wie wenn ihm die Fahrerlaubnis nie entzogen worden wäre.[972] Er
kann deshalb nicht wegen Fahrens ohne Fahrerlaubnis bestraft werden, wenn
er in der Zeit zwischen der Rechtskraft des Urteils und dessen Aufhebung im
Wiederaufnahmeverfahren ein Kfz geführt hat, das er aufgrund dieser Fahrerlaubnis führen durfte. Zwar gelten im Strafrecht keine Rückwirkungsfiktionen.
Aber bei dieser Fallkonstellation steht im Vordergrund, dass das ursprüngliche
Urteil falsch war und deshalb aufgehoben worden ist. Der ehemals Verurteilte
ist so zu stellen, als wäre er nie verurteilt worden. Dann ist er letztlich auch so
zu behandeln, als sei ihm nie die Fahrerlaubnis durch das aufgehobene Urteil
entzogen worden.

IV. Fahrerlaubnis – Führerschein

Auch wenn im allgemeinen Sprachgebrauch Fahrerlaubnis und Führerschein **472**
häufig gleichbedeutend verwandt werden, sind die beiden Begriffe nicht identisch. Die Fahrerlaubnis ist die öffentlich-rechtliche Erlaubnis zum Führen von
Kfz auf öffentlichen Verkehrsflächen. Sie ist als Hoheitsakt der Fahrerlaubnisbehörde ein begünstigender Verwaltungsakt iSd § 35 VwVfG. Er kann gem. § 36
VwVfG mit Nebenbestimmungen (Auflagen und Beschränkungen) versehen
sein. Nach § 2 I 1 StVG bedarf derjenige, der auf öffentlichen Straßen ein Kfz
führen will, „der Erlaubnis der zuständigen Behörde" (= Fahrerlaubnis).

Nach § 2 I 3 StVG hat der Führer den Nachweis der Erlaubnis durch eine **amt-** **473**
liche Bescheinigung (Führerschein) zu erbringen. Der Führerschein ist die
amtliche Bescheinigung über die Fahrerlaubnis (§ 4 II 1 FeV). Die öffentliche
Urkunde bescheinigt die Fahrerlaubnis zum Zeitpunkt ihrer Erteilung.[973] Er
hat hinsichtlich der Erteilung der Fahrerlaubnis Beweiswirkung für und gegen
jedermann.[974] Die Fahrerlaubnis ist als formgebundener Verwaltungsakt erst

---

[971] OLG Frankfurt a.M. SVR 2004, 33.
[972] BayObLG NZV 1992, 42; s. aber auch OVG Lüneburg NZV 2009, 414; aA *Mitsch* NZV
2012, 512 ff.
[973] Hentschel/König/Dauer/*Dauer* StVG § 2 Rn. 23 und FeV § 4 Rn. 9.
[974] BGH NJW 1973, 474 (475).

dann erteilt, wenn der Führerschein nach bestandener Prüfung persönlich an der Bewerber ausgehändigt wurde (§ 22 IV FeV).

474 Die Ausfertigung des Führerscheins regelt § 25 FeV. Gemäß § 4 II 2 FeV ist der Führerschein **beim Führen von Kfz mitzuführen** und zuständigen Personen auf Verlangen zur Prüfung auszuhändigen. Wer die erforderliche Fahrerlaubnis besitzt, den Führerschein aber nicht mitführt oder ihn auf Verlangen zur Prüfung nicht aushändigt, handelt ordnungswidrig nach den §§ 75 Nr. 4, 4 II 2 FeV, 24 StVG. Dies gilt auch, wenn der **Führerschein** in Verlust geraten ist.

475 Das **Vorzeigen eines gefälschten oder verfälschten Führerscheins** bei einer Polizeikontrolle erfüllt auch dann den Tatbestand des § 267 StGB (Urkundenfälschung), wenn der Fahrer bei der Kontrolle ein Kfz führt, zu dessen Führung er nach dem unverfälschten Inhalt des Führerscheins berechtigt ist,[975] weil der Täter es im Gegensatz zum Privatrechtsverkehr bei einer Kontrolle nicht in der Hand hat, inwieweit der Führerschein überprüft wird. Grundsätzlich wird der Polizeibeamte den Führerschein insgesamt zum Gegenstand seiner Prüfung machen. Bei der Benutzung eines gefälschten bzw. verfälschten Führerscheins hängt die Frage, ob der Fahrer sich auch wegen Fahrens ohne Fahrerlaubnis strafbar gemacht hat, vom Bestand der Fahrerlaubnis ab. Ist ihm materiell-rechtlich die erforderliche Fahrerlaubnis erteilt worden, liegt kein Verstoß gegen § 21 I Nr. 1 StVG vor. Ist der Fahrer jedoch materiell-rechtlich nicht Inhaber der erforderlichen Fahrerlaubnis, kommt neben der Urkundenfälschung gem. § 267 StGB auch ein Verstoß gegen § 21 I Nr. 1 StVG in Betracht, wobei **zwischen Fahren ohne Fahrerlaubnis (§ 21 I Nr. 1 StVG) und dem Gebrauch eines gefälschten Führerscheins** gegenüber der kontrollierenden Polizei grundsätzlich **Tatmehrheit** besteht,[976] denn das Fahren ohne Fahrerlaubnis hat sein Ende gefunden, bevor von dem gefälschten oder verfälschten Führerschein Gebrauch gemacht wird. Die Tathandlungen überschneiden sich demnach nicht. Dagegen liegt **Tateinheit zwischen Fahren ohne Fahrerlaubnis und Urkundenfälschung** vor, wenn der Täter ein **verfälschtes Kennzeichen** benutzt.[977] Gebraucht der Täter nämlich ein verfälschtes Kennzeichen und fährt er gleichzeitig ohne Fahrerlaubnis, dann überdecken sich die Tathandlungen des Führens und des Gebrauchens, sodass von Tateinheit iSd § 52 StGB auszugehen ist.

476 Wer **ohne die materiell-rechtliche Fahrerlaubnis (§§ 2 I StVG, 4 FeV)** ein Kfz führt, macht sich nach § 21 StVG wegen Fahrens ohne Fahrerlaubnis strafbar, selbst dann, wenn er (noch) im Besitz eines **Führerscheins** ist. Da der Führerschein gem. den §§ 3 II 3 StVG, 47 I FeV im Falle einer Entziehung abzuliefern ist, dürfte der Besitz des Führerscheins nach Entziehung der Fahrerlaubnis ohnehin rechtswidrig sein.

477 Nach § 21 II Nr. 2 bzw. Nr. 3 StVG macht sich strafbar, wer vorsätzlich oder fahrlässig ein Kfz führt, **obwohl der vorgeschriebene Führerschein nach § 94 StPO** in Verwahrung genommen, sichergestellt oder beschlagnahmt ist, oder wer

---

[975] BGHSt 33, 105 (109, 110) = NJW 1985, 924.
[976] BGH VRS 30, 185; OLG Köln VRS 61, 348.
[977] BGHR § 267 StGB, Konkurrenzen 1; BGHSt 18, 66 = NJW 1963, 212; BGH bei *Spiegel* DAR 1988, 217 (223).

vorsätzlich oder fahrlässig dies als Halter eines Kfz anordnet oder zulässt. Da es sich bei der (vorläufigen) Entziehung der Fahrerlaubnis um einen schwerwiegenden Eingriff in die Rechte des Beschuldigten handelt, ist für eine derartige Maßnahme immer der Richter zuständig. Polizei oder Staatsanwaltschaft können aber den Führerschein sicherstellen. Sicherstellung ist der Oberbegriff für die Beschlagnahme und die sonstige Herstellung der staatlichen Gewalt über das Beweismittel. Kann etwa anlässlich einer Trunkenheitsfahrt der Führerschein des Beschuldigten durch die Polizei nicht sichergestellt, beschlagnahmt oder **nach § 94 StPO** in Verwahrung genommen werden (zB Täter führt Führerschein nicht mit), werden weitere Fahrten danach auch **nicht** von § 21 II Nr. 2 StVG erfasst. In diesen Fällen empfiehlt es sich, umgehend einen Beschluss gem. § 111a StPO herbeizuführen. Der Täter darf nach Sicherstellung oder Beschlagnahme **eines** Führerscheins gem. § 94 III StPO auch nicht mit einem anderen gültigen Führerschein Kfz führen.[978] Es ist allerdings kaum ein Fall denkbar, in dem jemand rechtmäßig **zwei Führerscheine** besitzt. Denn bei der Aushändigung eines neuen Führerscheins ist der bisherige Führerschein zurückzugeben. Er verliert auf jeden Fall mit der Aushändigung des neuen Führerscheins seine Gültigkeit (§ 25 V FeV). Wird der bisherige Führerschein nach Aushändigung des neuen wieder aufgefunden, ist er unverzüglich der Fahrerlaubnisbehörde abzuliefern (§ 25 V FeV). Einen Ausnahmefall bilden **Dienstführerscheine** (§§ 26, 27 FeV). Die Dienstfahrerlaubnis erlischt jedenfalls mit der Entziehung der allgemeinen Fahrerlaubnis (§ 27 IV FeV). Ob die Sicherstellung des Führerscheins auf die Dienstfahrerlaubnis Auswirkungen hat, erscheint zweifelhaft.

Wird der **Führerschein nur als Beweismittel** – etwa in einem Verfahren wegen des Verdachts der Urkundenfälschung – nach § 94 I oder II StPO sichergestellt, hat dies keinen Einfluss auf die materiell-rechtliche Fahrerlaubnis. Führt der Inhaber trotz der Sicherstellung des Führerscheins weiterhin ein Kfz im Straßenverkehr, so richtet sich die Frage der Strafbarkeit nach § 21 **I Nr. 1** StVG allein danach, ob und in welchem Umfange eine materiell-rechtliche Fahrerlaubnis der Verwaltungsbehörde besteht. Streitig ist die Frage, ob der Täter, der **nach der Sicherstellung des Führerscheins** nach § 94 I oder II StPO – etwa wegen des Verdachts der Urkundenfälschung – ein Kfz führt, **sich nach § 21 II Nr. 2 StVG strafbar macht**. Formal ist dieser Tatbestand erfüllt, weil in § 21 II Nr. 2 StVG auf § 94 StPO ohne Einschränkung Bezug genommen wird. Der Gesetzgeber hat nicht zwischen einer Sicherstellung bzw. Beschlagnahme nach § 94 I, II StPO einerseits und der Sicherstellung nach § 94 III StPO zum Zwecke der späteren Einziehung andererseits unterschieden. Mit dieser Begründung wird teilweise eine Strafbarkeit auch in den Fällen der Sicherstellung nach § 94 I, II StPO bejaht. Die Gegenmeinung argumentiert damit, dass bis zum In-Kraft-Treten des 2. Gesetzes zur Sicherung des Straßenverkehrs v. 26.11.1964 insoweit eine Gesetzeslücke bestand, als das Führen eines Kfz trotz Sicherstellung des Führerscheins kein Vergehen darstellte und nur als Übertretung (heute Ordnungswidrigkeit) wegen Nichtmitführens des Führerscheins geahndet werden konnte. Da die Sicherstellung in der praktischen Auswirkung einer vorläufigen Entziehung der Fahrerlaubnis sehr nahe kommt und damit derselbe Zweck erreicht wer-

478

---

[978] OLG Köln NZV 1991, 360.

den soll, wurde das Fahren trotz Sicherstellung des Führerscheins durch die Neufassung des Gesetzes in der Strafandrohung dem Fahren trotz vorläufiger Entziehung der Fahrerlaubnis gem. § 111a StPO gleichgestellt. § 21 II Nr. 2 StVG will verhindern, dass jemand am Straßenverkehr teilnimmt, den das Gericht mit hoher Wahrscheinlichkeit als ungeeignet zum Führen von Kfz ansieht und ihm deshalb die Fahrerlaubnis entziehen wird. Somit genügt nach Sinn und Zweck der Vorschrift die Sicherstellung des Führerscheins als Beweismittel nach § 94 I, II StPO nicht. Das Gesetz unterscheidet in § 94 I oder II StPO zwischen der Sicherstellung und Beschlagnahme von Beweismitteln, die für die Untersuchung von Bedeutung sind, einerseits und andererseits in § 94 III StPO der Einziehung von Führerscheinen, die der Einziehung nach § 69 StGB unterliegen, aber nicht als Beweismittel für eine Straftat in Betracht kommen. § 21 II Nr. 2 StVG meint aber nur die Fälle der Sicherstellung nach § 94 III StPO.[979] Die polizeiliche Führerscheinwegnahme wegen lediglich **allgemeiner „Wiederholungsgefahr" oder zur „Abschreckung"** wird nicht von § 21 II Nr. 2 StVG erfasst. In diesen Fällen liegt allenfalls eine Ordnungswidrigkeit wegen Fahrens ohne Mitführen des Führerscheins vor.[980] Erforderlich für eine Strafbarkeit nach § 21 II Nr. 2 StVG ist eine vorangegangene Sicherstellung (Einverständnis des Inhabers) oder eine ordnungsgemäße Beschlagnahme durch die Ermittlungspersonen der Staatsanwaltschaft (§ 152 StPO).

V. Auflage – Beschränkung

479 Wenn ein Fahrerlaubnisbewerber nur bedingt zum Führen von Kfz geeignet ist, kann die Fahrerlaubnisbehörde die Fahrerlaubnis soweit wie notwendig beschränken oder unter den erforderlichen Auflagen erteilen. Die Beschränkung kann sich insbesondere auf eine bestimmte Fahrzeugart oder ein bestimmtes Fahrzeug mit besonderen Einrichtungen erstrecken (§§ 2 IV StVG, 23 II FeV).

480 Eine **Auflage** ist eine zusätzliche mit einem Verwaltungsakt verbundene, selbstständig erzwingbare hoheitliche Anordnung (Gebot oder Verbot). Sie ist nicht integrierender Bestandteil des Verwaltungsaktes, sondern tritt selbstständig zum Hauptinhalt eines Verwaltungsaktes hinzu und ist für dessen Bestand und Wirksamkeit ohne unmittelbare Bedeutung. Für die Fahrerlaubnis bedeutet dies: Es wird eine **Fahrerlaubnis in vollem Umfange** erteilt. Der Berechtigte muss lediglich im Zusammenhang mit der Fahrerlaubnis gewisse Dinge beachten. Die wohl häufigste Auflage ist die Anordnung der Verwaltungsbehörde, beim Führen eines Kfz eine geeignete entsprechende Sehhilfe/Brille zu benutzen.

481 Dagegen engt eine **Beschränkung** die Fahrerlaubnis ein. Es wird also **keine volle Fahrerlaubnis** erteilt, sondern **nur eine eingeschränkte**. Für die Strafbarkeit nach § 21 StVG bedeutet dies, dass jemand, der bei einer **Beschränkung** den Rahmen der ihm erteilten (eingeschränkten) Fahrerlaubnis überschreitet, ohne Fahrerlaubnis fährt und **sich somit nach § 21 I Nr. 1 StVG strafbar macht.**[981] Mögliche

---

979 Vgl. *Janiszewski* VerkehrsStrafR Rn. 629, der eine Klarstellung durch den Gesetzgeber fordert.
980 OLG Köln NJW 1968, 666.
981 Hentschel/König/Dauer/*König* StVG § 21 Rn. 4; BHJJ/*Janker* StVG § 2 Rn. 17; *Bouska/ Laeverenz* FahrerlaubnisR FeV § 23 Rn. 5.

Beschränkungen sind Automatikgetriebe (angepasste Schaltung)[982] sowie zusätzliche Bedienelemente/Umbauten am Fahrzeug.

Wenn jemand eine ihm erteilte **Auflage** (etwa Tragen einer Brille) beim Führen **482** eines Kfz nicht beachtet, verstößt er damit nicht gegen § 21 StVG, weil er Inhaber der vollen Fahrerlaubnis ist. Die Erfüllung der Auflage hat keinen Einfluss auf den Bestand der Fahrerlaubnis. Jedoch stellt die **Nichtbeachtung einer Auflage eine Ordnungswidrigkeit** nach den §§ 75 Nr. 9, § 23 II FeV, § 24 StVG dar. **Im Einzelfall** könnte – sofern die übrigen Voraussetzungen vorliegen – eine **Strafbarkeit aus § 315c I Nr. 1b** (evtl. Abs. 3) StGB in Betracht kommen, weil der Fahrer infolge eines körperlichen Mangels (etwa kein hinreichendes Sehvermögen) nicht in der Lage ist, das Fahrzeug sicher zu führen. Die infolge des körperlichen Mangels bestehende Fahrunsicherheit müsste kausal gewesen sein für eine konkrete Gefährdung von Leib oder Leben eines anderen Menschen oder fremder Sachen von bedeutendem Wert. Sofern § 315c I Nr. 1b StGB eingreift, tritt die Ordnungswidrigkeit hinter der Straftat zurück (§ 21 I 1 OWiG). Die Anordnung der Verwaltungsbehörde im Führerschein, **beim Fahren eine** dem Sehvermögen entsprechende **Brille** zu tragen, ist eine Auflage. Allerdings ist diese **Anordnung im Führerschein** nur verpflichtend iSd §§ 23 II, 75 Nr. 9 FeV, **solange eine Beeinträchtigung der Sehfähigkeit tatsächlich vorliegt**[983]. Umgekehrt kann es den Tatbestand einer Ordnungswidrigkeit nach den §§ 2 I, 75 Nr. 1 FeV (bzw. unter Umständen sogar einer Straftat nach § 315c I Nr. 1b StGB) erfüllen, wenn ein Fahrzeugführer eine notwendige Brille **auch ohne Auflage der Verwaltungsbehörde** nicht trägt.

Die Fahrerlaubnisverordnung enthält noch weitere Vorschriften, die zwischen **483** Auflage und Beschränkung unterscheiden (zB § 46 II FeV). Wegen der rechtlichen Konsequenzen muss die Eintragung einer Einschränkung der Fahrerlaubnis im Führerschein nach § 23 II FeV eindeutig erkennen lassen, ob es sich um eine Auflage oder um eine Beschränkung der Fahrerlaubnis handelt.[984] Auflagen und Beschränkungen werden im Scheckkartenführerschein in codierter Form (Schlüsselzahlen) nach näherer Maßgabe der Anlage 9 FeV eingetragen. Beziehen sie sich auf einzelne Klassen, sind sie in Feld 12 in der Zeile der betreffenden Klassen einzutragen. Solche, die für alle erteilten Klassen gelten, sind in der letzten Zeile des Feldes 12 unter den Spalten 9 bis 12 zu vermerken. Häufungen sind durch Komma zu trennen. Die Unterscheidung nach Auflagen und Beschränkungen ist aber auch bei Eintragung der Schlüsselzahlen leider immer noch nicht in allen Fällen gewährleistet. Im Hinblick auf die Unterschiedlichkeit der Ahndung als Ordnungswidrigkeit nach § 75 Nr. 9 FeV oder als Straftat nach § 21 I Nr. 1 StVG sind genaue Feststellungen darüber zu treffen, ob eine Auflage oder eine Beschränkung der Fahrerlaubnis vorliegt.[985] Wenn unklar ist, ob eine Auflage oder Beschränkung gemeint ist, ist zu Gunsten des Fahrerlaubnisinhabers von einer Auflage auszugehen. Grundsätzlich sind Beschränkungen **nur unter engen Voraussetzungen** zulässig, weil sie den

[982] Hentschel/König/Dauer/*König* StVG § 21 Rn. 4.
[983] BGH VRS 66, 155.
[984] BGH NJW 1978, 2517; BayObLG NZV 1990, 322.
[985] BayObLG NZV 1990, 322.

Bürger mehr belasten als Auflagen. So hat die Rspr.[986] in der Vergangenheit die Anordnung der Verwaltungsbehörde, am Fahrzeug einen **zweiten Außenspiegel** anzubringen, stets als Auflage und nicht Beschränkung angesehen. Außerdem muss sich die getroffene Anordnung der Verwaltungsbehörde im gesteckten Rahmen halten. Soweit Anordnungen der Verwaltungsbehörde diese Voraussetzungen nicht erfüllen, sind sie auch keine Beschränkungen der Fahrerlaubnis, sondern im Wege der gesetzeskonformen Auslegung als Auflagen zu betrachten, selbst wenn die Verwaltungsbehörde sie als Einschränkungen der Fahrerlaubnis bezeichnet haben sollte.[987] Darüber hinaus muss zwischen harmonisierten Gemeinschaftscodes [Schlüsselzahlen 1–99 (zweistellig)] und einzelstaatlichen Codes [Schlüsselzahlen 100 und darüber (dreistellig)] unterschieden werden. Die Schlüsselzahlen 1–99 sind auf EU-Ebene festgelegt und haben Geltung im gesamten Bereich der Gemeinschaft. Sie sind deshalb EU-einheitlich geregelt. Die harmonisierten Schlüsselzahlen der EU bestehen aus zwei Ziffern (Hauptschlüsselzahlen). Unterschlüsselungen bestehen aus einer Hauptschlüsselzahl (erster Teil) und aus zwei Ziffern und/oder Buchstaben (zweiter Teil). Erster und zweiter Teil sind durch einen Punkt getrennt. Der zweite Teil kann bei bestimmten Schlüsselungen weitere Ziffern/Buchstaben enthalten. Eingetragene Auflagen und Beschränkungen gelten also sowohl für Inhaber einer in Deutschland erworbenen Fahrerlaubnis als auch über § 28 I FeV in gleicher Weise für Inhaber von EU-/EWR-Fahrerlaubnissen.

484 Nationale Schlüsselungen bestehen nur aus drei Ziffern. Es handelt sich um nationale Codes *mit ausschließlicher Geltung für den Verkehr auf dem Hoheitsgebiet des Staates, der den Führerschein ausgestellt hat.* Sie gelten also nur im Inland. Ein Verstoß dagegen hat also nur Auswirkungen bei Fahrerlaubnissen, die in Deutschland erworben worden sind (deutsche Führerscheine).

485 Auflagen und Beschränkungen in Fahrerlaubnissen aus sog. Listen-/Drittstaaten müssen bei Teilnahme am Straßenverkehr im Inland ebenfalls beachtet werden (§ 29 I FeV).

486 Die Beschränkung der Fahrerlaubnis auf **Kfz mit automatischer Kraftübertragung** (§ 17 VI FeV) ist keine bloße Auflage; wer trotz dieser Beschränkung ein Kfz mit Schaltgetriebe fährt, verletzt § 21 I Nr. 1 StVG. In § 17 VI FeV werden ausdrücklich die Begriffe „beschränken" und „Beschränkung" verwandt. Auch die Regelung des § 6 II Satz 3 FeV, wonach die Fahrerlaubnis der **Klasse T bei Personen unter 18 Jahren** auf Zugmaschinen mit einer Höchstgeschwindigkeit von 40 km/h begrenzt ist, stellt eine Beschränkung dar. Desgleichen die gesetzlichen Vorgaben zur Geltungsdauer einer Fahrerlaubnis nach § 23 I FeV. Dagegen ist die Verpflichtung, dass beim **Begleiteten Fahren ab 17 Jahren** (§ 48a FeV) eine benannte Person mitfahren muss, eine Auflage (s. Wortlaut der §§ 6e StVG, 48a FeV).

VI. Anordnen und Zulassen des Fahrens ohne Fahrerlaubnis

487 In § 21 I Nr. 2 bzw. II Nr. 1 und 3 StVG ist auch das Verhalten des Halters unter Strafe gestellt, der anordnet oder zulässt, dass jemand sein Kfz führt, der die

---

[986] BGH NJW 1978, 2517.
[987] BayObLG NZV 1990, 322.

dazu erforderliche Fahrerlaubnis nicht (mehr) hat – § 21 I Nr. 2 (evtl. Abs. 2 Nr. 1) StVG – oder dem das Führen des Fahrzeugs durch ein Fahrverbot (§§ 44 StGB, 25 StVG) untersagt ist – § 21 I Nr. 2 (evtl. II Nr. 1) StVG – oder der trotz Sicherstellung oder Beschlagnahme pp. das Kfz führt – § 21 II Nr. 3 StVG. In allen Fällen reicht Fahrlässigkeit aus, wobei allerdings teilweise der Strafrahmen geringer ist als bei vorsätzlicher Begehung. Da das Verhalten des Halters zu einem **selbststän-digen Tatbestand** erhoben worden ist, tritt eine evtl. gleichzeitig begangene An-stiftung oder Beihilfe des Halters zum Fahren ohne Fahrerlaubnis regelmäßig hinter einer Täterschaft zurück.

Anordnen ist ein bewusstes Veranlassen und setzt ein gezieltes Handeln, also   **488** **insoweit Vorsatz voraus.** Ob auch **das Zulassen** eine bewusste Willensentschei-dung erfordert, nämlich den Entschluss, die Benutzung des Kfz durch den Fahrzeugführer, der keine Fahrerlaubnis hat, nicht zu verhindern, ist streitig. Nach Ansicht des BGH[988] setzt etwa die **fahrlässige Begehungsform des „Zu-lassens"** der Führung eines Kfz durch einen Fahrer, der die dazu erforderliche Fahrerlaubnis nicht besitzt oder gegen den ein Fahrverbot besteht (§ 21 I Nr. 2, II Nr. 1 StVG), nicht voraus, dass der Fahrzeughalter mindestens mit bedingtem Vorsatz das Fahrzeug an den Fahrer überlässt. „Zulassen" iSd § 21 StVG ist gleichbedeutend mit „Ermöglichen". Es ist nicht einzusehen, dass einerseits die strafrechtliche Verantwortung des Halters in vollem Umfang bei einer fahrlässi-ger Tötung oder einer fahrlässiger Körperverletzung besteht, selbst wenn er nur fahrlässig die Benutzung seines Fahrzeugs durch einen ungeeigneten Führer ermöglicht hat und dadurch den von diesem herbeigeführten rechtswidrigen Erfolg (Tötung, Körperverletzung) ursächlich mit verschuldet hat, andererseits aber, wenn ein solcher Erfolg nicht eingetreten ist, bloße fahrlässige Überlas-sung des Fahrzeugs an den ungeeigneten Führer für eine Ahndung nach § 21 StVG nicht ausreichen soll. Ob nämlich ein solcher rechtswidriger Erfolg eintritt, hängt weitgehend vom Zufall ab. Im Übrigen muss der Strafrechtsschutz schon im Vorfeld der Erfolgsdelikte einsetzen, wenn das mit dem Gesetz verfolgte Ziel erreicht werden soll, die Allgemeinheit vor den mit dem Kraftfahrzeugverkehr verbundenen Gefahren wirksam zu schützen. Deshalb genügt **hinsichtlich des „Zulassens" die fahrlässige Begehungsweise**.

An die Sorgfalt des Halters sind hohe Anforderungen zu stellen. Der Gesetzge-   **489** ber hat das Verhalten des Halters in § 21 StVG selbstständig mit Strafe bedroht, weil dem Fahrzeughalter eine hohe Verantwortung zukommt. Der Halter muss dafür Sorge tragen, dass das Kfz nicht in unberechtigte Hände gelangt. Denn vom Betrieb eines Kfz gehen erhebliche Gefahren für die Allgemeinheit aus, insbesondere wenn das Kfz von einer ungeeigneten oder unberechtigten Per-son geführt wird. Der Halter muss sich deshalb vor der Überlassung des Kfz davon überzeugen, dass der **Führer die zutreffende Fahrerlaubnis** hat.[989] An-dererseits wäre es purer Formalismus, wenn etwa ein **Arbeitgeber** von einem angestellten Arbeitnehmer, zu dessen Aufgabenkreis die ständige Benutzung eines Firmenwagens gehört, sich vor jeder Fahrt, unter Umständen täglich

---

[988] BGH NJW 1972, 1677; LG Köln NZV 1999, 485.
[989] BGH VRS 34, 354; OLG Frankfurt a.M. NJW 1965, 2312; KG VRS 40, 284; OLG Hamm VRS 49, 209; OLG Zweibrücken VRS 63, 55; KG NStZ-RR 2006, 249.

mehrfach, den Führerschein vorzeigen lassen müsste, bevor der Bedienstete das Firmengelände mit dem Kfz verlassen darf. In diesen Fällen reicht es aus, wenn der Arbeitgeber sich den Führerschein beim Abschluss des Arbeitsvertrages vorlegen lässt.[990] Spätere Erkundigungspflichten treffen ihn nur dann, wenn für ihn der Verdacht aufkommt, sein Angestellter sei möglicherweise nicht mehr zum Führen von Kfz berechtigt. Diese Grundsätze sind auf andere Bereiche des täglichen Lebens zu übertragen. Wenn der Kraftfahrzeughalter **zuverlässige Kenntnis** davon besitzt, dass dem Dritten, dem er die Führung des Kfz gestattet, die hierzu erforderliche Fahrerlaubnis erteilt worden ist, so muss er sich nur dann (erneut) dessen Führerschein vorlegen lassen, wenn ihm besondere Umstände Grund zu der Befürchtung geben müssen, dem Dritten könnte zwischenzeitlich die Fahrerlaubnis entzogen worden sein.[991]

490 Immer wieder stellt sich auch die Frage, welche Maßnahmen der Halter ergreifen muss, um Personen, die keine Fahrerlaubnis haben, den **Zugang zu den Autoschlüsseln** unmöglich zu machen. Grundsätzlich sind auch in diesem Punkt **an die Sorgfaltspflicht des Fahrzeughalters strenge Anforderungen zu stellen.**[992] Er ist aber nicht allgemein verpflichtet, die Fahrzeugschlüssel so zu verwahren, dass mit ihm in der gleichen Wohnung zusammenlebenden Personen, die über keine Fahrerlaubnis verfügen, der Zugang zu den Schlüsseln unmöglich gemacht ist. Eine Ausnahme besteht nur, wenn zu befürchten ist, diese Dritten würden die Schlüssel missbräuchlich benutzen. Denn ansonsten würde eine derart weitgehende Pflicht dazu führen, dass man stets anderen Personen (zB in der Familie) mit Misstrauen begegnen müsste. Es kann nicht ernstlich vertreten werden, man müsste den anderen stets als potentiellen Straftäter ansehen.[993] Im Übrigen wäre eine sichere Aufbewahrung der Autoschlüssel in einer gemeinsamen Wohnung häufig nur unter erheblichen, im Regelfall unzumutbaren Schwierigkeiten möglich. Es liegt allein darin noch keine Sorgfaltspflichtverletzung, dass der Halter eines Kfz den Zündschlüssel stecken lässt, während ein Beifahrer, dem die Fahrerlaubnis entzogen worden ist, im Fahrzeug wartet. Erforderlich ist vielmehr die Feststellung konkreter Umstände, die einen Missbrauch befürchten lassen.[994] Jedoch ist es grob fahrlässig, einen Fahrzeugschlüssel in einem vom Kfz-Hersteller hierfür (serienmäßig) vorgesehenen **Versteck im Motorraum** zu deponieren.[995]

491 § 21 I Nr. 2 StVG findet keine Anwendung, wenn der **Halter sein Fahrzeug verkauft** und es dem Käufer zum Führen übergibt.[996] In der **Eigentumsübertragung mit Besitzverschaffung** ist kein Anordnen oder Zulassen zum Führen eines Kfz

---

[990] OLG Frankfurt a.M. NJW 1965, 2312 (2313).
[991] BayObLG StVE § 21 StVG Nr. 4; OLG Koblenz StVE § 21 StVG Nr. 12; KG NZV 2006, 487.
[992] OLG Koblenz StVE § 21 StVG Nr. 23.
[993] BayObLG NJW 1983, 637; OLG Düsseldorf StVE § 21 StVG Nr. 24; OLG Hamm bei *Burhoff* DAR 1996, 385; LG Köln NZV 1999, 485.
[994] BayObLG NZV 1996, 462; zu den Voraussetzungen, unter denen einem Familienmitglied, das keine Fahrerlaubnis besitzt, die Fahrzeugschlüssel zur Durchführung von Wartungsarbeiten überlassen werden dürfen: LG Paderborn NZV 1990, 325.
[995] OLG Nürnberg NZV 1995, 154.
[996] BGH StVE § 21 StVG Nr. 10.

zu sehen.[997] Denn mit der Eigentumsübertragung endet in diesem Fall auch die Haltereigenschaft. UU kommt jedoch **Beihilfe zum Fahren ohne Fahrerlaubnis** in Betracht. Dies setzt aber neben einer vorsätzlichen Haupttat auch Vorsatz auf Seiten des Verkäufers voraus. Etwas anderes mag für eine **Probefahrt** gelten, die der Verkäufer dem Kaufinteressenten vor der Übereignung des Fahrzeugs gestattet. Zu diesem Zeitpunkt ist der Verkäufer in aller Regel noch Halter.

Wegen Zulassens des Führens eines Kfz ohne Fahrerlaubnis kann auch ein **492** **Mithalter** bestraft werden, der die Führung des Fahrzeugs durch einen nicht im Besitz der erforderlichen Fahrerlaubnis befindlichen anderen Mithalter zulässt. Nach dem Wortlaut erfasst § 21 StVG auch diesen Fall.[998] Im Verhältnis zweier (gleichgeordneter) Mithalter zueinander ist die Sachherrschaft für jeden von ihnen durch diejenige des anderen beschränkt und jeder von ihnen hat die Möglichkeit, dem Anderen eine gegen gesetzliche Vorschriften verstoßende Fahrzeugbenutzung zu verbieten.

C. Anstiftung und Beihilfe zum Fahren ohne Fahrerlaubnis

In § 21 I Nr. 2 StVG wird bereits das Anordnen oder Zulassen des Halters mit **493** Strafe bedroht, wenn eine Person ohne Fahrerlaubnis oder trotz eines bestehenden Fahrverbots ihr Kfz führt. In dieser Vorschrift sind quasi Teilnahmehandlungen zu einem selbstständigen Tatbestand erhoben worden. Eine „**vorsätzliche** Haupttat" ist somit für § 21 I Nr. 2 StVG nicht mehr erforderlich. Auch eine „fahrlässige Haupttat" ist ausreichend (§ 21 II Nr. 1 StVG). Daneben sind aber auch die sonst üblichen Teilnahmehandlungen, nämlich Anstiftung (§ 26 StGB) und Beihilfe (§ 27 StGB), unter den insoweit erforderlichen Voraussetzungen (vorsätzliche Haupttat und Vorsatz des Teilnehmers) denkbar. Wer – ohne Halter zu sein – einen Dritten, von dem er weiß, dass dieser keine Fahrerlaubnis hat, zum Führen eines Kfz auffordert, ist Anstifter zum Fahren ohne Fahrerlaubnis. Bereits **im Mitfahren** in einem von einer Person ohne Fahrerlaubnis gelenkten Kfz kann eine **Beihilfe zum Fahren ohne Fahrerlaubnis** liegen, wenn der Fahrzeugführer die Fahrt ausschließlich zu dem Zweck unternimmt, den Mitfahrenden zu einem bestimmten Ziel zu bringen. Allerdings ist (bedingter) **Vorsatz** notwendig.[999]

D. Der außerdeutsche Kraftfahrzeugführer

I. Einleitung

Der Begriff der „erforderlichen Fahrerlaubnis" in § 21 I Nr. 1 StVG korrespon- **494** diert mit § 2 StVG. **Zuständige Behörde iSd § 2 StVG kann lediglich eine deutsche Stelle sein.** Ein Staat kann Erlaubnisse und Genehmigungen grundsätzlich nur für seinen Hoheitsbereich erteilen. Deshalb kann die deutsche Fahrerlaubnis

---

[997] OLG Hamm VRS 17, 435.
[998] BayObLG StVE § 21 StVG Nr. 18.
[999] BayObLG NJW 1982, 1891.

grundsätzlich nur für das Inland erteilt werden. Umgekehrt kann eine von einer ausländischen Behörde erteilte Fahrerlaubnis nicht zum Führen von Kfz im Bereich der BRD gelten. Eine Durchbrechung dieses Prinzips bilden aufgrund vertraglicher Verpflichtungen der BRD die Fahrerlaubnisse aus Mitgliedstaaten der Europäischen Union und der anderen Vertragsstaaten des Abkommens über den Europäischen Wirtschaftsraum sowie diverse internationale Vereinbarungen. Das Bundesministerium für Verkehr kann **Ausnahmen** (für den Bereich der BRD) zulassen (vgl. § 6 I Nr. 1 StVG). Eine solche Ausnahmenorm ist – unter Zurückstellung von Sicherheitsinteressen – in § 29 FeV getroffen. Die Regelung hat ihren Grund in internationalen Übereinkommen, in denen sich jedenfalls die meisten Staaten zur Anerkennung ausländischer Fahrerlaubnisse in einem bestimmten Rahmen verpflichtet haben. Mit Ausnahme von EU-Fahrerlaubnissen muss der Inhaber einer ausländischen Fahrerlaubnis, wenn er in der BRD seinen Lebensmittelpunkt begründet, diese spätestens nach einer Frist von sechs Monaten (§ 29 I 3 FeV) in eine deutsche Fahrerlaubnis umschreiben lassen. § 29 I 3 FeV sieht in bestimmten Sonderfällen auf Antrag eine Fristverlängerung um weitere sechs Monate vor. Nach Ablauf dieser Frist darf der Inhaber der ausländischen Fahrerlaubnis in der BRD kein Kfz mehr führen. Hält er sich nicht daran, verstößt er gegen § 21 StVG, weil er ab diesem Zeitpunkt nicht (mehr) Inhaber der erforderlichen Fahrerlaubnis ist. Die Voraussetzungen für eine Umschreibung sind in § 31 FeV geregelt. In dieser Norm wird unterschieden zwischen verschiedenen Gruppen von Herkunftsländern. Entsprechend sind die Umschreibungsvoraussetzungen.

495 Es gibt demnach drei Arten von Fahrerlaubnissen:[1000]

496 • **Deutsche Fahrerlaubnisse** (Fahrerlaubnisse, die von einer deutschen Behörde erteilt worden sind. Auf die Nationalität des Fahrerlaubnisinhabers kommt es nicht an – Inhaber kann auch ein Ausländer sein, der in der BRD lebt.)

497 • **EU-Fahrerlaubnisse** (Fahrerlaubnisse, die von einem EU-Staat oder einem Staat des EURpäischen Wirtschaftsraumes erteilt worden sind. Unerheblich ist die Nationalität des Fahrerlaubnisinhabers. So kann etwa ein Marokkaner, der in Frankreich lebt, Inhaber einer gültigen EU-Fahrerlaubnis sein. Es kommt nicht darauf an, dass die Fahrerlaubnis schon vor dem Beitritt des jeweiligen Staates zur EU erteilt worden ist. Denn sonst müsste ein Staat nach seinem Beitritt erst neue Fahrerlaubnisse erteilen.) Insoweit gelten die die §§ 28 und 30 FeV.

498 • **Fahrerlaubnisse eines sonstigen Staates** (Fahrerlaubnisse, die von einem sonstigen ausländischen Staat erteilt worden sind. Auf die Nationalität des Fahrerlaubnisinhabers kommt es nicht an[1001] – zB kann auch ein Deutscher, der im Ausland – außerhalb der EU – lebt, Inhaber einer solchen Fahrerlaubnis sein.) Insoweit gelten §§ 29, 31 FeV.

499 EU-Fahrerlaubnisse sind inzwischen fast uneingeschränkt im Bereich der BRD gültig. Anders ist das bei den übrigen ausländischen Fahrerlaubnissen.

[1000] S. auch *Blum* NZV 2008, 176 ff.
[1001] OLG Karlsruhe NJW 1972, 1633.

II. Außerdeutsche Fahrerlaubnisse aus Drittstaaten

Wie sich aus den §§ 2 I StVG und 4 I FeV ergibt, bedarf, wer auf öffentlichen **500** Straßen ein Kfz führen will, der Erlaubnis der zuständigen (deutschen) Verwaltungsbehörde.[1002] Vom Grundsatz her soll in der BRD nur derjenige ein Kfz führen dürfen, der durch entsprechende Prüfungen nachgewiesen hat, dass er zum Führen eines Kfz in der Lage ist und die deutschen Straßenverkehrsregeln beherrscht. Es kommen aber viele Ausländer mit ihren Kfz in die BRD, die keine deutsche Fahrerlaubnis besitzen. Aufgrund internationaler Vereinbarungen werden ausländische Fahrerlaubnisse in der BRD und umgekehrt deutsche Fahrerlaubnisse auch im Ausland anerkannt. Ansonsten würden der internationale Warenverkehr und der Tourismus kaum funktionieren. Dieser Verzicht auf eine deutsche Fahrerlaubnis führt teilweise zu einer Beeinträchtigung der Verkehrssicherheit, weil zumindest Autofahrer aus Nicht-EU-Staaten bisweilen die hiesigen Verkehrsregeln nicht ausreichend beherrschen. Deshalb schränken viele Staaten die Genehmigung, auf ihrem Territorium mit einer ausländischen Fahrerlaubnis Kfz führen zu dürfen, ein. Inwieweit und in welchem Umfang ausländische Fahrerlaubnisse in der BRD anerkannt werden, ist in den §§ 29, 31 FeV geregelt.

Nach **§ 29 I 1 FeV** dürfen Inhaber einer ausländischen Fahrerlaubnis im Umfang **501** ihrer Berechtigung im Inland Kfz führen, wenn sie hier keinen ordentlichen Wohnsitz iSd § 7 FeV haben. Begründet der Inhaber einer in einem anderen ausländischen Staat erteilten Fahrerlaubnis einen ordentlichen Wohnsitz im Inland, besteht die Berechtigung noch sechs Monate (anders bei Inhabern von EU-Fahrerlaubnissen – insoweit gelten die §§ 28, 30 FeV). Die Fahrerlaubnisbehörde kann die Frist auf Antrag um weitere sechs Monate verlängern, wenn der Antragsteller glaubhaft macht, dass er seinen ordentlichen Wohnsitz nicht länger als zwölf Monate im Inland haben wird. Auflagen zur ausländischen Fahrerlaubnis sind auch im Inland zu beachten (§ 29 I 5 FeV).

Nach § 29 III FeV gilt die Berechtigung nach Abs. 1 nicht für Inhaber ausländi- **502** scher Fahrerlaubnisse,

1. die lediglich im Besitz eines Lernführerscheins oder eines anderen vorläufig ausgestellten Führerscheins sind,
1a. die das nach § 10 I FeV für die Erteilung einer Fahrerlaubnis vorgeschriebene Mindestalter nicht erreicht haben und deren Fahrerlaubnis nicht von einem anderen Mitgliedstaat der EU oder einem anderen Vertragsstaat des Abkommens über den Europäischen Wirtschaftsraum erteilt worden ist,
2. die zum Zeitpunkt der Erteilung der ausländischen Erlaubnis zum Führen von Kfz ihren ordentlichen Wohnsitz im Inland hatten, es sei denn, dass sie die Fahrerlaubnis in einem anderen Mitgliedstaat der Europäischen Union oder einem anderen Vertragsstaat des Abkommens über den Europäischen Wirtschaftsraum während eines mindestens sechsmonatigen, ausschließlich dem Besuch einer Hochschule oder Schule dienenden Aufenthalts erworben haben,[1003]

[1002] BGH NZV 2002, 45.
[1003] Praktikanten sind keine Studenten oder Schüler – vgl. OVG Lüneburg NZV 2013, 312.

2a. die ausweislich des EU- oder EWR-Führerscheins oder vom Ausstellungs-
mitgliedstaat der Europäischen Union oder des Vertragsstaates des Europäischen Wirtschaftsraums herrührender unbestreitbarer Informationen zum
Zeitpunkt der Erteilung ihren ordentlichen Wohnsitz im Inland hatten, es sei
denn, dass sie als Studierende oder Schüler iSd § 7 II StVG die Fahrerlaubnis
während eines mindestens sechsmonatigen Aufenthalts erworben haben,

3. denen die Fahrerlaubnis im Inland vorläufig oder rechtskräftig von einem
Gericht oder sofort vollziehbar oder bestandskräftig von einer Verwaltungsbehörde entzogen worden ist, denen die Fahrerlaubnis bestandskräftig
versagt worden ist oder denen die Fahrerlaubnis nur deshalb nicht entzogen
worden ist, weil sie zwischenzeitlich auf die Fahrerlaubnis verzichtet haben,

4. denen aufgrund einer rechtskräftigen Entscheidung keine Fahrerlaubnis
erteilt werden darf oder

5. solange sie im Inland, in dem Staat, der die Fahrerlaubnis erteilt hatte oder
in dem Staat, in dem sie ihren ordentlichen Wohnsitz haben, einem Fahrverbot unterliegen oder der Führerschein nach § 94 StPO beschlagnahmt,
sichergestellt oder in Verwahrung genommen worden ist.

503 Gemäß § 29 IV FeV wird das Recht, von einer ausländischen Fahrerlaubnis nach
einer der in Abs. 3 Nr. 3 und 4 genannten Entscheidungen im Inland wieder
Gebrauch machen zu dürfen, **auf Antrag** erteilt, wenn die Gründe für die Entziehung nicht mehr bestehen.

504 Nach **§ 4 II 3 FeV** hat der außerdeutsche Kraftfahrzeugführer den Führerschein
mitzuführen und zuständigen Personen auf Verlangen zur Prüfung auszuhändigen. Ein Verstoß hiergegen stellt gem. **§ 75 FeV**, der ausdrücklich auf § 24 StVG
verweist, eine **Ordnungswidrigkeit** dar. Da es sich um eine Ordnungswidrigkeit
handelt, die ihre Gesetzesgrundlage in § 24 StVG hat, beträgt **gem. § 26 III StVG**
die Frist der Verfolgungsverjährung drei Monate, solange wegen der Handlung weder ein Bußgeldbescheid ergangen noch öffentliche Klage erhoben ist,
danach sechs Monate.

505 Die Teilnahme am inländischen Straßenverkehr mit einer ausländischen Fahrerlaubnis nach Ablauf der Übergangsfrist des § 29 I FeV (grundsätzlich sechs
Monate) erfüllt jedenfalls dann den Tatbestand des § 21 I Nr. 1 StVG, wenn es
sich nicht um eine Fahrerlaubnis eines EU-/EWR-Mitgliedstaates handelt.[1004]

506 Ein außerdeutscher Kraftfahrzeugführer, **der behauptet, einen ausländischen
Fahrausweis zu besitzen**, diesen aber nicht mit sich führt, kann nicht schon
deshalb wegen Fahrens ohne Fahrerlaubnis verurteilt werden, weil er – auch
später – die Fahrerlaubnis nicht nachweist.[1005] Denn auch ein deutscher Kraftfahrer macht sich nicht bereits dadurch nach § 21 StVG strafbar, dass er den
Führerschein nicht mitführt bzw. seine Fahrerlaubnis nicht nachweist. Voraussetzung ist stets, dass er tatsächlich nicht Inhaber einer Fahrerlaubnis ist.
Könnten Kraftfahrzeugführer, die sich auf eine ausländische Fahrerlaubnis berufen, schon dann wegen Fahrens ohne Fahrerlaubnis verurteilt werden, wenn
sie den ausländischen Führerschein (oder eine Bestätigung der ausländischen

---

[1004] OLG Köln StVE § 21 StVG Nr. 36.
[1005] BGH NZV 2002, 45; BayObLG NZV 1991, 481.

Fahrerlaubnisbehörde über die Erteilung eines solchen Fahrausweises) weder bei der polizeilichen Kontrolle noch in der Hauptverhandlung vorlegen können, so würde dies – im Vergleich zu Kraftfahrern, die sich auf eine deutsche Fahrerlaubnis berufen – eine schwerwiegende Schlechterstellung bedeuten. Eine solche Benachteiligung der Inhaber einer ausländischen Fahrerlaubnis wäre in der Sache nicht gerechtfertigt. Den Nachweis, dass der Täter nicht Inhaber der erforderlichen Fahrerlaubnis ist, haben Gericht und Staatsanwaltschaft zu führen. Denn sonst wäre die Bußgeldvorschrift aus den §§ 4 II 3, 75 Nr. 4 FeV sinnlos. Dagegen setzt ein Schuldspruch wegen der Ordnungswidrigkeit nach den §§ 4 II 3, 75 Nr. 4 FeV, § 24 StVG (Nichtmitführen des ausländischen Fahrausweises) nicht den sicheren Nachweis voraus, dass der Betroffene tatsächlich eine ausländische Fahrerlaubnis hat. Die Bußgeldvorschrift ist ein Auffangtatbestand, der auch dann angewandt werden kann, wenn nicht geklärt werden kann, ob der außerdeutsche Kraftfahrzeugführer Inhaber der erforderlichen Fahrerlaubnis ist.

Im Zusammenhang mit § 29 FeV tauchen im Wesentlichen zwei Problemkreise **507** auf:

1. bei Ausländern, die keine EU-/EWR-Fahrerlaubnis besitzen und die sich für längere Zeit in der BRD aufhalten und auch nach mehr als sechs Monaten (bei entsprechender Verlängerung nach mehr als einem Jahr) noch mit der ausländischen Fahrerlaubnis am Straßenverkehr teilnehmen und
2. Personen – teilweise auch Deutsche –, die im Ausland eine Fahrerlaubnis erwerben und dann – mitunter auch nach Verlegung eines (Schein-)Wohnsitzes ins Ausland – in der BRD als Kraftfahrzeugführer am Straßenverkehr teilnehmen.

Die Frist des § 29 I FeV beginnt bei ausländischen Führerscheinen vom Tag der **508** Begründung eines ordentlichen Wohnsitzes in der BRD (§ 7 FeV). Ein **vorübergehender Aufenthalt im Ausland** (zB Urlaub) und die anschließende Rückkehr in die BRD unterbrechen die Sechs-Monats-Frist nicht.[1006] Etwas anderes gilt bei **Beendigung des Aufenthaltes** in der BRD (etwa infolge Arbeitsplatzwechsels, Krankheit usw), wenn die **spätere Wiedereinreise** auf einem **neuen Entschluss** für einen neuen Aufenthalt in der BRD beruht.[1007] Die Frist wird nicht nur dann wieder neu in Gang gesetzt, wenn die Unterbrechung innerhalb „offener Frist" erfolgt ist, sondern auch, wenn sie zuvor bereits abgelaufen war.[1008] Grundsätzlich dürfen außerdeutsche Kraftfahrzeugführer nach der Wohnsitzbegründung sechs Monate im Inland Kfz auch dann mit einem ausländischen Führerschein führen, wenn sie ihren Wohnsitz oder ständigen Aufenthalt auf Dauer im Inland begründen wollen.[1009] Die Vorschrift des § 7 I FeV setzt zwar voraus, dass der Bewerber mindestens 185 Tage im Jahr in einem bestimmten Staat wohnt, nicht aber, dass er über einen solchen Zeitraum dort bereits gewohnt haben

---

[1006] OLG Stuttgart DAR 1971, 164.
[1007] BayObLG VRS 44, 132.
[1008] BayObLG NZV 1996, 502; *Blum* NZV 2008, 176.
[1009] OLG Stuttgart VRS 61, 479.

muss.[1010] Häufig wird in Verfahren wegen Fahrens ohne Fahrerlaubnis von dem ausländischen Beschuldigten vorgetragen, ihm seien die einschlägigen Regelungen nicht bekannt gewesen. In Führerscheinangelegenheiten sind an die **Vermeidbarkeit des Verbotsirrtums** bei in der BRD lebenden Ausländern strenge Anforderungen zu stellen. Sie trifft eine umfangreiche Erkundigungspflicht bei den zuständigen deutschen Behörden.[1011] Unzutreffende Informationen von irgendwelchen Bekannten vermögen die Vermeidbarkeit des Verbotsirrtums grundsätzlich nicht zu beseitigen.

509 Die Gültigkeit einer ausländischen Fahrerlaubnis in Deutschland ist auch dann auf die Frist von sechs Monaten begrenzt, wenn ihr Inhaber einen ständigen Wohnsitz sowohl im Inland als auch im Ausland hat[1012] **(Doppelwohnsitz)**. Die Ausnahmeregelung des § 29 FeV geht bei einer derartigen Verknüpfung des – ehemals – ausländischen Kraftfahrers zum Inland verloren. Das Interesse der BRD an der Sicherheit des inländischen Kraftverkehrs kann hier nicht weiter zurückgestellt werden, sondern gebietet die Kontrolle der Eignung solcher Kraftfahrer durch die deutschen Behörden. Die Vorschrift knüpft nach ihrem Wortlaut die Gültigkeit ausländischer Fahrerlaubnisse ausdrücklich an das Fehlen eines ständigen Aufenthaltes im Inland bzw. an die seit Begründung solchen Aufenthaltes verstrichene Zeit. Die Kontrolle solcher Autofahrer durch die Behörden könnte umgangen werden, wenn man dem Inhaber sog. Doppelwohnsitze in weitergehendem Umfang die Benutzung ausländischer Führerscheine gestatten würde.

510 Zu beachten ist stets, ob nicht die Voraussetzungen der Ausnahmeregelungen nach § 29 III Nr. 2 FeV vorliegen. Nach dieser Norm gilt die Berechtigung, im Inland mit einer ausländischen Fahrerlaubnis Kfz zu führen, nicht für Inhaber ausländischer Führerscheine, wenn sie **zum Zeitpunkt der Erteilung der ausländischen Erlaubnis** zum Führen von Kfz ihren ordentlichen Wohnsitz im Geltungsbereich dieser Verordnung hatten, mit Ausnahme von Schülern und Studenten. § 29 III Nr. 2 FeV will insbesondere verhindern, dass **Bewohner der BRD im Ausland eine Fahrerlaubnis erwerben**, mit der sie dann am deutschen Straßenverkehr teilnehmen können. Ganz besonders gilt dies für solche Personen, denen in der BRD die Fahrerlaubnis durch gerichtliche Entscheidungen oder durch die Verwaltungsbehörde entzogen worden ist, weil sie ungeeignet zum Führen von Kfz sind.[1013] Der Inhaber einer ausländischen Fahrerlaubnis ist im Inland nicht zum Führen von Kfz nach § 29 I FeV berechtigt, wenn die deutsche Fahrerlaubnis iSd § 29 III Nr. 3 FeV entzogen worden ist. Dies gilt unabhängig davon, ob die ausländische Fahrerlaubnis zum Zeitpunkt der Entziehung der deutschen Fahrerlaubnis bereits bestand oder ob sie erst später erworben wurde.[1014] Die bloß **nominelle Begründung eines (Schein-)Wohnsitzes im Ausland** berechtigt nicht zum Fahren im Inland mit einer ausländischen

---

[1010] *Bouska/Laeverenz* FahrerlaubnisR FeV § 7 Rn. 2b.
[1011] OLG Köln VRS 54, 364; beachte auch OLG Hamm bei *Burhoff* DAR 1996, 385.
[1012] OLG Zweibrücken DAR 1991, 350; OLG Hamburg VRS 64, 50.
[1013] BayObLG NZV 2000, 261.
[1014] VGH Mannheim NZV 2003, 591.

Fahrerlaubnis.[1015] In der Praxis bereitet jedoch in derartigen Verfahren wegen vorsätzlichen Fahrens ohne Fahrerlaubnis (§ 21 I Nr. 1 StVG) mitunter der Nachweis eines Scheinwohnsitzes im Ausland erhebliche Schwierigkeiten.

§ 29 III Nr. 3 FeV gilt auch für eine sog. „isolierte" Sperrfrist.[1016] **511**

III. Fahrerlaubnisse eines EU- oder EWR-Staates

Zunächst sei darauf hingewiesen, dass das EU-Recht im Gegensatz zum deut- **512** schen Recht (s. § 2 StVG) nicht differenziert zwischen der materiell-rechtlichen Fahrerlaubnis und dem als Führerschein bezeichneten Nachweisdokument. Beide Begriffe werden im EU-Recht weitgehend gleichbedeutend verwandt. Das führt teilweise zu Problemen. Die 2. und inzwischen die 3. Führerscheinrichtlinie wollen das im EU-Recht verankerte Prinzip der Freizügigkeit zwischen den einzelnen EU-Staaten auch für den Straßenverkehr regeln. Deshalb ist in beiden Richtlinien der Grundsatz enthalten, dass jeder EU-Staat die von einem anderen EU-Staat erteilte Fahrerlaubnis auf seinem Staatsgebiet anerkennen muss.

Die frühere Rspr.,[1017] wonach sich der Inhaber einer in einem anderen EU- **513** Staat erworbenen Fahrerlaubnis, der jedoch im Inland seinen Wohnsitz hat, nach § 21 I Nr. 1 StVG strafbar macht, ist mit dem „Kapper"-Urteil des EuGH v. 29.4.2004[1018] **für EU-Fahrerlaubnisse** nicht mehr mit EU-Recht vereinbar. Nach dieser Entscheidung darf ein Mitgliedstaat einer von einem anderen Mitgliedstaat erteilten Fahrerlaubnis die Anerkennung nicht deshalb versagen, weil nach den ihm vorliegenden Informationen der Fahrerlaubnisinhaber zum Zeitpunkt der Erteilung der Fahrerlaubnis seinen ordentlichen Wohnsitz im Hoheitsgebiet dieses Mitgliedstaates und nicht im Hoheitsgebiet des ausstellenden Mitgliedstaates gehabt hat. Denn nach den vertraglichen Vereinbarungen der EU-Staaten hat der **Ausstellerstaat** zu überprüfen, ob der Antragsteller die vorgesehenen Wohnsitzvoraussetzungen erfüllt (Wohnsitzprinzip). Deshalb ist es nach Ansicht des EuGH allein Sache des Ausstellungsstaates, geeignete Maßnahmen in Bezug auf diejenigen Führerscheine zu ergreifen, bei denen sich nachträglich herausstellt, dass ihr Inhaber diese Voraussetzung nicht erfüllt hat.[1019] Der Ausstellerstaat ist zwar grundsätzlich zur Prüfung verpflichtet, ob die Voraussetzungen für die Erteilung einer Fahrerlaubnis vorliegen, insbesondere ob der Antragsteller ausreichend lange ordnungsgemäß im Ausstellerstaat gemeldet ist. Vereinzelt haben bestimmte Staaten diese Anforderungen sehr großzügig ausgelegt. Teilweise werden Personen Fahrerlaubnisse erteilt, die ihren Wohnsitz in einem anderen Staat, in dem ihnen aus schwerwiegenden Gründen die Fahrerlaubnis entzogen worden war, haben. Zwar kann der andere Staat den Ausstellerstaat um **Überprüfung bitten**. Aber in vielen Fällen ist der Erfolg gering. Dem anderen Staat bleibt in solchen Fällen häufig nur die Möglichkeit, vor dem EuGH ein langwieriges Vertragsverletzungsverfahren gegen

---

[1015] OLG Köln VRS 57, 133.
[1016] OLG Hamm VRS 67, 457.
[1017] S. zB BGH NZV 2002, 406.
[1018] NZV 2004, 372.
[1019] OLG Bamberg NZV 2013, 460; VGH Mannheim NZV 2005, 167.

den Ausstellerstaat anzustreben [Art. 259 AEUV (ex-Art. 227 EGV)], dessen Ausgang allerdings zweifelhaft ist.

514 Weiterhin darf nach dem **Kapper-Urteil** des EuGH ein Mitgliedstaat die Anerkennung der Gültigkeit einer von einem anderen Mitgliedstaat ausgestellten Fahrerlaubnis nicht deshalb ablehnen, weil im Hoheitsgebiet des erstgenannten Mitgliedstaates auf den Inhaber des Führerscheins eine Maßnahme des Entzugs oder der Aufhebung einer von diesem Staat erteilten Fahrerlaubnis angewendet wurde, wenn die zusammen mit der Maßnahme angeordnete Sperrfrist für die Neuerteilung der Fahrerlaubnis in diesem Mitgliedstaat abgelaufen war, bevor der Führerschein von einem anderen Mitgliedstaat ausgestellt worden ist.[1020] Die nationalen Gerichte haben bei ihrer Rechtsanwendung die Rspr. des EuGH zur Rechtsnatur, zur unmittelbaren Wirkung und zur Auslegung des Gemeinschaftsrechts zu berücksichtigen. Dies gilt auch für die verwaltungsbehördliche Fahrerlaubnisentziehung.[1021] Denn die Entziehung mit Sperrfrist auf strafrechtlicher Grundlage stellt keine mindere Sanktion dar, sondern die Sperre stellt eine zusätzliche Maßnahme zu der auf der Grundlage der Feststellung einer mangelnden Eignung getroffenen Entziehung der Fahrerlaubnis dar. Auch in verwaltungsbehördlichen Fällen der Entziehung kann Art. 8 IV RL 2006/126/EG keine weitergehende Ablehnung der Anerkennung der ausländischen Fahrerlaubnis rechtfertigen – insbesondere nicht eine solche zeitlich unbegrenzten Ausmaßes.

515 Da das Fahrerlaubnisrecht in der EU noch sehr uneinheitlich ist, gibt es zB in Deutschland für die Wiedererteilung der Fahrerlaubnis nach einer Trunkenheitsfahrt unter Umständen strengere Anforderungen als in vielen anderen Staaten. Der EuGH weist jedoch in einer Entscheidung v. 6.4.2006[1022] **(Fall Halbritter)** darauf hin, dass es einem Mitgliedstaat verwehrt ist, das Recht zum Führen eines Kfz aufgrund eines in einem anderen Mitgliedstaat ausgestellten Führerscheins und damit dessen Gültigkeit in seinem Hoheitsgebiet deshalb nicht anzuerkennen, weil sich sein Inhaber, dem in dem erstgenannten Staat eine vorher erteilte Fahrerlaubnis entzogen worden war, nicht der nach den Rechtsvorschriften dieses Staates für die Erteilung einer neuen Fahrerlaubnis nach dem genannten Entzug erforderlichen Fahreignungsprüfung unterzogen hat, wenn die mit diesem Entzug verbundene Sperrfrist für die Erteilung einer neuen Fahrerlaubnis abgelaufen war, bevor der Führerschein in dem anderen Mitgliedstaat ausgestellt wurde. Unerheblich ist, ob die Fahrerlaubnis in dem anderen Mitgliedstaat nur deshalb erworben worden ist, um die inländischen Vorschriften über die Wiedererteilung der Fahrerlaubnis nach deren Entzug zu umgehen.[1023] Außerdem ist es nach dieser Entscheidung des EuGH einem Mitgliedstaat, bei dem die **Umschreibung eines in einem anderen Mitgliedstaat erworbenen gültigen Führerscheins in einen nationalen Führerschein** beantragt wird, verwehrt, diese Umschreibung davon abhängig zu machen, dass eine erneute Untersuchung der Fahreignung des Antragstellers vorgenommen

---

[1020] OLG Köln NZV 2005, 110; OLG Saarbrücken BA 2006, 318.
[1021] OVG Koblenz NZV 2005, 605.
[1022] NZV 2006, 498.
[1023] OLG München NJW 2007, 1152.

wird, die nach dem Recht des erstgenannten Mitgliedstaates zur Ausräumung entsprechender Zweifel aufgrund von Umständen erforderlich ist, die vor dem Erwerb des Führerscheins in dem anderen Mitgliedstaat bestanden. In einer weiteren Entscheidung (**Fall Kremer**) hat der EuGH[1024] zum Ausdruck gebracht, dass es die Führerschein-Richtlinie 91/439/EWG einem Mitgliedstaat verwehre, das Recht zum Führen eines Kfz aufgrund eines in einem anderen Mitgliedstaat ausgestellten Führerscheins und damit dessen Gültigkeit in seinem Hoheitsgebiet nicht anzuerkennen, solange der Führerscheininhaber die Bedingungen nicht erfüllt, die nach den Rechtsvorschriften dieses Staates für die Neuerteilung einer Fahrerlaubnis nach einem früheren Entzug vorliegen müssen. Die BRD kann also nicht von einem EU-Führerscheininhaber, dem etwa wegen Trunkenheit im Verkehr (§ 316 StGB) mit einer BAK von 1,6 ‰ oder mehr hier die Fahrerlaubnis entzogen worden war und der nunmehr (nach Ablauf der Sperrfrist) in einem anderen EU-Staat eine Fahrerlaubnis erworben hat, verlangen, dass er zunächst ein entsprechendes Gutachten (§ 2 VIII StVG) beibringen muss, bevor er in der BRD wieder ein Kfz führen darf. Legt aber der Fahrerlaubnisinhaber ein solches Gutachten vor, aus dem sich aus Umständen **nach** der Fahrerlaubniserteilung seine mangelnde Fahreignung ergibt, so kann ihm für das Inland das Recht aberkannt werden, von der EU-Fahrerlaubnis Gebrauch zu machen. Das gilt selbst dann, wenn die deutsche Behörde das Gutachten entgegen der Gesetzeslage angefordert, der Betroffene dies aber freiwillig vorgelegt hat.[1025] Dagegen darf aus einem Gutachten – auch wenn es nach der Fahrerlaubniserteilung durch einen anderen EU-Staat – erstellt worden ist, das sich aber lediglich auf Umstände vor der Erteilung der Fahrerlaubnis bezieht, keine Ablehnung der Fahrerlaubnis für das Inland gestützt werden. Etwas anderes mag gelten, wenn das Gutachten (auch) auf Umständen basiert, die **nach** der Erteilung der Fahrerlaubnis liegen.[1026]

In zwei weiteren Entscheidungen v. 26.6.2008[1027] (**Fall Wiedemann und Fall 516 Funk**) wiederholt der EuGH seine aufgestellten Grundsätze, stellt allerdings klar, dass eine Anerkennung der in einem EU-Staat ausgestellten Fahrerlaubnis dann nicht erfolgen muss (und inzwischen auch nicht anerkannt werden darf), wenn die Fahrerlaubnis **während einer laufenden Sperrfrist** – es reicht bereits eine polizeiliche Sicherstellung aus[1028] – in einem anderen Staat erteilt worden ist. Das gilt nach Auffassung des EuGH selbst dann, wenn erst nach Ablauf der Sperre von der Fahrerlaubnis Gebrauch gemacht wird.[1029] Durch dieses Urteil ist zumindest der Meinungsstreit erledigt, ob eine Fahrerlaubnis, die vor Ablauf der Sperrfrist in einem anderen EU-Staat erteilt worden ist, in der BRD anerkannt werden muss. Dies wurde ursprünglich von einigen Oberlandesgerichten

---

[1024] NZV 2007, 537.
[1025] BVerwG NJW 2010, 3318.
[1026] EuGH NJW 2011, 587.
[1027] EuGH NJW 2008, 2403.
[1028] EuGH NJW 2012, 369 ff.
[1029] EuGH NJW 2008, 2403 (2406) sowie EuGH NJW 2009, 207 – Möginger; OLG Jena NStZ-RR 2009, 216; OLG Celle NZV 2009, 92; OLG Hamm NZV 2010, 162; s. auch OVG Münster BA 2010, 145 ff.; VGH Mannheim BA 2010, 149 ff.

bejaht.[1030] Nach der Neufassung des § 28 FeV zum 19.1.2009 gilt dies allerdings lediglich dann, wenn die Maßnahme im Verkehrszentralregister eingetragen und noch nicht nach § 29 StVG getilgt war.[1031] Teilweise gelten die Regelungen des § 28 FeV (zB Abs. 4 Nr. 3) uneingeschränkt nur für EU-Führerscheine, die ab dem 19.1.2009 ausgestellt worden sind.[1032]

517 Weiterhin ist es nach diesem EuGH-Urteil allein Aufgabe des Ausstellerstaates, die Voraussetzungen für die Erteilung der Fahrerlaubnis zu überprüfen. Der ausstellende Staat hat auch die Einhaltung des **Wohnsitzprinzips** eigenständig und allein verantwortlich zu beachten. Jedoch erlaubt der EuGH, dass die Anerkennung in einem anderen Mitgliedstaat verweigert werden kann, wenn sich aus Angaben im ausländischen Führerschein selbst ergibt, dass die Wohnsitzvoraussetzung bei der Erteilung nicht beachtet worden ist (zB in einem von einem anderen EU-Staat ausgestellten Führerschein ist ein deutscher Wohnsitz eingetragen).[1033] Dies gilt auch für den Fall, dass der Inhaber der EU-Fahrerlaubnis zuvor noch keine deutsche Erlaubnis besessen hat (Führerscheinneuling).[1034] § 28 IV Nr. 2 FeV bewertet insoweit das materielle Wohnsitzprinzip höher als das formelle Anerkennungsprinzip.[1035] Damit dürfte auch die Frage entschieden sein, ob die Verhängung einer **isolierten Sperrfrist** nach 69a I 3 StGB als eine Entziehung der Fahrerlaubnis anzusehen ist.[1036] Streitig ist immer noch die Frage, ob eine verwaltungsrechtliche Versagung vor Erteilung der Fahrerlaubnis in einem anderen EU-Staat eine Versagung der Anerkennung durch den Mitgliedstaat rechtfertigt.[1037] Das Wohnsitzprinzip soll auch dann gelten, wenn eine deutsche Fahrerlaubnis in einem anderen EU-Mitgliedstaat umgetauscht wird und sich aus dem neuen Führerschein ein deutscher Wohnsitz ergibt.[1038] Auch für Praktikanten gibt es keine Ausnahme vom Wohnsitzprinzip, weil sie keine Studenten und keine Schüler sind.[1039]

518 Eine andere Ausnahme lässt der EuGH dann gelten, wenn sich auf der Grundlage anderer **vom Ausstellerstaat** herrührender unbestreitbarer Informationen feststellen lässt, dass das Wohnsitzprinzip nicht eingehalten worden ist (unter Umständen Mitteilungen der Meldebehörde des Ausstellerstaates oder der Polizei des Ausstellerstaates[1040]). Die Auskünfte der Behörden des Ausstellerstaates können auch auf Umwegen (etwa über die Botschaft) an den dritten Staat

---

[1030] OLG München NJW 2007, 1152 – inzwischen ausdrücklich aufgegeben in einem Beschl. v. 23.3.2009 – NZV 2009, 403; OLG Nürnberg NStZ-RR 2007, 269; OLG Jena DAR 2007, 404; aA OLG Stuttgart NStZ-RR 2007, 271.

[1031] OLG Oldenburg NJW 2011, 870.

[1032] OLG Jena NZV 2012, 497.

[1033] S. auch: EuGH NJW 2012, 370; 2012, 2018; BGH BA 2008, 395; OLG Oldenburg NZV 2010, 305; BA 2011, 180 für den Fall eines vorgetäuschten Studienaufenthalts; OLG München NZV 2012, 553; VGH Mannheim BA 2008, 328; OVG Koblenz BA 2009, 352.

[1034] EuGH NJW 2011, 3635; VGH München NZV 2010, 106.

[1035] *Leitmeier* NZV 2010, 377 ff.

[1036] Bejahend: OLG Köln NJW 2010, 2817.

[1037] Bejahend: OLG Stuttgart NZV 2010, 631; OLG Celle NZV 2012, 495; VGH Mannheim NJW 2010, 2821; OVG Koblenz NZV 2010, 636.

[1038] BVerwG NJW 2013, 487.

[1039] OVG Lüneburg NZV 2013, 312.

[1040] VGH München NZV 2013, 259.

gelangen.[1041] Auskünfte des Aufnahmestaates reichen nicht aus.[1042] Teilweise[1043] versteht man darunter solche Informationen, die den Behörden des Ausstellermitgliedstaats bekannt waren oder bei ordnungsgemäßer Prüfung des Wohnsitzerfordernisses hätten bekannt sein müssen (zB die Angabe einer deutschen Adresse im Antragsformular). Das Eingeständnis des Fahrerlaubnisinhabers, gegen das Wohnsitzprinzip verstoßen zu haben, reicht ebenso wenig aus[1044] wie die Erklärung des Ausstellerstaates, er habe die Wohnsitzvoraussetzung nicht geprüft.[1045] Als vom Ausstellerstaat herrührende unbestreitbare Information soll aber eine Mitteilung des Gemeinsamen Zentrums der Polizei- und Zollzusammenarbeit über die Erteilung einer Fahrerlaubnis oder die Ausstellung eines Führerscheins in der Tschechischen Republik anzusehen sein.[1046] Die Rspr. des EuGH zum Wohnsitzprinzip ist auch nach dem In-Kraft-Treten der 3. Führerscheinrichtlinie weiter zu beachten.[1047] Der Aufnahmestaat kann vom Ausstellerstaat Auskünfte über den Wohnsitz des Führerscheininhabers verlangen.[1048]

Nur sehr eingeschränkt lässt der EuGH eine **vorläufige Aussetzung** der Fahr- **519** erlaubnis während einer Überprüfung der rechtmäßigen Erteilung zu. Vom Grundsatz her ist auch während eines Überprüfungsverfahrens davon auszugehen, dass am Tag der Erteilung die Ausstellungsvoraussetzungen erfüllt waren. Eine Ausnahme besteht nur dann, wenn etwa begründete Zweifel am Wohnsitzprinzip bestehen. Wenn schon der andere Mitgliedstaat berechtigt ist, die Anerkennung der Fahrerlaubnis zu verweigern, dann gilt dies erst recht für eine vorläufige Aussetzung. Bei einer Verletzung des Wohnsitzprinzips, die sich unmittelbar aus dem Führerschein ergibt, ist § 28 IV – insbesondere Nr. 2 – FeV anwendbar. Das bedeutet, dass die in einem anderen EU-Staat erteilte Fahrerlaubnis nicht zum Führen von führerscheinpflichtigen Kfz in der BRD berechtigt.[1049] Eine Entziehung der Fahrerlaubnis für die BRD durch die zuständige Verwaltungsbehörde ist allenfalls als klarstellender Verwaltungsakt zu verstehen.[1050]

Das Urteil des EuGH v. 29.4.2004 (Fall Kapper) steht der Entziehung einer in **520** einem anderen EU-Mitgliedstaat ausgestellten EU-Fahrerlaubnis für den Bereich der BRD jedenfalls dann nicht entgegen, wenn die Entziehung **wegen eines nach deren Erteilung erfolgten Verkehrsverstoßes** auszusprechen ist.[1051] Der Inhaber einer EU-Fahrerlaubnis macht sich des (vorsätzlichen) Fahrens ohne Fahrerlaubnis strafbar, wenn gegen ihn **nach Aushändigung** der EU-

---

[1041] EuGH NJW 2012, 1341 Rn. 60 ff.

[1042] EuGH NJW 2010, 217 (219); BVerwG NJW 2010, 1828; aA: *Dauer* NJW 2008, 2381 (2382).

[1043] VGH Mannheim NZV 2009, 312 – krit. dazu *Hailbronner* NZV 2009, 361 ff.

[1044] OLG Oldenburg NZV 2013, 353; aA: OLG München NStZ-RR 2013, 25.

[1045] EuGH NJW 2010, 217 (219); aA: OLG München NZV 2013, 154; OVG Münster BA 2009, 109 (113).

[1046] VGH Mannheim BA 2010, 41.

[1047] EuGH NJW 2012, 1341; VGH Kassel BA 2010, 154 ff.

[1048] VGH Mannheim NJW 2012, 3194.

[1049] VGH Mannheim NJW 2008, 3512.

[1050] BVerwG BA 2009, 350; VGH München SVR 2009, 356.

[1051] OVG Koblenz BA 2006, 431.

Fahrerlaubnis durch ein deutsches Gericht erneut eine Sperrfrist verhängt wird und er anschließend während des Laufs der Frist im Inland mit einem Kfz am Straßenverkehr teilnimmt. Selbst nach Ablauf der Frist darf in diesem Falle der Inhaber der EU-Fahrerlaubnis von dieser erst wieder Gebrauch machen, wenn er zuvor eine Entscheidung nach § 28 V FeV herbeigeführt hat.[1052]

521 Inzwischen hat der EuGH[1053] **(Fall Weber)** auch für den folgenden Fall Klarheit geschaffen: Ein Führerscheininhaber erwirbt während eines gegen ihn laufenden Verfahrens, in dem möglicherweise schon vorläufige Führerscheinmaßnahmen (dazu zählt auch schon die polizeiliche Sicherstellung[1054]) gegen ihn verhängt worden sind, in einem anderen EU-Staat eine neue Fahrerlaubnis. Bei dieser Fallkonstellation darf der Mitgliedstaat, der das Verfahren betreibt, der neuen Fahrerlaubnis eines anderen EU-Staates die Anerkennung versagen. Der EuGH weist darauf hin, dass es nicht angehen kann, dass ein Bürger während eines gegen ihn laufenden Verfahrens eine Fahrerlaubnis in einem anderen Mitgliedstaat erwirbt.[1055]

522 Die **3. Führerscheinrichtlinie** hat zu einer Verbesserung der Verkehrssicherheit geführt. Art. 11 Nr. 4 RL 2006/126/EG will den „Führerscheintourismus" einschränken und damit die Verkehrssicherheit erhöhen.[1056] Denn dort heißt es: „Ein Mitgliedstaat lehnt es ab, einem Bewerber, dessen Führerschein in einem anderen Mitgliedstaat eingeschränkt, ausgesetzt oder entzogen wurde, einen Führerschein auszustellen. Ein Mitgliedstaat lehnt die Anerkennung der Gültigkeit eines Führerscheins ab, der von einem anderen Mitgliedstaat einer Person ausgestellt wurde, deren Führerschein im Hoheitsgebiet des erstgenannten Mitgliedstaats eingeschränkt, ausgesetzt oder entzogen worden ist." Die Vorschrift ist zwingend und lässt kein Ermessen mehr zu. Diese Richtlinie ist **teilweise am 19.1.2007 in Kraft getreten** (Art. 18 I RL 2006/126/EG), teilweise erlangten Regelungen aber erst zum 19.1.2009 ihre Wirksamkeit (vgl. Art. 18 II RL 2006/126/EG). Manche Vorschriften galten ab einem noch späteren Zeitpunkt (19.1.2011 und 19.1.2013).

523 Fraglich ist, ob Art. 11 RL 2006/126/EG überhaupt der Umsetzung bedarf.[1057] Denn in Art. 16 RL 2006/126/EG wird eine Umsetzung in innerstaatliches Recht bis zum 19.1.2011 nur für bestimmte ausdrücklich aufgezählte Artikel der Richtlinie angeordnet. Art. 11 RL 2006/126/EG wird dort aber gerade nicht erwähnt. Der deutsche Verordnungsgeber hat durch die 4. ÄndVO-FeV mit Wirkung v. 19.1.2009 die Richtlinie durch eine entsprechende Anpassung des § 28 FeV in deutsches Recht umgesetzt. Nach § 28 I FeV werden EU-Fahrerlaubnisse grundsätzlich anerkannt, soweit kein Ausnahmetatbestand nach § 28 IV 1 FeV eingreift, wobei zu beachten ist, dass die Ausnahmeregeln der Nr. 3 und 4 nur anzuwenden sind, wenn die dort genannten Maßnahmen im Verkehrszentral-

---

[1052] OLG Düsseldorf NZV 2006, 489; OLG Stuttgart NJW 2007, 528; OLG Jena NZV 2009, 467.

[1053] NJW 2008, 3767; OLG Karlsruhe NZV 2009, 466.

[1054] EuGH NJW 2012, 369 ff.

[1055] S. auch VGH München NJW 2011, 1380.

[1056] VGH Kassel NZV 2007, 379 (381).

[1057] Verneinend: VGH Mannheim NJW 2010, 2821.

register eingetragen und nicht nach § 29 StVG getilgt sind (§ 28 IV 4 3 FeV). Die Anerkennung kann auch versagt werden, wenn dem Betroffenen die Fahrerlaubnis nur deshalb nicht entzogen worden ist, weil er zwischenzeitlich auf die Fahrerlaubnis verzichtet hat (§ 28 IV 4 1 Nr. 3 FeV)[1058]. Dagegen kann die Anerkennung einer von einem anderen EU-Staat ausgestellten Fahrerlaubnis nicht versagt werden, wenn vor der Ausstellung der Fahrerlaubnis dem Betroffenen in Deutschland wegen fehlender Kraftfahreignung die Ersterteilung versagt worden war, weil sonst der Staat mit den strengsten Anforderungen die Ausstellung verhindern könnte.[1059]

Unerheblich ist, dass ein Antrag eines Inhabers einer EU-Fahrerlaubnis auf **524** Erteilung einer Genehmigung nach § 28 V FeV, von der ausländischen Fahrerlaubnis im Inland Gebrauch machen zu dürfen, bestandskräftig abgelehnt wurde, weil dies die Gültigkeit der Argumentation des EuGH nicht berührt.[1060] Wenn einerseits nach der Rspr. des EuGH der Gebrauch einer entsprechenden Fahrerlaubnis eines anderen Mitgliedstaates nicht von der Stellung eines Antrags und dessen positiver Bescheidung abhängig gemacht werden kann, ist es andererseits also auch **unbeachtlich, dass ein dennoch gestellter Antrag negativ beschieden worden ist.**

Trotz dieser Rspr. des EuGH gibt es Fälle, in denen die zuständigen Verwal- **525** tungsbehörden demjenigen, der eine Fahrerlaubnis in einem anderen EU-Staat (rechtsmissbräuchlich) erworben hat, das Recht aberkennen, von dieser Fahrerlaubnis in der BRD Gebrauch zu machen. Ob dies zulässig ist, mögen die Verwaltungsgerichte entscheiden. Im Rahmen einer Strafbarkeit nach § 21 I Nr. 1 StVG ist zu unterscheiden zwischen der **verwaltungsrechtlichen Rechtmäßigkeit** und der **Wirksamkeit der Verwaltungsentscheidung.** Selbst wenn die Entscheidung der Verwaltungsbehörde gegen europäisches Recht verstößt und damit rechtswidrig ist, ist sie dennoch nicht nichtig, sondern rechtswirksam und daher auch gem. § 28 IV 4 Nr. 3, 2. Alt. FeV sofort vollziehbar, soweit der Betroffene den Bescheid nicht mit den innerstaatlichen (Verwaltungs-) Rechtsbehelfen rechtzeitig angefochten hat.[1061] Der Betroffene fährt bei einer Wirksamkeit des Bescheides ohne Fahrerlaubnis. Sofern die Voraussetzungen des § 28 IV 1 Nr. 2 und 3 FeV erfüllt sind, kann zwar die Fahrerlaubnisbehörde einen klarstellenden Verwaltungsakt erlassen, muss es aber nicht (s. Abs. 2 S. 2). Es handelt sich insoweit um eine ex-tunc-Regelung. Auch ohne Entscheidung der Verwaltungsbehörde erfüllt der Kfz-Führer den objektiven Tatbestand des § 21 StVG.[1062]

Ein Mitgliedstaat muss zwar die von einem anderen EU-Staat erteilte Fahrer- **526** laubnis grundsätzlich anerkennen. Das gilt aber nicht für einen bloßen **Ersatzführerschein,** wenn die zugrundeliegende Fahrerlaubnis entzogen worden

---

[1058] OLG Hamburg BeckRS 2011, 23750.
[1059] EuGH NJW 2012, 1341 Rn. 35 ff.; OLG Hamm NZV 2013, 255 (anders wohl OLG München NZV 2012, 553).
[1060] OLG Karlsruhe BA 2007, 111 (112).
[1061] OLG Nürnberg NJW 2007, 2935; *Blum* SVR 2009, 368 ff.; NZV 2014, 557 ff.
[1062] BVerwG NJW 2012, 96.

war.[1063] Nicht anerkennen muss ein Mitgliedstaat auch eine von einem anderen EU-Staat umgetauschten (ersetzten) unwirksam Führerschein eines anderen Staates[1064] bzw. einen umgeschriebenen Führerschein, dem eine Totalfälschung zugrunde lag.[1065] UU muss auch eine um Klasse C oder D erweiterte Fahrerlaubnis, die auf einer durch Verstoß gegen EU-Recht erteilten Fahrerlaubnis der Klasse B beruht, im Bundesgebiet nicht anerkannt werden,[1066] weil eine wirksame Erteilung der Klasse B Voraussetzung für die Ausstellung der Klassen C und D – und auch anderer Klassen – ist.

527 Eine britische „driving licence", die nur die Klasse B1 (Kfz bis zu 550 kg Masse) umfasst, berechtigt nicht zum Führen von Kfz der Klasse B in anderen EU-Staaten (zB Deutschland), die diese Unterklasse nicht eingeführt haben (Art. 4 IVa RL 2006/126/EG).[1067]

> **Hinweis:** Die Rspr. zur europäischen Fahrerlaubnis lässt sich derzeit wie folgt zusammenfassen.[1061]
>
> - Die Kompetenz für die Ausstellung des Führerscheins liegt beim Staat des ordentlichen Wohnsitzes, an dem der Betreffende wegen persönlicher Bindungen gewöhnlich (mindestens 185 Tage im Jahr) wohnt.
> - Der Ausstellerstaat trägt (allein) die Verantwortung für die Rechtmäßigkeit seiner Entscheidung – angefangen mit seiner Zuständigkeit bis zur materiellen Rechtmäßigkeit.
> - Die übrigen Mitgliedstaaten haben auf diese Rechtmäßigkeit zu vertrauen und dementsprechend keine Kompetenz, diese aufgrund eigener – und sei es ggf. sogar besserer – Erkenntnisse infrage zu stellen. Dies gilt nicht nur mit Blick auf die formelle und materielle Rechtmäßigkeit der Führerscheinausstellung, sondern eben auch in den Fällen eines offensichtlichen Rechtsmissbrauchs. Auch hier ist es allein Sache des Ausstellerstaates, etwa ihm unterlaufene Fehler zu beheben. Diese Kompetenzzuweisung gestattet nur dann eine Ausnahme, wenn der Ausstellerstaat selbst deutlich zu erkennen gibt, dass seine Zuständigkeit gar nicht bestanden hat (zB Angabe des Wohnsitzes im Führerschein außerhalb des Ausstellerstaates oder andere unbestreitbare Informationen des Ausstellerstaates).[1062]

[1063] BVerwG NJW 2009, 1687; OVG Lüneburg NZV 2009, 469; OLG Oldenburg NJW 2011, 3315.

[1064] VGH München NZV 2010, 106 (108); OVG Münster NZV 2010, 167; VGH Mannheim BA 2010, 255; teilw. aA für die Erteilung eines Ersatzführerscheins: OLG Jena NZV 2013, 509 ff.; VGH München NJW 2014, 1547.

[1065] OLG München NZV 2013, 96.

[1066] EuGH NJW 2012, 369 ff.; 2012, 2018; NZV 2012, 501 mAnm *Dauer*; VGH München SVR 2011, 193.

[1067] OLG Oldenburg NZV 2012, 255.

[1068] Einen Überblick über die Strafbarkeit des Gebrauchs von EU-Führerscheinen geben: BHJJ/*Janker* StVG § 21 Rn. 6a; *Schaller* SVR 2008, 296; *König* DAR 2008, 640; *Janker* DAR 2009, 181; *Mosbacher/Gräfe* NJW 2009, 801; *Koehl* NZV 2015, 7.

[1069] BVerwG NJW 2010, 1828.

Zwar wurde die 2. Führerscheinrichtlinie gem. Art. 7 RL 2006/126/EG zum 19.1.2013 aufgehoben. Dennoch hat die oben erläuterte auf der 2. Führerschein-richtlinie basierende Rechtsprechung weiterhin Bedeutung.[1070]

Die vom EuGH zu der Frage der Nichtbeachtung der Voraussetzungen eines ordentlichen Wohnsitzes unter der Geltung der 2. Führerscheinrichtlinie ent-wickelten Grundsätze finden auch auf die 3. Führerscheinrichtlinie Anwen-dung.[1071]

Wer in Deutschland ein Kfz mit einer im EU-/EWR-Ausland erworbenen Fahr- **528** erlaubnis fährt, macht sich gem. § 21 StVG dann strafbar,

- wenn er eine Fahrerlaubnis rechtsmissbräuchlich unter Umgehung des Wohnsitzerfordernisses erworben hat,[1072] aber streitig
- wenn der Ausstellermitgliedsstaat den deutschen Wohnort des Führer-scheininhabers in den Führerschein einträgt,[1073]
- wenn das fehlende Wohnsitzerfordernis aus anderen vom Ausstellermit-gliedstaat herrührenden unbestreitbaren Informationen hervorgeht,[1074]
- wenn das fehlende Wohnsitzerfordernis auf freiwilligen Angaben des An-geklagten beruht.[1075]
- In den letztgenannten Fällen ist der Inhaber einer solchen Fahrerlaubnis nicht berechtigt, im Inland Kfz zu führen. Hier bedarf es auch keiner spä-teren Aberkennung, denn ein Recht, das dem Fahrerlaubnisinhaber nicht zusteht, kann ihm auch nicht aberkannt werden.[1076] In einem solchen Fall macht sich der Betroffene nach § 28 IV Nr. 2 FeV iVm § 21 StVG wegen Fahrens ohne Fahrerlaubnis strafbar.[1077]
- Das gilt zumindest für Führerscheine, die nach dem 19.1.2009 ausgestellt wurden. Für die fehlende Fahrberechtigung genügt allein der Verstoß gegen das Wohnsitzprinzip. Damit kommt die Vorschrift des § 28 IV Nr. 2 FeV auch für Personen in Betracht, die bislang nicht „negativ" im Straßenverkehr in Erscheinung getreten sind.[1078]

[1070] EuGH DAR 2012, 319 – Hofmann; BHJJ/*Janker* StVG § 2 Rn. 21.

[1071] EuGH NJW 2012, 1341 – Baris Akyüz; Hentschel/König/Dauer/*Dauer* FeV § 28 Rn. 26, 40.

[1072] S. auch die Empfehlungen des VGT 2015, AK I.

[1073] EuGH NJW 2008, 2403 – Wiedemann/Funk; EuGH DAR 2008, 459 – Zerche/Seuke/Schubert mAnm *Geiger* und *König*; OVG Saarlouis DAR 2009, 163; Hentschel/König/Dauer/*König* StVG § 21 Rn. 2a und FeV § 28 Rn. 6; BHJJ/*Janker* StVG § 2 Rn. 26 und § 21 Rn. 6a.

[1074] EuGH NJW 2008, 2403 – Wiedemann/Funk; EuGH DAR 2008, 459 – Zerche/Seuke/Schubert mAnm *Geiger* und *König*; OVG Saarlouis DAR 2009, 163; Hentschel/König/Dauer/*König* StVG § 21 Rn. 2a und FeV § 28 Rn. 6; BHJJ/*Janker* StVG § 2 Rn. 26 und § 21 Rn. 6a.

[1075] OLG München DAR 2012, 341; 2012, 342.

[1076] BVerwG NJW 2012, 96; BeckRS 2011, 55441; BeckRS 2011, 55438; Hentschel/König/Dauer/*Dauer* FeV § 28 Rn. 28 sowie StVG § 21 Rn. 2a.

[1077] *Geiger* DAR 2008, 459 (Anm. zu EuGH Urt. v. 26.6.2008); *König* DAR 2008, 459 (464).

[1078] Erlass des Ministeriums für Bauen und Verkehr NRW v. 26.2.2009 (III 6-21-06/1).

- wenn er die Fahrerlaubnis während der noch laufenden Sperrfrist erworben hat und sie während dieser Sperrfrist benutzt,[1079]
- wenn die ausländische Fahrerlaubnis während des Laufes eines Fahrverbots erteilt wurde.[1080]

Nicht gem. §21 StVG strafbar macht sich danach nur derjenige, der in einem anderen Mitgliedstaat eine Fahrerlaubnis außerhalb der Sperrfrist für die Neuerteilung einer Fahrerlaubnis ohne Umgehung des Wohnsitzerfordernisses erwirbt.[1081]

529 Die Rechtslage ist trotz der zahlreichen Entscheidungen immer noch in manchen Punkten ungeklärt. Allein das Bestehen einer unklaren Rechtslage begründet aber nicht unbedingt die **Unvermeidbarkeit eines Verbotsirrtums**. In derartigen Fällen, in denen zur Tatzeit eine widersprüchliche Rspr. gleichrangiger Gerichte zur Unrechtsfrage vorliegt, hängt die Vermeidbarkeit des Verbotsirrtums davon ab, ob der Betroffene die – möglicherweise verbotene – Handlung unterlassen muss, bis die Rechtslage geklärt ist.[1082] In den Fällen der unbewussten Fahrlässigkeit kommt ein Verbotsirrtum gem. §17 StGB nur in Form einer sog. Regelunkenntnis in Betracht, in den Fällen also, in denen dem Täter auch bei vorsätzlichem Handeln die Unrechtseinsicht gefehlt hätte.[1083]

530 Nachfolgend noch eine schematische Übersicht über das Führen von Kfz mit einer außerdeutschen Fahrerlaubnis:

[1079] Umkehrschluss aus den Entscheidungen des EuGH *Kapper* NJW 2004, 1725; DAR 2004, 333 mAnm *Geiger* und *Kremer* NJW 2007, 1863; OLG Stuttgart DAR 2007, 159; OLG Celle NZV 2009, 92; OLG München SVR 2009, 313; BVerwG NJW 2014, 2214 = BeckRS 2014, 49496; *Otte/Kühner* NZV 2004, 321 (327); zusammenfassend *Ludovisy* DAR 2005, 12; Hentschel/König/Dauer/*König* StVG §21 Rn. 2a; BHJJ/*Janker* StVG §21 Rn. 6a.

[1080] EuGH NJW 2009, 207 = DAR 2008, 582 mAnm *König*; EuGH SVR 2008, 432; NZV 2009, 154 mAnm *Dauer* – Möginger; OLG Celle NZV 2009, 92; OLG Jena DAR 2007, 404; OLG Brandenburg VRS 117, 212; AG Straubing NJW 2007, 528; *Ludovisy* DAR 2006, 9; *Schünemann/Schünemann* DAR 2007, 382; *Geiger* DAR 2007, 540; *Weber* NZV 2006, 500; BHJJ/*Janker* StVG §21 Rn. 6a.

[1081] Umkehrschluss aus den Entscheidungen EuGH NJW 2004, 1725 – Frank Kapper; EuGH DAR 2004, 333 mAnm *Geiger*; EuGH NZV 2004, 373 – Kapper; EuGH NJW 2008, 2403; DAR 2008, 459 mAnm *Geiger* und *König* und EuGH DAR 2008, 465 – Wiedemann und Zerche; EuGH NZV 2006, 498 – Halbritter; EuGH NJW 2007, 1863 – Kremer; EuGH DAR 2008, 582 mAnm *König* = SVR 2008, 432; EuGH NJW 2009, 207 – Möginger; OLG Karlsruhe DAR 2004, 714; OLG Saarbrücken NJW 2005, 1293; OLG Düsseldorf NJW 2007, 2133 = DAR 2007, 399; BVerwG NJW 2009, 1689; ZfS 2009, 233.

[1082] OLG Hamm NZV 2010, 162; s. ferner OLG Oldenburg NZV 2010, 305.

[1083] OLG Koblenz NZV 2011, 359.

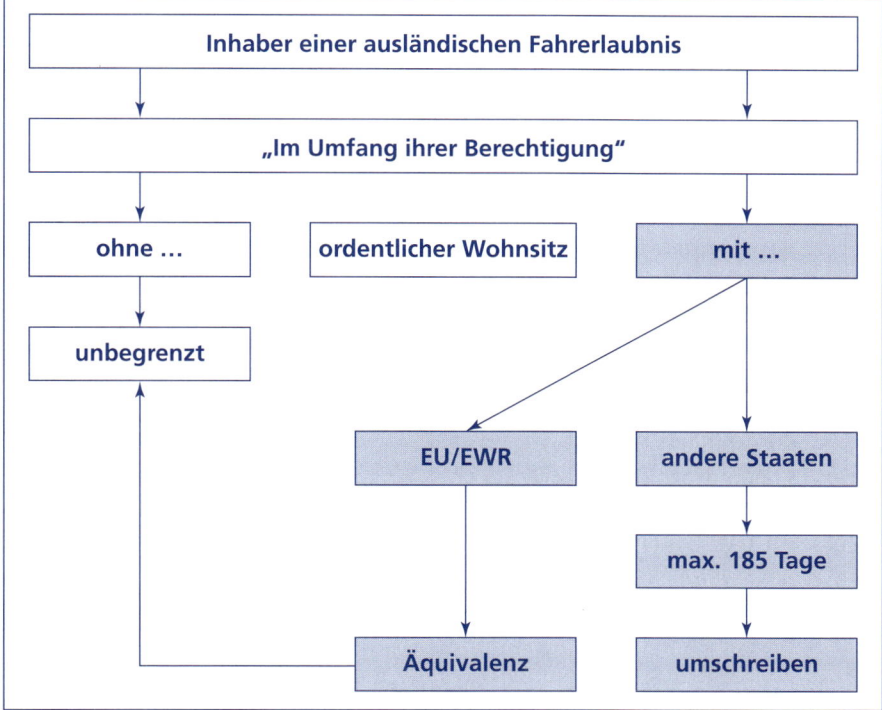

E. Die Einziehung des Kfz

Die **Einziehung nach § 21 III StVG ist eine Nebenstrafe.**[1084]   **531**

Nach § 74 I StGB können Gegenstände nur dann eingezogen werden, wenn sie **532**
entweder

a) durch die vorsätzliche Straftat hervorgebracht worden sind (sog. producta
   sceleris), wie etwa gefälschte Banknoten und Münzen oder
b) zur Begehung der vorsätzlichen Straftat oder zur Vorbereitung gebraucht
   worden oder bestimmt gewesen sind (sog. instrumenta sceleris), zB das zum
   Abtransport der Beute benutzte Fahrzeug.

Von den Tatmitteln (instrumenta sceleris) sind die sog. **Beziehungsgegenstände** **533**
zu unterscheiden.[1085] Darunter versteht man die „notwendigen Gegenstände der
Tat". Der Tatbestand des Fahrens ohne Fahrerlaubnis setzt notwendigerweise
den Gebrauch eines Kfz voraus. Die Beziehungsgegenstände bilden lediglich
das passive Objekt der Tat. Bei ihnen erschöpft sich die Verwendung des Gegenstandes jeweils in dem Gebrauch, auf dessen Verhinderung der betreffende
Tatbestand abzielt.[1086] Da das zur Verwirklichung des Tatbestandes des Fahrens
ohne Fahrerlaubnis benutzte Kfz nach dieser Definition lediglich ein Bezie-

---

[1084] OLG München NJW 1982, 2330; OLG Nürnberg NJW 2006, 3448.
[1085] BGHSt 10, 28 = NJW 1957, 351.
[1086] Schönke/Schröder/*Eser* § 74 Rn. 12a.

hungsgegenstand ist, kommt eine Einziehung nach § 74 I StGB nicht in Betracht. Der Gesetzgeber hat jedoch in § 21 III StVG eine **Sonderregelung** getroffen. Bei einer Einziehung des Kfz nach §§ 21 III StVG finden die Vorschriften des § 74 II und III StGB entsprechende Anwendung (§ 74 IV StGB). Weil § 21 III StVG ausdrücklich nur auf die Fälle des Abs. 1 Bezug nimmt, ist bei einer fahrlässigen Tatbegehung (§ 21 II StVG) eine Einziehung nicht zulässig. Sie ist ferner **nur in erschwerten Fällen** möglich – entweder bei einem Wiederholungstäter (§ 21 III Nr. 3 StVG) oder wenn der Täter trotz eines ausdrücklichen Verbotes (Fahrverbot oder Entziehung der Fahrerlaubnis bzw. isolierte Sperre) das Kfz geführt hat bzw. als Halter (vorsätzlich) das Fahren angeordnet oder zugelassen hat (§ 21 III Nr. 1 oder Nr. 2 StVG). Das Kfz des Täters, der keine Fahrerlaubnis besitzt und gegen den weder eine (isolierte) Sperrfrist noch ein Fahrverbot ergangen ist, kann lediglich in den Fällen des § 21 III Nr. 3 StVG eingezogen werden, dh wenn er in den letzten drei Jahren vor der Tat schon einmal wegen einer Tat nach § 21 I StVG verurteilt worden ist (Wiederholungstäter). Die anderen Einziehungsmöglichkeiten (§ 21 III Nr. 1 und 2 StVG) bestehen nur dann, wenn dem Täter durch eine Entziehung der Fahrerlaubnis oder ein Fahrverbot bereits vor Augen geführt worden war, dass er ein Kfz nicht führen darf. Der Täter muss also gezeigt haben, dass er durch bloße gerichtliche Anweisungen nicht genügend beeindruckt worden ist. Ein Kfz kann nach § 21 III Nr. 1 StVG auch dann eingezogen werden, wenn der Täter es geführt hat, obwohl ihm die **Fahrerlaubnis gem. § 111a StPO vorläufig entzogen** war.[1087]

534 Der Einziehung des Kfz nach § 21 III Nr. 1 StVG steht nicht entgegen, dass die **Sperrfrist im Zeitpunkt der Tat bereits abgelaufen war.**[1088] Der Wortlaut der Vorschrift setzt lediglich voraus, dass der Täter zur Tatzeit durch eine der dort genannten Maßnahmen von der Führung eines Kfz ausgeschlossen ist, nicht aber, dass die Sperrfrist zur Tatzeit noch läuft. Die Tatsache, dass die Sperrfrist bei der Tat bereits ihr Ende gefunden hat, kann allerdings das dem Gericht nach § 21 III StVG eingeräumte Ermessen einschränken, und zwar umso mehr, je länger die Sperrfrist bereits abgelaufen ist.

535 Die Anordnung der Einziehung liegt im pflichtgemäßen Ermessen des Gerichts, wobei jedoch der **Grundsatz der Verhältnismäßigkeit** (§ 74b StGB) zu beachten ist.[1089] Es muss geprüft werden, ob die Einziehung nicht außer Verhältnis zur Bedeutung der Tat und zum Schuldvorwurf steht und ob nicht eine weniger einschneidende Maßnahme den Strafzweck erfüllt.[1090]

536 Es müssen immer auch die Voraussetzungen des § 74 II und III StGB vorliegen, um ein Kfz einziehen zu können (§ 74 IV StGB). Sowohl bei einer Einziehung nach § 74 II Nr. 1 als auch nach § 74 II Nr. 2 StGB sind Feststellungen zum **Wert des Einziehungsgegenstandes** zu treffen,[1091] weil die Einziehung eine Nebenstrafe ist. Der Wert ist also bei der Strafzumessung zu berücksichtigen.

[1087] OLG Hamm NJW 1966, 2373.
[1088] BayObLG NZV 1990, 240; aA: AG Bad Homburg StVE § 21 StVG Nr. 22.
[1089] OLG Koblenz VRS 70, 7.
[1090] OLG München NJW 1982, 2330; OLG Nürnberg NJW 2006, 3448 = NZV 2006, 665 (666); KG NZV 2009, 407.
[1091] OLG Köln StVE § 21 StVG Nr. 34.

Unter den Voraussetzungen der §§ 111b, c StPO iVm § 74 IV StGB iVm § 21 III **537** StVG kann eine vorübergehende Beschlagnahmeanordnung durch die Polizei gem. § 111e I 2 StPO erfolgen. Dadurch kann die Gefahr der Begehung weiterer Straftaten gem. § 21 StVG verhindert werden. Außerdem wird durch die polizeiliche Anordnung ein Veräußerungsverbot gem. § 111c V StPO bewirkt.

F. Konkurrenzfragen bei § 21 StVG

Die Annahme von Tatmehrheit zwischen einem **Diebstahl eines Pkw** auf der **538** einen Seite und dem **Fahren ohne Fahrerlaubnis** auf der anderen Seite kommt nicht in Betracht, wenn die Wegnahme des Pkw durch das Wegfahren erfolgt und die den Straftatbeständen zugrunde liegende Handlung somit identisch ist. Die Wegnahme des Fahrzeugs und das Führen fallen zusammen. In diesem Falle stehen die Delikte nach § 52 I StGB in Tateinheit zueinander.[1092]

Beim Fahren ohne Fahrerlaubnis ist eine **natürliche Handlungseinheit** gegeben, **539** wenn die Fahrt durch eine Besorgung oder den Besuch eines Lokals unterbrochen wird. In der Regel bildet in diesen Fällen die Rückfahrt die Fortsetzung des mit der Hinfahrt begonnenen Dauerdelikts.[1093] Etwas anderes mag gelten, wenn der Täter nach der Fahrtunterbrechung einen völlig neuen Tatentschluss zu einer Weiterfahrt fasst.

Begeht der Täter eine **größere Zahl von Straftaten des Fahrens ohne Fahrer-** **540** **laubnis**, so müssen alle Einzeltaten möglichst genau nach Tatzeit, Tatort, Ausführungsart und anderen individualisierenden Merkmalen in der Anklage gekennzeichnet werden.[1094] Im Einzelfall kann es wegen anders nicht zu überwindender Ermittlungsschwierigkeiten ausreichen, dass lediglich diejenige Zahl der Tatbegehungen innerhalb eines bestimmten Tatzeitraums angegeben wird, deren der Angeschuldigte mindestens hinreichend verdächtig ist.[1095] Unabhängig davon, dass das Fehlen einer hinreichenden Konkretisierung der Taten den genauen Umfang der gerichtlichen Untersuchung und damit die Umgrenzungsfunktion der Anklage infrage stellt, wird auch der Angeklagte durch unbestimmte Tatvorwürfe in seinen Verteidigungsmöglichkeiten unangemessen beschränkt.[1096] Die Rspr. lässt daher nur in Fällen, bei denen es trotz Ausschöpfung aller Beweismittel nicht möglich ist, die Einzeltaten einer Tatserie nach genauer Tatzeit und exaktem Geschehensablauf darzustellen, zur Vermeidung unerträglicher Ausfälle in der Strafverfolgung die Schilderung des Kerngehalts der Taten genügen.

[1092] BGH BA 2007, 36.
[1093] BGH DAR 2010, 273; BayObLG NZV 1995, 456.
[1094] OLG Zweibrücken NZV 1997, 82.
[1095] BGH(GS)St 40, 138.
[1096] BGH NStZ 1996, 294; OLG Schleswig StV 1995, 455.

12. Kapitel. Abschleppen und Schleppen

A. Einleitung

Der Gesetz- und Verordnungsgeber knüpft an das **Abschleppen** eines Fahr- 541
zeugs einerseits und an das Schleppen andererseits unterschiedliche Rechtsfolgen an. Deshalb ist im Einzelfall genau zu prüfen, ob ein Abschleppen oder
ein Schleppen vorliegt. Anschleppen und Anschieben sind Sonderfälle des
Abschleppens. Beim Abschleppen handelt es um eine Nothilfemaßnahme.
Aus diesem Grunde gelten für das Abschleppen erleichterte Bedingungen. Das
Abschleppen im Sinne des **Notbehelfsgedankens** des § 6 I FeV setzt regelmäßig
die Betriebsunfähigkeit des abgeschleppten Fahrzeuges voraus. Nur unter
dieser Voraussetzung erfolgt die Befreiung von den einschlägigen fahrerlaubnisrechtlichen (und auch zulassungsrechtlichen) Vorschriften. Abschleppen ist
das Verbringen eines betriebsunfähigen[1090] oder zumindest in seiner Betriebssicherheit beeinträchtigten[1091] Fahrzeugs zu einem möglichst nahe gelegenen
Bestimmungsort. Dabei spielt es keine Rolle, ob das abgeschleppte Fahrzeug
mit allen Achsen (Rädern) auf der Fahrbahn läuft oder nur mit einer, wie das
der Fall sein kann, wenn das abzuschleppende Kfz mit einer Achse an einer
Hebevorrichtung, besonderen Befestigungsvorrichtung, auf einer Schleppachse
oder auf der Ladefläche angehangen bzw. aufgelegt wird.

Im Gegensatz dazu ist das **Schleppen** grundsätzlich nur mit einer ausdrückli- 542
chen Genehmigung der zuständigen Behörde und unter engen Voraussetzungen erlaubt. Anders als beim Abschleppen dürfen neben betriebsunfähigen
Fahrzeugen auch betriebsfähige Fahrzeuge – und das auch über längere Strecken – geschleppt werden.

B. Abschleppen

I. Betriebsunfähigkeit

Betriebsunfähigkeit ist die durch den Zustand des Fahrzeugs bedingte Be- 543
triebsunfähigkeit bei bestimmungsgemäßer Verwendung, wenn es wegen einer
Beschädigung oder eines technischen Mangels nicht mittels eigenen Motors
betriebs- oder verkehrssicher bewegt werden kann oder darf. Nach Sinn und
Zweck der Bestimmung ist es gleichgültig, worauf diese Tatsache beruht.[1092]
Hier werden insbesondere Motor-, Getriebeschaden, Versagen der Batterie,
geplatzter Kühlwasserschlauch, gerissener Keilriemen, defekte Zündkerzen

---

[1090] OLG Celle NZV 1994, 242; VD 1994, 114 mAnm *Huppertz*; OLG Frankfurt a.M. NStZ-
RR 1997, 93; Hentschel/König/Dauer/*Dauer* StVZO § 33 Rn. 21.
[1091] BayObLG DAR 1992, 362; NZV 1994, 163.
[1092] Hentschel/König/Dauer/*Dauer* StVZO § 33 Rn. 21.

und Ausbau von Fahrzeugteilen (Motor[1093]) genannt, aber auch Öl-, Batterie-, Kühlwasser- und Kraftstoffmangel[1094] (gerade Letzteres wird jedoch teilweise bestritten[1095]).

544 **Ausgangsort** muss nicht die Straße sein, sondern der Ort, an dem die Betriebsunfähigkeit eingetreten ist,[1096] unter Umständen also auch ein Hinterhof, eine Garage oder eine Werkstatt (auch als Zwischenstation eines Abschleppvorgangs[1097]). Gleichgültig ist auch, wie lange die Betriebsunfähigkeit zurückliegt bzw. wann diese eingetreten ist.[1098] Hinsichtlich des „möglichst nahe gelegenen **Bestimmungsortes**" hat sich die Rspr. allerdings sehr vom engen Wortlaut des Notrechts entfernt. In Literatur[1099] und Rspr.[1100] wird darauf hingewiesen, dass das Abschleppen letztlich ein Kompromiss zwischen den Erfordernissen der Verkehrssicherheit auf der einen und den berechtigten Belangen des Führers/ Halters eines betriebsunfähig gewordenen Fahrzeugs auf der anderen Seite darstellt. Weder Literatur noch Rechtsprechung definieren eindeutig, über welche Entfernungen ein betriebsunfähiges Fahrzeug abgeschleppt werden darf. Begriffe wie nächster geeigneter Bestimmungsort, nächste geeignete (Fach-) Werkstatt, möglichst kurze Entfernung, größere Entfernung oder weite Strecke werden nicht näher erläutert.[1101] Insbesondere bleibt fraglich, wann eine Werkstätte der Anforderung an eine Fachwerkstatt entspricht. Dies hängt von den Umständen des Einzelfalls ab,[1102] also von der Art des Fahrzeugs und seines Schadens oder der Leistungsfähigkeit der Werkstatt.[1103] Das aber hängt sicherlich auch von der Dichte des Vertriebsnetzes der einzelnen Hersteller ab. Der Entscheidung des OLG Celle[1104] (nicht mehr als 45 km) ist wegen ihres klarstellenden und restriktiven Charakters ausdrücklich zuzustimmen, obwohl auch durch sie weiterhin die Prüfung, ob nicht im Einzelfall auch eine weitere Entfernung zulässig sein kann, nicht entfällt.[1105] Denn neben der Notwendigkeit, betriebsunfähige Fahrzeuge möglichst schnell aus dem Verkehr zu ziehen,

---

[1093] OLG Hamm VRS 57, 456; OLG Celle NZV 1994, 242; VD 1994, 114 mAnm *Huppertz*; OLG Frankfurt a.M. NStZ-RR 1997, 93.

[1094] OLG Hamm DAR 1999, 178; VD 1999, 253 Anm. *Huppertz*; Hentschel/König/Dauer/ *Dauer* StVZO § 33 Rn. 21.

[1095] OLG Bremen NJW 1963, 726; LG München DAR 1957, 157; danach liegt keine Betriebsunfähigkeit vor bei fehlendem Kraftstoff und Kühlwasser: *Bouska/Laeverenz* FahrerlaubnisR FeV § 6 Rn. 18; *Dvorak* DAR 1984, 313; *Huppertz* VD 1995, 245.

[1096] OLG Koblenz NZV 1998, 257 mAnm *Huppertz*; OLG Zweibrücken VersR 1967, 274; OLG Zweibrücken Betr. 1969, 837; Hentschel/König/Dauer/*Dauer* StVZO § 33 Rn. 22.

[1097] BayObLG VRS 65, 304; OLG Hamm VM 1961, 83; OLG Frankfurt a.M. NStZ-RR 1997, 93; Hentschel/König/Dauer/*Dauer* StVZO § 33 Rn. 22; *Jagow* § 18 StVZO-alt Rn. 12a.

[1098] OLG Koblenz NZV 1998, 257 mAnm *Huppertz*; KG VRS 26, 125; Hentschel/König/ Dauer/*Dauer* StVZO § 33 Rn. 22.

[1099] *Weigelt* DAR 1961, 137; *Greuel* DAR 1980, 332; *Wiederhold* VD 1979, 267; *Wiederhold* VD 1980, 185.

[1100] BayObLG VRS 65, 304 (307).

[1101] *Huppertz* VD 1992, 228 mwN.

[1102] BayObLG VRS 15, 473; DAR 1992, 362.

[1103] OLG Celle VRS 16, 312; BayObLG DAR 1992, 362.

[1104] NZV 1994, 242; VD 1994, 114 mAnm *Huppertz*.

[1105] *Huppertz* VD 1994, 202 (203).

können auch das Interesse des Halters eines solchen Fahrzeugs, es auf möglichst einfache Weise und ohne unnötigen Kostenaufwand wieder betriebsfähig zu machen, Erleichterungen rechtfertigen. So ist dem Halter eine gewisse Entscheidungsfreiheit in der Wahl der Werkstatt eingeräumt worden, zu der das Fahrzeug geschleppt werden soll. Es braucht nicht die nächstgelegene, sondern kann auch eine etwas entferntere geeignete Werkstatt, zB eine Vertragswerkstatt des Fahrzeugherstellers sein. Allerdings ist es mit dem Nothilfegedanken unvereinbar, wenn ein Fahrzeug über eine **lange Strecke** gezogen wird. Dies mag auch von Region zu Region unterschiedlich zu beurteilen sein. In Großstädten ist die Werkstattsituation eine andere als in dünn besiedelten Gebieten.

II. Anschleppen

Anschleppen ist das Mitführen eines wegen Batterieversagens oder defekter **545** Zündung betriebsunfähigen Kfz, um es in Gang zu bringen.[1106] Dabei wird das Anschleppen als Unterfall des Abschleppens angesehen.[1107] Bis zum Anspringen des Motors handelt es sich um ein Abschleppen.[1108] Der Führer des ziehenden Fahrzeugs muss allerdings die Verbindung unverzüglich lösen, sobald der Motor des angeschleppten Fahrzeugs in Gang gekommen ist. Der Lenker des angeschleppten Fahrzeugs benötigt die für dieses Fahrzeug erforderliche Fahrerlaubnis, weil er mit dem beabsichtigten Anspringen des Motors zum Kfz-Führer wird und also von diesem Zeitpunkt an ohne Fahrerlaubnis fahren würde.[1109]

Nach einer Entscheidung des OLG Düsseldorf[1110] bilden jedoch ziehendes und **546** angeschlepptes Fahrzeug nach Anspringen des Motors einen Zug mit der Folge, dass nunmehr der Führer des ziehenden Kfz im Besitz der für diesen Zug erforderlichen Fahrerlaubnis sein muss. Hingegen benötigt der Führer des angeschleppten Fahrzeugs keine Fahrerlaubnis, da das angeschleppte Fahrzeug rechtlich als Anhänger gilt und hierfür weder nach §2 StVG noch nach §4 FeV eine Fahrerlaubnis gefordert wird. Hier ist allerdings eine differenzierte Betrachtung vorzunehmen.[1111] Der Führer des angeschleppten Kfz kann unter bestimmungsgemäßer Benutzung der Antriebskräfte und der Lenkung seines Fahrzeugs in entscheidendem Maße auch auf Lenkung und Fahrverhalten des ziehenden Kfz Einfluss nehmen. Dabei geht vergleichsweise eine weitaus höhere Gefahr von ihm aus als beim Abschleppen. Der Führer des angeschleppten Fahrzeugs müsste jedoch tatsächlich eigenverantwortlich Führer eines Kfz iSd §21 StVG sein. Daran scheitert es aber zumindest teilweise aufgrund der noch bestehenden Verbindung mit dem ziehenden Kfz. Nach hier vertretener Ansicht

[1106] *Bouska* FahrerlaubnisR (Vorauflage) StVZO §5 Rn. 11 aF.
[1107] OLG Düsseldorf VRS 54, 369; *Bouska* FahrerlaubnisR (Vorauflage) StVZO §5 Rn. 11 aF; *Wiederhold* VD 1979, 267 (269); BHJJ/*Heß* StVO §23 Rn. 26; *Blum* NZV 2008, 547.
[1108] Hentschel/König/Dauer/*Dauer* StVZO §33 Rn. 29; *Bouska/Laeverenz* FahrerlaubnisR FeV §6 Rn. 18.
[1109] *Bouska/Laeverenz* FahrerlaubnisR FeV §6 Rn. 18; krit.: Hentschel/König/Dauer/*König* StVG §21 Rn. 11.
[1110] VRS 54, 369.
[1111] Vgl. *Huppertz* VD 1992, 86.

reicht jedoch die Einflussmöglichkeit auf das ziehende Kfz aus mit der Folge, dass er im Besitz „seiner" Fahrerlaubnis sein muss.

547 Das **ziehende Kfz** muss versichert und versteuert sein. Das **angeschleppte Fahrzeug** ist, solange der Motor nicht anspringt, kein Kfz. Eine Versicherungspflicht ist jedenfalls erst notwendig, wenn der Motor anspringt. Der Versuch ist weder beim Fahren ohne Fahrerlaubnis noch beim Verstoß gegen §6 PflVG strafbar. Bei der Steuerverkürzung ist allerdings der Versuch mit Strafe bedroht.

III. Anschieben

548 Häufig wird versucht, betriebsunfähige Fahrzeuge durch **Anschieben** wieder fahrtüchtig zu machen. Nach Ansicht des OLG Celle[1112] handelt es sich nicht um das Führen eines Kfz (sondern nur eines Fahrzeugs) im Straßenverkehr, wenn ein Kfz auf ebener Strecke durch Schieben (des Lenkers oder dritter Personen) fortbewegt wird. Insoweit besteht auch noch Einigkeit mit dem OLG Koblenz.[1113] Allerdings gehen die Meinungen der beiden Oberlandesgerichte dann auseinander, wenn das Fahrzeug durch das Schieben einen gewissen Schwung erhält, durch den es einige Meter selbstständig weiterrollt. Das OLG Koblenz ist wohl in Anlehnung an die Rspr. zum Abrollen-Lassen eines Kfz ohne Motorkraft über eine Gefällstrecke der Ansicht, dass auch das selbstständige Rollen auf ebener Bahn das Führen eines Kfz darstelle (mit den entsprechenden Konsequenzen wie zB der Fahrerlaubnispflicht). Das OLG Celle meint dagegen, es ändere sich auch in diesem Falle nichts an der Tatsache, dass es sich noch nicht um das Führen eines Kfz handele, weil der Antriebsschwung alsbald nachlassen werde. Das selbstständige Rollen eines Fahrzeugs beim Anschieben unterscheidet sich doch wesentlich vom Abrollen-Lassen eines Kfz ohne Motorkraft über eine Gefällstrecke.[1114] Dieser Vorgang des Rollens im Zusammenhang mit dem Anschieben erfordert zumindest nicht notwendigerweise Einsatz und Beherrschung der mechanischen Einrichtungen eines Kfz. Im Ergebnis wird man auch das Schieben eines betriebsunfähigen Kfz dem Abschleppen gleichsetzen müssen.[1115] Also gelten auch für das Anschieben erleichterte Regeln.

IV. Auswirkungen auf die Fahrerlaubnis

549 Unter den vorgenannten Voraussetzungen genügt nach §6 I Satz 4 FeV die Klasse des abschleppenden (ziehenden) Kfz.[1116] Der Führer des abgeschleppten betriebsunfähigen Fahrzeugs muss lediglich geeignet (§2 IV StVG) sein. Er benötigt keine Fahrerlaubnis und verstößt bei deren Fehlen auch nicht gegen §21 StVG, denn er führt zwar ein Fahrzeug, dieses aber nicht als Kfz.[1117] Da die Vorschriften über die Anhängelast (§42 IIa StVZO) nicht gelten, kann für

---

[1112] VRS 53, 371.
[1113] VRS 49, 366.
[1114] BGHSt 14, 185 ff. = NJW 1960, 1211.
[1115] *Greuel* DAR 1980, 332 (334).
[1116] OLG Frankfurt a.M. NStZ-RR 1997, 93; Hentschel/König/Dauer/*Dauer* FeV §6 Rn. 61 und StVG §21 Rn. 11; *Heiler/Jagow* 61; *Dauer/Glowalla/Brauckmann* 56; *Heberlein/Miller* DAR 2009, 288 (289).
[1117] BGH NZV 1990, 157; OLG Hamm DAR 1999, 178; VD 1999, 253 m Anm *Huppertz;* Hent-

das Abschleppen eines betriebsunfähigen Fahrzeugs ein ausreichend großer Anhänger gewählt und dieses Fahrzeug aufgeladen werden.[1118] Das muss dann aber auch bedeuten, dass es auf den Besitz der entsprechenden Klasse E nicht ankommt.

Der Führer des abgeschleppten betriebsunfähigen Fahrzeugs benötigt keine **550** Fahrerlaubnis. Er muss lediglich geeignet sein, das Fahrzeug iSd § 2 IV StVG zu lenken. Das wird idR bei Personen ohne Fahrerlaubnis nicht der Fall sein, doch kann unter Berücksichtigung der konkreten Situation (Notlage) großzügig verfahren werden.[1119] Als Orientierung soll dabei das durch § 10 III FeV normierte Mindestalter von 15 Jahren dienen.[1120]

V. Auswirkungen auf die Zulassungspflicht

Da eine dem alten § 18 I 1 StVZO entsprechende Regelung nicht in die im Jahre **551** 2007 **neu geschaffene FZV** übernommen worden ist, wurde teilweise vertreten, abgeschleppte Fahrzeuge müssten zugelassen sein.[1121] Diese Aussage lässt sich so aber nicht halten:[1122] „Für die Frage, ob die durch ein im Verkehr betriebsunfähig gewordenes Fahrzeug entstandene Gefahr kurzfristig im Wege der Nothilfe beseitigt werden darf, ist unerheblich, ob das Fahrzeug zugelassen ist oder nicht".[1123] Die FZV ist nur anwendbar auf Kfz und Anhänger (§ 1 FZV). Ein betriebsunfähiges Auto kann aber nicht mehr mit Motorkraft fortbewegt werden und ist deshalb kein Kfz mehr. Anhänger sind zum Anhängen an ein Kfz bestimmte und geeignete Fahrzeuge (§ 2 Nr. 2 FZV). Ein betriebsunfähiger Pkw ist aber nicht zum Anhängen an ein Kfz bestimmt. Somit fallen derartige Fahrzeuge gar nicht unter die FZV. Im Übrigen wäre es mit dem Nothilfegedanken nicht vereinbar, abgeschleppte Fahrzeuge strengeren Vorschriften zu unterwerfen als geschleppte Fahrzeuge.[1124]

VI. Auswirkungen auf die Versicherungspflicht

Das beim Abschleppen **gezogene** Fahrzeug unterliegt nicht der **Versicherungs- 552 pflicht**, weil es weder ein Kraftfahrzeug noch ein Anhänger ist.[1125] Nach § 1 PflVG sind nur Kfz und Anhänger versicherungspflichtig. Anhänger sind gem. § 2 Nr. 2 FZV zum Anhängen an ein Kraftfahrzeug bestimmte und geeignete Fahrzeuge. Betriebsunfähige Kfz sind aber von ihrem Bestimmungszweck nicht zum Anhängen an ein Kraftfahrzeug gedacht. Daher unterfällt es nicht der Versicherungspflicht. Das **ziehende** Kraftfahrzeug muss natürlich entsprechend versichert sein.

---

schel/König/Dauer/*König* StVG § 21 Rn. 11; *Heiler/Jagow* 61; *Dauer/Glowalla/Brauckmann* 56; *Heberlein/Miller* DAR 2009, 288 (289); amtl. Begr. zu § 6 FeV, VkBl. 1998, 982 (1062).
[1118] So OLG Koblenz NZV 1998, 257 m Anm *Huppertz*; OLG Jena NStZ-RR 2007, 248.
[1119] *Bouska/Laeverenz* FahrerlaubnisR FeV § 6 Rn. 18.
[1120] *Heiler/Jagow* 62.
[1121] Hentschel/König/Dauer/*Dauer*, Voraufl., FZV § 1 Rn. 6.
[1122] Hentschel/König/Dauer/*Dauer* FZV § 1 Rn. 6.
[1123] Hentschel/König/Dauer/*Dauer* StVZO § 33 Rn. 25.
[1124] *Blum* NZV 2008, 547 ff.
[1125] BGHSt 16, 242 = NJW 1961, 2169; OLG Frankfurt a.M. StVE § 21 StVG Nr. 11.

VII. Auswirkungen auf die Steuerpflicht

553 Für das abgeschleppte Fahrzeug besteht keine **Steuerpflicht**.[1126] Das Zugfahrzeug unterliegt selbstverständlich der Steuerpflicht.[1127]

C. Schleppen

I. Allgemeines

554 Beim Schleppen ist zwischen dem Schleppen mit Genehmigung und dem Schleppen ohne Genehmigung zu unterscheiden. Es können sowohl betriebsfähige als auch betriebsunfähige Fahrzeuge geschleppt werden. Abschleppen setzt das Vorhandensein einer Notlage infolge Betriebsunfähigkeit voraus und ist nur für kurze Distanzen gedacht. Sind diese Bedingungen nicht erfüllt, so liegt rechtlich ein genehmigungspflichtiges Schleppen iSd § 33 StVZO vor. Die höheren Verwaltungsbehörden können in Einzelfällen Ausnahmen genehmigen (§ 70 I Nr. 1 StVZO). Für die Erteilung einer **bundesweit** gültigen Ausnahmegenehmigung zum Schleppen defekter Kfz **ohne Entfernungsbegrenzung** ist das Bundesministerium für Verkehr zuständig.[1128] § 33 StVZO stellt klar, dass Fahrzeuge, die nach ihrer Bauart zum Betrieb als Kfz bestimmt sind, nicht als Anhänger betrieben werden dürfen. Gleichwohl dürfen die Zulassungsstellen in Einzelfällen Ausnahmegenehmigungen erstellen. Schleppen ist das Mitführen eines betriebsfähigen Kfz als Anhänger hinter einem Kfz.[1129] Zunehmend kann beobachtet werden, wie Pkw mit einer deichselähnlichen Vorrichtung („A-Frame") mit geringem Abstand an Wohnmobile gekoppelt werden, wobei der vordere Teil auf der Anhängerkupplung des Wohnmobils ruht und der hintere Teil unter bzw. in der Schürze des Pkw angebracht ist. Durch den konstruktionsbedingten Nachlauf in den Vorderachsen lenken die angehängten Fahrzeuge von alleine mit (es gibt keinen Fahrzeugführer im angehängten Pkw). Die verwendeten Kfz sind beide ordnungsgemäß zugelassen und mit jeweils eigenen Kennzeichen versehen. Liegt wie vor kein Abschleppen iSd Nothilfegedanken vor und fehlt es demzufolge an einer Ausnahmegenehmigung nach § 70 StVZO, hat das zur Folge, dass ein betriebsfähiges Kfz als Anhänger betrieben wird. Mithin liegt ein nicht genehmigtes Schleppen entgegen § 33 I StVZO vor.

II. Auswirkungen auf die Fahrerlaubnis

555 Nach § 33 II Nr. 1 StVZO in der bis zum 31.7.2013 geltenden Fassung benötigte der Geschleppte die Fahrerlaubnis für das geschleppte Kfz.[1130] Die Vorschrift wurde jedoch im Zuge der Novellierung des § 33 StVZO gestrichen.[1131] Das

---

[1126] OLG Frankfurt a.M. StVE § 21 StVG Nr. 11.
[1127] OLG Düsseldorf VRS 54, 369 (371).
[1128] BVerwG NZV 2005, 605.
[1129] *BouskaLaeverenz* FahrerlaubnisR FeV § 6 Rn. 18.
[1130] Hentschel/König/Dauer/*Dauer* StVZO § 33 Rn. 5, 7 und StVG § 21 Rn. 11 (Voraufl.); *Bouska/Laeverenz* FahrerlaubnisR FeV § 6 Rn. 18; *Heberlein/Miller* DAR 2009, 288 (289).
[1131] 48. Verordnung zur Änderung straßenverkehrsrechtlicher Vorschriften v. 26.7.2013 (BGBl. I 2803).

BMV stellte in Aussicht, die Voraussetzungen und Bedingungen für die Erteilung der notwendigen Ausnahmegenehmigungen nach § 70 StVZO in einer Richtlinie festzuschreiben.[1132] Diese „Empfehlungen für die Erteilung von Ausnahmegenehmigungen nach § 70 StVZO"[1133] enthält jedoch keine Aussage zum Schleppen nach § 33 StVZO. *Dauer*[1134] betont, dass es keiner Regelung bedarf, weil davon ausgegangen werden kann, dass das geschleppte Fahrzeug bei den heutigen Schlepptechnologien nicht durch einen Fahrer gelenkt werden muss. Wird das geschleppte Fahrzeug dennoch von einer Person gelenkt, benötigt diese jedoch keine Fahrerlaubnis, da sie nicht Führer eines Kfz ist. Unabhängig vom Vorliegen einer Genehmigung bedarf der Schleppende der Klasse E, wenn das geschleppte Kfz eine zGM von mehr als 750 kg hat. Der Führer benötigt dabei diejenige Fahrerlaubnis, die erforderlich wäre, wenn das geschleppte Fahrzeug ein regulärer Anhänger wäre, also je nach Zusammenstellung des Zuges die Fahrerlaubnis der Klasse B, BE, C1E oder CE.[1135] Fehlt es dem Führer des abschleppenden (ziehenden) Kfz im Falle eines nicht durch den Nothilfegedanken des § 6 I Satz 4 FeV gedeckten Abschleppens und damit eines entgegen § 33 I StVZO nicht genehmigten Schleppens an der dann erforderlichen Fahrerlaubnis für den sich gebildeten Zug, so liegt eine Straftat iSd § 21 StVG vor.[1136]

III. Auswirkungen auf die Zulassungspflicht

Mangels abweichender Vorschrift gelten alle Bau-, Ausrüstungs-, und Betriebs- **556** vorschriften für Anhänger, sofern die Ausnahmegenehmigung nicht davon befreit.[1137] Auch bei Vorliegen einer Ausnahmegenehmigung ist das Fahrzeug nicht von den Vorschriften über das Zulassungsverfahren befreit.[1138]

IV. Auswirkungen auf die Versicherungspflicht

Der Versicherungsschutz besteht beim genehmigten Schleppen und im Übrigen **557** auch beim Schleppen ohne Genehmigung über das Zugfahrzeug (§ 3 I 2 der VO über den Versicherungsschutz in der Kfz-Haftpflichtversicherung – Kraftfahrzeug-Pflichtversicherungsverordnung – KfzPflVV). Das geschleppte Fahrzeug muss als Anhänger versichert werden (§ 1 PflVG).

V. Auswirkungen auf die Steuerpflicht

Beim Schleppen mit oder ohne Genehmigung muss das **Zugfahrzeug** selbstver- **558** ständlich versteuert sein. Gleiches gilt für das geschleppte Fahrzeug.

[1132] BR-Drs. 445/13, 24 zu § 33 StVZO.
[1133] VkBl. 2014, 503.
[1134] Hentschel/König/Dauer/*Dauer* StVZO § 33 Rn. 17.
[1135] *Bouska/Laeverenz* FahrerlaubnisR FeV § 6 Rn. 18; *Dauer/Glowalla/Brauckmann* 56; die von *Heiler/Jagow* 62 vertretene Meinung, dass grundsätzlich die Klasse CE oder T erforderlich ist, wird hier nicht geteilt; *Heberlein/Miller* DAR 2009, 288 (289).
[1136] Hentschel/König/Dauer/*König* StVG § 21 Rn. 11; *Reichart* NJW 1994, 103; *Stollenwerk* VD 1995, 256.
[1137] Hentschel/König/Dauer/*Dauer* StVZO § 33 Rn. 15.
[1138] Hentschel/König/Dauer/*Dauer* StVZO § 33 Rn. 16.

VI. Zusammenfassung

559 Das nicht genehmigte Schleppen stellt eine Ordnungswidrigkeit nach §§ 69a III Nr. 3 StVZO, 24 StVG dar, sofern nicht sogar Straftaten (zB §§ 21 I Nr. 1 StVG, 1, 6 PflVG) in Betracht kommen, die die Ordnungswidrigkeit verdrängen würden (§ 21 I 1 OWiG).

13. Kapitel. Fahrlässige Tötung und fahrlässige Körperverletzung

Prüfungsschema bei fahrl. Tötung und fahrl. Körperverletzung

Vorbemerkung: Bei der fahrlässigen Körperverletzung ist das Vorliegen eines wirksamen Strafantrages oder die Frage, ob ein besonderes öffentliches Interesse an der Strafverfolgung besteht, zu prüfen. Die Erörterung des besonderen öffentlichen Interesses sollte an den Schluss der Prüfung gestellt werden, denn ein solches Interesse besteht nur an einer tatsächlich und rechtlich vorliegenden fahrlässigen Körperverletzung.

Ansonsten sind beide Delikte nach demselben Schema zu prüfen.

1. Objektiver Tatbestand
   a) Eintritt des Erfolgs (Tod bzw. Körperverletzung eines Menschen)
   b) Kausalität (Verhalten des Täters kausal für den Erfolg?)
   c) **Objektiv** pflichtwidriges Verhalten des Täters (in aller Regel ein Verstoß gegen eine Verkehrsvorschrift, zB StVO, aber auch gegen Strafvorschriften, zB §§ 315b, 315c, 316 StGB, § 21 StVG oder Tatbeteiligungen daran).
   d) Pflichtwidriges Verhalten kausal für den eingetretenen Erfolg? Vermeidbarkeit des Erfolgs bei pflichtgemäßem Verhalten?
   e) War der Eintritt des Erfolgs **objektiv** vorhersehbar?
   f) Liegt der eingetretene Erfolg im Schutzbereich der verletzten (Verkehrs-)Norm?
2. Rechtswidrigkeit (Rechtfertigungsgründe zB Einwilligung des Opfers bei fahrl. Körperverletzung – bei fahrl. Tötung nicht möglich. Von der Einwilligung zu unterscheiden ist die bewusste Selbstgefährdung, die aber schon den objektiven Tatbestand ausschließt.)
3. Schuld einschl. des subjektiven Tatbestandes: War das Verhalten des Täters auch subjektiv vorwerfbar und war der Erfolg (einschl. des wesentlichen Kausalverlaufs) für diesen Täter voraussehbar und vermeidbar?
4. Evtl. bei fahrlässiger Körperverletzung besonderes öffentliches Interesse an der Strafverfolgung.
5. Ergebnis

A. Einleitung

Die Delikte „fahrlässige Tötung" (§ 222 StGB) und „fahrlässige Körperverlet- **561** zung" (§ 229 StGB) unterscheiden sich im Wesentlichen nur durch den eingetretenen Taterfolg. Außerdem ist für die Verfolgung der fahrlässigen Körperverletzung, die im Gegensatz zur fahrlässigen Tötung zu den sog. Privatklagedelikten gehört, ein Strafantrag des Verletzten oder die Bejahung des besonderen öffentlichen Interesses durch die Strafverfolgungsbehörde erforderlich (§ 230 I StGB). Da die auftretenden Probleme und Fragen weitgehend identisch sind, bietet es sich an, beide Vergehen zusammen zu erörtern.

562 In den §§ 222, 229 StGB wird vorrangig nur ein Taterfolg erwähnt. Man könnte sagen, dass eine Tathandlung in beiden Vorschriften fehlt. Deshalb muss man das Fehlverhalten aus anderen Regeln herleiten – aus den sog. Sorgfaltspflichtverletzungen. Nach heute hM ist die Fahrlässigkeit bei den **Erfolgs**delikten nicht nur eine bloße Schuldform, sondern ein besonderer Typus des strafbaren Verhaltens, der Unrechtselemente, die im Tatbestand zu prüfen sind, und Schuldelemente in sich vereinigt. Die Fahrlässigkeit besitzt als Verhaltens- und als Schuldform eine Doppelnatur. Daraus folgt eine Zweistufigkeit der Fahrlässigkeitsprüfung, nämlich auf der objektiven und auf der subjektiven Ebene. Der Begriff der Fahrlässigkeit ist im Gesetz nicht definiert. Allgemein wird zwischen zwei Formen unterschieden, nämlich zwischen der **unbewussten** und der **bewussten** Fahrlässigkeit. Unbewusst fahrlässig handelt, wer bei einem bestimmten Tun oder Unterlassen die gebotene Sorgfalt außer Acht lässt und infolgedessen den gesetzlichen Tatbestand verwirklicht, ohne dies zu erkennen. Bewusst fahrlässig handelt, wer es für möglich hält, dass er den gesetzlichen Tatbestand verwirklicht, jedoch pflichtwidrig darauf vertraut, dass er ihn nicht erfüllen werde. Die Unterscheidung zwischen unbewusster und bewusster Fahrlässigkeit hat lediglich für die Strafzumessung Bedeutung.

B. Strafantrag und Bejahung des besonderen öffentlichen Interesses

563 Grundsätzlich wird die fahrlässige **Körperverletzung** nach § 229 StGB nur auf einen entsprechenden Strafantrag hin verfolgt, es sei denn, dass die Strafverfolgungsbehörde (StA) wegen des **besonderen** öffentlichen Interesses an der Strafverfolgung ein Einschreiten von Amts wegen für geboten hält (§ 230 I 1 StGB). Für den Strafantrag gelten die allgemeinen Vorschriften der §§ 77 ff. StGB. Er kann nur binnen einer Frist von drei Monaten **ab Kenntniserlangung von Tat und Täter** gestellt werden (§ 77b StGB). Der **Strafantrag kann zurückgenommen** werden (§ 77d StGB). Ein zurückgenommener Antrag kann nicht nochmals gestellt werden (§ 77d I 3 StGB). Zu beachten ist die **Kostentragungsvorschrift des § 470 StPO**. Im Einzelfall kann es ein Gebot der Fairness sein, den Antragsberechtigten vor der Rücknahme des Strafantrages auf diese Vorschrift hinzuweisen. **Wird der Strafantrag zurückgenommen** (§ 77d StGB) und bejaht die Staatsanwaltschaft nicht das besondere öffentliche Interesse an der Strafverfolgung, ist das Verfahren einzustellen. Während die Rücknahme des Strafantrages formlos erfolgen kann, ist für dessen Stellung eine **Form** ausdrücklich in § 158 II StPO vorgeschrieben. Grundsätzlich ist der Strafantrag schriftlich anzubringen. Bei einem Gericht oder der Staatsanwaltschaft ist auch eine Erklärung zu Protokoll möglich. In dem Erfordernis der Schriftform des Strafantrages iSd § 158 II StPO liegt nichts weiter, als dass sich neben dem Inhalt der Erklärung, die abgegeben werden soll, die Person, von der sie ausgeht, aus dem Schriftstück ergibt.[1139] Die erforderliche Schriftform ist für einen bei der Polizei gestellten Strafantrag nicht gewahrt, wenn sich der aufnehmende Polizeibeamte Notizen über Strafanzeige und -antrag macht und diese Angaben in Abwesenheit des Antragsberechtigten in einem nur von ihm bestätigten Protokoll ausformuliert.[1140] Mangels entgegenstehender gesetzlicher Bestimmung genügt für den Inhalt der den Strafantrag darstellenden Erklärung, dass in ihr auch bei Würdigung der Begleitumstände das Strafverfolgungsbegehren des Berechtigten zweifelsfrei zum Ausdruck gebracht wird. Es handelt sich um eine auslegungsfähige Willenserklärung.[1141] Das Wort „Strafantrag" muss nicht ausdrücklich verwandt werden. Das **Antragsrecht** geht im Falle des Todes des Verletzten bei der fahrlässigen Körperverletzung **nicht auf die Angehörigen über** (§§ 77 I, 230 I 2 StGB), weil § 230 I 2 StGB einen entsprechenden Übergang nur für die vorsätzliche Körperverletzung vorsieht. Stirbt der Verletzte **an den Unfallfolgen,** greift ohnehin § 222 StGB ein.

Wenn der Antragsteller **geschäftsunfähig** (§ 104 BGB) oder **beschränkt geschäfts- 564 fähig** (§ 106 BGB) ist, können nur der gesetzliche Vertreter in den persönlichen Angelegenheiten und derjenige, dem die Sorge für die Person des Antragsberechtigten zusteht, den Antrag stellen (§ 77 III StGB). Bei mehreren Sorgeberechtigten kann jeder den Antrag selbstständig stellen (§ 77 IV StGB). Bei Kindern, die geschäftsunfähig bzw. beschränkt geschäftsfähig sind, steht in aller Regel beiden Eltern das Antragsrecht **gemeinschaftlich** zu (§§ 1626, 1629 BGB).[1142] Es reicht aber aus, dass nur einer der beiden Gesamtvertreter den Strafantrag in der Form des § 158 II StPO stellt und dass der andere mündlich zustimmt oder den Handelnden zum Strafantrag ermächtigt. Allerdings muss der andere Elternteil **innerhalb der laufenden Antragsfrist** der Strafantragstellung zustimmen.[1143]

Nach § 230 I StGB kann die StA neben oder statt eines Strafantrags das besonde- 565 re öffentliche Interesse an der Strafverfolgung bejahen. Die Richtlinien für das Strafverfahren und das Bußgeldverfahren (RiStBV) enthalten Anleitungen zur **Frage, wann das besondere öffentliche Interesse an der Strafverfolgung zu bejahen ist.** Nach Nr. 243 III RiStBV besteht bei (fahrlässigen) Körperverletzungen im Straßenverkehr **nicht** der Grundsatz, dass das besondere öffentliche Interesse an der Strafverfolgung (§ 230 I 1 StGB) stets oder in der Regel zu bejahen ist. Bei der im Einzelfall zu treffenden Ermessensentscheidung sind das Maß der Pflichtwidrigkeit, insbesondere der vorangegangene Genuss von Alkohol oder anderer berauschender Mittel, die Tatfolgen für den Verletzten und den Täter, einschlägige Vorbelastungen des Täters sowie ein Mitverschulden des Verletzten von besonderem Gewicht. **Die Entscheidung der StA unterliegt keiner richterlichen Nachprüfung,**[1144] weil die StA, indem sie mit ihrer Erklärung die Voraussetzung für die strafgerichtliche Verfolgung schafft, weder in die Rechte

---

[1139] RGSt 64, 106 (107).
[1140] BayObLG NZV 1993, 488.
[1141] BGH NJW 1951, 368; OLG Düsseldorf MDR 1986, 165.
[1142] BayObLG NJW 1956, 521.
[1143] BGH NJW 1953, 1479.
[1144] BGHSt 16, 225 = NJW 1961, 2120; BVerfG NJW 1979, 1591; aA MüKoStGB/*Hardtung* StGB § 230 Rn. 49 ff. unter Hinw. auf Art. 19 IV GG.

des Beschuldigten noch in die Rechte des Verletzten eingreift. Denn der Beschuldigte hat mit der schuldhaften Verwirklichung des Tatbestandes den Strafanspruch des Staates gegen sich begründet. Der Verletzte hat keinen Anspruch darauf, dass der Gesetzgeber die Verwirklichung des staatlichen Strafanspruchs von seinen Entschlüssen abhängig macht. Der Strafantrag ist grundsätzlich vor dem objektiven Tatbestand zu erörtern. Liegt kein wirksamer Strafantrag vor, ist zu prüfen, ob die StA bei dem konkreten Delikt (hier: fahrlässige Körperverletzung) das besondere öffentliche Interesse an der Strafverfolgung bejahen kann. Die Beantwortung der Frage, ob ein besonderes öffentliches Interesse an der Strafverfolgung besteht, sollte auf jeden Fall bis zum Abschluss der Erörterungen des § 229 StGB zurückgestellt werden, weil nur an der Verfolgung einer tatbestandsmäßigen, rechtswidrigen und schuldhaft begangenen Tat ein besonderes öffentliches Interesse bestehen kann.

C. Die objektiven Tatbestände der beiden Delikte

I. Der Taterfolg

566 **Tathandlung des § 222 StGB** kann jedes Verhalten eines Täters sein, das den Tod eines Menschen herbeiführt – sei es durch Handeln oder durch Unterlassen. Geschütztes Rechtsgut ist das menschliche Leben. Der **Tatbestand des § 229 StGB** erfordert – ebenso wie der Grundtatbestand des § 223 StGB – eine körperliche Misshandlung oder eine Gesundheitsschädigung. Häufig sind beide Begehungsformen gleichzeitig verwirklicht. Die **Gesundheitsschädigung** besteht im Hervorrufen oder Steigern eines, wenn auch vorübergehenden pathologischen Zustandes. Unter einer **Misshandlung** ist schon nach dem Wortsinn eine üble, unangemessene körperliche Behandlung von einer gewissen Erheblichkeit zu verstehen, die das Maß der **kleineren Unannehmlichkeiten des Lebens** übersteigt.[1145] Das körperliche Wohlbefinden muss mehr als bloß unerheblich beeinträchtigt sein.[1146] Ein bei einem Verkehrsunfall eingetretener Schock mit erheblichen Auswirkungen kann eine Körperverletzung sein,[1147] zB wenn nach einer Woche noch leichtere vegetative Störungen bestehen.[1148] Das OLG Hamm[1149] hat eine Körperverletzung angenommen, wenn im Straßenverkehr ein Verkehrsteilnehmer durch verkehrswidrige Fahrweise eines Dritten erheblich gefährdet wird und dadurch einen so großen Schrecken erleidet, dass es ihm schwarz vor den Augen wird und noch nach 20 Minuten das Blut aus seiner Gesichtshaut gewichen ist. Nach Ansicht des OLG Hamm handelt es sich dabei nicht nur um eine seelische Funktionsstörung, sondern um eine konkret in Erscheinung getretene Beeinträchtigung des körperlichen Wohlbefindens. Eine bloß psychische Einwirkung auf einen Menschen, die lediglich sein **seelisches Wohlbefinden** berührt, ist nämlich noch keine körperliche Beeinträch-

---

[1145] OLG Stuttgart NJW 1959, 831.
[1146] BGHSt 14, 269 (271) = NJW 1960, 1477.
[1147] KG VRS 35, 353.
[1148] OLG Koblenz VRS 42, 29.
[1149] DAR 1972, 190.

tigung iSd §§ 223 ff. StGB. Sie wird aber zu einer körperlichen Misshandlung, wenn sie zu einer seelischen Erschütterung bei dem Opfer führt, die sich auch **auf seine körperliche Verfassung auswirkt**.[1150] Erforderlich sind allerdings Beeinträchtigungen von einigem Gewicht (zB erhebliche Kreislaufprobleme).

II. Die objektive Pflichtwidrigkeit

Da in den §§ 222, 229 StGB jeweils eine Tathandlung fehlt, gehört zur Prüfung **567** des objektiven Tatbestandes die Feststellung einer objektiven Pflichtwidrigkeit (auch Sorgfaltspflichtverletzung genannt). Die Teilnahme mit einem Kfz am Straßenverkehr ist **grundsätzlich ein erlaubtes Verhalten** und kann für sich allein nicht den Tatbestand der §§ 222 oder 229 StGB erfüllen, bloß weil ein bestimmter „Erfolg" eingetreten ist. Hat sich ein Kraftfahrer korrekt verhalten und hat seine Teilnahme am Straßenverkehr dennoch zur Verletzung oder Tötung eines anderen Menschen geführt, entfällt bereits der (objektive) Tatbestand der fahrlässigen Tötung bzw. der fahrlässigen Körperverletzung. Voraussetzung für eine Erfüllung des jeweiligen Tatbestandes ist eine objektive Pflichtwidrigkeit, die sich aus einem **Verstoß gegen Verkehrsvorschriften** (etwa Bestimmungen der StVO, FeV, FZV oder StVZO) ergeben kann. Bei Arbeitsunfällen lässt sich die objektive Pflichtwidrigkeit häufig aus den **Unfallverhütungsvorschriften** der Berufsgenossenschaften herleiten. Die objektive Pflichtwidrigkeit hängt jedoch nicht vom Vorhandensein ausdrücklicher Regelungen ab. Insoweit gilt nicht der Satz, dass erlaubt ist, was nicht verboten ist. Auch das Verletzen allgemeiner Sorgfaltspflichten kann die objektive Pflichtwidrigkeit begründen (zB die Verletzung **allgemeiner Verkehrssicherungspflichten**). Wer etwa in seinem Garten ein tiefes Loch aushebt und dieses vor Eintritt der Dunkelheit während einer Gartenparty nicht absichert, verstößt gegen die allgemeine Verkehrssicherungspflicht und handelt objektiv pflichtwidrig, wenn sich ein Gast beim Sturz in die ungesicherte Grube verletzt.

> **Definition:** Pflichtwidrig handelt derjenige, der nicht die Sorgfalt aufbringt, die nach dem Urteil besonnener, verständiger und gewissenhafter Angehöriger des betreffenden Verkehrskreises von dem in seinem Rahmen Handelnden zu verlangen ist.

Die Pflichtwidrigkeit kann auch **auf einem Unterlassen** beruhen. So ist etwa ein **568** Händler, der mit Gegenständen (zB Autoreifen) gewerbsmäßig Handel treibt, deren Benutzung bei Serienfehlern mit Gefahren für Leib oder Leben der Erwerber und Dritter verbunden ist, verpflichtet, diese Gefahren nach Kräften abzuwenden.[1151] Ein Händler mit Kfz-Zubehör muss mit dem Rückruf von Reifenserien rechnen; er muss deshalb als Händler bei seinem Lieferanten sicherstellen, dass er in den Bereich des Informationsflusses über einen etwaigen Rückruf mit einbezogen wird. Die **Verantwortlichen einer Gemeinde** handeln möglicherweise objektiv pflichtwidrig, wenn sie es unterlassen, die Straßenver-

---

[1150] OLG Frankfurt a.M. VRS 38, 49.
[1151] OLG Karlsruhe NJW 1981, 1054.

kehrssicherungspflichten zu erfüllen (etwa Streupflicht bei Glatteisbildung oder Beseitigung sonstiger Gefahrenquellen). Im Straßenverkehr besteht für jeden Verkehrsteilnehmer die Pflicht, sein Verhalten so einzurichten, dass kein anderer geschädigt, gefährdet oder mehr, als nach den Umständen unvermeidbar, behindert oder belästigt wird (**§ 1 II StVO**). Dieser Grundsatz ist durch zahlreiche Verhaltensanforderungen, insbes. in der StVO, der FeV, der FZV und StVZO konkretisiert worden. Bisweilen ergeben sich die Sorgfaltspflichtverletzungen aber auch aus der Verwirklichung von strafrechtlichen Tatbeständen (zB §§ 240, 315b, 315c, 316 StGB, § 21 StVG). Zu den einzelnen Verhaltensregeln ist eine riesige Zahl von obergerichtlichen Entscheidungen ergangen, deren Darstellung den Rahmen dieser Ausführungen sprengen würde.

569 Pflichtwidrig ist die **Verkehrsteilnahme** eines Kfz-Führers **unter Alkohol- oder Drogeneinfluss** bzw. ohne Fahrerlaubnis. Problematisch ist manchmal, ob dieses Verhalten – wie auch sonst jede andere Pflichtwidrigkeit – **ursächlich** für den Erfolgseintritt (Verletzung oder Tötung eines anderen) gewesen ist. Nach Ansicht der Rspr.[1152] ist bei der Prüfung, ob ein Verkehrsunfall für einen alkoholbedingt fahruntüchtigen Kraftfahrer vermeidbar war, nicht darauf abzustellen, ob der Fahrer den Unfall im nüchternen Zustand bei Einhaltung derselben Geschwindigkeit hätte verhindern können. Vielmehr ist es entscheidend, bei welcher geringeren Geschwindigkeit er trotz alkoholbedingter Herabsetzung der Wahrnehmungs- und Reaktionsfähigkeit einer kritischen Verkehrslage noch hätte Rechnung tragen können.[1153] Pflichtwidrig ist neben der unangepassten Geschwindigkeit in der Regel auch das Führen eines Fahrzeugs unter Alkoholeinfluss. Fraglich kann jedoch im Einzelfall sein, ob dieses pflichtwidrige Verhalten kausal für den eingetretenen Erfolg war. **Das Problem ist daher erst bei der Frage der Kausalität zu erörtern.** Im Rahmen der §§ 222, 229 StGB ist eine andere Ursachenprüfung als bei § 315c I Nr. 1a StGB vorzunehmen. Bei der Straßenverkehrsgefährdung stellt sich die Frage, ob die alkoholbedingte Fahrunsicherheit ursächlich für die eingetretene Gefährdung (Unfall) war. Sofern der Beschuldigte den Unfall auch im nüchternen Zustand nicht hätte vermeiden können, fehlt es an dieser Kausalität im Rahmen des § 315c StGB, und es kommt ggf. lediglich eine Verurteilung aus § 316 StGB in Betracht. Dagegen stellt die Rspr. bei der Erörterung der §§ 222, 229 StGB andere Überlegungen an. Unabhängig davon, dass der Angetrunkene kein Fahrzeug mehr führen darf (§ 316 StGB), muss er, wenn er dennoch als Führer eines Fahrzeugs am Straßenverkehr teilnimmt, gem. § 3 I 2 StVO die Geschwindigkeit seinen persönlichen Fähigkeiten, die durch seine Alkoholisierung stark beeinträchtigt sind, anpassen und deshalb deutlich langsamer fahren. Hierbei ist es unerheblich, dass auch ein Nüchterner bei gleicher Geschwindigkeit den Unfall nicht hätte vermeiden können. Die Pflichtwidrigkeit beruht also in diesen Fällen zumindest auf der nicht angepassten Geschwindigkeit. Hatte jedoch – wie in der Mehrzahl der Fälle – der Unfall seine Ursache in der alkoholbedingten Fahrunsicherheit, liegen auch die Voraussetzungen des § 315c I Nr. 1a (Abs. 3)

[1152] BGHSt 24, 31 = NJW 1971, 388; BGH NStZ 2013, 231; OLG Zweibrücken VRS 41, 113; OLG Koblenz StVE § 315c StGB Nr. 19; BayObLG NZV 1994, 283.

[1153] BGHSt 24, 31 (34 ff.) = NJW 1971, 388.

StGB vor. Die Pflichtwidrigkeit beruht in diesen Fällen auf dem Führen eines Fahrzeugs unter Alkoholgenuss.

Fahrzeuge bestimmter in § 35 I StVO aufgezählter Institutionen sind von den **570** Vorschriften der StVO befreit, soweit dies zur Erfüllung hoheitlicher Aufgaben dringend geboten ist. Diese Fahrzeuge genießen **Sonderrechte.** An die Ausstattung dieser Fahrzeuge sind keine besonderen Anforderungen gestellt, sodass auch Zivilfahrzeuge (unter Umständen sogar Privatfahrzeuge[1154]) diese Sonderrechte ausüben können. In den weiteren Absätzen des § 35 StVO sind gewisse andere Fahrzeuge *teilweise* von den Regeln der StVO befreit. So dürfen zB Fahrzeuge der Müllabfuhr auf allen Straßen und Straßenteilen und auf jeder Straßenseite in jeder Richtung zu allen Zeiten fahren und halten, soweit ihr Einsatz dies erfordert (§ 35 VI StVO). Sofern also Führer von Fahrzeugen mit Sonderrechten im Rahmen der ihnen eingeräumten Sonderrechte gegen Vorschriften der StVO „verstoßen", begehen sie keine Ordnungswidrigkeiten. Ihr Verhalten ist nur pflichtwidrig, wenn sie § 35 VIII StVO missachten. Sie dürfen nämlich die Sonderrechte nur unter der gebührenden Berücksichtigung der öffentlichen Sicherheit und Ordnung ausüben. So darf ein sonderberechtigtes Polizeifahrzeug unter Umständen zwar die zulässige Höchstgeschwindigkeit überschreiten, darf aber andere Verkehrsteilnehmer nicht gefährden. Die Sonderrechte gewähren auch grundsätzlich keine Vortritts- oder Vorfahrtsrechte gegenüber anderen Verkehrsteilnehmern. Von den Sonderrechten zu unterscheiden sind die sogenannten **Wegerechte,** die in § 38 StVO normiert sind. Soweit ein Fahrzeug mit Blaulicht und Einsatzhorn unterwegs ist, gebührt ihm der Vorrang. Alle übrigen Verkehrsteilnehmer haben sofort freie Bahn zu schaffen (§ 38 I 2 StVO). Sonderrechte und Wegerechte sind also nicht identisch, überschneiden sich aber teilweise.[1155] Zu den **Pflichten des Führers eines Polizeifahrzeuges,** der das Wegerecht bei einem Einsatz in Anspruch nimmt, gehört es, dass er auch mit eingeschaltetem Blaulicht und Martinshorn bei Rotlicht in eine Kreuzung nur einfahren darf, wenn er sicher beurteilen kann, dass sämtliche bevorrechtigten Verkehrsteilnehmer sein Einsatzfahrzeug bemerkt haben und ihm freie Bahn gewähren. Sind insbesondere bei einer unübersichtlichen Kreuzung mögliche bevorrechtigte Fahrzeuge seinen Blicken entzogen, muss er eine Geschwindigkeit einhalten, die jederzeitiges sofortiges Anhalten gestattet.[1156]

III. Der Vertrauensgrundsatz

Ein Verkehrsteilnehmer, der sich (selbst) verkehrsrichtig verhält, kann grund- **571** sätzlich darauf vertrauen, dass sich die anderen ebenfalls ordnungsgemäß verhalten (Vertrauensgrundsatz). Dies gilt allerdings nur solange, wie andere sich korrekt im Straßenverkehr bewegen und wie keine unklare Verkehrssituation besteht. Bei einer unklaren Verkehrslage oder wenn man selbst gegen Verkehrsregeln verstößt, führt das zu einer Einschränkung des Vertrauensgrundsatzes

---

[1154] OLG Stuttgart NZV 2002, 410.
[1155] Beachte auch *Pießkalla*: Zur Fahrlässigkeitsstrafbarkeit nach den §§ 223, 229, 222 und § 315c StGB bei Unfällen im Rahmen von Einsatzfahrten, NZV 2007, 438 ff.
[1156] KG NZV 1992, 456; Zur Frage, wann die Polizei Sonderrechte (§ 35 I StVO) in Anspruch nehmen darf, äußert sich das KG NZV 2000, 510; ferner: KG NZV 2008, 147; 2008, 149.

mit der Konsequenz, dass der Autofahrer eine erhöhte Sorgfalt an den Tag legen muss. Ansonsten handelt er pflichtwidrig. Der Vertrauensgrundsatz erfährt verschiedene Einschränkungen, die teilweise in die Straßenverkehrsordnung aufgenommen worden sind. Nach § 3 IIa StVO müssen die Fahrzeugführer sich **gegenüber Kindern, Hilfsbedürftigen und älteren Menschen**, insbesondere durch Verminderung der Fahrgeschwindigkeit und durch Bremsbereitschaft, so verhalten, dass eine Gefährdung dieser Verkehrsteilnehmer ausgeschlossen ist. Ggf. ist das Verhalten des Kfz-Führers pflichtwidrig, wenn er diese Grundsätze nicht beachtet. In der amtlichen Begründung zu dieser Vorschrift heißt es unter anderem: „Bei Fassung des neuen Abs. 2a ist auch klargestellt worden, dass die Verminderung der Geschwindigkeit und die Bremsbereitschaft für sich allein nicht genügen; vielmehr wird durch die Formulierung „Gefährdung dieser Verkehrsteilnehmer ausgeschlossen" deutlich gemacht, dass von dem Fahrzeugführer das Äußerste an Sorgfalt verlangt wird, um die Gefährdung der Kinder, Hilfsbedürftigen und älteren Menschen zu vermeiden. Das setzt allerdings voraus, dass der Fahrzeugführer die geschützten Personen sieht oder bei dem hier zu fordernden Maß an Sorgfalt hätte sehen oder nach den Umständen mit ihnen hätte rechnen müssen."

572 Welches Verhalten dem Kraftfahrer insbesondere **gegenüber Kindern** abverlangt wird, hängt vom jeweiligen Einzelfall ab. Auch nach In-Kraft-Treten des § 3 IIa StVO muss sich ein Kraftfahrer beim Überholen eines neun Jahre alten, unauffällig am rechten Fahrbahnrand fahrenden Radfahrers nur unter besonderen Umständen von vornherein auf die Möglichkeit einstellen, dieser werde unversehens nach links abbiegen.[1157] Im Verhältnis zu Kindern besteht zwar eine erhöhte Sorgfaltspflicht des Autofahrers und ist der sog. Vertrauensgrundsatz nicht oder nur eingeschränkt anwendbar. Aber das Ausmaß dieser erhöhten Sorgfaltspflicht ist nicht gegenüber allen Kindern gleich groß. Entscheidend sind in diesem Zusammenhang insbesondere deren jeweiliges Alter und die jeweilige Situation. So muss ein Autofahrer sich bei einem **elfjährigen Kind**, das mit seinem **Roller** in Höhe einer Querungshilfe zur Fahrbahn hin am Boden kauert, um sich die Schuhe zu binden, darauf einstellen, dass das Kind plötzlich unachtsam die Fahrbahn betreten könnte, weil dessen Gebaren – offensichtliche Unaufmerksamkeit gegenüber dem Verkehr – kein Vertrauen auf verkehrsgerechtes Verhalten begründet.[1158] Ein **Fußgänger, der schwankend und winkend auf die Fahrbahn läuft** und erkennbar alkoholisiert ist, ist als hilfsbedürftig iSd § 3 IIa StVO anzusehen.[1159]

573 Eine weitere Einschränkung erfährt der Vertrauensgrundsatz bei einer **unklaren Verkehrslage**. Eine unklare Verkehrslage besteht etwa für nachfolgende Kraftfahrer, wenn sich – etwa infolge eines zunächst dem **Überholen** entgegenstehenden Hindernisses (zB Unübersichtlichkeit, Gegenverkehr oder infolge einer Geschwindigkeitsbeschränkung) – hinter einem langsameren Fahrzeug eine Kolonne gebildet hat und dann nach Wegfall dieses Hindernisses mehrere

---

[1157] BayObLG NJW 1982, 346; OLG Karlsruhe VRS 71, 62 (64).
[1158] OLG Hamm NZV 2008, 409.
[1159] BGH NZV 2000, 120 = BA 2000, 197.

Fahrzeugführer gleichzeitig überholen wollen.[1160] Ein Überholender muss deshalb beim Überholen einer Fahrzeugkolonne, die sich hinter einem langsam fahrenden Fahrzeug gebildet hat, auch ohne Anzeichen damit rechnen, dass vor ihm fahrende Fahrzeuge zum Überholen ausscheren. Wegen dieser **unklaren Verkehrssituation** muss er durch Hupen oder Lichtzeichen sicherstellen, dass die vorausfahrenden Fahrzeugführer seine Überholabsicht sicher und rechtzeitig bemerken.[1161] Grundsätzlich darf man sich aber darauf verlassen, dass andere Verkehrsteilnehmer sich korrekt verhalten. So darf der Wartepflichtige darauf vertrauen, dass der Bevorrechtigte die **angezeigte Fahrtrichtungsänderung** tatsächlich vornimmt, sofern nicht besondere Umstände (zB das Ausbleiben der für die angezeigte Richtungsänderung erforderlichen Herabsetzung der Geschwindigkeit durch den Bevorrechtigten) Anlass zu Zweifeln geben.[1162] Eine weitere Einschränkung erfährt der Vertrauensgrundsatz in diesen Fällen jedoch, wenn in geringer Entfernung hinter der untergeordneten Straße weitere Straßen einmünden oder sich Einfahrten befinden, auf die sich die Fahrtrichtungsanzeige des Bevorrechtigten ebenfalls beziehen kann. Sind die weiteren Einmündungen so weit entfernt, dass der Bevorrechtigte sich auch noch nach dem Passieren der untergeordneten Straße auf ein verkehrsgerechtes späteres Einbiegen einstellen könnte, ist für eine Beschränkung des zu Gunsten des Wartepflichtigen bestehenden Vertrauensschutzes kein Raum.[1163] Ein wartepflichtiger **Linksabbieger** darf aus einem Signal der **Lichthupe bei Dunkelheit** vonseiten eines im Geradeausverkehr entgegenkommenden Fahrzeugführers nicht auf dessen Verzicht auf sein Vorfahrtsrecht schließen, auch wenn der Bevorrechtigte zuvor seine Geschwindigkeit herabgesetzt hatte. Das Lichthupensignal ist kein Verständigungs-, sondern ein Warnzeichen. Der Bevorrechtigte schafft durch Verzögerung seines Fahrzeugs allein und die Abgabe eines Lichthupensignals für den entgegenkommenden Linksabbieger noch keine unklare Verkehrslage.[1164] Ein Kraftfahrer braucht, wenn er keinen besonderen Anhaltspunkt dafür hat, nicht damit zu rechnen, dass ein mit **Abblendlicht entgegenkommender Fahrzeugführer** schon kurz vor der Begegnung das Fernlicht einschaltet und ihn auf diese Weise blendet. Er braucht seine Fahrweise hierauf nicht einzurichten.[1165]

Ein verkehrswidriges Verhalten räumt den Vertrauensgrundsatz nur insoweit **574** aus, als entweder aus dem Verhalten des anderen eine allgemeine Verkehrsunsicherheit erkennbar ist oder gerade im Hinblick auf den begangenen Fehler eine damit zusammenhängende weitere Verkehrswidrigkeit zu erwarten ist.[1166] So braucht ein Autofahrer bei einem Radfahrer, der verkehrswidrig den falschen Radweg benutzt, nicht ohne weitere Anhaltspunkte damit rechnen, dass der Radfahrer plötzlich auf die Fahrbahn wechselt. Ein Autofahrer darf in einem

---

[1160] OLG Celle VerkMitt. 1979, 37 Nr. 51; KG NZV 1995, 359; OLG Stuttgart NStZ-RR 2007, 281; KG NZV 2010, 506.
[1161] OLG Karlsruhe NZV 2001, 473.
[1162] OLG Düsseldorf NStZ 1982, 117.
[1163] OLG Oldenburg NZV 1992, 454.
[1164] OLG Hamm NZV 2000, 415.
[1165] BGHSt 12, 81 = NJW 1958, 1982 – gegen BGHSt 1, 309 = NJW 1951, 931.
[1166] BGH VRS 34, 356 (357); OLG Stuttgart VRS 37, 197.

gekennzeichneten **Baustellenbereich** nicht darauf vertrauen, dass ein dort am Fahrbahnrand Beschäftigter, der herannahenden Fahrzeugen den Rücken zukehrt, erst nach sorgfältiger Vergewisserung über Gefahrenfreiheit weiter in die Fahrbahn treten werde.[1167] Denn einem Bauarbeiter ist es nicht immer möglich, gleichzeitig auf seine Arbeit und auf den Verkehr zu achten. Da Straßenbauarbeiten im Interesse des Verkehrs durchgeführt werden und deshalb die Verkehrsteilnehmer ihre Interessen grundsätzlich dem höheren Interesse an einer reibungslosen, gefahrlosen und beschleunigten Durchführung der Straßenbauarbeiten unterzuordnen haben, muss grundsätzlich der Verkehr auf die Bauarbeiter und nicht umgekehrt die Bauarbeiter auf den Verkehr achten und Rücksicht nehmen.

IV. Die Kausalität

575 Zur Erfolgsverursachung und Sorgfaltspflichtverletzung muss die objektive Zurechenbarkeit des betreffenden Erfolges hinzukommen. Voraussetzung ist ein bestimmter Pflichtwidrigkeits- und Schutzzweckzusammenhang zwischen Sorgfaltsmangel und Erfolg.[1168] Die Tatbestände der §§ 222, 229 StGB sind nur erfüllt, wenn das (pflichtwidrige) Verhalten des Täters kausal für den eingetretenen Erfolg (Tod bzw. Körperverletzung des Opfers) war.[1169] Die Kausalität ist dann gegeben, wenn die Handlung nicht hinweg gedacht werden kann, ohne dass der (konkrete) Erfolg entfällt (Bedingungs- oder Äquivalenztheorie). Man spricht auch von der conditio sine qua non. Jede Handlung, die conditio sine qua non für den konkreten Erfolg ist, ist gleichwertig (äquivalent). Jedoch ist die bloße Ursächlichkeit der Handlung des Täters nicht ausreichend. Bei Vorliegen der objektiven Pflichtwidrigkeit (Verkehrswidrigkeit) ist bei Unterstellung des tatsächlichen sonstigen Sachverhalts der **hypothetische Geschehensablauf** bei verkehrsgemäßem Verhalten des Täters festzustellen und zu prüfen, ob in diesem Falle der Erfolg ebenfalls eingetreten wäre; ggf. war das pflichtwidrige Verhalten nicht ursächlich für den Erfolg, und es entfällt die Kausalität. Wäre bei pflichtgemäßem Verhalten der Erfolg nicht eingetreten, ist das pflichtwidrige Verhalten kausal. Man spricht vom Rechtswidrigkeits-, Risiko- oder Schutzzweckzusammenhang. Ausgangspunkt der Betrachtung muss dabei die kritische Verkehrslage sein, dh die Situation, in der der Täter verpflichtet gewesen wäre, Maßnahmen zur Abwendung der den Unfall herbeiführenden Gefahren zu treffen.[1170] Ein verkehrswidriges Verhalten ist ursächlich für einen schädlichen Erfolg, wenn sicher ist, dass bei einem verkehrsgerechten Verhalten der Erfolg nicht eingetreten wäre. Die bloße gedankliche Möglichkeit des nämlichen Erfolgs steht der Bejahung der Ursächlichkeit allerdings nicht entgegen; eine solche Möglichkeit muss sich vielmehr aufgrund bestimmter Tatsachen so verdichten, dass sie die Überzeugung von der an Sicherheit grenzenden Wahrscheinlichkeit des Gegenteils vernünftigerweise ausschließt.[1171] **Auszu-**

[1167] OLG Hamm VRS 58, 257.
[1168] BGHSt 37, 106 (115) = NJW 1990, 2560.
[1169] BGH NStZ 2008, 150 (151).
[1170] OLG Köln VRS 70, 373 (374).
[1171] BayObLG VRS 17, 274 (275).

gehen ist vom tatsächlichen Geschehen.[1172] So sollen zwar durch die Vorschrift, dass **Fußgänger außerhalb von Ortschaften auf der linken Straßenseite** gehen müssen (§ 25 I 3 StVO), in erster Linie diese selbst vor Gefahren geschützt werden, die ihnen von entgegenkommenden Fahrzeugen drohen. Sie müssen diese Vorschrift aber auch im Interesse der übrigen Verkehrsteilnehmer beachten. Ein Fußgänger, der verbotswidrig auf der falschen Straßenseite geht, handelt unter Umständen pflichtwidrig. Auch unter Berücksichtigung des hypothetischen Geschehensablaufs kann das pflichtwidrige Verhalten eines solchen Fußgängers, der bei Dunkelheit auf einer Landstraße mit einem Motorradfahrer zusammengestoßen ist, als kausal für den Unfall angesehen werden.[1173] Hätte sich der Fußgänger korrekt verhalten, wäre er auf der anderen Straßenseite gegangen. Es wäre dann nicht zu dem Unfall gekommen.

Die Ursächlichkeit einer Pflichtwidrigkeit für den tatbestandsmäßigen Erfolg – **576** im Falle der fahrlässigen Körperverletzung jede nicht unerhebliche Beeinträchtigung des körperlichen Wohlbefindens – fehlt auch dann, wenn dieser **Erfolg bei pflichtgemäßem Verhalten nur in geringerem Umfang eingetreten** wäre, wenn an Stelle der schweren nur eine leichte Verletzung erfolgt wäre.[1174] Entscheidend ist lediglich die Frage, ob das Opfer bei einem korrekten Verhalten auch verletzt worden wäre oder nicht. Ein unterschiedlicher Verletzungsgrad ist unerheblich, weil es nur **einen** Straftatbestand der fahrlässigen Körperverletzung gibt, und das **Gesetz nicht zwischen leichteren und schwereren Verletzungen unterscheidet.** Wäre jedoch bei pflichtgemäßem Verhalten statt des Todes lediglich eine Körperverletzung des Opfers eingetreten, dann wäre das pflichtwidrige Verhalten des Täters kausal für den eingetretenen Erfolg gewesen. Denn insoweit handelt es sich um zwei unterschiedliche Tatbestände.

Der zum Tatbestand eines fahrlässigen Erfolgsdelikts gehörende Eintritt einer **577** schädlichen Folge ist dem Täter strafrechtlich nur zurechenbar, wenn gerade sein pflichtwidriges, ihm vorwerfbares Verhalten kausal für den Erfolg geworden ist.

> **Hinweis:** Allein die Erhöhung des Risikos eines Erfolgseintritts durch das Täterverhalten reicht für die Zurechnung nicht aus.[1175]

Bei der Prüfung der Ursächlichkeit kann sich der Täter nicht auf das **verkehrs- 578 widrige oder fahrlässige Verhalten anderer** berufen. Daraus folgt: Bei jedem Unfallbeteiligten ist die Kausalität getrennt nur nach seinem Verhalten zu prüfen. Die Mitursächlichkeit genügt. Haben beide Beteiligte eine Ursache gesetzt, die nicht hinweg gedacht werden kann, ohne dass der Erfolg entfiele, ist das Verhalten beider für den Schadenseintritt kausal. Beispiel: Der alkoholisierte Autofahrer A fährt mit seinem Pkw bei Dunkelheit und starkem Nebel in deutlichen Schlangenlinien über eine Landstraße, wobei er immer wieder

---

[1172] BGHSt 17, 181 (186) = NJW 1962, 1164.
[1173] BGHSt 10, 369 (370) = NJW 1957, 1526.
[1174] OLG Oldenburg NJW 1971, 631.
[1175] BayObLG NZV 1992, 452.

auf die Gegenfahrbahn gerät. Dort stößt er mit dem B, der ihm mit seinem Kfz entgegenkommt und der mit erheblich überhöhter Geschwindigkeit fährt, zusammen, weil B wegen seiner hohen Geschwindigkeit den Wagen des A zu spät erkannt hat bzw. deshalb nicht mehr ausweichen kann. Bei dem Zusammenstoß wird die Beifahrerin des B erheblich verletzt. In diesem Beispielfall haben beide Autofahrer (A und B) jeweils eine Ursache für den Unfall gesetzt, die nicht hinweg gedacht werden kann, ohne dass der Erfolg entfiele. Wäre A nicht alkoholbedingt auf die Gegenfahrbahn geraten, wäre es nicht zu dem Unfall gekommen. Wäre B mit angepasster Geschwindigkeit gefahren, hätte er rechtzeitig sein Fahrzeug zum Stillstand bringen bzw. noch ausweichen können. Betätigen sich mehrere Beteiligte gleichzeitig so umfassend, dass das Verhalten jedes einzelnen für sich allein ausgereicht hätte, den Erfolg herbeizuführen, so hat jeder den Erfolg verursacht (**alternative Kausalität**). Noch ein weiteres Beispiel: Der Autofahrer A befährt mit deutlich überhöhter Geschwindigkeit eine Vorfahrtsstraße. Aus einer wartepflichtigen Seitenstraße kommt B mit seinem Pkw und missachtet die Vorfahrt des A. Bei dem Unfall wird der Beifahrer C verletzt. Bei Einhalten der zulässigen Höchstgeschwindigkeit durch A wäre der Unfall vermeidbar gewesen. B hätte bei Beachtung der Vorfahrt den Unfall ebenfalls vermeiden können. Die Ursächlichkeit eines pflichtwidrigen Verhaltens für den eingetretenen Erfolg wird nicht dadurch infrage gestellt, dass **der gleiche Erfolg auch durch das Verhalten eines Dritten herbeigeführt** worden wäre[1176] (Beispiel: Kettenauffahrunfall bei dichtem Nebel). Bei einer Ursachenkette reicht es aus, wenn der Täter ein wesentliches Glied in der Kette der zum schädigenden Erfolg führenden Umstände setzt.

579 Ist zweifelhaft, ob bei verkehrsgerechtem Verhalten der Erfolg ebenfalls eingetreten wäre, so ist nach dem **Grundsatz „in dubio pro reo" die Kausalitätsfrage** zu verneinen. Die Ursächlichkeit entfällt dann, wenn mit an Sicherheit grenzender Wahrscheinlichkeit festgestellt werden kann, dass der Unfall mit seinen tatbestandsmäßigen Folgen auch ohne die Verkehrswidrigkeit eingetreten wäre. Jedoch steht die bloße gedankliche Möglichkeit des Erfolgseintritts bei pflichtgemäßem Verhalten der Feststellung der Kausalität nicht entgegen.

580 Die Prüfung der Ursächlichkeit des verkehrswidrigen Verhaltens beginnt im Falle eines Unfalls **erst mit dem Eintritt der kritischen Verkehrslage**, die unmittelbar zu dem schädlichen Erfolg führt.[1177] Das pflichtwidrige Überschreiten der zulässigen Höchstgeschwindigkeit an einem weiter entfernten Ort kann demnach nicht für die Bejahung der Kausalität herangezogen werden mit der Begründung, der Täter sei bei Einhaltung der früheren Geschwindigkeitsbegrenzung noch gar nicht am Unfallort gewesen. Insoweit wird die Ursächlichkeit also eingeschränkt. Es darf nicht jedes pflichtwidrige Verhalten des Beschuldigten herangezogen werden, sondern nur solches, das **unmittelbar** zu dem Unfall geführt hat. Erhöht etwa ein Kraftfahrer die Geschwindigkeit seines Wagens innerhalb einer geschlossenen Ortschaft auf 80 km/h noch **vor Erreichen des Ortsausgangsschilds**, so besteht eine Kausalität für einen Unfall hinter der Ortstafel nur dann, wenn die kritische Verkehrssituation zu einer

---

[1176] BGH NJW 1982, 292; KG NZV 2015, 45.
[1177] BGHSt 24, 31 (34) = NJW 1971, 388; BGH VRS 54, 436; BGHSt 33, 61 = NJW 1985, 1350.

Zeit eintrat, als sich der Fahrer noch innerhalb des Ortsbereichs befand.[1178] Oder versagt bei einem Lastzug in unvorhersehbarer Weise die Bremse im Stadtbereich, so ist dem Fahrer ein dadurch verursachter Verkehrsunfall nicht schon deshalb als fahrlässiges Verschulden zuzurechnen, weil er den Ort bis kurz vor dem Bremsversuch ungebremst mit überhöhter Geschwindigkeit durchfahren hat. Dabei macht es keinen Unterschied, ob er andernfalls das Bremsversagen schon vorher bemerkt haben würde.[1179] Die Ursächlichkeit findet – außer durch Unterbrechung – dort ihr Ende, wo nach dem Ersterereignis ein vergleichsweise rechtmäßiger Zustand wiederhergestellt und es in Anbetracht der Gesamtsituation und der Absicherung gänzlich unvernünftig war, dass der Nachfolgeunfall noch geschehen konnte. Verunglücken andere Fahrzeuge dadurch, dass sie in die ungesicherte Unfallstelle hineinfahren, dann ist der Verursacher des ersten Unfalls auch für diese **Folgeunfälle** noch verantwortlich. Seine Verantwortung endet erst, wenn der Unfallort umfassend abgesichert worden ist (Beispiel: Selbst verschuldeter Unfall eines Lastwagenfahrers – ein nachfolgender Autofahrer fährt in den umgestürzten, quer auf der Fahrbahn liegenden Anhänger, bevor die Unfallstelle hinreichend abgesichert worden ist).[1180]

Wie bereits ausgeführt worden ist, ist ein **alkoholbedingt fahruntüchtiger Kraft-** **581** **fahrer** verpflichtet, die Geschwindigkeit seiner herabgesetzten Reaktionsfähigkeit anzupassen. Wird dies unterlassen und wäre ein Unfall bei einer im Zeitpunkt des Eintritts der kritischen Verkehrslage angepassten Geschwindigkeit vermieden worden, ist das Verhalten des Kraftfahrers im Rahmen des § 222 StGB für den durch den Unfall herbeigeführten Tod eines Menschen zurechenbar ursächlich, auch wenn ein in zulässiger Weise mit gleich hoher Geschwindigkeit fahrender nüchterner Kraftfahrer den Unfall nicht hätte vermeiden können. Hingegen fehlt es unter diesen Voraussetzungen an der in § 315c I Nr. 1a StGB vorausgesetzten Ursächlichkeit zwischen der alkoholbedingten Fahrunsicherheit und der Gefährdung von Leib oder Leben eines anderen Menschen.[1181]

Die Fahrlässigkeit (Vorhersehbarkeit) muss sich auf den Erfolg insgesamt er- **582** strecken. Der Ablauf der Ursachenkette im Einzelnen braucht nicht erfasst oder vorhersehbar sein. Bei Abweichungen vom vorgestellten Geschehensablauf muss sich der Erfolg nur allgemein innerhalb der Grenzen der allgemeinen Lebenserfahrung voraussehen lassen und keine andere Bewertung zulassen. Ein **Mitverschulden des Opfers** ist bei der Strafzumessung zu berücksichtigen. Solange zB nicht ausgeschlossen werden kann, dass gleichschwere Verletzungen auch bei angelegtem Sicherheitsgurt eingetreten wären, erscheint es als ein Gebot der Gerechtigkeit, das Nichtanlegen des Gurtes **bei der Rechtsfolgenzumessung** zugunsten des Täters zu berücksichtigen.[1182]

[1178] OLG Koblenz VRS 48, 180; ebenso: BayObLG VerkMitt. 1980, Nr. 21.
[1179] OLG Frankfurt a.M. VRS 41, 32.
[1180] OLG Köln VRS 45, 182.
[1181] BGHSt 24, 31 = NJW 1971, 388; BGH NVZ 2013, 305; OLG Zweibrücken VRS 41, 113; OLG Koblenz StVE § 315c StGB Nr. 19; BayObLG NZV 1994, 283.
[1182] BayObLG VRS 55, 269.

V. Der Schutzzweck der Norm

583 Trotz Kausalität der Handlung ist der Erfolg nicht zurechenbar, wenn der Täter zwar pflichtwidrig gehandelt hat, sich in dem eingetretenen Erfolg (Tod bzw. Körperverletzung eines Menschen) aber nicht das verbotene, sondern ein anderes Risiko verwirklicht hat. In diesen Fällen liegt der Erfolg außerhalb des Schutzzwecks der verletzten Verhaltensnorm.

> **Beispiel:** Autofahrer A fährt mit seinem Pkw mit größerer Geschwindigkeit an einem haltenden Linienbus, der die Warnblinkanlage eingeschaltet hat, vorbei und erfasst den Passanten P, der vor dem Bus die Straße überquert. Die Sicht auf den P war dem A durch den stehenden Linienbus verdeckt. P war nicht Fahrgast dieses Busses.

584 Nach § 20 IV 1 StVO darf an Omnibussen des Linienverkehrs und an gekennzeichneten Schulbussen, die an Haltestellen (Zeichen 224) halten und Warnblinklicht eingeschaltet haben, nur mit Schrittgeschwindigkeit und nur in einem solchen Abstand vorbeigefahren werden, dass eine Gefährdung von Fahrgästen ausgeschlossen ist. A hat also eindeutig gegen § 20 IV StVO verstoßen. Sinn und Zweck des § 20 IV StVO ist unter anderem der besondere Schutz der Schulkinder, die den Schulbus verlassen bzw. der Fahrgäste, die aus dem Bus aussteigen. Die Vorschrift will aber nicht Passanten schützen, die hinter bzw. vor einem stehenden (größeren) Fahrzeug die Straße überqueren[1183]. Der eingetretene Erfolg (Verletzung des Passanten P) sollte nicht durch § 20 IV StVO verhindert werden. Er liegt also außerhalb des Schutzzweckes der Norm. Allerdings hat der BGH[1184] in einem zivilrechtlichen Urteil den § 20 StVO als ein Schutzgesetz iSd § 823 II BGB für alle Fußgänger, die im räumlichen Bereich eines an einer Haltestelle haltenden Linienbusses, einer Straßenbahn oder eines gekennzeichneten Schulbusses unachtsam die Fahrbahn überqueren, anerkannt. Ob dies auch Auswirkungen auf die Frage des Schutzzwecks der Norm im Rahmen der fahrlässigen Körperverletzung oder der fahrlässigen Tötung hat, bleibt abzuwarten. Der Erfolg ist trotz Kausalität der Handlung und trotz pflichtwidrigen Verhaltens des Autofahrers in dem vorgenannten Beispiel nicht zurechenbar.[1185] Grundsätzlich schützt ein Überholverbot nach § 5 StVO nicht Fußgänger, die die Fahrbahn betreten. Etwas anderes mag an Fußgängerüberwegen gelten.[1186]

D. Die bewusste Selbstgefährdung und die Einwilligung

585 Bei den Fahrlässigkeitsdelikten sind verschiedene Rechtfertigungsgründe theoretisch denkbar. Diese spielen in der Praxis aber – mit einer Ausnahme – nur selten eine Rolle. Hin und wieder kommt als Rechtfertigungsgrund bei der fahrlässigen Körperverletzung im Straßenverkehr die Einwilligung in Betracht.

[1183] LG München I NZV 2000, 473; aA wohl OLG Hamm NZV 2010, 566 (567).
[1184] NZV 2006, 465 (466).
[1185] BGHSt 33, 61 (65) = NJW 1985, 1350.
[1186] KG NZV 2009, 343.

Möglicherweise hat auch das Opfer durch eigenes Verhalten zum Eintritt des Schadens beigetragen und sich bewusst selbst gefährdet. Zu unterscheiden ist zwischen der **bewussten Selbstgefährdung** und den Fällen der **Fremdgefährdung**.[1187] Die Voraussetzungen der **bewussten Selbstgefährdung** sind **im objektiven Tatbestand** zu prüfen und schließen diesen ggf. aus, während **die Einwilligung ein Rechtfertigungsgrund** ist und daher bei der **Frage der Rechtswidrigkeit** zu erörtern ist.[1188] Die bewusste Selbstgefährdung kann bei der fahrlässigen Körperverletzung und sogar bei der fahrlässigen Tötung eingreifen. Eine **Einwilligung kann nur unter engen Voraussetzungen bei der fahrlässigen Körperverletzung** die Rechtswidrigkeit beseitigen. Als Verstoß gegen die guten Sitten (§ 228 StGB) scheidet eine wirksame **Einwilligung** bei schwereren Verletzungen, insbesondere bei solchen mit Dauerfolgen aus. Bei einem Vergehen gegen § 222 StGB kommt eine Einwilligung nicht in Betracht, denn in eine (fahrlässige) Tötung kann man nicht einwilligen. Dies ergibt sich zum einen aus einem Rückschluss aus § 216 StGB,[1189] zum anderen aus § 228 StGB. Nach dieser Norm führt ein Verstoß gegen die guten Sitten zur Unwirksamkeit einer Einwilligung. Das eigene Leben kann grundsätzlich nicht zur Disposition eines anderen gestellt werden.

Zunächst sollen die Fragen der **Einwilligung** erläutert werden, weil sie gegen- **586** über der bewussten Selbstgefährdung in der Praxis die bedeutendere Rolle spielen. Werden zB Fahrzeuginsassen im Wagen eines (alkoholisierten) Unfallverursachers verletzt, stellt sich häufig die Frage, ob nicht der Rechtfertigungsgrund der Einwilligung eingreift und die Rechtswidrigkeit ausschließt. Eine **ausdrückliche Einwilligung** wird nur selten vorliegen. Die Tatsache, dass der Verletzte später auf die Stellung eines Strafantrages verzichtet, kann nicht als ausdrückliche Einwilligung angesehen werden, weil diese nur *vor* der Tat erklärt oder zum Ausdruck gebracht werden kann. Unter Umständen lässt aber der Verzicht auf den Strafantrag gewisse Rückschlüsse zu. Die Einwilligung muss sich auf ein zukünftiges Tun oder Unterlassen eines bestimmten anderen beziehen.[1190] Als Einwilligung kann immer nur ein Verhalten in Betracht kommen, durch das der Träger eines Rechtsguts unmissverständlich kundtut, er wolle das Rechtsgut, im Falle des § 228 StGB also die körperliche Unversehrtheit und Gesundheit, der Einwirkung eines bestimmten anderen preisgeben und insoweit auf Strafschutz verzichten. **Die Einwilligung muss sich deshalb notwendig auf ein bevorstehendes, in der Zukunft liegendes Verhalten eines anderen beziehen.**[1191] Jedoch genügt ein **konkludentes Verhalten**.[1192] Wie sich aus § 228 StGB ergibt, räumt der Gesetzgeber grundsätzlich jedem eine Dispositionsbefugnis über seine körperliche Unversehrtheit ein, sofern eben kein Verstoß gegen die guten Sitten vorliegt. Die Frage, ob der Beifahrer, der sich einem **als fahrunsicher erkannten** Fahrer als Fahrgast anvertraut, damit auch eine

---

[1187] OLG Celle NZV 2012, 345 (347).
[1188] *Blum* NZV 2011, 378 ff.
[1189] Statt vieler: OLG Koblenz BA 2002, 483.
[1190] BGHSt 17, 359 = NJW 1963, 165; OLG Frankfurt a.M. VRS 29, 459.
[1191] BGHSt 17, (359) 360 = NJW 1963, 165.
[1192] BayObLG NJW 1968, 665.

rechtfertigende Einwilligung in eine Körperverletzung erklärt, die der Fahrer verursacht, ist jedoch umstritten. Teilweise wird vertreten, die Annahme, der Fahrgast sei mit einer etwaigen Körperverletzung einverstanden, widerspreche offenbar der Wirklichkeit. Dem ist entgegenzuhalten, dass man auch mit einem unerwünschten Erfolg einverstanden sein kann und dass im Strafrecht anders als im Zivilrecht hinsichtlich der Einwilligung der Grundsatz „in dubio pro reo" gilt. Es reicht aus, dass der Einwilligende mit der ihn gefährdenden Handlung einverstanden ist und das mit dieser verbundene Risiko einer daraus möglicherweise entstehenden Eigenverletzung in Kauf nimmt.

587 Da es im Strafrecht eine dem § 254 BGB vergleichbare Vorschrift nicht gibt, wird hier **grundsätzlich eine rechtfertigende Einwilligung als zulässig** erachtet.[1193] Die Rspr. macht **Einschränkungen bei schweren Körperverletzungen**, insbesondere bei solchen, die dauerhafte Körperschädigungen zur Folge haben[1194] und wenn der Einwilligende durch die Körperverletzungshandlung in konkrete Todesgefahr gebracht wird,[1195] weil in diesen Fällen ein Verstoß gegen die guten Sitten vorliegen dürfte. Außerdem wird verlangt, dass der Mitfahrer **das ganze Ausmaß der Gefährlichkeit der Fahrt erkannt hat** und trotzdem dieses Risiko bewusst auf sich genommen hat.[1196] Es muss sich also um eine Risiko behaftete Fahrt handeln (zB alkoholisierter Fahrer oder eine Mitfahrt bei einem Fahrzeugführer, der ständig zu riskanten Fahrmanövern neigt). Wer in Kenntnis der besonders gefahrträchtigen Fahrweise des Fahrers zu diesem ins Fahrzeug steigt, kann damit unter Umständen konkludent eine Einwilligung in eine fahrlässige Körperverletzung erklären. Die Grundsätze gelten nicht bei einem „normalen" Fahrverhalten eines nüchternen Autofahrers. Beim sog. **„Auto-Surfen"** (Mitfahrt auf dem Autodach) kommt eine wirksame Einwilligung nicht in Betracht, weil wegen der besonderen Gefährlichkeit der Fahrt ein Verstoß gegen die guten Sitten vorliegt.[1197] Denn je größer die Gefahr und je geringer der Wert ist, der dem Tatzweck zukommt, desto eher ist ein Verstoß gegen die guten Sitten gegeben.

588 Da eine wirksame Einwilligung in eine fahrlässige Tötung niemals zu bejahen sein dürfte, stellt sich insbesondere im Zusammenhang mit einem Vergehen nach § 222 StGB die Frage einer bewussten Selbstgefährdung. Wie schon ausgeführt worden ist, kann diese aber auch bei einer fahrlässigen Körperverletzung zu prüfen sein. Die **bewusste oder eigenverantwortliche Selbstgefährdung** führt bereits zum **Ausschluss der Tatbestandsmäßigkeit** einer fahrlässigen Tötung oder fahrlässigen Körperverletzung. Eine Selbstgefährdung liegt dann vor, wenn jemand sich frei verantwortlich und in voller Kenntnis des Risikos und der Tragweite seiner Entscheidung in eine Gefahrensituation begibt. Die Abgrenzung zwischen der fahrlässigen Selbst- und Fremdgefährdung bestimmt

---

[1193] BGHSt 6, 234 = NJW 1954, 929; BGHSt 17, 359 = NJW 1963, 165; OLG Zweibrücken VRS 30, 284; OLG Celle NJW 1964, 736; OLG Hamm MDR 1971, 67.

[1194] OLG Hamm DAR 1972, 77.

[1195] BGHSt 53, 55 = NJW 2009, 1155 (1157).

[1196] OLG Hamm DAR 1973, 219.

[1197] OLG Düsseldorf NZV 1998, 76 (77); ähnlich: LG Mönchengladbach VRS 93, 100; s. auch *v. Danwitz* NZV 2002, 551 zur Abgrenzung zwischen bewusster Selbstgefährdung und Einwilligung beim „Auto-Surfen".

sich nach der Herrschaft über den Geschehensablauf, wobei dem unmittelbar zum Erfolgseintritt führenden Geschehen besondere Bedeutung zukommt.[1198] Eigenverantwortlich gewollte und verwirklichte Selbstgefährdungen unterfallen nicht dem Tatbestand eines Körperverletzungs- oder Tötungsdelikts, wenn das mit der Gefährdung bewusst eingegangene Risiko sich realisiert.[1199] Wer lediglich eine solche Selbstgefährdung veranlasst, ermöglicht oder fördert, macht sich nicht wegen eines Körperverletzungs- oder Tötungsdelikts strafbar. Dies deckt sich auch mit den von der Rspr.[1200] entwickelten Grundsätzen zur Teilnahme an einem Selbstmord. Auch die Teilnahme daran ist vom Grundsatz her straffrei. Ein anderes Ergebnis wäre nicht vertretbar für den Fall, dass der Täter bei einer fahrlässigen Tötung mitwirkt, bei der das Opfer das Geschehen selbst in der Hand hat.[1201] Die Strafbarkeit des Täters beginnt jedoch dort, wo er kraft überlegenen Sachwissens das Risiko besser erfasst als der sich selbst Gefährdende.[1202] Strafbar ist auch der Täter, der schuldhaft vorgibt, über überlegenes Sachwissen zu verfügen, wenn sich das Opfer erkennbar nur im Vertrauen auf die – unrichtige – Auskunft des Täters über das Vorhandensein einer Sicherungseinrichtung der Gefährdung aussetzt. Überlässt ein Fahrzeughalter einem Freund, der keine Fahrerlaubnis hat, auf dessen Drängen sein **Moped mit einer defekten Vorderradbremse**, die für den anschließenden Unfalltod des Fahrers mit ursächlich ist, so liegt grundsätzlich eine bewusste Selbstgefährdung vor, wenn der Freund den Zustand der Bremse kannte. Die Strafbarkeit des Überlassenden beginnt aber dann, wenn der Fahrzeughalter kraft **überlegenen Sachwissens** das Risiko besser erfasst als der sich selbst Gefährdende.[1203] Ist der Überlassende minderjährig, setzt die Annahme überlegenen Sachwissens grundsätzlich nähere Feststellungen zu der Persönlichkeit des Opfers und dessen Kenntnis von risikobestimmenden Umständen voraus.

Die Strafbarkeit eines **alkoholbedingt fahruntüchtigen Kraftfahrers** wegen **fahr-** **589** **lässiger Tötung** entfällt nicht unter dem Gesichtspunkt der eigenverantwortlichen Selbstgefährdung, wenn der später bei einem Verkehrsunfall getötete oder schwer verletzte Mitfahrer den Zustand des Fahrers bei Fahrtantritt gekannt und billigend in Kauf genommen hat.[1204] Denn bei dieser Fallkonstellation liegt die aktive Tatausführung allein in den Händen des Fahrers. Er übt als Fahrer des Autos die Herrschaft über das Tatgeschehen aus und verursacht durch sein Fahrverhalten den Tod bzw. die Körperverletzung des Geschädigten. Damit ist der Taterfolg nicht das Ergebnis einer eigenen, sondern einer Fremdgefährdung durch den Autofahrer.

[1198] BGHSt 53, 55 = NJW 2009, 1155 (1156).
[1199] BGHSt 32, 262 = NStZ 1984, 410.
[1200] Statt vieler BGHSt 46, 279 = NJW 2001, 1802.
[1201] BGH NStZ 2009, 148; BayObLG NStZ 1997, 341.
[1202] OLG (SchiffObGer.) Karlsruhe VRS 92, 11 = NZV 1996, 325.
[1203] BayObLG NZV 1996, 461 = VRS 92, 247.
[1204] OLG Koblenz BA 2002, 483.

E. Der subjektive Tatbestand

590 Beide Tatbestände (§§ 222, 229 StGB) erfordern auch im subjektiven Bereich Fahrlässigkeit. Neben der objektiven setzt die Fahrlässigkeit auch eine **subjektive Sorgfaltspflichtverletzung** voraus. Der Täter muss nach seinen persönlichen Fähigkeiten in der Lage sein, die objektiven Sorgfaltspflichten zu erkennen und zu erfüllen.[1205] Die im objektiven Tatbestand zu prüfende objektive Sorgfaltspflichtverletzung (Pflichtwidrigkeit) ist lediglich anhand objektiver Kriterien zu bestimmen. Sie führt bei ihrem Vorliegen zu einem Unwerturteil über die Tat. Andererseits wird die rein objektive Bewertung dem Fehlverhalten des Einzelnen und seinen persönlichen Fähigkeiten (zB Verstandesfehlern, Wissens- und Erfahrungslücken, seiner besonderen Situation) nicht gerecht. Deshalb wird allgemein auch die Berücksichtigung der persönlichen Voraussehbarkeit und Vermeidbarkeit verlangt, wobei allerdings streitig ist, an welcher Stelle diese Prüfung zu erfolgen hat. Während in der Literatur teilweise die Erörterung im objektiven Tatbestand erfolgt, geht insbesondere die Rspr. davon aus, dass die subjektive Sorgfaltspflichtverletzung ein Element der Schuld darstellt und deshalb die Prüfung beim sog. subjektiven Tatbestand bzw. bei der Schuld zu erfolgen hat. Von Bedeutung ist dieser Meinungsstreit etwa bei der Entziehung der Fahrerlaubnis nach den §§ 69, 69a StGB. Liegt nämlich bereits der objektive Tatbestand nicht vor, ist eine Entziehung der Fahrerlaubnis nicht möglich. Rechnet man die subjektive Pflichtwidrigkeit dagegen zum subjektiven Bereich, dann ist eine Maßnahme nach § 69 StGB beim Vorliegen des objektiven Tatbestandes zulässig, wenn eine Verurteilung lediglich wegen Schuldunfähigkeit scheitert.[1206]

591 Zwar spricht bei einer Bejahung der objektiven Sorgfaltspflichtverletzung der „erste Anschein" auch für eine subjektive Pflichtverletzung. Von einem Kfz-Führer etwa wird erwartet, dass er die Verkehrsvorschriften kennt und befolgt. Wer gegen eine solche Norm verstößt, handelt in aller Regel (objektiv) pflichtwidrig. Grundsätzlich ist ihm dieses Fehlverhalten auch subjektiv vorwerfbar, weil es zu den Pflichten eines Autofahrers gehört, sich ständig auch über Änderungen der Verkehrsregeln auf dem Laufenden zu halten. Aber im Einzelfall ist eine Ausnahme denkbar. Sofern der Sachverhalt keine anderweitigen Anhaltspunkte bietet, bedarf daher die Frage der subjektiven Sorgfaltspflichtverletzung keiner großen Erörterung. Vorwerfbar im Sinne des strafrechtlichen Fahrlässigkeitsbegriffs ist auch das, was nach der Erfahrung des Lebens als Folge pflichtwidrigen Verhaltens bloß möglich ist, also alles, was nicht so sehr außerhalb des Bereichs jeglicher Wahrscheinlichkeit und nach der Lebenserfahrung Möglichen liegt, dass vernünftiger- und billigerweise niemand damit zu rechnen braucht. So liegt es für einen schwer alkoholabhängigen Täter, der im Zustand absoluter Fahrunsicherheit einen Pkw führt, nicht außerhalb jeglicher Lebenserfahrung, während einer solchen Fahrt durch Absinken des Alkoholspiegels und dadurch eintretenden Alkoholentzugsdelirs in einen Verwirrt-

---

[1205] BGHSt 40, 341 (348) = NZV 1995, 157 (158) = DAR 1995, 114; OLG Celle NZV 2012, 345 (346).
[1206] Vgl. zu dieser Problematik: MüKoStGB/*Hardtung* StGB § 222 Rn. 65.

heitszustand zu verfallen, schuldunfähig zu werden und in diesem Zustand einen gravierenden Fahrfehler sowie einen Unfall mit tödlichem Ausgang für einen Beteiligten zu verursachen.[1207]

Eine unzweckmäßige oder **irreführende Gestaltung von Verkehrszeichen** kann **592** je nach Sachlage entweder das Verschulden eines Verkehrsteilnehmers, der den Sinn des Zeichens missversteht, mindern und ein Mitverschulden des für die Gestaltung Verantwortlichen begründen oder aber zur Folge haben, dass dem Verkehrsteilnehmer aus der Fehldeutung des Zeichens überhaupt kein Schuldvorwurf zu machen ist.[1208]

[1207] OLG Nürnberg NStZ-RR 2006, 248 = NZV 2006, 486.
[1208] OLG Jena NZV 2011, 313.

14. Kapitel. Entziehung der Fahrerlaubnis und Fahrverbot sowie Sicherstellung und Beschlagnahme des Führerscheins durch die Polizei

A. Einleitung

Die **Erteilung der Fahrerlaubnis** erfolgt durch die Verwaltungsbehörde (§§ 2 **593** StVG, 21, 22 FeV) und ist ein sog. **begünstigender Verwaltungsakt**. Vom Grundsatz her kann auch nur die Verwaltungsbehörde einen von ihr erteilten Verwaltungsakt wieder zurücknehmen. Ursprünglich erfolgte zB nach einer Trunkenheitsfahrt durch den Strafrichter lediglich die Verurteilung – etwa zu einer Freiheitsstrafe. Die Entziehung der Fahrerlaubnis als Rücknahme des Verwaltungsaktes war Aufgabe der Verwaltungsbehörde. Dies führte jedoch in vielen Fällen zu einer doppelten Belastung der Gerichte, wenn sich der Angeklagte gegen das strafrichterliche Urteil wandte und in einem zweiten Verfahren vor den Verwaltungsgerichten gegen die Entziehung der Fahrerlaubnis klagte. Der Gesetzgeber hat daher in den §§ 69 ff. StGB die Möglichkeit einer Entziehung der Fahrerlaubnis im Strafverfahren geschaffen.

Die **Verwaltungsbehörde** kann auch weiterhin im Verwaltungswege die Fahrer- **594** laubnis entziehen (§§ 3 StVG, 46, 47 FeV). Um jedoch sich widersprechende Entscheidungen zu verhindern, hat der Gesetzgeber der strafrichterlichen Entziehung der Fahrerlaubnis einen Vorrang eingeräumt. Solange gegen den Inhaber der Fahrerlaubnis ein **Strafverfahren anhängig** ist, in dem die Entziehung der Fahrerlaubnis nach § 69 StGB in Betracht kommt, darf die Verwaltungsbehörde den Sachverhalt, der Gegenstand des Strafverfahrens ist, in einem Entziehungsverfahren weder berücksichtigen noch vorbereitende Aufklärungsmaßnahmen treffen (§ 3 III StVG).[1209] Eine ähnliche Regelung enthält § 3 IV StVG für **abgeschlossene Strafverfahren**. Die Fahrerlaubnisbehörde darf keine Feststellungen treffen, die im Widerspruch zu denen des Strafverfahrens stehen.[1210] Sie darf insbesondere vom Inhalt des Urteils zum **Nachteil** des Verurteilten insoweit nicht abweichen, als es sich auf die Feststellung des Sachverhalts oder die Beurteilung der Schuldfrage oder der Eignung zum Führen von Kfz bezieht. Ist etwa der Angeklagte mangels eines hinreichenden Tatnachweises freigesprochen worden (anders bei einem Freispruch wegen Schuldunfähigkeit[1211]) oder hat der Strafrichter von einer Entziehung der Fahrerlaubnis abgesehen, darf die Fahrerlaubnisbehörde nicht wegen dieses Sachverhaltes im Verwaltungswege die Fahrerlaubnis entziehen. Das Hindernis besteht nur, wenn der Strafrichter im Rahmen des § 69 StGB die Eignung zum Führen von Kfz zu beurteilen hatte, sie

---

[1209] VGH Mannheim NZV 2007, 326 = SVR 2007, 351; OVG Lüneburg BA 2008, 205; OVG Magdeburg NZV 2011, 55; VGH Mannheim NJW 2014, 484.

[1210] BVerwG NJW 2012, 3669 (3672) = NZV 2013, 154.

[1211] VGH Mannheim NJW 2009, 3257 = BA 2009, 300 = NZV 2010, 110.

insbesondere rechtlich überhaupt möglich war[1212] und nachprüfbar tatsächlich auch beurteilt hat.[1213] An einer Entziehung der Fahrerlaubnis **aus anderen Gründen** ist die Verwaltungsbehörde nicht gehindert.[1214] Die Sperrwirkung des § 3 III, IV StVG gilt aber nicht im Verfahren der Neuerteilung einer Fahrerlaubnis[1215] und auch nicht bei einem anhängigen Ordnungswidrigkeitenverfahren.[1216] Sie gilt ferner nicht nach einer Verfahrenseinstellung gem. § 153 II StPO, weil insoweit gerade kein Urteil vorliegt.[1217]

595 Die **Entziehung der Fahrerlaubnis** durch das Strafgericht ist in den §§ 69 ff. StGB geregelt. Die Vorschriften für das **Fahrverbot im Strafverfahren** finden sich in § 44 StGB und **für das Bußgeldverfahren** in § 25 StVG. Weitgehend folgt § 25 StVG den Regeln über das Fahrverbot in § 44 StGB. Es gibt aber einige abweichende Regelungen.

B. Überblick über Entziehung der Fahrerlaubnis und Fahrverbot

596

Fahrverbot (auch im Bußgeldverfahren)	Entziehung der Fahrerlaubnis (nur im Strafverfahren)
§ 44 StGB (bzw. § 25 StVG) • ist als Neben**strafe** (bzw. Neben**folge**) nur neben einer verhängten **Strafe** (bzw. neben einem im Ordnungswidrigkeitenverfahren verhängten Bußgeld) möglich.[1218] Dies ergibt sich schon aus dem Begriff „Nebenstrafe" (bzw. Nebenfolge).	§§ 69, 69a StGB • ist als Maßregel der Besserung und Sicherung auch möglich, wenn keine Verurteilung erfolgt: § 69 I StGB: „... oder nur deshalb nicht verurteilt wird, weil seine Schuldunfähigkeit erwiesen oder nicht auszuschließen ist, ..." Ist bspw. in der Hauptverhandlung Freispruch wegen Schuldunfähigkeit zu verkünden, kann daneben dennoch eine Entziehung der Fahrerlaubnis erfolgen. Wird etwa aus diesem Grunde das Strafverfahren gar nicht durchgeführt, kommt ein Sicherungsverfahren (§§ 413 ff. StPO) in Betracht.

[1212] OVG Magdeburg NJW 2010, 3465.
[1213] BVerwGE 99, 249; OVG Magdeburg BA 2010, 43.
[1214] VGH Mannheim SVR 2010, 235; zu Abgrenzungsproblemen bei der Zuständigkeit s. *Fromm/Schmidt* NZV 2007, 217 ff.
[1215] OVG Münster NZV 2007, 591.
[1216] VGH Mannheim BA 2008, 83.
[1217] OVG Berlin-Brandenburg BA 2009, 405.
[1218] OLG Stuttgart NZV 1994, 405.

Fahrverbot	Entziehung der Fahrerlaubnis
Da das Fahrverbot ein Teil der Strafe ist, besteht in aller Regel auch eine Wechselwirkung zwischen der Hauptstrafe und dem Fahrverbot als Nebenstrafe. Dies ist bei der Strafzumessung zu berücksichtigen.	Verhängung und Dauer hängen allein von der Ungeeignetheitsprognose ab, nicht dagegen von der Schwere der Tatschuld.[1219]
Voraussetzung ist eine „Straftat" (bzw. eine Ordnungswidrigkeit), also eine tatbestandsmäßige, rechtswidrige und schuldhafte (bzw. im Ordnungswidrigkeitenrecht ahnbare) Handlung.	Da eine rechtswidrige Tat (§ 11 I Nr. 5 StGB) ausreicht, kommt eine Entziehung der Fahrerlaubnis auch bei einem Absehen von Strafe (zB § 60 StGB) in Betracht.
Dauer: ein bis drei Monate (§ 44 I 1 StGB bzw. § 25 I 1 StVG). Diskutiert wird zur Zeit über eine Erhöhung der Dauer des Fahrverbotes auf sechs Monate.	mindestens sechs Monate Höchstdauer: fünf Jahre (§ 69a I 1 StGB) oder auf Lebenszeit (§ 69a I 2 StGB).
	Erhöhtes Mindestmaß der Sperrfrist, wenn gegen den Täter in den letzten drei Jahren *vor der Tat* bereits einmal eine – auch isolierte – Sperre angeordnet worden ist (§ 69a III StGB). Eine Entziehung durch die Verwaltungsbehörde oder eine Sperre zwischen der jetzigen Tat und der jetzigen Entscheidung reichen nicht aus.
	Abkürzung der Mindestsperrfrist, wenn dem Täter die Fahrerlaubnis wegen der Tat vorläufig entzogen war (§ 111a StPO), um die Zeit der vorläufigen Entziehung. **Verbleiben muss eine Mindestsperrfrist von drei Monaten** (§ 69a IV StGB). Die Zeit der vorläufigen Entziehung und die verhängte Sperrfrist müssen **insgesamt mindestens sechs Monate** ergeben. Die Ausnahmeregel gilt **nicht für die isolierte Sperrfrist** (§ 69a I 3 StGB).

[1219] BGH NZV 2003, 46 = StVE § 69 StGB Nr. 59.

Fahrverbot	Entziehung der Fahrerlaubnis
Wirksamkeit des Fahrverbots: ab Rechtskraft des Urteils (§ 44 II StGB) bzw. der Bußgeldentscheidung (§ 25 II StVG). Jedoch wird die Verbots**frist** erst von dem Tage an gerechnet, ab dem der Führerschein sich in amtlicher Verwahrung befindet (§ 44 III StGB bzw. § 25 V StVG). Bei tatsächlichem oder angeblichem **Verlust des Führerscheins** beginnt die Verbotsfrist erst mit dem Zeitpunkt der Abgabe der eidesstattlichen Versicherung.[1220] **Bei Fahrverboten nach § 25 StVG** bestimmt die Verwaltungsbehörde oder das Gericht abweichend von § 25 II 1 StVG unter *bestimmten* Voraussetzungen, dass das Fahrverbot erst später wirksam wird (§ 25 IIa StVG).	Die **Sperre beginn**t mit der Rechtskraft des Urteils (§ 69a V 1 StGB). Die Zeit zwischen dem letzten Urteil, in dem die der Maßregel zugrunde liegenden tatsächlichen Feststellungen letztmals geprüft werden konnten, und der Rechtskraft wird angerechnet (§ 69a V 2).
Die Tat muss bei oder im Zusammenhang mit dem Führen eines **Kfz**[1221] oder unter Verletzung der Pflichten eines **Kraft**fahrzeugführers begangen worden sein. Demgegenüber enthält § 25 StVG eine Einschränkung. **„Zusammenhangtaten" werden von § 25 StVG nicht erfasst.**	Die Tat muss bei oder im Zusammenhang mit dem Führen eines **Kraft**fahrzeugs oder unter Verletzung der Pflichten eines **Kraft**fahrzeugführers begangen worden sein.

[1220] OLG Düsseldorf NZV 1999, 521; aA AG Viechtach NStZ-RR 2006, 352 = NZV 2007, 159: Die Verbotsfrist beginnt bei Verlust des Führerscheins nach Rechtskraft des Fahrverbots mit dem Tag des Verlustes.

[1221] Motorboote sind keine Kfz – s. OLG Rostock NZV 2008, 472; OLG Brandenburg NZV 2008, 474.

C. Die Entziehung der Fahrerlaubnis

Die Entziehung der Fahrerlaubnis ist in §69 StGB normiert. Regelungen über die **597** Sperrfrist für die (Wieder-)Erteilung einer Fahrerlaubnis enthält §69a StGB. 69b StGB beinhaltet Sondervorschriften für ausländische Fahrerlaubnisse. Gemäß §7 JGG können **gegen Jugendliche** und nach Jugendrecht abzuurteilende **Heranwachsende** (vgl. §105 I JGG) auch bestimmte Maßregeln der Besserung und Sicherung, insbesondere die Entziehung der Fahrerlaubnis angeordnet werden, weil die Sicherheit der Allgemeinheit in diesen Normen im Vordergrund steht und nicht erzieherische Erwägungen. Die Regelvermutung des §69 II StGB gilt auch hier uneingeschränkt.[1222]

I. Sperre auf Lebenszeit

§69a I 1 StGB sieht vom Grundsatz her eine zeitlich befristete Sperrfrist von **598** sechs Monaten bis zu fünf Jahren vor. Jedoch kann unter bestimmten Umständen bei schwerster und chronischer Verkehrskriminalität, bei der eine Besserung nicht mehr zu erwarten ist, auch eine Sperre für immer angeordnet werden (§69a I 2 StGB).[1223] Ggf. kommt eine lebenslange Sperre auch in Betracht, wenn wegen einer voraussichtlichen langfristigen Ungeeignetheit des Täters eine fünfjährige Sperre aller Voraussicht nach nicht ausreicht.[1224] Eine lebenslange Sperre für eine Neuerteilung der Fahrerlaubnis erfordert eine strenge Prüfung der Verhältnismäßigkeit und erscheint bei einer an Demenz erkrankten Person nicht verhältnismäßig, da derzeit nicht absehbar ist, was sich in der Forschung auf dem Gebiet der Demenz in den nächsten Jahren entwickelt.[1225] Eine Aufhebung einer lebenslangen Sperre ist nur ausnahmsweise möglich, wenn aufgrund neuer Tatsachen eine hinreichende Wahrscheinlichkeit dafür besteht, dass der Verurteilte sich im Straßenverkehr nicht mehr als gefährlich erweisen wird, wobei verbleibende Zweifel nach einer umfassenden Prüfung zu Lasten des Verurteilten gehen.[1226]

II. Die isolierte Sperrfrist

Nach §69a I 2 StGB wird nur eine Sperre angeordnet, wenn der Täter keine **599** Fahrerlaubnis besitzt. Man spricht in diesen Fällen von der **isolierten Sperre**, weil eine Entziehung der (nicht vorhandenen) Fahrerlaubnis nicht erfolgt. Umstritten ist, ob bei einem vagen Verdacht, dass der Angeklagte doch Inhaber einer Fahrerlaubnis sein könnte, statt lediglich einer isolierten Sperre vorsorglich auch eine Entziehung der mutmaßlichen Fahrerlaubnis erfolgen darf.[1227] Ist

---

[1222] OLG Nürnberg NZV 2012, 48; zur Problematik vgl. auch *Wölfl* NZV 1999, 69 ff.; aA LG Oldenburg NStE §7 JGG Nr. 1.
[1223] OLG Köln VerkMitt. 1971, 77 Nr. 94; OLG Köln StVE §69a StGB Nr. 40.
[1224] OLG Hamm StVE §69a StGB Nr. 2.
[1225] AG Hamburg-Bambek BA 2015, 49 im Zusammenhang mit zahlreichen Unfällen des Beschuldigten und §142 StGB.
[1226] OLG Celle BA 2009, 102.
[1227] Bejahend: AG Lahr NZV 2008, 640; wohl auch: OLG Bremen NJW 1977, 399 = VRS 51, 278; verneinend wohl: OLG Karlsruhe VRS 59, 111, das in den beiden Möglichkeiten

nur eine isolierte Sperre verhängt worden und stellt sich später heraus, dass der Verurteilte doch Inhaber einer Fahrerlaubnis war, kann diese nicht nachträglich entzogen werden. Die isolierte Sperre verbietet der Verwaltungsbehörde nämlich lediglich eine Neuerteilung innerhalb der Sperrfrist. Der Verurteilte ist also weiterhin im Besitz der Fahrerlaubnis. Deshalb ist stets sorgfältig im Ermittlungsverfahren zu prüfen, ob der Beschuldigte nicht doch eine Fahrerlaubnis hat. Von der Entziehung der Fahrerlaubnis ist die **Einziehung des Führerscheins** zu unterscheiden. Diese ist im Gegensatz zu einer nachträglichen Entziehung der Fahrerlaubnis auch später noch zulässig.[1228] Da es sich bei der Einziehung des Führerscheins weder um eine Strafe noch um eine selbstständige Maßregel der Besserung und Sicherung handelt, gilt auch das Verbot der reformatio in peius nicht. Im Übrigen wäre der Inhaber des Führerscheins ohnehin nach § 47 I FeV zur Rückgabe des Dokuments verpflichtet.

III. Regeln und Ausnahmen bei der Entziehung der Fahrerlaubnis

1. Die Regelbeispiele

600 Die häufigsten Fälle der Entziehung der Fahrerlaubnis erfolgen über die sog. **Regelbeispiele**. § 69 II StGB bestimmt, dass bei folgenden Vergehen

a) Gefährdung des Straßenverkehrs (§ 315c StGB) – in **allen** Alternativen –,
b) Trunkenheit im Verkehr (§ 316 StGB),
c) Unerlaubtes Entfernen vom Unfallort (§ 142 StGB), obwohl der Täter weiß oder wissen kann, dass bei dem Unfall ein Mensch getötet oder nicht unerheblich verletzt worden oder an fremden Sachen bedeutender Schaden entstanden ist,
d) Vollrausch (§ 323a StGB), der sich auf eine der vorstehenden Delikte bezieht, der **Täter** in der Regel (im Sinne eines Erfahrungssatzes) als ungeeignet zum Führen von Kfz anzusehen ist.

601 Zu beachten ist, dass der Abs. 2 mit seinen Regelbeispielen ausdrücklich an I anknüpft. Die Regelbeispiele greifen also nur ein, wenn die übrigen Voraussetzungen des § 69 I StGB erfüllt sind, also insbesondere muss die Tat bei oder im Zusammenhang mit dem Führen eines Kfz oder unter Verletzung der Pflichten eines Kfz-Führers begangen worden sein. In den Fällen des Abs. 2 wird lediglich der Nachweis, dass der Täter ungeeignet zum Führen von Kfz ist, im Sinne einer Indizwirkung erheblich erleichtert.[1229] Das Gesetz spricht insoweit eine Vermutung für die Ungeeignetheit aus, wenn der Täter eine der dort aufgezählten Regelbeispiele verwirklicht hat. Die Regelbeispiele gelten ausdrücklich nur für den **Täter**, nicht aber für Anstifter oder Gehilfen. Sofern ein Regelbeispiel erfüllt ist, wird quasi – von seltenen Ausnahmefällen abgesehen – die Ungeeignetheit des Täters zum Führen eines Kfz unterstellt. Bei Verkehrsunfällen hat der BGH[1230] folgende Bewertungsformel aufgestellt: „Bei der Prüfung der

---

jedenfalls alternative Maßnahmen sieht; ferner: OLG Stuttgart NJW 2010, 3591 = NZV 2011, 101 bei einer möglichen ausländischen Fahrerlaubnis.
[1228] BGHSt 5, 168 (178) = NJW 1954, 159.
[1229] BGH VRS 92, 204.
[1230] NZV 2013, 305 = NStZ 2013, 231.

Frage, ob ein Verkehrsunfall für einen alkoholbedingt fahruntüchtigen Kraftfahrer auf ein pflichtwidriges Verhalten zurückzuführen und vermeidbar war, ist nicht darauf abzustellen, ob der Fahrer in nüchternem Zustand den Unfall und die dabei eingetretenen Folgen bei Einhaltung derselben Geschwindigkeit hätte vermeiden können; vielmehr ist zu prüfen, bei welcher geringeren Geschwindigkeit er – abgesehen davon, dass er als Fahruntüchtiger überhaupt nicht am Verkehr teilnehmen durfte – noch seiner durch den Alkoholeinfluss herabgesetzten Wahrnehmungs- und Reaktionsfähigkeit bei Eintritt der kritischen Verkehrslage hätte Rechnung tragen können, und ob es auch bei dieser Geschwindigkeit zu dem Unfall und den dabei eingetretenen Folgen gekommen wäre". Soll dagegen einem Täter wegen einer anderen Straftat, die nicht in dem Katalog des § 69 II StGB enthalten ist, die Fahrerlaubnis entzogen werden, muss der Tatrichter eine Gesamtwürdigung der Tatumstände und der Täterpersönlichkeit vornehmen, mit der die fehlende Eignung belegt wird.[1231] Dies gilt etwa beim Fahren trotz eines bestehenden Fahrverbots (§ 21 StVG)[1232] oder beim Fahren ohne Fahrerlaubnis, zumal wenn es nach gerichtlicher Entziehung der Fahrerlaubnis wiederholt begangen wurde.[1233] Denn dieses Verhalten deutet auf eine fehlende charakterliche Eignung zum Führen von Kfz hin. Die Entziehung der Fahrerlaubnis wegen charakterlicher Ungeeignetheit bei Taten im Zusammenhang mit dem Führen eines Kfz gem. § 69 I 1 StGB beurteilt sich auch nach der **Anlasstat**, die tragfähige Rückschlüsse darauf zulassen muss, dass der Täter bereit ist, die Sicherheit des Straßenverkehrs seinen eigenen kriminellen Interessen unterzuordnen.[1234] Deshalb sind die Belange der Verkehrssicherheit in den Fällen, in denen der Täter im Kfz Rauschgift transportiert, nicht ohne Weiteres beeinträchtigt. Ein allgemeiner Erfahrungssatz, dass Rauschgifttransporteure bei Verkehrskontrollen zu besonders riskanter Fahrweise entschlossen sind, besteht nicht.[1235] Aus der Tat kann sich die charakterliche Ungeeignetheit des Täters zum Führen von Kfz auch bei Fällen der Nötigung gem. § 240 StGB und des gefährlichen Eingriffs gem. § 315b StGB ergeben, sofern diese unter Benutzung des Kfz erfolgten. Sie sind zwar nicht als Regelstraftat gem. § 69 II StGB erfasst, erlauben allerdings entsprechende Bewertungen hinsichtlich der Beeinträchtigung der Verkehrssicherheit.[1236]

Die Grenzen **des Schadens iSd § 69 II Nr. 3 StGB** haben sich in den letzten Jah- **602** ren erhöht. Die lange Zeit gültige Untergrenze von **mindestens 1.300 EUR**[1237] **erfuhr deutliche Erweiterungen.** Teilweise wird die Mindestgrenze schon bei 2.500 EUR gezogen.[1238] Sie wird jeweils den wirtschaftlichen Verhältnissen

---

[1231] BGH BA 2001, 123.
[1232] LG Mühlhausen NZV 2003, 206.
[1233] BGH NZV 2007, 212 = BA 2007, 36.
[1234] BGH BA 2012, 264; 2015, 30.
[1235] BGH BA 2012, 264.
[1236] BGH Großer Senat für Strafsachen NJW 2005, 1957 = NZV 2005, 486 = NStZ 2005, 503.
[1237] OLG Jena NZV 2005, 434; OLG Dresden SVR 2005, 439 = NZV 2006, 104; OLG Hamm NZV 2011, 356 = NStZ 2012, 486 (487) bei *Himmelreich/Halm*; LG Düsseldorf NZV 2003, 103; LG Berlin NZV 2005, 414 und NStZ-RR 2007, 281; LG Frankfurt a.M. NStZ-RR 2009, 215 geht von einer Mindestgrenze von 1.400 EUR aus; zur abweichenden Wertgrenze bei §§ 315b und 315c StGB s. BGH NStZ 2011, 215.
[1238] LG Landshut DAR 2013, 588, das wegen des tatsächlichen Fremdschadens von

angepasst. Dabei sind die erheblich gestiegenen Reparaturkosten sowie die neuen Kfz-Konstruktionen zu berücksichtigen, die nicht immer eine klare Schadensbeurteilung erlauben. Teilweise werden auch Grenzwerte bei 1.500 EUR gesetzt.[1239] Bei einem wirtschaftlichen Totalschaden sind der Wiederbeschaffungswert und nicht die möglichen Reparaturkosten für die Schadensbewertung anzusetzen.[1240] Auch wenn einige Gericht höhere Wertgrenzen festsetzen, findet die Untergrenze von 1.300 EUR weiterhin Anwendung.[1241] Tendenziell wird eine Steigerung erwartet. Aber auch unterhalb dieser Grenze kommt eine Entziehung der Fahrerlaubnis über § 69 I StGB in Betracht, zumal die Schadenshöhe häufig vom Zufall abhängt und vom Täter lediglich sehr eingeschränkt beeinflussbar ist.[1242] Jedoch ist dann die Ungeeignetheit des Täters besonders zu begründen. Der **Begriff des Schadens** ist **nicht** identisch mit den Sachen von bedeutendem Wert iSd §§ 315b und 315c StGB, denn dort kommt es allein auf den Wert der Sache an. Der Schaden umfasst auch andere Positionen.[1243] Da § 142 StGB die zivilrechtlichen Ansprüche schützt, kommt es für die Schadensberechnung auf die zivilrechtlichen Maßstäbe an. Bei der Berechnung des „bedeutenden Schadens" im Rahmen des § 69 II Nr. 3 StGB ist eine **Nutzungsausfallentschädigung** nicht anzusetzen.[1244] Allerdings ist ein trotz Reparatur verbleibender **merkantiler Minderwert** des Fahrzeuges zu berücksichtigen.[1245] Liegen die Reparaturkosten jedoch über dem Wert der Sache (ggf. können im Rahmen des Integritätsinteresses des Geschädigten die zur Instandsetzung erforderlichen Kosten zuerkannt werden, die den Wiederbeschaffungswert bis zu 30 % übersteigen), ist der Wiederbeschaffungswert maßgebend, weil bei der Prüfung des § 69 II Nr. 3 StGB nur solche Schadenspositionen herangezogen werden können, die zivilrechtlich erstattungsfähig sind.[1246] Zum Schaden gehören auch die **Kosten eines Sachverständigengutachtens** im Falle der fiktiven Schadensberechnung.[1247] Neben den objektiven Voraussetzungen ist noch ein Wissen oder Wissen-Können des Täters erforderlich. Durch die zweite Alternative reicht unter Umständen auch Fahrlässigkeit aus.

603 § 44 I 2 StGB sieht vor, dass in bestimmten Fällen ein **Fahrverbot** zu verhängen ist, wenn wegen der langen Dauer des Verfahrens oder aus sonstigen Gründen eine Entziehung nicht mehr in Betracht kommt. Häufig wird behauptet, dass nach einer entsprechend langen Zeit der vorläufigen Entziehung der Fahrerlaubnis die Verhängung eines Fahrverbotes überflüssig sei, weil gem. § 51 I und

---

1.955 EUR die Annahme dringender Gründe verneinte und die vorläufige Entziehung wieder aufhob.

[1239] OLG Hamm BeckRS 2015, 00921; LG Lübeck, Beschl. v. 14.3.2014 – 4 Qs 60/14; AG Saalfeld DAR 2005, 57.

[1240] OLG Hamm BeckRS 2011, 18065 = NZV 2011, 356.

[1241] *Fischer* StGB § 69 Rn. 28; Hentschel/König/*Dauer/König* § 69 Rn. 17; NK-GVR/*Blum* § 69 Rn. 27; LG Kaiserslautern Beschl. v. 25.6.2012 – 5 Qs 72/12.

[1242] OLG Düsseldorf NZV 1991, 237; LG Berlin NZV 2010, 476.

[1243] BGH NStZ 2011, 215 bei einer Wertgrenze von 750 EUR.

[1244] LG Hamburg NZV 1994, 373.

[1245] OLG Naumburg NZV 1996, 204 = StVE § 69 StGB Nr. 41.

[1246] OLG Hamm NZV 2011, 356 (357).

[1247] LG Berlin NStZ-RR 2007, 281.

V StGB die Dauer der vorläufigen Entziehung auf das Fahrverbot anzurechnen sei. Das Fahrverbot entfalte keine Wirkung mehr, weil es in diesen Fällen ohnehin als verbüßt gelte. Der BGH[1248] verlangt jedoch, dass auch bei dieser Fallgestaltung ein **deklaratorisches Fahrverbot** auszusprechen ist. Die Anordnung eines Fahrverbotes nach § 44 I 2 StGB ist in der Regel auch dann geboten, wenn die endgültige Entziehung der Fahrerlaubnis nach § 69 StGB wegen der Dauer der vorläufigen Entziehung nicht mehr in Betracht kommt und das Fahrverbot gem. § 51 V StGB deshalb nicht vollstreckbar ist. Das gesetzliche Gebot des § 44 I 2 StGB, dass bei einer Verurteilung nach den angeführten Straftatbeständen in der Regel ein Fahrverbot auszusprechen ist, stellt nicht auf die Gründe ab, aus denen von der Entziehung der Fahrerlaubnis nach § 69 StGB abgesehen worden ist, sondern allein auf den Umstand, dass sie unterblieben ist. Zwar mag das Fahrverbot in solchen Fällen weitgehend nur symbolische Bedeutung haben. Dies widerspricht aber nicht der Notwendigkeit der Anordnung des Fahrverbots. Niemand käme auf die Idee, in vergleichbarer Situation etwa vom Ausspruch einer Strafe abzusehen und freizusprechen oder das Verfahren einzustellen, wenn die bereits erlittene Untersuchungshaft die an sich verwirkte Freiheitsstrafe zeitlich erreicht oder diese übersteigt. Außerdem erscheint das Fahrverbot im Bundeszentralregister und kann im Wiederholungsfalle als Grundlage künftiger Strafzumessungs- oder Bußgeldzumessungserwägungen regelmäßig von Wichtigkeit sein.

2. Die Ausnahmen und Einschränkungen

Im Rahmen des § 69 II StGB ist bei den üblichen Durchschnittsfällen die Fahr- 604 erlaubnis zu entziehen. Da es sich insoweit um **Regelbeispiele** handelt, braucht das Gericht die Verhängung dieser Maßnahme auch nicht besonders zu begründen. Jedoch kann es auch **Ausnahmefälle** geben. Trotz der Erfüllung einer der in § 69 II StGB aufgezählten Tatbestände kann zB bei einem Verstoß gegen § 316 StGB die Entziehung der Fahrerlaubnis entbehrlich sein, wenn der Täter sein **Kfz nur ein kurzes Stück bewegt** hat, um einen verkehrsstörenden Zustand zu beseitigen.[1249] Zwar ist der Täter „in der Regel" gem. § 69 II Nr. 2 StGB als ungeeignet zum Führen von Kfz anzusehen. Der Regelfall ergibt sich aber nicht „automatisch" aus der Verwirklichung der aufgezählten Tatbestände. Eine Indizwirkung für die Ungeeignetheit des Kraftfahrers liegt bei Verwirklichung des jeweiligen Tatbestands lediglich insoweit vor, als dieser nach seiner Persönlichkeit dem Durchschnitt der Kraftfahrer entspricht und die Tat gegenüber der Masse der vorkommenden entsprechenden Taten keine wesentlichen Besonderheiten aufweist. Wenn bspw. der Führer eines Kfz nach vorangegangener Unfallverursachung mit bedeutendem Sachschaden und **unerlaubtem Entfernen vom Unfallort** sich binnen einer relativ kurzen Frist nach dem Unfall **freiwillig bei der Polizei meldet** und als Unfallverursacher zu erkennen gibt, **kann** dies eine **Ausnahme vom Regelfall** der Entziehung der Fahrerlaubnis begründen,[1250] zumal wenn der Beschuldigte auch noch die **Regulierung des Schadens veran-**

[1248] BGHSt 29, 58 = NJW 1980, 130.
[1249] AG Westerstede NZV 2012, 304.
[1250] LG Gera BA 2002, 52 = StV 2001, 357.

lasst und sich beim Geschädigten entschuldigt mit der Folge, dass dieser kein Interesse mehr an der Strafverfolgung hat.[1251] Dagegen rechtfertigen berufliche Gründe es jedenfalls nicht, in den Regelfällen des § 69 II StGB von einer Entziehung der Fahrerlaubnis abzusehen.[1252]

605 Als weitere Ausnahme von der Regel des § 69 II StGB spielen **Aufbauseminare**, die früher als **Nachschulungskurse** bezeichnet wurden, eine Rolle. Die Teilnahme an einem solchen Kurs rechtfertigt für sich allein noch nicht, von der Annahme des Regelfalles nach § 69 II StGB abzuweichen. Vielmehr müssen weitere Umstände, zB ein besonders günstiges Persönlichkeitsbild, hinzutreten, die im Einzelfall ausnahmsweise den Schluss zulassen, der Täter sei entgegen der Regel des § 69 II StGB nicht als ungeeignet zum Führen von Kfz anzusehen.[1253] Die erfolgreiche Teilnahme an einem derartigen Aufbauseminar ist mit in die Gesamtwürdigung einzubeziehen und ist ein Umstand, der dazu angetan sein **kann,** die Eignung zum Führen von Kfz wiederherzustellen.[1254] Allerdings müssen solche Nachschulungsmaßnahmen geeignet und bestimmt sein, eine erkennbare Haltungsänderung eines Delinquenten herbeizuführen, und es muss durch die durchgeführte Maßnahme der eindeutige Nachweis erbracht werden, dass die beabsichtigte Haltungsänderung auch dauerhaft und sicher eintreten wird.[1255]

606 Sowohl bei einem Fahrverbot nach § 44 StGB (ebenso § 25 I 1 StVG) als auch bei einer Entziehung der Fahrerlaubnis nach § 69 StGB kann das Gericht **bestimmte Arten von Kfz** vom **Fahrverbot** bzw. von der **Sperrfrist** ausnehmen. Eine Ausnahme vom **Entzug der Fahrerlaubnis** ist jedoch nicht möglich.[1256] Die Fahrerlaubnis ist nach § 69 I StGB ohne Einschränkung zu entziehen. § 69a II StGB gestattet es dem Gericht lediglich, von der mit der Entziehung der Fahrerlaubnis verbundenen Sperre für die Neuerteilung bestimmte Arten von Kfz auszunehmen, wenn besondere Umstände die Annahme rechtfertigen, dass der Zweck der Maßregel dadurch nicht gefährdet wird.[1257] Die Fahrerlaubnis wird also **komplett** entzogen und der Führerschein eingezogen. Es liegt am Verurteilten, bei der zuständigen Verwaltungsbehörde eine dem § 69a II StGB entsprechende eingeschränkte Fahrerlaubnis zu beantragen. Dies ergibt sich eindeutig aus dem Wortlaut des Gesetzes. Die Fahrerlaubnisbehörde hat in eigener Zuständigkeit zu prüfen, ob und inwieweit sie die entsprechend eingeschränkte Fahrerlaubnis erteilt.[1258] Sie ist nicht an die vom Strafgericht ausgesprochene Ausnahme von der Sperrfrist gebunden. § 3 III StVG greift insoweit nicht ein, weil diese Vorschrift lediglich eine Bindungswirkung der Verwaltungsbehörde für das Entziehungsverfahren festlegt, nicht aber für die Erteilung der Fahrerlaubnis. Eine ausdrücklich andere Regelung enthält insoweit der § 111a I 2 StPO. Dort heißt

---

[1251] LG Zweibrücken NZV 2003, 439.
[1252] OLG Koblenz VRS 66, 40; OLG Hamm BA 2009, 337 (339).
[1253] OLG Koblenz VRS 66, 40.
[1254] OLG Köln VRS 61, 118.
[1255] BVerfG BA 2007, 242.
[1256] VG München NZV 2000, 271.
[1257] BGH StVE § 69 StGB Nr. 18.
[1258] OLG Oldenburg NJW 1965, 1287.

es expressis verbis: „**Von der vorläufigen Entziehung** … können ausgenommen werden." Anders als bei § 69 StGB können hier durch das Gericht bestimmte Arten von **der vorläufigen Entziehung** ausgenommen werden.

Von der Sperre ausgenommen im Rahmen des § 69a II StGB können nur be- **607** stimmte Arten von Kfz. Das können alle von einer **Fahrzeugklasse** iSd § 6 I 1 FeV genannten Fahrzeuge sein, aber auch dort genannte **Untergruppen,** auf die gem. § 6 I 2 FeV eine Fahrerlaubnis beschränkt werden kann (s. zB die Arten in den Klassen L und AM). Zu den Arten gehören aber auch solche Kfz, die einen **bestimmten objektiv-konstruktiven Verwendungszweck** haben, der gewisse Bauunterschiede zu anderen Fahrzeugen bedingt – bspw. **Feuerwehrlöschfahrzeuge,**[1259] **Krankenrettungswagen**[1260] mit den erforderlichen Einrichtungen wie Blaulicht pp., **Müllfahrzeuge**[1261] und **Pannenhilfsfahrzeuge** mit den entsprechenden Ausrüstungen (etwa gelbe Rundumleuchte), wenn sie als solche abgenommen und zugelassen sind,[1262] nicht aber **Taxis,**[1263] weil diese zwar einen bestimmten Verwendungszweck haben, aber – von unwesentlichem Zubehör abgesehen – keine Bauunterschiede zu anderen Pkw aufweisen. Nicht zulässig ist die Ausnahme für bestimmte (Tages-)Zeiten[1264] bzw. für bestimmte Tage oder für bestimmte Strecken, ferner für einzelne Kfz,[1265] eine konkrete Antriebsart (Automatikgetriebe) oder für die Kfz eines bestimmten Arbeitgebers[1266] oder einer bestimmten Behörde. In der Praxis wird nur wenig Gebrauch von dieser Ausnahmeregelung gemacht. Hauptanwendungsfall sind Ausnahmen bei landwirtschaftlichen Kfz.[1267] Die Rspr. stellt sehr hohe Anforderungen an das Vorliegen der Voraussetzungen für eine Ausnahmeregelung. Das Gericht muss beim Gebrauch der durch § 69a II StGB (bzw. § 111a I 2 StPO) eingeräumten Möglichkeit **ausführlich darlegen, warum von der Benutzung der freigegebenen Fahrzeugart für die Allgemeinheit eine wesentlich geringere Gefahr zu erwarten ist.**[1268] Die Bewilligung einer Ausnahme von der Fahrerlaubnissperre kann nicht auf Umstände gestützt werden, die von Bedeutung lediglich für das Fortbestehen und die voraussichtliche weitere Dauer des durch die Tat in Erscheinung getretenen Eignungsmangels sind, sondern nur auf solche Umstände, aus denen sich ergibt, dass trotz fortbestehender (genereller) Ungeeignetheit zur Führung eines Kfz eine Führung gerade derjenigen Fahrzeugart, auf die sich die Ausnahme bezieht, durch den Angeklagten keine Gefährdung der Allgemeinheit befürchten lässt.[1269] So kann das Begehren eines Berufskraftfahrers, der mit seinem privaten Pkw eine Trunkenheit im Verkehr

---

[1259] BayObLG NZV 1991, 397 = VRS 81, 443; OLG Düsseldorf NZV 2008, 104.
[1260] BayObLG NZV 1990, 38 = NJW 1989, 2959; OLG Düsseldorf NZV 2008, 104.
[1261] AG Frankfurt a.M. NStZ-RR 2007, 25 = NZV 2007, 264.
[1262] LG Hamburg NZV 1992, 422 = StVE § 69 StGB Nr. 36.
[1263] OLG Stuttgart StVE § 44 StGB Nr. 4.
[1264] OLG Düsseldorf StVE § 69a StGB Nr. 16.
[1265] OLG Naumburg BA 2004, 534.
[1266] BayObLG NZV 2005, 592; OLG Frankfurt a.M. StVE § 69a StGB Nr. 1.
[1267] OLG Frankfurt a.M. StVE § 69a StGB Nr. 4; OLG Düsseldorf NZV 1994, 407 (für ein Fahrverbot nach § 25 StVG); LG Dresden DAR 1999, 133; AG Auerbach NZV 2003, 207.
[1268] OLG Hamm StVE § 69a StGB Nr. 12; AG Frankfurt a.M. NZV 2007, 264.
[1269] BayObLG StVE § 69a StGB Nr. 13.

begangen hat, um eine Ausnahmeregelung zum Führen von Kfz der Klasse C in aller Regel keinen Erfolg haben, insbesondere dann, wenn er bereits einschlägig in Erscheinung getreten ist.[1270] Im Übrigen hat der Verordnungsgeber durch die ÄndVO v. 18.7.2008 (BGBl. I 1338) den § 9 FeV um einen neuen Satz 2 ergänzt, der bestimmt, dass auch im Fall des § 69a II StGB eine Fahrerlaubnis der Klassen C, C1, D oder D1 nur erteilt werden darf, wenn der Bewerber bereits die Klasse B besitzt. Damit kommt eine Ausnahme von der Sperre für Lkw und Omnibusse nicht mehr in Betracht. **Bei Wiederholungstätern verbietet sich die Vergünstigung** regelmäßig. Denn in diesen Fällen wäre es geradezu widersinnig, wenn davon ausgegangen würde, dass durch die Vergünstigung das erreicht werden kann, was durch die in der Vergangenheit bereits festgesetzten Maßnahmen nicht hat herbeigeführt werden können.[1271]

608 Die Beschränkung der **vorläufigen** Entziehung der Fahrerlaubnis auf **Lkw einer bestimmten Fahrzeugklasse** ist dann zulässig, wenn der Zweck der Maßregel dadurch nicht beeinträchtigt wird. Dabei muss von der Benutzung der durch die Ausnahmeregelung freigegebenen Fahrzeugart für die Allgemeinheit eine geringere Gefahr zu erwarten sein.[1272] Für die Annahme einer solchen Ausnahmeregelung reicht es jedoch nicht aus, dass der Betroffene bisher bei der beruflichen Führung des Lkw sich hat nichts zu Schulden kommen lassen und die Straftat bei einer Privatfahrt mit einem Pkw begangen worden ist.[1273] Unter bestimmten Bedingungen können die bei einer **vorläufigen** Fahrerlaubnisentziehung der Fahrerlaubnisklasse **C1** (früher Klasse 3) unterfallenden **Lkw (also bis 7,5 t)** ohne Pkw-Unterbau ausnahmsweise ausgenommen werden.[1274] Da sich § 9 FeV nur an die Verwaltungsbehörde richtet, können die Ausnahmen von der vorläufigen Entziehung auch nach der ÄndVO v. 18.7.2008 zu § 9 FeV Fahrzeuge der Klassen C, C1, D oder D1von der **vorläufigen** Entziehung der Fahrerlaubnis ausgenommen werden; eine Ausnahme von der Sperre bei der endgültigen Entziehung der Fahrerlaubnis ist aber nicht möglich (§ 9 2 FeV).

3. Lange Dauer der vorläufigen Entziehung

609 Als weitere Ausnahme kommt eine sehr lange Zeit der vorläufigen Entziehung der Fahrerlaubnis in Betracht.[1275] Grundsätzlich gibt es aber keinen Rechtssatz des Inhalts, dass nach Ablauf einer längeren Zeit die charakterliche Ungeeignetheit zum Führen von fahrerlaubnispflichtigen Fahrzeugen nicht mehr festzustellen ist.[1276] Allerdings haben sowohl der Tatrichter der ersten Instanz als auch das Berufungsgericht vor allem im Fall einer längeren vorläufigen Entziehung der Fahrerlaubnis zu prüfen, ob und in welchem Umfang die vorläufige Maßnahme durch ihre tatsächlichen Auswirkungen auf den Täter dem durch die Tat zu Tage getretenen Eignungsmangel entgegengewirkt hat. Es ist

---

[1270] OLG Koblenz VRS 76, 369.
[1271] OLG Hamm NZV 2001, 486 (487).
[1272] OLG Hamm BA 2002, 498.
[1273] LG Hamburg StVE § 69a StGB Nr. 33 = DAR 1996, 108.
[1274] LG Zweibrücken NZV 1996, 252.
[1275] OLG Brandenburg StVE § 69 StGB Nr. 39b.
[1276] OLG Hamm NStZ-RR 2007, 351 = BA 2008, 138.

aber nicht Aufgabe des Strafrichters darüber zu entscheiden, ob der Betroffene nach Ablauf der Sperrfrist wieder zum Führen von Kfz geeignet ist. Eine Wiederzulassung erfolgt grundsätzlich erst, wenn die Verwaltungsbehörde nach eigener Prüfung der Eignung diese bejaht.[1277]

4. (Vorläufige) Entziehung in einem späteren Verfahrensstadium

Eine weitere Ausnahme, von einer (vorläufigen) Entziehung der Fahrerlaubnis **610** abzusehen, kann gegeben sein, wenn zwischen der Tat und der möglichen Entziehung der Fahrerlaubnis ein größerer Zeitraum liegt. Gemeint sind die Fälle, in denen unmittelbar nach der Tat der Führerschein nicht sichergestellt bzw. die Fahrerlaubnis nicht vorläufig entzogen worden ist, nunmehr in der Hauptverhandlung aber die Frage der Entziehung der Fahrerlaubnis zur Erörterung steht. Häufig wird in dieser Situation von der Verteidigung vorgetragen, der Angeklagte habe seit der Tat längere Zeit beanstandungsfrei und erlaubter maßen am Straßenverkehr teilgenommen. Es könne deshalb heute nicht mehr festgestellt werden, dass der Angeklagte noch ungeeignet zum Führen von Kfz sei. Nach der obergerichtlichen Rspr.[1278] rechtfertigt der Umstand, dass der Täter in einem erheblichen Zeitraum zwischen Tat und Hauptverhandlung **beanstandungsfrei am Straßenverkehr teilgenommen hat**, noch nicht die Annahme des Wegfalls der mangelnden Eignung iSd § 69 StGB. Wäre das der Fall, müsste in jedem Strafverfahren wegen einer unter § 69 StGB fallenden Straftat, wenn es nur, sei es mit oder ohne Ausschöpfung der Rechtsmittel, lange genug dauert, von der Entziehung der Fahrerlaubnis abgesehen werden. Das aber würde weder dem Willen des Gesetzgebers noch dem Zweck des Gesetzes entsprechen. Im Übrigen ist das durch den Druck des Strafverfahrens beeinflusste Wohlverhalten des Täters grundsätzlich kein sicheres Anzeichen dafür, dass der durch die Tat indizierte Eignungsmangel in Wahrheit nicht gegeben oder nachträglich entfallen ist. Es besteht regelmäßig auch keine Gewähr dafür, dass der Täter allein durch das Strafverfahren nachhaltig beeindruckt worden ist und zum Zeitpunkt der Hauptverhandlung im Gegensatz zum Zeitpunkt der Tat zum Führen von Kfz geeignet ist.

Der **Grundsatz der Verhältnismäßigkeit und das Beschleunigungsgebot** setzen **611** allerdings für die Fortdauer bzw. die späte Anordnung einer vorläufigen Entziehung der Fahrerlaubnis Grenzen, wenn es im Verfahren **aufgrund sachwidriger Behandlung** zu Verzögerungen gekommen ist.[1279] Nach Ansicht des BVerfG[1280] ist angesichts der Schwere des Tatvorwurfs gegen einen Beschuldigten, der durch ein grob verkehrswidriges Verhalten zwei Alternativen des § 315c I Nr. 2 StGB verwirklicht hat, eine vorläufige Entziehung der Fahrerlaubnis fast sieben Monate nach der Tat noch als verhältnismäßig anzusehen.

[1277] OLG Hamm NStZ-RR 2007, 351 = BA 2008, 138.
[1278] OLG Koblenz VRS 65, 448; 66, 40; 68, 118; OLG Köln DAR 66, 271; OLG München NJW 1992, 2776; OLG Düsseldorf NZV 1997, 92; StVE § 69 StGB Nr. 61; OLG Hamm NZV 2002, 380 = StVE § 69 StGB Nr. 57; OLG Koblenz NZV 2008, 47; OLG Zweibrücken BA 2009, 284; OLG Braunschweig BA 2010, 300.
[1279] OLG Karlsruhe NZV 2005, 212 = BA 2006, 152.
[1280] BA 2006, 151.

IV. Der außerdeutsche Kfz-Führer

612 **Außerdeutscher Kraftfahrer**[1281] ist ohne Rücksicht auf seine Staatsangehörigkeit, **wer aufgrund einer Erlaubnis eines ausländischen Staates berechtigt ist, ein Kfz zu führen.** Außerdeutscher Kfz-Führer kann deshalb auch ein deutscher Staatsangehöriger sein, der seinen Wohnsitz im Ausland hat. Andererseits ist ein in Deutschland lebender Ausländer mit einer deutschen Fahrerlaubnis kein außerdeutscher Kfz-Führer. Bei den außerdeutschen Kfz-Führern ist zu unterscheiden zwischen den **Inhabern einer Fahrerlaubnis, die von einem EU- oder EWR-Staat ausgestellt** worden ist, und den **Inhabern einer Fahrerlaubnis eines sonstigen ausländischen Staates.** Teilweise gelten für diese beiden Gruppen von Fahrerlaubnisinhabern unterschiedliche Regelungen. **Entscheidend ist nicht die Staatsangehörigkeit des Inhabers der Fahrerlaubnis,** sondern der Ausstellerstaat. So ist zB ein Marokkaner, dem in Frankreich eine Fahrerlaubnis erteilt worden ist, Inhaber einer EU-Fahrerlaubnis.

613 Auch außerdeutsche Kfz-Führer unterliegen grundsätzlich den Regeln der §§ 69, 69a StGB. Insbesondere gelten die Regelbeispiele des § 69 II StGB. Zu beachten sind aber die Sonderregeln des § 69b StGB. Diese Vorschrift enthält die Wirkungen der Entziehung bei einer ausländischen Fahrerlaubnis. Die **Entziehung einer ausländischen Fahrerlaubnis durch ein deutsches Gericht** – das gilt grundsätzlich weiterhin auch für EU-Fahrerlaubnisse – ist nicht zulässig, weil insoweit in die Souveränität des ausländischen Staates eingegriffen würde. Ein deutsches Gericht kann diese Fahrerlaubnis nur für die BRD entziehen. Bei EU- oder EWR-Fahrerlaubnissen kann gem. § 69b II 1 StGB auch der Führerschein eingezogen werden, wenn der **Inhaber seinen ordentlichen Wohnsitz im Inland** hat. Der Führerschein ist in diesen Fällen an die ausstellende Behörde im Ausland zurückzusenden. Diese prüft in jedem Einzelfall, ob sie ihrerseits die Fahrerlaubnis entzieht. In den anderen Fällen ist die Entziehung der Fahrerlaubnis für die BRD im Führerschein zu vermerken (§ 69b II 2 StGB). Dazu kann der Führerschein beschlagnahmt werden (§ 463b II StPO). Der Führerschein ist nach Eintragung des Vermerks unverzüglich an den Inhaber zurückzugeben. Ist eine Eintragung (zB bei einem Plastik-Führerschein) nicht möglich, ist ein gesonderter Vermerk zu erstellen und fest mit dem Führerschein zu verbinden. Bei **internationalen Führerscheinen,** die von einer ausländischen Behörde ausgestellt worden sind, sind ebenfalls ein entsprechender Vermerk einzutragen und der Führerschein anschließend unverzüglich an den Inhaber herauszugeben. Wurde der internationale Führerschein von einer deutschen Behörde ausgestellt, so kann er nach § 69 III 2 StGB eingezogen werden.

614 § 69b StGB beinhaltet eine Aberkennung des Rechts, von der Fahrerlaubnis im Inland Gebrauch zu machen und bedeutet eine Entziehung der Fahrerlaubnis für das Inland. Das Recht zum Führen eines Kfz in der BRD erlischt also mit einer Entscheidung nach § 69b StGB. Um den Inhaber einer außerdeutschen Fahrerlaubnis nicht besser zu stellen als einen deutschen Fahrerlaubnisinhaber hat der Gesetzgeber in den §§ 28 V, 29 IV FeV vorgesehen, dass die außerdeutschen Kfz-Führer, denen die Fahrerlaubnis für die BRD gerichtlich oder durch

---

[1281] S. auch *Blum* NZV 2008, 176 ff.

die Verwaltungsbehörde entzogen worden ist, **nur auf einen entsprechenden Antrag** hin wieder im Inland Kfz führen dürfen, wenn die Gründe für die Entziehung nicht mehr bestehen.

Die Fahrerlaubnisverordnung hat unter anderem in den §§ 28 und 30 FeV Rege- **615** lungen für die Inhaber von **EU-Fahrerlaubnissen** getroffen. Anders als bei den Inhabern von Fahrerlaubnissen aus Drittstaaten (§ 29 FeV) ist die Berechtigung, im Inland Kfz zu führen, bei den Inhabern von Fahrerlaubnissen aus den Mitgliedstaaten der EU oder des Europäischen Wirtschaftsraums (EWR) nicht nach der Begründung eines ordentlichen Wohnsitzes in der BRD zeitlich befristet. Es gibt also neben der von einer deutschen Behörde erteilten Fahrerlaubnis zwei Gruppen von Fahrerlaubnisinhabern, die im Inland Kfz führen dürfen, nämlich die Inhaber einer EU- (bzw. EWR-)Fahrerlaubnis und die Kfz-Führer mit einer Fahrerlaubnis eines Drittstaates. Für diese beiden Gruppen gibt es unterschiedliche Regelungen. Eine EU-Fahrerlaubnis berechtigt gem. § 28 IV FeV nicht zum Führen eines Kfz in Deutschland, wenn die deutsche Fahrerlaubnis **nach** der Erteilung der EU-Fahrerlaubnis entzogen worden ist. Dies gilt auch, wenn der Zeitpunkt der Entziehung vor dem EU-Beitritt des Ausstellerstaates liegt.[1282]

Umstritten ist insbesondere bei Fahrerlaubnissen aus den sogenannten Dritt- **616** staaten, ob § 69b II 2 StGB auch dann anzuwenden ist, wenn die Voraussetzungen des § 29 I FeV bei Verurteilung nicht mehr vorliegen, dh wenn die dort vorgesehene Geltungsfrist abgelaufen ist. Die Geltungsfrist im Inland für Führerscheine, die nicht von einem Mitgliedstaat der Europäischen Gemeinschaft ausgestellt worden sind, war bis 1998 zwölf Monate seit dem Grenzübertritt zur Einrichtung eines Wohnsitzes im Inland. Inzwischen wurde die Frist (mit Ausnahmemöglichkeiten) auf sechs Monate ab Begründung eines ordentlichen Wohnsitzes in der BRD herabgesetzt. Während *Hentschel*[1283] annimmt, dass bei einem außerdeutschen Kfz-Führer, der sich schon länger als sechs Monate in der BRD aufhält, eine Eintragung nach § 69b II StGB zwar sinnvoll wäre, um Täuschungsmöglichkeiten entgegenzuwirken, aber „wohl" nicht zulässig sei, geht das OLG Karlsruhe[1284] davon aus, dass eine Entziehung der Fahrerlaubnis für die BRD auch in solchen Fällen nach § 69b II 2 StGB in dem ausländischen Führerschein zu vermerken ist. Zwar ist der Täter nach § 29 I FeV schon nicht mehr berechtigt, im Bereich der BRD Kfz zu führen, aber seine ausländische Fahrerlaubnis besteht fort. Da eine Einziehung des ausländischen Führerscheins – soweit er nicht von einem Mitgliedstaat der Europäischen Gemeinschaft ausgestellt worden ist und der Inhaber im Inland wohnt – nicht möglich ist, weil sonst in die Hoheitsrechte eines fremden Staates eingegriffen würde, ist ein wirksamer Schutz der Allgemeinheit gegen ungeeignete Kfz-Führer in diesen Fällen nur durch einen entsprechenden Eintrag im Führerschein möglich. Dem steht auch § 69b II StGB nicht entgegen, der lediglich eine Regelung darüber enthält, wie bei ausländischen Führerscheinen zu verfahren ist. Denn aus der systematischen Stellung (eigener Absatz) ergibt sich nicht zwingend, dass diese Regelung nur in den Fällen des § 69b I StGB gilt. Ansonsten hätte der

---

[1282] OLG Stuttgart NJW 2007, 528 = NZV 2007, 324.
[1283] NJW 1975, 1350; 1976, 2060.
[1284] NJW 1972, 1633 = StVE § 69b StGB Nr. 1.

Gesetzgeber diese Regelung auch im Abs. 1 treffen können. In der Bestimmung des § 69b StGB sind lediglich die Besonderheiten zusammengefasst, die bei der Entziehung ausländischer Fahrerlaubnisse auftreten. Die Entziehung der Fahrerlaubnis für die BRD ist auch zulässig, wenn der Täter eine ausländische Fahrerlaubnis hat, mit der er am innerdeutschen Kfz-Verkehr nicht teilnehmen darf. Die Eintragung eines entsprechenden Vermerks ist also nach § 69b StGB auch in diesen Fällen zulässig.[1285]

617   Das Ablösen behördlicher **Aufkleber auf einem ausländischen Führerschein** mit dem Hinweis, dass die Fahrerlaubnis in Deutschland nicht gilt, stellt keine Urkundenfälschung dar, weil durch die Manipulation der Inhalt des Führerscheins, so wie er von der ausländischen Behörde ausgestellt worden ist, nicht verändert wird. Die mit der Verbindung von Führerschein und Aufkleber der deutschen Behörde geschaffene Gesamturkunde wird durch die Tathandlung (Ablösen) nicht in ihrer Beweisrichtung verändert und damit auch nicht verfälscht. Durch das völlige Entfernen des Aufklebers wird die Urkunde aber vernichtet. In Betracht kommt eine Strafbarkeit wegen Veränderns amtlicher Ausweise nach § 273 I Nr. 1 StGB.[1286]

618   Nach § 4 II 3 FeV hat der außerdeutsche Kfz-Führer den **Führerschein mitzuführen** und zuständigen Personen auf Verlangen zur Prüfung auszuhändigen. Ein Verstoß hiergegen stellt gem. **§ 75 Nr. 4 FeV** eine Ordnungswidrigkeit dar. Ein außerdeutscher Kfz-Führer, der behauptet, einen ausländischen Fahrausweis zu besitzen, diesen aber nicht mit sich führt, kann nicht schon deshalb wegen Fahrens ohne Fahrerlaubnis verurteilt werden, weil er die Fahrerlaubnis nicht nachweist[1287]. Den Nachweis, dass der Täter nicht im Besitz der erforderlichen Fahrerlaubnis ist, haben Gericht und Staatsanwaltschaft zu führen. Im Übrigen wäre die Bußgeldvorschrift aus den §§ 4 II 3, 75 Nr. 4 FeV überflüssig. Dagegen setzt ein Schuldspruch wegen einer Ordnungswidrigkeit nach den §§ 4 II 3, 75 Nr. 4 FeV, 24 StVG (Nichtmitführen des ausländischen Fahrausweises) nicht den sicheren Nachweis voraus, dass der Betroffene tatsächlich eine ausländische Fahrerlaubnis hat. Wenn also der Nachweis, dass der außerdeutsche Kfz-Führer über keine gültige Fahrerlaubnis verfügt, nicht gelingt, greift in aller Regel die vorgenannte Ordnungswidrigkeit ein. Denn auch ein deutscher Kraftfahrer macht sich nicht schon dadurch nach § 21 StVG strafbar, dass er den Führerschein nicht mitführt bzw. seine Fahrerlaubnis nicht nachweist. Voraussetzung ist stets, dass er tatsächlich nicht im Besitz einer Fahrerlaubnis ist. Könnten Kfz-Führer, die sich auf eine ausländische Fahrerlaubnis berufen, schon dann wegen Fahrens ohne Fahrerlaubnis verurteilt werden, wenn sie den ausländischen Führerschein (oder eine Bestätigung der ausländischen Fahrerlaubnisbehörde über die Erteilung eines solchen Fahrausweises) nicht vorlegen können, so würde dies – im Vergleich zu Kraftfahrern, die sich auf eine deutsche Fahrerlaubnis berufen – eine schwerwiegende Schlechter-Behandlung bedeuten. Eine solche Benachteiligung der Inhaber einer ausländischen Fahrerlaubnis ist in der Sache

---

[1285] BGHSt 44, 194 = NJW 1999, 228 = NZV 1999, 47 = MDR 1998, 1476 = DAR 1999, 33 = StVE § 69 StGB Nr. 50; krit. dazu *Hentschel* NZV 1999, 134.
[1286] OLG Köln NZV 2009, 610 = NStZ 2010, 520.
[1287] BayObLG NZV 1991, 481.

nicht gerechtfertigt.[1288] Eine vorsorgliche Entziehung der Fahrerlaubnis beim Vorliegen eines auch nur vagen Verdachts, der Täter könne im Besitz einer ausländischen Fahrerlaubnis sein, (Verdachtsentziehung) ist nicht zulässig.[1289] Hier ist eine genaue Klärung hinsichtlich der Fahrerlaubnis erforderlich. Ansonsten kommt die Verhängung eine Sperrfrist gem. § 69a StGB in Betracht.

D. Die vorläufige Entziehung der Fahrerlaubnis

> **Hinweis:** Diese Maßnahme ist grundsätzlich nur dann zulässig, wenn eine (endgültige) Entziehung der Fahrerlaubnis gem. §§ 69, 69a StGB zu erwarten ist. **!**

In der Praxis wird insbesondere bei den Regelbeispielen gem. § 69 II StGB der **618a** Trunkenheitsfahrt gem. § 316 StGB, des unerlaubten Entfernens vom Unfallort gem. § 142 StGB (bei Vorliegen der Voraussetzungen des § 69 II Nr. 3 StGB) und der Verkehrsgefährdung gem. § 315c StGB von der Polizei der Führerschein sichergestellt, denn bei **Gefahr im Verzug** können die Staatsanwaltschaft und ihre Ermittlungspersonen (§ 152 GVG) gem. § 98 StPO den Führerschein beschlagnahmen. Die Beschlagnahme darf **nicht jeder Polizeibeamte** vornehmen, vielmehr muss er **Ermittlungsperson der Staatsanwaltschaft** sein.[1290] Gemäß § 94 III StPO können Führerscheine, die der Einziehung unterliegen, wie Beweisgegenstände sichergestellt werden. Widerspricht der Beschuldigte der Sicherstellung, **soll** binnen einer Frist von drei Tagen **die richterliche Bestätigung** beantragt werden (§ 98 II StPO). Nach § 111a IV StPO tritt bei der Beschlagnahme von Führerscheinen, die der Einziehung nach § 69 StGB unterliegen, anstelle der Entscheidung nach § 98 II StPO die vorläufige Entziehung der Fahrerlaubnis, die zugleich als Bestätigung der Beschlagnahme des von einer deutschen Behörde ausgestellten Führerscheins wirkt (§ 111a III StPO). Die Maßnahme der vorläufigen Entziehung dient in erster Linie der Strafverfolgung und der späteren Strafvollstreckung. Daneben ist die vorläufige Entziehung der Fahrerlaubnis nach § 111a StPO wie die insoweit ähnlichen Anordnungen nach den §§ 126a, 132a StPO eine **Präventivmaßnahme**, die der Allgemeinheit Schutz vor weiteren Verkehrsstraftaten gewähren soll. Demgegenüber müssen Nachteile, die einem Beschuldigten in beruflicher (Gefahr des Verlustes des Arbeitsplatzes) oder in privater Hinsicht entstehen, in Kauf genommen werden.[1291] Allerdings ist der **Grundsatz der Verhältnismäßigkeit** zu wahren. Das kann zur Aufhebung der vorläufigen Entziehung der Fahrerlaubnis führen, wenn die Durchführung der Hauptverhandlung ungewöhnlich lange hinausgezögert wird.[1292] Sofern die

---

[1288] BGHSt 47, 89 = NZV 2002, 45.
[1289] OLG Stuttgart NJW 2010, 3591.
[1290] Vgl. auch BGHSt 22, 385 (394) = NJW 1969, 1308.
[1291] BVerfG BA 2000, 122.
[1292] BVerfG NZV 2005, 379; 2005, 537; OLG Köln NZV 1991, 243; OLG Düsseldorf NZV 2001, 354; OLG Nürnberg NStZ-RR 2007, 214; OLG Hamm NStZ 2007, 351 = NZV 2007, 639; OLG Hamm BA 2007, 379; OLG Hamm BA 2008, 138.

Fahrerlaubnis vorläufig entzogen worden ist, muss das Verfahren beschleunigt bearbeitet werden. Zu berücksichtigen ist, dass einer vorläufigen Maßnahme vor rechtskräftiger Verurteilung eine gewisse Unsicherheit im Hinblick auf den Bestand der getroffenen oder noch zu treffenden Hauptentscheidung innewohnt.

619 § 111a I 2 StPO sieht eine **Beschränkung der Anordnung** unter gewissen Bedingungen vor. Im Gegensatz zu § 69 II StGB können gem. § 111a I 2 StPO bestimmte Arten von Kfz **von der vorläufigen Entziehung der Fahrerlaubnis** ausgenommen werden, wenn der Zweck der Maßnahme nicht gefährdet wird.[1293] Zur Vermeidung von Wiederholungen wird hinsichtlich der Ausnahmemöglichkeiten im Rahmen des § 111a I 2 StPO auf die entsprechenden Ausführungen zu § 69a II StGB verwiesen. Insoweit sind dieselben Ausnahmen denkbar.

620 Der **ausländische Fahrausweis** kann wie ein deutscher Führerschein beschlagnahmt werden, allerdings nur bis zur Eintragung des Vermerks (§ 111a VI StPO). Danach muss er unverzüglich zurückgegeben werden. Der Vermerk über die Entziehung der Fahrerlaubnis ist in den Fällen zu tilgen, in denen bei einem deutschen Führerschein die Rückgabe erfolgen würde (zB wenn der Richter die vorläufige Entziehung der Fahrerlaubnis ablehnt oder aufhebt oder wenn die Fahrerlaubnis im Urteil nicht entzogen wird, § 111a V StPO).

E. Polizeiliche Sicherstellung/Beschlagnahme und Maßnahmen zur Erlangung des Führerscheins

I. Die polizeiliche Sicherstellung und Beschlagnahme des Führerscheins

621 Für die polizeiliche Praxis ergibt sich bei **Verkehrsstraftaten** stets die Prüfung, ob der **Führerschein sicherzustellen bzw. zu beschlagnahmen** ist. Die §§ 94 III iVm § 111a StPO iVm § 69 StGB erlauben entsprechende Anordnungen iSd § 98 I StPO. Der Führerschein, der hier der Einziehung unterliegt, wird verfahrensrechtlich wie ein Beweismittel behandelt. Deshalb sind sowohl die einfache Sicherstellung bei freiwilliger Herausgabe als auch die Beschlagnahme möglich, obwohl Einziehungs- und Verfallsgegenstände grundsätzlich gem. § 111b, c StPO zu beschlagnahmen sind. Mit der Sicherstellung eines Führerscheins ist kein Veräußerungsverbot gem. § 136 BGB zu begründen. Deshalb kann auch die einfache Sicherstellung in Betracht kommen, die wiederum keine richterliche Anordnung gem. § 98 I StPO erfordert.

622 § 111a I StPO fordert dringende Gründe für die Annahme, dass die Fahrerlaubnis gem. § 69 StGB entzogen werden wird. Von der Polizei wird eine Prognose-Entscheidung erwartet, dass das Gericht im Urteil die Fahrerlaubnis entziehen wird. Die polizeilichen Prognose-Möglichkeiten sind jedoch gerade in der Phase des ersten Zugriffs eingeschränkt. Deshalb gilt hier der Grundsatz der zügigen und intensiven Ermittlungen. Geprägt und zugleich eingegrenzt wird der polizeiliche Handlungsraum durch § 111a I StPO selbst. Die Formulierung „dringende Gründe" ist gleichzusetzen mit dem dringenden Tatverdacht, der eine

---

[1293] OLG Koblenz NZV 1997, 369 (370).

hohe Tat- und Täterwahrscheinlichkeit beinhaltet. Damit ist eine polizeiliche Beschlagnahme des Führerscheins an hohe Voraussetzungen gebunden. Die polizeiliche Prognose-Entscheidung muss im Stadium dieses hohen Tatverdachts liegen. Gefordert wird der hohe Grad der Wahrscheinlichkeit hinsichtlich der Tat und des Täters und dass das Gericht den Beschuldigten deshalb für ungeeignet zum Führen von Kfz halten und ihm die Fahrerlaubnis entziehen wird[1294]. Die hohen Anforderungen des dringenden Tatverdachts zwingen die Polizei zeitnah die notwendigen Ermittlungen durchzuführen und die Beweise zu sichern. Der dringende Tatverdacht kann insbesondere dann fraglich sein, wenn hinsichtlich der Person des Fahrers die Beweislage eher unklar ist.[1295] Werden nach einer polizeilichen Verfolgung drei Personen im betrunkenen Zustand am Kfz angetroffen und ist der Nachweis nicht zu erbringen, wer als Führer in Betracht kommt, ist der dringende Tatverdacht nicht gegeben. Zwar kam bei dieser Sachlage ein einfacher Tatverdacht gegen diese Personen begründet und auf dieser Grundlage gegen alle Beteiligten die Entnahme einer Blutprobe gem. § 81a StPO angeordnet werden. Jedoch reicht diese Verdachtslage nicht für die Annahme dringender Gründe gem. § 111a StPO aus. Ähnlich ist die Verdachtssituation bei Straftaten gem. § 142 StGB, wenn die Fahrereigenschaft nicht hinreichend bewiesen werden kann. Bei Lkw-Fahrern kann im Einzelfall der subjektive Tatbestand des § 142 StGB fraglich sein, wenn aufgrund der Größe des Fahrzeugs eine Streifkollision mit einem Pkw nicht bemerkt wurde.[1296] Auch bei Trunkenheitsfahrten gem. § 316 StGB kann der dringende Tatverdacht dann fraglich sein, wenn kein Atemtestergebnis vorliegt, Ausfallerscheinungen nicht gegeben sind und das Untersuchungsergebnis der Blutprobe noch nicht vorliegt.[1297] Allerdings erkennt die Rspr. auch eindeutige Beweisanzeichen für eine Trunkenheitsfahrt an und bejaht im Einzelfall den dringenden Tatverdacht, obwohl ein Blutprobenergebnis nicht vorlag.[1298] Fahrten unter Drogeneinfluss können regelmäßig erst mit der geforderten hohen Wahrscheinlichkeit iSv § 316 StGB bewiesen werden, wenn das gerichtsmedizinische Gutachten vorliegt.[1299] Deswegen unterbleibt bei Drogenfahrten ohne Ausfallerscheinungen regelmäßig die polizeiliche Sicherstellung oder Beschlagnahme des Führerscheins. Tatgeschehen, die sich als komplex erweisen, insbesondere Fallkonstellationen

---

[1294] Meyer-Goßner/Schmitt/*Schmitt* StPO § 111a Rn. 2.

[1295] LG Zweibrücken NZV 2008, 259. Die Frage, ob der Beschuldigte das Kfz geführt hatte, war nicht beweisbar.

[1296] LG Braunschweig NZV 2009, 253.

[1297] LG Hamburg BA 2009, 285. Das Gericht lehnte bei einem Atemtestergebnis von 0,46 ‰ und beobachteten Fahrfehlern auf einer Strecke von 10 Kilometer den dringenden Tatverdacht hins. einer Straftat gem. § 316 StGB ab.

[1298] OLG Koblenz BA 1984, 539 (540) bei Vereitelung der Blutprobenentnahme und mit dem Vorliegen weiterer Trunkenheitssymptome und OLG Düsseldorf NZV 1992, 81 (82). Hier lagen ua folgende Beweisanzeichen vor: Aggressive Stimmung, starke Alkoholfahne und Aussage des Beschuldigten vor Zeugen, er habe eine Flasche „Mariacron" getrunken.

[1299] OLG Thüringen BA 2006, 182 verneinte den dringenden Tatverdacht einer Straftat gem. § 316 StGB bei einem BAK-Wert von 1,05 ‰ und zusätzlichem Drogenkonsum. Diese Entscheidung verdeutlicht, welche hohen Anforderungen an das Tatbestandsmerkmal „dringende Gründe" zu stellen sind.

gem. § 315c I Nr. 2 StGB, bei denen das grob verkehrswidrige und rücksichtslose Verhalten und eine der „sieben Todsünden" im Stadium des dringenden Tatverdachts nachzuweisen sind, können im Einzelfall einer Beschlagnahme des Führerscheins entgegenstehen, wenn die Beweislage nicht ausreicht.[1300] Gerade wenn die Fahrereigenschaft nach einer Verkehrsgefährdung gem. § 315c StGB oder nach einer Straftat nach § 142 StGB zweifelhaft, allenfalls im Stadium des Anfangsverdacht zu begründen ist, scheidet eine Beschlagnahme in Ermangelung der dringenden Gründe aus. Mit dieser Hürde will der Gesetzgeber die mit einschneidenden Konsequenzen verbundene Führerscheinbeschlagnahme nur bei einem gesicherten Tatverdacht zulassen. Für die Polizeiarbeit sind daher weitergehende Ermittlungen und Beweiserhebungen erforderlich, die den dringenden Tatverdacht begründen. Bei Zweifeln muss auf die Beschlagnahme verzichtet werden. Die Gerichte erkennen regelmäßig **Schadenersatzzahlungen** bei nicht rechtmäßiger Beschlagnahme an, insbesondere auch deshalb, weil der Beschuldigte in jedem Fall mindestens mehrere Tage kein Kfz führen darf.[1301] Selbst wenn der Beschuldigte gegen die Beschlagnahme des Führerscheins ausdrücklich Widerspruch einlegt, soll gem. § 98 II 1 StPO binnen drei Tage die richterliche Entscheidung eingeholt werden. Obwohl die Polizeibehörden die Führerscheinbeschlagnahme regelmäßig als Sofortsache behandeln, vergeht eine gewisse Zeit bis die staatsanwaltschaftliche oder gerichtliche Entscheidung über die Aufhebung der Beschlagnahme erfolgt.

623 Die Führerscheinbeschlagnahme unterliegt gem. § 98 I StPO der richterlichen Anordnung. Die Staatsanwaltschaft und die Ermittlungspersonen der Polizei sind bei Gefahr im Verzug ebenfalls zur Anordnung berechtigt. Die hM sieht diesen Tatbestand nicht nur dann als erfüllt an, wenn die Gefahr droht, dass der Beschuldigte den Führerschein bei Seite schafft, sondern auch dann, wenn die Gefahr besteht, der betroffene Kfz-Führer werde ohne die Beschlagnahme des Führerscheins weitere Trunkenheitsfahrten unternehmen oder sonstige Verkehrsvorschriften in schwerwiegender Weise verletzten.[1302] Mit der polizeilichen Beschlagnahme- Entscheidung soll die drohende Teilnahme eines ungeeigneten Fahrers und die Gefährdung der Allgemeinheit verhindert werden, weil mit der Anrufung des Gerichts und dessen Entscheidung ein Zeitverzug entsteht.[1303]

II. Polizeiliche Durchsuchungsmaßnahmen

624 Soweit eine Beschlagnahme des Führerscheins zulässig ist, stellt sich die Frage nach Anschlussmaßnahmen, wenn der Beschuldigte nicht bereit ist, den Führerschein der Polizei zu übergeben. Die Gründe dafür sind unterschiedlich. Festzustellen ist, dass eine Straftat gem. § 21 II Nr. 2 StVG nur dann vorliegt, wenn der Führerschein tatsächlich sichergestellt bzw. beschlagnahmt wurde. Die bloße Anordnung einer Maßnahme gem. § 94 StPO reicht nicht aus. Der Führerschein muss sich in polizeilicher Verwahrung befinden. Gelingt es der

---

[1300] AG Rudolstadt VRS 111, 49 ff.
[1301] Vgl. § 21 II Nr. 2 StVG.
[1302] BGH NJW 1969, 1308.
[1303] SK-StPO/*Rogall* § 111a Rn. 33 mwN; Meyer-Goßner/Schmitt/*Schmitt* StPO § 111a Rn. 15.

Polizei nicht, nach einer Regelstraftat gem. § 69 II StVG den Führerschein aufzufinden, dürfte der Beschuldigte mit seinem Kfz weiterhin am Straßenverkehr
teilnehmen. Erst die wirksame Bekanntgabe des gerichtlichen Beschlusses
gem. § 111a I StPO, mit dem die Fahrerlaubnis vorübergehend entzogen wird,
entfaltet ein weiteres strafbewehrtes Fahrverbot iSv § 21 I Nr. 1 StVG. Zwischen
der Tatzeit und dieser gerichtlichen Anordnung vergeht eine gewisse Zeit, in
der der Beschuldigte weiterhin Kfz führen dürfte. Daher kommt möglichen
polizeilichen Folgemaßnahmen eine besondere Bedeutung zu, um ungeeignete
und für die Allgemeinheit gefährliche Kfz-Führer früh von der weiteren Verkehrsteilnahme auszuschließen.

Zur Auffindung des Führerscheins kommen regelmäßig **Durchsuchungsmaß-** **625**
nahmen gem. § 102 StPO in Betracht. Die hM **lässt § 111b IV StPO**[1304] auch für
die Führerscheinbeschlagnahme zu. Die Rechtsfolgenregelung des § 102 StPO
erlaubt die Personendurchsuchung beim Verdächtigen, seiner Sachen sowie
seiner Wohnung. Voraussetzung ist neben einem bestehenden Tatverdacht eine
gewisse Erfolgsvermutung, dass der Führerschein aufgefunden wird. Auch
dieser Erfolgsvermutung muss eine gewisse Tatsachenbasis zu Grund liegen.
Zwar sind nicht Tatsachen zu fordern, dass die Durchsuchung erfolgreich sein
wird, wie dies § 103 StPO fordern. Es muss auch hier eine gewisse Erfolgswahr-
scheinlichkeit zu begründen sein. Bloßes kriminalistisches Erfahrungswissen,
zB ein Kfz-Führer führt in der Regel seinen Führerschein mit, reicht nicht aus.
Tatsachen können sich aus Beobachtungen der Polizeibeamten, aus Zeugenaussagen und auch aus einem entsprechenden Datenabgleich mit polizeilichen
oder anderen Datensystemen ergeben. Die Abfrage, dass der Verdächtige eine
gültige Fahrerlaubnis besitzt, stellt eine solche Tatsache dar, die im Lichte der
oben genannten kriminalistischen Erfahrung die Personendurchsuchung nach
dem Führerschein rechtfertigen kann. Das umgekehrte Ergebnis, der Verdächtige verfüge nicht über eine gültige Fahrerlaubnis, kann eine entsprechende
Durchsuchung entbehrlich machen. Sehen die Beamten im Handschuhfach
eines Kfz das Portemonnaie des Verdächtigen, kann sich daraus eine Tatsache
für eine Erfolgsvermutung ergeben.

Genau wie die Wohnungsdurchsuchung unterliegt die Personen- und Sach- **626**
durchsuchung beim Verdächtigen gem. § 105 I StPO der richterlichen Anordnung. Bei der Personendurchsuchung wäre das weitere Festhalten bis zur
Einholung der richterlichen Anordnung erforderlich. Eine solche Freiheitsentziehung wäre jedoch vermeidbar, wenn die Polizeibeamten selbst die Durchsuchung anordnen würden. Daraus lässt sich über den Grundsatz der Verhältnismäßigkeit ein weiteres Modell der Gefahr im Verzug ableiten, da das weitere
Festhalten einen schwereren Eingriff darstellt als die Personendurchsuchung.
Auf die Sachdurchsuchung lässt sich dieses Modell ebenfalls **übertragen. In die-**
sen Fällen ist aus Verhältnismäßigkeitsgründen stets die Annahme von Gefahr
im Verzug iSv § 105 I StPO möglich.

Strittig ist jedoch, ob auch die Wohnungsdurchsuchung nach dem Führer- **627**
schein zulässig ist. Soweit ein richterlicher Bereitschaftsdienst eingerichtet ist,

---

[1304] Meyer-Goßner/Schmitt/*Schmitt* StPO § 102 Rn. 14.

kann die richterliche Entscheidung beantragt werden. Gefahr im Verzug wird regelmäßig nicht zu bejahen sein. Soweit dieser Dienst nicht besteht, verzichtet die Polizeipraxis auf weitere Maßnahmen auch aus Gründen der Verhältnismäßigkeit mit der Folge, dass der Beschuldigte weiterhin als Kfz-Führer am Straßenverkehr teilnehmen kann. Erst eine wirksame Anordnung gem. § 111a I StPO entfaltet das strafbewehrte Fahrverbot gem. § 21 I Nr. 1 StVG. Ausgelöst durch Gramse[1305] hat sich eine Diskussion entwickelt, ob nicht im Einzelfall letztlich auch die Polizei sogar zur Nachtzeit berechtigt ist, eine Wohnungsdurchsuchung zur Auffindung des Führerscheins anzuordnen. Neben den ohnehin schon hohen Tatbestandsvoraussetzungen an eine Beschlagnahme des Führerscheins müssen für eine nächtliche Wohnungsdurchsuchung weitere Voraussetzungen erfüllt sein. Tatsachen müssen eine gewisse Erfolgsvermutung begründen, dass der Führerschein in der Wohnung aufgefunden wird. Ob das Nichtmitführen des Führerscheins entgegen des Gebots gem. § 4 II FeV ausreicht für eine solche Annahme,[1306] erscheint fraglich. Maßgeblich sind die Gesamtumstände. Eine erfolglos durchgeführte Personen- und Sachdurchsuchung nach dem Führerschein kann jedoch eine solche Erfolgsvermutung begründen, sofern nicht Gründe ausdrücklich dagegen sprechen. Unterbleiben Angaben des Beschuldigten zum möglichen Verbleib seines Führerscheins oder sind seine Erklärungen nicht plausibel, kann daraus geschlossen werden, dass sich der Führerschein möglicherweise in der Wohnung auffinden wird. Des Weiteren sind **zwei Prüfungen in Bezug auf Gefahr im Verzug** erforderlich. Bezogen auf die Anordnungskompetenz gem. § 105 I StPO muss begründet werden, dass sofort gehandelt werden muss, also eine richterliche Anordnung nicht abgewartet werden kann und Vereitelung droht. Hierzu gelten die Grundsätze der Gefahr im Verzug zur Beschlagnahme-Anordnung entsprechend. Weiterhin muss auch Gefahr im Verzug im Hinblick auf die **Nachtzeitregelung** gem. § 104 StPO vorliegen. Eine nächtliche Haussuchung kommt dann in Betracht, wenn das Ende der Nachtzeit nicht abgewartet werden kann und die Gefahr besteht, dass der Durchsuchungserfolg vereitelt wird. Insoweit wäre die **Eilbedürftigkeit der Führerscheinbeschlagnahme** wiederum Grundlage für die Rechtfertigung einer Durchsuchung zur Nachtzeitregelung. Im Ergebnis münden beide Varianten der Gefahr im Verzug in die Dringlichkeit der Führerscheinbeschlagnahme und den möglichen Gefahren für den Straßenverkehr, wenn die mit der Beschlagnahme verbundene vorrübergehende Fernhaltung eines ungeeigneten Kfz-Führers nicht bewirkt wird. Letztlich findet eine **Güterabwägung** zwischen dem Grundrechtsschutz der Wohnung zur Nachtzeit und den Sicherheitsbelangen des Straßenverkehrs statt. Im Lichte des hohen Grundrechtsschutzes des Art. 13

[1305] NZV 2002, 345 und DAR 2003, 156; vgl. *Hentschel,* Trunkenheit, Fahrerlaubnisentziehung, Fahrverbot, 10. Aufl. 2006, Rn. 892; Meyer-Goßner/Schmitt/*Schmitt* StPO § 111a Rn. 15; *Bialon/Springer* Eingriffsrecht, 2. Aufl. 2014, Rn. 587; LG Neuruppin BeckRS 2002, 16887, das im Falle der vorläufigen Entziehung der Fahrerlaubnis durch das Gericht gem. § 111a StPO den Wohnungs-Durchsuchungsbeschluss als ungerechtfertigten Eingriff in Art. 13 GG sah. Zur Durchsuchung und Beschlagnahme im Bußgeldverfahren *Rebler* SVR 2014, 41 mit Beispielen, in denen die Rspr auch die Wohnungsdurchsuchung bei der Verfolgung von Ordnungswidrigkeiten bejaht hat.

[1306] So *Gramse* NZV 2002, 345.

GG ist bei dieser Abwägung auch die **Auffindungswahrscheinlichkeit** und die dieser Prognose zugrundeliegende Tatsachenbasis zu berücksichtigen, die in folgende Formel münden: „ Je höher die durch Tatsachen belegte Wahrscheinlichkeit ist, dass der Führerschein in der Wohnung aufgefunden wird, desto eher ist der Schutz der nächtlichen Wohnungsfreiheit der Verkehrssicherheit unterzuordnen". Ist dagegen die Erfolgsvermutung eher vage, ist eine polizeilich angeordnete Wohnungsdurchsuchung nicht rechtmäßig.[1307]

III. Prüfungs- und Handlungskonzept bei Führerscheinbeschlagnahme und Durchsuchungsmaßnahmen

Ein polizeiliches Prüfungs- und Handlungskonzept in Bezug auf die Füh- **628** rerscheinbeschlagnahme und die notwendigen Durchsuchungsmaßnahmen müsste folgende Punkte berücksichtigen:

a) Die bestehende **Sach- und Beweislage** muss die Begründung des dringenden Tatverdachts einer Verkehrsstraftat erlauben; dh es besteht die hohe Wahrscheinlichkeit, dass der Beschuldigte als Täter in Betracht kommt. **Tatsachen,** die einer richterlichen Kontrolle zugänglich sind, müssen diesen Tatverdacht prägen. Bloße Annahmen, Vermutungen oder reine Erfahrungssätze reichen nicht aus.

b) Aufgrund des bestehenden dringenden Tatverdacht muss eine Prognose getroffen werden, dass das Gericht die Fahrerlaubnis gem. § 69 StGB entziehen wird. Bei den **Regelfällen gem. § 69 II StGB** hat der Gesetzgeber die Frage der charakterlichen Ungeeignetheit schon vorbewertet. Eine weitere Prüfung ist nur dann angezeigt, wenn ausnahmsweise Umstände gegen die Annahme der Regelungsgeeignetheit sprechen. Bei den Fällen gem. § 69 I StGB kann sich aus der Tat selbst die Ungeeignetheit ergeben.

c) Ist der Beschuldigte kooperativ und erklärt sich mit der Maßnahme einverstanden und händigt er den Führerschein aus, erfolgt eine **einfache Sicherstellung** gem. § 94 I StPO. Eine richterliche Anordnung gem. § 98 I StPO ist nicht erforderlich.

d) Ist die Aushändigungsbereitschaft nicht vorhanden und wird der Führerschein nicht freiwillig übergeben, wird regelmäßig die Beschlagnahme des Führerscheins gem. § 94 II iVm § 98 I StPO anzuordnen und mit Gefahr im Verzug gem. § 98 I StPO zu begründen sein. Gleichzeitig ist eine **Herausgabe-Aufforderung** zu erteilen.

e) Wird die Herausgabe-Anordnung nicht beachtet, kommen Durchsuchungsmaßnahmen in Betracht. Die Personen- und Sachdurchsuchung, die auch das mitgeführte Kfz einschließt, sind gem. § 102 I iVm § 111b IV StPO zulässig zur Auffindung des Führerscheins, der der Beschlagnahme gem. §§ 94 III, 94 II iVm § 111a I StPO iVm § 69 StGB unterliegt. Die Annahme von Gefahr im Verzug gem. § 105 I StPO für die Durchsuchungsanordnung kann mit der Eilbedürftigkeit gerechtfertigt werden, die weitere Teilnahme eines ungeeigneten Verkehrsteilnehmers und damit Straftaten und Gefahren zum Nachteil des Straßenverkehrs zu verhindern. Der Beschuldigte müsste

---

[1307] SK-StPO/*Wohlers* § 102 Rn. 36.

ohne die Annahme von Gefahr im Verzug weiter festgehalten werden. Dazu besteht keine gesetzliche Grundlage. Nach erfolgter Blutentnahme könnte der Beschuldigte weitere Vorkehrungen in Bezug auf seinen Führerschein treffen und auch das **undurchsuchte Kfz** entfernen lassen. Deshalb kann hier ein Vollzugsdefizit und damit Gefahr im Verzug begründet werden.

f) **Führen diese Maßnahmen nicht zum Erfolg, ist eine Wohnungsdurchsuchung zu erwägen. Soweit das zuständige Gericht (oder der Bereitschaftsdienst) erreicht werden kann, ist eine Entscheidung gem. § 105 I StPO zu beantragen. Die Nachtzeitregelung** gem. § 104 III StPO ist zu beachten.

g) Ist die Einholung einer gerichtlichen Entscheidung nicht möglich, kann eine Wohnungsdurchsuchung auch zur Nachtzeit erwogen werden. Je wahrscheinlicher die auf Tatsachen basierende Annahme ist, dass der Führerschein gefunden wird, desto eher treten Zweifel an der Verhältnismäßigkeit zurück. Dem Beschuldigten ist die Maßnahme anzudrohen und ihm die Gelegenheit zu geben, den Führerschein herauszugeben. Diese Option kann in der Wohnung vor der Durchsuchung wiederholt werden. Bei Herausgabe angesichts der bevorstehenden Wohnungsdurchsuchung wäre diese Maßnahme dann entbehrlich. Eine entsprechende Androhung der Wohnungsdurchsuchung ist jedoch nur erlaubt, wenn die gesetzlichen Voraussetzungen vorliegen.

h) Die Durchsuchung selbst muss sich auf die Bereiche der Wohnung konzentrieren, in denen normalerweise Dokumente aufbewahrt werden. Über die erfolgte Durchsuchung wird regelmäßig, auch ohne ausdrückliches Verlangen des Beschuldigten, eine **Niederschrift** gem. § 107 StPO von Amts wegen erstellt, in der auch der beschlagnahmte Führerschein aufzuführen ist, soweit er bei der Durchsuchung befunden wird. Soweit möglich, sollten Zeugen gem. § 105 II StPO hinzugezogen werden.

i) Legt der Beschuldigte gegen die Beschlagnahme des Führerscheins ausdrücklich **Widerspruch** ein, ist innerhalb von drei Tagen die gerichtliche Entscheidung gem. § 98 II 1 StPO einzuholen. Der Vorgang sollte nach Möglichkeit per Kurier der Staatsanwaltschaft übermittelt werden. Soweit der Beschuldigte auch Widerspruch gegen die Durchsuchung einlegt, bestehen diesbezüglich keine weiteren Verfahrensvorschriften für die Polizei. Die **Rechtmäßigkeitsprüfung** der Durchsuchung durch das zuständige Gericht muss der Beschuldigte selbst veranlassen.

j) Im Falle der Weigerung kann die Wohnungsdurchsuchung auch zwangsweise durchgesetzt werden. Die Ermächtigung zur Zwangsanwendung ergibt sich unmittelbar aus § 102 StPO. Die Art und Weise der Anwendung des unmittelbaren Zwangs richtet sich nach den Regelungen der jeweiligen Polizeigesetze.[1308] Bei Weigerung wird regelmäßig die Wohnungstür zwangsweise durch einen Schlüsseldienst geöffnet. Diese Maßnahme ist gem. § 61 I PolG NRW anzudrohen. Damit hat der Beschuldigte die Möglichkeit, seine Weigerung noch einmal zu überdenken. Der Grundsatz der

---

[1308] Vgl. § 57 PolG NRW. Zum System der Zwangsanwendung bei Strafverfolgungsmaßnahmen vgl. *Tetsch/Baldarelli*, Polizeigesetz NRW, 1. Aufl. 2011, mit Erg. 2013, § 57 Ziff. 3.1.

Verhältnismäßigkeit ist angesichts des Durchsuchungszwecks auch bei der Zwangsanwendung gewahrt. Erweist sich der Beschuldigte innerhalb der Wohnung als renitent, kann eine Anordnung nach § 164 StPO in Betracht kommen, die auch zwangsweise durchgesetzt werden kann. Jedoch ist darauf zu achten, dass der Beschuldigte gem. § 106 I StPO ein Anwesenheitsrecht hat, das nach Intensität der Störung auch verwirkt sein kann.[1309]

IV. Polizeiliche Maßnahmen bei ausländischen Führerscheinen

Auch ausländische Führerscheine unterliegen der Sicherstellung und Beschlag- **629** nahme gem. § 94 III iVm § 111a I StPO iVm § 69, § 69b StGB. Insoweit gelten die Ausführungen entsprechend. Im weiteren Verfahren werden die Führerscheine unterschiedliche behandelt. Führerscheine aus EU- oder EWR Staaten (§ 28 FeV) unterliegen der Einziehung gem. § 69b II 1 StGB, sofern der Inhaber seinen ordentlichen Wohnsitz im Inland hat. Wenn diese Voraussetzung nicht vorliegt und bei Führerscheinen anderer Staaten ist eine uneingeschränkte Beschlagnahme nicht möglich, weil damit die Souveränität des anderen Staates verletzt wird.[1310] Nach Eintragung des Vermerks über die vorläufige Entziehung der Fahrerlaubnis gem. § 111a VI StPO ist der Führerschein wieder auszuhändigen. Der Inhaber darf im Inland kein Kfz führen.

V. Entschädigungsansprüche

Die Sicherstellung oder Beschlagnahme des Führerscheins durch die Polizei **630** gem. § 94 III StPO und die vorläufige Entziehung des Führerscheins gem. § 111a I StPO können **Entschädigungen** gem. § 2 II Nr. 4 oder Nr. 5 StrEG nach sich ziehen. Eine Entschädigung kann bei einem Freispruch, bei einer Verfahrenseinstellung oder bei der Nichteröffnung des Hauptverfahrens gewährt werden. Die Rspr. gewährt Entschädigungsansprüche in diesem Fällen,[1311] sofern die Strafverfolgungsmaßnahmen durch den Beschuldigten gem. § 5 II 1 StrEG nicht grob fahrlässig verursacht wurden.[1312] Insofern ist stets eine sorgfältige Prüfung erforderlich, ob die hohen Voraussetzungen für die Anordnung einer solchen Maßnahme auch tatsächlich in dem frühen Stadium der Anfangsermittlungen erfüllt sind. In Zweifelsfällen sollte von der Sicherstellung und Beschlagnahme des Führerscheins Abstand genommen werden.

F. Fahrverbot

Die nachfolgenden Ausführungen befassen sich sowohl mit dem strafrechtli- **631** chen Fahrverbot gem. § 44 StGB als auch mit dem Fahrverbot im Ordnungswidrigkeitenrecht nach § 25 StVG. Mit gewissen Ausnahmen, die unter „G"

[1309] Meyer-Goßner/Schmitt/*Schmitt* StPO § 106 Rn. 2 mwN.

[1310] NK-GVR/*Blum* StPO § 111a Rn 8.

[1311] OLG Düsseldorf NStZ 1990, 39; LG Bremen BA 2004, 498 und LG Oldenburg BA 2015, 223 f.

[1312] Alkoholfahrten ab einem Wert von 0,5 ‰ werden als grob fahrlässige Verursachung eingestuft, vgl. OLG Hamm BA 1973, 66; LG Hamburg DAR 1981, 157.

dargestellt werden, gelten für beide Arten von Fahrverboten dieselben Regeln. In das Fahrverbot werden grundsätzlich auch **Kfz** einbezogen, **für die es einer Fahrerlaubnis gar nicht bedarf** (zB **Mofas**[1313] oder **Elektrorollstühle**).[1314] Wer trotz eines bestehenden Fahrverbots ein Kfz führt, macht sich gem. § 21 I Nr. 1 StVG strafbar.

632 Im Gegensatz zur Entziehung der Fahrerlaubnis (§§ 69, 69a StGB),[1315] die eine Maßregel der Besserung und Sicherung ist, ist das Fahrverbot nach § 44 StGB eine Neben**strafe** bzw. das Fahrverbot nach § 25 StVG eine Neben**folge**. Das bedeutet, dass das Fahrverbot nur neben einer Strafe ausgesprochen bzw. im Bußgeldverfahren nur neben einer entsprechenden Ahndung verhängt werden kann. Also kann ein Fahrverbot in allen Fällen, in denen keine Strafe verhängt wird, nicht ausgesprochen werden. Eine Kombination der Verwarnung mit Strafvorbehalt (§ 59 StGB) mit der Anordnung eines Fahrverbotes ist unzulässig.[1316] Da das Fahrverbot nach § 44 StGB den Charakter einer Nebenstrafe hat, ist im Gegensatz zu § 69 StGB ein **Eignungsmangel nicht Voraussetzung**.[1317] Ein Fahrverbot **nach § 44 StGB** setzt voraus, dass der Täter Verkehrsvorschriften wiederholt und hartnäckig missachtet oder – **im Falle einer einmaligen Zuwiderhandlung** – sich besonders verantwortungslos verhalten hat.[1318] Weiteres Erfordernis für ein Fahrverbot ist lediglich, dass es dem Verschulden des Täters und dem Maß seiner Pflichtwidrigkeit entspricht und neben der Hauptstrafe erforderlich ist, um den Strafzweck zu erreichen. Das Fahrverbot ist als Denkzettel für nachlässige und leichtsinnige Autofahrer gedacht, um sie vor dem Rückfall zu warnen und ihnen ein Gefühl dafür zu vermitteln, was es bedeutet, vorübergehend ohne Führerschein zu sein. Es kann auch bei einmaligem Versagen verhängt werden. Für die Verhängung eines Fahrverbots gem. § 44 StGB ist es **nicht erforderlich, dass die Straftat** (zB eine Nötigung nach § 240 StGB) **im öffentlichen Straßenverkehr begangen** worden ist.[1319] Denn nach dem Gesetzeswortlaut ist lediglich Voraussetzung, dass jemand wegen einer Straftat, die er bei oder im Zusammenhang mit dem Führen eines Kfz oder unter Verletzung der Pflichten eines Kfz-Führers begangen hat, zu einer Freiheitsstrafe oder einer Geldstrafe verurteilt wird. Das Fahrverbot darf als Nebenstrafe (§ 44 StGB) nur verhängt werden, wenn der mit ihm angestrebte Zweck, der vornehmlich in der **spezialpräventiven Einwirkung** auf den Täter besteht, mit der Hauptstrafe allein nicht erreicht werden kann.[1320] Ein Fahrverbot kann seiner Funktion als sog. Denkzettel für nachlässige und leichtsinnige Kraftfahrer nur dann gerecht werden, wenn es sich in einem angemessenen Abstand zur

---

[1313] OLG Düsseldorf VerkMitt. 72, 23.

[1314] AG Löbau NJW 2008, 530 = BA 2008, 79 = NZV 2008, 370.

[1315] Fahrverbot anstelle der Entziehung gem. § 69 StGB bei einer Trunkenheitsfahrt auf einer Strecke von 25 m auf einem öffentlichen Parkplatz und drohendem Arbeitsplatzverlust bei Entziehung vgl. AG Westerstede NZV 2012, 309; vgl. auch AG Gemünden BA 2012, 50.

[1316] OLG Frankfurt a.M. NZV 2014, 136; Entscheidungsbesprechung *Timm* NZV 2014, 112.

[1317] OLG Stuttgart DAR 1998, 153 = StVE § 44 StGB Nr. 21.

[1318] BGHSt 24, 348 = NJW 1972, 1332.

[1319] LG Stuttgart NZV 1996, 213 = StVE § 44 StGB Nr. 18.

[1320] OLG Köln NZV 1996, 286; OLG Stuttgart DAR 1998, 153; KG DAR 2007, 594.

Tat auf den Täter auswirkt. Bei einem zeitlichen Abstand von zwei Jahren ist dies regelmäßig nicht mehr der Fall.[1321] Das Mitverschulden des Geschädigten (plötzliches Betreten des Fußgängerüberweges iSv §26 I 2 StVO) kann sich bei der Ermessensentscheidung hinsichtlich eines Fahrverbotes auswirken.[1322] Die Grundsätze zum Regelfahrverbot nach §25 StVG iVm §4 BKatV können nicht ohne Weiteres auf das Fahrverbot gem. §44 StGB angewendet werden.

Das **Fahrverbot wird mit der Rechtskraft der Entscheidung wirksam** (§44 II 1 **633** StGB). Für das Fahrverbot **nach §25 StVG** enthält der dortige IIa für bestimmte Fälle eine abweichende Regelung. Ansonsten entfaltet aber auch das Fahrverbot nach §25 StVG mit der Rechtskraft der Entscheidung seine Wirksamkeit (§25 II StVG). Wird während des Laufs eines in einem Bußgeldverfahren nach §25 IIa StVG angeordneten Fahrverbots ein in einem Strafverfahren nach §44 StGB verhängtes Fahrverbot rechtskräftig, so werden beide Fahrverbote parallel vollstreckt.[1323] **Angerechnet** wird die Zeit der vorläufigen Entziehung der Fahrerlaubnis (§111a StPO), der die Verwahrung, Sicherstellung oder Beschlagnahme des Führerscheins nach §94 StPO gleichstehen (§51 I und V StGB) sowie die Zeit zwischen Urteilsverkündung und Rechtskraft (§450 II StPO). Ein **Absehen von der Anrechnung** gem. §51 I 2 StGB ist nur bei einem entsprechenden Nachtatverhalten wie zB böswilliger Verfahrensverschleppung zulässig. **Nicht berücksichtigt** wird die Zeit, in der sich der Täter auf behördliche Anordnung in einer Anstalt befindet; dies dürfte wohl auch für Freigänger gelten.[1324] Beginnt die Verbotsfrist vor der Inhaftierung, so läuft ein etwa verbleibender Rest nach der Entlassung weiter. Denn das Fahrverbot soll als Nebenstrafe einen in Freiheit befindlichen Verurteilten treffen.[1325] Mit dem **Wirksamwerden des Fahrverbots** beginnt nicht stets auch zugleich die Verbots**dauer**; sie läuft erst von dem Tage an, an dem der Führerschein in amtliche Verwahrung gelangt bzw. das Fahrverbot in einem ausländischen Führerschein vermerkt wird (§44 II und III StGB). Der (deutsche) Führerschein ist nach §59a StVollstrO bei den Strafakten zu verwahren. **Führerscheine, die von einer Behörde eines Mitgliedstaates der Europäischen Union** oder eines anderen Vertragsstaates des Abkommens über den Europäischen Wirtschaftsraum ausgestellt worden sind, werden wie deutsche Führerscheine behandelt, **wenn der Inhaber seinen ordentlichen Wohnsitz im Inland hat** (§44 II 3 StGB bzw. §25 II StVG). In **anderen ausländischen Führerscheinen** wird das Fahrverbot vermerkt (§44 II 4 StGB bzw. §25 III StVG). Ab der Rechtskraft der Entscheidung (Urteil, Strafbefehl usw) tritt das Verbot in Kraft und der Verurteilte macht sich gem. §21 I Nr. 1 StVG strafbar, wenn er ein Kfz führt. Die verhängte Dauer beginnt aber erst mit dem Tag, an dem der Führerschein in amtliche Verwahrung gelangt. Somit kann ein Fahrverbot deutlich länger als etwa drei Monate dauern, wenn der Verurteilte seinen Führerschein erst einige Zeit nach dem Eintritt der Rechtskraft abgibt. Ist ein rechtskräftiges Fahrverbot verhängt, so beginnt die Verbotsfrist bei tatsächlichem oder an-

---

[1321] OLG Hamm BeckRS 2013, 14666.
[1322] OLG Stuttgart DAR 2014, 536.
[1323] LG Nürnberg-Fürth DAR 2014, 600.
[1324] OLG Stuttgart NStZ 83, 429; OLG Köln NStZ-RR 2008, 213 = SVR 2007, 468.
[1325] OLG Koblenz NStZ 2007, 720.

geblichem **Verlust des Führerscheins** erst mit dem Zeitpunkt der Abgabe der eidesstattlichen Versicherung[1326] oder der Abgabe des Ersatzführerscheins in amtliche Verwahrung. Teilweise[1327] wird auf den Eingang der Verlustanzeige abgestellt. Beide Meinungen gehen aber davon aus, dass der Verurteilte mitwirken muss – entweder durch die Abgabe der eidesstattlichen Versicherung oder aber durch eine Verlustanzeige; denn auch der Gesetzgeber verlangt im Normalfall für das In-Gang-setzen der Frist eine Mitwirkung des Verurteilten, nämlich die Einreichung des Führerscheins. Die Verbotsfrist beginnt, wenn der Ausspruch über ein Fahrverbot während der Zeit rechtskräftig wird, in der der Führerschein des Betroffenen wegen eines **anderen Fahrverbots** amtlich verwahrt ist, zu diesem Zeitpunkt.[1328] Grundsätzlich werden **mehrere Fahrverbote** gleichzeitig vollstreckt.[1329] Dies lässt sich nicht zuletzt der Ausnahmeregelung in § 25 IIa 2 StVG entnehmen, die überflüssig wäre, wenn der Gesetzgeber es anders sähe. Liegen neben § 44 StGB wegen einer mit abgeurteilten Verkehrsordnungswidrigkeit auch die Voraussetzungen nach § 25 StVG vor, so darf nur **ein** Fahrverbot (von höchstens drei Monaten) verhängt werden.[1330]

634 § 463b I StPO bestimmt, dass ein Führerschein, der nach § 44 II 2 StGB amtlich zu verwahren ist und der nicht freiwillig herausgegeben wird, zu **beschlagnahmen** ist (für ausländische Führerscheine beachte § 463b II StPO). Zuständig ist die Vollstreckungsbehörde (§ 451 StPO). Das AG Berlin-Tiergarten[1331] steht auf dem Standpunkt, für die **Durchsuchung einer Wohnung zur Auffindung** eines nach rechtskräftiger Verhängung eines Fahrverbots wegen einer Verkehrsordnungswidrigkeit (§ 25 StVG) in amtliche Verwahrung zu nehmenden Führerscheins gäbe es keine gesetzliche Ermächtigung. Liegt eine rechtskräftige Verurteilung vor, hat der Richter damit auch dessen Vollstreckung genehmigt. Für die Wohnungsdurchsuchung beim Betroffenen zur Auffindung des Führerscheins bei der Vollstreckung eines von der Verwaltungsbehörde verhängten bußgeldrechtlichen Fahrverbots dürfte sich die Rechtsgrundlage für das Gericht aus § 25 II 4 und IV 1 StVG ergeben.[1332]

> **Hinweis:** Fahrverbot und Entziehung der Fahrerlaubnis schließen sich nicht gegenseitig aus.

635 Beide können nebeneinander angeordnet werden. Sinnvoll ist dies zB, wenn der Angeklagte auch von der Führung eines Mofas ausgeschlossen werden soll oder wenn zwar bestimmte Arten von Kfz von der Sperre ausgenommen werden sollen, der Täter aber für einen kürzeren Zeitraum generell kein Kfz mehr führen soll.

[1326] OLG Düsseldorf NZV 1999, 521 = StVE § 21 StVG Nr. 40 und § 25 StVG Nr. 97.
[1327] LG Essen NZV 2006, 166 = BA 2006, 498; AG Bremen NZV 2011, 151; aA AG Viechtach NStZ-RR 2006, 352 = NZV 2007, 159: Die Verbotsfrist beginnt bei dem Verlust des Führerscheins nach Rechtskraft des Fahrverbotes mit dem Tag des Verlustes.
[1328] BayObLG NZV 1993, 489.
[1329] AG Bremen m. krit. Anm. von *Fromm* NZV 2011, 50.
[1330] OLG Celle NStE § 44 StGB Nr. 1 = NZV 1993, 157.
[1331] NZV 1996, 506.
[1332] LG Lüneburg NZV 2011, 153.

In der Praxis erstreckt sich das Fahrverbot mangels eines anderen Ausspruchs **636** im Urteil meistens auf jede Art von Kfz. Jedoch kann das Fahrverbot auch auf bestimmte **Arten von Kfz beschränkt** werden (§ 44 I 1 StGB). Was unter den „Arten von Kfz" zu verstehen ist, wurde bereits bei den Ausführungen zur Entziehung der Fahrerlaubnis dargelegt. Zur Vermeidung von Wiederholungen wird darauf Bezug genommen.

G. Besonderheiten beim Fahrverbot nach § 25 StVG

Das Fahrverbot nach § 25 StVG kann als **Nebenfolge** stets nur neben einer **637** Geldbuße angeordnet werden. Es ist der Nebenstrafe des Fahrverbots nach § 44 StGB nachgebildet, und zwar auch hinsichtlich der Nebenbestimmungen über die technische Durchführung des Fahrverbots nach § 25 III bis VIII StVG. Der sachliche Anwendungsbereich gegenüber dem des § 44 StGB ist in mehrfacher Hinsicht eingeschränkt. So kommt das Fahrverbot nach dem Wortlaut des § 25 StVG **nur bei Verkehrsordnungswidrigkeiten nach §§ 24 und 24a StVG** in Betracht; Verstöße gegen andere Bußgeldtatbestände können daher kein Fahrverbot nach § 25 StVG auslösen. Anwendung findet das Fahrverbot nach § 25 StVG außerdem **nur bei der Verletzung der Pflichten eines Kfz-Führers**, nicht wie beim Fahrverbot nach § 44 StGB auch bei Verstößen des Halters[1333] oder bei anderen Taten, die mit dem Führen eines Kfz (lediglich) „im Zusammenhang" stehen. Das Fahrverbot nach § 25 I 1 StVG kann neben einer Geldbuße für die Dauer von einem Monat[1334] (also nicht etwa für 15 Tage) bis zu drei Monaten angeordnet werden, wenn jemand unter **grober oder beharrlicher** Verletzung der Pflichten eines Kfz-Führers eine Verkehrs-Ordnungswidrigkeit **nach § 24 StVG** begangen hat. Es soll als Denkzettel- und Besinnungsmaßnahme in besonderem Maße zur Hebung der Verkehrssicherheit beitragen, so insbesondere dann, wenn eine Geldbuße selbst in fühlbarer Höhe oder im Wiederholungsfalle in verschärfter Form nicht ausreichend erscheint. Neben diesen im Vordergrund stehenden spezialpräventiven Zwecken kommen aber auch generalpräventive Erwägungen bei seiner Anordnung in Betracht.

Grobe Pflichtverletzungen sind solche von besonderem Gewicht, insbesondere **638** abstrakt oder konkret gefährliche Verstöße, die häufiger zu schweren Unfällen führen oder subjektiv auf besonders groben Leichtsinn, grobe Nachlässigkeit oder Gleichgültigkeit zurückgehen.[1335] Eine „Regelvermutung" für grobe Pflichtverletzungen enthält § 4 I BKatV. Eine **Gefährdung anderer kann** ein Indiz für einen „groben" Verstoß sein, sie ist jedoch nicht Voraussetzung. So führt das Durchfahren von zwei Ortschaften zu nächtlicher Stunde mit stark überhöhter Geschwindigkeit, wenn zu dieser Zeit ein nicht unerhebliches Verkehrsaufkommen herrscht, zu einer abstrakten Gefährdung und rechtfertigt die Verhängung eines Fahrverbots nach § 25 StVG.[1336] Bei den **„sieben Todsünden im Straßenver-**

[1333] OLG Hamm VRS 69, 468.
[1334] OLG Koblenz bei *Janiszewski* NStZ 83, 110.
[1335] BGH VerkMitt. 80, 117; ferner zB OLG Karlsruhe NZV 2004, 46.
[1336] OLG Koblenz VRS 60, 422.

kehr" gem. §315c I Nr. 2 StGB – soweit eine Bestrafung aus §315c StGB scheitert – dürfte häufig ein Fahrverbot nach §25 I 1 StVG infrage kommen.

639 Die **Regelungen des §4 I, II BKatV sind verfassungsgemäß** und verstoßen nicht gegen den Verhältnismäßigkeitsgrundsatz.[1337] Liegt ein Regelfall des §4 I oder II BKatV vor, muss in der Regel ein Fahrverbot verhängt werden. Einer Prüfung unter dem Gesichtspunkt der Erhöhung einer Geldbuße bedarf es nicht. Mit der vom Gesetzgeber mit Einfügung des §26a StVG vorgesehenen Katalogregelung musste sich der Anwendungsbereich zwangsläufig verbreitern. Die Relativierung des Ausnahmecharakters der Sanktion war vom Gesetzgeber so gewollt und ist verfassungsrechtlich nicht von vornherein fehlerhaft. Im Gegensatz zum früheren Bußgeldkatalog, der nur verwaltungsinterne Weisungen enthielt, handelt es sich bei der **Bußgeldkatalogverordnung**, die ihre Rechtsgrundlage in §26a StVG hat, um auch **für die Gerichte verbindliche Rechtsnormen**.

640 Neben den groben Pflichtverletzungen können außerdem **beharrliche Pflichtverletzungen** ein Fahrverbot nach §25 I 1 StVG nach sich ziehen. Beharrlich begangen sind – ggf. auch fahrlässige – Pflichtverletzungen, die zwar ihrer Art oder den Umständen nach nicht bereits zu den objektiv und subjektiv groben Zuwiderhandlungen zählen müssen, durch deren wiederholte Begehung der Täter aber zeigt, dass ihm die für die Teilnahme am Straßenverkehr erforderliche rechtstreue Gesinnung und die notwendige Einsicht in zuvor begangenes Unrecht fehlen.[1338] Eine beharrliche Pflichtverletzung kann sich aus §4 II 2 BKatV ergeben. §4 II 2 BKatV enthält einen sog. Regelfall. Nach §25 I 1 StVG kommen aber auch außerhalb des Regelfalles Fahrverbote bei beharrlicher Pflichtverletzung in Betracht. Sofern kein Regelfall der Beharrlichkeit gem. §4 II 2 BKatV vorliegt, bedarf es weiterhin der Prüfung und Entscheidung, ob die Anordnung des Fahrverbots dem **Grundsatz der Verhältnismäßigkeit** entspricht.[1339] Eine beharrliche Pflichtverletzung liegt dann nicht vor, wenn die **Zeitspanne zwischen der Ahndung der letzten Tat und der neuen Zuwiderhandlung** mehr als drei Jahre beträgt.[1340] Bei der Beurteilung, ob Beharrlichkeit vorliegt, kommt es in der Regel nicht auf die Tatzeit der früheren Zuwiderhandlungen an, sondern auf den Zeitpunkt ihrer rechtskräftig abgeschlossenen Ahndung. Allerdings setzt die Annahme von Beharrlichkeit nicht ausnahmslos die Rechtskraft der Vorahndungen im Zeitpunkt der neuerlichen Tat voraus,[1341] aber der Betroffene muss sich über einen Warnappell hinweggesetzt haben; daran fehlt es, wenn er von der Sanktion für ein früheres verkehrswidriges Verhalten – noch – keine Kenntnis erlangt hat.[1342] Die Anordnung eines Fahrverbotes wegen grober und beharrlicher Verletzung der Pflichten eines Kfz-Führers ist auch bei **Vorliegen einer außerordentlichen Härte** dann veranlasst, wenn es sich um einen wiederholt auffällig gewordenen uneinsichtigen Verkehrsteilnehmer

---

[1337] BVerfG NZV 1996, 284 = DAR 1996, 196 unter Aufgabe seiner restriktiven Entscheidung v. 10.7.1969 – BVerfGE 27, 36 = NJW 1969, 1623.

[1338] OLG Karlsruhe NZV 2004, 46 (47).

[1339] BayObLG NZV 1995, 287.

[1340] BayObLG NZV 1993, 118.

[1341] BayObLG NZV 1995, 499 und NZV 1996, 370.

[1342] OLG Hamm NZV 1998, 292.

handelt, auf den nur noch durch die Verhängung eines Fahrverbotes eingewirkt werden kann.[1343] Hat der Kfz-Führer durch dieselbe Handlung seine Pflichten sowohl grob als auch beharrlich verletzt, erfolgt grundsätzlich keine Addition der Regelfahrverbote gem. den §§ 25 I StVG, 4 I 1 und II BkatV, weil nach § 19 I OWiG auch nur eine einzige Geldbuße festgesetzt wird, wenn dieselbe Handlung gegen mehrere Gesetze verstößt, es sei denn, es lägen gewichtige, für den Betroffenen nachteilige Umstände vor, die erkennen lassen, dass das Regelfahrverbot nicht ausreicht, um ihn nachhaltig zu beeindrucken.[1344]

Das **Fahrverbot** kann gem. § 21 I 2 OWiG bei einer **strafgerichtlichen Verurtei-** **641** **lung** (zB wegen fahrl. Körperverletzung nach § 229 StGB) in Betracht kommen, wenn die Ordnungswidrigkeit gegenüber der Strafnorm nach § 21 I 1 OWiG zurücktritt und ein Fahrverbot nach § 44 StGB nicht in Betracht kommt.[1345]

Daneben enthält § 25 I 2 für **Verstöße gegen § 24a I** Nr. 1 und II, auch jeweils in **642** Verbindung mit III StVG eine besondere Regelung. Nach § 25 I 2 StVG ist „**in der Regel** auch ein Fahrverbot anzuordnen". § 25 I **2** stellt gegenüber § 25 I **1** eine selbstständige Alternative dar, sodass die Voraussetzungen des Satzes 1 nicht vorliegen müssen.[1346] § 25 I 2 StVG enthält ein Regelfahrverbot. Berufliche und wirtschaftliche Schwierigkeiten bringt das Fahrverbot nicht nur in Ausnahmefällen mit sich, sondern solche entstehen regelmäßig und sind vom Betroffenen als selbst verschuldet in Kauf zu nehmen.[1347]

Ein **Zeitablauf von zwei Jahren** seit der Tat hat **nicht zwingend** zur Folge, dass **643** von einem Fahrverbot abzusehen ist. Der Zeitraum von zwei Jahren ist lediglich ein Anhaltspunkt dafür, dass eine tatrichterliche Prüfung, ob das Fahrverbot seinen erzieherischen Zweck noch erfüllen kann, nahe liegt.[1348] Bei der Prüfung anhand des konkreten Einzelfalls ist zu berücksichtigen, worauf die lange Verfahrensdauer zurückzuführen ist, insbesondere ob hierfür maßgebliche Umstände im Einflussbereich des Betroffenen liegen oder Folge gerichtlicher oder behördlicher Abläufe sind. Jedoch kann ein Fahrverbot gem. § 25 I 1 StVG seinen Sinn verloren haben, wenn die **Tat längere Zeit zurückliegt** und für die lange Verfahrensdauer maßgebliche Umstände außerhalb des Einflussbereichs des Betroffenen – etwa ein Fehler innerhalb der Justiz – ursächlich sind.[1349] Die Tendenz der neueren Rspr.[1350] geht jedoch im Hinblick auf den Erziehungsgedanken des Fahrverbots dahin, die fahrverbotsfeindliche Verfahrensdauer kürzer anzusetzen.[1351] Die Ausschöpfung von Rechtsmitteln und Rechten durch den Betroffenen (zB Schweigen zur Sache oder Bestreiten der Tat) kann grundsätzlich nicht als unlauter angesehen werden und darf daher auch bei der

---

[1343] OLG Karlsruhe BA 2005, 161.
[1344] OLG Brandenburg NStZ-RR 2011, 153.
[1345] OLG Koblenz VRS 52, 447; s. auch *Krumm* NZV 2012, 210 ff.
[1346] OLG Hamm NZV 1996, 246.
[1347] OLG Hamm DAR 2008, 652 (653).
[1348] BayObLG NZV 2004, 210.
[1349] OLG Köln NZV 2000, 430; OLG Karlsruhe NZV 2007, 592 = NStZ-RR 2007, 323.
[1350] BGH zfs 2004, 133; OLG Hamm DAR 2004, 535.
[1351] Vgl. auch *Krumm* zur Frage des Fahrverbots nach langer Verfahrensdauer, NZV 2005, 449.

Beurteilung der Frage, ob ein überlanger Zeitablauf vom Betroffenen zu vertreten sei, nicht berücksichtigt werden, weil die Ausübung der zulässigen Rechte durch den Betroffenen ihm nicht zum Nachteil gereichen darf. Die Grenze ist da zu ziehen, wo das Verhalten des Betroffenen subjektiv auf unlautere Verzögerung des Verfahrens abzielt.[1352] Allerdings kann eine lange Verfahrensdauer, die der Betroffene nicht zu vertreten hat, möglicherweise bei einem längeren Fahrverbot lediglich zu einer Verkürzung der Verbotsfrist führen und nicht in jedem Fall zu einem völligen Wegfall des Fahrverbots.

644 Nach § 25 IIa StVG kann unter bestimmten Voraussetzungen die Wirksamkeit des Fahrverbots trotz Rechtskraft des Urteils bzw. der Bußgeldentscheidung herausgeschoben werden. Eine vergleichbare Regelung gibt es in **§ 44 StGB nicht**. Eine analoge Anwendung kommt weder auf ein Fahrverbot nach § 44 StGB[1353] noch auf die Entziehung der Fahrerlaubnis nach § 69 StGB[1353] in Betracht, weil der Gesetzgeber diese Ausnahmeregelung ausdrücklich nur für Verkehrsordnungswidrigkeiten treffen wollte. Der Gesetzgeber erhofft sich mit dieser Regelung einen Rückgang der Einsprüche gegen Bußgeldbescheide bzw. der Rechtsbeschwerden gegen Urteile in Bußgeldsachen, in denen ein Fahrverbot ausgesprochen worden ist. Viele Einsprüche bzw. Rechtsbeschwerden erfolgen nur deshalb, weil der Betroffene die Vollstreckung des Fahrverbots herausschieben will – etwa bis zum Urlaub –, weil ihm das Fahrverbot im gegenwärtigen Zeitpunkt ungelegen erscheint. Diese Ausnahmeregelung gilt aber **nur für „Ersttäter"** bzw. für solche Betroffene, gegen die in den letzten beiden Jahren vor der hier in Rede stehenden Ordnungswidrigkeit bzw. in der Zeit zwischen der Ordnungswidrigkeit und der Bußgeldentscheidung kein Fahrverbot verhängt worden ist. Die Bestimmung des Eintritts der Wirksamkeit des Fahrverbots nach § 25 IIa 1 StVG ist nicht ausgeschlossen, wenn in den letzten beiden Jahren eine *Entziehung der Fahrerlaubnis* nach § 69 I und II Nr. 2 StGB angeordnet worden ist. Dies ergibt sich aus dem Analogieverbot zu Lasten des Betroffenen nach § 3 OWiG.[1354] Jedoch ist unerheblich, ob das frühere Fahrverbot auf § 25 StVG oder auf § 44 StGB beruhte.[1355] Für die Berechnung der Frist des § 25 IIa StVG (Zweijahresfrist) ist auf den Zeitpunkt abzustellen, in dem das frühere Fahrverbot **rechtskräftig** geworden ist.[1356] Es kommt also **nicht** auf den Zeitpunkt der Entscheidung an.

645 Die Ausnahmeregelung ist weiterhin davon abhängig, dass die Verwaltungsbehörde bzw. das Gericht das „Wahlrecht" **ausdrücklich einräumt**. Die bloß objektiv vorliegenden Tatbestandsvoraussetzungen reichen also nicht aus. Sofern die Voraussetzungen vorliegen, **muss** die Verwaltungsbehörde oder das Gericht diese Anordnung treffen. Ein Ermessen, ob diese Vorschrift angewendet wird oder nicht, steht der Verwaltungsbehörde oder dem Gericht nicht zu.[1357] Eine

---

[1352] OLG Hamm NStZ-RR 2006, 25.
[1353] OLG Karlsruhe BA 2006, 494.
[1354] OLG Dresden NZV 1999, 432 = NStZ 1999, 254; OLG Hamm NZV 2001, 440.
[1355] BayObLG NZV 1999, 50.
[1356] BGHSt 46, 88 = NZV 2000, 420; BayObLG NZV 1999, 50.
[1357] OLG Düsseldorf NZV 1998, 472 = StVE § 25 StVG Nr. 84; OLG Hamm NZV 2001, 440 (441); OLG Karlsruhe NZV 2005, 211.

entsprechende Anordnung ist im Urteils**tenor** zu treffen. Der bloße Hinweis in den Gründen auf diese Vorschrift ersetzt nicht die erforderliche Bestimmung durch das Gericht.[1358] Ein langer Zeitraum zwischen der Begehung der Ordnungswidrigkeit und dem Bußgeldbescheid bzw. der Verurteilung rechtfertigt es nicht, von der Gewährung der Vier-Monatsfrist abzusehen.[1359] Die Verwaltungsbehörde bzw. das Gericht müssen auch über das **Wirksamwerden des Fahrverbots** in den Fällen des § 25 IIa StVG **belehren** (§ 25 VIII StVG).

Nach Ablauf der Vier-Monats-Frist gelten die allgemeinen Bestimmungen. Der **646** Führerschein ist ggf. zu beschlagnahmen (§ 25 II 3 StVG). Die Fahrverbots**frist** beginnt zu laufen, wenn der Führerschein in amtliche Verwahrung gelangt. Wird der Führerschein also nach Fristablauf nicht abgegeben, verlängert sich das Fahrverbot um den entsprechenden Zeitraum (§ 25 V StVG). Da der Betroffene durch die Vier-Monats-Frist die Möglichkeit erhalten hätte, ganz bewusst mehrere rechtskräftig angeordnete Fahrverbote zusammenzulegen, hat der Gesetzgeber für **die Fälle des § 25 IIa** StVG bestimmt (S. 2): „Werden gegen den Betroffenen weitere Fahrverbote rechtskräftig verhängt, so sind die Fahrverbotsfristen nacheinander in der Reihenfolge der Rechtskraft der Bußgeldentscheidungen zu berechnen." In den anderen Fällen eines Fahrverbots nach § 25 StVG werden auch weiterhin **mehrere Fahrverbote** unter Umständen **gleichzeitig vollstreckt** (Rückschluss aus § 25 IIa 2 StVG).

Wenn ein **Fahrverbot nach § 25 StVG mit einer (vorläufigen) Entziehung der** **647** **Fahrerlaubnis zusammentrifft**, steht das Analogieverbot einer Vollstreckung des Fahrverbots erst im Anschluss an die Zeit der vorläufigen Entziehung entgegen.[1360] Denn die Regelung des § 25 IIa 2 StVG gilt nur für andere **Fahrverbote**. Die Vorschrift ist nicht übertragbar auf die (vorläufige) Entziehung der Fahrerlaubnis. Für den Beginn der Verbotsfrist reicht es aus, wenn der Betroffene der Vollstreckungsbehörde nach Eintritt der Rechtskraft der Bußgeldentscheidung mitteilt, dass sich der Führerschein bei einer anderen Behörde in amtlicher Verwahrung befindet und ab welchem Zeitpunkt innerhalb der Frist des § 25 IIa StVG das Fahrverbot wirksam werden soll.

H. Die Zusammenhangtaten

Entziehung der Fahrerlaubnis (§§ 69, 69a StGB) und Fahrverbot (§ 44 StGB) **648** können nach dem Wortlaut der genannten Vorschriften auch bei Taten erfolgen, die im **Zusammenhang mit dem Führen eines Kfz** begangen worden sind. Beim **Fahrverbot nach § 25 StVG** fehlt eine entsprechende Regelung, sodass im Ordnungswidrigkeiten-Verfahren die sog. Zusammenhangtaten keine Rolle spielen. Wer bei oder im Zusammenhang mit dem Führen eines Kfz ein „typisches Verkehrsdelikt" (zB Fahren ohne Fahrerlaubnis) begeht, verstößt regelmäßig dadurch gegen die Pflichten eines Kraftfahrers, dabei sind Verkehrsstraftaten

---

[1358] OLG Hamburg DAR 1999, 226.
[1359] OLG Düsseldorf NStZ-RR 2009, 217 = NZV 2009, 519.
[1360] OLG Karlsruhe NZV 2005, 211 = BA 2006, 494.

nicht allein solche, die im Katalog des §69 II StGB aufgeführt sind.[1361] Allerdings ist nicht unbedingt für eine Zusammenhangtat Voraussetzung, dass ein Kfz notwendiger Gegenstand für die Begehung der rechtswidrigen Tat war, doch muss es sie ermöglicht oder erleichtert haben. In der Rspr.[1362] wird bei der Entziehung der Fahrerlaubnis zusätzlich zu der Feststellung, dass eine Zusammenhangtat vorliegt, eine Prüfung der Frage verlangt, ob sich aus der Zusammenhangtat eine **besondere Gefährlichkeit für den Straßenverkehr** ergibt. Ob dies auch für **Zusammenhangtaten bei der Verhängung eines Fahrverbotes** gilt, erscheint zweifelhaft, weil für ein Fahrverbot die besondere Gefährlichkeit, die die Maßregel der Besserung und Sicherung rechtfertigt, nicht Voraussetzung ist. Die Entziehung der Fahrerlaubnis muss sich nicht auf Fälle beschränken, in denen sich der Täter als ungeeignet zum verkehrssicheren Führen von Kfz erwiesen hat.[1363] **Auch eine allgemeine charakterliche Unzuverlässigkeit kann zur Entziehung der Fahrerlaubnis führen.** §69 StGB ist deshalb nicht nur bei Verkehrsverstößen im engeren Sinne, sondern auch bei sonstigen strafbaren Handlungen anwendbar, sofern ein derartiger Zusammenhang gegeben ist.

649 **Einige Beispiele für Zusammenhangtaten:**
- **Abtransport der Diebesbeute oder des Hehlergutes**[1364] – auch wenn die Tat im Versuchsstadium stecken geblieben ist.[1365]
- **Widerstand gegen Vollstreckungsbeamte** bei der Entnahme der Blutprobe.[1366]
- **Tätliche Auseinandersetzung mit anderen Verkehrsteilnehmern** als Folge eines Streites über das Fahrverhalten.[1367]
- **Nötigung** eines anderen zum Anhalten.[1368]
- **Durchstechen** der Autoreifen in einer Weise, das langsam die Luft entweichen und es damit zu unkontrollierten Ausbrüchen des Kfz und infolgedessen zu schweren Unfällen kommen kann.[1369]

650 Besonders bei **Betäubungsmittelgeschäften unter Benutzung eines Kfz** war nach früherer Rspr. die charakterliche Zuverlässigkeit zum Führen von Kfz in aller Regel zu verneinen.[1370] Während der BGH noch bis vor einigen Jahren beim **Handel-Treiben mit Betäubungsmitteln**, zumal in größerer Menge, in aller Regel von einer erheblichen charakterlichen Unzuverlässigkeit, die auch die Ungeeignetheit des Täters zum Führen eines Kfz ergibt, ausgegangen ist,

---

[1361] BGH NStZ-RR 2007, 40 und 89.

[1362] Grdl.: der Große BGH-Senat für Strafsachen BGHSt 50, 93 = SVR 2005, 272 = NStZ 2005, 503 = NZV 2005, 486.

[1363] BGHSt 5, 179 = NJW 1954, 163; BGH MDR 1962, 664; OLG Köln VerkMitt. 1971, 76 = MDR 1972, 621; OLG München StVE §69 StGB Nr. 35a; NJW 1992, 2777.

[1364] Vgl. zB OLG Koblenz NZV 1997, 369 = VRS 93, 343 (345).

[1365] Einschr.: OLG Düsseldorf NZV 1999, 172 = StV 1999, 318.

[1366] OLG Hamm VRS 8, 46.

[1367] OLG Köln NJW 1963, 2379; OLG Karlsruhe Die Justiz 80, 53; LG Koblenz NZV 1996, 378 = StVE §44 StGB Nr. 17, selbst wenn die Tat anderthalb Jahre zurückliegt.

[1368] OLG Hamm VRS 25, 186.

[1369] OLG Karlsruhe NZV 2005, 590.

[1370] BGH NZV 1993, 35 = StVE §69 StGB Nr. 35b; NStE §69 StGB Nr. 13; BA 2000, 265; BA 2001, 123; 2001, 453; NZV 2002, 574; BA 2004, 69; OLG Düsseldorf StVE §69 StGB Nr. 35.

wenn er im Rahmen des Tatgeschehens ein Fahrzeug geführt hat, so reicht nach neuerer Rspr.[1371] für die Annahme der Ungeeignetheit nach §69 I StGB allein die Benutzung eines Kfz zum Transport von Rauschgift nicht aus, selbst wenn der Täter durch ein präpariertes Versteck besondere Vorkehrungen gegen eine Entdeckung des Rauschgifts getroffen hat. Vielmehr muss die Anlasstat tragfähige Rückschlüsse darauf zulassen, dass der Täter bereit ist, die Sicherheit des Straßenverkehrs seinen eigenen kriminellen Interessen unterzuordnen.[1372] So hat der **große Senat für Strafsachen**[1373] klargestellt, dass die Regelung über die Entziehung der Fahrerlaubnis nach §69 StGB vorrangig den Schutz der Sicherheit des Straßenverkehrs bezwecke. Es verstehe sich aber nicht von selbst, dass ein Täter, der durch die Begehung schwerwiegender Straftaten zweifellos charakterliche Mängel offenbart habe, zugleich eine Gefahr für die Verkehrssicherheit darstelle. Die strafrichterliche Entziehung der Fahrerlaubnis stelle aber eine Maßnahme der Besserung und Sicherung dar (§61 Nr. 5 StGB), die ihre Rechtfertigung aus dem Sicherungsbedürfnis der Verkehrsgemeinschaft beziehe. Der große Senat für Strafsachen betont weiter, dass §69 StGB nicht der allgemeinen Kriminalitätsbekämpfung diene, mithin nicht dem Zweck, den Missbrauch der Fahrerlaubnis auch dann zu verhindern, wenn sich dieser – ohne Verkehrssicherheitsbelange in irgendeiner Weise zu berühren – ausschließlich auf andere Rechtsgüter nachteilig auswirke. Der BGH hält mit dieser Entscheidung zwar an der bisherigen Rechtsprechung zu den Zusammenhangtaten fest, verlangt aber, in einem **zweiten Prüfungsschritt** die Frage zu klären, ob aus der Anlasstat konkrete Anhaltspunkte auf eine mögliche Gefährdung des Straßenverkehrs durch den Straftäter hergeleitet werden können. In diese Prüfung einzubeziehen sind auch Umstände aus dem Vorleben des Täters oder seiner Tatvorbereitung, sofern sich daraus tragfähige Schlüsse auf eine mögliche Gefährdung der Verkehrssicherheit im Zusammenhang mit der Anlasstat ziehen lassen. Dafür kann es genügen, dass der Täter im Zusammenhang mit der Tat nahe liegend mit der Situation gerechnet hat oder rechnen musste, in der es zu einer Gefährdung oder Beeinträchtigung des Verkehrs kommen konnte. Eine Prognose, dass der Täter mit Wahrscheinlichkeit auch künftig Zusammenhangtaten begehen und dabei tatsächlich die Sicherheit des Straßenverkehrs beeinträchtigen werde, wird vom BGH nicht verlangt. So dürften zB die Voraussetzungen für eine Entziehung der Fahrerlaubnis bei Banküberfällen regelmäßig in Betracht kommen, wenn aufgrund objektiver Umstände bei der Tat mit alsbaldiger Verfolgung und Flucht zu rechnen ist und der Täter daher eine verkehrsgefährdende Verwendung des fluchtbereit tatortnah abgestellten Kfz ersichtlich geplant oder mit einer solchen nahe liegend rechnen musste. Ebenso dürfte jedenfalls in den Fällen gewaltsamer Entführung eines Opfers im Kfz des Täters die Verkehrssicherheit häufig gefährdet sein.[1374]

[1371] BGH BA 2006, 403; NZV 2012, 495.
[1372] BGH NZV 2003, 46; StVE §69 StGB Nr.65; NStZ-RR 2012, 282; OLG Düsseldorf DAR 1999, 223; BGH BA 2012, 264; 2015, 30.
[1373] BGH (Großer Senat) SVR 2005, 272 = NStZ 2005, 503 = NZV 2005, 486.
[1374] Im konkreten Fall verneinend: BGH NStZ 2005, 687 = NZV 2005, 589 = BA 2006, 482; bejahend: BGH NStZ 2006, 334.

651 Die Rspr.[1375] hat daneben auch weitere Grenzen aufgezeigt, wonach bspw. eine Tat nicht im Zusammenhang mit dem Führen eines Kfz begangen ist, wenn der Täter sich zu einem Sexualverbrechen **erst nach Beendigung der Fahrt** entschließt und das Fahrzeug auch nicht zur Flucht benutzt. Der im Rahmen des Fahrerlaubnisentzugs erforderliche Zusammenhang zwischen Straftat und Führung eines Kfz besteht nicht schon dann, wenn der Täter mit einem Fahrzeug zum Tatort fährt; er erfordert vielmehr eine **Förderung der tatbestandlichen Handlung** selbst.[1376] Ein nur **zufälliges, äußeres oder örtliches Zusammentreffen**, dh die Begehung einer Tat nur gelegentlich oder nach der Fahrt, ohne dass die Tat vom Führen des Kfz irgendwie abhängt, genügt dagegen nicht.[1377] Das wird etwa dann der Fall sein, wenn ein Autofahrer auf einem Rastplatz mit einer anderen Person in Streit gerät und auf den anderen einschlägt. Umstritten ist, ob die Zusammenhangtat ein **eigenes Führen** des Kfz voraussetzt.[1378] Bei Beteiligung mehrerer an der mit Strafe bedrohten Handlung kann ein Teilnehmer diese auch dann im Zusammenhang mit der Führung eines Kfz begangen haben, wenn er es nicht eigenhändig gelenkt hat.[1379] In manchen Fällen macht es keinen Unterschied, ob der Täter das Fahrzeug selbst gelenkt hat oder einen anderen veranlasst hat, sein Kfz zu führen, und er selbst als Beifahrer mitgefahren ist.[1380] So erweist sich ein **Kfz-Halter**, der einem **wegen Trunkenheit absolut fahruntüchtigen Dritten** seinen Pkw überlässt und damit eine wesentliche Ursache für die Trunkenheitsfahrt setzt, als charakterlich ungeeignet zum Führen eines Kfz.[1381] Ihm kann daher die Fahrerlaubnis entzogen werden. Eine Maßregel nach den §§ 69, 69a StGB darf allerdings nur dann gegen einen Beifahrer verhängt werden, wenn besonders gewichtige Hinweise vorliegen, aus denen sich seine Ungeeignetheit zum Führen von Kfz ergibt.[1382] Beim Anstifter oder Gehilfen kann die Ungeeignetheit zum Führen von Kfz allerdings nicht aus § 69 II StGB hergeleitet werden, weil diese Regelvermutung ausdrücklich nur auf den Täter Anwendung findet. Die §§ 44 und 69 StGB enthalten als weitere Alternative die Möglichkeit, dass der Täter die Tat **unter Verletzung der Pflichten eines Kfz-Führers** begangen hat. Das wird man beispielsweise annehmen können, wenn ein Fahrzeughalter einer anderen Person, die nicht Inhaber der erforderlichen Fahrerlaubnis ist, sein Fahrzeug überlässt.[1383] Das Merkmal „Verletzung der Pflichten eines Kfz-Führers" umfasst alle Sorgfaltspflichten, die einem Kfz-Führer über das Lenken eines Kfz im Verkehr hinaus obliegen. Insoweit wird daher zwar kein eigenes Führen des Kfz vorausgesetzt; doch scheiden solche Pflichten aus, die, wie zB die Steuer- und Versicherungspflicht, allein dem Halter (am Schreibtisch) obliegen. Es müssen also schon Pflichten

---

[1375] BGHSt 22, 328 = NJW 1969, 887; BGH NZV 1995, 156 = StVE § 69 StGB Nr. 40.
[1376] BGH NZV 2002, 378 = BA 2003, 317.
[1377] Vgl. dazu auch BGHSt 22, 328 = NJW 1969, 887.
[1378] Zum Streitstand s. *Zopfs* NZV 2010, 179 ff.
[1379] BGHSt 10, 333 = NJW 1957, 1287; BGH bei *Holtz* MDR 1981, 453; OLG Düsseldorf StVE § 69 StGB Nr. 61; *Dreher/Fad* NZV 2004, 231 ff.
[1380] LG Memmingen NZV 1989, 82.
[1381] OLG Koblenz NJW 1988, 152 = StVE § 69 StGB Nr. 28.
[1382] BGH BA 2004, 169; NZV 2005, 50 = BA 2005, 317.
[1383] BGHSt 15, 316 (318) = NJW 1961, 683.

verletzt werden, die mit der **Führung** des Kfz – sei es auch durch einen anderen – zusammenhängen.

I. Das Sicherungsverfahren

Sofern ein Strafverfahren gegen den Täter wegen Schuld- oder Verhandlungs- **652** unfähigkeit nicht durchgeführt werden kann, gibt §71 II StGB die Möglichkeit, die Fahrerlaubnis in einem Sicherungsverfahren (§§413 ff. StPO) zu entziehen. Es ist damit die Möglichkeit gegeben, eine Maßregel der Besserung und Sicherung (hier: Entziehung der Fahrerlaubnis) anzuordnen. §71 StGB schafft die materiell-rechtliche Grundlage für das Sicherungsverfahren. Der Verfahrensablauf ist in den §§413 ff. StPO geregelt. An die Stelle der Anklageschrift tritt eine Antragsschrift, die den Erfordernissen der Anklageschrift weitgehend entsprechen muss (§414 II StPO).

Stichwortverzeichnis